大岚镇志

《大岚镇志》编纂委员会　编

方志出版社
Publishing House of Local Records

《大岚镇志》编纂委员会

前期编纂委员会成员

主　任：肖鹤峰

副主任：黄　强　俞国强　张叶飞

成　员：马文文　郑文杰　李基坚　徐志军　谢超炯　方烈君　朱铁炯　苏　瑜　郑奕训

后期编纂委员会成员

主　任：柳雅敏

副主任：张　忠　俞国强　朱铁炯

成　员：王燕燕　郑文杰　黄远维　邬海滨　蒋映岗　方烈君　苏　瑜　熊高波

编纂办公室成员

郑奕训　王守先　鲁家福　张梦泽

摄影

郑奕训　鲁银华　钱　明　卢益强　王宏波

编务

鲁丽乐　陈思熔

主要采写人员

金优儿　王　植　赵海燕　杨若锡　徐　斌　郭　超　鲁娇蓉　鲁　央　茹建华　鲁蓉蓉
鲁企造　马柏根　王君飞　毛　川　周梦楚　沈银燕　柴红兵　姜　增　郑　莹　鲁庆其
沈红彪　翁伯林　胡银杰　戴长权　郑海燕　沈小龙　王松林　王天燕　龚联盟　鲁　丹
鲁才觉　鲁建峰　沈麟年　陈　佳　顾雪峰　卢兴益　郑　益　李　强　郑　斌　陈佳风
沈远方　王百军　张　军　郑世明　戴银寿　鲁胜利　朱志维　鲁芬芬　郑永明　吴　辉
马平波　俞斌熙　鲁志千　王卢波　沈鹏飞　沈茶仙　李善斌　姜渭坤　鲁仁秋　鲁柏千
郑永火　张田夫　沈根权　马吉宏　夏永剑　鲁才锋　沈忠坚　王少波

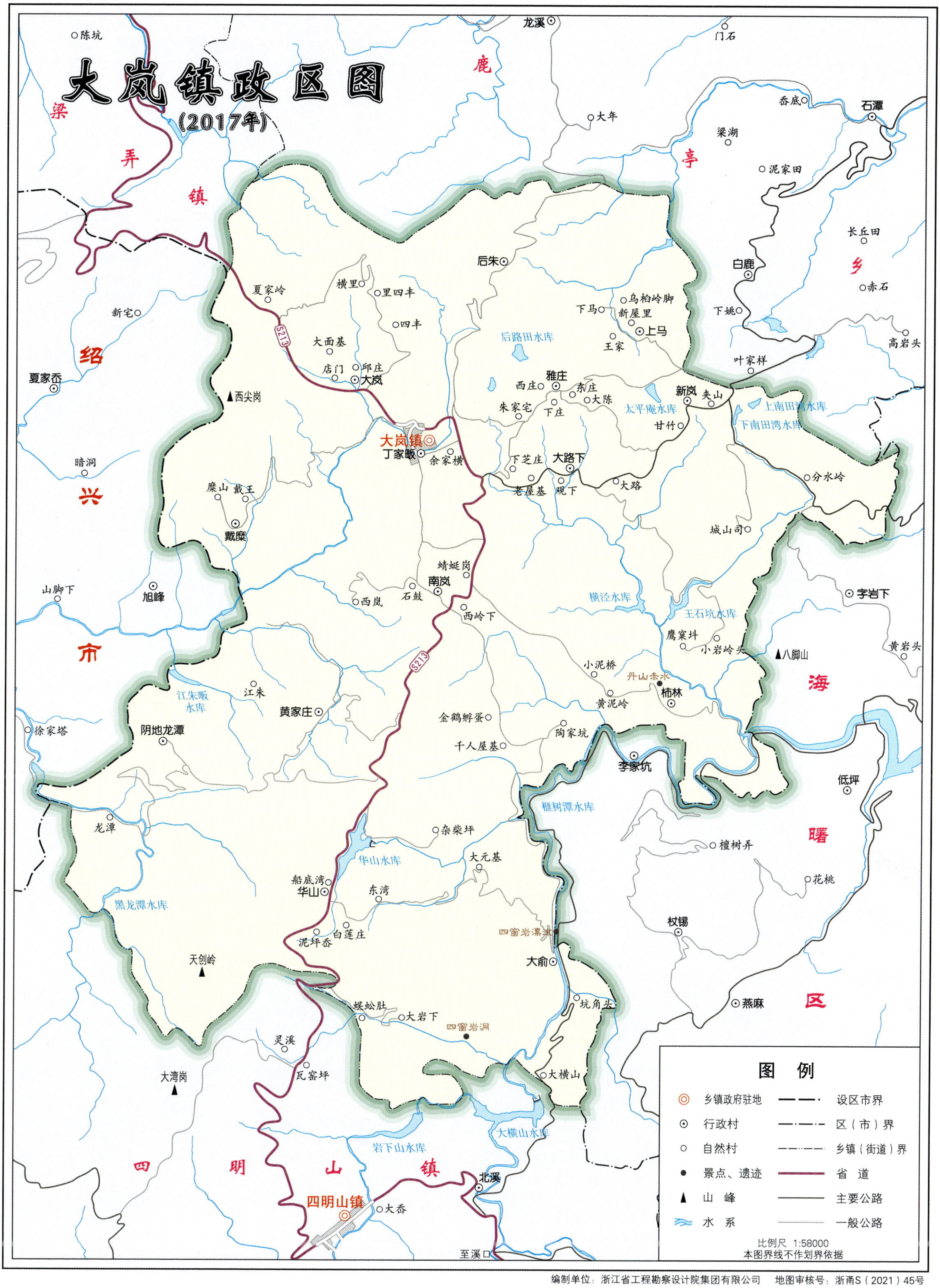

编制单位：浙江省工程勘察设计院集团有限公司　地图审核号：浙甬S（2021）45号

航拍小镇

四明云海

大岚镇人民政府外景

集镇街景一角

丹山赤水

四窗岩

升仙桥

观下古石板桥

姚江源头

火焰山

俞白溪

黑龙潭

大横山水库

华山水库

幢起岩

观景平台

四丰古树群

大俞长廊

云雾茶园

上马岗樱花观赏基地

王氏祠堂

沈氏宗祠

四明山第一党支部

茶事碑

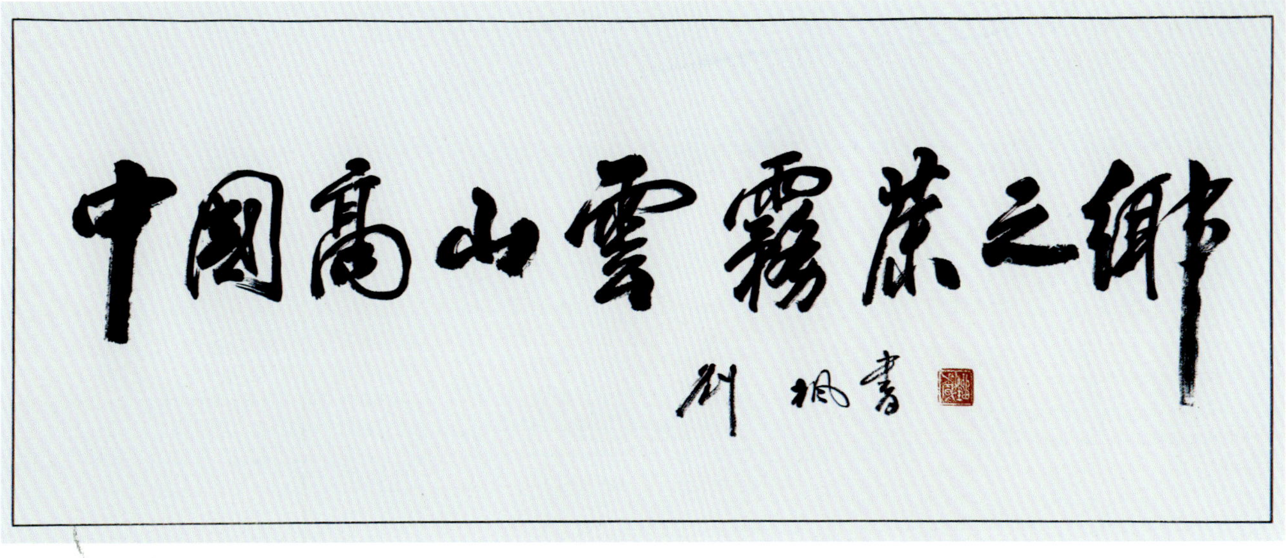
中國高山雲霧茶之鄉
刘枫書

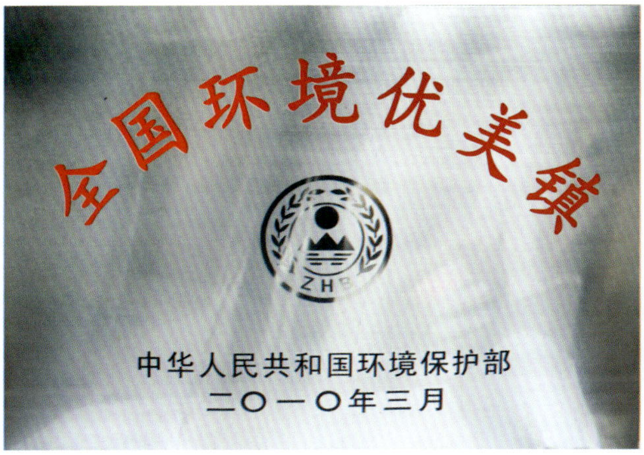
全国环境优美镇
ZHB
中华人民共和国环境保护部
二〇一〇年三月

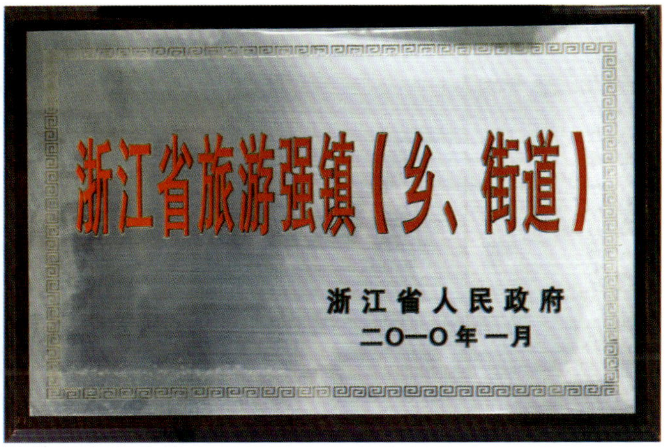
浙江省旅游强镇（乡、街道）
浙江省人民政府
二〇一〇年一月

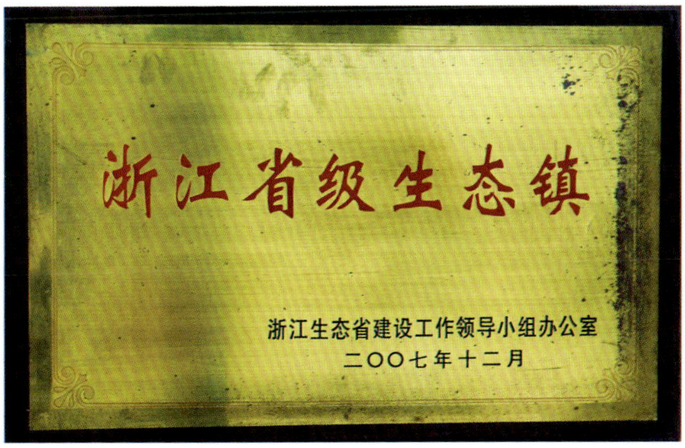
浙江省级生态镇
浙江生态省建设工作领导小组办公室
二〇〇七年十二月

浙江省教育强镇
浙江省教育厅
二〇〇三年一月

姚江源茶叶茶机

大横山水力发电站

罗汉谷

雪　景

茶　叶

柿　子

樱　桃

番薯粉丝

龙字兰花

覆盆子

番薯枣子

笋丝干菜

大岚公交车站

盘山公路

大岚镇中心小学

大岚幼儿园

大岚镇卫生院

四明山书画院

序 一

一部《大岚镇志》，徜徉三千年，纵横十公里，传承发扬优秀文化，记录承载乡情乡愁。这部志书，历经四年编纂，凝结着修志人的心血，终于要问世了。翻阅这部《大岚镇志》，我不禁想起自己2003年到2006年在大岚的工作，那些年与干部群众凝心聚力，参与和见证了大岚在新世纪的蓬勃发展。翻阅这部《大岚镇志》，让我为大岚的自然资源和人文禀赋感到欣喜，为大岚人民的坚忍不拔感到动容，为"两山理念"的有效实践感到自豪。

《大岚镇志》是一个璀璨的宝库，蕴藏着丰富的资源。百余万字，史料翔实，数据精准，堪称一部大岚的百科全书，囊括千年来大岚地区的地理气象、政治变迁、经济发展、文化教育、人物风情，兼容并包，是研究大岚的重要文献，是政策制定的重要工具，是流传千古的重要遗产。翻阅镇志，遥望四峰十六岗，俯瞰六洞十三溪，云蒸霞蔚，夏凉冬雪。这一片灵山秀水、洞天福地，带来特产风物，哺育坚强山民，蕴藏发展潜力，吸引万千游人。这一趟千年之旅，助我们厘清大岚历史沿革，明晰山民风气传统，把握时代发展脉络。

《大岚镇志》是一份宝贵的精神财富，信今传后，彰往昭来。悠悠千年，大岚关山阻隔，山路不畅，发展缓慢。直到新中国成立后，贫苦山民终于翻身，实施土地改革、互助合作、基础建设，让山民从温饱奔向小康。改革开放后，生产力进一步解放，各项产业全面发展，人民生活水平普遍提高。进入新时代后，供给侧改革方兴未艾，"两山理念"实践如火如荼，实现了经济的高质量发展，实现了山区生态的进一步改善，实现了人民生活的幸福美满。大岚的发展印证着只有中国共产党才能救中国，只有中国特色社会主义才能发展中国，也指示着只有坚定不移走中国特色社会主义道路才能永续发展，最终实现民族复兴。

《大岚镇志》是一颗滚烫的雄心，激励奋勇前进。大岚人民不断改造艰苦的自然环境，与不公的剥削压迫反抗斗争。在新民主主义革命中涌现出许多英雄故事，在守卫革命果实中涌现出许多英雄事迹，集中体现了大岚人民艰苦奋斗、不畏艰险、自强不息、勇于探索的精神。这些精神通过类似“耕读传家”的家风家训代代流传，在和平年代孕育出了知名专家学者、重要岗位干部、创业实干能人，在世界各地的各行各业中，继续谱写大岚人攻坚克难、牺牲奉献的伟大乐章。我们也从中汲取精神力量，在这个世界百年未遇的大变局中，为中华民族之崛起奋斗不息。

全书览毕，欣然北望，青山绿水正欢唱，古村故人展笑颜，一派盛世气象。由衷希望更多游人能读此书，为之心驰神往，休闲游览。由衷希望更多干部能读此书，对之知根知底，久久为功。由衷希望更多山民能读此书，以之凝心聚力，传承发扬。“以史为鉴，可知兴替”，相信当代大岚人在中国共产党的正确领导下，在努力建设新时代全面展示中国特色社会主义制度优越性的重要窗口中贡献山区的特殊力量，在建设浙东美丽幸福生态小镇的道路上不断迈进！

是为序。

2020 年 11 月

序　二

《大岚镇志》历经四年多的编纂，终成其稿，即将出版。这是大岚镇文化建设史上的一件大事，是增强文化自信的一项重要成果，是向第二个百年目标奋进的一个有力助推，具有重要的历史和现实意义。艰难困苦，玉汝于成，值此付梓之际，向所有鼎力支持、协助此志编纂的各级领导、各位专家、各界人士表示衷心的感谢，对“直笔著信史，彰善引风气”的修志人员表示由衷的敬意！

大岚历史悠久，古称大兰，以山中多出江南名兰而名，后因山上云雾浓重，改“兰”为“岚”。大岚地处四明山腹地，素有“高山台地之最，诸水之源”之称。宋明时期，鲁、沈、王、郑移民定居，人口增长，农工发展，尤以茶叶久负盛名，在陆羽《茶经》中载为“仙茗”。近代英雄儿女在此写下了伟大革命篇章，成立中共四明山第一支部，投身革命战场，先后有40余名勇士在此就义或牺牲，换来如今繁荣盛世。中华人民共和国成立后，特别是改革开放以来，大岚生机勃勃、安定和谐、百业俱兴，坚守绿水青山，创造金山银山。进入21世纪，大岚实施旅游兴镇战略，促三产融合，迎民宿集聚，建花园样板，各项事业蒸蒸日上，“中国名茶之乡”声名远播，“丹山赤水”景区游人如织，“省卫生镇”洁净美丽，“宁波乡村全域旅游示范区”首开先河。大岚在高质量发展的大道上，不断画下新的壮美画卷，不断写下新的绝美诗篇。

这部《大岚镇志》是提供历史智慧和现实借鉴的重要载体。其全面、真实、详细地记录大岚的地方地理、沿革、风俗、物产、人物以及政治、经济、社会、文化、自然等各方面的发展风貌，尤其反映中华人民共和国成立以来大岚社会经济全面发展，镜鉴历史，昭示未来。这部《大岚镇志》是弘扬地方文化、进行家园情怀教育的乡土教材，传播乡土文化，传承光辉遗产，传颂革命精神，传扬发展成就，激发我们爱国爱乡的热诚信念，激励我们投身社会主义现代化建设。这部《大岚镇志》是见证历史、惠及后人的重大成就。我们动员各方力量，深入调查研究，编纂者栉风沐雨，焚膏继晷，终成这部《大岚镇志》，有效保存大岚历史，造福当代，惠及子孙。

本志编纂期间，大岚进入高质量发展的重要时期，成功创建浙江省旅游风情小镇、浙江省森林城镇，全员争创国家卫生镇。相信广大的大岚干部群众能够借助这部镇志，继续在“十四五”中奋进，向第二个百年目标奋斗，在建设浙东美丽幸福生态小镇的征途上奋勇向前。

是为序。

大岚镇党委书记　柳雅敏
大岚镇镇长　张　忠
2020 年 11 月

凡 例

一、本志为大岚第一部地方志。本志以马克思列宁主义、毛泽东思想、邓小平理论、“三个代表”重要思想、科学发展观、习近平新时代中国特色社会主义思想为指导，坚持辩证唯物主义和历史唯物主义的立场、观点和方法，以事实为依据，力求真实、系统、完整地反映大岚自然与社会的历史和现状。

二、全志首置概述、大事记；中列专志24编，后殿丛录。专志按事物性质设编。

三、中华人民共和国成立后，境内行政区划经数次调整，本志记事、记人立足2017年大岚镇行政区划。记述时限上溯事物发端，下至2017年底。横排门类、纵述史实，详今略古，述而不议。以语体文，记述体为主，配设图、表、照片。

四、文字以国家语言文字工作委员会1986年10月颁布的《简化字总表》为准，标点符号、数字用法遵循国家相关规定。

五、中华人民共和国成立前按中国历史纪年，括注公元纪年；中华人民共和国成立后采用公元纪年。

六、本志记述机构或事物名称，首次出现时用全称，此后用规范性简称。地名在记述历史事物时除使用历史地名外，均采用《余姚市地名志》公布的地名。

七、人物以收录大岚籍人士为主，兼收境内做出显著业绩、知名度较高的客籍人士。革命烈士收录省、市民政部门登记在册的烈士。在世人物仅以名录记述，其中科技人员收录副教授、高级专业技术职称以上者；行政人员收录正局级（含享受正局级）以上者；军人收录副团级以上者；学者收录博士学位以上者。

八、中华人民共和国成立后的数据多来自统计部门、市档案馆、图书馆、镇档案室存档资料和专题调查数据。地理高程数据沿用吴淞基准高程。

九、中华人民共和国成立前的计量单位沿用当时的单位，成立后的计量单位一般均换算成法定计量单位。

十、本志编纂资料来自档案、旧志书籍、报刊、手稿笔记、调查采访，个人留存的区、镇工作报告和总结，各村及企事业单位提供的有关资料均经考证核实，一般不注明出处，直录史籍原文时，注明出处。

目 录

第二编　自然环境

第三编　人口　姓氏

第四编 经济总情

第五编　林　业

第六编　种植业　养殖业

第七编　水利　电力

第八编　工业经济

第九编　交通运输

第十编　商业贸易

第十一编　邮政　电信

第十二编 财政 税务

第十三编 金融 保险

第十四编 村镇建设

第十五编 旅 游

第十六编 党派团体

第十七编　政权机构

第十八编　军事　公安　司法行政

第十九篇　民政　劳动人事

第二十编　教　育

第二十一编　卫　生

第二十二编　文化　广电　体育

第二十三编　习俗　宗教　方言

第二十四编 人 物

从 录

概 述

大岚镇位于宁波余姚市，地处四明山腹地，为姚江之源，东与宁波市海曙区章水镇接壤，南毗四明山镇、宁波林场，西连绍兴市上虞区陈溪乡，北与梁弄镇、鹿亭乡交界。东西距离10.4千米，南北距离12.4千米，境域面积63.4平方千米。镇境地处浙东盆地低山区、余姚南部丘陵台地，保存着大面积四明山系古夷平面，地势南高北低。域内溪谷纵横，全年光照充足，气温适宜，冬夏季风交替明显。

全镇设14个村民委员会，1个居民委员会，2017年常住人口4615户，12447人。

（一）

大岚历史悠久，早在商代前，就有先民在此生产生活。现境古称大兰，初因山中多出江南名兰而得名，后因山上水汽浓、云雾大，盛产优质茶，“兰”改为“岚”。唐以前余姚县域无考。唐时，余姚县以下置十五乡，历宋、元、明、清，现境一直属余姚县四明乡。清光绪三十四年（1908），析四明乡，首置南岚乡。民国17年(1928)，属余姚县第二区。民国19年南岚乡分4乡。1949年6月，成立南岚乡人民政府。1950年4月，划为南岚、大岚、新岚3乡，隶属余姚县梁弄区。1956年4月，撤区并乡，3个乡重新合并为大岚乡。1958年10月，改称大岚公社，后设3个管理区。1960年7月，新建四明山公社，划出南岚管理区8个大队，新组建华山管理区，隶属四明山公社。1961年10月，撤销管理区，建立四明山区党委、区公所，华山管理区称华山公社，隶属四明山区；大岚、新岚、南岚管理区合并为大岚公社、新岚公社，隶属梁弄区。1962年6月，大岚、新岚公社合并为大岚公社。1964年11月，大岚公社归属四明山区管辖。1983年8月，实行政社分设，大岚、华山人民公社复称大岚乡、华山乡。1989年11月，大岚撤乡建镇。1992年5月撤区扩镇并乡，大岚镇、华山乡合并为大岚镇，形成现境域，直属余姚市至2017年底。镇人民政府驻地太祖庙路1号。

（二）

境内在唐代前入居人口不多，常以上山捕猎、采果挖药为生，基本无手工业。唐至德二年

(757)，龚历率民起兵，驻扎大岚山两年，山民学到较多手工业技能。宋时，境内盛产茶叶，山民较完整地掌握制茶、碾米、磨面等工艺。宋末元初，王、鲁氏始祖迁徙至此，明时又有沈氏、郑氏世祖移民于此定居，人口增长迅速，农副产品加工业和裁缝、竹器编织、木工、泥工、采石等手工业得到发展。清代，始建榨油厂，进一步发展了农村建筑、雕刻技艺，晚清又兴办造纸厂。民国时期，受交通条件制约和战争的影响，新兴手工业发展缓慢，百业萧条，民生维艰。

中华人民共和国成立后，经济重现生机。1950 年冬，开始进行土地改革，农业经济得到较快发展。1958 年起，历经“大跃进”“文化大革命”，大岚经济历经曲折坎坷。1978 年起，逐步改革经济体制，全镇工农业生产得到全面发展。1981 年起，以家庭联产承包责任制为主体的农村经济体制改革不断深化，进一步解放了农村生产力，剩余劳动力逐年向城镇转移，留守劳动力调整产业结构，茶产业、多种经营蓬勃发展，工、副业生产也较快增长。1983—1991 年，镇境内工农业生产总值年均递增 30.06%。1992 年，撤区扩镇并乡后，进一步深化农村经济体制改革，稳定完善农村家庭联产承包责任制，工业企业由点到面开展以经营机制转换为重点的产权制度改革，进一步促进农村调整产业结构，激发企业活力，民营企业及第三产业得到快速发展，旅游特色逐渐显现，大岚经济进入绿色、快速、持续发展阶段。1992—2017 年，全镇工农业总产值年均递增 19.45%。2017 年，全镇实现社会总产值 10.49 亿元，农民人均收入达到 19250 元。

大岚镇境内山多、耕地少，2017 年全镇有耕地 5.31 平方千米，林地 32.9 平方千米，园地面积 16.67 平方千米。茶叶、毛竹、花木山林特产丰富。大岚产茶自汉朝始，唐宋已负盛名，陆羽《茶经》记载：姚南瀑布岭出“仙茗”。1932 年，余姚县域有茶园 14290 亩，多在大岚山，年产茶约万担。1938 年后，受战争影响，茶农困苦，茶产业发展迟缓。中华人民共和国成立后，政府大力扶持茶产业，通过制度改革，技术改良，品种优化，促进了茶产业的发展。1957 年，大岚乡生产茶叶 161.5 吨，占县内总产量的 57.27%。2010 年，总产茶 2005 吨，产值 3274.6 万元，产量占全市总产量的 60.6%。2002 年，被命名为“中国高山云雾茶之乡”。2007 年，被认定为浙江省农业特色优势产业茶叶强镇。2010 年，入选第二届“中国名茶之乡”。2011 年起，全镇林特产业结构进行调整，间作茶园套种花木面积扩大，茶叶产量减少，劳动力从业结构调整，劳务输出收入增加，珠茶鲜叶价下调，茶产业进入低潮。20 世纪 90 年代以来花卉产业较快发展，2017 年产值达 5700 万元。除此之外，果蔬种植、水产养殖也逐渐形成特色，如黄家庄等村的番薯、枣子和粉丝产业，柿林村的柿子产业、淡水鱼养殖等。21 世纪以来，大岚农业走上一条绿色发展、创新发展、特色发展的道路，并逐步探索农旅结合，不断提质增效。

大岚镇域工业基础薄弱。中华人民共和国成立后，人民政府扶持发展工业、手工业，加强组织管理，生产逐步恢复发展。1956 年，对私营工业、手工业进行社会主义改造，镇境内先后建起手工业和农机综合性社。20 世纪 70 年代初，装机 500 千瓦的大横山水电站投产。自 20 世纪 80 年代始，工业企业得到发展。1992 年撤区扩镇后，全镇有注册企业 38 家，工业产值占总产值的 56.32%。1993 年，对镇办企业开展以转换经营机制为重点的工业体制改革。2001 年后，工业经济以股份合作、私营企业、个人独资企业为主体，民营企业发展迅速。2009 年，工业产值达 46500 万元，占全镇工农业总产值的 78.11%，随后因生态保护力度的加大，工业产值比重下降。2017 年，大岚工业经数十年的建设发展和积极招商引资，逐步形成农产品加工、小水电站、五金机械、塑料电器、建筑建材、食品纺织、文化产业等加工制造产业，全镇工业产值 64700

万元，占全镇工农业总产值的61.68%。

大岚第三产业起步较晚，但发展快速。直至民国时期，因受交通基础设施制约，商贸经济仍不发达，20世纪50年代初期，仅有个体商业24家，且商品数量极少。中华人民共和国成立后，改善交通，建设粮站，兴办供销合作社，先后规划建设苗猪、蔬菜农贸市场，城乡商贸交流活跃。1978年，我国实行改革开放，政府开始鼓励和扶植个体商业发展。2005年，首家连锁超市开业，2007年家家福超市开业，境内农村兴办便民店（小超市）10家。至2017年，共有个体商店84家，年收入260万元。

境域旅游资源丰富，有丹山赤水等景区、景点20余处。2003年，实施“旅游兴镇”战略，强化旅游软硬件建设。2005年丹山赤水成功创建为AAAA级景区；2010年，被评为省旅游强镇；2013年成为宁波市首批“现代农业生产和乡村旅游标准化示范镇”；2017年，创建成为宁波市乡村全域旅游示范区，带动民宿、农家乐等相关业态快速发展，全镇拥有民宿、酒店、农家旅游28家，引进了“谷舍·大乐之野”等高端民宿。在“两山理念”指导下，以旅游业为代表的大岚第三产业占比不断提高，2017年，达28100万元，占社会总产值的26.8%。

（三）

大岚关山阻隔，可攻可守，自古以来多有义军在此活动。早在东晋隆安三年(399)，“征东将军”孙恩率义军击败苛刻虐民的会稽王世子司马元显；唐至德二年（757），龚历率民起兵在此斗争；宋宣和时，方腊起义军转战到大岚山；明末清初，黄宗羲的抗清义军“世忠营”和自号“大岚洞主”的抗清将领在此结寨；清康熙年间（1662—1722），龚万里聚山民于此与官军斗争。大岚人民在反抗压迫、改造自然中逐渐形成不断开拓的创造精神、坚忍不拔的奋斗精神、凝心聚力的团结精神、爱国爱乡的革命精神。

在新民主主义革命时期，大岚人民更是不畏牺牲、勇担重任，谱写了壮丽乐章。1938年夏，由中国共产党掌握和领导的余姚县战时政治工作队第四区队进驻南岚乡的峙岭村（柿林村），在开展抗日救亡运动的同时，先后建立峙岭、大阵、大俞村党小组。1939年5月，成立了姚南山区最早的党支部——中共峙岭村（柿林村）支部。同月，引领茶农组织进城请愿，和平实现“提高茶价，平抑米价，救济山民，拥护国共合作”的目标。在抗日战争和解放战争期间，大岚人民在中共党组织带领下积极投身战斗，建立红色堡垒村、堡垒户，为“浙纵”三五支队送信、送粮，当联络员，参与大岚歼灭战、蜻蜓岗、大俞战斗、峙岭伏击战和四明山地区彻底剿灭顽军残余的战斗。在此期间，先后有沈荷花、姚亨尧等40名英雄儿女英勇牺牲。

1949年5月，余姚解放。6月，国民党妄图在四明山建立反革命根据地。梁弄区委派俞存朝建立民兵大队，与反革命匪特战斗。10月，以大岚民兵为主力，经平坑等多次战斗，俘虏匪首，荡平匪患。1962年6月，大岚华山建立对空瞭望哨，由华山公社民兵执勤，一直到20世纪80年代初长期坚守岗位，保家卫国。大岚人民英雄辈出，至2017年，全镇有重点优抚对象34人（包括伤残军人）。

（四）

中华人民共和国成立后，随着经济的不断发展，大岚集镇建设和社会公共事业也快速发展，不断满足人民群众日益增长的需要。

1988年，设村镇建设管理机构，兴建街道及街面房屋，集镇逐渐形成，1989年被余姚市政府批准为建制镇。省道浒溪线穿境而过，公路纵横交织，村镇交通便捷。2017年被评为小城镇综合整治工作考核验收宁波市样板镇，向以特色农业和旅游度假为主的生态型小集镇逐步发展。至2017年，镇境内农户到宁波、余姚购买商品房2432套，面积228113平方米，个人储蓄26783.2万元，拥有家庭轿车2503辆，个人移动电话9230部，人民生活从小康奔向富裕。

1951年始，境内先后建起29所中小学校（教育点），高峰时期分布至山区每个角落。2002年，创建成为省教育强镇；2012年，被评为宁波市第一批学前教育示范乡镇。大岚历来有耕读传家、尊师重教的传统，故而人才辈出。物理化学专家夏永姚、神经生物学专家沈承勇、哈佛大学教授鲁茶芬等50余名专家学者活跃在世界各地的各个领域，为家乡发展、祖国繁荣和世界进步贡献力量。

1956年，大岚乡设卫生联合诊所（后改为大岚镇卫生院）。1960年，建立华山管理区保健所（后改为华山乡卫生院）。1992年，华山乡卫生院并入大岚镇卫生院，2017年11月，改称余姚市第二人民医院大岚分院，有医务工作人员23人。同年，全镇拥有村办院管卫生室11个，面积1375平方米，乡村医生10人，城乡居民基本医疗保险参保率达97%。山区群众医疗卫生保障水平显著提高，消灭了地方病，大大降低了传染病发病率。同时，公共卫生事业也长足发展。1952年起，基本每年开展爱国卫生运动。1992年后，实施饮水改造“净水工程”，至2014年基本完成，清洁水覆盖面达100%；实施环卫设施“配套工程”，2007年全面实施农村生活垃圾收集、分类处理，2017年实现垃圾桶装化；实施生活污水“净化工程”，至2017年，9个村完成污水管网建设。2013年，荣获宁波市“我心中最美生态乡镇”称号。2016年，创建成为浙江省卫生镇。2017年，全镇有省卫生村2个，宁波市卫生村4个，余姚市卫生村14个。

1958年，大岚人民公社文化馆建立，“文化大革命”后恢复为文化站，2017年，该站被评估定级为二级综合文化站，藏书3000册。2017年已建立文化中心村5个，村落文化宫14个，文化中心户41户。文体场所遍及村镇，至2017年年底，全镇有篮球场、乒乓球室、门球场、健身路径等场所多处，各行政村也建有村落文化宫、农民公园，开辟棋牌、乒乓球活动室等。除此之外，于1969年始建大岚镇广播电视站，至2017年共有数字电视用户3152户，宽带用户840余户。境内文物古迹留存较多，以清代、民国建筑为主，分布于各村，有赤水桥等4处余姚市文物保护单位，13处其他古建筑。对非物质文化遗产进行了保护和传承，现存亮篾爿制作技艺等非遗13项。

在即将完成第一个百年奋斗目标之际，大岚人民在中国共产党领导下，传承先人艰苦奋斗、开拓创新的精神，在实现伟大中国梦的征程上不断创造新成就，在高质量建设浙东美丽幸福生态小镇的道路上不断奏响新凯歌。

大事记

唐

咸通元年（860）

3 月，裘甫起义军攻占余姚，杀丞尉。
6 月，裘甫于剡城被俘，裨将刘从简率壮士五百据守大岚山。次月，败走台州。

北宋

宣和二年（1120）

方腊农民军自大岚山进兵攻余姚，后向南挺进，直插浙南。

清

顺治五年（1648）

邑人王翊结十八壮士于四明山、大岚山结寨抗清，与舟山黄斌卿相呼应。一度功克上虞、新昌，威震浙东。七年，清兵攻破山寨。八年，王翊被俘殉难。

康熙十三年（1674）

龚万里据大岚山，与降清的靖南王耿精忠遥相呼应，举兵反清，后为清兵所杀。

康熙四十七年（1708）

大岚山张念一（僧一念）拥朱三太子朱慈焕聚众反清，旋为清兵镇压。
是年，设绍兴同知分府于梁弄，辖宁波、绍兴、台州 3 郡接壤之地。

咸丰九年（1859）

里人沈云章募建柿林赤水桥，同治元年（1862）竣工。

同治元年（1862）

新岚村甘竹自然村西，新建境内首家榨油厂。

光绪三十四年（1908）

析四明乡，首置南岚乡，属绍兴府余姚县。

中华民国

民国2年（1913）

反袁世凯失败后，蒋介石被北洋军通缉，曾一度躲藏在四明山四窗岩。

民国17年（1928）

南岚乡有1948户，8988人，其中男5119人，女3869人。

民国23年（1934）

大岚、左溪数千茶农进城请愿，要求提高茶价。

秋，大旱，山区饥荒四起，台风袭境，晚稻受损。

民国27年（1938）

冬，先后建立峙岭、大阵、大俞村党小组。

民国28年（1939）

春，大岚茶农请愿，县长林泽接受提高茶价要求，调整茶、米比价。

5月，设立中共余姚山区特派员制，下辖峙岭、大阵2个支部。

民国30年（1941）

5月下旬，日军分路“扫荡”四明山，余姚县政府由岩头撤至北溪、唐田，后迁黄家庄。

5月30日，为阻止日军进攻大岚，夏家岭村民夏采冬以石垒布阵，扼守在羊额岭顶。由于守半山的国民党部队不战而退，日军便衣队得以顺利上山，将夏采冬枪杀。

同日，日军从大皎、羊额岭分两路夹击大岚，路过的各个村庄均被烧杀抢掠。又在分水岭烧毁一座寺院，抓走18名来不及隐蔽的国民党部队伤员，用刺刀一一捅死。

12月，日军再次分路“扫荡”四明山，县政府退至嵊县晋溪。次年5月迁回黄家庄。

民国31年（1942）

夏，建立中共大岚区委员会。

11月，汪伪第10师窜扰夏家岭、黄家庄，国民党县政府迁入峙岭。次月，伪军10师1营占据梁弄镇。

民国32年（1943）

8月13日，三北抗日武装夜袭驻夏家岭、丁家畈、石鼓里一线进行反共活动的国民党县自卫总队第二支队（又称肖二支队），俘县长夏铭章、支队长萧文德及官兵百余人，在签订“抗日公约”后释放。

8月23日，南岚、白鹿、晓云和鄞县杖锡四乡在当地驻军、姚南县领导下，召开乡保长和绅士大会，讨论抗日防匪、保卫家乡。决定成立大岚区人民抗日常备队。24日又成立大岚农会筹备委员会。

11月6日，第二次浙东反顽自卫战争开始，三北游击司令部主动撤离梁弄，经蜻蜓岗、大俞、峙岭、东西岙（在奉化境内）、前方等地战斗，予顽军“挺三”“挺四”以重创。

12月8日，日军1500人分路“扫荡”四明山，先占梁弄，纵火烧毁夏家岭、南黄、大山等十余村。

民国33年（1944）

春，建立大岚区区署。

秋，大岚区南岚乡在雅庄成立生产合作社，各村建立分社。

民国34年（1945）

4月1日，浙东银行成立，发行抗币，为浙东行政区本位货币。抗币开始在大岚流通。

4月，建立大岚乡乡公所，选举中共党员马才炳为乡长。

9月20日，中共中央电令浙东根据地党政军北撤。30日，中共浙东区委员会发表《忍痛告别浙东父老兄弟姐妹书》，党、政、军1.5万余人分批北撤。北撤队员中，柿林村有22人。

民国35年（1946）

6月，黄连奉朱洪山命令，带领武工队员沈功甲、诸克才等8人夜袭设在雅庄保长鲁夏福家的会场，当场活抓县参议员鲁家我、乡长鲁康，随即处决。

民国36年（1947）

4月，四明工委新成立山心县工委，将姚虞县大岚区划归山心县。9月，撤销山心县，大岚区复归姚虞县工委。

民国37年（1948）

2月，大岚区又归属嵊新奉县工委，同年夏建立中共大岚区委员会。

是年夏，大岚建立区署，区长虞鸣飞，下属乡在姚南的有南岚、白鹿两乡。

11月8日，浙东人民解放军五支队在大岚大俞村宿营，被“浙保”一团和敌二区专员侦悉，分两路向五支队驻地奔袭。五支队反击取胜，俘敌17人，缴获步枪17支，并无一伤亡，随即转移。

11月18日，国民党浙江保安队以一营兵力进攻峙岭、李家坑，被浙东人民解放军击退。

民国38年（1949）

4月，国民党政权即将覆灭，已宣告下野的蒋介石返回奉化溪口老家，第二次上四窗岩。

5月23日，余姚宣告解放。

6月，建立南岚乡人民政府。

中华人民共和国

1949年

10月，将田赋、公粮、公柴及乡村经费等各项税费合并，统一征收，称为农业税。

是月，废保甲制，设置行政村。

1950年

3月，成立梁弄区供销合作社，境内设3个商业分店。

5月，南岚乡分设南岚、大岚、新岚3个乡。

是月，土匪鲁飞在让贤乡杀害民兵队长，又在大岚乡抢走民兵步枪、土炮、手榴弹等兵用物资。

冬，中共余姚县委派工作队进驻境内各乡，开始进行土地改革。

1951年

2—6月，掀起抗美援朝高潮，境内青年踊跃报名参加中国人民志愿军。

8月，各乡土地改革基本完成，废除几千年的封建剥削制度，实现耕者有其田，生产力得解放。

9月，大岚乡二村创办余家横小学。

1952年

2月4日，建立“三岚”供应站，成立大会在雅庄村召开，站址丁家畈岳殿。

9月，大岚、南岚、新岚乡均成立手工业互助组（同业小组）。

是月，南岚乡三、四村创办石鼓小学、黄家庄小学。

是年，国家工作人员（包括公立教师）开始实行公费医疗制度。

1953年

2月，境内开展《中华人民共和国婚姻法》宣传月活动。

3月26日晚至27日，大岚乡召开农民协会会员代表大会，参加会员114人。

5月，梁弄茶站收购“三岚”春茶70.07吨。

6月始，连旱59天，大岚乡169.93公顷中汛稻，晒白79.5公顷，不能挽救13.98公顷。

7月，全乡发生猪丹毒，病猪60头，其中死40头。

9月，南岚乡一村大俞小学开学。

是年，西岭下村发生火灾，烧毁房屋28间，受灾25户。

1954年

3月，各乡召开第一届人民代表大会，实行乡人民代表大会制度。

8月9日，梁弄区在大岚召开“三岚一鹿”农代会，参会465人。

是年，建立“三岚”信用社组，各村建立初级社和互助组。

1955年

3月，粮食代购代销及资金划归梁弄粮管所统一管理，农村实行粮食定产、定购、定销政策，统购3年一定，统销1年一定。

6—9月，暴雨，山洪暴发。

9月，后朱村校开学。

12月，大岚、南岚乡召开水稻良种“老来青”推广会，参加对象有党员、人民代表，以及社、组骨干72人。

1956年

1月，设大岚邮电代办所。

3月，大岚乡成立地方病防治工作领导小组。

4月，大岚、南岚、新岚乡合并为大岚乡，同时建立乡人民委员会，其中划出前路坑村归属晓云乡。

5月，设置大岚信用社、大岚卫生联合诊所。

8月1日，台风袭击，全乡2212户，受灾1312户，倒楼屋122间，平屋126间，草屋248间，猪舍265间，倒墙162堵，受伤15人，拔大木13962株、毛竹310000株。

9月，柿林、甘竹、邱庄村校开学。

是年，大岚乡五星农业生产合作社（茶叶生产）获浙江省先进集体。

是年，建立大岚粮油购销站（简称粮站），对私营工业、手工业进行社会主义改造，公私合营大隆米厂改组为梁弄粮食加工中心厂，下设大岚车间。

是年，原上虞县的大泽乡庄里5户划入余姚县大岚乡黄家庄村。

1957年

5月，开展社会主义教育运动。党内开展整风。

9月9日，全县中小学教师集中开展“反右”斗争，境内少数教师被错划为“右派分子”，至1980年全部纠正。

是年，境内部分村百日咳流行，次年纳入县防疫站呼吸道传染病管理重点预防乡。

是年，大岚乡五星农业生产合作社（茶叶生产）获浙江省先进集体。

1958年

5月，浒山至溪口公路（简称浒溪线）通货车到夏家岭。

是月，贯彻“鼓足干劲，力争上游，多快好省建设社会主义”总路线，境内掀起“大跃进”运动。

9月，上马、华山村校及大岚初中附设在雅庄中心小学开学。12月初中班迁移到丁家畈新校舍。

10月，建立中共大岚公社委员会、管委会。

是年，建立余姚县大岚供销合作社和大岚人民公社保健院。境内办起多个炭窑厂，抽调农村大批青壮年组成“木炭兵团”“铁砂兵团”等，土法上马、大办钢铁，造成经济浪费，山林严重受损，至次年下半年停办。

是年，原鄞县杖锡乡五星农业社的田屋里、坑角头自然村划入大岚乡的明星农业社。

1959年

3月，传达贯彻中共中央《关于整顿和建设人民公社问题》的指示（即郑州会议精神），实行公社、大队、生产队“三级所有，队为基础”的体制，纠正“一平二调”错误做法。

是月，大岚公社下设大岚、南岚、新岚3个管理区党总支、管委会。

5月，建立大岚粮管所。7月，梁弄米厂大岚车间改名为地方国营米厂。

是年，各大队建立农村保健室。大岚供销社改称为大岚供销部。

是年，始通客运到大岚丁家畈石灰窑。

是年，奉化县董村公社唐田管理区北溪大队的大岩下、横山岗自然村划入余姚县大岚公社南岚管理区华山大俞生产大队。

1960年

1月，余家横至李家塔公路（简称李余线）开始动工，1969年竣工通车。

2月，后朱大队发生火灾，烧毁楼房86间，平房54间，草房43间，粮食35吨，受灾78户。

3月，大岚公社七姐妹试验农场获“全国三八红旗集体”称号。

4月18日，经县首届民兵代表会推荐，大岚公社甘竹大队民兵郑水金等4人赴京出席全国民兵代表大会，受到毛泽东、朱德等中央领导接见，并各授予56式半自动步枪1支。

6月，原上虞县的长弄、黑龙潭、阴地大队划入余姚县大岚公社南岚管理区。

7月，建立中共四明山公社委员会，设华山等5个管理区总支。南岚管理区的大俞、大元基、半岭、华山、黄家庄和前述上虞县划入的3个大队归属华山管理区。

9月，四丰村校开学。

12月，四明山地区建成民兵联防电话线路。

1961年

1月18日13时40分，大岚供销部失火，烧毁楼房5间，平房5间，折毁房屋7间，商品、账册及13名职工的私人财物全部焚毁，计经济损失62842元，2名职工遇难。

3月，贯彻《农村人民公社工作条例（草案）》，恢复按劳分配制度。停办食堂，纠正平均主义和瞎指挥等错误，

5月，建立四明山粮管所。

8月30日，由四明山区邻近5个县，6个区所属的大岚等14个公社民兵，组成“四明山地区民兵联防委员会”，至1981年4月撤销。

9月，大岚粮管所改称为大岚粮油购销站。

10月，建立四明山区党委，区公所，撤销管理区，设公社。华山管理区称华山公社，隶属四明山区，大岚、新岚，南岚合并为大岚、新岚公社，仍属梁弄区管辖。

是年，大岚供销部分设大岚、新岚供销社。在现丹山路新建5间2楼供销社办公及营业楼，建筑面积175平方米。

是年，国家收购生猪采取奖售饲料的政策。

1962年

4月，对烟、酒、糖3种商品由县统一发票凭票供应；对盐、酱油、醋、火柴等12种商品凭购凭证限量供应。根据中央关于收购重要经济作物实行粮食奖励的指示，规定每收购茶叶100元，奖粮食10千克。

6月，新岚、大岚两公社合并，称大岚公社。

是月，收购毛竹100支，奖售粮食10千克，布票2市尺。

9月3—7日，14号台风袭击，连降暴雨，全县平均降水量566.7毫米，山洪暴发，人畜有伤，中稻减产。

是月，狼群发展到伤人，政府派武装围歼始灭。

是月，生猪奖售饲料每头增加到40千克。

11月，规定繁殖水牛1头、黄牛1头分别奖售饲料粮40千克和25千克。

是年，县人武部决定在华山建立对空瞭望哨，至1981年1月撤销。

1963年

3月18日至4月11日，县分批召开三次干部大会，学习中共中央八届十中全会公报和中共中央《关于进一步巩固人民公社集体经济，发展农业生产的决定》。

10月，贯彻中共中央、国务院《关于认真提倡计划生育》指示。

是月，撤销大岚公社邮电局，设大岚邮电所。

11月，浒溪线公路延伸至四明山梨洲。

12月，对农副产品收购实行统一领导，分级管理制度。

1964年

7月1日零时，开展第二次人口普查，时境内有2590户，11532人，其中男6187人，女5345人。

11月，大岚公社从梁弄区划归四明山区管辖。

是年，毛泽东主席发出“农业学大寨”的号召，镇境内各乡因地制宜，学习大寨精神，开展治水改土造田运动。同时各村开展“小四清”（清账目、清仓库、清财物、清工分）。

1965年

2月，县召开三级干部大会和贫下中农代表大会，学习中共中央《关于农村社会主义教育运动中目前提出的一些问题》（即“二十三条”）。

10月，开展以“清政治、清思想、清经济、清组织”为主要内容的社会主义教育运动（简称“大四清”）。

1966年

1月，原上虞县戴王、糜山大队划入大岚公社。

5月，掀起学习毛泽东著作热潮，提出“把突出政治，活学活用毛泽东著作放在各行工作的首位”。

9月，大岚初中成立“红卫兵”组织。镇境内大搞破“四旧”（旧思想、旧文化、旧风俗、旧习惯）。

10月1日，11名初中师生赴北京，在天安门广场受到毛泽东检阅。

11月，初中师生开始“停课闹革命”，组织远征队开展“革命串联”。

12月，四明山区大横山电站动工，1970年10月建成投产，后增扩装机1140千瓦。

是年，大岚、华山规模偏小大队办起10所低段小学（陶家坑、大路、观下、分水岭、城山司、夏家岭、半岭、大元基、龙潭、长弄小学）。

是年，规定山区农村口粮不低于215千克。

1967年

3月3日至4月30日，境内发生流行性脑髓膜炎131例，其中华山公社34例。

3月起，四明山区及所属公社成立以武装干部为主的区、社生产领导班子，负责“抓革命、促生产”工作。

7月19日，县革命造反派联合委员会（简称“县联委”）围攻县级机关宿舍大楼，深夜不散。次日清晨，大岚、华山等山区农民约300人进城解围，冲击“县联委”，冲突中各有死伤。

是年，恢复大岚供销社。

1968年

4月，开展忠于无产阶级革命路线、忠于毛主席、忠于毛泽东思想的“三忠于”活动，读毛主席语录，表忠心。

是年，开展“农业学大寨”运动，限制家庭副业，批判资本主义自发倾向。

1969 年

1 月，大队保健员、卫生员改称“赤脚医生”。村保健室称村合作医疗站，实行农村合作医疗制度。

8 月，公办小学下放到大队办，公办教师均回原籍任教。

12 月，建立大岚、华山公社广播放大站。

是年，大岚公社 8 个大队建立第一批茶叶初制加工厂，共安装制茶机械 79 台。

1970 年

2 月，华山公社中心小学附设初中班。

2—6 月，开展“一打三反”（打击现行反革命、反对贪污盗窃、投机倒把、铺张浪费）斗争。

5 月，县下达 1970 年战备建设计划，确定大岚粮站备仓 500 吨，扩建 6、7 号粮库 350 平方米。

7—8 月，掀起“农业学大寨”高潮。公社响应县革委会提出“上学上岗、下学龙角”口号。

10 月，建办大岚农机五金厂。

12 月，成立大岚公社电影放映队。

是年，大岚 9 个大队办起戴帽初中。

1971 年

3 月 9—14 日，县委召开首届活学活用毛泽东思想积极分子、四好连队、五好民兵代表大会。县革委会、县人民武装部授予华山民兵瞭望哨所为民兵活学活用毛泽东思想先进集体。

7 月，恢复中共四明山区委，大岚、华山公社党委。

10 月 17—24 日，县召开党员干部大会，传达中共中央关于林彪叛党叛国的文件，开展批林整风运动，11 月初传达至境内各村群众。

是年，始建华山水库，至 1977 年竣工，总库容 108 万立方米。

是年，大岚公社保健所迁入新址（今烈士陵园西）。

1972 年

2 月 5—12 月，连降 8 天大雪，平原积雪 30 厘米，大岚、华山农村积雪 2 米，公路交通中断。

11 月，公办教师由县文教局行政部门统一管理。

是年，大岚公社丁家畈大队首置工农 12 型拖拉机 1 台。

1973 年

2 月，建立大岚、华山公社农科站，形成县、区、社、队四级农科网。

9 月，对 1966 年底前参加工作的民办教职工增加工资补贴。

是年，境内种植以“珍珠矮”为主的中汛稻，面积 528.67 公顷，产量 3337.45 吨，创历史最高水平。

1974 年

春，华山公社在白莲庄自然村开办公社茶场。

5 月，大岚公社在东潘建立“五七”中学，首届招收两年制高中 1 班。1979 年改办初级中学。

6 月，余家横至雅庄公路建成通车。

是年，大岚公社年生猪饲养量 11982 头，每农户平均 4.85 头；华山公社饲养 2834 头，户均 4.69 头，两公社人均 1.02 头。能繁殖母猪 1459 头（包括华山），苗猪交易市场成规模。

是年，建立大岚公社机电站。

1975 年

9 月，大岚公社率先使用电动打稻机，工效比脚踏打稻机高 20 倍。

10 月，区建立农业学大寨工作队，深入开展农业学大寨运动。

是年，生猪一律由当地食品站统购统派，集体和个人不得直接与商业单位外的任何单位交易。

是年，大岚公社在陶家坑自然村内开垦荒山办茶场。

1976 年

1 月 8 日，国务院总理周恩来逝世，境内人民沉痛哀悼。

4 月，各乡推广试种杂交水稻。

9 月 9 日，毛泽东主席逝世，各村、企事业单位设灵堂举行悼念活动。

是年，鄞州区细岭至大岚夹山村公路（余姚段）开工，至 1983 年竣工通车。

1977 年

1 月，连续下雪 21 天，平原积雪 20 厘米，大岚、华山积雪 100 厘米以上，公路交通一度中断。

2 月，揭发批判江青反革命集团，清查与江青反革命集团阴谋有牵连的人和事。

12 月，始建华山电站（站址大俞村），总装机 200 千瓦。1979 年 12 月投产，1981 年扩机 200 千瓦，1990 年又增扩 100 千瓦。

是年，大电网普及全县，大岚境内村村通电。

是年，柿林大队为开采高岭土资源，在相峙山崖上架起高空速道。

是年，上马大队马春联被评为浙江省优秀“赤脚医生”。

1978 年

12 月底，各乡组织党员干部学习贯彻中共十一届三中全会精神。

是月，撤销区、公社教育干部制，设区、社中心校，改为校长制。

是年，建立大岚、华山公社社队工业办公室（简称“工办”）。

1979 年

1 月，开始对地主、富农、反革命分子和坏分子（简称“四类分子”），开展评审摘帽工作。

2 月，各村普遍推行农业生产管理承包责任制，采取包工定额计分，提高生产效力。

5 月，丁家畈至后朱公路建成通车。

夏，上海电影制片厂到大岚柿林村拍摄电影《曙光》。

11 月，始建白鳖洞电站，总装机 1200 千瓦，1982 年 7 月投产。

12 月，建立大岚茶叶精制厂。

1980 年

1 月，现境内开展计划生育宣传月活动。

3 月，供销部门引导农户种植垂盆草，增加家庭收入。

5 月，邱庄至四丰段公路，蜻蜓岗至峙岭公路建成通车。

12 月，乡镇人民代表大会制度得以恢复，大岚、华山公社均召开人民代表大会。

是月，大岚电讯厂建立。

是年，新建 3 楼 7 开间大岚供销综合楼，建筑面积 840 平方米。

1981 年

1 月，始建柿林电站，总装机 260 千瓦。1984 年 7 月投产。

3 月，建立大岚人民公社文化站。

4 月，建立大岚绣花厂。

7 月，大岚、华山公社组织党员干部学习中共十一届六中全会《关于建国以来党的若干历史问题的决议》，统一对“文化大革命”的认识。

11—12 月，境内农村实行家庭联产承包责任制。

1982 年

5 月，吊台跨至阴地公路建成通车。2006 年 6—12 月，砂石路面改成水泥混凝土路面，投资 176 万元。

7 月 1 日零时，开展第三次人口普查，现境内有 3956 户，15489 人，其中男 8185 人，女 7304 人。

10 月，大岚食品厂建立。

是年，大俞四窗岩电站始建，总装机 200 千瓦，1984 年 7 月投产。

1983 年

1 月起，大岚、华山公社按照中共四明山区委《林特业实行联产承包责任制的试行办法》，对茶、竹、林试行“包干到户”为主的联产承包责任制。

4 月，华山公社小学教师单梅芳出席全国“五讲四美”为人师表先进代表会议。

8 月，改变“政社合一”的人民公社体制，恢复乡镇人民政府，并以乡镇建立经济联合社，乡以下为村。

9 月，公社保健所更名为大岚、华山乡卫生院。

是年，蜻蜓岗、团结、观下、雅庄大队分设为 9 个村。

是年，大岚供销社被评为省先进集体。

1984年

3月，建立大岚塑胶厂。

8月，动工建造大岚初级中学4层教学楼。1985年底竣工。

是年，大岚精制茶厂生产的天坛牌特级珠茶（3505），获西班牙马德里举办的23届世界优质食品评选大会金奖。

是年，供销部门食糖敞开供应。

1985年

1月1日，中共中央下发〔1985〕1号文件，决定从1985年起取消农产品统一派购制度。农作物种植由指令性改为指导性，农村粮、棉、油实施合同定购，镇境内的征购指标取消。

1月起，猪肉购销全部敞开，价格随行就市。

2月，实行“分级办学、分级管理”教育管理体制改革，学校下放到乡、村管理。

5月，大岚召开第六届人民代表二次会议，通过《关于改革教育管理体制，实行分级办学，分级管理若干规定的实施意见》。

9月10日，庆祝第一个教师节，各乡领导班子开展进校慰问活动。

10月，建立大岚乡敬老院，院址在陶家坑茶场。1986年10月迁址东潘。

1986年

1月，建立乡财政，现境内各乡均成立财政组。

6月，按先乡属机关部门、企事业单位党组织，后村党组织分批开展整党，至次年6月结束。同时，重视共青团组织建设。

是年，余姚市被列为全国珠茶出口基地之一，主要产区在现境内。

1987年

春，大岚乡发生猪瘟，饲养户损失惨重。

7月，开始颁发居民身份证，至次年完成。

11月，始建华山乡长弄电站，总装机320千瓦，1989年6月投产。

冬，开展第一次教师职称评定工作，境内教师初获职称。

是年，大岚供销社、信用社分别在丹山路新建9间3楼商业大楼和5间3楼营业及宿舍楼。

1988年

1月18日，上海工业大学余姚市花岗石联营公司开业，朱之光、黄连等领导参加开业典礼。

是月，纺车岩电站始建，总装机250千瓦，1989年1月投产。

3月，大岚、华山乡建立纪律检查小组。

5月，创制名茶“四明龙尖”。

7月29—30日，现境内遭特大暴雨袭击，境内降雨量318毫米，多处山洪暴发，粮田倒坎进沙，中汛稻受淹减产。

9月，蜻蜓岗村发生火灾，烧毁民舍24间，受灾16户。

10月，大岚乡建立民警值班室。

是年，建小集镇蔬菜市场（场址现卫生院）。成立大岚建筑工程队。

1989年

5月，大岚乡柿林村大东岗集体茶园依约回收经营后，部分农户仍上山擅自抢摘。村、乡组织力量进行劝阻无效，矛盾渐增。市政府组织人员依法处置，事件得以平息。

8月，现境内调整小学教育网点：陶家坑、半岭、长弄、大岩下、杂柴坪小学分别并入石鼓、大俞、黄家庄、华山小学。

10月，市委、市政府召开全市林业工作会议，提出一年准备，四年消灭荒山，八年绿化余姚的规划目标。

11月，大岚撤乡建镇。

是年，宁波市电业局、民政局、余姚市二轻局、余姚镇结对帮扶大岚镇、华山乡。

1990年

7月1日零时，开展第四次人口普查，现境内有4489户，14794人，其中男7819人，女6975人。

8月30日至9月1日，受15号台风和特大暴雨影响，大岚、华山降雨量438毫米。

10月，大岚镇民警执勤室协助市公安局刑侦队，破获首起柿林商店蒙面杀人案，案犯夏某逃亡。

是年，市委、市政府对贫困老区建设制定10条优惠政策措施。

是年，成立中国人民财产保险股份有限公司大岚保险服务站。

是年，大岚境内各乡开展第二届村民委员会换届选举。

1991年

是年，“四明龙尖”在杭州国际茶文化节上获“名茶新秀”之冠。

是年，大岚镇成为全市第六批实施九年义务教育乡镇。

1992年

5月，全市乡镇行政区划调整，华山乡并入大岚镇。市委任命沈惠康为镇党委书记，市政府公布政务组成人员名单。

6月6日，召开镇第八届人民代表四次会议，原乡镇101名代表出席，选举郑世根为镇人大主席团常务主席，唐勤山为镇长。

8月30—31日，遭16号强热带风暴袭击，风力9～10级，伴暴雨。全市最大雨量地区在大岚境内，达584毫米，中汛稻受淹。9月22—23日，又受19号台风影响，雨量最大地区在华山，达241毫米，粮食减产。

10月，华山村大岩下电站建成投产，装机容量200千瓦，总投入资金70万元。

11月，建立大岚镇居民委员会。

是年，华山中心小学、卫生院、供销社、信用社等部门并入大岚镇归口管理。

是年，各类粮票停止使用。

1993年

1月4日，召开中共大岚镇第八次党员代表大会，选举唐勤山为镇党委书记。

2月12日，召开镇第九届人民代表大会，选举郑世根为镇人大主席团常务主席，王林君为镇长。

9月，戴王电站建成投产，装机200千瓦，总投资75.5万元。

冬，开通程控电话，装机180门。

是年，贯彻中共十四届三中全会《关于建立社会主义市场经济体制若干问题的决定》后，大岚粮油供应站、供销社推行经营承包责任制。

1994年

1月，大俞村坑角头电站投产，装机250千瓦，总投资75万元。大元基一、二级电站相继投产，装机235千瓦。

5月，首批有线电视在丁家畈村内开通。

6月，制定《余姚市大岚镇“万亩优质茶基地”规划》，发展“一优二高”林业。

11月，市人民代表大会常务委员会通过关于实施林特扶贫“1215”工程决议，即要求经过4年努力，达到贫困山区人均拥有2亩以上的经济林，年产值1500元。

是年，镇党委制定《关于发展个体企业实行若干优惠政策的规定》后，新引进镇、村个体企业10家。

是年，实施产权制度改革。上海工业大学余姚花岗石联营公司经营机制转换；镇属电站实施责任承包管理，职工收入同效益挂钩。

是年，柿林村党支部书记沈永楼获浙江省奔小康带头人。

1995年

1月，市文化局主办第一届四明山电影节，送文化下乡活动。

4月，成立大岚镇划定基本农田保护区领导小组，组织行政村开展划设保护区工作。

5月5日，横泾电站建成投产，装机1260千瓦，总投资680万元。

10月，四明龙尖名茶被评为第二届中国农业博览会金奖。

是年，开始实施“1215”工程建设，境内掀起低产茶园、竹园、林种改造。

是年，新建镇校主体工程和镇中宿舍楼用房，面积2500平方米。

1996年

1月23日，召开中共大岚镇第九次代表大会，选举张百成为镇党委书记。

2月6日，召开镇第十届人民代表大会，选举郑世根为镇人大主席，王林君为镇长。

5月，中国太平洋保险（集团）股份有限公司设大岚保险服务所。

6月，甘竹至上马公路开工建设，同年9月竣工。

9月，镇中心小学移址丁家畈新校舍。教育网点大幅度调整，14所村小学并入镇校。

10月，帅康集团公司资助黄家庄村30万元，建“帅康希望小学”，1997年竣工。

11月，市林业局在大岚镇召开“1215”工程建设现场会议。

是年，新建镇中综合楼，面积720平方米。投资36.8万元，黄家庄、雅庄、戴麋、夏家岭等村进行饮水改造，受益868户，2684人口饮上自来水和清洁水。

1997年

4—9月，投资673.8万元，梁弄至大岚段浒溪线公路进行拓宽改造，浇筑水泥混凝土路面1.1千米和沥青路面14.9千米。

5月，龙潭股份制电站开工，装机800千瓦，投资400万元，1998年11月28日建成投产。

是年，投资32.7万元，对龙潭、长弄、分水岭、四丰、甘竹等村饮水改造，受益804户，2054人口饮用水困难问题得到解决。

是年，投入60余万元，完成下庄、大陈、朱家宅村农田灌溉渠道3900米和西岭下—蜻蜓岗倒洪吸700米水利设施维修。

是年，完成丁家畈—麋山4.3千米机耕路拓宽改造。

1998年

1月，阴地电站建成投产，装机容量250千瓦，总投资200万元。

4月1日，辖区内实施遗体火化。

6月，成立大岚镇土地资源管理所。是月，西岭下—大俞一期公路开工，同年11月竣工。

8月30日，全镇26个行政村党支部进行换届选举，产生支部委员38名。

11月19日，华山水库大坝迎水坡大面积滑坡，被立为浙江省重点病险水库。

是月，四明龙尖名茶被评为浙江省优质农产品。

12月23日，中共大岚镇第十次代表会召开，选举王林君为镇委书记。

是年，各村完成第二轮土地延包，同时签订承包合同和发放农户土地承包权证。

是年，原址翻建甘竹村校，面积452平方米。全镇实施义务教育段小学、初中免收学费。2008年秋起，课本、作业本费全免。

1999年

1月28日，召开镇第十一届人民代表大会，选举王林君为镇人大主席，沈立群为镇长。

1月29日，经新华社新闻研究所推荐，沈远波（大岚柿林人、余姚报社记者）入选《中国专家人名辞典》和《中华人物辞海·当代文化卷》。

3月，开展第五次村民委员会换届选举工作，由全体选民直接提名推选村委会候选人，8月底结束。

4月26日，由宁波市中联公司、余姚市慈善总会、镇、村共同参股开办四明山矿泉水厂，总投资150万元，生产的“天涌牌”矿泉水正式投产。

5月25日，大岚镇党委、镇人民政府主办的《丹山赤水》月报正式出刊。

6月，首批有线电视用户在丁家畈村内开通。华山至大元基公路开工，同年11月竣工。

7月，完成华山水库一期大坝抢修任务。

8月，开展农村宅基地专项治理工作。

是年，雅庄村校原址翻建，面积1316平方米。

是年，大岚供销社、大岚粮油供应站等商贸企业改制结束。

2000年

1月18日，召开镇第十一届人民代表大会二次会议，同意沈立群辞去镇长职务，补选鲁章敖为镇长。

是月，黄家庄至长弄公路开工，总投资38万元，2001年6月竣工验收。

7月7日，余姚市大横山发电站顺利完成转制工作，成立余姚市大横山水电有限责任公司，开始按股份制方式实施管理。

8月，大岚镇“四明龙尖”获第二届国际名茶评比金奖。

9月13—15日，全镇受14号台风“桑美”严重影响，最大风力12级，全市平均降雨量231毫米，山区平均降雨量335毫米，夏家岭达到749毫米，超过1962年9月的14号台风降雨量。

10月，余姚市清心茶叶有限公司建立，设址在大岚村邱庄自然村。

12月25日，大岚镇农贸市场建成开业，占地面积1000平方米，建筑面积250平方米。

2001年

4月，开展行政村区划调整，30个行政村合并为14个行政村。

12月28日，召开中共大岚镇第十一次代表大会，选举鲁章敖为镇党委书记。

是月，成立余姚市大岚镇名茶协会。

是年，集镇道路硬化2万平方米，新增绿化1400平方米，每人绿化达6平方米。新建垃圾场200平方米。

是年，投资25万元，龙潭至上虞公路竣工；投资1500万元，完成农村电网改造工程；投资600万元，新建柿林、蜻蜓岗、上马3个手机信号接收塔。

是年，总投资1200万元以“丹山赤水”为中心的景区开发项目通过专家论证会会审，开始建设。

是年，镇中心小学综合楼竣工面积1100平方米，投资70万元。

2002年

1月18日，召开镇第十二届人民代表大会，选举鲁章敖为镇人大主席，徐康林为镇长。

是月，市农林局制定“余姚市番鸭上山工程”实施意见，以大岚镇为主实施。

4月，经全国农村特色经济之乡评委和有关部门、单位的考察评定，大岚镇获“中国高山云雾茶之乡”称号。

5月，丹山赤水风景区成为市级风景名胜区，9月底试营业；此景区为柿林村境域内，面积6.05

平方千米。

5月8号，“四明龙尖”在杭州举行的中国精品名茶博览会上，再次获得金奖。

11月，大岚镇中学、镇中心小学食宿楼竣工使用，总投资216万元。

是年，镇政府投资30万元，铺设管道1500米，引华山库水解决集镇居民饮用水。

是年，全镇改良茶园100公顷，引进“浙农139”“龙井43”等茶种5个。

是年，新岚、后朱两村建立花卉生产样板基地170亩，得到市农办资金扶助。

是年，大岚镇获评省教育强镇。

2003年

5月23日，召开镇第十二届人民代表大会三次会议，同意徐康林辞去镇长职务，补选潘银浩为镇长。

10月，镇政府等共同主办首届丹山赤水柿子节。

是年，投资420万元，改造柿林至白鳖洞旅游公路及半岭至大俞简易公路。

是年，投资500万元，清理露天粪缸4992个，建简易户厕74座，硬化道路4500平方米。投资30万元，建成集镇排污系统。

是年，在柿林村创办全镇首个村落文化宫。

是年，上马村被评为宁波市农机化示范基地。

2004年

1月起，市政府决定农业税和农业特产税一同免征。

1月8日，召开镇第十二届人民代表大会四次会议，鲁章敖辞去镇人大主席职务的提请，补选郑桂春为镇人大主席。

3月，由市水利局委托中国电建集团华东勘测设计研究院编制的《余姚大岚抽水蓄能电站选点规划报告》完成，该电站规划总装机容量为40万千瓦，设计年发电量为6.7亿千瓦时，电站静态总投资约12亿元。此项建设规划尚未实施。

是月，在大路下等村建立省优质茶园示范基地33.3公顷，种植无性系良种茶苗250万株。

5月9日，大岚镇成立全市首个外出创业人员党支部。

8月，华山、甘竹、雅庄、石鼓、黄家庄5所小学并入镇中心小学，教育网点调整结束。

10月12日，第二届丹山赤水柿子节开幕。

12月12日，丹山赤水景区成为余姚市首家AAA级景区。

是月，大岚后路田水库开始实施千库保安工程，总投资168.87万元。

是年，扩建大岚山至姚江源头公路。

是年，镇中心小学被评为宁波市现代化达纲学校。

2005年

3月20日，宁波市“同饮姚江水，共护母亲河”生态环保活动在大岚镇姚江源头举行启动仪式，省委常委、宁波市委书记巴音朝鲁为姚江源头“青年林”题词。

6月1日，李俞线至上马、雅庄，细北线大俞至北溪，细夹线分水岭至夹山等4条砂路改柏油公路经验收合格，共长11.2千米，总投资551.3万元。

6月17日，省委副书记乔传秀，省委常委、宁波市委书记巴音朝鲁陪同考察大岚柿林村。

是月，成立余姚市大岚镇高山茶叶研究所。

7月25—28日，全市大岚、梁弄、四明山、东南等乡镇（街道）的987户、2976名群众顺利下山安置落户，该项目通过宁波市下山移民验收组验收。

10月12日，第三届丹山赤水柿子节拉开帷幕，各地游客和新闻媒体记者数百人参加开幕式。

12月22日，丹山赤水风景区被国家旅游局命名为AAAA级景区。

是年，制定第一轮《大岚镇城镇总体规划（2005—2020）》。

是年，柿林村被命名为首批宁波文化名村。后朱至鹿亭乡岩头新建公路验收合格，全长2.26千米，总投资100万元。

2006年

1月，柿林村被评为浙江省特色农家乐示范基地。

3月9日，省委副书记周国富考察柿林村。

是月，联系12家省内茶机具企业，在镇举办市首次茶叶机械展示展销会，农户购买茶机110台。

4月，镇举办第一届“神奇大岚”茶文化旅游活动。

6月28日，2006年中国（浙江）红色旅游活动周开幕，由全国红色旅游工作协商小组办公室、省旅游局、宁波市政府和嘉兴市政府联合举办，全国各地的红色旅游经典景区、旅行社代表及专家学者250多人参加。在此期间，国家旅游局副局长杜一力赴丹山赤水景区参观指导。

6月29日，中共余姚四明山第一支部纪念室正式对外开放。省新四军历史研究会第二会长、省军区原司令员黎清，省委原副秘书长乐子型，省委党史研究室副主任高三山，市委副书记杨雄跃出席开放仪式，并共同为纪念室揭匾。

8月，首届中国旅游精品推广峰会上，大岚镇丹山赤水风景区被评为“中国最佳山村旅游胜地”。

9月22日，召开中共大岚镇第十二次代表大会，选举潘银浩为镇党委书记。

10月8日，大岚镇中心幼儿园建成，建筑面积768平方米。

10月12日，第四届丹山赤水柿子节开幕。

10月13日，中科院地质专家考察大岚上马岗、蜻蜓岗、丁家畈村火焰山地质资源及夷平面情况。

是月，大岚华山电站更新改造工程竣工投产，装机容量720千瓦，总投资319万元。

是年，“四明龙尖”名茶获“中绿杯”金奖。

是年，浇筑四丰至姚江源头沥青路面2.268千米。

是年，大岚镇中心小学被命名为浙江省示范小学、宁波市师德群创优先进学校。

2007年

1月5日，市、镇两级人民代表选举工作顺利结束，选出市代表6名、镇代表48名。

1月17日，大岚镇召开第十三届人民代表大会，选举杨荷锋为镇人大主席，杨万里为镇长。

1月31日，大岚村成立全市首个村级外来媳妇俱乐部。

4月12日，余姚市农家乐乡村旅游协会大岚镇分会成立。

4月13日，“四明龙尖”被评为“宁波市八大名茶”之一。

4月18日，宁波市委常委、组织部长姚志文对大岚镇的基层组织和干部队伍建设进行调研，对“岚山保姆”等3张特色名片表示称赞。

4月22日，2007“神奇大岚”茶文化旅游月活动在姚江源头拉开序幕。宁波市副市长陈炳水参加开幕式，并为大岚茶事碑揭碑。

4月26日，镇旅游咨询服务中心成立。

5月18日，中国国际茶文化研究会名誉理事、日本茶商工滕佳治率考察团23人，考察姚江源头茶叶生产基地和茶事碑。

5月底，镇顺利完成乡镇机构改革工作，按市委规定设岗定员。

8月16—17日，市委书记王永康调研四明山区农家乐及休闲旅游业，先后考察柿林、四丰等村的农家乐发展情况。

10月12日，第五届丹山赤水柿子节在柿林村开幕。

10月22日，市第三届村落文化艺术节暨第十三届四明山电影节在柿林村开幕。

11月28日，全镇14个行政村党支部换届选举工作完成。

12月26日，副省长茅临生考察柿林古村落及农家乐，了解大岚发展情况。

是年，大岚村创建为宁波市旅游特色村；柿林村被评为浙江省全面小康示范村；南岚村、黄家庄村被评为宁波市生态村；雅庄村被评为宁波市财务公开民主管理示范村。

是年，被认定为浙江省农业特色优势产业强镇（茶叶）。

是年，大岚镇中心小学被评定为宁波市行为规范示范学校。

2008年

1月上旬，丹山赤水风景区入选“浙江省最佳值得去的五十个景区”。

2月1日，白天下冻雨，夜里开始到2日中午普降暴雪，截至2日16时，普遍积雪厚度达25～28厘米。毛竹、松木、花卉等被压倒、压断，境内电力通信设施严重损毁，交通运输严重受阻，直接经济损失3288.75万元。浒溪线梁弄至大岚段因冰雪灾害全线封道20天，给山区人民群众的生活造成较大影响。15天后，经3000余名军民连续5天奋战，路面冰雪被清除，恢复通车。

2月7日，宁波市委副书记、市长毛光烈检查指导四明山区抗雪灾工作，并看望慰问镇内受灾群众。

3月14日，市委副书记、市长陈伟俊调研华山村、大岚村茶叶、畜牧业受灾情况。

4月10日，成立大岚镇越剧迷联谊会。同时，举办山村越剧擂台赛，15名戏迷登台献艺。

4月23日，完成镇第八届村民委员会换届选举工作，选举产生14名村主任、29名委员。

4月29日，以“探姚江源头、品四明龙尖、游岚山农家”为主题的2008“神奇大岚”茶文化旅游月活动在大岚村姚江源头开幕。

6月16日，省教育厅教研室派遣14位老师赴大岚镇中心小学，开展以“创新业绩树新形象”

为主题的支教活动。

6月24日，成立大岚镇社会主义学校。

6月27日，大岚镇举办首届“迎奥运”农民趣味运动会，设置“编竹篮、削竹筷、搓草绳、挑水、抬化肥”5个项目开展比赛。

6月30日，镇“农家乐党员示范店”授牌仪式在柿林村举行，柿林村沈国安、沈家安和大岚村鲁马良经营的3家“农家乐”成为首批“农家乐党员示范店”。

7月1日，镇党政领导成员分9组看望慰问67位老党员和困难党员，送上慰问金22100元。

8月1日，首个村级科协组织在大岚村成立。

8月30日，宁波市委副书记、市长毛光烈考察调研柿林古村、丹山赤水风景区和四丰农家乐基地。

10月10日，第六届丹山赤水柿子节在柿林古村开幕。

12月，丹山赤水景区被浙江省文明办、建设厅和旅游局联合命名为省级文明风景旅游区。

是年，余姚市清心茶叶有限公司、余姚市丹山茶叶精制厂被评为市级农业龙头企业。

是年，柿林村被评为浙江省特色旅游村；阴地龙潭、大俞、上马、大路下、雅庄、后朱、柿林、丁家畈被评为宁波市生态村和绿化示范村。

2009年

1月7日，宁波市委副书记陈新及四套班子有关成员，慰问困难农户和群众。在此期间，组织召开座谈会，听取余姚市、大岚镇领导关于欠发达地区全面小康建设工作的汇报。

3月14日，省首个“村级留守儿童亲情站”在柿林村成立。

4月24日，第四届“神奇大岚”茶文化旅游月活动开幕，至5月结束。

4月底，四明龙尖名茶开发有限公司生产的绿茶“四明龙”商标被认定为浙江省著名商标。

4月底，大岚村成立宁波市首个村级农家乐旅游服务站。

6月底，全国劳模任祖伊捐款10000元，慰问镇20户困难党员。

7月7日，四明龙尖获第八届“中茶杯”全国名优茶评比一等奖。

9月10日，市政协副主席周银燕慰问大岚镇中小学全体教师。

10月13日，第七届丹山赤水柿子节在柿林村开幕，市领导郑桂春参加开幕式。

2010年

1月10日，召开镇第十三届人民代表四次会议，同意杨荷锋辞去镇人大主席，补选郑奕训为镇人大主席。

2月20日，省重点工程浒溪线拓宽开工仪式在梁弄白水冲举行，总投资1.9亿元，其中车岗头至大岚段长15千米。

4月10日，大岚镇被环保部授予“全国环境优美乡镇”称号。

4月23日，第五届“神奇大岚”茶文化旅游月活动开幕，浙江省委宣传部、《中国茶叶》杂志社领导参加开幕式。

7月27日，召开第十三届人民代表大会五次会议，同意杨万里辞去镇长职务的提请，选举唐裕康为镇长。

9月3日，市委副书记、市长毛溪浩考察调研大俞村、高山茶叶基地、蜻蜓岗、野猫岗等地，并召开座谈会，听取大岚镇工作汇报。

10月13日，第八届四明山—丹山赤水柿子节在柿林村开幕，11月圆满落幕。

10月29日，大岚镇总工会成立，召开第一次代表大会。

11月10日，宁波市水源地农村生活垃圾减量化设施建设经验推广会在大岚镇召开，宁波市、奉化、宁海、鄞州、余姚的有关单位及各乡镇（街道）负责人等参加本次推广会。

11月13日，大岚镇完成14个行政村党支部换届选举。

11月中旬，大岚镇获第二届“中国名茶之乡”称号；余姚市姚江源茶叶茶机有限公司（大炮岭茶场）被命名为茶叶科技示范基地。

是年，“探姚江源头、访四明茶园”，被评定为长三角城市群年度旅游产品“最受欢迎2010奖”茶乡文化之旅示范点。

是年，南岚村被评为宁波市文明村；新岚村创建成为宁波市绿化示范村。

是年，大岚镇命名为省旅游强镇。

2011年

3月12—13日，第九届村民委员会由选民正式投票选举。

4月24日，第六届“神奇大岚”茶文化旅游月活动开幕。

5月9日，市委书记陈伟俊、市长毛溪浩调研四明山区域统筹工作情况，并召开座谈会，听取工作汇报。

5月26日，2011“形象中国、全国百家报社聚焦幸福城市——余姚”，新闻记者摄影爱好者深入姚江源头、丹山赤水景区采访拍摄。

8月11日，大岚镇政府在初级中学举办首届“阳光伙伴”青少年趣味运动会，15支代表队90名运动员参加多项比赛。

8月19日，省委常委、宁波市委书记王辉忠，秘书长王剑波考察调研大岚镇柿林村、姚江源头等。

9月28日，召开中共大岚镇第十三次代表大会，选举杨万里为镇委书记。

10月12日，第九届四明山—丹山赤水柿子节在柿林村开幕。

是年，柿林村被评为浙江省卫生村、浙江省革命老区创新创业先进集体；大岚村被评为宁波市文明村。

2012年

1月5日，市委书记毛宏芳考察调研大岚镇工作。

1月9日，镇政府搬迁到新大楼。

1月15日，大岚镇召开第十四届一次人民代表大会，选举俞国强为镇人大主席，潘剑波为镇长。

2月17日，镇首届“岚山讲坛”开讲，市委宣传部长潘银浩作《文化强国背景下，如何加快山区发展步伐》的专题报告。

4月28日，第七届“神奇大岚”茶文化旅游月活动开幕。

7月20日，镇供水保障能力提升工程开工，能使雅庄、南岚、大路下、黄家庄、阴地龙潭5个村5579人口受益，供水保障率达到95%。

10月9日，大岚镇中心小学阳光工程咨询室和海曙区人民检察院法制教育基地的揭牌仪式在镇中心小学大礼堂举行。

10月14日，第十届四明山丹山赤水柿子节暨“江浙沪自驾车”启动仪式在柿林村开幕。

12月17—21日，宁波市委中青年干部调研组一行13人，赴大岚、阴地龙潭等5村开展“接地气强基础”主题调研活动。

12月26日，省农村农业工作指导办公室调研农村工作指导员工作情况。

是年，大俞村被评为宁波市文明村；雅庄村被评为“六有”村关工委；丁家畈村被评为宁波市全面小康村和宁波市农村社区建设示范村；大岚村被评为宁波市农村社区建设示范村；大岚派出所被宁波市政府授予“宁波市模范公安基层单位”称号。

是年，大岚镇幼儿园被命名为宁波市第一批学前教育示范乡镇；镇中心小学被评为省义务教育标准化学校。

2013年

1月14日，市委副书记、市长奚明考察调研大岚镇工作。

4月18日，改版后的大岚镇政府网站http：//wwwdl.yy.gov.cn进入试运行阶段。

4月20日，第八届“神奇大岚”茶文化月活动拉开帷幕，先后开展7项活动，至5月20日结束。

4月25日，参加“海上茶路，甬为茶港”活动的70余名专家和浙江省宁波市茶文化促研会的3名会长，到大岚镇姚江源头茶叶基地、余姚市四窗岩茶叶有限公司绿茶生产线实地考察。

4月28日，余姚浙东四明山书画院开业仪式在院内南大门举行。

6月18日，翰墨四明——走进四明山，中国画名家邀请展在大岚镇四明山书画院举办，中央电视台节目主持人——董浩主持。

8月15日，市委副书记、市长奚明一行到镇调研防旱抗旱工作，并对保护生态，发展旅游业，引导花木经济转型升级，做好美丽乡村建设提出建议和意见。

9月13日，宁波市政协主席唐一军率部分市政协委员到镇调研四明山区域保护和建设工作，余姚市、大岚镇主要领导陪同参加座谈会。

10月5—7日，第23号台风“菲特”从10月6日开始影响大岚镇，6日、7日过境雨量达561毫米，受灾人口581户、1798人，农作物受灾面积269公顷，共转移215人，直接经济损失14656.6万元。

10月10日，第十一届四明山丹山赤水柿子节开幕。

11月24日，全镇14个行政村党组织完成换届选举工作，选举产生支部委员44人，其中支部书记14人。

11月27日，宁波市人大常委会副主任胡谟敦到柿林村调研古村落文化的建设和保护利用情况。

12月25日，宁波市“三改一拆”行动领导小组对大岚镇进行“无违建乡镇”创建考核验收。

是年，丁家畈村被评为宁波市森林村庄；戴麽村创建成为宁波市生态村；大岚村被评为宁波市慈善村。

是年，大岚镇入选宁波市首批“现代农业生产和乡村旅游标准化示范镇”。

2014 年

2 月 28 日，市“五水共治”第三督查组对大岚镇“五水共治”工作开展情况进行检查。

3 月 20 日，省委赴余姚市督导组调研走访大岚教育实践活动开展情况，镇党委书记作了工作汇报。

4 月 12 日，第九届“神奇大岚”茶文化旅游节开幕，至 5 月 12 日结束。

4 月 15 日，余姚市文学艺术界联合会大岚分会成立。有会员代表 45 人，选举产生委员 9 人。

4 月 30 日，中国青年报社常务副社长、总编辑张坤考察四明山书画院。

5 月，大岚镇创制的“四窗岩”牌白茶获宁波第七届国际茶文化节“中绿杯”金奖。

5 月 9 日，大岚镇中心小学小茶艺师队员参加“首届浙江茶艺邀请赛暨第五届宁波茶艺大赛”，获得大赛第二名。

5 月 22 日，大岚镇举办“逐梦岚山”首届全民运动会，共开展 7 个项目，10 月中旬结束。

5 月 28—29 日，省委常委、宁波市委书记刘奇，深入开展蹲点调研活动。调研期间，刘奇走访考察村、企事业单位和农户，听取基层党建工作及群教活动开展情况的汇报。

6 月 28 日，“金立智能手机杯”中国围棋甲级赛在大岚四明山书画院举行，国家围棋总教练俞斌等出席参评。

7 月 23 日，余姚市乡镇（街道）农村审计工作片组会召开，南片 6 个镇、街道的审计负责人参加会议。

8 月，大岚镇成功通过宁波市“无违建乡镇”考核验收。

10 月 12 日，第十二届丹山赤水柿子节暨四明山全民健身运动季在柿林村开幕，先后安排 12 项活动，至 12 月结束。

12 月 12 日，新改建东潘敬老院竣工，占地 0.8 公顷，有床位 120 张，具备标准养老服务功能，现集中供养 34 名五保老人。

2015 年

1 月 16 日，召开镇第十四届人民代表大会四次会议，同意潘剑波辞去镇长职务，补选肖鹤峰为镇长。

1 月 23 日，市长奚明率市直有关部门领导考察调研大俞村四窗岩户外运动基地及柿林村民宿产业。

3 月 3 日，市委、市政府公布《关于加快推进四明山区域生态发展的实施意见》。

4 月 8 日，举办第十届“神奇大岚”茶文化旅游节开幕式，茶文化旅游节活动至 5 月 31 日结束。

4 月 10 日，中央电视台 4 套《远方的家》节目组在大岚姚江源头录制取景。

4 月 12 日，由市体育局等 4 家单位联合主办的余姚市首届全民登山运动会在大岚镇境内举行，来自全市 500 名登山运动爱好者参加本次活动。

7 月 1 日，省“三改一拆”督查组巡查大岚，并召开座谈会。

7月12日，市长奚明和市直有关部门负责人考察大岚镇“灿鸿”台风灾情。

8月8日，大岚镇柿林村入选第三批全国特色景观旅游名镇名村示范单位。

10月11日，第十三届宁波四明山丹山赤水柿子节暨第九洞天道教养生文化节在柿林村举行开幕式，至11月2日闭幕。

10月9日，农业部办公厅公布2015年120个中国最美休闲乡村，大岚镇柿林村入选中国最美休闲乡村。

10月15日，宁波市市长考察调研柿林村、四明山书画院、姚江源头乡村客栈管理指导中心，并在四明山书画院召开宁波市四明山区域生态发展座谈会。

10月28日，省政协原主席刘枫在大岚镇柿林村、四明山书画院考察调研。

12月8日，中共余姚四明山第一党支部纪念室被命名为首批余姚廉政文化教育基地。

是年，大岚村被评为宁波市群众性文化活动优秀品牌。

是年，大岚镇卫生院被评为宁波市平安医院，中共宁波市委授予姚亚强“最美宁波人”“省优秀医生”称号。

2016年

1月5日，宁波市委副书记余红艺在大岚镇柿林村调研农房美居工作。

1月27日，镇内遭受雨雪冰冻影响，市委书记毛宏芳检查路、水、电等公共设施恢复情况，同时走访慰问困难群众及“三老”人员。

3月18日，举办第十一届“神奇大岚”茶文化旅游节活动开幕式，活动至5月18日结束。

4月9日，以“多彩山水，美丽四明”为主题的2016宁波四明山旅游节在余姚市大岚镇开幕。

4月9日，余姚市体育局、大岚镇人民政府等6家单位共同举办“纵情山野、健康你我”樱花之旅2016余姚大岚徒步活动，活动从镇中心小学启程，参与人数2000余人。

5月11日，宁波市人大代表余姚中心组一行，由市人大常委会主任孙钜昌带队赴镇考察四明山区域生态保护和发展工作。

6月13日，大岚镇成立农民合作经济组织联合会（以下简称“农合联”），有20家单位会员和12家个人会员加入“农合联”。

是月，宁波市人大主任王勇调研大岚镇生态发展情况。

9月29日，“远方的客人请你留下来”民宿专题暨第八届“情融姚江源”村落文艺会演在大岚村欢乐大舞台举行。

10月9日，第十四届丹山赤水柿子节暨乡村民谣节在柿林村举办启动仪式，活动历时18天。

10月14日，浙江省委常委、宣传部长葛慧君调研乡村民宿、客栈发展情况。

10月18日，召开中共大岚镇第十四次代表大会，选举潘剑波为镇委书记。

10月31日，王阳明文化日，阴地龙潭村举办王氏祭祖活动。

11月，柿林村被评为“宁波市十大特色民宿村”，丹山赤水柿子节获2016年宁波旅游节社会办节三等奖。

11月19日，浙江大学纪委副书记马春波一行考察四明山第一党支部旧址和姚江源头。

12月14日，市委书记奚明一行调研东湾小隐民宿。

12月22日，召开大岚镇第十五届人民代表大会一次会议，选举俞国强为镇人大主席，肖鹤峰为镇长。

是年，柿林村被评为国家级传统村落、宁波市最洁美村庄。大岚村被评为宁波市“五好”关工委。

是年，大岚镇卫生院被评为宁波市人民满意卫生院；姚亚强荣获宁波市劳动模范、省优秀共产党员。

2017年

2月4日，浙江省政协副主席黄旭明一行赴大岚四窗岩考察。

3月4日，市长潘银浩陪同安徽省六安市叶集区党政代表团考察柿林村民宿、丹山赤水景区、四明山书画院等项目。

3月20日，第十二届“神奇大岚”茶文化旅游节拉开帷幕，至5月20日结束。

3月21日，大岚镇卫生院中医馆开馆运营，占地面积共100平方米。

4月初，完成14个行政村的党支部换届选举工作，选举产生委员40名，其中支部书记14名。

4月26日，浙江省人大代表余、慈联组在大岚镇视察姚江源头。

5月16日，宁波市人大、农工委组织四明山区四乡镇相关人员，在大岚镇开展生态修复工程工作调研。

5月21日，宁波市残疾理事长朱学锋等领导在大岚镇南岚村看望慰问残疾人。

6月9日，大岚镇组织召开“四镇联创”（即创建省卫生镇、宁波市乡村全域旅游示范区、首批小城镇环境整治、首批“污水零直排区”建设）工作推进会。

6月21日，省老体协领导一行赴大岚镇调研基层老年体育工作。

是月，大岚镇获宁波市2016年度创建法治镇乡（街道）工作先进单位。

7月6日，大岚镇组织机关干部、企事业单位工作人员、村（居）党员干部，参加义务献血，共成功献血67人，献血总量达到18900毫升。

8月14日，大岚镇入选浙江省旅游风情小镇培育名单。

9月25日，宁波市乡村全域旅游示范区工作会议在大岚镇召开，乡村全域旅游创建单位、宁波市及各县（市）区旅游主管部门的领导专家参加会议。

10月17日，宁波、余姚市关工委、市教育局、妇联女企业家协会、团市委等8家单位，在大岚镇中心小学举办“甬润童心，情系四明”关爱留守儿童服务活动，并授予镇中心小学“宁波市关爱留守儿童工作站”牌匾。

10月18日，第十五届丹山赤水柿子节暨“柿子红了”品牌发布会在柿林村举行，至11月20日结束。

11月16日，宁波市副市长卞吉安、市林业局、市政府农业处等领导，调研大岚茶叶产业发展和茶机制造。

是日，宁波、余姚老年体育协会在柿林村开展送体育下乡活动。

12月2日，宁波市市长裘东耀考察调研四明山区域生态保护、旅游产业发展工作。

12月12日，市委书记奚明到镇考察调研柿林村大乐之野民宿和大路下村山地越野等项目。

12 月 21 日，宁波市委副书记陈奕君一行赴大岚调研。

12 月 25 日，大岚镇被命名为浙江省卫生镇。

是月，大岚镇被认定为宁波市第二批乡村全域旅游示范区，为余姚市首个被评为乡村全域旅游示范区的乡镇。

是年，大岚镇通过 2017 年省小城镇综合整治考核验收，并被评为宁波样板。

是年，柿林村被评为浙乡浙村美丽宜居浙江样板双百村、浙江省 AAA 级景区村庄，阴地龙潭村被评为宁波市卫生村。

第一编　政　区

第一章　境域

大岚地处四明山腹地、姚江之源。东与宁波市海曙区章水镇接壤，南毗四明山镇、宁波林场，西连上虞区陈溪乡，北与梁弄镇、鹿亭乡交界。距余姚城区 40 千米，境域面积 63.4 平方千米，镇人民政府驻地丁家畈。

第一节　沿革

现境古称大兰，因大兰山多出江南名兰而得名。后因山上水汽浓、云雾大，盛产优质茶，“大兰”改为“大岚”。大岚历史悠久，早在商代前先民就在此生产生活。

春秋战国时期，现境属越国辖地。

秦始皇二十六年（前 221），统一中国，实行郡县制，分天下 36 郡，大岚属会稽郡。

秦始皇三十七年，始皇帝东巡至会稽，会同群臣，区划浙东地形，设立浙东各属县，始建余姚县，属会稽郡，现境属余姚县。

两汉、三国、两晋隶属不变。

隋开皇九年（589），余姚县并入句章县；废会稽郡，置吴州，现境属吴州句章县。大业元年（605），改吴州为越州，三年，废越州，复会稽郡，现境隶属会稽郡句章县。

唐武德四年（621），析句章县，复设余姚县；另置姚州（三年后州废），现境属越州余姚县四明乡。

南宋绍兴元年（1131），改越州为绍兴府，现境属绍兴府余姚县四明乡。

元至元十三年（1276），改绍兴府为绍兴路。元贞元年（1295），升余姚县为余姚州。至正二十六年（1366），改路为府，现境属绍兴府余姚州四明乡。

明洪武二年（1369），废州，复余姚县，现境属绍兴府余姚县四明乡。

清初承明制，现境属如故。光绪三十四年（1908），析四明乡首置南岚乡，属绍兴府余姚县。

民国元年（1912）废府制，南岚乡属浙江省余姚县。民国 2 年，置会稽道，南岚乡属会稽道余姚县。民国 16 年废道，南岚乡属浙江省余姚县。民国 17 年县以下设区、村、里，南岚属浙江省余姚县第二区。民国 19 年改村、里为乡镇制，南岚乡分四乡，仍属浙江省余姚县第二区。民国 21 年，省置县政督察区，南岚乡属浙江省第五特区县政督察专员公署余姚县第二区。民国

24 年，改属浙江省第三行政区余姚县第二区。民国 29 年，第二区改名梁弄区，南岚乡属浙江省第三行政督察专员公署余姚县梁弄区。民国 37 年（1948），第三行政区改称第二行政区，南岚乡属浙江省第二行政区余姚县梁弄区。

1948 年秋，成立南岚乡乡公所，称嵊新奉县办事处大岚区署南岚乡，乡址设在观下村地母殿。1949 年 5 月 23 日余姚解放，6 月建立余姚县人民政府，隶属宁波专区，南岚乡仍属余姚县梁弄区。1950 年 4 月，南岚乡划为南岚、大岚、新岚 3 个乡，隶属余姚县梁弄区（乡址分别设在西岭下、邱庄、大陈村）。1956 年 4 月撤区并乡，南岚、大岚、新岚 3 个乡合并为大岚乡（乡人民委员会驻地丁家畈太祖庙，今镇政府所在地）。1958 年 10 月，全县实行人民公社制，大岚改称大岚公社，驻地在大岚太祖庙。1959 年 3 月，下设大岚、南岚、新岚 3 个管理区（设址在丁家畈太祖庙，西岭下村，雅庄村老堂前）。1960 年 7 月，新建四明山公社，划出南岚管理区的黄家庄、华山、大俞、大元基、半岭、阴地、龙潭、长弄大队，新组建华山管理区，隶属四明山公社。1961 年 10 月，调整人民公社规模，撤销管理区，建立四明山区党委、区公所，华山管理区称华山公社，隶属四明山区。大岚、新岚、南岚管理区合并为大岚公社、新岚公社（社址分别设在大祖庙、雅庄村老堂前），隶属梁弄区。1962 年 6 月，大岚、新岚公社合并为大岚公社，属地不变。1964 年 11 月，大岚公社归属四明山区管辖。1983 年 8 月，实行政社分设，大岚、华山人民公社复称大岚乡、华山乡。1985 年 7 月，余姚撤县设市，大岚、华山乡属余姚市四明山区。1989 年 11 月，大岚撤乡建镇。1992 年 5 月，撤区扩镇并乡，大岚镇、华山乡合并为大岚镇，直属余姚市至今。

第二节 境域变迁

唐代，余姚县城外建 15 乡，现境属四明乡白云里。白云里向东北扩至现鹿亭乡，面积约 123.5 平方千米。

清光绪三十四年（1908），余姚县由 15 个乡划分为 43 个乡（不含城区南城、北城两乡），始置南岚乡，调整后境域面积 53.05 平方千米。

南岚乡四至为：东至南溪乡陈家岩，与鄞县上门坎、字岩下、茅镬、李家坑、杖锡交界。南至大俞、岩顶山（大岩下），与奉化县毗邻。西至镬盖山、大坪岗、长龙岗、米家山、夏家岙、羊鼻山，同上虞县接壤。北与凤鸣乡北斗湾，南溪乡路坑、岩头、马家坪、陈家岩相连。

1956 年 4 月，大岚乡划出前路坑村，归属晓云乡。境域东南两界址不变，北界向南移，高峰高级社（后朱村）与路坑村相邻。是年上虞县大泽乡庄里 5 户划入余姚县大岚乡黄家庄村。境域向西扩展，与上虞县隐地村接壤。

1958 年，鄞县杖锡乡五星农业社的田屋里、坑角头自然村划入大岚乡的明星高级社。1959 年，奉化县董村公社唐田管理区北溪大队大岩下、横山岗自然村划入余姚县大岚公社南岚管理区的华山大俞生产大队，境域界向东南扩展。

1960 年 6 月，原上虞县的长弄、黑龙潭、隐地大队归属余姚县梁弄区大岚公社南岚管理区。7 月，分出前述上虞划入 3 个大队及原南岚管理区的大俞、大元基、半岭、华山、黄家庄大队归属华山管理区，属新设定的四明山公社。1961年10月，管理区改为华山公社，境域面积18.56平方千米。华山公社四至为：东与鄞县李家坑、百步阶、杖锡公社交界；南与四明山公社北溪、梨洲大队，宁波灵溪、仰天湖林场相接；西与上虞县陈溪公社徐林、旧宅、浪撞（茅坪）、湖田大队相邻；北与大岚公社石鼓、蜻蜓岗大队（西岭下、陶家坑）相连。

大岚公社东、西、北境界不变，南界缩减北移，境域面积为41.29平方千米。

1966年1月，原上虞县糜山、戴王生产大队划入余姚县四明山区大岚公社，大岚公社境域向西扩展，面积44.84平方千米。

1992年，撤区扩镇并乡，华山乡并入大岚镇，此后至2017年，镇境无变动。境域范围东西极距10.4千米，南北极距12.4千米，区域面积为63.4平方千米。四至为：东自新岚村上马岗与白鹿村叶家杨地界起，往南经海曙区章水镇上门坎、字岩下、茅镬（周公宅水库）、白鲞洞、扫簟斗、李家坑、榧树潭水库、百步阶、杖锡，境界线长22.95千米。

南起四明山镇北溪村，梨洲村岩下山、宁波林场灵溪、仰天湖分场至黑龙潭村桃湾斗，南界线长19.6千米。

西线从龙潭自然村外宁波林场香榧山边的竹山小溪坑界开始，向北经上虞区陈溪乡塔溪村、徐林水库、狗头颈岗、茅坪跨头、浪撞、旭峰村（湖田）鳖潭顶、西尖岗，夏家岙村竹林至羊额岭头，境界线长12.45千米。

北连梁弄镇让贤村北斗湾，市东岗山林场，鹿亭乡龙溪村路坑、岩头，石潭村马家坪，白鹿村下姚、叶家样，境界线长7.55千米。

第二章 辖内区划变化

隋代以前，余姚的县级以下行政区划无考。

第一节 唐、宋、元、明、清时期

清余姚《东山志》载，乡、里、都、保之名肇自唐宋。唐时县有15乡，乡各有里，宋因之。

县以下行政区划最早有文字记载见于南宋嘉泰《会稽志》。此志载当时余姚县城内10坊，城外15乡70里，大岚境域归属四明乡白云里。

元至元十六年（1279），城外仍设乡。乡以下设都，都领图（图约相当于唐宋时的里），按原乡、里远近依次称谓。设置15乡、34都、264图，其中四明乡辖3都13图。大岚境域为第三都十二、十三图。

明代乡、都不变，改图为里。

清初承明制，乡、都不变，里略有调整。大岚境域仍归属四明乡第三都第九、十里。

光绪三十四年（1908）、宣统元年（1909），先后公布《城乡镇地方自治章程》《府厅州县地方自治章程》，规定县以下设乡，余姚重新划为45乡。大岚境内为南岚乡，辖大俞、大元基、华山、半岭、黄家庄、石鼓、西岭下、陶家坑、蜻蜓岗、徐家横、夏家岭、邱庄、四丰、后朱、雅庄、朱家宅、大陈、老屋基、大田下、观下、大路、甘竹、夹山、上马、城山司、分水岭、峙岭等村落。

第二节 民国时期

民国初年袭清制。

民国17年（1928），推行村里制，县以下设区、村、里。农村百户以上为一村，不足百户的，数村联合为一村。城镇百户以上街市为一里，全县重新划为7区、512村、50里。南岚乡隶属余姚县第二区，辖14个村，即夏家岭村、四丰村（包括邱庄前路坑）、后朱村、上马村、雅庄村（朱家宅）、甘竹村（夹山）、分水岭村（城山司）、大路村（大陈）、观下村（下芝庄、余家横）、石鼓村、西岭下村（蜻蜓岗）、峙岭村（半岭、陶家坑）、大俞村（大元基、华山）、黄家庄村。

民国19年（1930），改村里为乡镇制。全县设163个乡，28个镇，7个区。南岚乡分为华左、岚峰、明山、甘露4乡。华左乡有峙岭（现陶家坑、半岭）、大俞（大元基、华山）2个村；岚峰乡有水家（现水空头、夏家岭、丁家畈）、黄鼓岭岗（现黄家庄、石鼓、西岭下、蜻蜓岗）2个村；明山乡有马朱、四庄（现雅庄、下朱庄、朱家宅、大阵）2个村；甘露乡有水竹、大鹳基（现分水岭、城山司、甘竹、大路、观下、老屋基）2个村。

民国23年，推行保甲制。改村为保，保领甲，至民国29年，整编结束。余姚县下设8个区、55个乡、12个镇。大岚境内为梁弄区南岚乡，辖15保、148甲、1943户。

1949年，境内有13保（从南到北为序）。

一保：大俞、大元基、华山。

二保：半岭、陶家坑、峙岭。

三保：蜻蜓岗、西岭下、石鼓。

四保：黄家庄。

五保：余家横、下芝庄、观下。

六保：大陈、大路。

七保：城山司、甘竹。

八保：分水岭。

九保：上马。

十保：雅庄、朱家宅。

十一保：后朱。

十二保：四丰、邱庄。

十三保：夏家岭。

第三节　中华人民共和国成立后

1949年10月，中华人民共和国成立，废除保甲制，设置行政村。1950年4月，置梁弄区，辖1镇13乡，现境南岚乡分设大岚、南岚、新岚3个乡，13个行政村。

南岚乡：一村大俞、华山、大元基；二村峙岭、陶家坑、半岭；三村石鼓、蜻蜓岗、西岭下；四村黄家庄。

大岚乡：一村观下；二村余家横、下芝庄；三村四丰、邱庄（前路坑）；四村夏家岭；五村后朱。

新岚乡：一村大路、大陈；二村雅庄、朱家宅；三村甘竹、城山司、分水岭；四村上马。

1956年4月，撤区并乡，南岚、大岚、新岚合并为大岚乡。其中划出前路坑村归属晓云乡，境内设17个高级社。

1958年10月1日，实行人民公社化，推行政社合一，村改为生产大队，大岚乡改称大岚公社。后设大岚、南岚、新岚3个管理区（鹿亭公社的白鹿，称陈家岩管理区曾一度划入），共置

23个生产大队。大岚管理区设夏家岭、邱庄、四丰、后朱、余家横、观下（下芝庄）6个生产大队，南岚管理区设石鼓、蜻蜓岗、士林、大俞、半岭、华山、大元基、黄家庄8个生产大队，新岚管理区设雅庄、大陈、朱家宅、上马、甘竹、夹山、分水岭、城山司、大路9个生产大队。

1960年，划入隐地、长弄、黑龙潭大队，属南岚管理区。1961年，境内设大岚、华山公社。华山公社有8个大队，大岚公社有18个大队。1966年，原属上虞县的麋山、戴王两村划入大岚公社，下设16个大队，即夏家岭、邱庄、四丰、后朱（当时后朱分设2个生产大队）、丁家畈、观下（下芝庄）、团结、雅庄、敢作、上马、城山司、大路、石鼓、蜻蜓岗、柿林。华山公社设大俞、半岭、大元基、华山、黄家庄、长弄、隐地、黑龙潭8个大队。

1976年，蜻蜓岗大队划出陶家坑，另设行政村。

1983年8月，实行政社分设。原2个乡分别改称大岚乡、华山乡，生产大队改称村。蜻蜓岗大队划分为蜻蜓岗村、西岭下村；团结大队划分为戴王村、麋山村；观下大队划分为观下村、下芝庄村；雅庄大队划分为雅庄村、朱家宅村、大陈村；时大岚乡辖22个行政村。华山乡8个大队，改村后行政村区划不变。

1989年11月，大岚撤乡建镇，行政村区划不变。

1992年撤区扩镇并乡，华山乡并入大岚镇，镇域内合计为30个行政村，并新建大岚镇居民委员会。

2001年4月，村级行政区域调整为14个行政村：戴王、麋山合并为戴麋村；邱庄、四丰、夏家岭合并为大岚村；雅庄、大陈、朱家宅合并为雅庄村；丁家畈、下芝庄合并为丁家畈村；大路、观下合并为大路下村；长弄、黄家庄合并为黄家庄村；阴地、龙潭合并为阴地龙潭村；华山、大元基合并为华山村；大俞、半岭合并为大俞村；城山司、分水岭、甘竹合并为新岚村；陶家坑、蜻蜓岗、石鼓、西岭下合并为南岚村；保留上马、后朱、柿林村。

1949—2017年大岚镇行政村名称变迁表

表1-2-1

1949年 南岚乡	1950年 南岚乡	1956年 大岚乡	1960年 大岚公社	1966年 大岚公社	1969年 大岚公社	1983年 大岚乡	1992年 大岚镇	2001年
十三保 十二保	大岚乡 四　村 三　村	岭峰高级社 邱庄高级社 四丰高级社	大岚管理区 夏家岭大队 邱庄大队 四丰大队	红卫岭大队 红色大队 四丰大队	夏家岭大队 邱庄大队 四丰大队	夏家岭村 邱庄村 四丰村	夏家岭村 邱庄村 四丰村	大岚村
十一保	五　村	高峰高级社	后朱大队	高丰大队 红光大队	后朱大队	后朱村	后朱村	后朱村
五　保	二　村	第一高级社 第二高级社	余家横大队 观下大队	红卫大队 合心大队	丁家畈大队 观下大队	丁家畈村 下芝庄村	丁家畈村 下芝庄村	丁家畈村
上虞大泽乡 三　保	上虞小陈乡 戴王村 麋山村	上虞大泽乡 戴王高级社 麋山高级社	上虞陈溪公社 戴王大队 麋山大队	团结大队	团结大队	1981年始 戴王村 麋山村	戴王村 麋山村	戴麋村

续表 1-2-1

1949 年 南岚乡	1950 年 南岚乡	1956 年 大岚乡	1960 年 大岚公社	1966 年 大岚公社	1969 年 大岚公社	1983 年 大岚乡	1992 年 大岚镇	2001 年
十 保 六 保	新岚乡 二 村 一 村 二 村	雅庄高级社 大陈高级社	新岚管理区 雅庄大队 大陈大队 朱家宅大队	新联大队	雅庄大队	雅庄村 大陈村 朱家宅村	雅庄村 大陈村 朱家宅村	雅庄村
九 保	四 村	上马高级社	上马大队	共富大队	上马大队	上马村	上马村	上马村
七 保 八 保	三 村	甘竹高级社 城山司高级社	甘竹大队 夹山大队 分水岭大队 城山司大队	敢作大队 红旗大队	甘竹大队 城山司大队	甘竹村 分水岭村 城山司村	甘竹村 分水岭村 城山司村	新岚村
五 保 六 保	大岚乡一村 新岚乡一村	第二高级社 大路高级社	观下大队 大路大队	合心大队 东风大队	观下大队 大路大队	观下村 大路村	观下村 大路村	大路下村
三 保 二 保	南岚乡 三 村 二 村	五星高级社	南岚管理区 石鼓大队 蜻蜓岗大队	新兴大队 东方红大队	石鼓大队 蜻蜓岗大队 陶家坑大队 （1976 年设）	石鼓村 蜻蜓岗村 西岭下村 陶家坑村	石鼓村 蜻蜓岗村 西岭下村 陶家坑村	南岚村
二 保	二 村	士林高级社	士林大队	柿林大队	1981 年 改 名峙岭大队	峙岭村	1986 年 改柿林村	柿林村

1949—2017 年华山乡行政村名称变迁表

表 1-2-2

1949 年 南岚乡	1950 年 南岚乡	1956 年 大岚乡	1960 年 四明山公社 华山管理区	1966 年 华山公社	1969 年 华山公社	1983 年 华山乡	1992 年 大岚镇	2001 年 大岚镇
一保 二保	一村 二村	明星高级社	大俞大队 半岭大队	大俞大队 半岭大队	大俞大队 半岭大队	大俞村 半岭村	大俞村 半岭村	大俞村
一保	一村	华山高级社	华山大队 大元基大队	华山大队 大元基大队	华山大队 大元基大队	华山村 大元基村	华山村 大元基村	华山村
四保 上虞大泽乡 三保	四村 上虞旧宅乡 三村	勤劳高级社 上虞大泽乡 光荣高级社	黄家庄大队 长弄大队	黄家庄大队 长弄大队	黄家庄大队 长弄大队	黄家庄村 长弄村	黄家庄村 长弄村	黄家庄村
上虞大泽乡 二保 四保	上虞旧宅乡 二村 四村	上虞大泽乡 胜利高级社 龙兴高级社	隐地大队 黑龙潭大队	胜利大队 龙潭大队	隐地大队 黑龙潭大队	阴地村 龙潭村	阴地村 龙潭村	阴地龙潭村

第三章 村、居民委员会

2017年，全镇有大岚、戴縻、丁家畈、后朱、雅庄、新岚、大路下、上马、大俞、华山、阴地龙潭、黄家庄、南岚、柿林等14个村民委员会，1个居委会，126个村民小组，10个居民小组。

第一节 大岚村

位于镇域西北部，距镇人民政府驻地1.5千米，东邻雅庄、后朱村，南连丁家畈、戴縻村，西接绍兴市上虞区陈溪乡夏家岙村，北毗梁弄镇让贤村、鹿亭乡龙溪村。2001年4月，夏家岭、邱庄、四丰3村合并组建，以境内“大兰山”得名大岚村。村域面积7.36平方千米，村民委员会驻地在邱庄自然村升仙桥旁，设14个村民小组。

2017年，全村有529户，常住人口1468人，人口密度每平方千米199人。全村有耕地47.98公顷，山林面积447.2公顷，其中竹林71.33公顷，茶园204公顷，花木66.67公顷。20世纪90年代前，耕地种植以粮为主，农民主要收入来源为种茶、养畜、栽竹。全村办学校、造茶厂、筑水库、建医室，发展公益事业。1995年后，农业产业结构调整，发展茶叶生产，种植花木，专业饲养畜禽，剩余劳动力进城务工，增加家庭收入。2000年始，充分利用浒溪线交通便捷优势和升仙桥、姚江源旅游资源，积极发展旅游产业。制定《大岚村村庄建设规划》，按照“高山茶、源头水、生活美、生态景”发展思路建设新农村。整治村庄环境，改路、改厕、供电、供水、排水、排污，基础设施得到完善。为改善生产条件，开通道路7条，长8千米。生态环境优美，社会和谐，人民生活水平提高。

大岚村姚江源头景色

2017年，全村社会总产值4270万元，其中农业产值1550万元，第三产业2720万元。

村级集体可用资金（不包括专项应付款）146.68万元，农民年人均收入18152元。农民在余姚、宁波等城购房252户，面积23664平方米，家庭拥有各类轿车222辆。2007年，大岚村创成宁波市旅游特色村；2008年被评为宁波市村务公开民主管理示范村、宁波市生态村，四丰自然村被评为宁波市“农家乐”特色村；2011年被评为宁波市文明村；2012年被评为宁波市社区建设示范村；2013年被评为宁波市慈善村；2015年创建宁波市群众性文化活动优秀品牌；2016年被评为宁波市“五好”关工委；2017年被评为浙江省卫生村。

该村辖6个自然村：

邱庄 村委会驻地。村位于盆地中，四周如箍。世祖深十公，第十九世从下芝庄鲁氏分支而居。现有居民128户、365人。

夏家岭 位于镇政府驻地西2千米，村委驻地西。夏氏清代中期入居马家岭，后因马姓衰，朱姓兴，更名朱家岭。后随夏姓人口渐增，改称夏家岭。现有居民219户、588人。

四丰 位于镇政府西北2千米，村委驻地北，初名四峰头，始祖宋末迁居于此，以祈年丰，改称四丰。现有居民139户、396人。

里四丰 位于镇政府驻地西北2.5千米，村委驻地北，按山势地貌位于四丰之里，故名。现有居民26户、68人。

横里 位于镇政府驻地西北2.5千米，村委驻地北，山势横向，路亦沿山横向，居住路里，故名。现有居民2户、6人。

店门 位于镇政府驻地西1千米，村委驻地西，此地因原有商店而得名。现有居民15户、45人。

消亡自然村

大面基 因房屋年久失修，属危房，按梯度移民规划搬迁。2003年，整村8户、26人移民至邱庄中心村。

凤凰山 因镇政府规划建设用地，于2008年整村11户、47人迁至兰江街道西南公寓。

附：大岚村2001年后历任主要干部名录

党支部书记：夏锡庚（2001—2002.4）、鲁庆宝（2002.4—2004.10）、夏永品（2004.10—2017.12.30）。

村委会主任：鲁庆宝（2001—2002.4）、夏永品（2002.4—2004.10）、鲁碧安（2005.4—2017.12.30）。

第二节　戴糜村

位于镇境西部，距镇人民政府驻地3.5千米，东邻丁家畈村，南接南岚村、黄家庄村，西毗绍兴市上虞区陈溪乡旭峰（湖田）村，北连大岚村。2001年4月，戴王、糜山2个村合并组建，

戴縻村民委员会办公场地

村以戴、縻两姓得名。村域面积3.55平方千米。村民委员会驻地原村小学校址，设6个村民小组。

2017年，全村有214户，常住人口636人，人口密度每平方千米179人。全村有耕地面积21.9公顷，山林面积274.8公顷，其中竹林83.33公顷，茶园39.07公顷，樱桃3.37公顷，板栗20公顷，花木58.67公顷。20世纪90年代前，耕地种植以粮为主，农民收入主要靠“三毛”，即毛竹、毛茶、毛猪。1992年后，利用境内水资源建造三坑口电站，总装机200千瓦，村级集体经济增强。同时，农民种植业结构调整，制作名茶，发展花木，发挥传统产业优势，培植竹笋、樱桃、板栗等经济林，增加群众收入。2000年后，按照《戴縻村村庄建设规划》，以改善民生为重点，改路、改厕、改水、供电等，基础设施得到完善。新农村建设步伐加快，社会和谐，人民生活改善。

2017年，全村社会总产值1438万元，其中农业产值236万元，第三产业1202万元。村级集体经济可用资金（不包括专项应付款）58.57万元，农民年人均收入16907元。农民在余姚、宁波等城购房81户，面积7695平方米，家庭拥有各类轿车128辆。2013年，创建成为宁波市生态村。

该村辖2个自然村：

戴王 位于镇政府驻地西3千米，村委驻地东。相传戴氏先祖从上虞县下徐到此定居。王氏先祖十二世肇二，从达溪上宅分居至此。村以两姓而得名。现有居民112户、329人。

縻山 位于镇政府驻地西4千米，村委驻地西。相传清代縻氏由河南迁徙，初名縻大山，又名蜓家山，现简称为縻山。现有居民102户、307人。

附：戴縻村2001年后历任主要干部名录

党支部书记：縻庆垚（2001.4—2004.10）、戴银强（2004.11—2011.12）、朱铁炯（2011.12—2017.4）、縻百肯（2017.4—2017.12.30）。

村委会主任：縻荣品（2001.4—2011.3）、縻特强（2011.4—2014.3）、縻百肯（2014.3—2017.5）、王新江（2017.5—2017.12.30）。

第三节 丁家畈村

位于镇人民政府驻地，东毗大路下村，南连蜻蜓岗、石鼓自然村，西接戴縻村、邱庄自然村，

丁家畈村一角

北靠雅庄大炮岭茶场。2001年4月，下芝庄、丁家畈2村合并组建，以驻地丁家畈得名，村域面积2.65平方千米，设5个村民小组。

2017年，全村总户数180户，常住人口489人，人口密度（居委）每平方千米380人。有耕地面积27.38公顷，林地面积131.17公顷，其中竹林5.2公顷，茶园70公顷，花木50.2公顷。20世纪90年代前，耕地以种粮为主，农民主要收入为茶叶生产和畜牧。办学校、建茶厂、造水库，发展公益事业。1990年，为发展村级集体经济，利用纺车岩水资源建造电站1座，总装机320千瓦。1995年始，村域产业结构调整，巩固茶叶生产，制作名茶，发展花木和专业饲养禽畜，增加农户收入。2000年后，制定《丁家畈村村庄整治规划》，以"营造生态村庄，创建绿色家园"为目标，实行村庄综合治理，筑路、改厕、供水、供电、排水、排污等，基础设施得到完善。为改善生产条件，开通道路3条，长3.2千米。生态环境优美，第三产业发展，社会和谐，人民生活水平提高。

2017年，全村社会总产值3313万元，其中农业产值968万元，第三产业2345万元。村级可用资金（不包括专项应付款）60.24万元，农民人均年收入25501元。农民在余姚、宁波等城购房117户，面积11115平方米，家庭拥有各类轿车51辆。2008年创成宁波市绿化示范村；2011年被评为宁波市文明村；2012年被评为宁波市全面小康村、宁波市农村社区建设示范村；2013年被评为宁波市森林村庄；2014年被评为宁波市慈善村。

该村辖3个自然村：

丁家畈　村委会驻地，相传丁氏祖先200年前迁居于此，以丁家得名。现有居民50户、112人。

余家横　位于镇村驻地东500米。村民以鲁姓为主，先祖十九世深六公从下芝庄分居到余家横。因畈依山横列，故名。现有居民76户、211人。

下芝庄　位于村委会驻地东1千米。居民姓鲁，先祖十四世从四峰（四丰）分居到下芝庄，位于雅庄村之下，初名下之庄。现有居民54户、166人。

附：丁家村2001年后历任主要干部名录

党支部书记：鲁建设（2001.1—2004.11）、鲁文华（2004.11—2017.12.30）。

村委会主任：鲁文华（2001.1—2004.11）、钟家良（2005.4—2017.5）、沈远其（2017.5—2017.12.30）。

第四节 后朱村

后朱村委会

位于镇域北部，距镇人民政府驻地3.57千米，以朱姓得名。东连上马村，南邻雅庄村，西接大岚村，北毗鹿亭乡龙溪村。2001年4月，村级调整后规模不变，村域面积3.53平方千米，海拔600米。村民委员会驻地下墙门原村校旧址，设8个村民小组。

2017年全村总户数263户，常住人口757人，人口密度每平方千米214人。全村有耕地面积34.28公顷，林地面积258.8公顷，其中竹林56公顷，茶园105公顷，花木53.3公顷。撤区扩镇前，耕地种植以粮为主，农民主要收入靠“三毛”，即：毛茶、毛猪、毛竹。办学校、造茶厂、搞水利、筑公路、建医室，发展公益事业。1995年后，农民产业结构调整，制作名茶，培育竹笋，发展花木生产，专业饲养畜禽，剩余劳力进城务工及下山移民，增加农户收入。2000年始，制定《后朱村村庄建设规划》，以发展生态、特色、观光农业，建设美丽乡村为目标。经发展治理，开通道路11条，长19千米，供电、供水、改厕、排污等，基础设施得到完善。生态环境改观，社会和谐，人民生活水平提高。

2017年，全村社会总产值2111万元，其中农业产值702万元，第三产业1409万元。村级集体可用资金（不包括专项应付款）143.07万元，农民人均年收入17451元。农户在余姚、宁波等城购房138套，面积12647平方米，拥有各类轿车123辆。2008年，创建成为宁波市生态村。

该村辖1个自然村：

后朱 据家谱记载，始祖从冠珮迁居而来。旧时，村山前有前朱居住。今存后朱。

附：后朱村2001年后历任主要干部名录

党支部书记：朱才堂（2001.1—2004.11）、黄万永（2004.11—2016.5）、黄建炯（2016.5—2017.12.30）。

村委会主任：黄万士（2001.4—2005.4）、黄建炯（2005.4—2016.5）、黄迪意（2017.5—2017.12.30）。

第五节　雅庄村

雅庄春色

位于镇东北部，距镇人民政府驻地2.5千米。东连新岚村，南邻大路下村，西接丁家畈村，北与后朱、上马村相依。2001年4月，雅庄、大陈、朱家宅3村合并组建，以驻地雅庄得名。村域面积2.99平方千米，海拔560米，设9个村民小组。

2017年全村有464户，常住人口1257人，人口密度每平方千米420人。有耕地面积58.72公顷，林地面积188.65公顷，其中竹林16公顷，茶园66.2公顷，花木40公顷。20世纪90年代前，耕地种植以粮为主，农民经济收入靠茶叶和畜牧。建茶厂、筑水库、办学校、建医室等，公共设施齐全。为发展集体经济，兴办茶场、林场和加工企业。1995年后，农业产业结构调整，巩固茶叶、改制茶类、发展花木、专业饲养畜禽及特色农产品，剩余劳力进城务工，增加农户收入。2000年始，整治环境，注重民生，改善生产生活设施，发展特色经济，以建设美丽乡村为目标。开通道路7条，长10.84千米，供电、供水、改厕、排污等，基础设施得到完善。经不懈努力，该村生态环境优美，社会和谐，人民生活水平提高。

2017年，全村社会总产值3493万元，其中农业产值967万元，第三产业2526万元。村级集体可用资金（不包括专项应付款）205.52万元，农民人均年收入19119元。农民在余姚、宁波等城购房229套，面积20610平方米，家庭拥有各类轿车250辆。2007年度雅庄村被评为宁波市财务公开民主管理示范村，加入浙江省第五批村级体育俱乐部；2008年创建成为宁波市生态村；2012年被评为宁波市“六有”村关工委。

该村辖5个自然村：

雅庄　村委会驻地。旧为鄞县杖锡寺寺产田庄，因位于寺院西北，初名下庄，后称雅庄。先祖十四世从四峰（四丰）分居到西庄（雅庄）。现有居民282户、795人。

大陈　位于镇政府东北3千米，村委会驻地东，村处上马岗西山下，相传曾发生过较大山洪暴发，当地人称“出阵”，因名大陈。现有居民100户、259人。

朱家宅　位于镇政府驻地西1.5千米，村委会驻地西，原系朱家老宅基地，故名。后有四峰(四丰）鲁氏分支居住，现有居民40户、101人。

东庄　位于镇政府驻地东北2.5千米，村委会驻地东，故名。现有居民4户、11人。

西庄　位于镇政府驻地东北2.5千米，在雅庄之西，故名。现有居民38户、91人。

附：雅庄村2001年后历任主要干部名录

党支部书记：鲁纪高（2001.10—2007.10）、鲁纪东（2007.10—2017.12.30）。
村委会主任：鲁纪东（2001.4—2008.4）、鲁佳强（2008.4—2017.12.30）。

第六节　新岚村

位于镇东部，距镇人民政府驻地6千米。东接鹿亭乡白鹿村，南连海曙区章水镇字丰村、本镇柿林村，西邻大路下、雅庄村，北靠上马村。村域面积4.83平方千米，海拔600米。2001年4月，由甘竹、分水岭、城山司3村合并组建。3村原属新岚乡，沿用原乡名为村名，村民委员会驻地原甘竹村校址，设12个村民小组。

新岚村日出

2017年全村有437户，常住人口1238人，人口密度每平方千米256人。有耕地面积59.83公顷，林地面积309.48公顷，其中竹林42.67公顷，茶园206.66公顷，花卉73.33公顷（包括茶地套种）。20世纪90年代前，耕地种植以粮为主，农民经济收入依靠种茶、养畜、栽竹。1995年后，农业产业结构调整，制作名优茶，发展花木栽培及畜禽专业饲养，办起个体茶叶初制厂13家，增加农户收入。2000年始，按照中心村建设要求，综合规划，整治环境，改善民生，发展观光农业，特色经济产业，建设美丽乡村。经村庄综合治理，开通道路7条，长6.8千米，供水、供电、改厕、治污等，基础设施得到完善。环境优化，社会和谐，人民生活水平提高。

2017年，全村社会总产值3647万元，其中农业产值1254万元，第三产业2393万元。村级集体可用资金（不包括专项应付款）96.8万元，农民人均年收入16192元。农民在余姚、宁波等城购房238户，面积22610平方米，家庭拥有各类轿车172辆。2010年创建成为宁波市绿化示范村。

该村辖4个自然村：

甘竹　村委会驻地。据传，明代郑氏祖先从鹿亭中村到此砍柴，将饭包挂于龙须竹，中午饭茶尚热，谓之宝地，遂筑居于此。初名赣竹，后演化甘竹，现有居民140户、381人。

分水岭　位于镇政府驻地东5千米，村委会驻地东南，村处鄞县、余姚两县交界，溪水经此岭分流两县，故名。现有居民93户、265人。

城山司　位于镇政府驻地东4.5千米，村委会驻地南。旧时植油茶，筑土城防风，初名城山。现有居民73户、228人。

夹山 位于镇政府驻地东 3.5 千米，村委会驻地东，甘竹郑氏分居，隔山建村，初名隔山，后演为夹山。现有居民 131 户、364 人。

消亡自然村

高城 因地区偏僻，群众生活生产不便利，于 1986 年整村 5 户、23 人搬迁至城山司。

野猫岗 因遭火灾，2002 年分别拆迁至鄞州区集士港和城山司村，共有居民 15 户、56 人。

附：新岚村 2001 年后历任主要干部名录

党支部书记：郑桂条（女，2001.4—2010.11）、郑杏媛（女，2010.11—2014.3）、郑友夫（2014.3—2017.12.30）。

村委会主任：周长桂（2001.4—2002.4）、俞志良（2002.4—2008.4）、郑友夫（2008.4—2011.4）、俞志良（2011.3—2014.4）、李行良（2014.4—2017.5）、郑雨潇（2017.5—2017.12.30）。

第七节 大路下村

大路下村观下

位于镇境东部，距镇人民政府驻地 2.5 千米。东接新岚村，南邻柿林、南岚村，西连丁家畈村，北靠雅庄村。村域面积 5.17 平方千米，海拔 520 米。2001 年 4 月，大路、观下 2 村合并组建，以原村名简称大路下村。村民委员会驻地在观下自然村之东，有 10 个村民小组。

2017 年，全村有 318 户，常住人口 971 人，人口密度每平方千米 188 人。有耕地面积 41.81 公顷，林地面积 314.63 公顷，其中竹林 14.67 公顷，茶园 141 公顷，花木 46.67 公顷。撤区并乡扩镇前，耕地种植以粮为主，农民主要收入靠种茶和畜牧。1995 年后，农业产业结构调整，改制名优茶，发展花木和专业饲养畜禽，剩余劳动力进城务工，增加农户收入。2000 年始，建立一村一品千亩优质茶示范基地，成立中国高山云雾散养家禽合作社。经村综合治理，开通道路 5 条，长 21.5 千米，供水、供电、改厕、排污等，基础设施得到完善。2016 年，按照《村庄建设规划》，以养生养老休闲旅游度假型美丽村庄为目标，开发农业生态、观光休闲综合项目——“不二谷”，总投资 3000 万元。

2017 年，全村社会总产值 3031 万元，其中农业产值 1125 万元，第三产业 1906 万元。村级集体可用资金（不包括专项应付款）133.43 万元，农民人均年收入 19246 元。农民在余姚、宁波等城购房 173 套，面积 16435 平方米，家庭拥有各类轿车 107 辆。2005 年大路下村被评为宁波市四星级民主法治村；2008 年创建成为宁波市生态村；2017 年被评为宁波市卫生村。

该村辖 4 个自然村，1 个居住点：

观下　村委会驻地。村位于金鸡冠下（山名），初名鹳下，后优化观下。现有居民 101 户、319 人。

大路　位于镇政府驻地东 3 千米，村委会驻地东，村址紧靠大岚通鄞州道路，故名。现有居民 152 户、462 人。

老屋基　位于镇政府驻地东 2 千米，村委会驻地西，原系陈家老宅基地，清代时龚氏从鹿亭石潭迁此，故名。现有居民 50 户、146 人。

大田下　位于镇政府驻地东 2 千米，村委会驻地西，因村位于大田爿之下，故名。现有居民 15 户、44 人。

东潘居住点　位于镇政府驻地东南 4 千米，村委会驻地东，为大岚镇敬老院。

附：大路下 2011 年后历任主要干部名录

党支部书记：郑为弟（2001.4—2013.11）、郑正江（2013.11—2017.12.30）。

村委会主任：吴建设（2001.4—2014.3）、吴辉（2014.3—2017.12.30）。

第八节　上马村

位于镇东北部，距镇人民政府驻地 7.6 千米。东接鹿亭乡白鹿村，南连新岚、雅庄村，西邻后朱村，北依鹿亭乡龙溪村。村域面积 2.99 平方千米，以马姓得名。2001 年 4 月，村级调整后规模不变，设 6 个村民小组。村民委员会驻地原小学校址，海拔 600 米。

2017 年，全村有 235 户，常住人口 675 人，人口密度每平方千米 226 人。有耕地 43.72 公顷，林地 164.14 公顷，其中竹林 14 公顷，茶园 72 公顷，花木 66.67 公顷（包括茶地套种）。20 世纪 90 年代前，耕地种植以粮为主，农户经济主要靠种茶和畜牧。1995 年后，农业产业结构调整，改制名茶，发展花木种植和专业饲养畜禽，剩余劳力进城务工，增加农民收入。2000 年起，围绕新农村建设，开展村庄整治，建起镇境内首个“上马公园”。筑路、改厕、供水、供电等，基础设施得到完善，环境优美，社会和谐，人民生活水平提高。2006 年，村、户合股开发水资源，建造电站 1 座，装机 175 千瓦。开通生活生产所需道路 8 条，长 7.1 千米。2015 年始，按照《上马村村庄

上马村牌楼

规划》，以建设花卉观赏产业和特色农家乐为特色的美丽乡村为发展目标，引资建设“云龙山庄”。

2017年，全村社会总产值2415万元，其中农业产值796万元，第三产业1619万元。村级集体可用资金（不包括专项应付款）109.03万元，农民人均年收入16819元。农户在余姚、宁波等城购房159套，面积15900平方米，家庭拥有各类轿车165辆。2003年被评为宁波市农机化示范基地；2008年创建成为宁波市生态村。

该村辖5个自然村：

上马 村委会驻地。相传马氏祖先清代从陆埠袁马迁徙而来，因地势高于袁马，定名上马岙，后简称上马。现有居民90户、246人。

新屋 位于镇政府驻地东北7.6千米，村委会驻地西南。马氏分支于此新建住舍，称之新屋。现有居民49户、135人。

王家 位于镇政府驻地东北7.7千米，村委驻地西南，以姓得名。现有居民42户、121人。

乌桕岭脚 位于镇政府驻地东北7.7千米，村委会驻地西。旧时村上岭旁多种乌桕树，故名。现有居民19户、66人。

下马 位于镇政府东北7.8千米，村委会驻地西。因村处于上马之下，故名。现有居民35户、107人。

附：上马村2001年后历任主要干部名录

党支部书记：马裕棣（2001.1—2002.4）、马俞庆（2002.4—2007.12）、马哉良（2007.12—2013.11）、王凤逵（2013.11—2014.7）、王植（2014.7—2017.10）、柴红兵（2017.10—2017.12.30）。

村委会主任：马哉良（2001.1—2008.3）、马建红（2008.4—2011.3）、龚维善（2011.4—2017.12.30）。

第九节　大俞村

位于镇境东南部，距镇人民政府驻地9.5千米。东接海曙区章水镇杖锡村，南连四明山镇北溪村，西依华山村，北毗南岚村。村域面积4.51平方千米，海拔400米。1960年6月前，大俞、半岭大队隶属梁弄区南岚管理区。7月，划入四明山公社华山管理区。1961年10月，隶属四明山区华山公社。1992年5月，2个村并入大岚镇。2001年4月，半岭、大俞村合并组建，以俞姓得名。村民委员会驻地大俞，设6个村民小组。

2017年全村有140户，常住人口414人，人口密度每平方千米92人。有耕地面积10.8公顷，林地面积384.24公顷，其中竹林118.67公顷，茶园63.86公顷，花木79.07公顷。20世纪90年代前，主要经济收入靠栽竹、种茶、养畜。1992年后，农业产业结构调整，培竹笋、制名茶、发展花卉，剩余劳力进城务工，增加农家收入。为壮大集体经济，又新建坑角头电站，共装机450千瓦。2000年始，围绕新农村建设，筑路、改厕、修溪、供电、供水等，基础设施得到完

大俞村

善。2008年，利用溪道水资源优势，个体合资建设四窗岩漂流项目，带动第三产业发展。2013年，制定《大俞村庄规划》，建设四明山区乡村旅游度假基地，进一步完善公共设施，提升服务接待水平。至2017年，“罗汉谷四明岚舍”投资项目竣工试营业，发展二星级“农家乐”9家，每天可接待450人餐饮。民宿、酒店5家，床位40个，服务功能得到提升。随着旅游经济发展，生态环境保护得到加强，社会和谐，乡村面貌改观。

2017年，全村社会总产值3372万元，其中农业产值974万元，第三产业2398万元。村级集体可用资金(不包括专项应付款)104.37万元，农民人均年收入18061元。在余姚、宁波等城购房106户、110套，面积12846.8平方米，家庭拥有各类轿车127辆。2008年创建成为宁波市生态村；2012年被评为宁波市文明村；2015年被评为宁波市卫生村。

该村辖3个自然村：

大俞　村委会驻地。相传俞氏祖先明代从嵊县乌坑到此定居，以姓得名。现有居民110户、321人。

坑角头　位于镇政府驻地东南9.5千米，村委会驻地南。卢氏始祖清代从北溪村迁此，村位于东坑岙角里，故名。现有居民16户、50人。

大横山　位于镇政府驻地东南10千米，村委会驻地南。卢氏始祖从北溪村迁此，村处大横山半腰，以山而名。现有居民14户、43人。

消亡自然村

半岭　因村后发生山体滑坡，于2006年整村18户、56人搬迁，移民至兰江街道西南公寓。

沈家屋基　1989年，因鄞县建电站，整村5户、15人迁至鄞州区集士港。

岭脚　1989年，因鄞县建电站，整村3户、6人迁至鄞州区集士港。

附：大俞村2001年后历任主要干部名录

党支部书记：俞根良（2001.1—2010.11）、俞东升（2010.11—2017.12.30）。

村委会主任：俞东升（2001.1—2002.5）、俞万春（2002.2—2005.4）、俞东升（2005.4—2011.3）、俞建荣（2011.3—2017.12.30）。

第十节　华山村

华山村

位于镇南部，距镇人民政府驻地9千米。东连大俞村、南岚村，南接四明山镇梨洲村，西依宁波市林场，北与黄家庄村毗邻，村域面积4.6平方千米。1960年6月前，隶属梁弄区南岚管理区。7月，划入四明山公社华山管理区。1961年10月，华山、大元基大队隶属四明山区华山公社。1992年5月，并入大岚镇。2001年4月，大元基、华山2个村合并组建，以华（镬）盖山、华山乡址而得名华山村。村民委员会驻地原华山乡址船底湾，海拔690米，设7个村民小组。

2017年全村有195户，常住人口543人，人口密度每平方千米118人。有耕地面积16.06公顷，林地面积421.87公顷，其中竹林117.73公顷，茶园95.86公顷，花木64公顷。20世纪90年代前，耕地种植以粮为主，农民经济收入靠栽竹、种茶、畜牧。1992年后，农业产业结构调整，培竹笋、制名茶，发展花木和专业饲养禽畜，增加农户收入。为壮大村级集体经济，大元基、华山自然村建造电站3座，总装机555千瓦。2000年始，围绕新农村建设，先后开通道路9条，长12.5千米。改水、改厕、供电、通信等，基础设施得到完善，生态保护意识加强。2015年，制定《华山村村庄规划》，以建设生态旅游型美丽乡村为目标，充分利用四窗岩、瞭望哨、白水冲、华山水库等旅游资源，发展旅游产业。至2017年，办起“农家乐”民宿2家，可接待110人餐饮，床位21张。小隐东湾山庄1家，拥有客房10间，床位15张，第三产业发展，社会和谐，人民生活水平提高。

2017年，全村社会总产值2063万元，其中农业产值589万元，第三产业1474万元。村级集体可用资金（不包括专项应付款）140.6万元，农民人均年收入20949元。农户在余姚、宁波购房106套，面积10070平方米，家庭拥有各类轿车102辆。2013年，创建成为宁波市生态村。

该村辖7个自然村：

船底湾　村委会驻地。村处湾岙，地形如船，故名。200年前鲁氏始祖从大岚余家横迁居于此。现有居民27户、77人。

泥坪岙　位于镇政府南9.1千米，村委会驻地西南，村处岙内泥坪上，200年前俞氏始祖从大岚大陈迁居于此。现有居民38户、104人。

白莲庄　位于镇政府驻地南9.1千米，村委会驻地南，原系杖锡寺寺产庄，庄前田畈形如莲花，故名。现有居民21户、57人。

杂柴坪　位于镇政府南9千米，村委会驻地东，村周怪石奇景，居住山腰柴坪，故名。鲁氏由船底湾分居于此，现有居民 19 户、58 人。

大元基　位于镇政府驻地南 12 千米，村委会驻地东南。原系鲁氏烧炭扎营地，故名。200 年前从大岚徐家横迁此。现有居民 51 户、132 人。

大岩下　位于镇政府驻地南 12.5 千米，村委会驻地南。村北有大岩，村处岩下，故名。卢氏先祖从北溪迁居于此。现有居民 37 户、108 人。

蜈蚣肚　位于镇政府驻地南 12 千米，村委会驻地南，山岙形似蜈蚣，居住岙中，故名。原系大岩下管山屋，为大岩下分支居住，现有居民 2 户、7 人。

附：华山村 2001 年后历任主要干部名录

党支部书记：鲁志钎（2001.3—2011.8）、俞洪灿（主持工作，2011.9—2013.5）、鲁勇波（2013.5—2017.12.30）。

村委会主任：鲁忠茂（2001.3—2002.3）、俞洪灿（2002.4—2011.3）、俞世增（2011.3—2017.12.30）。

第十一节　阴地龙潭村

位于镇境西南部，距镇人民政府驻地 9 千米。东接黄家庄村，南连宁波市林场，西与绍兴市上虞区陈溪乡塔溪村交界，北与陈溪乡浪撞自然村及黄家庄江朱自然村为邻，村域面积 5.97 平方千米。1960 年 5 月前，龙潭、阴地 2 个大队隶属上虞县陈溪管理区。6 月划入余姚县，隶属梁弄区大岚公社南岚管理区。7 月，归属四明山公社华山管理区。1961 年 10 月，为四明山区华山公社隐地、龙潭大队。1992 年 5 月，2 村并入大岚镇。2001 年 4 月，合并组建，以原 2 村驻地得名，称阴地龙潭村。村民委员会驻地阴地自然村车站头，海拔 480 米，设 10 个村民小组。

阴地龙潭村

2017 年，全村有 317 户，常住人口 984 人，人口密度每平方千米 165 人。有耕地面积 28.07 公顷，林地面积 455.8 公顷，其中竹林 171.3 公顷，茶园 33.33 公顷，花木 58.67 公顷。撤区扩镇前，耕地种植以粮为主，经济收入靠栽竹、种茶和畜牧。1992 年后，农业产业结构调整，育竹笋、制名茶，发展花木及专业饲养禽畜，剩余劳力进城务工，增加农户收入。为壮大村级集体经济，1998 年 4 月，建造镇、村、个人合股电站 2 座，总装机 1050 千瓦。2000 年始，围绕新农村建设，注重民生工程，开通道路 6 条，长 5.6

千米。整治环境，美化家园，改水、改厕、供水、供电、治污等，基础设施得到完善。2015 年，制定《阴地龙潭村村庄规划》，以龙潭景区为依托，做阳明文化文章，打造山地生态旅游型美丽乡村，生态保护力度加强，服务功能不断提升，开办“农家乐”2 家，每天可接待 110 人餐饮，小店 5 家，小超市 1 家。

2017 年，全村社会总产值 2132 万元，其中农业产值 420 万元，第三产业 1712 万元。村级集体可用资金（不包括专项应付款）106.11 万元，农民人均年收入 16192 元。农户在余姚、宁波等城购房 138 户、142 套，面积 13450 平方米，家庭拥有各类轿车 163 辆。2008 年，该村创建成为宁波市生态村；2017 年，被评为宁波市卫生村。

该村辖 2 个自然村：

阴地 村委会驻地。村处山之北，旧时，东、南、西三方均为松、枫、玉兰、乌桕为主的丛林，村后更是树木参天，其中一棵古枫树胸围 350 厘米以上，树枝遮住半个村庄。因整村隐蔽在丛林之中，原得名“隐地”。20 世纪 70 年代后，简写成阴地。现有居民 188 户、552 人。

龙潭 位于镇政府西南 15 千米。村委会驻地西南，村处黑龙潭口，原称黑龙潭村，现称龙潭村。王氏祖先与阴地为同一支脉，十二世肇三，从上宅分居至此。现有居民 129 户、432 人。

附：阴地龙潭村 2001 年后历任主要干部名录

党支部书记：王才良（2001.1—2014.12）、王永良（2015.1—2017.12.30）。

村委会主任：王永昌（2001.1—2008.4）、王功平（2008.4—2013.7）、王永良（2014.3—2015.1）、王完新（2017.5—2017.12.30）。

第十二节 黄家庄村

位于镇境南部，距镇人民政府驻地 6.5 千米。东北与南岚村接壤，南毗华山村、宁波市林场，西邻阴地龙潭村，西北同绍兴市上虞区陈溪乡浪撞自然村及本镇戴麋村相交，区域面积 3.48 平方千米。1956 年，庄里 5 户从上虞县大泽乡划入本村。1960 年 6 月前，黄家庄自然村隶属梁弄区大岚公社南岚管理区，7 月，划入四明山公社华山管理区。1961 年 10 月，黄家庄、长弄大队隶属四明山区华山公社。1992 年 5 月，并入大岚镇。2001 年 4 月，2 村合并组建，以村驻地黄姓得名，海拔 460 米，设 8 个村民小组。

黄家庄村委会

2017 年，全村有 224 户，常住人口 587

人，人口密度每平方千米169人。该村有耕地面积36.92公顷，林地面积302.44公顷，其中竹林69.33公顷，茶园80公顷，花木56.67公顷。20世纪90年代前，耕地种植以粮为主，经济收入靠种茶、栽竹、养畜。为壮大村级集体经济，1989年，乡村合股建造长弄电站，装机320千瓦。1992年后，农业产业结构调整，育竹笋，制名茶，栽高山西瓜，发展花木栽培，专业饲养禽畜，增加农户收入。2000年始，发挥传统食品优势，引进新品种，开发试制“番薯枣子”。2005年建立“余姚市华枫高山甘薯专业合作社”，统一品牌，统一质量，统一包装，年产值30余万元。同时，围绕新农村建设，注重民生工程，开通道路10条，长15千米。改厕、改水、供电等，基础设施得到完善。2015年，制定《黄家庄村村庄规划》，以特色农副产品为依托，打造生态农业，建设美丽乡村，加强生态保护，环境更整洁优美，社会和谐，人民生活水平提高。

2017年，全村社会总产值1939万元，其中农业产值524万元，第三产业1415万元。村级集体可用资金（不包括专项应付款）113.25万元，农民人均年收入16535元。农户在余姚、宁波等城购房132套，面积10980平方米，家庭拥有轿车208辆。2007年，创建成为宁波市生态村。

该村辖2个自然村：

黄家庄　村委会驻地，据考，黄氏始祖于清代从嵊县黄泽迁居于此，因黄姓世居于此而得名。现有居民205户、554人。

江朱　位于镇政府驻地西南8.5千米，村委会驻地西南，原属长弄村管辖。始祖于民国初从上虞县陈溪湖田迁此，初名江渚，后演为江朱。现有居民19户、33人。

消亡自然村

长弄　村处属地质灾害发生区，于2006年8月，整村21户、87人移民至兰江街道西南公寓。

雅雀窝　因地处偏僻，群众生产生活不便利，2011年，整村9户居民23人迁至兰江街道西南公寓。

附：黄家庄村2001年后历任主要干部名录

党支部书记：黄六夫（2001.4—2010.11）、黄永达（2010.11—2017.12.30）。

村委会主任：陈成益（2001.4—2008.4）、王素平（女，2008.4—2017.12.30）。

第十三节　南岚村

位于镇境南部，距镇人民政府驻地3千米。东邻柿林、大路下村，南连华山、黄家庄村，西接长弄、戴麋村，北毗丁家畈村，村域面积5.78平方千米。2001年4月，由石鼓、蜻蜓岗、西岭下、陶家坑4村合并组建。因原均属南岚乡，沿用原乡名为村名，村民委员会驻地在石鼓自然村之东联办校址，海拔530米，设14个村民小组。

2017年，全村有443户，常住人口1269人，人口密度每平方千米219人。有耕地面积

南岚村石鼓

65.3公顷，林地面积437.09公顷，其中竹林69.33公顷，茶园80公顷，花木86.67公顷。20世纪90年代前，耕地种植以粮为主，经济收入靠种茶、养畜。该村重教育、建医室、筑水库、造电站、改饮水、兴办矿泉水和茶叶加工企业，公益事业得到发展。1992年后，农业产业结构调整，改制茶类、发展花木栽培、专业饲养畜禽，剩余劳力进城务工，增加农民收入。为壮大村级集体经济，在原西岭下电站的基础上，又开发陶家坑、马鞍山电站，共装机620千瓦。2000年始，围绕新农村建设，整治环境，注重民生工程，开通资源路8条，长13.5千米。改路、改厕、供电、供水等，基础设施得到完善。2014年制定《南岚村中心村建设规划》，以发展生态农业，休闲旅游为目标，开发“七彩山丘”和“余姚南岚山庄”旅游服务项目，发展第三产业。

2017年，全村社会总产值3708万元，其中农业产值1316万元，第三产业2392万元。村级集体可用资金（不包括专项应付款）93.5万元，农民人均年收入19588元。农户在余姚、宁波等城购房237套，面积21330平方米，家庭拥有各类轿车220辆。2007年该村创建成为宁波市生态村，被评为宁波市四星级民主法治示范村；2010年被评为宁波市文明村。

该村辖7个自然村：

石鼓 村委会驻地，相传明代沈氏祖先从慈溪沈师桥迁此，后祖籍地有人升官，赠送石鼓一对，置于村前而得名。现有居民218户、618人。

西岚 位于镇政府驻地南3.5千米，村委会驻地西，村处原南岚乡最西端，称西岚。现有居民29户、83人。

蜻蜓岗 位于镇政府驻地南2千米，村委会驻地东北，因山形状似蜻蜓，故名。清代王氏始祖从浙北迁居于此，现有居民76户、219人。

西岭下 位于镇政府驻地南2.5千米，村委会驻地东，因西靠牛翁岭，村处岭下，故名。现有居民89户、247人。

陶家坑 位于镇政府驻地东南5.5千米，村委会驻地东南，旧时为陶姓居住，后峙岭沈氏管山定居于此。现有居民9户、27人。

金鹤孵蛋 位于镇政府驻地东南4.5千米，因山形似鹤孵蛋状，故名。现有居民16户、55人。

千人屋基 位于镇政府驻地东南5千米，村委会驻地东南。相传明末清初，反清义士曾在此地扎寨，有驻军千人，撤军后为沈氏宅基，故名。现有居民6户、20人。

消亡自然村

见溪岭 村处属地质灾害区，2003年，整村16户、43人移民至鄞州区古林镇和兰江街道西南公寓。

附：南岚村2001年后历任主要干部名录

党支部书记：沈正朋（2001.4—2010.10）、王胜祖（2010.10—2016.3）、黄夏银（2016.3—2017.12.30）。

村委会主任：沈百兴（2001.4—2008.4）、沈华锋（2008.4—2011.4）、黄夏银（2011.4—2017.5）、王企（2017.5—2017.12.30）。

第十四节 柿林村

位于镇东南部，距镇人民政府驻地6千米。历史上因两岭相峙称“峙岭”。后因盛产“吊红”柿子，命名柿林。东南与海曙区章水镇接壤，西毗南岚村，北与大路下村、新岚村相交，村域面积6平方千米。2001年4月，行政村调整后，区划不变，村民委员会驻地为原柿林自然村校址，设10个村民小组。

2017年，全村有241户，常住人口640人，人口密度每平方千米107人。有耕地面积38.11公顷，林地面积409.86公顷，其中竹林63.87公顷，茶园120公顷，花木30公顷，柿子13.5公顷。20世纪90年代前，耕地种植以粮为主，农户经济收入靠种茶、栽竹、养畜。为壮大村级集体经济，建茶场、办工业、开发水资源，建造柿林电站，装机410千瓦。1992年后，发展“一优二高”农业，建设无公害茶园，创制“四明龙尖”名茶品牌，扩栽柿、杏果，发展花卉及专业饲养禽畜，增加农户收入。2000年始，利用山水资源优势，合股开发丹山赤水风景区。此后，制定《柿林古村保护规划》，整治环境、改路、改厕、供水、供电等，基础设施得到完善。随着景区建设逐年完善，客流量渐增，农副产品商品率提高，民宿、酒店、农家乐等第三产业快速发展。至今，开办“农家乐”24家，其中二星级以上19家，每天可接待餐饮1550人次，民宿、酒店、客栈53间，床位88个。为改善群众生产条件，开通道路6条，长10千米。2013年，按照以四明山丹山赤水风景区服务基地、市域中心村、千年山水旅游特色村为发展目标，旅游服务公共设施得到进一步完善，环境保护加强，社会文明和谐，村庄美丽，人民生活幸福。

群山环绕古柿林

2017年，全村社会总产值3267万元，其中农业产值678万元，第三产业2589万元。村级集体可用资金（不包括专项应付款）227.09万元，农民人均年收入28790元。农户在余姚、宁波等城购房318套，面积 30210 平方米，家庭拥有各类轿车 175 辆。2005 年柿林村被命名为首批宁波市历史文化名村；2006 年被评为浙江省特色农家乐示范基地、宁波市农家乐特色村、宁波市生态村、浙江省兴林富民示范村；2007 年被评为浙江省全面小康示范村、宁波市旅游特色村、宁波市村务公开民主管理示范村；2008 年被评为浙江省特色旅游村；2009 年宁波市五好党组织；2010 年宁波市农村文化活动先进村；2011 年浙江省卫生村、浙江省革命老区创新创业先进集体、宁波市森林村庄；2012 年宁波市古村落休闲旅游基地；2015 年中国最美休闲乡村、宁波市文明村；2016 年国家级传统村落、浙江省历史文化名村、浙江省美丽乡村特色精品村、宁波市最洁美村庄、宁波市十大特色民宿村；2017 年被评为浙乡浙村美丽宜居浙江样板双百村、浙江省 AAA 级景区村庄。

该村辖 4 个自然村：

柿林　村委会驻地。据《沈氏宗谱》载，太祖于元末由下坝沈湾（今兰江街道）迁居于此。现有居民 190 户、436 人。

黄泥岭　位于镇政府驻地东南 4.5 千米，村委会驻地西北，因村周围山岭多黄泥，故名。现有居民 32 户、115 人。

鹰窠兜　位于镇政府东 5.5 千米，村委会驻地东北，村处石窠内，位于岩壁之上，故名。现有居民 10 户、41 人。

小岩岭头　位于镇政府东 5.5 千米，村委会驻地东北，村处于小岩岭顶，故名。现有居民 9 户、48 人。

消亡自然村

着地湾　因自然环境差，交通不便，1985 年，整村 7 户、34 人迁至黄泥岭自然村。

白鳖洞　因鄞州区建周公宅水库，2004 年，整村 9 户、25 人分别迁至柿林、余姚、宁波。

方潭岭　因鄞州区建周公宅水库，2004 年，整村 3 户、9 人迁至柿林、宁波等地。

附：柿林村 2001 年后历任主要干部名录

党支部书记：沈炳荣（2001.1—2017.12.30）。

村委会主任：沈远千（2001.1—2005.4）、沈功成（2005.4—2008.3）沈远千（2008.4—2017.12.30）。

第十五节　大岚镇居民委员会

大岚镇居民委员会于 1992 年 11 月组建，设主任 1 人，委员 2 人。驻地丹山路 82 号，有 3 个居民小区，10 个居民小组，619 户，929 人，其中非农户 519 人。有 40 家个体经商户，其中酒店兼民宿 5 家，小超市商店 2 家，烟酒副食品店 7 家，理发店 4 家，五金杂货店 3 家，针织百货店 2 家。

居委会按照《城市居民委员会组织法》，围绕“三我”（自我管理、自我监督、自我教育）服务这一中心，以服务为宗旨，帮助居民解决实际困难为重点。认真做好户籍管理、市场监管和困难老年人救助。配合镇政府开展街道环境整治，做好清洁卫生，争创文明美丽街道活动。组织中老年人开展多种文体活动，多次组织广场舞队参加市、镇表演。

大岚居委会

辖3个小区：

丹山小区　居委会驻地。东至明山路，南至丁家畈自然村，西至制药厂旧址公交车站。小区建于1985—1988年（原大岚老街），建筑面积1.5万平方米，其中住宅0.9万平方米，商铺0.6万平方米。现有居民116户、236人。

太祖庙小区　居委会驻地东。东至岚溪，南至丹山路，西至粮站旧址，北至烈士陵园。小区建于20世纪70～90年代，含镇政府、邮政、电信、广电站等部门用房与住宅区，现有居民72户、102人。

仙茗小区　居委会驻地北。东至余家横自然村，南至太祖庙路，西至加油站，北至自来水厂。小区建于1980—2017年，有书画院、变电所、公交车站等所在地。现有居民16户、72人。

2017年10月，老农贸市场拆除，改建6间二楼居委会办公用房及底楼农贸市场，面积1000平方米。

附：2001—2017年历任主要干部名录

居委会党支部：负责人　鲁庆其（2001.1—2003.5）

沈远中（2003.5—2013.5）

书　记　夏永泉（2013.5—2017.12.30）

居委会主任：夏永泉（2001.1—2017.12.30）。

第二编　自然环境

第一章 地质 地貌 土壤 植被

镇境地处浙东盆地低山区，余姚南部丘陵台地，保存着大面积四明山系古夷平面，平均海拔550米，最高山峰华盖山882米。

第一节 地质

绵延的四明山系，山、溪构成境域主要地貌。经历风化、剥蚀、搬运、沉积的过程和各个地质时期不同的地壳运动，形成不同的土壤母质。土壤母质的形成，也就是漫长地质的变迁。

地层岩性与地质构造

镇域地层岩性属华南地层区，出露地层有中元古界变质岩，中生界火山岩、沉积岩、新生界沉积层及燕山晚期侵入岩，以中生界火山岩系与新生界第四系为主。地质构造以断裂构造为主，褶皱构造不发育，且受东北向丽水—余姚深断裂，近东西向昌化—普陀大断裂，西北向长兴—奉化大断裂的影响与控制。新构造运动与区域相协调，表现为间歇性缓慢上升。镇内“V”形谷深切，河谷两侧陡壁，沟口及谷地内全新统堆积层部分内叠于上更新统。

区域地壳稳定性

镇域地震动峰值加速度0.05g（g为重力加速度），相应的地震基本烈度为Ⅵ度，地震活动总的特点是强度较弱，频度较低，属区域地壳稳定地区。但也不可轻视雨季和台风暴雨的影响，所引发的山洪滑坡地质灾害，务必注重防范。

四明山夷平面

2006年10月中旬，中科院地质与地球物理研究所研究员赵希涛与宁波大学高级工程师程俊贤等地质专家经过实地考察后，认为四明山地区保存大面积的古夷平面，并命名为“四明山面”。同年12月，赵希涛又邀请联合国教科文组织世界地质公园专家、中国地质科学院原院长赵逊到四明山考察，再次确认四明山地区拥有大面积夷平面。

夷平面的分布和面积 四明山夷平面主要分布在大岚镇的白玉坪头、蜻艇岗、后朱等地，夷平面主要切割由上侏罗统和下白垩统的各类火山碎屑岩、火山沉积岩和侵入其中的燕山期花岗岩类岩石。夷平面形成后被上新世玄武岩覆盖，残存的玄武岩以下保存有较完好的古夷平面，而外围的平缓山坡为玄武岩遭受侵蚀剥蚀后出露的夷平面及其古风化壳的一部分。

夷平面的海拔高度 四明山夷平面形成时微有起伏，但总体上平坦，受后期局部升降影响，夷平面现今分布高度大致可以分为3个区域，以丁家畈盆地为界，岭南—峙岭近东西向断裂以南夷平面的高度分别为650米、700米和750米，丁家畈盆地内夷平面的高度为500米，盆地以北夷平面高度为600米和650米。总体呈现南高北低的趋势，中部丁家畈盆地一带受断裂影响而下降。原始海拔高度相当于当时的侵蚀基准面附近，四明山地区处于沿海地区，海平面为侵蚀基准面，因此四明山夷平面形成时的海拔高度接近海平面。

夷平面的坡度 四明山夷平面自形成以来，经历抬升解体的过程，从现有的分布高度所反映出来的坡度与原始坡度会有所差异。根据现在夷平面出露的高度，对考察区内分散的几处夷平面之间进行坡度计算，自南端的莲花约780米高程到北部上王岗的600米高程，相距23千米，坡度为0.5°。南部的莲花约780米高程到中部白玉坪岗的700米，相距6千米，坡度不足1°，夷平面总的坡度为0.5°～1°，总体向北（海洋）微倾。

夷平面的相对高度 夷平面的相对高度主要由夷平面上所残留的蚀余地形所造成，通过对四明山地区夷平面的分布高程与附近最高山峰之间的高程进行对比，南部莲花一带的夷平面高程为780米，附近最高峰为青虎湾岗海拔979米，高差为199米。白玉坪一带的夷平面高程为720米，附近最高峰为大湾岗，海拔951米，高差为231米。丁家畈盆地内夷平面高程为500米，附近最高峰为大圆山，海拔658米，高差为158米。西北部上王岗一带的夷平面高程与附近山峰的高差则在100米以内，夷平面总的相对高度在200米左右。

夷平面的表现特征 四明山古夷平面主要表现在上新世玄武岩之下的不整合面和厚度不一的风化壳，花岗岩类岩石呈现典型的球状风化及形成的花岗岩石蛋和众多象形石凝灰岩区发育峰丛或峰墙。较好的出露地位于四明山镇罗成山、大岚镇的蜻蜓岗和丹山等地。

丁家畈盆地 丁家畈盆地为早白垩世盆地，调查区内出露面积约70平方千米，以早白垩世馆头组为主，局部出露朝川组，蜻蜓岗、后朱—新岚、野猫岗等地有新近纪玄武岩覆盖。在丹山—野猫岗剖面上，丹山为馆头组的英安质熔结凝灰岩形成的峰丛或峰墙，为古风化壳底部的弱风化带与新鲜岩石。现在丹山顶部的标高为460米左右，古风化壳上部的中强风化层已遭受剥蚀，原始风化壳的顶部标高与野猫岗一带玄武岩的底部标高基本一致，显示在500米左右发育有中新世夷平面。

古风化壳 风化壳的地貌意义在于其可以被看作夷平面的相关堆积，因而，古风化壳是夷平面存在的最直接证据，考察区内除罗成山、丹山等地保存有古风化壳外，在大岚镇泥坪岙、夹山、西岭下等地发现有古风化壳的存在。在大岚镇泥坪岙村东简易公路边，长约50余米的范围内，见有嵊县组玄武岩与九里坪组流纹岩的接触关系。下伏为强风化流纹岩，上覆为嵊县组玄武岩，岩石风化程度强，两者为不整合接触，标高730米。自上而下可分为7层：玄武岩风化红壤土、全风化—强风化玄武岩、中强风化玄武岩、青灰色砂岩（含少量砾石）、棕红色玄武岩、高岭土化流纹岩、中强风化流纹岩。夹山（新岚村）出露于村东公路分叉处，海拔537米，公路路堑上出露新近纪玄武岩与早白垩世凝灰岩，下伏为馆头组灰白色含邸凝灰岩，上覆为嵊县组玄武岩。接触界面较平缓，产状为80° ∠10° 。界面上有厚约5厘米含铁、锰质层，上覆玄武岩中发育典型球状风化。下伏凝灰岩强烈风化，原岩已无法辩认，手捏有滑感，经X射线衍射分析，主要矿物为石英、钾长石、方解石、蒙脱石，该层厚度约1.5米，其下为中强风化凝灰岩，含有大小为0.5～5厘米的棱角状砾石。风化凝灰岩反映了古风化壳中的两个风化带。西岭下（南岚村）出露在西岭下村民房后的陡坎上陡坎由凝灰岩风化壳构成，陡坎上方为嵊县组玄武岩，海拔530米。古风化壳为黄灰色，垂直分带明显。风化壳自上而下可分3个带：上带为极强风化带，原岩的结构、颜色等全无显现，矿物颗粒完全分离，已成棕黄色的土层，经X射线衍射分析，主要矿物为石英、钾长石、方解石、蒙脱石、伊利石，底部局部可见厚约5厘米的铁锰质层：中带为强风化带，呈灰黄色，原始岩石结构大部分已消失，可见矿物颗粒的分离；下带为中等风化带，基本保存原始岩石结构。古风化壳之上为玄武岩层，岩石弱一中等风化，玄武岩中气孔构造发育。下伏的凝灰岩风化程度明显强于上覆的玄武岩风化程度，反映在玄武岩喷溢前凝灰岩已发生强烈风化，属于与夷平面同时发生的古风化壳。

第二节　地貌

镇域地理特征明显，南高北低，东西周边高低悬殊，层峦叠嶂，溪谷纵横，岩石出露，峰高岗多，间布多级平台，垄畈土沃，贮有丰富水资源和旅游资源。

山峰

华盖山　位于华山村西，别名镬盖山。海拔882米，山顶视野开阔，天气晴朗，可遥望曹娥江大桥。1962年，曾建民兵瞭望哨。

大俞山　位于大俞村南面，主峰海拔680米。

大岚山　位于大岚村邱庄自然村，原名大兰山，又名升仙山、伏虎山、孔石、太阳伞。清雍正《浙江通志》引南宋嘉泰《会稽志》“相传刘纲夫妇于此仙去”。海拔547米。

阴家山　位于黄家庄村之西，海拔520米。

大圆山　位于新岚村之东，海拔650米。

山岗

橡湾岗　位于上马村西北，海拔660米。

凉风岗　位于雅庄村北，海拔653.1米。

上马岗　位于上马村、雅庄村之间，因形得名，海拔620.3米。

野猫岗　位于新岚村，海拔568米。

蜻蜓岗　位于蜻蜓岗自然村居地，海拔560米。

眠床岗　位于南岚村南面，海拔666.2米。

东湾岗　位于华山村东面，海拔741米。

野鸡岗　位于华山村，海拔 722 米。

畚箕斗岗　位于阴地自然村南，海拔 594 米。

狗头颈岗　位于龙潭自然村之北，海拔 448 米。

黄岩岗　位于阴地自然村江朱畈之北，海拔 485 米。

牛山岗　位于黄家庄村委后，海拔 546 米。

西尖岗　位于戴糜村，海拔 651 米。

安马岗　位于戴糜村南面，海拔 465 米。

米岗　位于大岚村之南，海拔 636 米。

眠岗　位于大岚村北，海拔 660 米。

山岭

赤泥岭　夏家岭至姚江源头，长 1 千米。

五古岭　夏家岭至上虞陈溪大兴自然村，长 2.5 千米。

北斗湾岭　夏家岭至北斗湾林场，长 2.5 千米。

西岗头岭　夏家岭里横至糜山村，长 3.5 千米。

突渡阴岭　邱庄至戴王村，长 2.5 千米。

石阶岭　邱庄大岚山至丁家畈卫生院，长 1 千米。

败谷岭　里四丰至后朱村，长 2 千米。

长丰岭　四丰邵家至后朱村，长 1.8 千米。

特树岭　四丰四马湾至凉风岗，长 2 千米。

黄泥岭　四丰丁塘庙至大岚山，长 1 千米。

柏树岭　四丰至邱庄，长 0.8 千米。

大炮岭　大炮岭茶场至怡岚山庄，长 0.5 千米。

细路岭　大炮岭至朱家宅，长 1.5 千米。

后塘岙岭　邱庄至姚江源头，长 1.5 千米。

独周家头岭　无人站至周家头凉亭，长 0.6 千米。

下坞岭　穿山凉亭至戴王自然村，长 0.2 千米。

白眼岭　糜山至上虞陈溪浪撞自然村，长 2.5 千米。

檫树岭　丹山路至石鼓自然村，长 2 千米。

蜈蚣殿岭　檫树岭脚至蜻蜓岗矿泉水厂，长 1 千米。

余家岭　余家横至下芝庄洞桥，长 1 千米。

郭郭岭　汽车修配厂（洞桥）至细路岭头，长 0.7 千米。

大麦斜岭　下芝庄至蜻蜓岗自然村，长 0.7 千米。

相见岭　后朱村至鹿亭龙溪村岩头，长 0.2 千米。

黄沙岭　后朱上阳门至姚江源头，长 0.5 千米。

东庄岭　东庄至凉风岗庙，长 0.5 千米。

石路岭　大陈至上马岗，长 1 千米。

到马岭 东庄至上马岗，长0.8千米。

火龙口石塌岭 西庄至后朱碗青岗，长1.2千米。

黄泥岭 上马新屋至上马岗，长0.6千米。

上雾岭 下马至上马岗，长0.6千米。

张来岭 上马至鹿亭叶家样岭头，长0.3千米。

石步岭 上马村王家至凉风岗，长0.3千米。

乌柏岭 乌柏岭脚至白鹿下姚，长0.3千米。

白玉堂岭 甘竹庵下至东泮，长0.5千米。

东岭 甘竹至大路，长0.3千米。

大甘岭 分水岭庙至海曙区半坑村，长2.5千米。

家下岭 大路潘家至东泮，长0.5千米。

鹰岩下岭 李家坑村牛背脊至小黄泥岭，长3千米。

韩采岭 半岭自然村溪脚始，西至吊台跨，北至南岚村千人屋基，长1.5千米。

石塌岭 黄家庄至石鼓，长1.5千米。

蟹坑岭 西岚至马鞍山电站，长1.2千米。

小岩岭 柿林至小岩岭头自然村，长2.6千米。

糖果岭 柿林至海曙区李家坑，长1.5千米。

柿岭 柿林村至小黄泥岭，长1千米。

牛头岭 柿林村庄至丹丘阁，长1千米。

将军潭岭 柿林至白鲞洞，长1.5千米。

方潭岭 跳头坪至方潭岭，长0.7千米。

金竹岭 柿林村至横泾水库，长1.6千米。

告老婆岭 泥坪岙至灵溪护林点，长1.9千米。

埋怨岭 大元基至大俞，长2.5千米。

四窗岩岭 大岩下至大俞，长3千米。

和尚岭 韩采岭至杂柴坪，长0.3千米。

太阳岭 大俞村至海曙区百步阶，长1千米。

高柱岭 大俞集资房至高山林场，长2.5千米。

茅坑岭 龙潭至凉亭跨，长2千米。

欧茅山岭 龙潭至阴地小保，长2.5千米。

磊头岭 龙潭至阴地车站，长2千米。

跑吉岭 阴地至茅坑岭，长0.6千米。

沙坑岭 凉亭跨至华山水库边护林点，长2.5千米。

江朱岭 阴地水牛湾龙头至江朱畈，长2千米。

后山岭 下桥头至洪空，长1千米。

柞树岭 黄家庄褚家至吊台跨，长1千米。

垄畈

戴王村面前畈 海拔 405 米。

邱庄村面前畈 海拔 530 米。

丁家畈面前畈 海拔 450 米。

丁塘坑畈 海拔 470 米。

后朱张家畈 海拔 600 米。

雅庄村倒爬畈 海拔 570 米。

雅庄村面前畈 海拔 507 米。

大陈西庵畈 海拔 520 米。

大路自然村面前畈 海拔 500。

观下村面前畈 海拔 460 米。

南岚村后岗架畈 海拔 537 米。

黄家庄庙后畈 海拔 454 米。

阴地村南畈 海拔 456 米。

江朱畈 海拔 380 米。

黄家庄长弄仁洞畈 海拔 400 米。

华山村泥坪岙畈 海拔 700 米。

洞穴

四窗岩洞 又名石窗，位于大俞山山顶 6 米以下陡崖上，横列四洞，洞口朝西南，原有两支巨砾支撑洞口，现留一支，形成四个东西向开列的窗孔，面积 80 平方米。所谓“四面如牖，中通日月，星宿之光”，四明山由此得名。

包裹岩洞 位于大岚镇大俞村半岭自然村西南，洞长 15 米，宽 3.7 米，高 2.5 米，面积 55.5 平方米。

鹰岩洞 位于大岚镇柿林村西南，因所在山如鹰，洞如鹰眼而名。洞长 10 米，宽 6 米，高 2.5 米，面积 60 平方米。

丹洞 位于大岚镇柿林东北之丹山，相传四明道教祖师爷在此炼丹而遗留。洞顶有“金丹九炼”字迹，洞口有丹。洞长 20 米，宽高各 2 米。

风凉洞 位于大岚镇柿林村，洞穴有数个，冬吹暖风，夏吹凉风，是夏天乘凉好去处，故名。面积约 50 平方米。2010 年开发为旅游景点。

仙姑洞 位于大岚镇阴地龙潭村西。洞长、宽、高各为 1 米。内有长年不涸的清泉。

溪流

俞白溪 大横山水库大坝—横泾叉口，长 15 千米，宽 45 米。

大岚溪（丁家畈） 丁塘坑—蟹坑，长 12 千米，宽 8 米。

船底湾溪 泥坪岙—框树潭水库，长 8 千米，宽 10 米。

大岚溪　夏家岭—纺车岩水库上游及邱庄村后小水库—清沁茶厂门口，长 2.5 千米，宽 4 米。

黄家庄溪　华山吊台—长弄自然村下，长 2.1 千米，宽 5 米。

新岚溪　下南田湾坝下—王石坑水库，长 4 千米，宽 4 米。

观下溪　观下村委门口—横泾水库及李俞线马路口—观下庙前，长 2.3 千米，宽 5.5 米。

龙潭溪　龙潭水库坝下—虞岭水库，长 2 千米，宽 22 米。

后朱溪　上阳门—上马龙王殿，长 3.7 千米，宽 3.5 米。

雅庄溪　西庄—李俞线大马路及大陈—观下村委门口，长 3.4 千米，宽 5 米。

戴糜溪　戴王头—蟹坑，长 1.3 千米，宽 3 米。

南岚溪　西岭下—榧树潭电站，长 2 千米，宽 3 米。

上马溪　上马—乌柏岭脚，长 3 千米，宽 4.5 米。

第三节　土壤　植被

镇域内主要有 2 个土类，6 个亚类；14 个土属，22 个土种。现状植被基本相同。

黄壤分布与植被

黄土壤主要分布在海拔 550 米以上山地，面积占总耕地、山地面积的 65.5%。分黄壤、侵蚀型黄壤、表潜黄壤 3 个亚类，黄泥砂土、黄泥土、黄黏土、石砂土、草甸黄泥土 5 个土属。以黄泥沙土土属为主，占黄壤土总面积的 90%。其母质大部分为流纹岩、凝灰岩、玄武岩分化体，土层有厚有薄，有机质含量有高有低，土壤酸性较强，pH 值在 5 左右，新开垦的土壤酸性度更高。流纹岩、凝灰岩为母体的行政村有大岚村、南岚村、后朱村、华山村、黄家庄村、阴地龙潭村、上马村、柿林村。玄武岩为母体的有雅庄村（除朱家宅自然村外）、大路下村、新岚甘竹自然村及上马、蜻蜓岗部分山地。主要植被松柏、毛竹（小杂竹）、金松、擦树、木荷、杉、茅栗，人工栽培的植被作物有水稻、番薯、马铃薯、豆类等。20 世纪 90 年代初，开始对产业结构调整，粮油作物植被减少，耕地改种，茶地套种樱花、红枫、海棠等，植被覆盖率提高。

红壤分布与植被

红壤土主要分布在丁家畈村、戴糜村、黄家庄村、阴地自然村黄岩岗、红岩下、江朱畈、祝家龙头一带，大俞、柿林小块区出现红壤。红壤有 3 个亚类：红壤、黄红壤、侵蚀型红壤。9 个土属：红泥土、红黏土、黄泥土、粉红泥土、沙黏质红土、亚黄筋泥土、红沙土、石沙土、白岩沙土。分为 15 类土种，其母质为酸性岩浆岩的风化物，土层比黄壤要浅，沙性要重，其通透性好，作物起发快，保水、保肥力差。植被基本与黄壤相同，如松、柏、杉、竹、茶、柿、栗、杏等。由于土壤沙性偏重一些，土层浅，茶叶产量比黄泥地低一点，水稻种植产量比不上玄武岩、流纹岩分化后的黄壤，山地适宜于种植柿、栗、枣、樱、梨、桃等。

代表土种

山地黄泥土（211） 母质为流纹岩、玄武岩、凝灰岩风化体，质地较细赋，重壤至轻黏。A层松软深厚，呈灰黑色，富含有机质。B层较紧实，呈黄色或棕黄色，块状结构。黏粒含量较高，其下为逐步过渡的母岩风化体。pH值为5.7左右。在土壤抽样测试中，华山山地香灰土（211-3），甘竹山地砾石黄泥土（211-2）有机质含量分别为10.2%和6.6%，全氮0.421%和0.263%，全磷0.023%和0.062%。

山地黄黏土（213） 主要分布在镇东片山岗平台，由玄武岩风化体发育，土层深厚，质地细赋，以轻黏为主。整个土体呈浅棕黄色，酸性反应，pH值为6左右，农业利用价值较高，均为粮、油用地及茶园，经土壤抽样（03、37号）农化性状测试，耕层有机质含量为2.97%，全氮0.168%，全磷1.38%。

红砂土（126） 分布于丁家畈至戴麋村一带，母质为紫色砂岩风化体。因岩性疏松，物理风化强烈，土体中多半为风化岩屑和碎片，结构性甚差。质地以中壤为主，多细砂和粗粉砂，冲刷严重，土层浅薄，极易流失，母岩色泽明显，成土作用弱，pH值为5.5左右。

山地黄泥砂田72（14） 分布境内山垄和山谷地带，由各类黄壤发育。受地下水和侧渗水潴渍影响较深，斑纹层分化明显，Fe、Nn等氧化物淀积较多，耕层有机质积累量大，呈浅黑色，潜在肥力较高。由于地处山垄和山谷，温光条件差，生产性状不及山地黄泥田。

山地黄泥砂田72（14）土属剖面农化性状及作物产量一览表

表2-1-1

土种名称	层次代号	剖面农化性状					主要作物产量（公斤/亩）		典型分析剖面号
		有机质（%）	全N（%）	全P（%）	pH值	C/N	春粮	中讯稻	
山地黄泥砂田【72（14）—1】	A	4.65	0.253	0.041	5.6	10.66	350	800	大岚05
	B	4.51	0.239	0.040	5.5	10.66	—	—	—
	C	1.25	0.079	0.021	6.3	9.17	—	—	—

紫红泥砂田72（17） 分布在丁家畈盆地和戴麋、江朱、长弄、大俞等地山垄和山麓缓坡处，母质为白垩纪的红（紫）色砂岩风化体，由红砂土发育。因所处地形平缓，土体受地下水和侧渗水影响，呈浅棕黄色，有少量铁锰斑淀积，底土层母质性状明显，呈色紫色。本土属质地轻黏，酸性反应，结构体发育差。经耕种多年的近畈田，土壤结构改变，肥力稳定，作物生长好。本土属分布在溪坑旁和山口洪积扇上，母质为近代洪积冲积物，质地轻松，以中壤为主，通透性好，保蓄性能弱。

丘陵山区山地土壤分类表

表 2–1–2

土类	亚类	土属	土种名称	代号
红壤	红壤	红泥土	红泥土	114–1
			红泥砂土	114–2
			红砾泥	114–3
			高地红泥土	114–4
		红黏土	红黏土	115–1
	黄红壤	黄泥土	黄泥土	122–1
			黄泥砂土	122–2
			黄砾泥	122–3
		粉红泥土	粉红泥土	125–1
			紫粉泥土	125–2
		砂黏质红土	砂黏质红土	124–1
		亚黄筋泥土	亚黄筋泥土	121–1
		红砂土	酸性紫色土	126–2
	侵蚀型红壤	石砂土	石砂土	131–1
		白岩砂土	白岩砂土	132–1
黄壤	黄壤	山地黄泥土	山地黄泥土	211–1
			山地砾石黄泥土	211–2
			山地香灰土	211–3
		山地黄泥砂土	山地黄泥砂土	212–1
		山地黄黏土	山地黄黏土	213–1
	侵蚀型黄壤	山地石砂土	山地石砂土	221–1
	表潜黄壤	山地草甸黄泥土	山地沼泽黄泥土	231–2

山地、山田主要类型土壤养分含量表

表 2–1–3

土属	有机质	全氮	速磷 PPM	速钾 PPM	PH	全磷	C/N
红泥土	2.19	0.105	2.75	84	5.7	0.020	12.1
黄泥土	2.50	0.128	17.03	123.45	5.8	0.023	11.3
粉红泥土	2.16	0.145	10	91	5.9	0.012	8.6
山地黄泥土	5.01	0.230	31.27	148.55	5.6	0.05	12.6
山地黄泥砂土	2.57	0.143	9	69	6.1	0.036	10.4
山地石沙土	5.26	0.224	14.25	171.75	5.6	0.025	13.6
山地黄黏土	4.52	0.227	12	78	6.1	1.38	11.6
山地黄泥砂田	4.66	0.255	24.8	135.4	5.4	0.041	10.6
山地黄泥田	3.37	0.199	0	59	6	0.044	9.8
烂滃田	4.06	0.221	0	0	5.2	0.035	10.7

注：摘自余姚县土壤普查资料

第二章 气候

大岚处于北纬 29° 49′ 31″，东经 121° 7′ 26″，北亚热带季风气候区。四季分明，光照充足，气温适宜，雨量丰沛，冬夏季风交替明显。

第一节 四季

四季历期

冬春稍长，平均历期 100 天以上，夏秋略短，平均历期 75 天左右。

四季历期表

表 2-2-1

项＼季节		春 季	夏 季	秋 季	冬 季
入季时间	最早	2 月 28 日	6 月 14 日	8 月 28 日	10 月 26 日
	最迟	4 月 17 日	7 月 2 日	9 月 22 日	12 月 1 日
	平均	3 月 19 日	6 月 21 日	9 月 9 日	11 月 18 日
平均季长		94 天	80 天	70 天	121 天
平均气温		16.7℃	25.3℃	16.8℃	4.8℃
平均雨量		512.5mm	601.9mm	480.0mm	428.9mm
平均雨日		50.7 天	10.9 天	38.6 天	65.8 天

四季特征

春季（3—5 月） 春分后，天气逐渐转暖，平均气温上升到 16.7℃，时有冷空气南下，天气时冷时热，境内地处海拔 450 米以上，常有寒霜出现。部分年份清明后还会出现倒春寒，马铃薯幼苗、茶叶幼芽易遭冻害。据大岚气象哨记载，1981 年 3—4 月平均气温为 9℃和 14.1℃，1982 年为 7.7℃和 12.5℃。

夏季（6—8月） 春夏之交，冷暖空气交锋，常常阴雨连绵，并伴有暴雨、冰雹，时有洪涝灾害发生，俗称6—7月为梅雨期。一般6月上中旬入梅，7月上中旬出梅。有的年份出现“少梅”和“空梅”现象。出梅后入伏，受副热带高压控制，气温迅速上升，天气晴热干旱，平均气温25.3℃。1981—1982年，7—8月平均温度25.6℃，25℃以上天数20天，28℃以上7天，最高月平均28.6℃。三伏期间，雷阵雨或热带风暴（台风）带来强降雨。如强台风入境，会带来洪灾。雷阵雨少、热带风暴影响轻，境内溪水断流，农作物受旱。

秋季（9—11月） 夏秋之交，两季则为过渡性季节，受冷暖空气交替影响，气温变化剧烈，时有台风侵袭频繁，暴雨、大风多发。深秋，昼夜温差大，有时暖气流偏强，出现“秋雨连绵”或气温居高不下的“秋老虎”天气。

姚江源头梯田

冬季（12月至次年2月） 受冷高压控制，西北风盛行，天气以晴冷干燥为主，常有降雪天气。自冬至始入九，天气寒冷，时有寒潮暴发，境内短时气温骤降至-4℃～-8℃，最冷降至-14℃左右，严重冰冻。寒冷持续到“七九”，待到九九满，冬天结束。少数年份暖气偏强，冬至气温偏高，雨水偏多，冰雪极少，称暖冬。

第二节　日照

根据余姚国家气象站观测资料显示，2007—2016年，镇境内平均日照时数1302.7小时，比平原1775.9小时少473.2小时，日照时数最多年份为2013年，1512.2小时，最少为2015年，1144.1小时。各月平均日照时数差异较大，最多为7月，171.1小时，最少为1月，74.8小时。日照差异很大，同一高度，一般南坡和开阔山岗垄畈，光资源相对较多，谷地、山岙、北坡光资源相对较少。

高山日出

光资源随不同季节太阳高度变化而各不相同，夏季辐射强，日照长，光资源较多，冬季辐射弱，日照短，光资源较少。一年内太阳辐射最低值出现在12月，为3.5～4.02千卡/平方厘米，占全年的5%～6%；最高值出现在7月，为0.95～10.51千卡/平方厘米，占全年的13%左右。

太阳辐射光能利用率，也因海拔高低、

作物品种、季节等因素有所差异。现代植物的光能利用率在1‰至1%～2%之间，通常亩产千斤的小麦、水稻生长盛期，光能利用率可达到5%左右。光温效率在6—9月接近1%，12月至次年2月仅为0.2%。

第三节 温度

2007—2016年，年平均气温14.5℃，比平原年均16.7℃低2.2℃，历年极端最高气温39.5℃，出现在2013年8月7日，历年极端最低气温-11.7℃，出现在2016年1月25日。

2007—2016年大岚镇年均气温、极端最高、最低气温情况表

表2-2-2 单位：℃

年份	年均气温	极端最高气温		极端最低气温	
		温度	出现时间	温度	出现时间
2007	15.4	38	8月1日	−7.3	1月8日
2008	14.6	36.4	7月5日	−9.2	2月13日
2009	14.6	37	7月20日	−10	1月25日
2010	14.4	36.9	8月13日	−9.2	12月17日
2011	13.4	36.2	7月25日	−11.1	1月16日
2012	13.7	36.7	7月4日	−10.2	12月31日
2013	14.8	39.5	8月7日	−10.2	12月28日
2014	14.4	34.3	7月11日	−9	1月22日
2015	14.6	36.5	8月3日	−9	2月10日
2016	15.3	36.4	7月22日	−11.7	1月25日

2007—2016年大岚镇界限温度与积温情况表

表2-2-3 单位：h

界限年份	5℃		
	开始日期	结束日期	累计温度
平均	2月23日	12月11日	5110.3
最小	2月4日	11月11日	4654.1
最大	3月15日	12月31日	5478.1
界限年份	10℃		
	开始日期	结束日期	累计温度
平均	3月19日	11月18日	4733.3
最小	2月28日	10月26日	4113.7
最大	4月17日	12月1日	5076.9

续表 2-2-3

界限年份	20℃		
	开始日期	结束日期	累计温度
平均	5月31日	9月22日	2770.5
最小	5月20日	9月1日	2157.0
最大	6月16日	10月9日	3261.7

2007—2016年大岚镇无霜期，终霜日，初霜日情况表

表 2-2-4　　单位：日

年份	终霜日	初霜日	无霜期
2007	8/3	29/11	265
2008	15/3	20/11	249
2009	2/4	2/12	243
2010	11/3	8/12	271
2011	5/4	3/12	241
2012	21/3	27/11	250
2013	4/3	18/11	258
2014	14/3	2/12	262
2015	11/3	27/11	260
2016	12/3	16/12	278

注：据余姚国家气象站观测资料，联系镇域多年观测实际，初霜期为10月25日—11月15日，终霜期为3月20日—4月10日，无霜期为220天左右

1981年大岚气象哨逐日平均气温记载统计表

表 2-2-5　　单位：℃

日＼温度＼月	一月	二月	三月	四月	五月	六月	七月	八月	九月	十月	十一月	十二月
1日	3.9	−0.7	3.1	16.0	21.6	16.2	25.8	25.5	22.9	18	11.1	
2日	−3.9	1.8	2.2	7.5	21.1	15.8	27.2	25.4	21	16.3	9.4	
3日	−5.3	−0.2	4.0	9.1	8.8	16.0	28.1	26	21.2	16	10.7	
4日	−1.6	−1.2	2.2	9.5	13.7	17.8	28.3	27.3	21.2	20.2	10.9	
5日	2.1	1.6	6.8	9.1	14.8	18.3	28.2	23.8	20.4	16.8	12.2	
6日	0.4	1.3	6.8	9.9	19.0	19.5	28.5	24.7	18.6	21.3	9.1	
7日	−0.5	1.5	6.9	9.3	21.7	20.1	27.7	28.8	19.9	22.9	6.3	
8日	1.1	4.2	8.8	12.4	26.0	21.5	29.9	28.2	21.7	15.3	3	
9日	1.1	5.5	5.2	12.2	26.7	21.0	26.7	27.6	21.2	7.8	2.9	
10日	0.9	2.0	5.6	13.4	25.6	22.0	26.4	27.9	16.7	10.7	3.8	
上旬合计	−1.8	15.7	51.6	108.4	199	189.8	276.8	265.2	204.8	165.3	81.4	

续表 2–2–5

月 温度 日	一月	二月	三月	四月	五月	六月	七月	八月	九月	十月	十一月	十二月
11 日	0.3		6.8	17.1	12.7	18.9	24.6	25.6	15.9	13.6	6.3	
12 日	3.1	15.9	13.1	15.3	14.3	16.8	24.2	24.3	14.9	15.9	10.3	
13 日	3.7	14.5	15.8	11.3	16.1	16.9	26.4	23.9	15	14.4	10.3	
14 日	4.5	11.7	13.3	11.1	17.8	18.6	26.4	23.8	16.3	12.6	11.7	
15 日	1.7	15.4	7.4	15	15.5	19.8	28.7	24.5	17.1	14	13.9	
16 日	−4.4	9.4	7.4	16.9	17.4	21	26.2	26.3	17.9	15.9	11.3	
17 日	−3.2	−0.1	9.6	15.3	17.9	25.4	25.7	28.1	18.7	17.2	4.5	
18 日	3.2	3.8	10.2	15.1	18.2	27.6	25.9	27.7	20.6	16.4	5.2	
19 日	1.8	3.6	9.4	11.6	15.6	26.6	25.1	26.2	20.6	16.1	10.8	
20 日	2.6	2.7	8	13.2	15.8	25.2	24.7	27.4	19.8	15.9	11.9	
中旬合计	13.3	83.3	101	141.9	161.3	216.8	257.9	257.8	176.8	152	96.2	
21 日	1.4	2.7	9.8	14.6	13.9	24	25.1	27.4	20.1	17.3	9.1	
22 日	0.1	8.1	13.4	16.4	16.1	25.1	24.5	25.3	21.5	10	9.6	
23 日	7.1	6.6	14.2	18.8	14.5	23.7	23.2	25.1	21.3	5.4	9.3	
24 日	1.9	1.4	15.1	18.9	19	28.3	25.7	26.6	23.9	7.3	8.5	
25 日	−1.4	−2.1	11.3	14.1	22.4	29.1	27.8	28.9	19.8	10.1	10.1	
26 日	−4.8	−4.7	10.3	15.4	20.5	29.2	28	23.7	19	11	9.2	
27 日	−6	−5.2	10.8	16.4	21.1	28.4	27.3	21.6	19.9	15.4	6.1	
28 日	−3.8	1.3	14	19.7	20.1	25.3	28.2	22.2	17.8	12.3	3.3	
29 日	−2.5		9.5	19.8	18.7	23.2	26.7	25	17.8	11.8	5.1	
30 日	−0.7		8.3	17.4	13.3	23.6	24.1	24.8	18.1	13.8	6.3	
31 日	0.1		10.9		16.4		24.1	24		15.2		
下旬合计	−8.7	8.2	127.6	171.5	196	259.9	284.7	274.6	199.2	129.6	76.6	
平均	−0.8	1	11.6	17.2	17.8	26	25.9	25	19.9	11.8	7.7	
月合计	2.8	107.2	280.2	421.8	556.3	665.5	819.4	797.6	580	446.9	254.2	
平均	0.1	3.8	9	14.1	17.9	22.2	26.4	25.7	19.4	14.4	8.5	

说明：1981 年 12 月份气象资料无原稿记录

1982 年大岚气象哨逐日平均气温记载统计表

表 2–2–6

单位：℃

月 温度 日	一月	二月	三月	四月	五月	六月	七月	八月	九月	十月	十一月	十二月
1 日	0.7	−1.7	2.2	14.3	14.3	22.2	18.6	24.5	25	24.8	14.6	8.1
2 日	5	2.8	2.6	19.8	18.5	16.1	20.1	24.1	24.2	23.6	12.3	10.3
3 日	9.8	10.4	8.9	8.2	17.5	18.5	20.3	27.2	23.6	18.1	14.7	10.3

续表 2-2-6

月 温度 日	一月	二月	三月	四月	五月	六月	七月	八月	九月	十月	十一月	十二月
4 日	3	0.4	16.7	4.6	18.9	20.6	21.4	27.4	22.1	19.4	18	13.7
5 日	0.8	−2.3	7.1	6.5	21.3	21.8	22.4	25.3	22.6	17.9	16.4	5.3
6 日	2.5	−2.6	2.3	7.3	14.0	19.9	24.3	26.7	21.5	18.2	16.7	−0.5
7 日	0.4	−1.7	0.3	9.9	16.6	19	25.9	26.6	22.6	17.4	16.5	1.4
8 日	2.9	−0.5	1	12	21.6	20.2	27.1	26.3	22.4	17.3	16.5	4.4
9 日	6.7	0.3	3.8	6.6	24.2	20.8	26.6	23.9	20.1	17	12.9	8.2
10 日	11.2	−0.6	7.8	8.7	22.3	22.9	27.4	23.5	19.9	18.5	6.3	6.5
上旬合计	43	4.5	52.7	97.9	189.2	202	234.1	255.5	224	192.2	144.9	67.7
11 日	12.2	−0.4	11.7	14.3	24.2	23.7	27.6	23.5	18.7	18.6	8.5	5.3
12 日	3.5	0.3	11.3	17.7	25.9	23.2	27	22.9	18.3	19.4	11.5	0.5
13 日	0.9	0.9	9.8	13.3	15.3	24.5	28.7	25.3	18.1	21.2	16.4	0
14 日	1	0.2	13.3	12.7	12	21.6	28.4	26.7	18.5	21.1	15.8	0.3
15 日	1.9	0.4	10.7	15.8	13.8	19.3	28.5	25.7	18.2	20.6	11.7	4.8
16 日	−3.7	3.1	12.5	17.8	18.1	19.8	25.6	26	18.3	17.2	10	5.3
17 日	−2.6	4.9	10.1	10.5	21.7	21	25.2	25.8	20.8	15.3	10.8	2.4
18 日	−2.2	7.4	4.9	8.4	19.8	23.5	24.1	27.4	22.9	17.5	15.1	1.7
19 日	−3.3	8.5	9.8	11.4	21.6	24.1	26.1	27.5	20.1	17.1	11.2	2.7
20 日	1.9	4.1	6.4	14.3	18.7	23.5	25.8	27.9	19.8	14.7	10.1	5
中旬合计	9.6	29.4	100.5	136.2	191.1	224.2	267	258.7	193.7	180.7	121.1	28
21 日	7.5	4.4	8.2	10.7	20.5	24.1	26	25.4	18.9	15.2	13.6	7.2
22 日	7.9	5.7	13.1	12.2	21.6	20.2	28.7	24.1	17.6	17.1	10.7	4.9
23 日	8.2	7	16.7	14.9	23	18.7	28	22.7	17.8	17	7.3	8.2
24 日	9.4	4.3	4.2	16.3	24.3	21.1	26.9	22.3	18.1	13.7	7.2	12.5
25 日	3	3.3	1.4	15.1	23.7	21.3	25.4	23.7	18.2	11.3	7.9	3.1
26 日	1.5	3.9	2.7	15.7	23.6	19	26.7	22	19	13.4	11.7	1.5
27 日	1.6	6.1	3	13.2	22	20.1	27.1	21.8	14.2	15.3	14.3	2.9
28 日	−2.7	7.5	6.5	15	21.4	19.7	24.8	24.2	16.7	17.1	15.4	4.8
29 日	−3.4		7.5	14.9	24.6	20.6	24.4	23.8	21.6	16.9	8.6	6.5
30 日	−0.6		10.8	13.1	23.3	18	23.4	25	23.7	17.7	7.2	10
31 日	1		12.7		22.8		22.8	25		16.5		9.6
下旬合计	33.4	42.2	86.8	141.1	250.8	202.8	284.2	260	185.8	171.2	103.9	71.2
平均	3	5.3	7.9	14.1	22.8	20.3	25.8	23.6	18.6	15.6	10.4	6.5
月合计	86	76.1	240	375.2	631.1	629	785.3	774.2	603.5	546	369.9	166.9
平均	2.8	2.7	7.7	12.5	20.4	21	25.3	25	20.1	17.6	12.3	5.4

第四节　降水（湿度）

降水量

1961—1987 年平原地区平均降水量 1348.2 毫米，境内 1748.2 毫米。夏家岭年均降水量达到 1900 毫米以上。2007—2016 年平原地区降水量 1621.2 毫米，大岚 2072.3 毫米，比平原地区多 451.1 毫米。最多年份为 2015 年，达到 2911.3 毫米，最少年份为 2011 年，1688.1 毫米。年均降水日数 195.9 天，月均降水日数最多为 6 月，达到 21 天，最少为 7 月，13 天。

蒸发量

2007—2016 年均蒸发量 1447.3 毫米，年最大蒸发量为 2007 年，1720 毫米，最小为 2015 年，892.8 毫米。

湿度

相对平均湿度（表明空气中的水汽距离饱和程度）为 78%。湿度的变化与降水量同步。50 年间最大为 100%，出现在 1979 年 1 月 28 日；最小为 5%，出现在 1992 年 4 月 19 日。平均相对湿度夏季最大，冬季最小，分别为 80% 和 76%。高海拔地区相对湿度比平原高。高山云雾重，湿度大，雨日多，湿度频数高。湿度越大，对农作物影响越大，小麦赤霉病、水稻纹枯病、稻瘟病易发生。

2007—2016 年降水量情况表

表 2-2-7　　单位：毫米

年份	1 月	2 月	3 月	4 月	5 月	6 月	7 月	8 月	9 月	10 月	11 月	12 月	全年
2007	106.0	72.5	194.0	85.8	66.7	168.4	76.8	205.4	350.5	363.7	48.3	75.7	1813.8
2008	52.9	89.8	56.5	138.1	169.7	307.3	171.3	199.4	320.7	105.1	108.1	38.7	1757.6
2009	57.5	163.7	146.6	122.7	114.0	133.3	148.3	652.1	144.5	52.4	249.7	80.9	2065.7
2010	65.1	174.3	273.2	185.9	125.8	244.6	210.6	53.7	226.5	169.7	49.7	97.7	1876.8
2011	70.3	55.1	69	72.8	69.8	501.3	152.6	265.4	100.6	82.6	157.2	91.4	1688.1
2012	184.4	133.4	275.8	104.3	226.3	239.6	134.6	519.7	234.5	46.5	133.9	130.2	2363.2
2013	48.9	121.7	163.7	184.1	114.4	292.5	33.0	260.8	112.6	552.7	64.1	130.8	2079.3
2014	42.6	140.7	100.6	96.6	187.1	242.0	175.7	474.9	440.2	20.4	77.7	22.1	2020.6
2015	76.8	125.7	145.1	115.7	128.9	243.3	825.3	286.9	394.3	93.9	320.4	155.0	2911.3
2016	118.5	29.9	100.3	263.2	318.6	350.1	115.5	100.3	470.1	102.1	111.5	66.7	2146.8

第五节　灾害性天气

春寒

1961—1987年，平原地区在4月5日后，有9年出现平均气温连续3天低于11℃的倒春寒，机率33%。有10年出现日极端最低气温低于4℃的春寒，机率37%。境域受春寒影响的年份要比平原地区多，机率高。据镇气象哨记载，1978—1982年4月下旬平均温度14.8℃，最低11.7℃。1982年4月下旬，日平均温度低于16℃以下的有9天，平均气温14.1℃，春播后的中汛稻秧田烂种烂芽严重。

霜冻

霜寒分初霜冻和终霜冻，秋季出现的早霜或秋霜影响甘薯（番薯）等秋粮作物受冻后减产。春季出现的晚霜或春霜影响春玉米、马铃薯、茶叶生长。2016年3月底4月初二次遇霜，春茶幼芽受冻，马铃薯幼苗枯萎。

干旱

有伏旱、秋旱、冬旱。伏旱发生在7、8月，秋旱发生在9、10月，冬旱出现在冬季。境内影响最大的伏旱，旱情时间长，会带来中汛稻、秋粮作物减产。1950—1980年气象资料显示，四季遇旱机率相似，夏旱为重。30年中，1953年干旱59天，1958年干旱93天，1961年干旱60天，1967年干旱82天。1983—2016年，1983年、1987年、1988年连续30天以上无雨。

梅季　暴雨

发生在梅季6—7月，机率22%。2003—2009年，梅季最大降雨量为2008年，6月307.3毫米，7月171.3毫米，占全年降水量的27.2%。

热带风暴（台风）

1961—2017年，镇境内受热带风影响93次，平均每年1.6次。热带风暴一般发生在8—9月，最早出现在1961年5月20日的3号台风，最晚出现在1964年10月15日的23号台风。热带风暴侵袭时，常伴随大风暴雨，风力最强。2000年9月13日至15日，14号台风“桑美”，严重影响境内，最大风力12级，全市平均降雨量231毫米，山区平均335毫米，最大降雨量夏家岭达到749毫米，超过1962年9月14号台风564.1毫米的雨量。2016—2017年无热带风暴影响。

积雪

降雪量在0.1毫米以上为雪日，境内雪日比平原地区多，积雪厚、时间长。每年均有积雪，厚薄不等。1984年雪日最多，达到26天，积雪主要出现在12月至次年2月。最早初雪出现在

1979年11月18日，最晚终雪出现在1969年4月4日。1月下雪天最多。1972年2月5日至12日，积雪最厚，平原地区30厘米，山区2米。2008年2月，发生最严重的雨雪冰冻灾害，2月1日白天下冻雨，夜里开始下雪，到2日中午普降暴雪，截至2日16时，普遍积雪25～28厘米。茶叶受冻，竹、松、花木倒塌严重，电力、通信设施严重损毁，交通运输严重受阻，全镇直接经济损失3288.75万元。通过镇村干部、群众、部队官兵对浒溪线清道，于2月17日全线贯通。

山村积雪

附：主要自然灾害

清

顺治元年（1644）　旱、饥。

顺治五年　四月雨雹。

顺治十一年　十二月大寒、溪水皆冰、大雪。

顺治十五年　七月大风。

顺治十八年　八月旱饥。

康熙二年（1663）　六月大风潮。

康熙三年　八月大水。

康熙七年　六月地震。

康熙九年　六月大风害稼。

康熙二十九年　七八月大风雨，山洪崩决，禾稼无子粒。冬大雪、溪水皆冰。大饥。

康熙三十二年　九月大水。

康熙三十八年　夏旱、秋无雨。

乾隆十九年（1754）　七月大水成灾。

乾隆二十六年　十二月大寒，溪水皆冰。

乾隆三十五年　七月大风潮。

乾隆五十九年　秋荒。

嘉庆二十五年（1820）　夏旱。七月二十三日大风雨。

道光五年（1825）　旱。七月十日大风　坏庐拔木，损禾稼。

道光七年　七月二十四大风。

道光十一年　夏淫雨、害稼。秋大水。

道光十五年　夏旱。

道光二十年　十一月大雪，厚三尺余。

道光二十一年　冬大雪。
道光二十三年　七月大水。
道光二十四年　夏大旱。
道光二十六年　七月三十日夜地震。
道光二十七年　秋旱。
道光二十九年　芒种后大雨十日，溪流皆满。
道光三十年　八月十六日大风潮。
咸丰二年（1852）十一月初六夜地震。
咸丰三年　三月初十夜地震。
咸丰五年　正月二十八日夜大雪，震雷。
咸丰六年　八月蝗虫。
咸丰八年　夏淫雨，损平。
咸丰十一年　十二月大雪，平地积雪四、五尺。
同治九年（1870）九月三十日雨雹损禾。
同治十二年　夏、秋旱。
同治十三年　秋、冬旱。
光绪三年（1877）五月二十三日　大风拔木。
光绪九年　七月大风雨，饥荒。
光绪十年　八月大水。
光绪十五年　七月二十七日山洪暴发，坏庐舍无数。八至十月淫雨47天。禾欠收，饥民四起。
光绪十八年　十至十二月大寒多雪，溪流皆冰。
宣统二年（1910）闰六月十六日　台风夹雨，民舍被卷，人畜受淹。

中华民国

民国3年（1914）旱，时疫流行，儿童死亡尤多。
民国7年　7至9月不雨，晚禾晒死，秋红斑痧流行，死亡甚多。
民国11年　秋大水。
民国16年　7至9月不雨，晚稻无收。
民国18年　3至5月无雨，干旱损禾。
民国20年　久雨天寒。涝灾。
民国23年　秋大旱，山区饥荒四起，强燥台风袭境，晚稻受损。
民国29年　夏旱严重。
民国31年　8月16日台风。
民国32年　6月稻热病大发。
民国34年　大旱。
民国36年　大旱。
民国38年　7月24日，台风暴雨，损农作物无数。

中华人民共和国成立后

1949年 10月初久雨成涝。

1950年 山区春荒，民饥。

1951年 春寒多雨，水稻烂秧严重，播种贻误季节。9月19日，台风暴雨，竹损失严重。

1952年 5月18—31日，多雨成涝，损禾稼；5月下旬起，连遭水灾三次；8月6日，狂风暴雨。

1953年 6—9月连旱59天。大岚乡169.93公顷中汛稻，晒白79.5公顷，不能挽救13.98公顷。8月，发生猪丹毒。

1954年 5月7日至6月13日，先后暴雨4次。

1955年 1月初，严寒伤茶。6月9日，暴雨，山洪暴发。

1956年 8月1日，强台风，倒房248间，墙162堵，伤15人，吹倒大树13962棵，毛竹310000支。

1958年 5月下旬至8月下旬，无透雨，干旱93天，农田严重受灾。

1961年 2月，多雪，积雪1米尺。5—8月，伏旱60天，镇境内有狼群出没伤害家畜。

1962年 9月3日夜起至7日，下特大暴雨566.7毫米，山洪暴发，人畜有伤亡。晚稻大减产，镇境内狼群发展到伤人，政府派武装围歼始灭。

1963年 冬旱，自上年12月18日至3月4日基本无雨。

1964年 2月雨雪19天，积雪厚14厘米。

1965年 冬春干旱，4月18日，起低温春寒16天。

1967年 全年大旱，溪断流，稻纵卷叶虫猛发。

1968年 6月8日，冰雹，10月下旬起连旱47天。

1969年 2月低温多雨29天，平原极端最低温度为-9℃。10月初干旱43天。

1970年 1—3月，连续阴雨68天。3月12日夜，雪厚8厘米。

1971年 春寒，1月底出现平原最低温度近-10℃。夏旱60天，冬旱50天。8月23日，冰雹。

1972年 1—2月，低温多雨。2月5—12日，下雪8天，积雪最厚达到2米。

1973年 10月28日至次年1月底干旱78天。

1974年 1月中旬至2月中旬，低温25天。

1976年 3月18日至4月10日，11月11—29日，春、冬两次出现低温。

1977年 元旦至2月11日，下雪21天，积雪1米，公路交通中断。

1978年 6月，出现异常高温。春季多冰雹。

1979年 高温少雨，9月底起，连旱38天。

1980年 1月高温多雨，4月严寒，6月大风高温，7月气候如春，8月重入黄梅，9月无台风暴雨，11—12月无雨，全年气候反常。中汛稻叶瘟、穗瘟发生严重。

1981年 8月31日9月2日，受14号台风影响，风力大9～11级，阵风12级，强风暴雨持续36小时。常规品种穗瘟多发。

1985年 12月9—10日，普降大雪，积雪23厘米，严寒持续11天，最低气温-12℃，公路交通受阻15天。

1987年　春，大岚公社发生猪瘟，饲养户损失惨重。

1988年　8月8日，7号台风过境最大风力11级，8级大风持续6小时。

1990年　春夏之交，出现“空梅”天气，7月4日起，伏旱，8月30日至9月1日，受15号台风影响，伴暴雨，风力8级以上。

1991年　1月4—5日，连续降雪14小时，公路交通受阻，12月27—28日，大雪，严寒持续一周。

1992年　8月30—31日，受16号台风影响，风力9～10级，伴有暴雨。最大雨量华山584毫米。9月23日，受19号台风影响，大暴雨。中汛稻受损。

1994年　8月21日，17号台风过境，大暴雨，8级以上大风持续15小时。

1997年　8月18—19日，11号台风过境，暴雨，8级以上大风持续30小时。

2000年　8月7日，台风“杰拉华”过境，最大风力9级。8月30日，受台风“派比安”影响，出现8～9级东北大风。9月13—15日，台风“桑美”过境，最大风力12级，伴有大暴雨，最大雨量夏家岭749毫米。

2001年　6月下旬，受台风“飞燕”外围影响，又逢梅雨季节，连续暴雨。

2002年　9月16日，台风“森拉克”影响镇境，最大风力10级。

2004年　8月12日，台风“云娜”过境，中心风力17级，最大风速58.7米/秒。

2008年　2月1—2日，白天冻雨，夜里开始普降暴雪，积雪25～28厘米，茶叶受冻，竹木、花木倒塌严重，交通受阻。经济损失较大。

2013年　10月7日，受23号台风“菲特”影响，大暴雨，镇境内雨量达561毫米，受灾581户，1798人，花木受损，直接经济损失14656.6万元。

2015年　7月10—11日，第9号台风“灿鸿”风力14级，风速45米/秒，9月27—29日，21号台风“杜鹃”过境。两次台风，风雨大，毛竹、花木倒伏严重。

第三章　自然资源

镇境内田少山多，水力、风力资源丰富，矿产资源稀缺。

第一节　土地

境域面积 63.4 平方千米，土地包括耕地、林地、园地、水域及水利设施用地、交通道路用地、居民生活（工业）用地及其他零星杂地等 7 类。

耕地

面积 5.31 平方千米，农业人口人均占有 450 平方米，是农户承包经营的口粮田，以种植粮、油、马铃薯为主。20 世纪 90 年代始，农户对种植业结构进行调整，60% 的耕地改种花卉及其他经济作物。

林地

面积 32.9 平方千米，占土地总面积 51.89%。人均占有 278 平方米，包括乔木林地（包括纯林、混林、竹林）、灌木林地、疏林地和无立木林地等，

园地

主要指茶园，面积 16.67 平方千米，占土地总面积 26.29%。人均占有 1400 平方米，是农民主要收入来源。

水域用地

包括溪道、山塘、水库和电站，面积 1.82 平方千米。

交通道路用地

包括省道、县道、乡道及各村道路，面积 3.09 平方千米。

居民点及工业用地

1.61 平方千米。包括景区、景点用地。

其他

指上述六类之外的杂地，面积 2 平方千米。

第二节　山林

林业用地 3290 公顷，按树种分，乔木林 2035.6 公顷，蓄积量 102787 立方米，竹林 1059.13 公顷，灌木林 1723.7 公顷，森林覆盖率 76.65%。

按用途分，防护林 912.2 公顷，蓄积量 27935 立方米，其中，水涵林 358.07 公顷，蓄积量 13109 立方米；水保林 554.1 公顷，蓄积量 14826 立方米；特用林 161 公顷，蓄积量 7205 立方米；用材林 1959.6 公顷，蓄积量 66961 立方米；经济林 61.93 公顷，蓄积量 686 立方米，水涵林、水保林蓄积量占总蓄积量的 27.15%，用材林占总蓄积量 65.15%。

杉木基地

按树龄分，幼龄面积 400.6 公顷，蓄积量 11461 立方米；中龄 1011.67 公顷，蓄积量 46625 立方米；近熟林 552.47 公顷，蓄积量 39300 立方米；成熟林 70.47 公顷，蓄积量 5380 立方米。中龄、近熟林分别占总蓄积量 45.36% 和 38.23%。

第三节　水

全镇年均水资源总量 3962.5 万立方米，不包括地下泉水，现有人口饮用水保证率 100%，多年人均水资源占有量 3183.5 立方米，粮田亩均水资源占有量 4976.14 立方米。

降水

年均降水总量 1.3 亿立方米，蒸发量 9174 万立方米，占 69.8%。地下水量未探明。一年之内，梅季、台风季节雨水多，水量充沛。7、8 月伏旱期，雨水少，干旱时间过长威胁严重。

地下水

地下水储量充足，虽没有正确探明数据，民间长期以来的生活用水靠溪流及井泉水解决。镇境农村以天然“冷水孔”挖掘，筑成大小不等的圆形或方形井潭 44 处，取水量 2 万立方米以上。久旱不干的井泉分布在柿林、蜻蜓岗、甘竹、观下（大田下）、邱庄、阴地等自然村。冬暖夏凉，水质好。20 世纪 70 年代后期，各村选择最佳的山溪、泉水筑井铺灌，建成自来水，此后井水仅作为辅助用水。

1998 年 10 月，对日流量 80 吨的蜻蜓岗泉水进行开发。

蓄水

年均蓄水 2494.4 万立方米，以山塘水库蓄水为主。其中小（1）型蓄水 456 万立方米，小（2）型 227.77 万立方米，小（3）型 116.64 万立方米；地下水 4.9 万立方米；复库储水 1625.4 万立方米；农田自蓄 63.7 万立方米。供工业用水 1909.7 万立方米，农田灌溉用水 233.79 万立方米，生活用水 36.35 万立方米，计 2179.84 万立方米，供需相抵尚余 314.56 万立方米。属水资源富足地区。

水质

20 世纪 70 ～ 80 年代，因山区农村畜禽饲养量增加，乡镇工业的发展，污水排放量渐增，水质均有不同程度的下降。2000 年后，环境整治力度不断加强，农村露天粪缸改建三格式无害公厕，工业转制下山，畜牧业减少，水质得到好转。2004 年，余姚市环保监测站对集镇溪道进行水质监测，基本符合 GB3838—2002《地表水环境质量标准》中Ⅱ类水体要求。2017 年，推进“五水共治”剿灭劣Ⅴ类水零排放，实行溪道河长制管理。

水力

水力资源丰富，于 1970 年 7 月至 2006 年 11 月，先后开发大横山、四窗岩、柿林、大岚等 20 处电站，装机容量 9415 千瓦。

第四节　矿产　风力

已探明金属矿产有铜、铁，蕴藏量少，无开采。非金属矿产有高岭土、红紫砂土、石英等矿点，高岭土和流纹岩曾开采，风力资源丰富，有开发前景。

铜

1958 年，境内四丰、甘竹自然村在眠岗、上马岗和白玉塘岭脚分别发现铜、铁、煤矿。1959 年经浙江省地质勘察大队打井开采，因铜、铁、煤含量测试达不到开发标准而停止。

高岭土

位于柿林村北部高陈横，矿点在柿林、城山司、大路村。砂质呈肉红色、浅绿及灰色，以斜长石为主，亦有黑云母和少量铁矿、石英及磷灰石等。矿石耐火1592.2℃。1958年，城山司村开挖后挑运到大皎做耐火砖；1982年，运输到镇海骆驼做地砖。20世纪70年代，柿林、大路村开采后供应余姚县陶瓷厂。1993—1996年，两村与中外合资奉化凯威陶瓷工业有限公司签约3年，大路下村每年供料2400吨，每月200吨；柿林村每年供货3000吨，每月250吨，每吨25.5元。1997年后停采。

石矿

阴地、分水岭两自然村储有流纹岩和雪花咖啡石矿，曾为镇大理石厂提供过原材料，因流纹岩坚硬，开采难度大，雪花咖啡成材率低而放弃开采。

民用石料由各自然村采挖。观下村玄武岩石塘，易挖掘、质坚硬、块成形，除此还有凝灰岩石塘。中华人民共和国成立后，大搞农业基础设施建设，开山劈岩，造田建路，筑水库，石料发挥重大作用。20世纪70年代始，农村建房筑墙采用条形石料，从此泥墙灭迹。90年代后，民间建房以红砖水泥结构为主，石料开采逐年减少。

红紫砂土

丁家畈、戴王、糜山村储有较大面积红紫砂土，未开发利用。

风力

2009—2010年，国电电力发展股份有限公司和龙源电力集团有限公司对镇内夏家岭、凉风岗、华盖山等地进行风力发电项目测试，装机容量可达4.5万千瓦，预算总投资5亿元。

第五节　野生动物

境内动物资源丰富，常见的脊椎动物有哺乳类、鸟类、爬行类、两栖类、鱼类等。无脊椎动物有甲壳动物、腔肠动物等，尤其是昆虫更多。

哺乳类

野生物种有14科27种。即：刺猬；小伏翼、山蝠、大棕蝠；华南兔；巢鼠、黑线姬鼠、小家鼠、黄胸鼠、褐家鼠、黄毛鼠、社鼠；缺齿鼹（地老鼠）；黄鼬、鼬獾、狗獾、猪獾；赤腹松鼠、淡腹松鼠；花面狸（上树狸）；豹猫（野猫）；鬣羚；野猪；麂狼；狼、貉（田狗）；穿山甲。

主要物种介绍：

穿山甲（Manis pentadactyla） 穴居生活，栖息在丘陵山地的灌木林草丛中较潮湿的地方，洞口很隐蔽，昼伏夜出，能游泳，会爬树，善挖洞。《本草纲目》记载，鳞可治恶疮、疯症、通经利乳，1998年列入国家二级保护动物。

鬣羚（Capricornis sumatraensis） 别名野山羊。栖息于黑龙潭、大湾岗一带的高山岩崖，常在绿林、灌木、针叶林及混交林中。列为国家二类保护动物。

貉（Nyctereutes procyonoides） 别名田狗。1998年，列入《浙江省重点保护陆生野生动物名录》

狼（Canis lupus Linnaeus） 别名豹狼、狼狗、毛狗。生活于山区和丘陵地带的森林灌木丛，栖息范围很广，20世纪60～70年代，境域内时有出没。

野猪（Sus scrofa） 别名山猪。栖息于林地、阔叶林、混交林、灌木林和草地，群居，晨昏与夜间活动，以甘蔗、玉米、马铃薯、冬笋、蛇为食。

黄鼬（Mustela sibirica） 别名黄鼠狼。栖息在农田，沟谷山坡，常出没在村落附近，穴居于土洞，石穴，坟堆，瓦砾之中，以小鸟、鸟卵、蛙、昆虫、家禽为食。

华南兔（Lepus sinensis） 别名短耳兔，野兔。栖息于低山林缘、灌丛草地、常到农田附近活动，野兔繁殖快、数量多。

刺猬（Erinaceinae） 别名刺球子。栖息于山地森林、草丛、田坎地角。常有农户捕捉为食。

麂狼（Muntiacus reevesi） 雄性称角麂。1961年正月初始，雪积1尺，封山一个月，麂狼冻、饿死亡无数，近年生态好转，常见。

鸟类

野生物种有31科75种。即小鸊鷉；绿头鸭；白鹭、牛背鹭；鸢、雀鹰、鹰雕、鹊鹞、白头鹞；红隼、灰背隼、燕隼；竹鸡、环颈雉、白颈长尾雉、黄腹角雉、鹌鹑；普通秧鸡、蓝胸秧鸡、小田鸡；凤头麦鸡、灰头麦鸡；白腰杓鹬、斑尾塍鹬；山斑鸠、灰斑鸠、红翅斑鸠、火斑鸠；鹰鹃、棕腹杜鹃、四声杜鹃、中杜鹃；长耳鸮；白腰雨燕；普通翠鸟；戴胜；黑枕绿啄木鸟、斑啄木鸟；云雀、小云雀；家燕；田鹨、树鹨；黄臀鹎、白头鹎、黑（短脚）鹎；红尾柏劳、棕背柏劳、虎纹柏劳；黑枕黄鹂；黑卷尾；八哥；松鸦、红嘴蓝鹊、灰喜鹊、白颈鸦；灰背燕尾；画眉、棕头鸦雀、灰头鸦雀；褐柳莺；大山雀、红头长尾山雀、银喉（长尾）山雀、黄腹山雀；麻雀、山麻雀、斑文鸟；燕雀、金翅雀、黄雀、黑头蜡嘴雀、黄胸鹀、灰头鹀、三道眉草鹀。

主要物种介绍：

绿头鸭（Anas platyrhynchos） 俗称野鸭。雁形目鸭科。常栖息于沿海滩涂，境内水库有少量栖息。

麻雀（Passer montanus） 俗称家雀。雀形目文鸟科。是镇内分布最广、积群最大的鸟类，栖息于居民区、树木成荫的地方，秋收聚集在稻田。

2003年8月，村民抢救一只受伤的猫头鹰

鸢（Milvus Korschun） 俗称老鹰。隼形目鹰科。通常栖息于山谷树林中或田野、大树上。以野鼠、小鸟、小蛇蛙、昆虫为食，70 年代后数量减少。

长耳鸮（Asio otus） 俗称猫头鹰。鸮形目鸱鸮科。栖息于山坡竹林处。1988 年列入国家二级保护动物名录。

山斑鸠（Streptopelia orientalis） 俗称野鸽。鸽形目鸠鸽科。栖息于竹林处，常见。

灰胸竹鸡（Bambusicola thoracica） 鸡形目雉科。栖息于竹林处，白天下树寻找食物，晚上 6 ～ 10 只一起在树枝及竹蓬上过夜。一般每只重 0.2 ～ 0.25 千克。

环颈雉（Phasianus colchicus） 俗称雉鸡、野鸡。鸡形目雉科。栖息于阴地、黄家庄大爿山一带。

白腰雨燕（Apus pacificus） 俗称山燕、野燕。雨燕目雨燕科。夏候鸟，集群生活，常结群飞翔，遇天气闷热、雷雨前夕，低空贴林，时而发生单鸣声，往返于山谷间。以蝇类、金龟甲、蝽蟓等为食。1981 年，列入《中日候鸟保护协定名录》。

喜鹊（Pica pica） 雀形目鸦科。栖息于高大乔木。1998 年，列入《浙江省重点保护陆生野生动物名录》

画眉（Garrulax canorus） 雀形目，鹟科画眉亚科。雌鸟与雄鸟同色，留鸟，栖息于低山丘陵到 1000 米以上山地的阔叶林、针阔混交林、竹林等林下层生活。以植物种子、果实、草籽和昆虫幼虫为食。

白颈鸦（**学名：**Corvus torquatus） 俗称乌鸦。雀形目鸦科。近年时有所见。

黑枕绿啄木鸟（Picus canus） 䴕形目啄木鸟科。常于村庄周边竹林处栖息。

家燕（Hirundo rustica） 俗称燕子，雀形目燕科。1981 年，列入中日候鸟保护协定名录。每年春播开始到镇内村庄房舍筑巢，稻收秋季回南方越冬。

爬行类

野生物种有 13 科 33 种。即铅山壁虎、多疣壁虎；石龙子、蓝尾石龙子、蝘蜓；北草蜥；钩盲蛇；黑脊蛇、棕脊蛇；钝尾两头蛇、赤链蛇、黄链蛇、黑眉锦蛇、玉斑锦蛇、王锦蛇、红点锦蛇、水赤链蛇、小头蛇、翠青蛇、灰鼠蛇、乌梢蛇；铅色水蛇、中国水蛇；金环蛇、银环蛇、眼镜蛇；五步蛇、蝮蛇；竹叶青；平胸龟；乌龟、黄缘闭壳龟；鳖。

主要物种介绍：

铅山壁虎（Gekko hokouensis） 别名壁虎、扒壁虎。生活在丘陵山区农村或小集镇，夜间活动，夏、秋聚在灯光处的墙上、屋檐下、天花板和玻璃窗上，捕捉昆虫为食。可加工成中药材，有祛风活络、散结止痛、镇惊解痉等功效。

蝘蜓（Lygosoma indicum） 别名铜石子、山龙子、石蜴、四脚蛇。体背古铜色、常活动在道路两旁。

钩盲蛇（Ramphotyphlops braminus） 别名铁线蛇。栖息于泥土中适应穴居生活，以昆虫幼虫及卵、蛹、白蚁为食。

赤链蛇（Dinodon） 别名火赤链。常见的无毒蛇，生活在山地、丘陵、稻田、园地、水塘、住房等处。以小鱼、蜥蜴、小蛙为食。

小头蛇（Chinensis） 别名秤杆蛇。常在房屋周围瓜棚活动，以蜥蜴、壁虎为食。

翠青蛇（Cyclophiops major） 别名青蛇。无毒。生活在林地，以昆虫、幼虫为食。

铅色水蛇（Enhydris plumbea） 别名水泡蛇、泥蛇。生活在水田、茭白田、泥沟中。

银环蛇（Bungarus multicinctus） 别名寸白蛇、竹节蛇。剧毒蛇，栖息于田埂地角、坟堆附近、山脚路旁、倒塌土房下。20 世纪 90 年代后，因使用除草剂，银环蛇数量不断减少。

五步蛇（Agkistrodon acutus） 别名蕲蛇、白花蛇、百步蛇、翘鼻蛇等。头大，呈三角形，体粗短，生活于海拔 300 ～ 800 米山谷溪间附近的岩石上和杂草中，洞穴多在树根部，以蛙、鸟和鼠类为食，剧毒蛇之一。传统珍贵药材，有驱风祛湿之功效。

竹叶青（Trimeresurus stejnegeri） 别名红眼睛、红眼蜻蜓、青竹蛇。头呈三角形，颈细，体长 600 ～ 800 毫米，头体背均为绿色，生活于山区树丛或竹林，常栖息于山谷小溪、河边的灌木杂草上。华盖山一带常见。7 月天气炎热，常在夜间活动。

乌梢蛇（Zaocys dhumnades） 别名黑乌梢。常栖息在草丛、灌木丛、田边、路边、溪边，以蛙、小鸟、老鼠为食。

平胸龟（Platysternon megacephalum） 别名鹰嘴龟、大头龟、大头平胸龟。龟亚科，平胸龟属。生活在山涧清澈的溪流、沼泽地、水潭中及田边。11 月气温下降至 0℃以下开始冬眠，次年 4 月开始活动。以黄鳝、小鱼、螺、虾、蛙类为食。

乌龟（Chincmys reevesii） 别名金龟、草龟、金钱龟，龟亚科，乌龟属。常栖息于溪流、山塘水库岸边潮湿的草丛中，喜欢在农田中寻找食物，阴雨天更为活跃，有冬眠习性。以小鱼、小虾、昆虫、螺类为食。

黄缘闭壳龟（Cuora flavomarginata） 别名克蛇龟、断板龟、夹板龟，龟亚科闭壳龟属。喜欢在境内灌木林中，离水源较近的溪流边、杂草丛中或乱石堆中活动，10 月下旬进入冬眠，次年 4 月初开始活动。食性广，饭、青菜、西瓜等各种食物均能吃，更喜欢蝌蚪、小鱼、小虾、蚯蚓等。

鳖（Trionyx sinensis） 别名甲鱼。鳖科鳖属。生活在池塘、水库、溪坑处，以蛙、小鱼、螺、虾、卵为食。

两栖类

野生物种有 7 科 16 种。即，黑眶蟾蜍、中华大蟾蜍；中国雨蛙；大绿蛙、黑斑蛙、泽蛙、虎纹蛙、金线蛙、竹叶蛙、棘胸蛙；斑腿树蛙、大树蛙；饰纹姬蛙、小弧姬蛙；大鲵；东方蝾螈。

主要物种介绍：

中华大蟾蜍（Bufo gargarizans） 俗名癞蛤蟆、痢刺黄哈。蟾蜍科，蟾蜍属。栖息在溪边或在房前屋后常见。

泽蛙（Rana limnocharis Boie） 俗名狗乌田鸡。常见于水稻田、池塘、沼泽水沟附近，晚间捕食。

黑斑蛙（Pelophylax nigromaculatus） 俗名田鸡。常见于水田、池塘、溪边，白天隐蔽在农作物、水生植物、草丛中，夜间活动强，受惊后跳入水中。以稻飞虱、稻叶蝉、纵卷叶虫、稻苞虫为食。

棘胸蛙（Quasipaa spinosa） 俗名山鸡、石蛙、石撞。栖息于海拔 80 ～ 1500 米的山溪流中，白天隐蔽在石洞中，夜间蹲在溪内潮湿石块上，用手电筒或火把照射易捕捉，以森林害虫为食，是上等食肉蛙类，有祛湿滋补强身功效。

大鲵（Andrias davidianus） 俗名娃娃鱼。隐鳃鲵科，大鲵属。头大而扁平，体色棕褐色，栖息于 400 ～ 1200 米水质清凉的山间水潭中，常在石隙多的滩口上下或水流较缓慢的水潭中活动，以水生昆虫为食。镇内华盖山溪潭中有见。1988 年，列入国家二级保护动物名录。

东方蝾螈（Cynops orientalis） 俗名水龙四脚鱼。蝾螈科蝾螈属。栖息在高海拔的静水、水质清洁阴凉的溪旁水坑、泉潭中，华盖山一带常见。

鱼类

野生物种有 7 科 22 种，其中溪鱼类 16 种。即：鲤鱼、草鱼、鲢鱼、鳙鱼、鲫鱼、团头鲂鱼、光唇鱼、马口鱼、花骨鱼、青尾鲴、黄尾鲴、餐条、宽鳍鱲；泥鳅、黄沙鳅、红尾副鳅；黄鳝；鳗鲡鱼；麦穗鱼、黑鳍鳈；鳑鲏；沙塘鳢。

主要物种介绍：

鲤鱼（Cyprinus carpio） 鲤科鲤鱼属。山塘水库有野生鲤鱼，亦有人工养殖。

草鱼（Ctenopharyngodon idellus） 鲤科草鱼属。栖息于山塘水库，为中国四大家鱼之一，境内多人工养殖。

鲢鱼（Hypophthalmichthys molitrix） 俗称白鲢。鲤科鲢属。形似鳙鱼头，略扁小，为中国四大家鱼之一，境内多人工养殖。

鲫鱼（Carassius auratus） 俗称河鲫鱼，鲤科鲫属。常见山塘水库，多为野生，亦有人工养殖。

泥鳅【Misgurnus anguillicaudatus（Cantor）】 鳅科泥鳅属。常栖息在稻田、水沟、淤泥表层、山塘、水库、溪坑，以野生为主。

鳗鲡鱼（Anguillajaponica） 俗称鳗。鳗鲡科鳗鲡属。山塘水库有野生鳗，今有人工放养。

黄鳝（Monopterus albus） 俗称鳝鱼。合鳃科黄鳝属。常见于田沟、山塘、水库，幼时为雌性，生殖一次后转为雄性。

光唇鱼（Acrossocheilus fasciatus） 俗称石斑鱼、罗丝鱼。鲤亚科光唇鱼属。栖息在较大溪坑，体细长、侧扁、头后背部稍隆起，腹部圆而呈弧形。

沙塘鳢（Odontobutis obscurus） 俗称土布鱼。沙塘醴科沙塘鳢属，溪流中分布比较广。

麦穗鱼【Pseudorasbora parva（Temmincket Schlegel，1846）】 鮈亚科麦穗鱼属。此多鱼栖息在大溪深潭处。

红尾副鳅【Paracobitis variegatus（Sauvage et Dabry）】 鳅科副鳅属。冷水性鱼类，栖息在龙潭、大俞村大溪中。

节肢动物

甲壳类 境内主要有 3 科 3 种：青虾、小龙虾、溪蟹。

青虾（Macrobrachium nipponense） 长臂虾科，沼虾属。栖息于溪水潭或水库沿边杂草丛中。

小龙虾（Procambarus clarkii）　亦称红色沼泽螯虾，螯虾科原螯虾属。栖息于山顶水库，近年繁殖很快，常见。

溪蟹（Potamidae）　亦称石蟹。溪蟹科。大部分溪蟹栖息在石块下，或溪岸两旁水草丛、泥沙间，到农历八月后溪边道路、收割后的稻草底下常见。

多足类　境内有：小棘巨蜈蚣。

小棘巨蜈蚣（Scolopendra subspinipes）　蜈蚣科节肢属。山地林处、房前屋后常见。蜈蚣为常用中药材，性温味辛，有毒。具有息风镇痉、攻毒散结、通络止痛之功能。

蛛形类　蛛形纲蜱螨目3科3种。直绥螨科：长毛纯锐螨1种。绒螨科：食蚜绒螨1种。谷野螨科：谷野螨1种。

蛛形纲蛛形目7科、11种。微珠科：草间小黑蛛1种。球复蛛科：八斑球复蛛1种。圆蛛科：茶色新圆蛛1种。蟹蛛科：三突花蛛、T-纹豹蛛2种。狼蛛科：日本水狼蛛1种。管巢蛛科：拟日本管巢蛛、斑纹管巢蛛2种。肖蛸科：日本肖蛸、鳞纹肖蛸、圆尾肖蛸3种。

昆虫类　境内有农林昆虫105科，924种，分类如下：

直翅目14科33种。蝗科：中华蚱蜢、花尖翅蝗2种。剑角蝗科：中华剑角蝗、短角佛蝗2种。网翅蝗科：黄脊竹蝗1种。斑腿蝗科：绿腿腹露蝗、日本黄脊蝗、短角异斑腿蝗等5种。斑翅蝗科：红胫小东蝗1种。锥头蝗科：短额负蝗1种。蟋蟀科：小悍蟋、黑脸油葫芦、花生大蟋3种。蛉蟀科：赤胸黑蛉蟋1种。蝼蛄科：东方蝼蛄1种。螽斯科：小螽斯、长翅螽斯、寰螽、中华螽斯4种。露螽科：近似掩耳螽、叶肛掩耳螽等6种。草螽科：悦鸣草螽、浙江锥头螽2种。拟叶螽科：绿背覆翅螽1种。螳螂科：拟宽腹螳螂、大刀螳螂等3种。

同翅目15科65种。叶蝉科：稻叶蝉、黑尾大叶蝉、大青叶蝉、槽胫叶蝉、黑尾叶蝉5种。沫蝉科：竹尖胸沫蝉、黑斑丽沫蝉等4种。蛾蜡蝉科：碧蛾蜡蝉、青蛾蜡蝉2种。蜡蝉科：班衣蜡蝉（樗鸡）、斑悲蜡蝉2种。广蜡蝉科：缘纹广翅蜡蝉、粉黛广翅蜡蝉等5种。蝉科：黑蝉、蚱蝉、松寒蝉、鲫蝉4种。角蝉科：绍德角蝉1种。粉虱科：黑刺粉虱、黑胶粉虱2种。蚜科：茶蚜、松大蚜、柏大蚜、桃粉蚜、栗大蚜、玉米蚜、稻蚜、麦蚜、梨蚜、高粱蚜、菜蚜等14种。蚧科：角蜡蚧、日本龟蜡蚧、白蜡蚧、黑点蚧等6种。盾蚧科：梨圆蚧、竹釉盾蚧、兰圆蚧等13种。粉蚧科：松白粉蚧、竹巢粉蚧2种。票绛蚧科：栗绛蚧1种。链蚧科：栗链蚧1种。珠蚧科：马尾松干等3种。

半翅目10科60种。缘蝽科：稻棘缘蝽等12种。盲蝽科：中黑盲蝽、缘盲蝽等3种。盾蝽科：稻褐蝽等4种。龟蝽科：多变圆色蝽、筛豆龟蝽2种。网蝽科：梨冠网蝽、杜鹃网蝽、女贞高颈网蝽3种。蝽科：麦蝽、稻黄蝽、茶翅蝽等22种。猎蝽科：黑光猎蝽等7种。大红蝽科：二点斑红蝽等3种。长蝽科：竹后刺长蝽等3种。蛛缘蝽科：点蜂缘蝽1种。

缨翅目2科2种。蓟马科：花蓟马1种。管蓟马科：稻管蓟马1种。

鞘翅目18科183种。象甲科：茶丽纹象甲、松大象甲、稻象甲、米象甲、蚕豆象甲、绿豆象甲等23种。天牛科：竹紫天牛、松墨天牛、星天牛等37种。叩甲科：松丽叩甲等8种。芫菁科：锯角豆芫菁、红头芫菁等4种。鳃金龟科：栗褐鳃金龟等23种。丽金龟科：铜绿异丽金龟等20种。水龟虫科：稻水龟虫等3种。叶甲科：黄曲条跳甲、甘薯小龟甲、褐猿叶甲等13种。龙虱科：小黄边龙虱、灰龙虱等4种。拟步科：拱釉甲、隐绿树甲等4种。瓢甲科：二十八星瓢虫、马铃薯瓢虫2种。瓢虫科：六斑月瓢虫、七星瓢虫等10种。长蠹科：谷蠹1种。虎甲科：中华虎甲等4种。步甲科：大星步甲等9种。金秋甲科：中华新秋甲等4种。花金龟科：黄斑短突在金龟等5种。花萤科：东方异在萤、丽花萤等9种。

鳞翅目23科531种。麦蛾科：灰缘麦蛾、二点麦蛾2种。茶蛾科：小茶蛾1种。夜蛾科：地老虎、茶色地老虎、稻螟夜蛾、葫芦夜蛾、桃剑纹夜蛾、斜纹夜蛾等129种。螟蛾科：亚洲玉米螟、稻纵卷叶螟、二化螟、豆秆野螟等80种。尺蛾科：柿星斑尺蛾、梨尺蠖、女贞尺蛾、大造桥虫等80种。灯蛾科：红蝮灯蛾、黄腹灯蛾、红缘灯蛾等26种。尖蛾科：玉米尖蛾科1种。卷叶蛾科：茶长卷蛾、柳杉长卷蛾、梨黄卷蛾、银纹小卷蛾等13种。蓑蛾科：大蓑蛾、茶袋蛾、小袋蛾等7种。木蠹蛾科：咖啡豹蠹蛾、六星豹蠹蛾2种。天蛾科：豆天蛾、甘薯天蛾、栗六点天蛾等28种。枯叶蛾科：思茅松毛虫、松小毛虫、马尾松毛虫、竹黄枯叶蛾、油茶枯叶蛾等16种。潜叶蛾科：豆潜叶蛾等2种。刺蛾科：褐边绿刺蛾、黄刺蛾、白眉刺蛾、长须刺蛾等16种。钩蛾科：暗紫山钩蛾、小线钩蛾等3种。大蚕蛾科：银杏大蚕蛾、绿尾大蚕蛾等10种。毒蛾科：茶黄毒蛾、乌桕毒蛾、松茸毒蛾、枫毒蛾等32种。舟蛾科：竹篾舟蛾、竹镂舟蛾、竹篓舟蛾等42种。凤蝶科：宽尾凤蝶、红珠凤蝶、玉带凤蝶等12种。弄蝶科：一字纹稻苞虫、曲纹稻弄蝶、绿弄蝶等5种。粉蝶科：菜粉蝶、黄粉蝶、斑缘豆粉蝶等4种。蛱蝶科：茶褐樟蛱蝶、柳紫闪蛱蝶等16种。灰蝶科：曲纹紫灰蝶、红灰蝶等4种。

彩　蝶

双翅目12科32种。瘿蚊科：稻瘿蚊1种。大蚊科：斑大蚊1种。食虫虻科：中华单羽食虫虻等7种。虻科：中华虻等6种。蝇科：稻虻蝇、铜腹重毫蝇2种。花蝇科：海南粪泉蝇1种。食蚜蝇科：黑锋蚜蝇横2种。厕蝇科：牛角厕蝇1种。丽蝇科：大头金蝇、紫绿蝇等6种。秆蝇科：稻秆蝇1种。潜蝇科：稻潜蝇、豌豆潜叶蝇、油茶潜叶蝇3种。摇蚊科：萍摇蚊1种。

膜翅目10科16种。姬蜂科：黑瘤姬蜂等3种。蜜蜂科：中华木蜂1种。熊蜂科：三条熊蜂1种。蜾蠃科：黄缘蜾蠃、中华唇蜾蠃2种。蛛蜂科：背弯沟蛛蜂1种。胡蜂科：金环胡峰、墨胸胡蜂等3种。土蜂科：金毛长腹土蜂1种。泥蜂科：沙泥蜂1种。叶蜂科：月季叶蜂、叶蜂2种。瘿蜂科：栗瘿蜂1种。

等翅目1科2种。白蚁科：黑翅大白蚁、黄胸大白蚁2种。

天敌昆虫，境内发现有32科、109种：

蜻蜓目2科、3种。蜻科：黄衣、赤卒2种。蜓科：蜓1种。

直翅目1科、1种。螳螂科：拟宽腹螳螂。

革翅目1科、2种。肥螋科：黄足肥螋、黄褐肥螋2种。

缨翅目1科、1种。蓟马科：塔六点蓟马。

鞘翅目4科、28种。隐翅虫科：青翅隐翅虫1种。瓢虫科：色纹瓢虫、异色瓢虫、七星瓢虫、稻红瓢虫等 13 种。步甲科：中国曲胫步甲等 11 种。虎甲科：中国虎甲、曲纹虎甲等 3 种。

双翅目 3 科、11 种。食蚜蝇科：黑带食蚜蝇、大灰食蚊蝇等 5 种。寄蝇科：玉米螟历寄蝇、稻苞虫鞘寄蝇等 5 种。瘿蚊科：食蚜瘿蚊 1 种。

脉翅目 3 科、5 种。草蛉科：中华草蛉、大草蛉、丽草蛉 3 种。蝶蛉科灰背蝶色蛉 1 种。鱼蛉科：中华斑鱼蛉 1 种。

半翅目 4 科、8 种。花蝽科：小花蝽 1 种。姬猎蝽科：小姬猎蝽 1 种。猎蝽科：日月猎蝽、黄足猎蝽、乌猎蝽、环足猎蝽 4 种。长蝽科：大腿长蝽、茶色长蝽 2 种。

膜翅目 13 科、50 种。赤眼蜂科：澳洲赤眼蜂、松毛虫赤眼蜂、玉米螟赤眼蜂、稻螟赤眼蜂 4 种。小蜂科：棉叶蝉柄翅小蜂、广大腿小蜂 2 种。螯蜂科：稻虱螯蜂、两色螯蜂 2 种。黑卵蜂科：松毛虫黑卵蜂、长腹黑卵蜂 2 种。金小蜂科：红铃虫金小蜂 1 种。土蜂科：金毛长腹土蜂 1 种。姬小蜂科：卷叶虫姬小蜂 1 种。茧蜂科：中华茧蜂、小造桥虫绒茧蜂、螟蛉绒茧蜂、红铃虫甲腹茧蜂、松毛虫脊茧蜂、菜粉蝶绒茧蜂、稻螟小腹茧蜂等 15 种。蚜茧蜂科：日本柄瘤蚜茧蜂、棉蚜茧蜂、菜蚜茧蜂 3 种。姬蜂科：螟蛉悬茧姬蜂、中国齿腿姬蜂、台湾瘦姬蜂、螟蛉瘤姬蜂、稻苞虫黑瘤姬蜂、松毛虫黑胸姬蜂、大螟瘦姬蜂等 15 种。胡蜂科：普通长脚胡蜂、大胡蜂 2 种。跳小蜂科：蚜虫跳小蜂 1 种。木蜂科：中华木蜂 1 种。

野生蜜蜂

软体动物

境内主要有 6 种，即：河蚌、黄蚬、田螺、蛳螺、尖角蛳螺、蜗牛。

河蚌（Unionidae） 俗称河蛤蜊。珠蚌科无齿蚌属。栖息于山塘水库。

黄蚬（Corbicula aerua Heude） 蚬科蚬属。栖息于水电站隧道洞中，数量较多。

田螺（Procambarus clarkii） 田螺科圆田螺属。栖息于山塘水库、水田、水沟处。近年农田栖息较少。

螺蛳【Bellamya quadrata（Benson）】 俗称丝螺。中腹足目，田螺科环棱螺属。栖息于山塘水库、大溪、村庄周边小溪、沟。

环节动物

境内有 5 种 15 属，即：白线蚓、颤蚓、缟蚯蚓、带线蚯蚓、环毛蚓；蛭蚓；沙蚕；水蛭、山蚂蟥、日本医蛭、中华颈蛭、石蛭、金线蛭、柳叶蚂蟥；扁蛭。

主要农作物害虫

稻纵卷叶螟（Cnaphalocrocis medinalis）。

黑尾叶蝉【Nephotettix bipunctatus（Fabricius）】。

褐飞虱（Nilaparvata lugens（Stal））。

黄地老虎【Agrotis segetum（Deniset Schifferm ü ller）】。

玉米螟【Pyrausta nubilalis（Hubern）】。

蚜虫（Aphidoidea）。

菜蛾（Plutella xylostella）。

菜粉蛾【Pieris rapae（L.）】。

大豆食心虫【Leguminivora glycinivorella（Matsumura）】。

蚕豆象（Bruchus rufimanus Boheman）。

茶尺蠖（Ectropis oblique hypulina Wehrli）。

茶毛虫（Euproctis pseudoconspersa Strand）。

小绿叶蝉（Jacobiasca formosana）。

常见家庭害虫

家蝇（Muscadomestica） 蝇科家蝇亚科。成虫体呈深灰色，长 5 ～ 7 毫米，是境内数量最多的蝇类害虫。

红头苍蝇（Calliphoravicina） 丽蝇科绿蝇属。成虫体呈绿色，头部呈红色。

库蚊（Cu lexpipieus） 俗称家蚊。双翅目蚊科。雌虫吸血，是传播疟疾、黄热病、丝虫病、革登热的主要媒介。

马陆(Ju lushortensis） 又名蛐蜒，俗名臭花娘。多足纲蛐蜒科。全身分 15 节，有 15 对腹足，体有异臭，能携带病菌，易传播疾病。

美洲大蠊（Blattodea） 俗称蟑螂。蜚蠊目蜚蠊科。个体较大，成虫可达 30 ～ 35 毫米，能传播病菌及寄生虫，是世界性害虫。

境内另有德国小蠊（Blatte llagermanica） 个体较小，成虫体长 15 毫米以下，色棕黄；德国姬蠊，体形较小，色淡褐，触角极长。

第六节 植物

镇内常见植物包括孢子植物、裸子植物、被子植物。部分门类人工引进。种植品种繁多。水杉、银杏、南方红豆杉为国家一级保护植物，金钱松、榧树、杜仲为国家二级保护植物。广玉兰、杜鹃花分别为市树、市花。

孢子植物

菌类植物 多系人工培植的实用菇类、野生菌类多数有毒。计 12 科 20 种。银耳；木耳；灵芝；茯苓；蘑菇、平菇、香菇、金针菇、草菇；黄曲霉、黄青霉、点青霉、白粉霉、黑根霉；蝉花；

竹黄；酵母；马勃；毒伞；地衣。

苔藓类植物　计18科21种。绿片苔；平叉苔；常叶苔；南溪苔；钝叶护蒴苔；石地钱；黄牛毛藓；长蒴藓、长叶曲柄藓；大凤尾藓；小石藓；银叶真藓；疣灯藓；虎尾藓；尖叶油藓；羊角藓；羽枝青藓；鳞叶藓；波叶仙鹤藓、苞叶金发藓、东亚金发藓。

藻类植物　境内有水棉、衣藻、小球藻、蓝藻等。

蕨类植物　23科53种。蛇足石杉；灯笼草；江南卷柏、卷柏、伏地卷柏；节节草；紫萁；芒萁、黑白；光叶碗蕨；乌蕨；姬蕨；蕨；刺齿凤尾蕨、井栏边草；野锥尾；凤丫蕨；书带蕨；钝羽假蹄盖蕨、长江蹄盖蕨；渐尖毛蕨、雅致针毛蕨、普通针毛蕨、中华金星蕨、金星蕨、日本金星蕨、延羽卵果蕨；虎尾铁角蕨；狗脊蕨、胎生狗脊蕨；刺头复叶耳蕨、斜方复叶耳蕨、长尾复叶耳蕨、镰羽贯众、贯众、两色鳞毛蕨、洞鳞鳞蕨、假异鳞毛蕨、同形鳞毛蕨、变异鳞毛蕨、棕鳞耳蕨、对马耳蕨；圆盖阴石蕨；线蕨、抱石莲、瓦韦、江南星蕨、金鸡脚、水龙骨、石韦、有柄石韦；槐叶蕨；满江红。

裸子植物

多为乔木，少数为灌木或藤木，计8科40种：苏铁；银杏；日本冷松、雪松、华山松、白皮松、湿地松、马尾松、日本五针松、黑松、金钱松；柳杉、日本柳杉、杉木、水杉、池杉、落羽杉；日本扁柏、日本花柏、细叶花柏、云片柏、凤尾柏、孔雀柏、绒柏、钱柏、福建柏、刺柏、侧柏、龙柏、圆柏、翠柏、香柏、罗汉柏；罗汉松、短叶罗汉松、竹柏；三尖杉、粗榧；红豆杉、榧树。

银杏（Ginkgo biloba）　俗称白果树。银杏科银杏属。境内有12棵百年树龄以上古银杏，列入《余姚古树名木保护名录》。近年，在园林、防风林、道路两旁多有种植。

马尾松（Pinus massoniana）　松科松属。针叶常绿乔木，树干富含松脂，适宜于酸性土壤生长，是境内原木结构房屋主要建筑材料。

金钱松（Pseudolarix kaempferi）　松科金钱松属。镇内有10棵百年树龄以上古金钱松，列入《余姚古树名木保护名录》。

杉木【Cunninghamia lanceolata（Lamb.）Hook】　俗称刺杉，杉科杉木属。常绿乔木，是主要的用材林，境内有人工种植的集体杉木基地。

柳杉（Cryptomeria fortunei）　杉科柳杉属。常绿乔木。

榧树（Torreya grandis）　红豆杉科榧树属。全镇有150年树龄以上21棵，列入《余姚古树名木保护名录》。木材质量好，硬度足，不易腐烂，果可食。

圆柏（Sabina chinensis）《诗经》称桧，柏科圆柏属。有百年以上树龄8棵，列入《余姚县古树保护名录》。

雪松（Cedrus）　松科雪松属。常绿针叶乔木。作园林观赏树种。

南方红豆杉（Taxus mairei SY Hu）　红豆杉科红豆杉属，前种植少，近年，引入广栽。

被子植物

2010年，余姚市农林局在1987年四明山植物资源调查和1992年余姚市竹子资源调查的基础上，对市境内的维管束植物种类及各类资源植物进行专题调查，全市共有被子植物132科595

属1253种。其中具有药用价值的植物827种。大岚境内植物资源丰富，被子植物是最大的物类群，除滨海植物48种外，有130科1100余种。其中，栽培的双子叶植物有31科72种。

主要珍稀植物 根据《宁波珍稀植物丛书》记载，余姚有72种。镇域海拔100～800米山地林区，珍稀植物多有分布：过山蕨、长序榆、支柱蓼、獐耳细辛、银缕梅、鸡麻、茵芋、毛果槭、小勾儿茶、华顶杜鹃、走茎龙头草、荟葱、宽叶老雅瓣（二叶郁金香）、骨粹补、大叶青冈、细穗藜、毛叶铁线莲、六角莲、大叶桂樱、花榈木、闽槐、毛红椿、猴欢喜、枇杷叶紫珠等40余种。

主要食用植物 **蕺菜**（Houttuynia cordata Thunb） 别名鱼腥草。三白草科蕺菜属，多年生草本植物，地下嫩根及嫩茎叶可食用。

蕨菜（Pteridium aquilinum var.latiusculum） 别名狼箕、山风菜、鹿头菜、拳头菜。蕨科蕨属。根可磨粉、头颈可炒煮。

马兰头【Kalimeris indica（L.）】 别名马兰。菊科马兰属。嫩茎叶供蔬食，营养十分丰富，维生素含量甚高。

水芹【Oenanthe javanica（Blume）DC】 别名蜀芹、鹅草。伞形科水芹属。多年生水生宿草本植物，茎叶富含有多种氨基酸，保健价值高。

荠菜【Capsella bursa-pastoris（Linn.）Medic.】 别名荠、鸡脚菜、地菜、菱角菜。十字花科荠菜属。民间有“三月三、荠菜胜灵丹”的说法，是一种美味的野菜。

艾蒿（Artemisia argyi H.L é v.&Vaniot） 别名艾叶。菊科蒿属。生于荒地、林缘，也有栽培，叶可同米粉做成食品，也可晒干食用。

蘘荷（Zin8ibermi08arosc） 别名蘘草，野姜。姜科蘘荷属。华山村等地有种植。

野葛【Pueraria lobata（Willd.）Ohwi】 别名葛条、葛藤、粉葛。豆科植物野葛属。生于山坡草丛，葛根磨粉可食用。秋冬两季采挖。

野山楂（Crataegus cuneata Sieb.&Zucc.） 别名红果子、山里果。蔷薇科山楂属。果，可生食或酿酒。

猕猴桃（Actinidia chinensis Planch） 别名藤梨。猕猴桃科猕猴桃属。果可食，根可泡酒用。

山莓（Rubus corchorifolius） 别名三月泡、四月泡等。蔷薇科悬沟子属。果可食。

百合（Lilium brownii var.viridulum Baker） 百合科百合属。名贵的稀有蔬菜。

茅栗（Castanea seguinii Dode） 壳斗科栗属。果可食，20世纪80年代前山上较多，近年林木茂盛，茅栗数量减少。

主要药用植物 **土茯苓**（Smilax glabra Roxb.） 别名冷饭团、红土苓。百合科茯苓属。主治除湿解毒，通利关节。

紫苏【Erilla frutescens（L.）Britt.】 别名白紫苏、秀苏、苏麻。唇形科紫苏属。紫苏叶或嫩枝药用，主治解表散寒、行气和胃，用于风寒感冒、咳嗽、妊娠呕吐、鱼蟹中毒。

胡颓子叶（Elaeagnus pungens Thunb） 别名鸡卵子树，斑楂。胡颓子科胡秃子属。主治止咳平喘。

杜仲（Eucommia ulmoides Oliver） 别名扯丝皮、王丝皮。杜仲科林仲属。境内有散植、皮可补肝肾、强筋骨、安胎。

金银花（Lonicera japonica） 别名银花、双花。忍冬科忍冬属。生于路旁、山坡灌木丛，有清热解毒，凉散风热之功。

野菊花（Dendranthema indicum） 别名山菊花、甘菊花。菊科菊属。野菊头状花序，晒干或蒸后晒干，主治清热解毒，用于疔疮痛肿，目赤肿痛，头痛眩晕。

夏枯草（Prunella vulgaris L） 别名棒柱头草、灯笼头草。唇形科夏枯草属。有清火、明目、散结、清肿等功能。

覆盘子（Rubus Chingii Hu） 别名大树格红，树莓。蔷薇科悬钩子属。果实可补肝肾、助阳固精、明目。

白茅根【Imperata cylindrica Beauv.var.major(Nees)C.E.Hubb.】 别名茅根、甜根、丝茅根。禾亚科白茅属。生于路边向阳草地或山坡上，田边地角均有。主治凉血止血，清热利尿。

金荞麦【Fagopyrum dibotrys（D.Don）Hara】 别名野荞麦、荞麦三七。蓼科荞麦属。根茎可清热解毒、清肺排痰、排脓清肿、祛风化湿。

龙胆草（Gentiana scabra Bunge.） 别名胆草、水龙胆、四叶草。龙胆科龙胆属。根可清湿燥湿、泻肝胆火。用于清热黄胆、阴肿阴痒、湿疹、胁痛等。

黄精（Polygonatum sibiricum） 别名鸡头根。百合科黄精属。春、秋两季采挖根茎，洗净，蒸至现油润时取出晒干（九蒸九晒），有补气养阳、健脾、润肺、益肾之功。

金樱子（Rosa laevigata Michx.） 别名糖罐子、刺梨、野石榴。蔷薇科蔷薇属。有回精缩尿、涩肠止泻之功效。

三叶青（Tetrastigma hemsleyanum Diels et Gilg） 别名三叶崖爬藤，金钱另葫芦。葡萄科崖爬藤属。多年生常绿草质藤本。生长于黑龙潭一带，近年柿林有种植，可治小儿高热惊厥、毒蛇咬伤、淋巴结结核、外伤出血等症。

垂盆草（Sedum Sarmentosum） 别名瓜子草。景天科景天属。甘、淡、凉，有利湿退黄、清热解毒之功效。

六月霜（Monochasma sauatieri Franch） 别名油蕨露。菊科艾属。清热解毒，凉血止血，润嗓防暑。

主要观赏植物 圆头叶桂、圆叶小石积、毛叶铁线莲、红果山鸡椒、疏球虎皮楠、小勾儿茶、尖萼紫茎、华顶杜鹃、淡红乌饭树、南方紫珠、枇叶紫珠、大花旋蕨苣苔、普陀南星、露水草、黄花百合、玫瑰石蒜、乳白石蒜、短蕊石蒜、紫金牛等尚可开发。

主要林木植物　檫树（Sassafras tsumu） 樟科檫树属。生长快、木质好、用途广。山地缓坡多有散植，20 世纪 60 ～ 70 年代绿化造林主要树种。

木荷（Schima superba Gardn.et Champ.） 山茶科木荷属。乔木阔叶树种。不落叶，木质坚韧，做家具的主要木材。

乌桕【Sapium sebiferum（L.）Roxb.】 大戟科乌桕属。20 世纪 80 年代前山地多有散植，籽为工业原料，经济效益不明显，现留存较少。

柿树（Diospyros kaki Thunb.） 柿树科柿属。柿果主要特产，以柿林村种植基地为主，20 世纪 90 年代初各村又有发展。

樱桃（Cerasus pseudocerasus） 蔷薇科桃属。樱果主要特产，境内西片多有散植。

红枫（Acer palmatum'Atropurpureum'） 槭树科槭树属。主要花木品种。

日本晚樱【Cerasus serrulata(Lindl.)G.Don ex London var.lan】 俗称樱花。蔷薇科樱属。主要花木品种。

垂丝海棠（Malus halliana Koehne） 蔷薇科苹果属。主要花木品种。

玉兰（Magnolia denudata Desr.） 木兰科木兰属。主要花木品种。

桂花（Osmanthussp.） 木犀科木犀属。主要花木品种。

红 枫

第三编　人口　姓氏

第一章　人口总量、分布及变动

境域人口南稀北密。中华人民共和国成立后的前45年，人口持续增长。20世纪90年代始，人口逐年减少，呈负增长。家庭户规模缩小，老龄化进程加快，人口流动频繁，少数民族人口增多。

第一节　人口总量

民国17年（1928），南岚乡有1948户，8988人，其中男5119人、女3869人。

中华人民共和国成立后，大岚镇人口因行政区划变动而时增时减。除去行政区划变动因素外，自1994年始，人口逐年减少。

1951年，镇境内有2156户，8494人，其中男4626人、女3868人。当时境内大岚乡，723户，2866人，其中男1565人、女1301人；新岚乡，738户，2949人，其中男1550人、女1399人；南岚乡，695户，2679人，其中男1511人、女1168人。

1964年7月1日零时，第二次全国人口普查，华山公社有522户，2289人，其中男1271人、女1018人；大岚公社有2068户，9243人，其中男4916人、女4327人。

1973年，大岚公社有2411户，总人口11867人，其中男6319人、女5548人。

1982年7月1日零时，第三次全国人口普查，镇境内有3956户，15489人，其中男8185人、女7304人。时现境内大岚公社3194户，12512人，其中男6588人、女5924人；华山公社762户，2977人，其中男1597人、女1380人。

1990年7月1日零时，第四次全国人口普查，大岚镇有3610户，11933人，其中男6289人、女5644人。当时境内华山乡879户，2861人，其中男1530人、女1331人。大岚镇和华山乡总人口14794人。比1982年人口普查时减少695人。

2000年7月1日零时，第五次全国人口普查，大岚镇有4242户，11433人，其中男5734人、女5699人。比1990年第四次人口普查时减少3361人。

2010年11月1日零时，第六次全国人口普查，大岚镇有13030人，其中男6665人、女6365人。人口比第四次人口普查减少1764人，比第五次人口普查增加1597人。

2017年末，全镇12447人，其中男6335人、女6112人，总人口比第六次全国人口普查时减少583人。

1951—2017 年部分年份大岚镇人口统计表

表 3-1-1

年份＼项目	户数（户）	人口数（人）合计	男	女	平均每户人数	备　注
1951	723	2866	1565	1301	3.96	大岚乡
	738	2949	1550	1399	3.40	新岚乡
	695	2679	1511	1168	3.86	南岚乡
1952	730	2971	1553	1418	4.07	新岚乡
1961	517	2136			4.13	华山公社
1962	511	2188	1313	875	4.28	—
1963	2575	11184	5993	5191	4.34	大岚华山
1964	2590	11532	6187	5345	4.45	—
1965	2609	12053	6470	5583	4.62	—
1966	2772	12939	6973	5966	4.67	—
1967	549	2500	1397	1103	4.55	华山公社
1968	2842	13621	7219	6402	4.79	大岚华山
1969	561	2623			4.68	华山公社
1970	567	2668	1477	1191	4.71	—
1973	2411	11867	6319	5548	4.92	大岚公社
1974	3093	14727			4.76	大岚华山
1978	2802	12231	6469	5762	4.37	大岚
1979	3534	15214	8215	6999	4.31	大岚华山
1980	3682	15316	8144	7172	4.16	—
1981	3858	15461			4.01	—
1982	3956	15489	8185	7304	3.92	—
1983	4061	15673	8212	7461	3.86	—
1984	5402	15572			2.88	—
1985	4223	15393			3.65	—
1986	4186	15371			3.67	—
1987	4399	15393			3.50	—
1988	4537	15326			3.38	—
1989	4576	15354			3.36	—
1990	4632	15366			3.32	—
1991	4668	15387	8071	7316	3.30	—
1992	4662	15247	8045	7202	3.27	大岚镇
1993	4668	15267	7948	7319	3.27	—
1994	4660	15223	7891	7332	3.27	—
1995	4660	15177	7865	7312	3.26	—
1996	4653	15074	7830	7244	3.24	—

续表 3-1-1

年份＼项目	户数（户）	人口数（人）			平均每户人数	备 注
		合计	男	女		
1997	4847	14853	7733	7120	3.06	—
1998	4751	14533	7525	7008	3.06	—
1999	4717	14276	7418	6858	3.03	—
2000	4699	14293	7412	6881	3.04	—
2001	4650	13809	7149	6660	2.97	—
2002	4684	13696	7046	6650	2.92	—
2003	4622	13363	6898	6465	2.89	—
2004	4501	13268	6845	6423	2.95	—
2005	4637	13269	6856	6413	2.86	—
2006	4690	13281	6857	6424	2.83	—
2007	4711	13174	6851	6323	2.80	—
2008	4852	13190	6806	6384	2.72	—
2009	4462	13076	6723	6353	2.93	—
2010	4458	13072	6716	6356	2.93	—
2011	4438	12949	6655	6294	2.92	—
2012	4420	12871	6593	6278	2.91	—
2013	4345	12805	6534	6271	2.95	—
2014	4423	12740	6508	6232	2.88	—
2015	4436	12658	6449	6209	2.85	—
2016	4681	12601	6431	6170	2.69	—
2017	4615	12447	6335	6112	2.70	—

说明：因统计口径不一，个别年份与人口普查存在差异

第二节　人口分布

1951 年，镇境内人口密度每平方千米 165 人，至 1987 年，大岚、华山乡人口密度每平方千米 243 人。2017 年，全镇人口密度每平方千米 196 人。

按地域分，人口密度南稀北密。1987 年，大岚乡人口密度每平方千米 273 人，华山乡人口密度每平方千米 167 人，比大岚乡低 106 人。

按行政村分，2017 年，雅庄村人口密度最高，每平方千米 420 人，大俞村最低，每平方千米 92 人。

按户籍性质分，农业多，非农少。1974—1990 年，农业人口 1974 年最少，为 14526 人，占总人口的 98.6%，1983 年农业人口最多，为 15400 人，占总人口的 98.23%。2017 年农业人口 12032 人，占总人口的 96.67%。

2017年大岚镇各行政村人口分布

表3-1-2

行政村	人口数（人）	人口密度（人／平方千米）	行政村	人口数（人）	人口密度（人／平方千米）
大岚村	1468	199	上马村	675	226
戴麋村	636	179	大俞村	414	92
丁家畈村	1008（含居委519）	380	华山村	543	118
后朱村	757	214	阴地龙潭村	984	165
雅庄村	1257	420	黄家庄村	587	169
新岚村	1238	256	南岚村	1269	219
大路下村	971	188	柿林村	640	107

第三节　人口变动

自然增长

中华人民共和国成立前，人口出生率高，死亡率亦高。

1949—1970年，境内人口向高出生率、低死亡率的高自然增长率发展。最高出现在1965年，大岚出生率43.16‰，自然增长率33.33‰。1963—1972年，平均出生率30.57‰，增长率21.3‰。

20世纪70年代始，出生率、增长率下降。根据现有资料，1974—1991年，17年平均出生率13.89‰，比1964年降低16.68‰。出生率最高年份为1979年，16.43‰，最低年份为1984年，7.64‰；死亡率年均7.55‰；自然增长率年均6.34‰，自然增长率最高年份为1981年，10.61‰，最低年份为1984年，-0.38‰。

1993—2009年，推行计划生育力度加强。17年中平均出生率8.45‰，比20世纪60年代低22.12‰，比70～80年代低5.44‰；年均死亡率8.06‰，人口低增长或负增长。

2017年，人口呈现低出生，高死亡，负增长的趋势。当年出生58人，出生率4.66‰，死亡180人，死亡率14.46‰，自然增长率负9.8‰。

人口流动

民国时期，“下三府”（今湖州地区）患瘟疫，劳力不足，镇境一批劳动力人口外流，后来有一部分迁居他乡。

中华人民共和国成立后，因升学、分配工作、参军、转业、婚嫁、投亲及工作调动，人口变动常态化。人口流入数量较集中的有三次：第一次，20世纪60年代从省外苏北地区因婚嫁而流入，人数最多的阴地龙潭村迁入20余人。第二次，知识青年“上山下乡”运动，从20世纪

60年代初上海知青陆续到镇境，到70年代中期余姚交通系统知青插队到乡镇，次年后转入到华山公社和大岚公社茶场，累计60余人。插队落户后不久，通过招工、升学、参军等途径，大部分返回原籍。第三次，1985—2000年，外省少数民族女青年婚嫁到镇，除一部分返乡外尚有86名落户。

2003年12月，大岚镇对外出劳动力人口进行调查，外出劳动力有2325人，占总劳动力8296人的28%。其中到余姚城区等地1336人，到慈溪151人，到宁波637人，到本省其他地区69人，到上海、广东、北京、西安、美国等地132人。劳务输出成为农民增收的新途径。

2017年，全镇迁入42人，迁出77人。

附：知识青年“上山下乡”部分数据资料

在华山公社“插队落户”的知识青年有28人，其中上海户口1人，余姚镇户口27人。1976年2月至9月，余姚交通系统知青插队阴地村10人，华山村8人。1977年3月至1978年2月黄家庄村9人。1977年3月由村转到公社茶场，1978年9月至1981年12月回城。

在大岚公社“插队落户”知青有35人，其中上海、宁波市户口13人，余姚铁路部门、余姚江南知青22人。1976年，余姚知青先后在上马、新岚、柿林等村落户，后集中到公社茶场知青点，1981年底前回城。

中华人民共和国成立后，主要年份人口变动情况表

表3-1-3

年份	农业人口（人）	非农业人口（人）	出生（人）	出生率（‰）	死亡（人）	死亡率（‰）	自然增长率（‰）
1965	11834	219	513	42.56	123	10.20	32.36
1966	12761	178	357	27.59	104	8.04	19.55
1974	14526	201	221	15.01	116	7.88	7.13
1975	14604	204	187	12.63	106	7.16	5.47
1976	14650	206	178	11.98	130	8.75	3.23
1977	14842	208	237	15.75	111	7.38	8.37
1978	14941	192	223	14.74	98	6.48	8.26
1979	15037	177	250	16.43	93	6.11	10.32
1980	15316	220	213	13.71	104	6.69	7.02
1981	15205	256	263	17.01	99	6.40	10.61
1983	15400	273	228	14.55	117	7.47	7.08
1984	15308	264	119	7.64	141	9.05	−1.41
1985	14696	697	176	11.43	107	6.95	4.48
1986	15096	275	216	14.05	108	7.03	7.02
1987	15101	292	246	15.98	121	7.86	8.12
1988	15072	254	188	12.27	130	8.48	3.79

续表 3-1-3

年份	农业人口（人）	非农业人口（人）	出生（人）	出生率（‰）	死亡（人）	死亡率（‰）	自然增长率（‰）
1989	15094	260	219	14.26	133	8.66	5.60
1990	15098	268	228	14.84	132	8.59	6.25
1991	15118	269	212	13.78	112	7.28	6.50
1992	14926	321	198	12.99	129	8.46	4.53
1993	14949	318	208	13.62	99	6.44	7.18
1994	14890	333	193	12.68	113	7.42	5.26
1995	14837	340	198	13.05	134	8.83	4.22
1996	14736	338	196	13.00	120	7.96	5.04
1997	14521	332	159	10.70	110	7.41	3.29
1998	14217	316	98	6.74	116	7.98	−1.24
1999	13958	318	106	7.43	95	6.65	0.77
2000	13978	315	232	16.23	117	8.19	8.05
2001	13512	297	50	3.62	48	3.48	0.14
2002	13386	310	64	4.67	177	12.92	−8.25
2003	13053	310	101	7.56	132	9.88	−2.32
2004	12954	314	82	6.18	96	7.24	−1.06
2005	12928	341	31	2.34	79	5.95	−3.62
2006	12890	391	64	4.82	52	3.92	0.90
2007	12741	433	64	4.86	177	13.44	−8.58
2008	12704	486	121	9.17	132	10.01	−0.83
2009	12612	524	95	7.23	140	10.66	−3.43
2012	12325	551	86	6.68	127	9.86	−3.18
2013	12258	549	78	6.09	119	9.29	−3.20
2014	12196	546	100	7.85	102	8.01	−0.16
2016	11629	972	69	5.48	99	7.86	−2.38
2017	11928	519	58	4.66	180	14.46	−9.80

第二章　人口结构

镇域人口多为汉族。20 世纪 90 年代后，性别比逐年下降，文化程度提升，第二、三产业人口比例扩大，居民年龄结构改变，健康水平提高。

第一节　民族

大岚镇除汉族外，历史上曾有蒙古族人居住。20 世纪 90 年代始，其他少数民族人口因婚嫁、工作等原因陆续迁入境内。

1964 年，第二次全国人口普查，华山乡有汉族 2289 人，占总人口的 100%。无少数民族。

1982 年，第三次全国人口普查，大岚镇有汉族 15484 人，占总人口的 99.97%。其他民族有回族 1 人、壮族 2 人、满族 1 人、畲族 1 人，计 5 人，占总人口的 0.03%。

1990 年，第四次全国人口普查，大岚镇有汉族 14774 人，占总人口的 99.86%。其他民族有苗族 9 人、壮族 2 人、土家族 8 人、回族 1 人，计 20 人，占总人口的 0.14%。

2000 年，第五次全国人口普查，大岚镇有汉族 11347 人，占总人口的 99.25%。其他民族有蒙古族 1 人、回族 1 人、苗族 52 人、布依族 1 人、侗族 1 人、土家族 28 人、仡佬族 1 人、其他未识别的民族 1 人，计 86 人，占总人口的 0.75%。

外来媳妇包粽子

2010 年，第六次全国人口普查，全镇有汉族 12943 人，占总人口的 99.33%。其他民族有蒙古族 13 人、苗族 43 人、布依族 1 人、彝族 1 人、土家族 23 人、畲族 2 人、土族 2 人、塔吉克族 1 人、其他未识别的民族 1 人，计 87 人，占总人口的 0.67%。

2017 年，全镇有汉族 12232 人，占总人口的 98.27%。其他民族有蒙古族 21 人、回族 2 人、苗族 87 人、彝族 5 人、壮族 9 人、布依族 2 人、满族 2 人、侗族 3 人、土家族 83 人、土族 1 人，计 215 人，占总人口的 1.73%。

第二节　性别　年龄

性别

1951年，大岚、南岚、新岚共有男性4626人，女性3868人，性别比为119.6（女为100，下同）。

1965年，大岚、华山公社有男6470人，女5583人，性别比为115.89。

1973年，大岚公社有男性6319人，女性5548人，性别比为113.9。

1982年，现境内有男性8185人，女性7304人，性别比为112.06。

1990年，现境内有男性7819人，女性6975人，性别比为112.1。

2000年，大岚镇有男性5734人，女性5699人，性别比为100.61。

2010年，大岚镇有男性6665人，女性6365人，性别比为104.71。

2017年，大岚镇有男性6335人，女性6112人，性别比为103.65。

年龄

人口年龄结构变化：0～9岁人口，1978年占人口总数的17.23%，1982年占人口总数的15.45%，1990年占总人口总数的14.48%，2000年总人口总数的11.9%，2010年总人口总数的4.31%，是年该年龄段岁人数比2000年下降7.59个百分点。60岁以上老年人口，1978年占总人口的7.4%，1990年占总人口的9.04%，2000年占总人口的16.65%，2010年占总人口的29.4%，2017年占总人口的30.13%，是年比2000年提高13.48个百分点。大岚镇自20世纪90年代已进入人口老龄化阶段（国际标准规定60岁以上人口比重超过10%为人口老龄化）。

附：百岁老人简介

民国时期，大岚镇境内没有百岁老人的相关文字记录，中华人民共和国成立后有多名百岁老人。百岁老人中，女性多于男性。

周招娣　新岚村城山司自然村农妇，1891年1月24日生，卒于1993年秋。育三子二女，长年以食农家蔬菜为主，性格温和。

沈阿花　大岚村夏家岭自然村农妇，1905年3月1日生，卒于2007年5月，育二子，平时以喝冷井水代茶，体质硬朗。

鲁招娣　上马村农妇，1912年5月17日生，卒于2013年3月20日，育一男一女，平时喜欢吃红烧肉，百岁时体质仍好，无小病小痛。

1964 年华山公社人口年龄、性别情况表

表 3-2-1

年龄（岁）	常住人口数（人）			性别比例（女 =100）
	合计	男	女	
0 ～ 4	368	197	171	115.21
5 ～ 9	335	183	152	120.39
10 ～ 14	286	149	137	108.76
15 ～ 19	231	133	98	135.71
20 ～ 24	100	61	39	156.41
25 ～ 29	151	89	62	143.55
30 ～ 34	147	83	64	129.69
35 ～ 39	151	80	71	112.68
40 ～ 44	120	70	50	140
45 ～ 49	109	65	44	147.73
50 ～ 54	84	44	40	110
55 ～ 59	70	34	36	94.44
60 ～ 64	53	33	20	165
65 ～ 69	53	26	27	96.30
70 ～ 74	15	4	11	36.36
75 ～ 79	14	10	4	250
80 ～ 84	2	1	1	100
合　计	2289	1262	1027	122.88

2000 年大岚镇人口年龄、性别情况表

表 3-2-2

年龄（岁）	常住人口数			性别比例（女 =100）
	合计	男	女	
0 ～ 4	522	261	261	100
5 ～ 9	838	406	432	93.98
10 ～ 14	893	452	441	102.49
15 ～ 19	569	296	273	108.42
20 ～ 24	330	137	193	70.98
25 ～ 29	612	240	372	64.52
30 ～ 34	993	468	525	89.14
35 ～ 39	1146	607	539	112.62
40 ～ 44	1064	516	548	94.16
45 ～ 49	1196	636	560	113.57
50 ～ 54	909	490	419	116.95

续表 3-2-2

年龄（岁）	常住人口数			性别比例（女 =100）
	合计	男	女	
55 ～ 59	457	264	193	136.79
60 ～ 64	491	277	214	129.44
65 ～ 69	552	294	258	113.95
70 ～ 74	438	231	207	111.59
75 ～ 79	277	114	163	69.94
80 ～ 84	113	36	77	46.75
85 ～ 89	28	8	20	40
90 ～ 94	4	1	3	33.33
95 ～ 99	1	0	1	0
合　计	11433	5734	5699	100.61

2010 年大岚镇人口年龄、性别情况表

表 3-2-3

年龄（岁）	常住人口数			性别比例（女 =100）
	合计	男	女	
0 ～ 4	150	85	65	130.77
5 ～ 9	186	92	94	97.87
10 ～ 14	313	153	160	95.63
15 ～ 19	506	231	275	84
20 ～ 24	295	143	152	94.08
25 ～ 29	172	96	76	126.32
30 ～ 34	149	80	69	115.94
35 ～ 39	330	136	194	70.10
40 ～ 44	660	329	331	99.40
45 ～ 49	826	427	399	107.02
50 ～ 54	869	413	456	90.57
55 ～ 59	1050	546	504	108.33
60 ～ 64	778	413	365	113.15
65 ～ 69	381	202	179	112.85
70 ～ 74	379	204	175	116.57
75 ～ 79	381	187	194	96.39
80 ～ 84	240	108	132	81.82
85 ～ 89	109	32	77	41.56
90 ～ 94	24	4	20	20
95 ～ 99	1	0	1	0
合　计	7799	3881	3918	99.06

第三节 婚姻状况

中华人民共和国成立前，境内交通不便，经济基础薄弱，民间女孩易嫁，但男子娶媳妇困难。中华人民共和国成立后，生活水平逐年提高，大龄青年婚姻基本得到解决。20世纪60年代初，苏北一批女青年婚嫁到大岚。90年代后，贵州、湖南、四川等省外女青年始嫁镇内。

1982年第三次全国人口普查时，全镇15岁以上人口11340人（男6001人，女5339人），其中，未婚3350人（男2122人，女1228人），已婚7990人（男3879人，女4111人）。在已婚人口中，有配偶7044人，离婚90人，丧偶856人。

2000年第五次全国人口普查时，对全镇15岁以上人口进行10%抽样调查。在调查的909人（男461人，女448人）中，未婚114人（男79人，女35人），已婚795人（男382人，女413人）。在已婚人口中，有配偶的705人，离婚8人，丧偶82人。

2010年第六次全国人口普查中，对镇内15岁以上人口进行10%抽样调查。在调查的738人（男360人，女378人）中，未婚95人（男60人，女35人），已婚643人（男300人，女343人）。在已婚人口中，有配偶的527人，离婚9人，丧偶107人。

2017年，镇内20周岁以上人口10926人，其中未婚1427人（男854人，女573人），已婚9499人（男4628人，女4871人）。在已婚人口中，有配偶的8531人，丧偶968人。

2017年大岚镇各村婚姻状况调查表

表3-2-4　　　　单位：人

行政村	20周岁以上人口数	有配偶的		未婚		丧偶	
		男	女	男	女	男	女
新岚村	1120	479	423	69	48	22	79
柿林村	582	216	210	58	32	11	55
上马村	624	262	232	35	34	16	45
南岚村	1146	411	428	128	63	19	97
大岚村	1325	524	484	146	60	22	89
丁家畈村	446	156	204	30	19	24	13
大路下村	994	400	441	55	44	10	44
阴地龙潭村	865	324	299	78	92	52	20
雅庄村	1134	437	415	84	61	51	86
后朱村	705	304	267	27	40	14	53
大俞村	367	156	153	20	14	4	20
华山村	500	195	222	30	21	28	4
戴糜村	582	245	218	51	20	11	37
黄家庄	536	221	205	43	25	14	28
大岚镇	10926	4330	4201	854	573	298	670

第四节　文化程度

1964年，华山公社6岁以上人口1805人，7～12岁未上学儿童206人，占11.41%；文盲半文盲892人，占49.42%；初小文化程度525人，占29.09%；高小文化程度114人，占6.32%；初中文化程度58人，占3.21%；高中文化程度10人，占0.55%。

1982年，华山公社6岁以上人口2717人，文盲、半文盲762人，占28.05%；小学文化程度1367人，占50.31%；初中文化程度450人，占16.56%；高中文化程度138人，占5.08%。

是年，现境内有6岁以上14043人，其中文盲、半文盲3938人，占28.04%；小学文化程度6950人，占49.49%；初中文化程度2352人，占16.75%；高中文化程度799人，占5.69%；大学文化程度4人，占0.03%。

1990年，华山乡有6岁以上2628人，文盲半文盲484人，占18.42%；小学文化程度1411人，占53.69%；初中571人，占21.73%；高中147人，占5.59%；中专15人，占0.57%。

是年，现境内6岁以上13575人，其中文盲半文盲2415人，占17.79%；小学文化程度7116人，占52.42%；初中文化程度3183人，占23.45%；高中文化程度784人，占5.78%；中专文化程度63人，占0.46%，大学专科14人，占0.10%。

2000年，全镇有6岁以上10741人，其中文盲792人，占7.37%；读过扫盲班439人，占4.09%；小学文化程度5792人，占53.92%；初中文化程度2818人，占26.24%；高中739人，占6.88%；中专文化程度92人，占0.86%；大学专科66人，0.61%；大学本科3人，占0.03%。

2010年，全镇有6岁以上7602人，其中未上过学701人，占9.22%；小学文化程度3902人，占51.33%；初中文化程度1867人，占24.56%；高中文化程度856人，占11.26%；大学专科223人，占2.93%；大学本科52人，占0.68%；研究生1人，占0.01%。

第五节　职业

中华人民共和国成立初期，镇内劳动力人口转移较少，以参加集体农业生产为主。20世纪70年代始，职业选择逐渐多样化。

1985年，全镇有农村劳动力9294人（男5748人，女3546人），其中，从事种植业6537人、林业40人、牧业1009人、工业712人、运输业119人、商业饮食业76人、服务业29人、社会服务行业130人，其他642人。二、三产业劳动力共有1708人，占总劳力人口的18.38%。

1995年，全镇有劳动力8958人，其中，从事种植业5678人、林业50人、牧业346人、工业761人、建筑业299人、交通邮电168人、商业服务181人、其他非农行业577人、家务劳动力818人、其余待业劳动80人。二、三产业劳动力共有1986人，占总劳力人口的22.17%。

2003年，全镇有劳动力8296人，其中，从事农业5102人，非农业3194人，从事第二产业

1746 人，第三产业 1448 人，第二、三产业劳动占总劳动力人口的 38.5%。

2013 年，全镇共有劳动力 6799 人，其中，从事农业 4281 人、非农业 2518 人，从事第二产业劳动力 1261 人，第三产业 1257 人，第二、三产业劳动力占总劳动力人口的 37.03%。

第三章　人口管理

20世纪60年代境内人口增长速度较快。70年代，农村提倡计划生育，人口增速放缓。90年代始，执行计划生育政策力度加强，人口增速进一步趋缓。2002—2017年，境内人口长期负增长。

第一节　计划生育

中华人民共和国成立前，人口出生率高，死亡率亦高。

中华人民共和国成立初期，人口出生率仍高，死亡率开始降低。1957年提倡一个不多，两个不少，三个正好，受“人多好办事”的思想影响，人口快速增长。1963年10月，宣传贯彻中共中央、国务院《关于认真提倡计划生育的指示》精神后，计划生育工作不断推进。

1973年，现境内华山、大岚公社成立计划生育工作领导小组。提出“结婚晚一点，生得稀一点少一点，养得好一点”。在各级干部、共产党员、企业职工中动员已生两个孩子的夫妇做绝育手术。1975、1976年，出生率分别为12.63‰和11.98‰，自然增长率分别为5‰和3.23‰。

1980年，中共中央发表公开信，号召共产党员、共青团带头响应“一对夫妇生育一个孩子”，计划生育工作进入新阶段。

1981年，两公社对所属大队下达人口出生指标，提倡一胎、控制二胎、杜绝三胎，并给实施绝育结扎、人工流产、避孕手术的育龄夫妇经济补助，安排休息时间等。是年，华山、大岚公社计划生育率达到85.25%和97.52%。

1982年2月起，对国家干部、职工和城镇居民除特殊情况经过批准者外，一对夫妇只生育一个孩子，农村普遍提倡一对夫妇只生育一个孩子。某些确有实际困难要求生育二胎的，经过审批可以有计划地生育，但间隔至少四年。不论哪一种情况都不能生三胎，并规定“特殊情况和确有实际困难”允许生二胎的3种对象扩大至11种。

宣传计划生育

1984年，各乡配备计划生育专职干部。

1993年始，计划生育工作纳入各级党委、政府岗位工作目标进行考核，各村签订《计划生育目标管理责任书》。1993—1997年，计划生育率达到98%以上。

1993—2009年，17年中平均出生率8.45‰，人口出现10年负增长。

2001年起，大岚镇取消人口出生指标。

2012年，对470户独生子女及33户双农独女家庭分别发放奖励资金45950元和65000元。

2013年，大岚镇人民政府《关于进一步加强村级计划生育联络员队伍建设的实施办法》，计生联络员39人，新建立“一表、二册、三卡”工作机制。

2016年1月14日，浙江省十二届人大常委会第十二次会议审议通过关于修改《浙江省人口与计划生育条例》的决定。《条例》“提倡一对夫妻生育两个子女”的政策。生育两孩无需审批，符合规定的夫妻生育两个及以内子女的，不管是第一个还是第二个，都只需凭身份证、户口本、结婚证和婚育情况承诺书，到夫妻一方户籍地或现居住地的乡镇（街道）计划生育管理机构办理生育登记，无需再办理准生证。

2017年，继续强化人口计生“432”网络化常态管理模式（即：明确“四个层面”的人口计生工作职责，建立“三层级”的网格化责任体系和“两个时段”常态管理督导工作机制）。全镇出生率4.66‰，人口自然增长率为-9.8‰。

1963—1972年大岚镇人口出生率和增长率一览表

表3-3-1　　单位：‰

年份	乡别	出生率	自然增长率
1963	华山	42.02	31.02
	大岚	38.63	29.63
1964	华山	41.59	29.27
	大岚	38.27	26.75
1965	华山	40.71	28.42
	大岚	43.80	33.38
1966	华山	24.66	15.62
	大岚	28.08	20.33
1968	华山	27.17	22.05
	大岚	27.07	17.96
1969	华山	33.93	25.16
	大岚	25.51	18.27
1970	华山	27.70	16.80
	大岚	25.80	19.20
1971	华山	25.04	16.77
	大岚	20.95	13.82
1972	华山	21.72	13.25
	大岚	17.68	7.40

说明：缺1967年资料

第二节　晚婚晚育

中华人民共和国成立前，境内青年普遍早育。1950年颁布《中华人民共和国婚姻法》，根据法律规定，结婚年龄，男不得早于22周岁，女不得早于20周岁，境内少有晚婚者。

1963年，提倡限制早婚，鼓励晚婚。乡镇干部、中共党员凡超过三个孩子要带头绝育，一至二个孩子的间隔不到三年的要坚持避孕。男30岁、女25岁者为晚婚，在校生和工商企业学徒在学习期间不准结婚。

1973年，生孩子的间隔要在5年以上，晚婚年龄干部职工男30岁、女25岁，农村青年男25岁、女23岁。

1979年，提倡每对夫妇最好生育一个孩子，不得超过二个。两胎间隔4年以上，晚婚年龄干部职工男26周岁，女24周岁；农村青年男25周岁，女23周岁。

1981年，按《中华人民共和国婚姻法》规定的结婚年龄，男不得早于22周岁，女不得早于20周岁，自愿推迟三年结婚的为晚婚。干部职工25周岁以上，农村23周岁以上生育第一胎者为晚育。

1984年，继续提倡晚婚晚育。1987年，余姚市人民政府规定：山区22周岁以上初婚的妇女生育予以优待，干部职工婚假可延长14天，产假90天。镇内对村干部亦采取相应措施予以奖励和照顾。

1995年，申请生育第一个孩子的夫妇，女方须年满23周岁，夫妻一方在28周岁以上的给予适当照顾。申请照顾生育第二个子女的夫妇，与生育第一个孩子间隔5年后安排生育指标。

2002年，对机关、团体、企事业单位和其他组织职工实行晚婚的，增加婚假12天，工资奖金和其他福利待遇照发。

2016年1月起，取消晚婚假。对晚育享受30天奖励假，不影响晋级、调整工资。男方享受15天护理假，工资、奖金和其他福利待遇照发。

2017年，全镇晚婚率为87.18%。

2003—2017年大岚镇晚婚情况表

表3-3-2　　　　单位：人、%

年　份	初婚人数	早婚人数	晚婚人数	晚婚率
2003	66	2	40	60.6
2004	103	0	64	62.1
2005	55	0	35	63.6
2006	97	0	72	74.2
2007	54	0	36	66.7
2008	66	1	47	71.2

续表 3-3-2

年　份	初婚人数	早婚人数	晚婚人数	晚婚率
2009	69	3	43	62.3
2010	62	2	43	69.4
2011	77	4	60	77.9
2012	86	3	72	83.7
2013	55	2	44	80.0
2014	91	2	76	83.5
2015	58	0	51	87.9
2016	92	1	81	88.0
2017	39	1	34	87.2

第三节　节育

中华人民共和国成立前，自愿节制生育者多采用安全期避孕措施或吃草药试图堕胎。1955年起，市、区、公社干部职工中始用口服避孕药，次年起逐渐使用避孕工具。1966年后，推广节育环避孕。20世纪70年代，对晚育和已育一胎的妇女推广打长效避孕针和口服避孕药，已生育二胎的育龄妇女要求做好绝育手续。1981年，华山公社累计绝育357例，节育率83.41%，大岚公社1569例，节育率85.32%。1995年，15～49周岁育龄妇女4451人，已婚育龄妇女3651人，采取多种节育措施3499人，节育率达到95.8%。2017年，全镇有已婚育龄妇女2033人，落实措施1818人，避孕节育率89.42%。

2003—2017年大岚镇避孕节育情况统计表

表 3-3-3

年　份	已婚育龄妇女人数	落实措施人数	避孕节育率（%）
2003	3550	3188	89.80
2004	3395	3020	88.95
2005	3159	2943	93.16
2006	3107	2897	93.24
2007	3015	2781	92.24
2008	2804	2589	92.33
2009	2886	2639	91.44
2010	2731	2498	91.47
2011	2664	2427	91.10
2012	2611	2353	90.12
2013	2519	2273	90.23

续表 3-3-3

年　份	已婚育龄妇女人数	落实措施人数	避孕节育率（%）
2014	2463	2191	88.96
2015	2350	2099	89.32
2016	2269	2012	88.67
2017	2033	1818	89.42

第四节　优生优育

1950 年《中华人民共和国婚姻法》颁布后，一度实行婚前体检，数年后停止。1985 年 5 月起，恢复婚前体格检查。2011 年，婚前检查 36 人次。

1985 年始建孕妇、产妇围产期保健卡，把孕妇产前检查、分娩及新生儿访视等情况记录入卡。2017 年，境内孕产妇 71 人，建卡率 100%，对 0 ～ 7 岁新生儿系统记录管理 374 人，系统管理率达到 100%。

1992 年 6 月，建立镇计生服务站，站址太祖庙 18 号，专业人员 2 人。1998 年，迁址到大岚卫生院旧址一楼。1999 年，全镇以计划生育优质服务为宗旨，实施避孕节育、生殖健康、优生优育三大工程。2003 年，发放生殖健康服务证 94 本。2006 年，大岚镇计划生育生殖健康服务站迁入镇卫生院。2008 年，上门咨询 56 人、门诊 56 人、优生检测 14 人、妇女病检查 915 人次，确诊 527 人。2011 年，服务站随访 814 人次，优生三项检测 11 人次，培训 160 人次。

2012 年，开展“关爱 0 ～ 3 岁婴幼儿早期发展指导教育”及“关爱留守儿童暑期帮教”活动。2017 年，开展“孕助福堂、青春学堂、健康课堂、亲子礼堂”培训活动。有 8 对夫妻填写《浙江省助孕服务调查需求表》；实行中小学青春健康 PLA 技能培训 5 次 119 人次；对育龄妇女优生优育、生殖健康知识、妇科疾病防治、避孕药具使用等知识培训 28 次、1000 余人次；开启留守儿童“共读好书品书香”“习茶道、学礼仪、讲孝道”教育活动，使留守儿童健康成长。

第五节　流动人口计划生育管理

20 世纪 80 年代，农村实行家庭联产承包责任制后，剩余劳力陆续下山进城。1993 年，外出育龄妇女的计划生育管理工作引起镇党委、政府的重视。1999 年，流动人口做证 686 本，做证率 100%。2000 年 10 月，全国流动人口计划生育工作会议在余姚召开，推动全镇流动人口的管理。2003 年始，对流动人口（外出人口和外来人口）生育情况登记入册。2009 年 12 月，按照《余姚市人民政府贯彻落实流动人口生育条例的实施意见》，建立流动人口育龄妇女信息系统，实行双向管理。坚持开展一年一次流动人口例行普查。2012 年，外省流入 16 人，为 12 人开展免费孕环检查服务，服务率75%。2015年，共收到外出育龄妇女有效信息数据715条，流入人口数据59条，均纳入库。2017年，外出育龄妇女596人，外来育龄妇女22人，均落实计划生育措施。

2005—2017年流动人口计划生育管理统计表

表3-3-5 单位：人

年　份	外出育龄妇女人数	外来育龄妇女人数	年　份	外出育龄妇女人数	外来育龄妇女人数
2005	749	16	2012	387	15
2006	857	18	2013	368	28
2007	785	4	2014	558	60
2008	829	8	2015	591	15
2009	1022	8	2016	537	11
2010	674	3	2017	596	22
2011	259	7			

第六节　计划生育协会

1988年，华山、大岚成立计划生育协会，各村亦随之成立计划生育协会。

1999年，大岚镇计划生育协会有会员1549人，会员小组126个，小组长126人，联系1532户。

2014年，镇计生协会由党委副书记任会长，分管教文卫工作的副镇长任专职副会长，相关部门负责人16人，任协会理事。组建村（居）计生协会15个，村主要负责人任协会会长，计生办主任担任秘书长，其他组织的负责人、村民代表中的优秀分子为协会理事，有会员600余人。并把会员小组和村民自治小组结合起来，实行“自我教育、自我管理、自我服务”，促进群众自觉履行计划生育义务。

2017年，协会在计生基层群众自治示范创建、计生特殊家庭帮扶、青春健康教育、流动人口管理等方面开展工作。

附：

1984沈双吉被评为宁波市计划生育先进工作者。

1988年沈双吉被评为宁波市、省计划生育先进工作者。

第四章　姓氏

镇域聚居鲁、沈、王、郑四大姓氏，占总人口的48.98%。外来婚姻改变境内人口的姓氏结构，其中，1人1姓58个，占总姓氏的31.69%。至2017年，全镇共有姓氏183个。

第一节　姓氏录

境内居民历来从父姓，亦有极个别从母姓。2017年，全镇有183个姓，其中复姓1个。所有姓氏中，以鲁姓人口最多，2233人，沈姓次之，1545人。王、郑姓氏分别有1368人、951人。500～700人的有朱、俞、夏3姓。200～490人的有黄、马、吴、龚、糜、李6姓。100～196人的姓有陈、戴、周、邵、卢、姚、徐、史、杨9姓。1姓1人的有白、补、常、从、代、单、段、樊、符、公、古、谷、顾、关、桂、滑、计、井、景、康、柯、蓝、雷、练、隆、满、梅、密、牟、年、欧、平、乔、瞿、荣、沙、生、时、寿、舒、苏、谭、涂、屠、万、巫、伍、武、项、邢、宿、晏、亿、易、虞、郁、翟、竺。

全镇183个姓氏排列如下：

丁（48）、于（5）、万（1）、亿（1）、马（394）、王（1368）、井（1）、韦（3）、毛（16）、从（1）、公（1）、方（22）、计（1）、孔（2）、邓（11）、古（1）、石（23）、龙（18）、平（1）、卢（156）、叶（16）、田（11）、史（111）、冉（6）、生（1）、付（3）、代（1）、白（1）、冯（2）、兰（2）、邢（1）、成（2）、吕（9）、年（1）、朱（694）、乔（1）、伍（1）、任（2）、向（6）、刘（29）、齐（7）、关（1）、米（11）、江（12）、汤（15）、许（6）、阮（2）、孙（15）、牟（1）、寿（1）、严（31）、芦（25）、苏（1）、杜（2）、巫（1）、李（222）、杨（107）、肖（7）、时（1）、吴（257）、何（14）、余（5）、谷（1）、应（4）、汪（6）、沙（1）、沈（1545）、宋（19）、补（1）、张（194）、陆（5）、

陈（196）、邵（175）、武（1）、范（2）、茅（2）、林（4）、郁（1）、欧（1）、欧阳（4）、易（1）、罗（10）、竺（1）、金（6）、周（184）、庞（3）、郑（951）、单（1）、宓（2）、房（2）、屈（3）、练（1）、项（1）、赵（21）、荣（1）、胡（16）、柯（1）、钟（14）、段（1）、侯（41）、俞（651）、施（6）、姜（8）、洪（2）、姚（147）、贺（3）、秦（3）、袁（5）、聂（2）、莫（3）、桂（1）、贾（2）、夏（503）、顾（1）、晏（1）、钱（9）、候（2）、倪（4）、徐（120）、殷（2）、翁（9）、凌（3）、高（3）、郭（4）、唐（35）、涂（1）、陶（5）、桑（2）、黄（488）、梅（1）、曹（10）、戚（2）、

柿林村同心井

龚（258）、常（1）、崔（10）、符（1）、麻（6）、康（1）、章（2）、商（2）、梁（6）、宿（1）、密（1）、屠（1）、隆（1）、彭（5）、董（20）、蒋（8）、韩（13）、覃（4）、景（1）、喻（2）、程（2）、傅（7）、舒（1）、鲁（2233）、童（5）、曾（5）、滑（1）、谢（13）、蓝（1）、楼（2）、裘（2）、雷（1）、虞（1）、鲍（4）、满（1）、褚（177）、蔡（6）、蓼（8）、谭（1）、翟（1）、熊（5）、缪（2）、樊（1）、黎（2）、滕（4）、颜（4）、潘（83）、戴（184）、魏（3）、糜（222）、瞿（1）。

注：括号内为具体人数。

第二节　部分姓氏来历

鲁姓

《大岚鲁氏宗谱》载："鋆公字朝肃，行端八，宋邑庠生，迁居绍兴，为鲁氏第一世祖。"十二世圣恩公，行茂八，邑庠生，与宗兄全一公解元始迁大岚四峰头大堂基，为境内鲁氏始祖。

茂八公配马氏生三子，至十三世幼子生四子：仕盛、仕能、仕龙、仕华。仕能分居西庄（今雅庄），仕盛分居下芝庄。又至十八世乾五公生四子：深二、深四、深六、深十。深二、深四宅不变，深十公迁居邱庄，深六公分居余家横。世祖全一公生三子：彦敬、彦同、彦公，十三世彦敬分居到朱家宅，彦同、彦公留在四峰大屋和榧树下。

鲁氏宗谱

境内鲁氏聚居地极广，四丰、雅庄、下芝庄、邱庄、余家横、大田下、华山、大元基、船底湾、白莲庄、杂柴坪等自然村均为茂八公世祖支脉，今已延续到34世。2017年，全镇有鲁姓2233人。

沈姓

据《元和姓纂》载，"沈，周文王第十子聃，食采于沈，因氏焉。今汝南平舆沈亭即沈子国也"，是为沈氏始祖。第 45 世祖太隆公行林十五[①]（1350—1434）于元末由下坝沈湾（今兰江街道）迁居峙岭，为峙岭沈氏始祖。自太隆公始，峙岭沈氏至今已繁衍至 25 代。如从周文王第十子算起，应为 69 代。

境内沈氏聚居地有陶家坑、丁家畈、长弄、阴地、大元基等自然村。石鼓西岭下自然村沈氏，相传明代慈溪沈师桥迁入，为另一支脉。2017 年，全镇有沈姓 1545 人。

王姓

《虞南王氏宗谱》载："泽元公讳成，字小柏，南宋时，由剡邑东林徙居上虞达溪，为镇境隐地、龙潭、戴王村王氏第一世祖。"四世伯三公，育千九公和千四公（后迁居姚江）。十一世盛七公育四子，大房肇一留居老宅，肇二、肇三、肇四分居糜家山、黑龙潭和下宅，至今上宅王氏支脉戴王延续到 33 世，隐地龙潭 35 世。2017 年，全镇有王姓 1368 人。

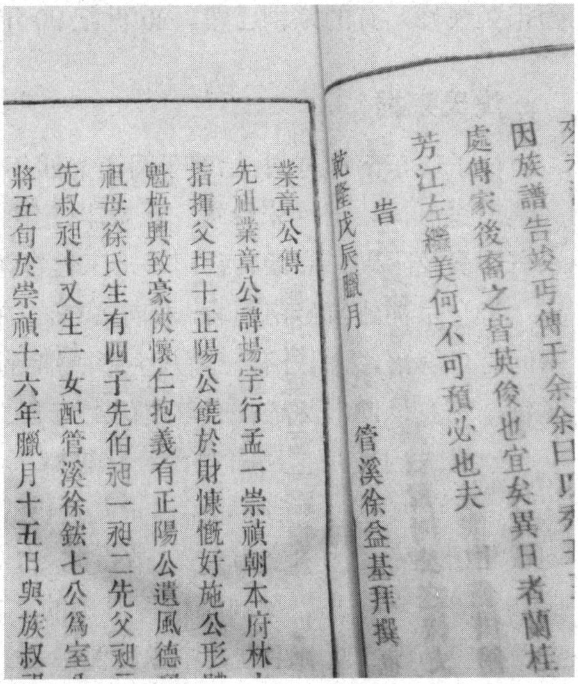
因族譜告竣丐傳于余余曰
處傳家後裔之皆英俊也宜矣異日者蘭桂
芳江左繼美何不可預必也夫
旹
乾隆戊辰臘月　管溪徐益基拜撰
業章公傳
先祖業章公諱揚字行孟一崇禎朝本府林
指揮父坦十正陽公饒於財慷慨好施公形
魁梧興致豪俠懷仁抱義有正陽公遺風德
祖母徐氏生有四子先伯昶一昶二先父昶
先叔昶十又生一女配管溪徐鉉七公爲室
將五旬於崇禎十六年臘月十五日與族叔

2007 年 4 月，阴地龙潭村发现王阳明家谱

郑姓

按中村郑氏宗谱记载，始迁赣竹祖（后改甘竹）为中村郑氏十六世郑伯十一，而中村郑氏又源自云柯郑氏。《四明郑氏宗谱》不仅认同这个观点，且排行字"光宗耀祖，奕世传芳，伯仲叔季，和顺荣熙"也与中村相同。

但同时《四明郑氏宗谱》又另立一套以郑自牖为一世祖的四明郑氏世系。郑自牖，字孟纳，号桐岩，登进士第，历官殿中侍御史，纠劾不避，谪遂安司幕，宋至和二年（1055）迁居富江西山。郑自牖嫡长曾孙郑炳，字烈甫，行伯一，河南开封府太守，南宋建炎初年扈驾南渡，迁居余姚县烛溪乡安阳里，为烛溪郑氏一世祖。郑炳共有兄弟五人，四弟郑灯，字明甫，行伯四，从长兄南渡至烛溪，后至四明龚村，为四明中村郑氏始祖。按此说法，中村郑氏不仅有两个始祖，且又与烛溪郑氏同宗。总之，境内郑氏为中村支系从十六世郑伯十一始今已延续至 33 世。2017 年，全镇有郑姓 951 人。

朱氏

四明岚山朱氏为冠珮朱氏分支。冠珮朱氏六世孙朱经携弟朱有常，自冠珮徙居大岚后珠（今大岚镇后朱村），世称姚南四明岚山朱氏。奉朱经为上房始祖，朱有常为中房始祖，堂号"一本堂"。排行字为：创业垂统，仁德显扬，富贵恒充，金玉满堂，本源茂盛，长发其祥，贤良际美，忠义表彰，聪明睿圣，文秀成章，绵延世泽，科第传芳，千秋余庆，万代馨香。2017 年，全镇有朱姓 694 人。

---

① 沈姓所述内容摘自《沈氏古村峙岭》，该书由原余姚日报总编沈远波老师编写，华夏文化艺术出版社出版。

第三节　宗祠

中华人民共和国成立前，除鲁、沈、王、郑四大姓外，朱、马、俞、陈等姓亦建有宗祠。因年久失修，有的宗祠已毁。20世纪90年代以后，多村对宗祠进行修葺或重建。

沈氏宗祠

位于镇东南柿林村，始建于清道光四年（1824），当时只有后进正屋五间，至道光十五年（1835）又建前进五间，但均未告竣。至咸丰二年（1852），将几近废圮的前后进正屋修葺一新，并配建左右厢房及阶砌、照墙、台门等，工程告竣。后又经多次修葺，现存祠堂为1990年重修。

整个宗祠建筑坐南朝北，面向古村，由前后二进五间开间的正厅和左右厢房组成一个四合院，中间是个院落，大门外有一堵八字形照墙，前厅正中是两扇厚重的黑色大门，上面悬挂“沈氏宗祠”匾额，左右设便门两扇，右首便门上方有“贡元”匾额一块。

一进大门便是一座古戏台。后进檐下正中挂“文肃世家”匾额，据志书记载，第二十四祖沈括，官至龙图阁大学士，第二十九世祖沈绅，官翰林院直学士兼给事中，授少师衔，两祖死后，均被北宋皇帝谥为“文肃公”，故得此名。檐下左首悬“玉洁冰清”匾，是朝廷为表彰绍能公姚氏孺人“青年守志、操同松柏”事迹的，檐下右首“钦旌节孝”匾是赐给景公徐氏孺人的。还有两块“节孝”匾分别挂在中堂两侧。

后进正厅正中挂有“忠清堂”匾额，原匾黑底金字，古朴遒劲，出自鄞县毛玉佩手笔。因此沈氏宗祠又可被称为“忠清堂”。忠清堂两侧，原有柱联一副，因早年散失，内容不详。由第二十二世孙远波撰文，第二十一世孙建农书写的柱联一副悬于原处。其联曰：“历姬周嬴秦刘汉李唐赵宋诸朝授武职谥文肃屡建安邦利民千秋业，经西岐汴梁钱塘会稽余姚各地觅佳境择仁里终成赤水丹山万世居”。

俞氏宗祠

位于大俞村田屋里103号，建于清咸丰元年（1851）。于2010年10月筹资60万元（市文化局拨款10万元）将宗祠修葺一新。

马氏宗祠

位于上马村新屋里自然村，清代民居建筑。2011年遭受火灾，当年筹资重建。

王氏祠堂

位于阴地自然村。清代改建，坐南朝北，四柱落地，三间100平方米，柱大梁粗，中间宽，边间狭，中间后原设神阁，为王氏白事所用。2014年，村民筹资重建。

另有二房王家祖堂，位于戴王自然村“中台门”。2011年王氏筹款扩建，砖墙木结构祖堂三间两楼及卫生室，主楼有前廊，中开双扇大门，中间楼上设神阁，楼下为堂前，正门挂大理石匾额“王家祖堂”屋顶红色琉璃瓦，屋前道地宽敞，建筑面积300平方米。

郑氏祖堂

甘竹祖堂始建于清乾隆年代，约有250多年历史，堂基位于村落东北，坐西南，朝东北。正栋三间，中为祖堂，左右厢房。卦词曰：“卯酉甲庚，语言通行，卯酉乙辛，出口伤人”之语。原祖堂建筑结构古老，升七柱上楼，栋带绕盘，阁楼高以偏，屋高3丈，宽1.6丈，定宅内见栋高度之最，为跨度最大楼宇，用义有三：（1）替新娘花轿进堂之时，轿不落地，可直接转头。（2）用罩遮尸，竖立为度。（3）备红白两事操放酒席，宜置八仙桌两列，中间为操作道之局。因祖先始居宅舍格局不详，从建堂到1980年间，祖堂年久失修，结构老化，变成危房。直至1982年春，在原址拆建高平屋两间，以原堂基，仿老朝向，深度为9.9米，宽7.2米，占地面积为72平方米。正间退堂，内设存柩棺。退堂二楼曾设祖先灵位阁楼，仍仿高门槛，摇杆式，青步双守门，作关栏。2012年，筹资再修。

戴氏祖堂

位于大岚镇戴糜戴王自然村，坐西朝东，为清代建筑。祖堂为硬山顶高平屋，三开间。明间抬梁氏梁架，四柱落地。方金柱，粗抬梁。次间穿斗抬梁混合式，五柱八檀。

朱氏宗祠

位于大岚镇北部后朱村。民国24四年（1935）建。也称“朱家一本堂”。

陈氏祠堂

位于大岚镇黄家庄村陈家宅基中心，清雍正年间建造，面积60平方米。2012年在村委支持下，陈氏筹资修复。

鲁氏宗祠

位于丁家畈村丹山路岚溪桥向北35米处（原供销社盐库），始建于乾隆中期，坐北朝南，设前后二进五间开间，边有厢房，面积约500平方米，堂号“立本堂”，民国32年被侵华日军烧毁。

第四编　经济总情

第一章　农业经济体制

中华人民共和国成立后，历经土地改革、互助合作、人民公社近30年的农村社会主义建设，使镇域基础设施改善，粮食生产水平不断提高，农业经济得到逐年发展。中共十一届三中全会后，对农业经济体制进行改革，实行家庭联产承包责任制，农民生产积极性进一步提高，农村集体和个私经济大幅增长。

第一节　土地改革

土地改革前，镇境内有耕地（水田）9205.52亩（不包括上虞县划入的5个村），有2116户，户均耕地4.35亩。其中地主16户，占有耕地322.56亩，户均20.16亩；富农28户，占有耕地449.84亩，户均16.07亩；中农362户，占有耕地2241.43亩，户均6.19亩；贫农1540户，占有耕地2062.3亩，户均1.34亩；雇农114户，占有耕地139.73亩，户均1.23亩；其他阶层56户，占有耕地42.2亩，户均0.75亩；公共耕地3947.48亩，占总耕地面积的42.88%。地主户均占有耕地，为中农的3.3倍，贫农的15倍，雇农的16.4倍。

在封建土地所有制中，地主、富农及公共土地（祭田、会田、学田等8类）占总耕地面积的51.3%，贫雇农靠租田供生计不足。土地租赁有大租田、小租田之分，大租田是由业主直接出租给佃户耕作，佃户需预付租金，谓之垫租。民国初期，垫租每亩一般为银圆1～4元。待中汛稻成熟时，由业主、佃户双方视年成丰歉确定租额，有对半、四六（佃户四、业主六）等。民国时期，每亩实缴租谷以土地肥瘦、每亩70～100斤不等。田赋由业主承担，此类租田，经佃户长期斗争，逐年取得田面权，即永佃权，业主不得随意抽田转租。小租田系佃户将承租的田面使用权转租，即土地第二次出租，一般在佃户之间转租，亦有转让给原业主后，又由业主转租他人，使业主成为田底、田面权两层出租人，向佃户同收大、小租。小租田承租人无田面权，耕作使用期仅1年，出租人可随时收回转租。小租额一般与大租额相仿，一般年景，耕作者在收获后，缴出大小租，所剩无几。田面权可出租，亦可出卖，卖价高于田底权。

民国27年（1938），浙江省政府提出“二五”减租（即田租不得超过农产品收获量的37.5%），佃户负担有所减轻。此后，常由乡议会、农会、乡公所派代表参加议租。民国34年（1945）后，佃农采用包租（死租）方式较普遍，业主与佃农双方在建立租佃关系时订立契约，确定每年每亩租额后，不论年成好坏，均须照约缴租。祭田、会田、学田等亦多用此法。

1950年冬，中共余姚县委派工作队进驻大岚、南岚、新岚乡，开始进行土地改革（简称“土改”）。工作队在调查摸底的基础上，发动贫雇农，提高贫苦农民阶级觉悟和对土改政策的认识，成立农民协会，实行一切权利力归农会，划分阶级成分，执行“依靠贫雇农，团结中农，中立富农，消灭封建剥削制度，发展农业生产”的路线。按照政策，制定实施方案，有计划地没收地主土地，分给无地、少地农民。佃户有永佃权的土地以30%作自田保护，70%统一分配；得田户原耕种面积多于应分得数的，允许分田数高于人均分田额的5%～10%，单身雇工得两份；留3%～6%作备用机动地。土改以行政村为单位，按人口分配。土改后，镇境内可分土地6405.33亩，地主分得65.81亩，占总分配数的1.03%；富农得190.31亩，占总分配数的2.97%；中农得1098.56亩，占总分配数的17.15%；贫农得4663.41亩，占总分配数的72.81%；雇农得263.51亩，占总分配数的4.11%；其他阶层得123.72亩，占总分配数的1.93%。至1951年8月底，境内各乡土改基本结束。次年5月前，复查土改政策，颁发土地证。经过土地改革，废除了几千年的封建剥削制度，境内8395人，人均分得土地0.76亩，使用土地10200.43亩，共没收农具669件，家具35件，粮食6371.5公斤，耕牛4头，房屋23.5间，除分配给地主农具66件外，其余农具、家具、房屋、粮食分给烈军属和贫苦农民。土改后，雇贫农占有土地面积大幅增长，实现耕者有其田，调动了生产积极性，生产力得到解放。

镇境内土改前后各阶层土地占有情况表

表4–1–1

乡别	阶层	户数（户）	占比（%）	人口（人）	土改前			土改后		
					占有面积（亩）	占比（%）	每户平均面积（亩）	所分耕地（亩）	占比（%）	每户平均面积（亩）
新岚乡	总计	731	100	2890	3418.15	100	4.68	2094.37	100	2.87
	地主	7	0.96	30	91.72	2.7	13.1	37.43	1.79	5.35
	富农	16	2.19	89	156.44	4.6	9.78	12	0.57	0.75
	中农	191	26.13	986	1003.18	29.3	5.25	452.24	21.59	2.37
	贫农	492	67.3	1734	651.3	19.05	1.32	1528.4	73	3.11
	雇农	25	3.42	51	7.03	0.21	0.28	64.6	3.08	2.58
	公共土地				1508.48	44.13				
大岚乡	总计	721	100	2877	2633.3	100	3.65	1540.51	100	2.14
	地主	2	0.28	9	46.01	1.75	23.01	8.71	0.6	4.36
	富农	2	0.28	15	28	1.06	14	原土地不动		
	中农	110	15.26	557	691.6	26.26	6.29	117	7.6	1.06
	贫农	532	73.79	2059	702	26.66	1.32	1257	81.6	2.36
	雇农	35	4.85	67	13	0.5	0.37	62.49	4	1.79
	其他阶层	40	5.54	170	23.7	0.9	0.593	95.31	6.2	2.38
	公共土地				1129	42.87				

续表 4–1–1

乡别	阶层	户数（户）	占比（%）	人口（人）	土改前			土改后		
					占有面积（亩）	占比（%）	每户平均面积（亩）	所分耕地（亩）	占比（%）	每户平均面积（亩）
南岚乡	总计	664	100	2628	3154.069	100	4.75	2770.146	100	4.17
	地主	7	1.05	24	184.83	5.86	26.4	19.67	0.71	2.81
	富农	10	1.51	65	265.4	8.4	26.5	178.31	6.44	17.83
	中农	61	9.19	302	546.659	17.33	8.96	529.32	19.1	8.68
	贫农	516	77.71	2026	709	22.48	1.37	1878.01	67.79	3.64
	雇农	54	8.13	149	119.7	3.8	2.22	136.42	4.9	2.53
	其他阶层	16	2.41	62	18.50	0.58	1.16	28.41	3.48	1.78
	公共土地				1310	41.53				

说明：土改前地主占有土地不包括镇境外面积，雇农占有耕地包括当时耕种的部分租田。

第二节　互助合作

互助组

农村历来有代耕代灌，互相帮助播种、收割、加工、运输等习俗。土改后，广大贫苦农民分得土地，生产情绪高涨，但困难甚多。由于土地是按人口分配，部分农户人口多，分得土地亦多，而劳动力不足；有些农户人口少，分得土地少，劳动力出现剩余。大部分贫雇农民缺少生产资金和耕种农具，农村出现新的生产矛盾。1951 年冬，镇境内参照乡外经验，组织农业生产互助组，互助组根据自愿互利原则，实行“以工调工，牛抵人工（1 头牛耕作 1 天抵男劳力 3 个工），差额照补”等办法，解决生产中的实际困难。互助组一般以组长名字冠名。

互助组分常年和临时两种。临时互助组根据农忙临时凑合，一般在中汛稻插种、制茶、收割时期，闲时解散。临时互助组成员多为同一自然村的左邻右舍或族里人员，3 至 7 户为一组。常年互助组多由村农会干部组织实施，选配有生产耕作能力的农民担任组长，规模在 12 ～ 30 户不等。收获后的稻谷及杂粮不统一分配，只有茶叶以户采摘，按鲜叶称量评级，集体加工销售，除成本后，净利结算分配到户。到 1953 年，现境内各村普遍建立常年互助组。新岚乡雅庄自然村有常年互助组 4 个，临时互助组 2 个；大岚乡四丰自然村有常年互助组 2 个。

合作社

互助组的土地归户所有，其经济体制仍属个人所有制。1953 年后，上马、雅庄等村常年互助组升级为初级农业生产合作社，如雅庄村鲁才锵互助组转为新岚乡第四初级合作社（简称“初级社”）。

初级社属半社会主义性质，保留土地私有权。新岚乡第四社确定每个整劳动力交纳 45 元为集体垫底股金，农具、耕牛折价归集体，可冲抵股金，不足户交现金（1 头耕牛折 117 元，一张犁折 2 元，一张铁耙折 5 元，一个滚球折 2 元等）。实行土地入股，统一经营，产品按土地、劳力比例分配。每年收益时提存积累以扩大再生产。1954 年 11 月，镇境内各村均建立初级社和互助组，因各村情况不一，初级社数量及规模亦不同。

1955 年春，镇境内大张旗鼓宣传党在过渡时期总路线（即“一化三改造”，实现社会主义工业化；实现对农业、手工业和资本主义工商业的社会主义改造），农村大办合作社。是年，村初级社开始升级为高级农业生产合作社（简称“高级社”）。社员土地除少量自留外，全部入社。废除土地分红，统一组织生产，分配农产品，实行按劳分配。是年 8 月，大岚乡有农业合作社 5 个，互助组 53 个，740 户，3995 人。南岚乡合作社 3 个，79 户，互助组 32 个，447 户，2765 人。

自 1956 年始，推行并社升级。镇境内（不包括上虞划入的 5 个村），建立高级社 17 个，如五星高级社、大岚第一高级社、四丰高级社、岭峰高级社等。高级农业合作社是一个农业生产经营管理组织，也是村级行政管理机构。高级农业社内，建立社务管理委员会，设社长 1 人，副社长 2 ～ 3 人（根据社规模大小），设生产委员会、财务委员会、保管员、会计员、出纳等，皆由社员选举产生。高级社户数多、规模大，一般分若干个生产小队。生产小队多以小自然村为单位，规模在 15 ～ 30 户社员。生产小队设队长、副队长、保管员、记账员、记工员等。1956 年，大岚乡五星高级社有 232 户，573 亩茶地，1050 亩水田，下设 13 个生产小队，茶叶生产实行“六包”办法。加强生产责任，全社共产干毛茶 24.4 吨，比上年增产 32.9%。1956—1957 年，连续两年被评为浙江省茶叶生产先进集体。

第三节　人民公社

1958 年 10 月，建立大岚人民公社，全体农民加入人民公社，生产组织实行“军事化”，下设营（生产大队）、连、排。公社还实行政社合一，农、工、商一体新体制。组织“烧炭”兵团、“铁沙”兵团，大办工业。农业生产由公社统一指挥，收益统一分红或发工资；兴办公共食堂，社员吃大锅饭；取消自留地，土地、房屋等公共财产，在公社内无偿平调。公社化初期出现高指标、瞎指挥现象，严重影响农业生产和社员的生活。

原大岚公社大会堂

1959 年 3 月，贯彻中央“郑州会议”精神，纠正生产上的瞎指挥、浮夸风及无偿调用生产大队和生产小队生产资料的错误。实行公社、管理区、生产队三级所有，以生产队为基本核算单位，实行“三包”奖赔，独立经营，社员按劳分配。当时，大岚公社下设南岚、大岚、新岚3个管理区。1961年4月，贯彻《农村人民公社工作条例（草案）》，调整社队规模，境内设置大岚、华山公社。1963年，设33个大队（包括2个茶场），194个生产队，其中华山公社8个大队，41个生产队。以生产队为基础，实行三级核算。生产队恢复劳动评工计分，按工分分配报酬和口粮到人制度，恢复社员自留地，共分自留地842亩，占总耕地面积的7.67%。1963—1965年，农业经济恢复发展。

1968年后，开展“农业学大寨”，发扬自力更生、艰苦奋斗精神，大搞农田基本建设，积肥、改土造田，筑水库、植树造林，运用“农业八字宪法”获得粮食丰收。后因“左”的影响，提倡“政治评分”，生产队队务人员增多，生产劳动者减少，出工不出力，干多干少一个样，影响生产积极性。生产队出现“乱三支”（借支、预支、透支）、乱借粮现象，违背按劳分配原则。其间“并队升级”，1974年，境内调整为25个大队（包括2个茶场），大队减少24.2%，生产队107个，减少44.9%。平调生产队经济基础，出现不公平情况。

1978年，党的十一届三中全会后，农村逐步进行改革，至1983年，改变“政社合一”的人民公社体制，实行政社分设，恢复区、乡、行政村体制。

第四节　农村经济体制改革

家庭联产承包责任制

1981年秋收后，镇境内粮田实行家庭联产承包责任制，各公社制定承包粮田实施细则，以各生产队为单位，核算前三年水稻总产量的平均数，为全生产队承包产量的基数。按户籍人口以岁定粮分配承包粮田面积和包产量。是年，按人口分配给每户自留山。华山公社分配社员自留竹山343.7亩，占总竹山面积的5.4%，人均分得0.12亩。大岚公社柿林大队，分配自留竹山128.09亩，人均0.128亩；荒山25.72亩，人均0.025亩；疏竹山25.45亩，人均0.025亩。雅庄大队分配自留竹山面积29.3亩，人均0.018亩；疏林山237.1亩，人均分得1.45亩。

1983年，大岚、华山乡按照中共四明山区委《林特业实行联产承包责任制的试行办法》，对茶、竹、林试行以“包干到户”为主的联产承包责任制。

承包原则　竹山按面积，茶山定产值，按人、劳（指人口、劳动力，下同）各半的比例承包；有林山、疏荒山以面积按人、劳各半或“人六劳四”的比例承包。坚持社会主义原则，兼顾国家、集体、个人三者利益和各业间的基本平衡，尊重群众意愿，不搞“一刀切”。

承包对象　户粮在队的现有人口（截至1982年11月30日），包括现役军人（除提干外），人、劳都作承包；社队企业职工、茶林场、民办教师等各类集体工副业社员均参加人、劳承包；农科站、工办、机电站、邮电所、广播站、电影队等乡部门人员，按人（不参加按劳）部分承包；50岁以上有劳动能力的单身汉照顾半个人口，以1个半人口计算；居住在村的大集体单位的职工和退休干部、职工不参包；1980年4月1日后生育三个以上的子女（不包括第二胎的双胞胎子女）其中一个不列入参包；当年未纳入生育计划的第一胎和第二胎的子女也不列入承包；五保户不承包各类责任山，但解决其烧柴木料。

14岁以上的男女少年（在校学生）计入男女标准底分对半折算；55岁以上的男女社员以现有底分打八折；60岁以上男女社员以现有底分打七折计算；此类计劳标准由各大队自行统一确定。

承包期限 毛竹山、茶叶各8年，林木20年以上。

承包办法 毛竹山实行“五定”包干到户责任制。即定竹木基数，定新竹增养量，定上交任务和提留（10%左右），定培育管理，定检查奖赔。茶叶生产：乡、村集体茶场，实行统一经营，联产承包。设“四定一奖”，定人员、定产值、定工本、定上交提留；超值奖60%，减值赔40%，承包期限3～5年。对生产队专业茶园采取包干到户，统一制茶，上交提留，全奖全赔。具体做法：一定产值，二定鲜叶交厂质量，三定上交提留（按承包产值的25%左右），四定茶园管理。基地林、成林实行统一经营、专业管护责任制；零星成林山，疏林山和荒山，实行包干到户。确定现有基数，即松胸径8厘米以上、杉木6厘米以上，点清枝数，折价入册。承包期内，增加基数部分的20%归生产队，并确保制茶燃料的上交任务。生产队柴荒山，采用村有户造户管、比例分成的形式。限期3年内植树造林，树苗由村供应，承包期限20年以上，承包期满林木按二、八比例分成（组2、户8）。至1984年春，镇境内生产组与农户签订承包合同，农村第一步体制改革基本完成。

1998年，实施第二轮土地承包（口粮田），中共大岚镇委员会制定《关于搞好第二轮土地承包（口粮田）稳定完善家庭联产责任制工作意见》。以进一步明晰土地所有权，稳定承包权，搞活经营权为重点，因地制宜，做好“大稳定、小调整”工作，把各农户的土地承包期限延长到30年，让农民吃上“定心丸”。

二轮土地承包合同更加完善，对取得土地承包权的农户核发“浙江省农村集体土地承包权证”，做到一户一证。调整起点为50千克；原以岁定粮承包口粮田，改为按人口计算承包口粮田。承包对象为1998年9月30日前在册的人员。规定9条可以承包和7条不再承包的人口对象。使农村土地家庭承包经营责任制得以稳定和完善。1999年，向4385户农民颁发家庭承包经营权证书（合同数），经营耕地面积530.87公顷。2016年起，镇内再次核准农村土地承包经营权确权登记颁证工作。

产业结构调整

实行家庭联产承包责任制后，调动生产积极性，粮食年年获得丰收。1986年始，剩余劳动力逐年向城镇转移，在家劳动力进行产业结构调整，充分利用承包疏荒山，垦种茶叶。政府引入良种茶及名茶机械，对茶类改制户适当补助，茶叶生产得到快速发展。1984年，境内有茶园面积552.27公顷，至2004年发展到1666.67公顷，产量2458吨，比1984年面积增加2倍，产量增加4.8倍。

1996年后，产业结构再次调整，承包户种植花木面积逐年扩大，经济效益明显。至2017年，以种植樱花、红枫为主，面积稳定在1000公顷以上，花木销售收入占农业总收入的47.11%。

全镇有以种养业为主的家庭农场16个，经营面积77.47公顷，耕地76.73公顷，其中家庭承包经营土地46.67公顷，流转经营土地30.07公顷。2015年，销售农产品总值870.5万元，净利润222.5万元。

2017年，全镇农村总劳动力7913人，以务农为主的劳动力占46.03%，外出务工劳动力占38.66%。

建立双层经营体制

1985年后，农村经济体制改革在稳定和完善家庭联产承包责任制的同时，重视发展村级经济。各行政村因地制宜，发挥优势，积极开发水资源和创办集体经营的工、副业生产。1990年，引进加工企业6家。1992年，30个行政村集体经济收入102万元，其中村办集体企业11家，收入87万元，比1985年的34.11万元增加1.55倍。2015年，全镇14个行政村，集体经济收入360.7万元（除上级补助外），比1985年增加9.6倍。

大岚镇2008—2017年村级财务情况

表4-1-2　　单位：万元

年份	村级集体经济总收入	其中	
		上级补助	集体收入
2008	2281	1792	489
2009	2152.90	1809.14	343.76
2010	1906.82	1556.61	350.21
2011	1798.77	1420.47	378.30
2012	3623.93	3361.15	262.78
2013	3915.06	3611.26	303.80
2014	2510.73	2176.70	334.03
2015	3430.91	3070.20	360.71
2016	4325.73	4110.53	215.20
2017	1738.26	1473.07	265.19

第二章　工商业经济体制改革

1985年后，乡镇集体企业由厂长（书记）生产经营负责制逐年转变为多种形式的承包责任制。1994年始，实施镇、村（除电站外）产权制度改革。

1993年起，商业集体企业实行职工承包责任制。1997年后，商业产权制度全面改革。

第一节　手工业　私营工商业社会主义改造

手工业改造

中华人民共和国成立后，人民政府在积极扶持手工业恢复、发展生产的同时，根据自愿结合的原则，组织手工业生产合作社或小组。1952年9月，南岚、新岚、大岚乡，先后成立手工业互助组和同业小组。南岚、新岚（缺大岚乡资料）各设8个小组，参加从业人员94人。

1956年，掀起社会主义改造高潮，手工业合作化步伐加快。至年底，共建手工业生产合作社组9个，其中棕衣生产总社设在大岚。园木、木业、砖瓦、建筑、服装、理发、铁器、竹器等行业，总社分别设在梁弄和晓云，大岚设8个分组。生产合作社，生产资料折价入股，股金陆续归还，统一经营、统负盈亏，实行固定工资和劳动分红相结合的分配制度。初级形式的社组，生产工具个人所有，分散经营，统一管理供销，自负盈亏。

私营工业改造

1954年，对资本主义工商业深入贯彻“利用、限制、改造”的政策。鼓励和指导私营工业企业转变和各种不同形式的资本主义经济，逐步以全民所有制代替资本主义所有制。1956年，大隆米厂改造成公私合营梁弄粮食加工中心厂，下设大岚车间。1959年7月，改为地方国营米厂，归粮食部门管理。

私营商业改造

20世纪50年代初期，有个体商业24家。1956年，对私营工商业进行社会主义改造，12家农村小商店、肉店及个体货郎担成立合作商店、合作小组。1958年，个体经营商业转入到大岚公社供销社，由供销部门统一管理。

镇境内私营的3家卫生诊所和中药店，1956年，成立大岚卫生联合诊所，有从业人员4人，经费自负盈亏，县卫生科委托梁弄区卫生所领导和管理。1958年，纳编（指联合诊所人员后吸收为卫生系统正式医务工作者）大岚公社保健院。

第二节　工业体制改革

1984年，贯彻中共中央[1984]1号文件和余姚县工业局党组《关于进一步扩大乡镇企业自主权的若干规定》的文件精神，工业企业由点到面进行经济体制改革。起初主要调整和理顺行政与企业、计划经济与市场经济等关系，扩大企业自主权。扩权范围：县属大集体企业有15个方面50条，乡镇企业有10个方面23条。境内无国营企业，集体企业多为独立核算、自负盈亏，在生产、销售、分配等方面享有较多的自主权。第一步改革偏重于理顺政企关系，调整企业内部经营管理体制。主要改革内容有：

改革企业经营管理体制

调整企业与职工的关系，实施奖金制，实行以绩效挂钩为主要内容的经济责任制。1980年前，公社集体企业职工工资是由企业拨给生产队，生产队给企业职工计工分，参加生产队分配。企业对职工只记勤不考绩。1985年后，企业效益与职工的工资挂钩，企业内部定基本工资、浮动工资、计件工资、联利计奖、计分计奖，设岗位工资、职务补贴等多种分配形式。后逐步实行男女同工同酬、按劳取酬。对供销人员采取核定基数、超额分成的报酬形式。

实行厂长负责制

1985年起，乡镇集体企业开始实行以厂长（书记）为主的生产负责制，确认厂长在企业的中心地位。在遵守国家政策法令，加强企业民主管理的前提下，厂长有人事任免、职工奖惩、机构设置，主持制订和组织实施生产规划，对人员、资金、物资调度和处理，决定企业经营政策、技改计划，安排产品品种、产量，决定产品价格浮动，以法人身份对外签订合同，履行司法程序等方面的权力，使企业管理逐步走上规范化轨道，为实现现代化管理创造条件。

企业经营机制转换

1985年后，集体企业逐年转为个人承包，经营者需每年上缴村发包收入，企业自主经营、自负盈亏。至1995年，镇内2个乡茶场和4家加工企业转为个人承包，21家村级茶叶初制加工厂均由个人承包经营。

1994年始，镇属电站实施责任承包管理，镇财政所核定每处电站发电量，年终进行核算，超产部分同职工年终奖金挂钩，使电站企业效益明显提高。

实施产权制度改革

1994年，选定上海工业大学余姚花岗石联营公司进行企业经营机制转换，企业组织清产核资。镇转制领导小组成员到企业实地评估，评估材料报镇党委政府审定，政府发包转为个私企业。至2000年底，镇集体企业（除电站企业外）全部转为个私企业。与镇属集体企业同步转制的还有村办集体企业，村办集体企业转制工作在镇转制工作领导小组指导下，由村党支部、村民委员会直接负责实施，与镇同年转制完成。乡镇企业产权制度改革后，企业产权更加明晰，企业经营者的责、权、利基本统一，促进了民营企业快速发展。2017年，全镇营业收入超百万元以上的个私（民营）企业有25家。

第三节　商业体制改革

1978年中共十一届三中全会以后，逐步改革商业体制，扩大城乡商业流通渠道，全面放开集市贸易，鼓励和扶植合作商业、个体商贩的发展。提倡多种经济成分、多种经营方式、多种流通渠道并存，打破城乡封锁、条块分割、行业单一的局面。棉布、粮食、食油及大多数商品由统购包销改为计划收购、订购选购、代批代销、自由购销等多种经营方式。供销部门所属商业网点逐步由统一经营、统一核算转为独立经营、独立核算、自负盈亏。大岚供销社的合作店又恢复集体商业，“二代”销店（为供销部门代营、代销），1978年后，转为个体商店。

1993年始，贯彻中共十四届三中全会《关于建立社会主义市场经济体制若干问题的决定》，大岚粮油供应站实行经营承包责任制。大岚供销社推行“社有个营”，采取“个人承包，合伙经营”。通过实施“社有个营”，精简人员节约费用，盘活资金。1996年，大岚供销社改为“抽资承包”“组柜经营”。1997年起，实施产权制度改革，按照市委、市政府企业改制“三明确”（明确产权、明确债权债务、明确职工身份）的要求，实施商业体制全面改革。大岚供销社及粮油供应站经评估资产后，进行拍卖、租赁、债权债务全面转接，企业职工分别落实政策。改制后，促进了全镇个体商业和现代商业的快速发展。

第三章　经济发展

1978年前，镇境内经济总量稳步增长，农业产值比重居首位。镇村投入以农业、教育基础设施改善为主。1986年起，工农业总产值逐年增长，农业工业持续发展。1992年后，工业经济比重逐年提升。2010年起，私营产业投入渐增，第三产业快速发展。

第一节　发展概况

民国时期，镇境内受社会制度、交通、信息、自然环境等因素的制约，经济发展滞后。

中华人民共和国成立后，经过土地改革，生产力获得解放，农业经济得到较快发展。1951年，南岚、新岚乡水稻总产量509.5吨，1952年，贫雇农分得土地后，水稻总产量达到903.08吨，增收77.3%。1956年，大岚乡注重茶叶经济发展，推行老茶园台割、修剪、重施土杂肥。1957年，生产茶叶161.5吨，比上年增产18.43%，茶农收入普遍增加。

1958年，工农业生产搞“大跃进”，大搞工业经济，境内办起多处炭窑，古树名木严重受损，违背了客观经济规律。同时，号召兴修水利，投入大量劳动力，提高粮田抗旱能力，为粮食高产打下扎实基础。

1961年后，贯彻国民经济“调整、巩固、充实、提高”八字方针，关停不具备生产能力的工厂，精简职工，压缩非农业人口，调整农村社队积累比例，使经济得到恢复，但境内农民收入增长仍趋缓慢。1963年，华山公社年人均收入26元，大岚公社年人均收入29元。

1966年，“文化大革命”开始，经济工作受到严重干扰，农村重政治、轻生产，影响经济发展。1968年，开展“农业学大寨”活动，贯彻“以粮为纲”方针，改良种，改造冷水田，改进栽培技术，粮食产量大幅增长。1970—1978年大岚公社年均水稻总产量2535.7吨，比1965年的1333吨，增长0.9倍。

1978年，中共十一届三中全会后，贯彻对外开放、对内搞活的方针，逐步改革经济体制，活跃市场经济，全镇工农业生产得到全面发展。

1983—1991年，镇境内工农业生产总值年均递增30.06%，比1983年增长5.48倍，其中工业产值年均递增126.66%；原华山乡工农业总产值年均递增28.02%。

1992年，撤区扩镇并乡后，进一步深化农村经济体制改革，稳定完善农村家庭承包责任制，工业企业由点到面开展以转换经营机制为重点的产权制度改革，进一步激发农村调整产业结构和企业的活力，民营企业及第三产业快速发展。1992—2017 年，全镇工农业总产值年均递增 19. 45%，比 1991 年增长 37. 78 倍；其中工业产值年均递增 17. 86%，比 1991 年增长 44. 7 倍。

1983—2017 年大岚镇工农业生产总值情况表

表 4–3–1　　　　单位：万元、%

年份	工农业总产值	工业产值	占比	农业产值	占比	年份	工农业总产值	工业产值	占比	农业产值	占比
1983	417.38	47.49	11.38	369.89	88.62	2001	20242	14283	70.56	5959	29.44
1984	444.33	42.42	9.55	401.91	90.45	2002	25200	19000	75.40	6200	24.6
1985	945	414	43.81	531	56.19	2003	29585	21700	73.35	7885	26.65
1986	1113	505	45.37	608	54.63	2004	37526	27406	73.03	10120	26.97
1987	1623	735	45.29	888	54.71	2005	40644	30261	74.45	10383	25.55
1988	2251	1183	52.55	1068	47.45	2006	45648	34520	75.62	11128	24.38
1989	2471	1378	55.77	1093	44.23	2007	49759	38000	76.37	11759	23.63
1990	2635	1326	50.32	1309	49.68	2008	55888	43426	77.70	12462	22.30
1991	2705	1416	52.35	1289	47.65	2009	59531	46500	78.11	13031	21.89
1992	3208	1830	57.04	1378	42.96	2010	71242	55000	77.20	16242	22.80
1993	4802	3074	64.01	1728	35.99	2011	80000	62000	77.50	18000	22.50
1994	7154	4967	69.43	2187	30.57	2012	69312	50000	72.14	19312	27.86
1995	9831	6912	70.31	2919	29.69	2013	82000	56000	68.29	26000	31.71
1996	10218	6675	65.33	3543	34.67	2014	85400	56000	65.57	29400	34.43
1997	11617	8618	74.18	2999	25.82	2015	94108	61000	64.82	33108	35.18
1998	13536	10097	74.59	3439	25.41	2016	98700	61800	62.61	36900	37.39
1999	16075	12045	74.93	4030	25.07	2017	104900	64700	61.68	40200	38.32
2000	19074	14001	73.40	5073	26.60						

第二节　产业结构

农业比重

20 世纪 60 年代前，境内农业比重占社会总产值的 95% 以上。70 年代始，工业、副业逐年发展，农业比重渐降。1980 年，农业占工农业总产值的 85. 11%。1984 年，农村实行家庭联产承包责任制后，农、林、牧多种经营收入增加，农业占工农业总产值的比重上升到 90. 45%。1985—1991 年，年均稳定在 50. 65%。1992 年后逐年下降。2003 年起，第三产业比重增加，农业比重上升。2010 年，农业产值占工农业总产值的 22. 8%。2017 年，农业比重占 38. 32%（包括旅游等第三产业）。

工业比重

中华人民共和国成立初期，镇境内工业、手工业数量少、规模小，占社会总产值比重较低。20世纪70年代始，镇、村集体企业逐年发展。1980年，工业占工农业总产值的7.8%，1983年占11.38%。1985—1991年，年均比重保持在50%左右。1992年，撤区扩镇并乡后，重视集体经济发展，招商引资及扶贫结对企业增加，工业比重逐年上升。1999年，工业占工农业总产值比重的74.93%。2000年企业产权制度改革后，民营企业快速发展，2009年，工业占工农业总产值比重上升到78.11%。2010年起，旅游经济带动餐饮服务业发展，工业比重渐降。2017年，工业占全镇工农业总产值的61.68%。

商业比重

1985年，运输、商业、服务业占工农业总产值的5.1%。1987年，占10.5%。2002年后，“农家乐”民宿快速发展，第三产业比重逐年上升。2010年，第三产业占工农业总产值的11.55%。2017年，占工农业总产值的26.79%。

第三节　固定资产投资

民国时期，镇境内生活、生产基础设施薄弱。中华人民共和国成立后，党和政府为改善山区落后面貌，促进经济发展，固定资产投入逐年提增。

水利设施投资

20世纪50～70年代，为提高粮食生产自给力，境内组织劳动力搞水利设施建设。先后建造大小山塘水库54座，总库容800.41万立方米，投入劳动力296万工，其中华山水库国家拨补24万元，投放劳动力36万工。

1992—2017年，累计投入水利建设资金3095万元，其中2010年后，对主要山塘水库进行除险加固修复，投入资金2795万元。

交通设施投资

1959年，开通慈溪浒山至奉化溪口大岚段公路后，通过市（县）、镇（乡）补助，村（队）自筹，至2009年，先后开通改造省道1条、县道3条、镇村公路34条。

1992—2017年，省道累计投入113042万元，县道1137.1万元，镇村公路投入6482万元（不包括村路93条）。

镇村建设投资

1992—2017年，镇村建设投入资金20396万元，其中教育校舍、设备投入资金2160万元；

电网电信投入资金 3226 万元；改水治污投入资金 5850 万元。

资源开发投资

1966 年起，重视水资源开发利用。至 1991 年，总投资 471 万元，开发小水电站 7 座。1992—2017 年，投资 3897 万元（包括技改），开发新增电站 13 座（包括大横山电站）。

2002 年后，政府注重旅游资源的开发。2017 年，景区、景点及主要酒店、山庄，总投入资金 25870 万元（除民宿外），其中个人投资 23400 万元。

工业企业投入

20 世纪 70 年代始，社（镇）、队（村）发展集体企业，固定资产投入逐年增加。2010 年后，个私企业快速发展，投入多、规模大，其中宁波华虹机械有限公司和浙江金龙烟草机械有限公司，固定资产达 13000 万元。

1979—1998 年镇村固定资产情况表

表 4–3–2　　单位：万元

年份	固定资产原值	年份	固定资产原值
1979	27	1989	634
1980	67	1990	607
1981	75	1991	905
1982	86	1992	1074
1983	91	1993	1341
1984	197	1994	1488
1985	258	1995	1498
1986	276	1996	2104
1987	450	1997	2196
1988	551	1998	3052

注：摘自《余姚辉煌的五十年》

第四章　经济管理

20世纪90年代前，国民经济以计划管理为主，市场调节为辅。1992—2000年，计划经济逐步向市场经济转变。2001年起，社会主义市场经济体制初步形成，政府依法对市场主体及行为进行监督和管理。

第一节　计划

1953年起，国民经济实行计划管理。是年，国家对粮食、茶叶等实行统购统销，由县财政、贸易部门制订统购统销计划。1957年，毛竹实行购销计划管理。1958—1960年，实行高度集中的指令性计划管理制度。因受“大跃进”影响，确定的生产指标过高，基建计划安排过大，致使劳动生产力、生产速度下降。1961年后，执行“调整、巩固、充实、提高”八字方针，调整各业发展计划。1963年12月起，对农副产品收购实行统一领导、分级管理制度，国民经济发展趋向正常。1966年起，受“文化大革命”干扰，各项计划管理基本废弃。1975年后，恢复计划管理，计划编制范围逐步扩大，生猪生产实行派购、定购、预购。1978年，中共十一届三中全会后，贯彻“改革、开放、搞活”的方针。国民经济以计划管理为主，市场调节为辅，逐步缩小指令性计划范围，增加指导性计划。1994年，中共十四大提出调整国有经济的战略布局，从计划管理转向市场调节。至2017年，社会主义市场经济新体制基本形成。

生产计划

农业　1953年后，国家对粮食、茶叶等农作物实行统购统销。县委财政贸易部每年下达水稻、春粮、油菜等主要农作物种植计划。1977年后，县计划委员会下达种植计划。由各公社落实到生产大队或生产队。县按作物种植面积分配每亩使用的化肥、农药，确保种植面积的有效落实。1954—1984年，农作物种植面积年均稳定在667公顷以上。1985年后，农作物种植计划由指令性改为指导性。至2000年后，承包户根据市场需求，自行决定农作物种植。

工业　1958年，县规划委员会和区、乡工业建设委员会成立后，开始规划“大办”地方工业。镇境内根据梁弄区委要求，大办炭窑厂，并积极探勘矿源。1960年调整计划，把支农产品和日用工业品列为发展重点。大岚乡以中小型农具为主，由手工业综合性生产加工，按照“先维修，后制新”的原则，以“一修、二配，三改、四制”顺序安排生产。1970年后，以壮大集体经济为重点，规划发展社队企业。此后，镇境内社队集体企业逐年发展。1978年后，按工业行业分别制定生产计划，指令性计划减少，指导性计划增加。1985年，企业开始实行以厂长（书记）为主的经营管理负责制，逐步转为多种形式承包责任制，企业自主权逐步扩大。2000年进行产权制度改革后，企业有权按市场需求自行安排生产。

物资分配

1956年，开始对钢材、木材、水泥、煤炭、机电、化工产品及有色金属等国家统配物资实行计划管理。用于支农的生产资料全部统购统配。物资分配“以条为主，条块结合”。县政府将物资分配指标下达到各主管部门，再由部门分到工厂企业，按分配计划供应。物资分配指标分申请单位和非申请单位两种，物资供应包括计划供应和市场供应两个体系。20世纪70年代，物资计划管理内容增加，1976年前由县财贸办公室分配，1977年起，经县计划委员会审批和调拨。1980年，物资供应逐步实行“双轨制”，计划统配部分缩小，市场调节数量增加。1986年后，除国家统配的煤炭、石油、部分钢材、水泥、机动车辆、化工产品以及当地产的部分红砖、水泥实行计划管理外，绝大部分物资由市场调节供应。县计委在下达全年物资分配计划时，对革命老区及贫困地区适当照顾。1993年，国家取消指令性计划物资分配制度，除统配物资、稀有金属、剧毒品、放射性物品、爆炸品及其他危险品等由国家专控外，其余均进入市场流通领域，实行市场调节。

基建安排

1958年起，基本建设项目逐步纳入计划管理。20世纪70年代，全民集体企业投资在1万元以上的基本建设项目报省计划经济委员会审批，1万元以下的作为零星土建项目由县计划委员会审批，后来县审批额增加到2万元。1985年，放宽基建项目的审批权限，简化审批手续，全民所有制企业投资在5万以内的基建项目，由主管局（公司）审批，集体所有制企业投资在20万元以内的生产性建设项目，由企业主管部门审批；乡镇工业基建项目，除涉及利用外资、银行贷款以及规模较大者外，归乡镇工业局审批。

1986年起，实行全社会固定资产投资计划管理，全民单位实行指令性计划，集体和个体企业实行指导性计划。全民单位投资在300万元以上的生产性建设项目与投资在100万元以上的非生产性建设项目报宁波市计划委员会审批。县属集体和乡镇企业投资在10万元以上的项目，由市计划委员会审批。为严格控制土地使用，投资在10万元以下需征用土地的基建项目，亦由市计划委员会审批。

第二节　工商行政管理

1950—1956年，镇境内工商企业登记、商标注册、物价管理，先后由县人民政府工商科、商业局负责。1957 年，县成立市场管理委员会，与商业局合署办公，承担市场监督管理与打击投机倒把两项职能。大岚乡隶属梁弄区市场管理委员会。1961 年，成立四明山区市场管理委员会，华山公社隶属四明山区管理，大岚公社隶属不变。1964 年 11 月，大岚公社归属四明山区管辖。1967 年 9 月，更名为四明山区打击投机倒把办公室（简称“打办”），大岚公社亦成立“打办”。1971 年，改名为大岚公社市场管理办公室，1974 年恢复“打办”。1979 年 1 月成立四明山区工商所，撤销区、乡“打办”，大岚、华山公社隶属四明山工商所管理。1999 年 5 月，工商行政管理体制进行改革，更名为余姚分局四明山工商所。2000 年 6 月，四明山工商所与梁弄工商所合署办公，撤销四明山工商所。此后，大岚镇隶属余姚分局梁弄工商所管理至今。

工商企业登记

民国 28 年（1939），南岚乡成立战时消费合作社，经县政府建设科审核，报省建设厅颁发许可证。民国 37 年，南岚乡成立供销合作社，呈县政府审核，颁发商业登记证。

中华人民共和国成立后，1950 年 10 月，梁弄供销社在南岚、新岚、大岚设 3 个分店，由余姚县工商登记委员会办理登记入册手续。1956 年，大岚粮油购销站获得经营许可。1958 年，大岚供销合作社办理登记，注册经营许可手续。1963 年，根据《浙江省工商企业登记管理试行办法》，进行清理、整顿，报商业局核发经营许可证。镇境内共登记工商企业和个体商业 18 户。其中供销社，合作商店，下伸小店 13 户，粮油经营 1 户，其他经营者 4 户。“文化大革命”期间，工商企业登记管理、变更失控。1978 年 12 月中共十一届三中全会后，加强对企业开业登记，变更及歇业注销的管理。1992 年，镇办集体企业 12 户，注册资金 220.7 万元；村办集体企业 17 户，注册资金 136.66 万元；集体商业 6 户，注册资金 137.6 万元；校办企业 3 家，注册资金 6 万元，个体商店 65 户。

截至 2017 年年底，全镇登记在册工商企业 379 户，注册资金 44096.93 万元，其中企业登记户 130 户，个体商业户 249 户（包括山庄、农家乐、民宿 61 户）。

2000—2017 年大岚镇工商企业注册登记表

表 4-4-1

年份	企业总数（户）	注册资金（万元）	私营企业数（户）	个体工商数（户）
2000	175	1750.71	25	150
2001	183	1783.01	26	157
2002	203	2135.66	37	166
2003	223	8549.16	45	178
2004	222	9180.81	50	172
2005	210	14751.71	71	139
2006	218	14750.93	69	149
2007	239	15340.03	81	158
2008	231	25319.83	86	145
2009	246	26724.83	98	148

续表 4-4-1

年份	企业总数（户）	注册资金（万元）	私营企业数（户）	个体工商数（户）
2010	249	26980.03	103	146
2011	260	26953.58	105	155
2012	280	27807.58	113	167
2013	290	28680.58	110	180
2014	307	30977.83	110	197
2015	330	30860.73	111	219
2016	351	36106.43	122	229
2017	379	44096.93	130	249

商标创牌

品牌是企业的象征，代表着企业产品质量，亦是企业的一种无形财产，是抢占市场、推动区城产业发展的有效途径。1980 年 6 月，大岚茶叶精制茶厂创制“天坛”牌（3050）特级珠茶，为镇内第一件注册商标。1988 年，针对激烈的茶叶市场竞争，大岚乡重视调整茶类结构，在柿林村泥桥茶场首制名茶，注册“四明龙”商标。1999 年，注册“天涌”牌矿泉水。至 2017 年，全镇注册商标有“阳春红”“诸水之源”“华峰”“易品益生”等商标 10 余件，其中，“四明龙”商标，2007 年被认为宁波市知名商标，2008 年被认定为中国驰名商标。

2007 年 4 月，姚江源头采花女

计量演变

清代，以尺、升、两为计量单位，计量器具沿用尺、秤、斗、吊提。

民国时期，量具有三元尺、1 市尺木尺、码尺、三折木尺、杠秤、戥秤、三纽秤、天平、台秤、磅秤及木制斗、升、合。民国 16 年（1927），废营造尺，改用米制。次年，实施《权度标准方案》，确定标准制，市制并用。民国 22 年，以新量器市制为准，后又相继公布《度量衡法》《度量衡法实施细则》等法规 30 余个。但市场上仍是多种单位值并存，如有 0.96 尺为 1 尺的度量，09、0.95、0.98、1.00、1.05 斗为 1 斗的容量，13.6、14.6、18.20、24 两为 1 斤的衡量。

中华人民共和国成立后，1950 年废三元老尺。1952 年废斗、升、合，标准量具由国家定点制造。1959 年 6 月 25 日，国务院发布《关于统一计量制度的命令》，确定公制为基本计度单位。10 月，改 16 两制为 10 两 1 斤制。市上通行木竹制市尺、米尺、米制皮卷尺、钢卷尺，木杆市秤、公斤小秤、戥秤、台秤、电子台秤、磅秤、地秤、天平、粮油自动计量机、吊提。1977 年 5 月，国务院颁布《中华人民共和国计量管理条例（试行）》后，逐步采用“国际单位制”。1979

年1月，中医处方用药、中药销售计量一律以克、毫克、升、毫升为计量单位，取代两、钱、分。1985年1月开始，使用定量木杆秤和不锈钢量提，商业部门销售液体商品按容积计价，并逐步淘汰非定量砣木杆秤和非不锈钢量提。1987年，农贸市场设电子台秤为公平秤，1992年起统一使用电子台秤。

第三节　审计　统计

审计

1990年起，全市对乡镇财政财务实行经常性审计、监督。1998年5月，成立大岚镇监督审计室。负责对镇级财务收支和镇属部门、行政村、企事业单位的财务计划、财务预决算、财务收支、基本建设项目等经济活动进行审计监督。2002—2006年，完成镇审计项目23个，送审金额1153万元，核减款项2.4万元。2012—2016年，开展市百村审计活动，全镇审计金额11285.31万元，收回违规资金768.48万元，工程结算审计187个，送审金额15382.31万元，核减金额907.09万元；工程财务审计52个，审计金额4405.52万元。2017年，完成工程财务决算审计32个，审计金额4300.77万元，核减资金13.54万元。

统计

中华人民共和国成立后，乡对工农业总产值及社员收益分配情况进行统计，由各村会计统计上报乡，乡秘书（文书）综合后报梁弄区公所。1960年后，华山公社报四明山区公所，大岚公社隶属不变（1965年后）。1975年起，各公社均设计生、工业办公室月报表及年报，年终由各公社财务辅导员综合统计上报四明山区公所，区财务辅导员综合各乡统计年报后，上报到县农工部（农委）。1981年10月，县重建统计局，区、乡均配置专职或兼职统计员。1984年，增加国民生产总值、国民收入等综合指标。四明山区公所每年编制《四明山区××年度经济指标统计提要》手册，印发到各乡及部门。撤区扩镇并乡后，镇统计年报由农业办公室统计站综合后上报市统计局。统计站编制《大岚镇××年度主要经济指标统计》手册，发至党政班子成员及各办所提供参考和留存。2000年后，由镇农经站综合后，向市统计局上报统计年报。至2017年，年度统计有综合、农业、工业、第三产业、固定资产投资、财政等十余项内容。

镇境内根据市（县）统一部署，曾开展一至六次全国人口普查，二次农业、二次经济普查及一次第三产业普查，为镇制定经济发展规划提供决策依据。

第四节　国土资源管理

管理机构

1968—1987年底，余姚县（市）人民政府委托县（市）农业局分管土地管理工作，办理全市（县）城乡建设非农业用地审批手续。1981年下半年，县农业局成立土管股，土地管理审批制度进一步健全。1982年，区、公社成立土地管理小组，由1名负责人兼管。1984年，大岚乡配备乡村建设助理员分管土地管理，华山未配备。1998年6月，成立大岚镇土地管理所。2002年10月，余姚市机构编制委员会调整国土管理机构，撤销大岚镇土地管理所，并入梁弄国土资源管理所合署办公，其中派驻1人分管大岚工作。2015年7月，建立大岚镇国土资源管理所，属余姚市国土资源局，为派出机构。

造田造地

20世纪70年代，镇境内开展大规模造田运动，利用荒山缓坡，零星杂地、迁移坟墓、平整土地造“大寨田”，累计造田26.67公顷，其中石鼓大队在西岚山地上集中连片造田2.67公顷。1998—2007年，全镇进行宅基地整理，小山塘复耕，低丘缓坡垦造、改造优质茶园地等项目，使耕种面积增加。

农田土地利用

中华人民共和国成立后至1977年，境内农田土地利用贯彻“以粮为纲”发展方针，以提高山区粮食生产自给力为重点，农作物种植品种单一，经济效益不高。1978年，中共十一届三中全会后，农田土地利用实施“以粮为纲，全面发展”战略。调整种植业结构，开发特色农业、生态农业，在单一种粮、种茶的基础上，套种、改种花木、瓜果等经济作物，土地利用率得以明显提高，农业经济增收增效。

农田保护

1995年4月，成立大岚镇划定基本农田保护区领导小组，组织行政村开展划设保护区工作。2000年，保护区面积1653.98公顷，保护率96.97%。自2010年起，逐步调整农田保护工作，至2014年，划定基本农田279块，保护区面积1712.81公顷，保护率97.32%，其中建立永久性示范面积40.79公顷。设立大型的永久性基本农田保护牌镇级2块，村级14块，埋设基本农田保护界桩30个。2016年，进一步完善耕地保护措施，严格落实镇耕地保护目标责任制，镇政府与各村签订耕地保护责任状。

建设用地管理

民国时期，建设用地较少，建学校、庙宇等公共建设用地由村（保）公用土地调换或出资征购。

中华人民共和国成立初期，建设用地大多以公地为主，土地调拨、调换及须征用的，由县人民政府审批和上报。1956年后，建设用地逐年增加。1958—1960年“大跃进”时期，耕地任意平调，无偿占用，土地面积减少。1966—1978年，社队办学校、建茶厂、社队企业用地需求量激增，未经办理审批手续的情况较多。1982年起，逐步建立和健全土地管理制度。1986年，国家颁布《土地管理法》，土地管理工作纳入全面科学管理轨道。1987年，各项建设用地实行计划管理。1988年后，用地计划由余姚市计委、土管局对下年度建设用地进行预测后上报宁波市，经宁波市审批后下达用地计划指标。用地计划指标分国家建设、乡镇村建设和个人建设3项，实行分项管理，专项使用。其中农村个人建房用地指标由市政府下达至乡镇，再由乡镇根据各村需求限计划内管理审批。

审批权限

1981年3月9日前，国家单位征用耕地1亩以下，非耕地2亩以下，报地区行署批准；征用耕地1亩以上，非耕地2亩以上，报省人民政府批准。1981年3月9日后，国家单位征用耕地1亩以下（含1亩，下同）、非耕地3亩以下由县政府审核批准；社队企事业单位建设使用耕地，园地1亩以下的，由人民公社审核，报县农业局批准；1亩以上的，由县农业局报县人民政府批准。

1983年7月，国家单位和乡村企事业单位征用耕地1亩以下、非耕地3亩以下，由县农业局审查，县政府批准；征用耕地1亩以上至2亩、非耕地3亩以上至5亩，由宁波市土地管理部门审核，报宁波市政府批准。

1984年9月，国家单位和乡村企事业单位征用耕地2亩以下、非耕地5亩以下，由市土管部门审核，市人民政府批准；征用耕地2亩以上至5亩，非耕地5亩以上至20亩，由宁波市人民政府批准；征用耕地5亩以上，非耕地20亩以上，由省人民政府批准；征用耕地1000亩，非耕地10000亩以上，由国务院批准。

1987年，《中华人民共和国土地管理法》和《浙江省土地管理实施办法》规定：征用耕地3亩以下、非耕地10亩以下的，由县土地管理部门审查，县政府批准，报浙江省、宁波市土地管理部门备案；征用耕地3亩以上至5亩、非耕地10亩以上至20亩，由宁波市土地管理部门审查，宁波市政府批准，报省土地管理部门备案；征用耕地5亩以上、非耕地20亩以上，由省土地管理部门审查，省政府批准；征用耕地1000亩以上、非耕地2000亩以上，由省政府审查，报国务院批准。

1999年1月1日，修正后的《中华人民共和国土地管理法》规定：建设占用土地，涉及农用地转为建设用地的，应当办理农用地转用审批手续。基本农田以外的耕地超过525亩，其他土地超过1050亩的由国务院批准，国务院批准规定以外的由省政府批准，并报国务院备案。农村个人建房使用土地，应向所在村村民委员会申请，按村镇规划统一安排，经村民委员会集体讨论通过。1999年1月前，使用耕地由乡镇政府审核，报市土地管理部门批准。使用非耕地，由乡镇政府审批，报市土地管理部门备案。1999年1月1日后，农村村民住宅用地，经乡镇政府审核，由县政府批准，其中涉及占用农用地的，由乡镇政府批准。

村民个人建房用地

1982年10月，余姚县人民政府印发《余姚县村镇建设用地管理实施细则》，规定村民（社员）

建房宅基地用地限额（包括原有住房面积在内），每人 18 ～ 25 平方米，小户（三口以下）不超过 75 平方米；中户（四口到五口）不超过 110 平方米；大户（六口以上）不超过 125 平方米。

1986 年 3 月，市人民政府重申村民建房用地限额按余政（1982）123 号文件规定，每人 18 ～ 25 平方米。规定房屋前后排间距，平房控制在 6 米以内，二层楼房在 8 米以内。村民侵占或购买集体土地建房的，责令拆除，退还耕地；已建房不能拆除的，给予没收或按土地类型处以每平方米 5 ～ 25 元罚金。

2015 年，余姚市人民政府办公室关于印发《余姚市农村宅基地管理办法的通知》，农村宅基地管理必须严格实行“一户一宅，拆旧建新，法定面积”的原则。规定符合建房条件的分为四种，不符合条件的五种对象，有建房条件的分小、中、大户，其建房占地面积标准详见《第十四编》。批准安置农村村民集中居住在小区多层公寓的，人均建筑面积控制在 60 平方米以内。

第五章　老区扶贫开发

1990年，市委、市政府对贫困老区建设制定十条政策措施，大岚镇资源开发、基础设施建设得到市财政补助和宁波、余姚市级部门的精准扶贫，社会公益事业和经济的快速发展。1994年实现造林灭荒，1996年达到脱贫，为全面建设小康社会奠定扎实基础。

第一节　扶贫措施及成果

扶贫机构

1985年5月，建立余姚县四明山经济开发委员会。同年12月更名为余姚市老区经济开发委员会，下设办公室（简称市老区办）。是年，镇境内各乡成立扶贫工作领导小组，下设办公室，与农办合署办公、专人兼管。撤区扩镇并乡后，调整扶贫工作领导小组成员，设置扶贫办公室，配备专职干部。2003年，建立镇“内聚外迁”工作领导小组。

扶贫政策

余姚市委[1990]11号颁发《中共余姚市委、余姚市人民政府关于进一步扶持贫困老区经济开发的若干意见》，摘要如下：

为扶持贫困老区发展集体企业，除国家明确规定不能免税的产业和行业外，新办企业从投产之日起，免征产品税、增值税1年，所得税3年。

外地及本市16个乡以外的企业；到贫困老区新办联营企业，对方投资比例在30%以上，联营期3年以上，免征产品税、增值税和所得税2年；联营期5年以上的，免征产品税、增值税和所得税3年；免税期满可再享受2年减半征收所得税的优惠；联营期满后，按规定纳税仍有困难的，报经批准可给予一定时期的减免税照顾。上述减免税均应用于企业发展再生产，不得转用。

对立项新办的小水电企业，所需投资按财政补贴30%，银行低息贷款50%，企业自筹20%的规定执行。对已建成的电站要按规定提足折旧和大修理基金。其电价继续按市委、市政府联合印发的余市委[1998]15号文件规定执行。2009年起，对境内新建电站、技改、除险加固补助已做调整。

鉴于贫困老区多数乡镇的经济基础较差，市财政应给予必要的扶持。原定1990年到期的定额补贴，机械补贴3年，延长到1993年。对贫困老区征收的农业税全额返回，对10个贫困乡镇征收的粮食附加税全额返回，林业特产税由财政税务局核定基数，超过部分分别确定返回比例，补贴和返回资金应用于经济开发，不准移用。

育林基金采取比例返回的办法用于贫困老区林业建设。四明山区各乡收交的乡镇企业管理费减半上交市乡镇工业局，其工办定编人员经费按每人每年2000元的标准由市乡镇工业局统一拨付。其他有关主管部门，对批准核定的乡镇自配人员，也要按规定拨足经费。对集体经济收不抵支、村干部报酬无法落实的村，而乡镇财政又无力承担的，报经农委批准给予临时补助。

市直有关部门要积极向上争取扶贫资金和物资，继续在资金、物资和技术上扶持贫困老区。从1991年开始，建立余姚市老区开发基金，主要用于贫困老区开发经济，原各部门的扶贫资金渠道不变。

放宽信贷政策。根据需要和可能，增加对贫困老区的信贷额度，对农业生产和工业适销对路产品必需的生产流动资金要优先贷款，对开发项目的贷款期限要适当延长。贫困老区的贷款利息按基准利率不上浮或少上浮，有的开发项目应给予低息优惠。停关企业旧欠贷款，要落实好债务，经市农业银行或市信用联社批准，可采取挂息还本或停息还本。

科技扶贫要有新的突破。科技、教育、农业、林业等有关部门要动员和组织科技人员到贫困老区，定题选点，以“吨粮工程”、旱粮高产、林业速生优质高产、农副产品综合利用为主要内容，进行科技攻关，并建立一批科技示范户、现场培训传授，推广适用科技成果。

鼓励科技人员和大中专毕业生到贫困老区工作，对贫困工作连续五年以上，并有较大贡献的科技人员，可以将一级上浮工资纳入固定工资，并再上浮一级。在提干、调资、分房、职称评聘和子女升学就业等方面，符合条件的，给予优先考虑。

努力改变贫困老区办学条件，逐步普及九年制义务教育。对报考市里高一级学校的学生，可适当降低录取分数线或实行定额定向招生。要鼓励和支持新分配的师范院校毕业生和优秀中青年教师到贫困老区任教，对符合条件的民办教师要优先转正，在3年内使贫困老区的公立教师比例达到和超过全市平均水平。

水力发电机房

扶贫成果

水资源开发 为扶助老区镇村集体经济发展，市委、市政府对镇境内立项新办的小水电企业，给予市财政补贴。1977—1991年，共开发电站7处，装机2940千瓦，总投资470.59万元，其中财政补助113万元，银行低息贷款147.9万元。1999年起，新建电站每千瓦补助1300元，扩容技改每千瓦补助1000元；2001年始，新建电站每千瓦补助1300元，扩容增加部分容量每千瓦补助1000元，加原容量每千瓦补助600元；2009年后，新建电站每千瓦补助2500元，扩容增加部分容量每千瓦补助2000元，原容量每千瓦补助1000元；电站除险加固按总投资额的70%补助。2000年，全镇对10个经济薄弱村入股横泾电站，入股总量782千瓦，总投资额为364.55万元，上级扶贫30万元。2003年，市老区办补助扶贫电站入股村，上马13万元，大路下村8万元。

交通设施 除省、县道公路外，至2017年共建镇村公路34条，97.166千米，其中13条通过余姚市开展行政村“村村通公路”建设，拓宽改造升级为水泥混凝土和沥青混凝土路面，累计投入资金2716万元（除镇村自筹外），另有21条镇村公路和市老区办规划内的道路，均由市交通局、市老区办及宁波、余姚市有关扶贫结对单位给予资助。

林特经济 1989年，市委市政府提出“四年消灭荒山”工作目标。1990年，对贫困老区营造杉木基地林（1988年已补助外），经验收合格，全垦整地每亩补助30元，带状整地每亩补20元。1990—1991年，镇境内垦造面积44.4公顷，补助资金13510元。1995年起，实施林特“1215”工程建设，市对低产茶园、低产竹园、低产林种改造进行补助。2000年后，以发展经济林转移到生态公益林建设，至2017年共拨补资金3461244元。

助农物资 1990—1993年，市老区办下拨扶贫化肥（标氮）409吨，农药2吨，饼肥43吨。1991年，支持乡村两级集体茶场和山塘水库养鱼，分配扶贫饼肥27吨；供应老区良种牛、羊越冬棉饼饲料200千克。

贫困村、户资助 1990、1991、1993年，市老区办补助各村计划生育员6872元。1991年，扶贫特困户发展生产8000元。1990年，解决后朱村饮用水资金1万元；1991年，后朱村渠道维修8000元；四丰村茶厂修缮4000元；观下村改造生活用水资助7000元。2010年，政府投资50余万元，对低收入农户危房进行修缮改造，全镇共改造78户，其中修缮69户，改扩建7户。

帮教助学 为推进老区教育事业进一步发展，1994—1998年，上级有关单位和个人捐助资金115万元，新建2所村校和2幢镇中、镇小教学楼。市教育局自2000年起，分批下派余姚城区优秀教师到初级中学、镇中小学支教。2002—2006年，上级有关单位和个人帮助贫困学生2540人，捐助资金115万元。2009—2010年，社会个人资助山区留守儿童341人次，资金163450元。

下山移民 2003年，贯彻市委、市政府关于推进城乡一体化进程和山区人口“内聚外迁”工作的重大决策，镇制定人口“内聚外迁”工作实施意见及政策补助若干办法，对全镇5个居住人口在30户以下的自然村57户、178人进行整村搬迁。2005年，开展第二批人口梯度转移，有3个自然村的33户、128人进行移民。至2012年，全镇10个自然村（包括地质灾害户），移民84户，分配余姚城区安置房84套，9540.39平方米。其中架空层用房336.15平方米，车库546.57平方米。

第二节　老区结对扶贫

企业结对帮村

1991 年 11 月，市委、市政府组织单位及企业出资金、出项目，帮扶镇境内集体经济“空壳”村 6 个。1992 年，浙江吸尘器厂投资创办大阵塑配件厂。1993 年，总产值 151 万元（现价），盈利 20.18 万元。职工 19 人，工资总额 3.85 万元，人均年收入 2026 元，村集体经济和农民收入得到明显提高。是年，市城乡建委主动邀请镇党委、扶贫办及蜻蜓岗、邱庄、糜山三村主要负责人到市城乡建设委员会，与市自来水公司、市建筑设计院，市质量监督站领导一起商量扶贫项目，当年落实蜻蜓岗村建造村民饮用水工程，由自来水公司提供材料；邱庄村由质量监督站修缮校舍，并负责一名聘请教师的工资；糜山村由建筑设计院无偿支持 5 万元，修复机耕路。市城乡建设委员会扶贫领导小组要求下属企业每年投入扶贫资金 3 万元。至 1996 年，全镇结对扶贫新办企业 18 家。其中上年引进 5 家，产值突破 1500 万元。2000 年后，随着国家财政税制度改革，税收优惠取消后，企业帮扶随之结束。

部门结对帮村

1989 年始，宁波市电业局、民政局派张正伟、杨卫岳及余姚市二轻局、余姚镇结对帮扶大岚镇和华山乡。1995—2003 年，宁波市结对部门不变。2006 年，派 16 个余姚市市级部门结对帮扶大岚镇 10 个行政村。是年，投入扶持资金 60.1 万元。2010 年，宁波市级部门结对帮扶欠发达村 4 个，余姚市级部门结对帮扶欠发达村 5 个。2012—2017 年，宁波、余姚市级部门派驻农村工作指导员（特派员），帮扶结对 14 个行政村。镇成立农村工作指导小组，分别驻村指导，共谋经济发展。

2013—2017 年，中国人民财产保险股份有限公司余姚支公司，扶持南岚村 10 万元。

社会结对帮户

1997 年始，组织开展“千个支部帮千户”活动，余姚市机关、企事业单位党组织与镇农村特困户开展形式多样的帮扶活动。镇党政班子成员与特困家庭户开展结对扶贫。2001 年后，与“三老”（老共产党员、老游击队员、老交通员）人员结对帮扶。是年始，大岚镇离退休干部党支部，每年组织一次党员献爱心的活动，为镇中心小学购置少年儿童文体活动器材，帮困助学。至 2017 年，累计投入帮扶资金 4.25 万元。此外，非公有制企业则通过“光彩事业”和市关心下一代工作委员会，组织开展留守儿童的帮困助学活动。2001 年始，开展“光明”工程，不但减轻农户经济负担，而且老年人生活质量得到提高。

1992年余姚市企业单位扶持大岚镇经济“空壳村”情况表

表4–5–1

村名	户数（户）	人口（人）	1990年		参考开发项目	结对扶贫单位	主管部门
			村民上交数（元）	人均收入（元）			
下芝庄	62	219	1800	439	商业、工业	市熊猫电子音响有限公司	二轻局
分水岭	105	350	1900	500	工业	市第二制药厂	二轻局
大陈	98	346	1500	433	工业	浙江吸尘器厂	二轻局
朱家宅	52	163	1900	404	工业	市工艺编织厂	二轻局
阴地	210	678	5000	413	工业、电站	余姚仪表厂	乡镇局
龙潭	120	420	1500	400	化工、电站	市冶炼总厂	乡镇局

2006年余姚市市级机关单位结对帮扶大岚镇各村情况表

表4–5–2

行政村	帮扶单位	到位资金（万元）
大路下村	市供电局	3
	市总工会	0.6
雅庄村	市交管所	5
	市贸易局	3
黄家庄村	建设银行余姚支行	1
后朱村	市检察院	1
新岚村	市招投标办	3
戴麋村	市安监局	1.5
大岚村	市府办、市财政局	20
上马村	市农办	7
	市供销联社	3
阴地龙潭村	市经济开发区管委会	4
	市工商联	1
大俞村	市政法委	2
	市公安局	5

注：南岚村为宁波市国土资源局结对

2010年宁波市级部门结对大岚镇欠发达村情况表

表4–5–3

结对部门	结对村	结对部门	结对村
宁波市电业局	黄家庄村	宁波市审计局	雅庄村
宁波市旅游局	大俞村	中国移动宁波分公司	戴麋村

2010年余姚市市级部门结对大岚镇欠发达村情况表

表4-5-4

结对部门	结对村	结对部门	结对村
市府办、市财政（地税）局	大岚村	市人大常委会办、市环保局	新岚村
市人大常委会办、市交通局	上马村	市规划局、市府办	后朱村
市公安局、中国塑料城管委会	大俞村		

宁波、余姚市派驻农村特派员、指导员结对扶贫情况表

表4-5-5

2012年		2017年	
驻村单位	指导员工作单位	驻村单位	指导员工作单位
镇特派员	市农机总站	镇特派员	宁波市农机技术推广中心
南岚村	宁波市政研室	大岚村	宁波市民政局优抚安置所 余姚市邮政局
新岚村	宁波市直机关党工委	大俞村	宁波市旅游局质量监督管理所 余姚市府办信息科
大俞村	宁波市旅游局	雅庄村	宁波市审计局办公室
大岚村	宁波市民政局居民家庭经济状况信息中心科	新岚村	宁波市住房公积金管理中心余姚分中心
上马村	市公路段工会	南岚村	余姚市老干部组织指导科
阴地龙潭村	市供电局梁弄供配电营业所	上马村	余姚市交通运输局办公室
后朱村	市邮政局	阴地龙潭村	国网浙江余姚市供电公司梁弄供电所
大路下村	市就业处基层就业指导股	后朱村	余姚市府办电子政务办
柿林村	市城管执法局	大路下村	余姚市人社局办公室
戴麋村	市供销联社办公室	柿林村	余姚市综合行政执法局
丁家畈村	市发改局	戴麋村	余姚市供销联社业务科
黄家庄村	市国税局	丁家畈村	余姚市发改局
华山村	市农林局	黄家庄村	余姚市国税局政策法规科
雅庄村	宁波市审计局经贸审计处	华山村	余姚市农林局市木材检查站

第六章　居民收入与消费

1992 年，农村个人储蓄共 543.8 万元，1998 年为 1837 万元，2017 年为 26783.2 万元。

1995 年，全镇社会消费零售总额共 78.6 万元，1998 年为 5500 万元，2001 年达到 7500 万元，2017 年社会消费零售总额 11500 万元。

第一节　收入

农民

民国时期，多数农民靠租地，做雇工为生，收入微薄。民国 20 年（1931），农村雇工日工资一般男工 0.35 元，女工 0.2 元，童工 0.10 元（时值大米分别为 3.5 市斤，2 市斤和 1 市斤）。镇境内山民生活尤为困苦，民谣云：葛藤当料绞，柴枝当棉袄，山货无人要，毛竹当柴烧。灾荒年岁，生活更惨。

中华人民共和国成立后，农民收入逐步增加，生活得到改善。1959—1961 年，三年国民经济困难时期，农业减产，农民分配收入下降。1961 年，贯彻调整方针，农村经济复苏，农民收入回升。1965 年，华山公社人均分配收入 52 元，大岚公社人均收入 57 元。1970 年，大岚公社人均收入 86 元，华山公社人均收入 75.6 元，两公社农民人均收入基本平衡。1978 年，人均收入分别为 122 元和 121 元，与全市 133 元的平均收入水平差距不大。1981 年后，推行家庭联产承包责任制，农业经济全面发展，农民收入有明显增长。1995 年后，农业产业结构调整幅度较大，劳务输出收入激增，人均收入突破千元。2017 年，全镇农民人均收入达到 19250 元，是 1991 年的 28.2 倍。

职工

民国时期，南岚、新岚乡从事手工业人员 94 人，商业服务职工不多。中华人民共和国成立后，成立三岚商业供应站。1956 年，成立大岚粮油购销站和手工业综合社。从业人员工资：临时工每月 18 元，固定工一级每月 29 元。农户做五匠手工业，分行业每工工资 0.8 ～ 1.2 元不等（用餐、下同）。20 世纪 70 年代始，五匠手工业分行工资簟匠、裁缝每工 1.2 元，泥木工每工 1.4 元，石匠每工 1.6 元。80 年代簟匠裁缝每工 1.5 元，泥木工每工 1.8 元，石匠每工 2.4 元。随着物价的增长，五匠手工业工资也逐年增长。至2017年，五匠手工业每工为250元。

20世纪70年代，镇村集体企业职工工资，由企业下拨到大队，参加生产队收益分配。1984年起，为职工直接收入，工资待遇有固定工资，计件工资等，月工资34元以上。90年代始，职工年收入接近全市职工平均水平。2017年，从事第二、三产业职工3060人，年均收入55000元。

1963—1990年部分年份镇境内农民人均收入一览表

表4-6-1　　单位：元

年份	华山人均收入	大岚人均收入	年份	华山人均收入	大岚人均收入
1963	26	29	1979	136	121
1965	52	57	1980	133.68	124
1967	70	81	1981	138	138
1968	74	85	1982	197	182
1970	75.6	86	1983	181	189
1971	85	83	1984	207	190
1972	101	103	1985	221	207
1973	96	102.9	1986	250	287
1974	98	104	1987	262	359
1975	97	104	1988	337	471
1976	98	98	1989	412	590
1977	103	101.3	1990	493	643
1978	122	121			

注：1981年前为生产队集体分配收入，不含家庭副业及自留地收入

1991—2017年大岚镇农民人均收入一览表

表4-6-2　　单位：元

年份	人均收入	年份	人均收入	年份	人均收入
1991	659	2000	1978	2009	5716
1992	700	2001	2174	2010	6173
1993	833	2002	2412	2011	7099
1994	998	2003	2610	2012	8874
1995	1195	2004	3485	2013	10643
1996	1380	2005	4010	2014	12815
1997	1582	2006	4423	2015	15336
1998	1664	2007	4790	2016	17500
1999	1861	2008	5136	2017	19250

第二节 消费

饮食

民国时期，农民丰年以大米、杂粮相济，多数农民口粮不足，靠出外以山货兑换粮食果腹。灾年多以野菜充饥。中华人民共和国成立初期，仍有春荒。1953年，粮食统购统销后，口粮由集体分配。1959—1961年，三年国民经济困难时期，口粮减少，人均190千克。1966年，规定山区农村口粮不低于215千克。1974年，大岚公社农民人均口粮258千克，华山公社农民人均口粮231.5千克；1979年分别为250～248千克。1982年后，人均口粮稳定在215千克以上。1992年，粮食放开供应，农户可按实际需求购买，年人均粮食消费在200千克左右。

民国时期，佐餐以自种蔬菜为主，除春节外，农民平时食用鱼肉类较少。常年以腌菜、干菜为主，传统腌制品有腌（咸）白菜、腌冬瓜、腌苋菜梗、腌茄子、腌笋等，俗称“缸里鸡、坛里鸭”。另备有笋干菜、萝卜干、茹粉丝干等。条件好一些的农家储有腌猪肉、腌鸭蛋，为招待客人或手工匠时食用。少数富庶人家平时亦难得鲜鱼肉上桌。中华人民共和国成立初期，农民饮食无明显改变，仍以传统蔬食为主。1953年，油、糖以人定量，平价供应，副食品类紧缺。只能逢年过节买一点鲜肉，农民饮食标准仍较低。1978年后，副食品市场逐步开发。1982年起，农户种植业结构调整，油料种植面积逐步扩大，农民食用油增加。1985年后，农副产品逐年丰富，农户收入增加，消费水平提高，普通家庭能每日不断荤，并讲究荤素搭配，新鲜营养。2017年，全镇猪肉年消费115吨，食用油用量95吨以上。

衣着

民国时期，除少数士绅、殷富者穿纺绸、洋布，一般农户多以土布旧袄裹身，“新三年、旧三年，缝缝补补又三年”，旧衣破衫比比皆是。中华人民共和国成立后，衣着水平有所提高。20世纪60年代末，破旧补丁衣裤仅作劳动服。70年代，出现化纤布，的确良、涤卡成为时尚，传统服饰已少人穿着，农村男女青年多进城购置时尚服饰。80年代始，纺织品市场敞开供应，衣着款式多样，呢绒、绸缎、皮革衣为婚嫁喜庆必备。西装、夹克衫常见。1990后，农民参加劳动也不穿补丁衣服，农村多数到宁波、余姚等商场选购服装。

住房

民国时期，山区虽以木结构楼房、平房为主，但有不少泥墙、草舍房。有的农户建起楼房，室内无隔墙，楼板用竹片替代，外墙装修不齐全。20世纪60年代始，草舍房减少，逐年盖上瓦片。70年代，农户新建或翻建房屋以木结构楼房为主，外墙一半采用条块石，上墙使用青砖筑成。80年代，农户建房增多。1984—1986年，境内建楼房298户、407间，草舍基本绝迹。90年代起，兴建水泥结构楼房，俗称洋房。1996—1998年，新建和改建房屋，建筑面积13000平方米，少数农户开始进城购房。至2017年，镇境内农户到宁波、余姚购买商品房2432套，面积228113

平方米。

出行

民国时期，境内出门进城要翻过三条岭（羊额岭、分水岭、沿山岭）。民众出行肩挑背驮靠步行，仅少数富家备有轿子。1959 年，开通浒溪线客运后，可乘公共汽车到余姚城内。1969 年，李家塔至余家横公路通车后可乘公共汽车到宁波。1970 年起，邮电、供销部门和政府机关干部购置自行车，作为到村工作的交通工具。农民购置双轮钢丝车（手拉车）、拖拉机、货车，作为出行运输主要工具。20 世纪 80 年代，农户开始购置摩托车。90 年代，农户购置机动三轮车，俗称“三卡”，替代手拉车、自行车，成为农户生产生活运输工具。至 2017 年，全镇拥有小面包车、皮卡车、轿车 2503 辆，其中各类轿车 2213 辆。

生活用具

中华人民共和国成立后，日常生活用具逐渐改善。20 世纪 70 年代，手表、自行车、缝纫机是青年男女结婚必备的“三大件”。80 年代，部分家庭配有收录机、电视机及家用电器。1987 年，境内有电视机 811 台，收录机 378 台。1990 年后，青年新婚置电冰箱、空调、洗衣机及整套新式家具。通信条件亦明显改善。2009 年，除企事业单位外，全镇农村有固定电话用户 2243 户，占总农户的 50.27%。2017 年，电话用户减少，移动电话（手机）增加，共有 9230 只（不包括集体电话）。

第五编　林　业

第一章　林木生产

“靠山吃山”，林业生产历来是山民收入的主要来源。为适应市场需求，境域林种结构时有调整。2007年，大岚镇被认定为浙江省农业特色优势产业茶叶强镇。2017年，茶、竹、花木三大林种占林业用地面积的75.18%，收入8557.6万元，占农业产值的70.7%。

第一节　林种结构

民国时期，境内山地林种以马尾松为主，另有毛竹和茶叶。

1959年，大岚人民公社有土地3405.8公顷，林业用地1649.66公顷（不包括荒山面积），占土地总面积的48.44%，其中茶地330.4公顷，占林地面积的20.03%；山林1312.66公顷，占林地面积的79.57%；果木6.6公顷，占林地面积的0.4%。

1984年，农业区划森林资源普查，大岚乡有林业用地3053.9公顷，其中茶园953.39公顷（粮茶间作410.45公顷），占林业用地的31.22%；竹林335.77公顷，占11%；用材林（马尾松）1559.37公顷，占51.06%；杉木89.2公顷，占2.92%；杂竹57.33公顷，占1.88%；油茶3.57公顷，占0.12%；疏林33.87公顷，占1.11%；薪炭林8.13公顷，占0.27%；果木13.27公顷，占0.43%。

1984年，现境华山乡有林业用地1398.47公顷，其中茶园197.47公顷（粮茶间作98.13公顷），占林业总面积的14.12%；竹林454.33公顷，占32.49%；用材林（马尾松）560公顷，占40.04%；杉木20.8公顷，占1.49%；杂竹5.4公顷，占0.39%；油茶3.73公顷，占0.27%；疏林29.27公顷，占2.09%；薪炭林110.2公顷，占7.88%；灌木林13.73公顷，占0.98%；果木3.54公顷，占0.25%。

1994年，林地面积5670公顷，其中，茶园774公顷，竹林912.67公顷，果园10.3公顷，桑园42.4公顷，合1739.37公顷，占林地面积的30.68%。

2017年，全镇有林业用地4956公顷，其中毛竹（小杂竹）1059.13公顷，占林业用地的21.37%；特灌林茶叶1667公顷，占林业用地的33.64%；经济林有柿子53.3公顷、板栗46.7公顷、樱桃16.7公顷，合116.7公顷，占林业用地的2.35%；用材林马尾松100公顷、杉木66.7公顷、阔叶树种166.7公顷，合333.4公顷，占林业用地的6.7%；花木面积1000公顷，占林业用地的20.18%。茶、竹、花木为主的三大林种3726.13公顷，占林业用地面积的75.18%，收入占农业总产值的70.7%。

第二节 造林 护林

造林

中华人民共和国成立前，由于山林权属掌握在少数户主手里，管理重视程度不一，资源差异较大，大片荒山无人管理。中华民国虽公布《森林法》，规定植树节，鼓励民众植树造林，但实际行动不多。

中华人民共和国成立后，县人民政府重视绿化造林，1951年春，首次发动干部居民植树造林。1952年实行谁造林谁拥有，苗木由县政府无偿供应境内社员，调动了山区干部群众绿化造林的积极性。

1955—1956年春，大岚乡种植松树25万株，麻栎4.5万株，油茶5万株，开荒造林6.47公顷。至1956年，境内尚有荒山面积1536.8公顷。1958—1962年，“大跃进”运动中，大办钢铁，烧炭伐木，垦荒种粮，一度引起森林资源大量减少，特别是杂树林种资源损毁，毛竹面积减少。

1963年，落实确定林权、保护山林和发展林业的政策，对公社化时发生的无偿砍伐集体和个人林木的“一平二调”（即平均主义、无偿调拨、无偿平调集体和个人财物）问题进行认真清查和经济补偿。是年，在荒山上种植黑松，镇内停垦还林，对种茶的大队减免粮食包干任务或增加粮食供应。

20世纪70年代，在引进川楝、泡桐、水杉开展“四旁”（屋旁、路旁、沟旁、库旁）植树的基础上，进行基地林建设。四明山区公所组织公社、大队干部学习湖南省营造成片杉木基地的经验后，实行村统一规划，集中连片，全垦整地，大穴定植，积极发展杉木基地。区、公社组织各大队干部群众植树造林，召开现场会，大岚公社夏家岭大队率先建成北斗湾山木基地。

1984—1986年，采取造林、封林、管林结合，累计造林757.67公顷；补植102公顷；四防植树23.12万株（种苗为樜树、银杏、水杉等）。培育苗圃3.9公顷，为绿化造林提供优质种苗。

1989年10月，余姚市委市政府提出“一年准备，四年消灭荒山，八年绿化余姚”的工作目标。境内领导签订绿化责任状，制订计划，落实措施，每年3月12日组织机关干部参加植树节义务劳动。1991年，华山成为“宁波市消灭荒山基本绿化乡”。1990—1992年，“四旁”植树13.8万株（其中银杏500株，杜仲580株），荒山造林60.33公顷，全镇摘掉荒山帽子。

1994年实现荒山绿化后，镇内实施林特“1215”工程。即：通过4年努力，达到人均2亩以上的经济林，年亩产值1500元。1996年11月，全市在大岚镇召开“1215”工程建设会议，推进林特经济的发展。

2006年，提出“生态立镇”目标。2007年，“四旁”植树1.7万株。2008年，被宁波市命名为“浙江省兴林富民示范镇”。丁家畈村创建成宁波市绿化示范村，全镇拥有宁波市生态村10个。2010年，新岚村创建为宁波市绿化示范村。2013年，戴糜、华山成为宁波市生态村。2016—2017年，全镇“四旁”植树3.8万株。

护林

民国时期，以传统护林方式和权属人管护为主。村庄及水口风景林、坟地柏树，民间采用竖禁碑、立族规等形式进行延续保护。其他山林由权属人监管。

1953 年起，山林由村、组共有，制订山林管理公约，各村落实专人护林队伍，逢冬、春两季加强护林力量。1960 年后，境内交通条件改善，竹木资源成为产业，为保护山林资源开发利用，各公社、大队建立建房伐木审批制度。1983 年后，发挥村委会自治作用，每换届一次，政府要新班子完善《村规民约》或《山林管理制度》，禁止民间冬烧田坎习惯。2003 年，建立森林防火应急小分队。2007 年，镇组建护林巡查队，落实专管人员 22 人，经费由市、镇各自负担一半。21 世纪以来，山林火灾明显减少，发生火警均能得到及时控制。

1951 年始，境内有计划地开展封山育林，采取划块封 3 ～ 5 年后，伐劣存优，留养杂木林种。1980 年，华山公社封山面积达到 421.3 公顷，占总面积的 29.4%。是年，为鼓励境内农民做好封山育林工作，市财政给予每公顷 7.5 元的补助金。1984—1986 年，累计封山 1167.8 公顷。2000 年后，从发展经济林转为建设以生态效益、社会效益为主的生态公益林。2005 年，镇内建立生态公益林 1726.23 公顷。2017 年，共拨补资金 3461244 元。

2007 年，政府规定，“禁止在 25 度以上山坡林地进行毁林开垦种植花木”。2012—2017 年，生态修复面积 306 公顷，种植红豆杉 5 万株，红叶石楠 5 万株；建立蓝莓、香榧、薄皮山核桃等基地 28 公顷。

1964 年前，大岚林业技术推广的职责由梁弄区农技站承担。1965 年始，由四明山农技站负责技术指导。1977—1978 年，境内聘林业专管员 2 人。1981 年，单设四明山区林技站。1988 年，乡林管员调整后，2 人列入全民大集体事业编制。1992 年撤区并乡，全镇有林业干部 4 人。2017 年，林业干部 2 人，隶属镇农业办公室，分管林特优良品种引进、先进栽培技术推广、林业病虫害防治和护林队伍的建设管理。

第三节　蓄积　产量

蓄积

中华人民共和国成立前，境内林木资源丰富，以马尾松、金钱松、银杏、杉木、锥栗、木荷等乔木林种活立木蓄积量较高，大口径松木在今阴地龙潭、黄家庄、华山、柿林、戴糜等村均有分布。1958—1961 年，受到“大跃进”和国民经济困难的影响，多地出现毁林种粮，林木资源严重受损。1966 年，戴王、糜山大队山林资源普查，有林地面积 176.53 公顷，马尾松树龄 15 年以上 102 公顷，占林地面积的 57.78%。5 ～ 10 年树龄 39.93 公顷，占 22.62%，另有杂木 9.13 公顷，占林地总面积的 5.17%。20 世纪 70 年代后，人口增长，茶叶发展，村集体和个人建房消耗不少林木蓄积。1970—1980 年，全镇（包括华山公社）珠茶总产 2843.05 吨，11 年共耗林木 18953.67 立方米（按 0.5 千克干茶消耗 2 千克木柴计算）。1984—1986 年，集体和个人共耗林木 1265 立方米。1995 年村及农户采伐林木 725 立方米，砍伐量超过生长量。

1984 年，华山乡乔木蓄积量 19534 立方米，其中幼林、中林活立木蓄积量 18842 立方米，疏林活立木蓄积量 616 立方米，散生活木 76 立方米。人工林 43.9 公顷，活立木蓄积量 1189 立方米。是年，大岚乡乔木活立木蓄积量 52700 立方米，其中幼林、中林蓄积 51493 立方米，疏林蓄积 503 立方米，散生木蓄积 704 立方米。人工林 1452.86 公顷，蓄积 10241 立方米。

1985 年后，大岚乡推广"大丰型"省柴灶，制茶木柴渐减，用煤年增。1994 年，对原华山乡（片）森林资源调查，活立木蓄积量 6166 立方米，其中松 4741 立方米，杉 67 立方米，硬阔 992 立方米，软阔 194 立方米，薪炭林硬阔 194 立方米。人工林 112 公顷，蓄积 160 立方米。2000 年后，林业产业结构调整，松林、灌林林地减少，栽种茶叶、花木面积逐年扩大。2017 年，全镇有活木蓄积量 102787 立方米，其中马尾松 100 公顷，蓄积 30624 立方米；杉木 66.7 公顷，蓄积 20426 立方米；阔叶树种 166.7 公顷，蓄积 51050.5 立方米。

产量

木材 民国时期境内木材自给有余，因运输困难，山民无收入。中华人民共和国成立后，境域一直保持自给。少数村因县政府造船需要伐古木支援建设。另有供销部门采购林木次料做包装箱，作为生产队收入。"文化大革命"期间，山民私运旧木（也有新木）到四明湖大坝"黑市"高价交易，后被政府禁止。1970 年后，镇南部林木资源稍有余，北部资源稀缺，个人建房到华山公社及宁波林场购买原木。1990 年起，村集体杉木基地有林木出售。2000 年后，村民建房用林木减少，少数横料向市场采购。

乌桕籽 镇域多地散植乌桕树，20 世纪 70 年代阴地村有 150 年以上古乌桕树多棵。1980 年，华山公社出售乌桕籽 1.45 吨。因树冠大、产量低，影响粮食作物耕种。1980 年后，逐年减少，今只留存少量林种。

油茶籽 中华人民共和国成立初期，政府规划荒山种油茶，既能消灭荒山，又可解决社员食用油困难。1952 年，新岚乡种油茶 4.36 公顷。1955 年冬至 1956 年春，大岚乡栽种油茶 5 万株。1980 年，大岚乡产油茶籽 1 吨。1984 年，全乡有油茶面积 7.3 公顷，2017 年存零星灌木。

蚕桑 1988 年，华山乡种植蚕桑 5.27 公顷，产茧 9 吨。1994 年，发展蚕桑 42.4 公顷。1995 年，可采桑园 24.33 公顷，年产春、夏、秋蚕茧 10.76 吨。2000 年后，改种花木。

第四节 古树名木

中华人民共和国成立初期，境内古树名木尚多，由于人为和自然因素致存量逐年减少。1958 年，"大跃进"时期，大炼钢铁，伐木烧炭，影响名木（俗称杂树）的留存。1970 年后，随着社会公益事业的发展，用古树取材增多。如四丰、甘竹、分水岭等村有古金钱松留存，后被公社造大会堂所用；阴地大队后山有枫、松丛树，被学校、茶厂所取；龙潭大队盛产香榧，也因大队造茶厂及民用而减少，现只留存 10 棵。另受台风、雷击自然灾害的影响，上马岗有一棵金钱松

蜻蜓岗村的古树枫杨

多次被雷击后，于2008年枯死。

据2017年《浙江省宁波市余姚市古树名木普查报告》载，全镇有古树名木69棵。分11科11属11个树种。

按树龄分：树龄500年以上的古树有16棵，为国家一级保护树木。树龄300年以上的有17棵，为国家二级保护树木。100年以上的有36棵，为国家三级保护树木。生长年限最长的是柿林村一棵大叶早樱，树龄815年。

按胸围分：全镇胸围300厘米以上的古树有26棵，胸围最大的古树是南岚村蜻蜓岗自然村的一棵枫杨树，胸围500厘米。

按分布状况分：14个行政村中，9个村有古树，保留最好的是柿林村，有25棵，占全镇古树量的36.2%。

大岚镇古树名木名录

表 5–1–1

古树编号	中名	科	属	村	小地名	树龄（年）	树高（米）	径围（厘米）	平均冠幅（米）
028111500034	金钱松	松科	金钱松属	柿林	同心古井上路口	515	28	345	14
028111500035	榧树	红豆杉科	榧树属	柿林	同心古井上路口	515	25	290	15
028111500036	榧树	红豆杉科	榧树属	柿林	同心古井上路口	515	19	225	6.5
028111500037	榧树	红豆杉科	榧树属	柿林	同心古井	515	16	190	5
028111500038	榧树	红豆杉科	榧树属	柿林	同心古井	515	17	230	4
028111500039	大叶早樱	蔷薇科	樱属	柿林	古井上路口	815	16	320	14.5
028131500040	榧树	红豆杉科	榧树属	柿林	同心古井	215	21	345	13.5
028131500041	榧树	红豆杉科	榧树属	柿林	同心古井	215	20	390	13
028131500042	榧树	红豆杉科	榧树属	柿林	同心古井	215	20	260	13
028131500043	柿	柿科	柿属	柿林	村路口	135	16.5	260	11.5
028131500044	银杏	银杏科	银杏属	柿林	家岭头	165	27	300	21
028131500045	银杏	银杏科	银杏属	柿林	家岭头	165	27	270	13
028131500046	银杏	银杏科	银杏属	柿林	家岭头	165	25.5	215	11.5
028121500047	榧树	红豆杉科	榧树属	柿林	家岭头	315	17	380	12
028131500048	柿	柿科	柿属	柿林	家岭头	165	11	290	11
028131500049	银杏	银杏科	银杏属	柿林	家岭头	165	22	190	13
028131500050	银杏	银杏科	银杏属	柿林	大地下	165	26	220	14.5
028131500051	银杏	银杏科	银杏属	柿林	梅花地坎	135	20	260	12.5
028131500052	银杏	银杏科	银杏属	柿林	果子坑	165	25	210	18
028131500053	银杏	银杏科	银杏属	柿林	果子坑	165	29	230	15.5
028131500054	柿	柿科	柿属	柿林	村茶厂前	135	7	222	8
028121500055	榧树	红豆杉科	榧树属	柿林	柿林村北	365	18	400	14
028121500056	榧树	红豆杉科	榧树属	柿林	柿林村北	365	14	200	11.5
028131500057	银杏	银杏科	银杏属	柿林	村北	105	25	218	16.5
028131500069	银杏	银杏科	银杏属	柿林	丹山赤水路口	150	20.5	237	14.5
028131500015	枫杨	胡桃科	枫杨属	大俞	大俞坑头	115	23	320	24
028111500016	银杏	银杏科	银杏属	大俞	大俞树内	765	21	355	13.5
028111500017	榧树	红豆杉科	榧树属	大俞	大俞树内	765	23.5	295	12.5
028131500018	三角槭	槭树科	槭树属	南岚	陶家坑	265	20	220	14
028131500019	枫香	金缕梅科	枫香属	南岚	陶家坑	115	18.5	195	9
028131500020	朴树	榆科	朴属	南岚	西岭下	265	12	280	16.5
028111500021	枫杨	胡桃科	枫杨属	南岚	蜻蜓岗	515	20	500	18.5
028111500022	枫杨	胡桃科	枫杨属	南岚	蜻蜓岗	515	18	415	20
028131500023	枫杨	胡桃科	枫杨属	南岚	蜻蜓岗	135	18	275	15.5
028121500013	金钱松	松科	金钱松属	丁家畈	下芝庄	415	27	345	13

续表 5–1–1

古树编号	中名	科	属	村	小地名	树龄（年）	树高（米）	径围（厘米）	平均冠幅（米）
028121500014	金钱松	松科	金钱松属	丁家畈	下芝庄	415	34	400	17
028131500001	圆柏	柏科	圆柏属	大岚	邱庄	195	15	325	6
028121500002	圆柏	柏科	圆柏属	大岚	邱庄	365	17	215	9
028131500003	金钱松	松科	金钱松属	大岚	升仙桥	135	18	170	15
028131500004	金钱松	松科	金钱松属	大岚	升仙桥	165	19	220	14
028131500005	朴树	榆科	朴属	大岚	升仙桥	165	10	175	7
028131500006	枫杨	胡桃科	枫杨属	大岚	升仙桥	165	11	345	10
028111500007	金钱松	松科	金钱松属	大岚	四丰	515	25	315	13
028111500008	金钱松	松科	金钱松属	大岚	四丰	515	23	340	12
028121500009	金钱松	松科	金钱松属	大岚	四丰	315	28	217	9
028111500010	金钱松	松科	金钱松属	大岚	四丰	515	25	330	13
028111500011	黄檀	豆科	黄檀属	大岚	四丰	515	18	460	5.5
028121500012	金钱松	松科	金钱松属	大岚	四丰	300	24	230	10
028131500058	榧树	红豆杉科	榧树属	阴地龙潭	电站背后	165	18	235	9.5
028131500059	榧树	红豆杉科	榧树属	阴地龙潭	玄壇庙对面	265	13	335	13
028121500060	榧树	红豆杉科	榧树属	阴地龙潭	沙场	315	13	277	11.5
028121500061	枫香	金缕梅科	枫香属	阴地龙潭	沙场	310	4	330	0
028121500062	榧树	红豆杉科	榧树属	阴地龙潭	沙场	315	13	375	13
028131500063	榧树	红豆杉科	榧树属	阴地龙潭	运动广场	215	15	305	5.5
028111500064	榧树	红豆杉科	榧树属	阴地龙潭	王家后门	515	15	400	12.5
028131500065	榧树	红豆杉科	榧树属	阴地龙潭	王家后门	215	13	240	7.5
028131500066	榧树	红豆杉科	榧树属	阴地龙潭	龙潭	215	14	325	11.5
028131500067	榧树	红豆杉科	榧树属	阴地龙潭	龙潭	160	8	230	0
028131500068	榧树	红豆杉科	榧树属	阴地龙潭	东路下	215	14	285	13
028131500030	圆柏	柏科	圆柏属	大路下	观溪庙前	125	9.5	110	4
028121500031	圆柏	柏科	圆柏属	大路下	观溪庙前	315	12	195	7
028121500032	圆柏	柏科	圆柏属	大路下	观溪庙前	315	9	150	5.5
028121500033	圆柏	柏科	圆柏属	大路下	观溪庙前	315	10	120	5.5
028121500028	圆柏	柏科	圆柏属	新岚	甘竹	465	10	290	8.5
028121500029	圆柏	柏科	圆柏属	新岚	村委会后	465	9	230	5
028111500024	银杏	银杏科	银杏属	上马	新屋	515	20	355	18
028121500025	朴树	榆科	朴属	上马	新屋	365	24	285	14
028131500026	黄檀	豆科	黄檀属	上马	新屋	165	22	196	8
028131500027	枫香	金缕梅科	枫香属	上马	新屋	215	21	290	11.5

注：管护单位为大岚镇政府

第二章　特产

林业特产经济是境域主导经济产业，历届镇党委、政府均把特色产业列入“兴镇战略”。20世纪90年代始，实施林特“1215”工程，建设万亩无公害优质茶基地，万亩高产竹笋二用山基地，5000亩果品基地。2005年，茶叶总产量达到2876吨，产值达到3000万元，占全镇农业产值的45.5%，产量占宁波市总产量的十分之一，占余姚茶叶总产量的50%。2001年，大岚镇被认定为浙江省农业特色优势产业强镇（茶叶）；2002年大岚镇被命名为“中国高山云雾茶之乡”；2010年入选第二届“中国名茶之乡”。

第一节　高山云雾茶

生产

境内地处姚南高山台地，云雾缭绕、土壤肥沃、雨量充沛，茶叶栽培具有得天独厚的自然生态环境。茶业生产在大岚境内，历史悠久。《余姚市志》载：“汉时开始制茶，唐宋时已负盛名”。陆羽《茶经》记载：姚南瀑布岭出“仙茗”。《余姚供销联社志》载：民国21年（1932），县域有茶园14290亩，多在大岚山，年产茶约万担。大岚茶叶在县内有重要地位。民国27年后，因抗日战争影响，销路呆滞，茶价低下，斤茶只值斤米比价，大岚山民间流传：“一颗茶叶七粒米，卖卖出眼泪，不卖饿煞人”。道出了山区茶农的困苦，影响茶叶生产发展。

中华人民共和国成立后，人民政府大力扶持茶叶产业，组织供销社收购，放贷资金，供应茶肥，提高茶价，促进茶叶生产。1953年，境域内向梁弄收茶站投售1～7级茶70.07吨，其中一级茶占投售总量的41.93%。1955年，南岚乡五星农业社丰产茶园亩产达100千克。

1956—1957年，大岚乡在五星高级社推行“六包”茶叶生产管理责任制，即包产、包肥、包管理、包值、包工、包本，超出或不足产值5%以上部分按奖六赔四兑现。1957年，大岚乡生产茶叶161.5吨，比1956年的136.37吨增产18.43%，占县内总产量的57.27%。五星农业生产合作社在1956、1957年被评为浙江省茶叶生产先进集体。

1959—1965年，大岚公社推广茶树台割技术，对受冻严重或衰老茶园进行台割补植，新发展幼龄茶园整株修剪，提高茶园单产。

1970—1982年，为专业茶园发展时期。公社、大队兴办专业茶场，栽培密植茶园。引进鸠坑、福鼎茶种，推广三行为主的矮化密植园。同时，老园退出杂粮种植，提高种植密度，使间作园变成专业纯茶园。1980 年 12 月，经宁波地区茶业普查，大岚公社有茶园面积 486.45 公顷，其中生产园 429.94 公顷，幼龄园 56.5 公顷。按类型分，专业常规茶园 274.47 公顷，占茶园总面积的 56.4%；间作园 185.34 公顷，占茶园总面积的 38.1%；密植园 26.63 公顷，占幼龄园的 47.13%。茶园面积比 1959 年扩大 156.04 公顷。

1983—1992 年，农村实行土地承包责任制，茶产业由农户自主经营，10 年内，面积逐年扩大，产量稳步提高。1992 年，大岚镇有茶园 741.6 公顷，产量 950 吨，比 1985 年增加 189.33 公顷，总产量增加 425.95 吨，产量年增加 42.6 吨。

1993—2010 年，围绕基地建设，高标准创建“中国高山云雾茶之乡”。实施林特“1215”工程，建设万亩无公害优质茶基地，通过抓改造、创品牌、拓市场、重管理，实行科学化管理、规模化经营、产业化发展，茶乡产业进一步提升。在此期间，共改造低产茶园 800 公顷，新发展优质茶园 750 公顷，其中无性系良种 100 公顷，“中茶 108”、龙井 43、乌牛早、迎霜、白茶、黄金芽等品种 31.33 公顷。2010 年，总产茶 2005 吨，产值 3274.6 万元，产量占全市总产量的 60.6%。

2011—2017 年，全镇林特产业结构进行调整，间作茶园套种花木面积扩大，茶叶产量减少，劳动力就业结构调整，劳务输出收入增加，重茶程度降低。珠茶鲜叶价下调，机采春茶鲜叶每千克不到 1.4 元，影响茶园肥培管理。全镇自 2012 年后，茶产业趋于低潮。

加工

民国前，茶农个人都有特砌炒茶灶，用传统方法制成圆珠形、长条形、卷曲形，炒青绿茶。中华人民共和国成立后，随着互助组、高级社成立，各组（社）均建有茶厂，由制茶能手负责加工。1969 年始，大岚公社 8 个大队建立第一批茶叶初制加工厂，共安装各种制茶机械 79 台。杀青、揉捻、二青、炒干等制茶过程由机械取代手工制作。1980 年 12 月底，大岚公社有 19 家茶厂，拥有茶机 189 台，其中杀青 33 台、揉捻 34 台、二青 23 台、炒干 93 台、烘干 6 台，另有柴油机 5 台，64 马力，电动机 52 台，297.5 马力，可生产初制干茶 2536 吨，实现制茶机械化（除华山公社外）。

1994 年，大岚镇有初制茶厂 62 家，精制茶厂 2 家。2010 年有初制加工厂 115 家、茶叶精制厂 7 家。2010 年后，村级初制茶厂减少。

1988 年始，茶类结构进行调整，名优茶发展步伐加快。1992 年，在原基础上增购电炒锅 250 口，1995 年发展到 1070 口。1994 年，置木炭或干柴炒制机械 150 台，后逐年改电制名茶机。通过个人投资为主、政府适当补助的办法，推动名茶制作机械化。2010 年，全镇有 10 家名茶加工厂、1456 台各类名茶机械，其中名茶制作机械 860 余台，平均每 3.3 户茶农拥有 1 台。2017 年，有各类名茶机械 1856 台，每 2.3 户拥有 1 台名茶机械。

四明龙尖制作工艺分为鲜叶摊放、杀青、理条、整形、提毫炭烘等步骤。第一道，鲜叶摊放。鲜叶要求“七不采”，不采雨水茶、紫芽叶、病虫叶、对夹叶、焦边叶、老叶和鱼叶。特级，采一芽一叶初展。一级，一芽一叶、一芽二叶初展。第二道，杀青。用机具电炒锅，投入 350 ～ 400 克鲜叶，用双手翻炒，高温快杀，要求杀透杀匀，无焦边和红梗叶。第三道，整形理条。内有两个过程：（1）理条，在中温 70℃～ 80℃下，以抓、搭相结合的手法，运用腕力和指力往返运动 6 ～ 7 分钟，直到茶叶不粘手为止。（2）搓揉，握茶条于手心中，运用掌力向一个方向轻揉结合微抖，初步形成茶条紧直后，摊晾30分钟。第四道，提毫，几分钟内运用手力在锅内轻搓，让茸毛充分显露。第五道，两次烘干。第一次烘干称毛火，第二次烘干称足火，均在竹制的烘笼中进行。烘芯垫铺白纱布一层，摊叶厚度1.5厘米，前者温度70℃～90℃，后者50℃～60℃，每隔4～8分钟翻一次，直至用手碾茶叶成粉末为止。现全部工艺均由机械加工。

销售

民国时期，境内茶叶以自主交易为主。梁弄、丰惠等外地茶商上大岚山采购，也有茶农下山与茶商联系销售或散销兑换大米、食油。

中华人民共和国成立后，1950年，县供销合作社总社成立，在梁弄设收茶站，大岚茶叶由梁弄茶站收购。1953年，大岚、南岚、新岚分别投售22.4吨、22.28吨、25.39吨。1956年，成立县农产品采购局，原供销社的经营农产品业务和机构归县农产品采购局管理。1958年，大岚建立茶叶收购站，站址设在现沁岚茶厂。1973年，新建大岚茶站（现书画院），茶叶按省颁新标准评茶计价。1975年，大岚公社向茶站出售197.25吨，金额665234.8元。1978年投售236.8吨，金额745231.7元，初制茶收购后，除按计划调给副食品部门的内销茶外，其余全部运往绍兴茶厂。1987年停调。

1980年，大岚公社办起精制茶厂，完成派购任务外，由精制茶厂收购。1984年茶叶收购放开后，实行多渠道经营，初制茶厂个体和集体经营者均可自主选择在镇内7家精制茶厂销售。

各类名茶多为内销。为打开销路，2002—2009年，鼓励茶农到大、中城市设专卖店、窗口、摊位，走进超市、商场、茶叶市场，政府给予奖励。2010年，全镇在余姚、新昌、河北、山东等地开设茶叶专卖店6家。2006年始，政府积极宣传推介，开展茶文化旅游活动，举办“神奇大岚”茶文化节，共举办了12届。2007年，改进茶叶包装，设计250克和100克易拉罐及袋装茶叶。为确保产品质量标准，由镇茶叶研究所人员严格把关、统一包装，提高大岚“四明龙尖”品牌的知名度，促进全镇名茶的销售。

茶类

境内生产绿茶、白茶、黄茶、红茶。绿茶类主要品种有：

珠茶（圆茶）　镇境主要茶类产量占总产的90%以上，采一芽二叶、三叶和鲜叶对夹叶，经摊青、杀青、摊凉、二青、炒干，制成外形圆紧如珠、滋味香醇清口、汤色杏黄明亮、叶底匀净成朵的珠茶。鲜叶采摘、制茶都用机械操作。

精制珠茶　初制厂加工后，经生取、熟取、净取，匀堆后拼配成出口精制茶。1984年，在西班牙马德里举办的第23届世界优质食品评选会上，“3050天坛牌”特级珠茶获国际金质奖。

国家级茶叶专家在大岚评茶

四明龙尖 是镇境高山云雾茶中的名品，通过电炒锅 + 手工操作精制而成。其品质特点为色泽绿翠，外形细紧略扁，香浓味醇，汤色清澈明亮，有一股山涧特有的兰花香充溢其中。

该茶创制于 1988 年，因创制年份时值龙年，故名“四明龙尖”，现已注册为“四明龙”商标。1989 年起，连续在宁波市名茶评比中夺魁：1991 年在杭州国际茶文化节上获“名茶新秀”之冠；1995 年获第二届中国农业博览会金奖；1998 年被评为浙江省优质农产品；2000 年获第二届国际名茶评比金奖；2002 年获中国精品茶评比金奖；2006 年获第三届宁波市国际茶文化节“中绿杯”金奖；2007 年被评为宁波市首届八大名茶之一；2009 年获第八届“中茶杯”全国名茶评比一等奖，并先后获得宁波市知名商标、浙江省著名商标称号。

瀑布仙茗 俗称瀑布茶，为浙江省有历史记载的最早名茶之一，是境内“四明龙”商标的主要品牌。主要产品机制工艺流程为鲜叶摊放—杀青—摊晾—揉捻—初烘—回潮—复烘—回潮—整形—足火。产品特点为上形条竖略扁，匀净，色泽光润翠绿，香气高雅持久，滋味鲜醇爽口，汤色嫩绿清澈，叶底细嫩明亮，匀齐，具有板栗香的优异品质。

蒸青茶（条形） 2000 年，镇在邱庄自然村筹建余姚市清心茶厂。2001 年，蒸青茶加工投产，经机械采摘、摊青、蒸汽杀青、初揉、中揉、烘干、精揉、烘干成产品。头年生产 350 吨，2015 年生产 500 吨，产值 600 万元，2017 年生产 510 吨，产值 665 万元。产品出口日本、欧洲。

勾青（卷曲形） 2007 年，余姚市芸海茶厂首制，经采摘、摊青、杀青、回潮、揉捻、烘干、回潮、做形、烘干、整形、提香等工艺精制而成。是年，生产 0.5 吨，2017 年生产 3 吨，每千克 200 ～ 1600 元。现境内勾青茶产量 10 吨。

烘青（条干） 制作简便，经杀青、揉捻、初烘、足烘（或烩锅）而成，多由茶农手工操作，含杂质少，味醇清香，但易变质，不易贮藏。1983—1984 年，大岚精制茶定点加工收购，配制茉莉花茶，销往宁波第一百货公司，年产 15 吨，特级花茶每千克 25 元。近年已很少制作。

政策

1957 年，政府规定向国家销售每 50 千克“平炒青”奖粮票 9.5 千克，“毛烘青”奖粮票 7 千克。

1960 年始，每销售茶叶 100 元奖粮食（原粮）：1962 年奖粮食 10 千克，1963 年奖 25 千克，1964 年奖粮票 25 千克、化肥票 41 千克、棉布票 28 尺，1965 年奖粮票 20 千克，1966—1967 年奖粮票 30 千克，1968—1972 年奖粮票 20 千克，1973—1981 年奖粮票 18.5 千克、化肥票 20 千克。1982 年起取消奖售政策。

1980—1982 年，为鼓励发展密植茶园，地方财政每亩补贴 25 元，一般茶园每亩补贴 15 元。

1995—1998 年，鼓励引进种植优良品种，每亩补贴 150 元；配套实施林特扶贫“1215”工程，每亩补贴 400 元。

2001 年，良种茶园每亩补贴 800 元。2003 年起，对无公害茶叶、绿色食品和有机茶的栽培、管理及认证给予 2 万元、3 万元和 5 万元的补助。2004 年，实行 QS 认证政策补助，厂房面积 300 平方米以下每家补助 3 万元，300 平方米以上每家补助 5 万元。2010 年起 3 年内，市政府每年安排 1000 万元资金重点扶持名茶“瀑布仙茗”的发展。

2010 年，大岚镇人民政府为促进名茶营销，实行奖励：当年，在市区设名茶销售窗口或摊位的奖 5000 元，省内县（市、区）以上城区设名茶销售窗口或摊位奖 8000 元，省外县（市、区）

以上及城区设名茶销售窗口或摊位的奖 15000 元。

以上须有租赁协议或房屋所有权证；符合当地上级主管部门的要求，办理证照；当年销售本镇名茶（包括勾青茶）产值 10 万元以上，另外同一个名茶销售窗口或摊位调换业主，或换一个窗口或摊位不能重复奖励。

对超市、大型商场或茶叶市场销售大岚名茶（包括勾青茶）2 万元以上的，按销售额的 5% 给予奖励，最高奖励不超过 10 万元，要求凭连锁超市、大型商场或茶叶市场的结算和付款凭证，窗口或摊位设在连锁超市、大型商场或茶叶市场内的，不做重复奖励，可享受较高一档的奖励政策。2009 年前已奖励的企业，当年比上年销售增长 10% 以上的，增长部分继续给予奖励。

参加余姚市各种名茶展销会的，奖 500 元；参加省内县级市展销会的，奖 1000 元，参加地级市的，奖 2000 元；参加杭州市展销会的，奖 3000 元；参加省外展销的，按以上级别增加奖励 500 元。对研制推广新产品的，按贡献大小给予 3 万元以内的奖励。

组织

为加快镇境名茶的生产，1996 年 7 月成立余姚市四明龙尖名茶开发有限公司（简称名茶公司），法人代表沈永楼，公司下设"四明龙尖"6 家骨干名茶加工厂，以镇（村）茶场为基地，实现生产、加工、销售一条龙。2001 年，建立大岚镇名茶协会，会员 15 人。2002 年，成立余姚市高山茶叶研究所，隶属四明龙尖开发有限公司。2011 年始，名茶公司法人代表为鲁鸿江。

1953—1982 年主要年份大岚镇茶叶总产一览表

表 5-2-1　　单位：吨

华山公社		大岚公社			
年份	总产	年份	总产	年份	总产
1961	13.3	1953	70.07	1978	249.95
1963	10.4	1956	136.37	1979	278.85
1969	23.9	1957	161.5	1980	285.9
1970	28.15	1964	52.83	1981	350
1971	33.85	1965	50.82	1982	450
1972	39.1	1969	175.75		
1973	36.5	1970	184.9		
1974	30.8	1971	174.4		
1975	34.9	1972	197.15		
1976	35.45	1973	200.15		
1977	42.8	1974	216.2		
1978	48.05	1975	208.6		
1979	56.95	1976	197.3		
1980	54.15	1977	208.95		

1983—2017 年大岚镇茶叶面积、总产一览表

表 5-2-2 单位：亩、吨

年份	茶园面积	总产量	年份	茶园面积	总产量
1983	8284	524.05	2001	22400	2641
1984	8284	490.25	2002	23000	2600
1985	9157	497.5	2003	25000	2458
1986	9084	545.1	2004	25000	2851
1987	9515	585.13	2005	25000	2876
1988	10502	716	2006	25000	2520
1989	10457	752	2007	25726	2462
1990	10774	837	2008	25726	2020
1991	11124	849	2009	25726	1976
1992	11124	950	2010	25726	2005
1993	11124	1009	2011	24950	2060
1994	11124	1002	2012	24950	1426
1995	11610	954	2013	24950	1185
1996	11610	1210	2014	25350	1270
1997	11790	1102	2015	25350	930
1998	11837	1329	2016	25000	1235
1999	12071	1631	2017	25000	595
2000	12429	2117			

1992—2017 年主要年份大岚镇名茶产量、产值情况表

表 5-2-3 单位：吨、万元

年份	总产量	产值	年份	总产量	产值
1992	15	150	2002	90	1205
1993	15	—	2005	81	1000
1994	35	—	2007	100	1500
1995	65	—	2008	90	—
1996	86.5	647	2010	95	1805
1997	110	870	2011	90	—
1998	97.5	975	2016	70	2100
2001	105	1166	2017	75	2250

第二节　竹笋（小杂竹）

境内竹林资源丰富，占林业用地的21.3%，主要林种为毛竹和小杂竹，是山民重要的林特产业。2017年，竹笋产值100万元。

毛竹

占竹林面积的83.35%，生产历史悠久，适应性强，用途广，产品优。主要分布在阴地龙潭、大俞、华山、戴麋、大岚、黄家庄、柿林、后朱、新岚、南岚村。民国时期，因交通不便，除龙潭等少数村有原竹出售外，多以晒笋片和笋煮干菜为主，另有夏家岭等村编制竹篮、扫帚到梁弄晓岭街出售。毛竹资源商品化程度不高，竹林培育比较粗放。中华人民共和国成立后，党和政府重视对毛竹产业的开发，建立供销合作社，毛竹购销指定供销部门统一经营管理。1957年，毛竹购销纳入国家计划。1959年，修通境内公路后，为毛竹销售提供便利。1962年，规定销售100株毛竹奖粮10千克、布票2市尺；1964年，销售毛竹每百元奖粮20千克、布票8市尺；1968年，销售毛竹每百元奖粮食20千克、布票4市尺；1973年，交售毛竹每百元奖粮17.5千克、布票3.5尺；1979年，除奖粮食、布票外，每百元奖化肥20千克。一系列扶持政策，激发山民培育竹林的积极性。

1953年，大岚乡出售毛竹40.8吨，新岚乡出售101.3吨。1963年，华山公社出售毛竹18万株、春笋10.8吨，1964年，留养新竹991200株；1970年，出售毛竹578750支。1980年，大岚公社出售鲜笋55.3吨、毛竹63700株。华山公社出售鲜笋59吨、毛竹69900株。

1981年，实施林业“三定”（定山林权属、定承包山、定自留山），林业生产得到较快发展。1982年，华山公社毛竹复垦68.07公顷，留养新竹64950株，出售鲜笋63.8吨、毛竹54750株。1984年，对竹林资源进行普查，华山乡有竹林461.67公顷，每亩立竹140.5株；大岚乡有竹林404.3公顷，每亩立竹119.6株。1984—1986年，大岚、华山乡采伐毛竹244100株，留笋养竹338635株。

1993年后，实施林特“1215”工程，建设万亩高产竹笋二用山基地，鼓励山民发展“一优二高”（引进优良林种，达到高产、高效）林业，至1995年，全镇改造低产竹林266.7公顷。1999年，改造低产竹林505.7公顷，把部分毛竹山培育成“赤脚好奔，赤膊好睏”高产竹园，成为一年四季产笋（毛笋、鞭笋、冬笋）的笋用林，成为山民增收的新渠道。1993、1994年，竹笋总产量分别达到1320吨和1728吨，亩产102千克、133千克，1994年竹笋产量比1992年的1050吨增加678吨，亩产增加51千克。常规竹山改成二用山，亩产值可从原100元增加到1000元，大元基一村民亩产值创纪录地达到2800元。1995年，采伐毛竹27万株、鲜笋202吨。2000年后，山民制作的笋煮干菜、产出的鞭笋、冬笋成为无公害绿色食品，受到消费者的青睐。

随着社会的进步、工业经济的振兴，用原竹加工生产农具和建筑用材逐渐减少，竹篮、竹椅、竹席、淘箩、饭篮等日常生活竹制品被塑料工艺和其他工业品所取代。2010年后，每亩立竹250株以上，比1984年增加一倍。但原竹日趋滞销。

杂竹

俗称野山笋，占竹林面积的16.65%，境内品种繁多，常食用的种类有刚竹（龙须竹）、粉绿竹（燕竹）、灰竹（小燕笋）、早竹（白壳燕笋）、桂竹（麻壳燕）、花竹、实心竹（笔笋）、鳗竹等10余种。杂竹笋味鲜美、无公害。中华人民共和国成立前，民间个人多引种杂竹，在房前屋后栽培，品种以燕竹、刚竹类为主。20世纪90年代初，政府鼓励农户发展“一优二高”林业，引进雷竹、红鸡竹等新品种，扶持山民种植。1995年，散植4812株，种苗款政府补助。

野山笋

野山笋最早在清明始拔，立夏时节为销售旺季，夏至结束售卖。野燕笋采拔最早，鳗笋、刚竹笋稍迟。山民在旺季上山拔笋后，制成银黄笋干、羊尾笋、罐头油焖笋等无公害食品，为境内山珍佳品。

第三节　水果（干果）

境内山民素有房前屋后栽种果树的习惯，主要水果品种有柿、枣、桃、梨、樱桃；干果类有栗、榧、银杏（白果）；野果类有藤梨（野猕猴桃）、山楂（山里果、刺转）、茅栗等。民国时期，水果类多供自家食用或送亲朋好友，干果类板栗（大栗）、香榧有小贩上门采购，或山民到丰惠、梁弄、宁波等集市出售。中华人民共和国成立后，房前屋后的果树归个人所有，山坡上散植的果树（干果）属集体共有。20世纪60～70年代，大岚、华山公社先后种植桃、梨、苹果、柿、樱桃、栗等。1974年，水果种植面积14.6公顷，其中华山公社产量13.95吨。1980年，全镇种植水果面积16.87公顷，总产量65.8吨。1986年，种植黄桃134公顷。1993年后，实施林特“1215”工程，规划建设5000亩果品基地，鼓励农户扩种柿子、樱桃、香榧、板栗、银杏，发展“一优二高”林业。1995年，种植板栗31150株、银杏1303株、柿子7920株，市、镇补助苗木款207849元。2000年，水果总产136吨。2009年，总产340吨。2013年，积极试种蓝莓、红心猕猴桃、山核桃等高效经济林7.3公顷。2017年，全镇水果面积70公顷（不包括干果），总产量126吨。

柿子

明嘉靖《余姚县志》卷六特产载：“余姚有柿，其种不一，而绿柿殊美，方柿殊大。”清康熙《余姚县志》卷六物产载："余姚有朱红柿、牛心柿、寒柿、丁香柿。"

柿林柿子

境内柿树分布广、品种多，有方柿、牛心柿、馒头柿、吊红柿、日本甜柿、野柿等，以柿林吊红柿最盛名，为浙东一带特产。该村栽柿至今已有600余年历史，村内柿树树龄在120年以上的有3棵。全村现有柿树林13.5公顷，年产柿子100余吨，村口最大一棵吊红树，可产500余千克。2001年，柿林村为吊红柿注册"阳春红"商标。2017年，柿果制成"柿子酒"，获哈萨克斯坦阿斯塔纳世博会金奖，为国内水果类白酒首例。1993年始，全镇发展传统果品，引导农户种植，1994—1995年，种植柿子20490株。2017年，面积扩大到53.3公顷，产量125吨，比1980年的41.4吨增83.6吨。

樱桃

樱桃"先百果而熟"，营养丰富，为百果之冠，故有春果第一枝的美誉，也被称为水果钻石。20世纪90年代前，境内西部戴王、糜山、阴地、龙潭、黄家庄等村均有传统种植。1993年后，又有新的扩栽。2017年，全镇种植面积16.7公顷，其中戴糜村3.37公顷，该村种植历史悠久，树龄老，品质优，为镇域主要特产之一。

桃子

中华人民共和国成立初期，农户房前屋后多有种植，品种有五月桃、水蜜桃等，20世纪60～70年代，生产队均有水蜜桃园。随着树龄老化后改成茶园。1986—1987年，大岚乡发展黄桃种植，面积134公顷，聘请奉化县技术员驻镇辅导栽培管理。1989年后，由于茶叶价格的升值而改种。

苹果

1970—1980年，农村发展多种经营。境内积极发展苹果生产，分布在石鼓、柿林、雅庄、大路下、大岚、丁家畈、后朱、黄家庄等村，面积53公顷，其中石鼓果场6.6公顷，黄家庄3.3公顷，聘请山东田师傅驻场辅导。品种有早熟"花红"，迟熟"国光"，果树生长好、果实大。石鼓果场最高可年产60余吨苹果。1980年，大岚公社产苹果13.1吨。由于境内多雨雾、湿度高，苹果味略偏酸，比不上省外品质，1987年后改种其他经济作物。

枣

俗称白葡枣，境内阴地龙潭、黄家庄、丁家畈、大路下等村多有种植，数阴地村最多。中华人民共和国成立初期，大小枣树超百棵，其中树龄80年以上17棵，老树枣甜而爽口，受消费者欢迎。后因树龄老化及村庄建设加快，枣林变成宅基地，现村内老树留存稀少，10年以上树龄的枣树有25棵。

梨

20世纪50年代，各村多有种植。60～70年代，黄家庄、石鼓、蜻蜓岗、夏家岭、大元基等村均有梨园发展，因受病害影响，而面积减少。1980年，大岚公社梨产量2.05吨，华山3.75吨。1995年，全镇梨园0.7公顷，产量1.8吨。2000年后，梨园改种花木，少数农户房前屋后有少量留存。

藤梨（野生猕猴桃）

中华人民共和国成立初期，境内藤梨资源丰富，主要分布在龙潭山、华盖山、柿林黄山厂、丁家畈竹梢湾、大岚村北斗湾、戴廉西尖岗等山崖。随着人口增长，民间生活用柴增加，猕猴桃科植物资源严重受损。1986年后，生活生产用柴量逐年减少，封山育林面积不断扩大；2000年后，建立生态公益林，促进藤梨繁殖生长，藤梨采果量大增，成为镇域野生水果“王牌”。

1993—1995年，镇政府引种，农户种植猕猴桃10.67公顷；2013年在大岚、大路下村建立红心猕猴桃基地。

板栗

中华人民共和国成立初期，镇内阴地龙潭、黄家庄、戴廉等村有散植，1964年，华山公社种植板栗6.13公顷。1984年经济林普查，华山乡有板栗1090株；大岚乡下芝庄40株。1994年，全镇发展板栗49.93公顷；1995年，种植31150株。2000年，有农户自销干果出售。2006年花木面积发展后，部分农户板栗株数减少。2017年，全镇板栗面积46.7公顷。

银杏

种植历史悠久，全镇3个村150年以上古树12株，最大一棵在大俞村，树龄765年。保存最多为柿林村，150年以上银杏10棵。20世纪80年代，为四旁植树优良树种。1990—1992年，大岚镇栽种银杏500株。实施林特“1215”工程后，银杏发展为镇果品基地建设的主要林种之一。1994—1995年，栽种银杏2603株。2005年后，景点、景区有干果出售。因银杏树种优质，部分农户出售供城市绿化，造成近年果树资源减少。

香榧

民间植榧历史悠久，大俞、柿林、龙潭均有种植。现今留存古香榧树21棵，其中有一颗树树龄765年，有5棵树龄在500年以上，5棵树龄在300年以上，10棵树龄在150～250年。中华人民共和国成立初期，龙潭村盛产香榧。20世纪70年代，因村公益事业发展和民用所需，砍伐不少香榧树。2013年，政府重视传统产业的发展，在大俞、华山村引种建立香榧基地，现种植面积16.67公顷。

1995—2016年水果产量情况表

表5-2-4 单位：吨

年份	总产量	年份	总产量
1995	72	2007	144
1996	81	2008	146
1997	86	2009	340
1998	83	2010	109
1999	124	2011	109
2000	136	2012	47.89
2001	120	2013	109
2002	87	2014	193
2003	110	2015	93
2004	108	2016	101
2005	133	2017	126
2006	144		

注：总产量不包括瓜类

第四节 花卉

20世纪90年代，镇域花卉生产较快发展，花木产业成为农民增收的支柱产业。2017年，产值5700万元，占全镇农业总收入的47.11%。

兰花

境域兰花资源丰富，历史悠久，大兰山因盛产蕙兰、多出名兰而得名。中外闻名的中国春兰“四大天王”中，余姚“龙”字春兰，出于姚南山区的大岚。至今兰界仍流传着山涧农妇成仙与皇帝作妃，献春兰极品姚一仙被皇帝命名为“龙”字的故事。

大岚兰花名声远扬

“人乃万物之灵，兰为植物之秀”，境内民间逢春节、清明有挖兰做盆景的习惯。改革开放后，市民中爱兰、赏兰、莳兰、藏兰的人越来越多，兰花经济成为亮点。镇内农民养兰、栽兰的队伍不断壮大，其中出现不少植兰大户。不但有“龙”字、素心，近年还发现奇花、叶艺、水晶等变异品类，兰界人士纷纷到大岚购兰、选兰。2002 年，全镇有 20 余户植兰，栽兰 1 万余盆，山地种植 10 万株，年交易额 10 万元以上。长期以来，山坡上仍留存着春兰等兰科植物。

花木

20 世纪 70 年代，镇内少数农民重视苗圃经营，培育檫、杉、楝、银杏苗木，供生产大队植树造林所需。1982 年，四明山区公所建立花木公司后，镇域兴起花卉热，大量种植黑松、山玉兰、青枫、五针松、日本大板松、雪松、茶花、龙柏等花卉。

1990 年后，随着国家宏观调控成效显现，城市建设力度不断加大，特别是国务院《城市绿化条例》的颁布实施和 1996 年余姚市实施第一轮城市绿化方案后，全镇花木进入大发展时期。是年，农户从四明山镇、嵊县等地采购红枫、樱花苗木种植，广采山玉兰籽、青枫籽，经育苗、嫁接后供农户自栽或销售给其他农户栽培。

2002 年，政府为积极鼓励农户规模化经营，凡农户连片种植 20 亩，每亩补助资金 50 元，种植 50 亩以上每亩补助 100 元。是年，补助基地资金 49300 元，种植面积扩大到 5500 亩，产值达 500 万元，占农业产值的 8.1%。2003 年，为促进花木销售，鼓励农户在专业市场设摊，每个摊位补助 2000 元。是年，在金华、萧山、常州、福建等地开设销售窗口 8 个，产值达到 700 余万元，占农业总产值的 9.2%。

2005 年，花木面积达到 8000 亩。镇内建立首个“余姚市大岚花木专业合作社”，合作社员从 10 户发展到 30 户，注册资金从 50 万元增加到 300 万元。2017 年，有注册合作社 8 家，社员 3000 余人，营销人员 200 余人，产、销一条龙服务，花木营销到全国多个省、市。全镇以种植红枫、樱花为主，青枫、红白黄玉兰、垂丝海棠等多个品类的万亩花木基地成为农户增收的支柱产业。

雅庄村里的樱花王

花木产业从政府引导到农户自发，积极性持续高涨，灌木林地垦种、耕地改种、茶粮地套种，花木面积不断扩大。为保护境域生态，2007 年，政府规定禁止在 25 度以上山坡林地进行毁林开垦，种植花木，引进红豆杉、香榧等品种进行生态修复。2000 年后，全镇建立生态公益林。

2013、2017 年大岚镇花木销售价格一览表

表 5-2-5　　单位：元 / 株

年份	品种	2 厘米	4 厘米	6 厘米	8 厘米	10 厘米	12 厘米	14 厘米	16 厘米
2013	红枫	35	120	370	1500	4700	10000	22000	35000
	樱花	30	50	150	400	7000	1700	2150	5000
2017	红枫	16	60	110	300	600	1100	1950	4700
	樱花	7	25	60	100	190	400	850	1600

注：此价按大俞、阴地、丁家畈村销售平均数

第三章 林场、茶场

20 世纪 70 年代，大岚镇境内有 25 个大队，107 个生产队。为绿化荒山，增加公社、大队二级经济收入，兴办茶场林场。

第一节 林场

1981 年前，有村级林场 12 个，面积 424.67 公顷。2017 年有集体林场（也称村统管山）9 个，面积 423.07 公顷。生产经营由集体管理或林地流转到农户承包。

村级主要林场简况：

毛洞林场

雅庄村毛洞林场面积 84 公顷，其中杉木基地林 10.67 公顷，竹林 13.33 公顷，其他以薪炭林为主。1980 年前，大队派各生产队劳动力培育管理林场。1981 年后，村确定 2 个劳动力看山，劳动报酬参照村干部。另派各组人员参加砍伐毛竹、崀山扶育。2002 年后，落实专户承包，年上交村 5000 元。2017 年，上交村 3000 元。

高山林场

大俞村高山林场面积 217 公顷，其中茶园 5.3 公顷，杉木基地 13.33 公顷，其余为薪炭林地。1981 年前，村派人驻场管护。1982—2001 年集体统管护林。2002 年后，有 9 户，面积 38.53 公顷，流转到户承包，年限 15—20 年不等，上交村承包费 101910 元。另有 178.47 公顷，为集体统管。

北斗湾林场

大岚村北斗湾林场，面积 38.67 公顷。20 世纪 70 年代，夏家岭、四丰自然村积极响应政府号召，选择在北斗湾、龙角山薪炭林地上开垦种植杉木办林场。村派生产队劳动力驻场护林培育，劳动报酬按村平均工记分。80 年代中期，有杉木间伐出售，其中四丰自然村 13.3 公顷，产值 10 万元。1981 年，实行林业生产责任制后，场仍有 1 ～ 2 人管理。并村后，撤销专人管理制度，现为村集体统管山，护林由村巡查员负责。

第二节 茶场

1981 年前，生产队办茶牧场 54 个，占总队数的 50.46%，面积 101.6 公顷。大队办茶场 16 个，占大队总数的 64%，面积 130.8 公顷。公社办茶场 3 个，面积 21.67 公顷。2017 年，镇村集体专业茶园 104.3 公顷，生产经营流转到个人承包。

陶家坑茶场

1975 年，大岚公社选派雅庄村党支部书记鲁仁冲和有关村干部建立领导班子，组织各大队劳动力，在陶家坑自然村开垦荒山种茶。是年底，知识青年插队大岚公社，茶场为知青安置点。1977 年，调任城山司村党支部书记俞海良负责茶场工作。1978 年，生产干茶 2.85 吨，产值 9225 元。1980 年，建立专业茶园 12.07 公顷，其中生产茶园 5.25 公顷，幼龄茶园 6.82 公顷。拥有制茶机械 5 台，其中杀青 1 台，揉捻 1 台，二青 1 台，炒干 2 台。另有 8 马力柴油机 1 台，11 千瓦电动机 2 台，可加工 5 吨珠茶。1981 年后，茶场面积 17 公顷，其中上场（眠床岗）7 公顷，先后有多人承包经营。

1996 年 7 月，镇成立四明龙尖名茶开发有限公司，茶场基地由名茶公司法人代表承包经营。

眠床岗绿油油的茶园

1997—1998年，上交镇财政24万元。2000年后，签约每年上缴镇财政9万元。在此期间，机械设备得到更新，厂房面积扩大，名茶制作产量提高。全场有厂房建筑面积400平方米，其中下场250平方米。拥有名茶电炒锅4口，制茶机械26台，其中炒茶机7台，揉捻机1台，滚动二青机1台，杀青2台，烧碳名茶机2台，三棱电杀青机3台，五棱烧煤滚动杀青机1台，烘干机1台，烧柴理条机3台，名茶揉捻机2台，整形机1台，曲毫滚动机1台，三棱烘干机1台。2010年，珠茶、名茶产值达200万元。

2011年始，茶场基地由新一轮名茶公司法人代表承包经营，年上缴镇财政15万元。2017年，名优茶产值150万元。

华山茶场

华山公社茶场位于华山村白莲庄自然村境内，面积3.33公顷。1973年12月规划筹建，1974年春，由公社党委委员武装部长分工负责，抽调村2名干部组建班子。落实土地政策及村（组）、公社四、六分成收益政策，在疏林山上开垦，办专业茶场。各村抽调1个劳动力搞培育管理。1977年3月，在阴地、黄家庄、华山大队的27名余姚知青集中安置到公社茶场，派公社党委委员分管茶场及知识青年教育管理工作。1980—1982年，公社选调大元基村干部负责茶场管理，1983—1989年，先后有多人承包。在此期间，拥有8台炒茶机、2台二青机、2台杀青机、2台揉捻机。场内又办起了乡巧克力糖厂。1994—2001年，茶场由华山村集体统管经营，每年上缴镇财政5000元。茶场为发展有机茶生产，又新建7间300平方米厂房，新添置转动滚筒杀青机1台、大型烘干机1台、打块机1台、揉捻机2台、滚动机4台和变压器1台。后因茶叶滞销，镇承包款给予免缴。

2001年后，另有村集体茶场13.33公顷和镇茶场承包给余姚市四明山新型农业有限责任公司，从事现代农业开发。

第六编　种植业　养殖业

第一章　主要农作物

镇境内山多耕地少，中华人民共和国成立初期，人均占耕地800平方米，其中水田人均630平方米。1974年，人均480平方米，其中水田370平方米。农民生产的粮食自给不足，靠国家供应。为解决群众口粮自给能力，中华人民共和国成立后30年内，重视粮田“四改”（改良品种、改造低产冷水田、改善水利设施、改进栽培技术），促进水稻高产。1978年，镇境内生产粮食4516吨，人均占粮302.7千克，农民口粮自给能力得到提高。1986年后，农村劳力大幅转移，农民种植业结构进行调整，主要农作物稻、麦、油、薯的面积、产量渐减，传统农副产品价格提升。

第一节　水稻　大小麦　油料作物

水稻

按类型分，有籼稻、粳稻、糯稻，从熟制上分，有早、中、迟熟稻。镇域年平均日照时数1302.7小时，常年平均气温14℃，比平原稻区分别少473.2小时，低2.2℃。多数粮田分布在500米以上山坡梯田，除龙潭自然村素有早稻种植外，其余只适宜于种植中汛单季水稻。20世纪70～90年代，主粮水稻占年总产量的80%。中华人民共和国成立初期，水稻产量低而不稳。1951年，南岚、新岚乡种植中汛稻393.72公顷，亩产172.5千克。1965年大岚、华山公社种植502.67公顷，总产粮食1611.85吨，平均亩产213.8千克。1975年，农村水利设施改善，品种优良，肥源充足，农业科技队伍加强，县、区、公社、大队建立四级科技队伍，粮食亩产、总产大幅度提升。是年，大岚、华山公社种植面积527.6公顷，总产3100.55吨，亩产391.8千克，总产比1965年增加1488.7吨，增长92%，亩产增加178千克。1970—1980年，大岚公社年种植水稻430.93公顷，总产2516吨，平均亩产389.3千克，亩产最高年份1978年达到442.2千克。2016年，全镇种植中浙优

梯　田

8 号，最高田块亩产达到 650 千克。2017 年，种植面积 37.33 公顷，亩产 477 千克，总产 267 吨。

20 世纪 50 年代，丁家畈等村曾试种双季稻，因产量不高，未改制。地处低海拔黑龙潭村，有种植早稻的温、光、水条件，1964—1987 年，年栽培早稻 4 公顷以上，1969 年扩种到 11.73 公顷，总产粮食 56.5 吨，亩产 321 千克。1988 年起，早稻面积逐年减少。1996 年后，农业产业结构调整，改种单季中汛稻。

大小麦

俗称春粮，是山区农户补充口粮不足的主要粮食作物。民国时期和中华人民共和国成立初期，民间把小麦磨成粉后制作成麦馒头、面疙瘩、土面条等多种食品，充当早餐和点心，麦粒炒制后磨成“炒麦粉”充饥，或与大米煮成“麦粹饭”补充粮食不足。大麦既是发展生猪生产的主饲料，也是民间制酒好原料，麦经蒸熟发酵后的麦乳汁，与烧酒混合后制成“麦乳烧酒”，其色泽赤，味香。中华人民共和国成立后，集体大麦、小麦种植面积不多，农户在自留地上多有栽培。20 世纪 70 ～ 80 年代，占镇境内粮食总产的 3%。种植最多的 1974 年，种植面积达 158.4 公顷，总产量 136.3 吨，占粮食总产量的 3.4%。1990 年占总产量的 0.95%，1995 年后，改种其他经济作物。

油菜

清同治元年（1862）已普遍种植。是年，新岚村甘竹自然村西新建境内首家榨油厂，至今已有 155 年历史。中华人民共和国成立后，丁家畈村也办过榨油厂，农民生产油菜籽可就地加工。20 世纪 60 年代，农村种植以粮食作物为主，油菜种植面积不大。1965 年，境内种植 17.33 公顷，总产量 11.05 吨，亩产 42.5 千克。1974 年后，粮食丰收，油菜种植面积不断扩大。1989—2004 年，年均种植 110.51 公顷，亩产 99.5 千克，是 1965 年亩产的 2.3 倍。2001 年，境内面积扩大到 127.73 公顷，总产 167 吨。1997 年亩产、总产量最高，达到每亩 122.2 千克，总产 214 吨。2008 年后，油菜面积逐年减少，2014 年起改种其他经济作物。

1951—1952 年南岚、新岚乡中汛稻产量一览表

表 6–1–1

乡名	村	1951 年		1952 年	
		面积（亩）	总产（吨）	面积（亩）	总产（吨）
南岚乡	一	362.82	20.86	662.87	72.92
	二	660.19	39.61	660.19	79.22
	三	1094.3	84.81	1044.3	135.76
	四	332.16	22.42	332.16	39.86
新岚乡	一	730.3	76.13	747.7	126.67
	二	950.65	106.47	934.9	172.08
	三	757.58	78.79	728.35	131.8
	四	1017.8	80.41	1047.3	143.74
小计	8	5905.8	509.5	6157.77	902.05

1965—1990年大岚乡（公社）主要粮食作物种植面积、产量一览表

表6-1-2

年份	种植面积（亩）	总产（吨）	中汛稻		春粮（大小麦）		杂粮	
			面积（亩）	产量（吨）	面积（亩）	产量（吨）	面积（亩）	产量（吨）
1965	9687	1773	6200	1333	1242	99.1	2225	340.8
1966	10484	2343	6510	1766.3	1383	97.95	2591	478.85
1967	8500	2564	6571	2077.15	1551	124.45	1909	362.35
1968	10243	3027.8	6522.5	2367.3	1442.5	127.6	2278	532.9
1969	—	3229	—	—	—	—	—	—
1970	10200	3182	6480	2613.3	1300	94.15	2420	474.5
1971	7643	2784	6491	2188.2	1103	104.5	2302	491.25
1972	7719	3608	6497	2422.65	1732	173.6	2425	1011.9
1973	10620	3776	6460	2777.85	1860	159.1	2300	839.45
1974	7985	3411	6446	2573.75	1881	100.15	2283	736.8
1975	7933	3388	6446	2563.45	1733	93.95	2283	730.1
1976	7865	3243	6452	2644.2	1369	58.95	2289	539.35
1977	7987	3004	6458	2180.65	1305	39.65	2426	783.15
1978	7820	3724	6462	2857.2	1211	81.35	2463	785.7
1979	7851	3196	6460	2475	1369	148.95	2184	572.1
1980	9397	3022	6452	2380.8	1119	104.95	2078	536.1
1981	8526	2753	6440	2360.95	437	42.65	1649	349.25
1982	8662	2984	6428	2673.95	644	45.7	1590	263.95
1983	9159	2853	6435	2273.25	810	74.4	2134	505.75
1984	8280	3279	6434	2563.25	770	59.65	1915	655.95
1985	8105	3225	6426	2460.55	699	71.5	1967	692.8
1986	7799	2487	6416	1858	904	63	2008	566
1987	7757	3073	6392	2375	718	55	2222	642
1988	7743	2851	6371	2202	355	40	2307	609
1989	7729	2199	6352	1740	700	75	2389	384
1990	7334	3166	6352	2628	475	25	2463	513

注：1969年部分数据散失

1964—1990年华山乡（公社）主要农作物种植面积、产量一览表

表6-1-3

年份	种植面积（亩）	总产量（吨）	中汛稻		春粮		早稻		杂粮	
			面积（亩）	产量（吨）	面积（亩）	产量（吨）	面积（亩）	产量（吨）	面积（亩）	产量（吨）
1964	2440	471.2	1369	317.5	385	27.75	90	17.2	596	109.15
1965	2406	415	1340	278.85	382	28.6	115	24.95	570	82.9
1966	2311	505	1400	327.5	340	33.65	154	35.5	507	107.9
1967	2303	511	1339	373.8	329	29.45	128	37.75	507	69.75
1968	2172	578	1289	393.15	301	28.65	167	47.3	518	108.55
1969	2167	633	1286	429.15	293	17.45	176	56.5	513	130
1970	2301	637	1381	456.75	262	22.25	155	40.05	591	117.5
1971	1750	670	1410	466.5	287	34.73	110	38.3	559	130.25
1972	1721	802	1437	498.2	401	47.8	99	32.1	514	223.8
1973	1722	810	1470	559.6	405	33.95	70	22.75	489	193.55
1974	1720	749	1475	526.95	495	36.15	61	20.75	489	164.6
1975	1737	729.0	1468	537.1	346	28.2	73	21.65	529	142.25
1976	1976	712	1472	524.35	370	23.3	72	20.2	454	143.9
1977	1711	670	1466	450.45	356	19.1	62	16.6	500	183.9
1978	1722	792	1461	554.85	388	32.45	68	25.8	494	178.5
1979	1718	749	1459	532.15	413	50.85	79	30.85	486	134.7
1980	2383	684	1453	475.5	387	33.05	72	25.2	531	150.4
1981	2192	709	1456	489.6	233	24.9	68	28.2	435	166.3
1982	2225	705	1451	509.85	271	26.7	78	28.6	462	140.05
1983	2262	625	1456	436.35	281	26.95	73	18.45	452	143.5
1984	1804	762	1450	537.2	289	22.1	65	18.2	502	184.35
1985	1875	657	1521	465.85	262	20.75	65	17.9	498	152.05
1986	1836	574	1456	407	289	24	60	21	548	122
1987	1777	632	1456	470	266	20	60	23	567	119
1988	1894	556	1456	449	268	16	40	10	561	81
1989	1922	395	1448	315	70	6	55	14	602	60
1990	1817	534	1438	452	100	10	25	9	574	141

1991—2014年大岚镇粮食种植面积、产量一览表

表6-1-4

年份	播种面积（亩）	总产（吨）	春粮		水稻		杂粮	
			面积（亩）	产量（吨）	面积（亩）	产量（吨）	面积（亩）	产量（吨）
1991	10565	3801.7	648	42.2	7788	3271	2129	488.5
1992	11377	3719	665	50	7821	3084	2891	585
1993	11148	3943	370	32	7818	3321	2960	590
1994	11111	3569	300	22.5	7793	3315	3018	231.5
1995	13048	3518	1958	240	7814	2903	3276	375
1996	12944	4157	2074	263	7802	3477	3068	417
1997	12840	3326	2065	281	7801	2654	2974	391
1998	13026	4112	2100	315	7776	3310	3150	487
1999	12695	3978	1901	303	7769	3231	3025	444
2000	12077	3805	1909	296	7718	3092	2450	417
2001	8793	2839	262	13	6573	2569	1958	257
2002	6649	2289	241	43	4795	1935	1613	311
2003	6404	2048	173	31	4515	1739	1716	278
2004	6895	2390	295	50	4880	2001	1720	339
2005	7094	2584	249	44	5030	1921	1815	619
2006	6471	3019	249	44	4272	1719	1950	1256
2007	6359	3185	255	46	4500	2036	1604	1103
2008	7834	3427	2379	703	3995	1817	1460	907.1
2009	8455	3184.2	2530	869	3455	1537	2170	778.2
2010	7202	2671.3	2562	992	2985	1368	1655	311.3
2011	4856	1629	1241	396	2015	932	1600	301
2012	3681	1379	1303	438	1478.2	702	900	239
2013	3197	1171.7	1303	427	1094	534	800	210.7
2014	3006	1071.7	302	64	799	343	1905	664.2

1965—2013年部分年份大岚境内油菜种植面积、产量一览表

表6-1-5

年份	大岚乡（公社）		华山乡（公社）		年份	大岚镇	
	面积（亩）	总产（吨）	面积（亩）	总产（吨）		面积（亩）	总产（吨）
1965	232	9.9	28	1.15	1991	1709	158
1966	224	8.7	16	0.6	1992	1700	162
1968	159	5.25	10	0.3	1993	1786	197.35
1971	174	9.65	19	1.1	1994	1726	165
1972	195	9.35	34	1.45	1995	1809	200

续表 6-1-5

年份	大岚乡（公社）		华山乡（公社）		年份	大岚镇	
	面积（亩）	总产（吨）	面积（亩）	总产（吨）		面积（亩）	总产（吨）
1973	200	10	37	1.48	1996	1801	210
1974	240	10.85	48	2.65	1997	1751	214
1975	292	17.8	53	3.05	1998	1683	150
1976	116	1.8	14	0.25	1999	1674	155
1977	317	13.2	45	1.35	2000	1651	150
1978	425	27.2	58	3.7	2001	1916	167
1979	480	38.85	67	6.45	2002	1826	162
1980	555	41.05	82	5.55	2003	1313	102
1981	745	56.8	128	7.55	2004	1502	162
1982	1012	56.85	92	8.5	2005	990	98
1983	890	80.5	121	10.05	2006	990	98
1984	774	61.75	122	7.95	2007	1420	138
1985	836	71.15	122	9.45	2008	763	69.8
1986	920	58.4	142	10	2009	955	129
1987	945	84	157	10	2011	446	63.7
1988	378	15	162		2013	462	67.2
1989	1025	100	120	10			
1990	1323	144	250	28			

第二节　番薯　玉米　大豆　马铃薯等杂粮

番薯

种植历史较长，明代后期已普遍种植，是镇境内主要粮食作物之一，为境内杂粮之首。番薯具有食用面广、品质优、口味佳、产量高的特点，可生食、熟食、干食。收获后的鲜薯经短期贮藏（20 天后），生食的红皮白心胜似荸荠；熟食可煮、蒸、烤，与赤豆、豇豆、绿豆、粳糯米做成多种番薯豆粥、米粥和米饭；干食，经加工后做成粉丝（干面）、番薯枣子、番薯片；也可把鲜薯刨丝晒干后与米煮成“番薯干饭”；番薯干磨成粉可做番薯干饼。20 世纪 70 年代，政府为照顾山区农民多吃细粮，在大岚粮站番薯干兑换大米。番薯不但可以代替粮食，当闲食，做饲料，作保健食品或加工成系列农副产品，而且也是抗癌食品。中华人民共和国成立后，番薯种植面积不断扩大。1965—1966 年，大岚、华山公社年种植番薯 86.2 公顷，产量 251.65 吨，占杂粮总面积的 43.8%，产量占杂粮总产的 52.93%，占镇境内粮食总产量的 10%。1970—1974 年，华山公社年均种植番薯 20.07 公顷，产量 110.7 吨，占杂粮面积的 50.72%，占杂粮总产量的 66.1%，占公社粮食总产的 15.49%。1980 年，大岚、华山公社种植 101 公顷，产量 533.4 吨，占杂粮面积的58.07%，占杂粮总产量的77.7%，占境内粮食总产14.4%。1995年，全镇种植面积120.27公顷，总产319吨，比1980年总产减少214.4吨。2000年后，农户以种植花卉作物为主，番薯种植只作农家消闲食品或加工成自用粉丝，另有黄家庄、大岚、雅庄、新岚等村农户制作成番薯枣子和粉丝出售。

玉米

俗称六谷，是山区群众辅助粮之一，玉米可鲜吃也可蔬食。中华人民共和国成立初期，玉米经脱粒晒干磨粉做成六谷饼、六谷年糕、六谷汤圆、六谷糊等，代替粮食当作点心和早、晚主餐；也可炒制成六谷胖（玉米粒）；或六谷、黄豆分炒后磨粉，经拌匀成六谷黄豆粉充饥。

1965—1966年，大岚、华山公社年均种植面积68.33公顷，产量188.7吨，占杂粮面积的34.79%，占杂粮总产量的39.69%，占镇境内粮食总产的7.5%。1970—1974年，华山公社年均种植8.41公顷，产量40.55吨，占杂粮种植面积的21.25%，占杂粮总产量的24.21%，占公社粮食总产量的5.68%。1980年后，玉米种植以自家尝鲜玉米和作为母猪饲料为主，大岚、华山公社种植玉米34.33公顷，产量103.7吨，占杂粮面积的19.74%，占杂粮总产的15.11%，占镇境内粮食总产的2.8%。1989年，市、镇协作搞千亩旱地套种杂交玉米高产示范，基地面积68.67公顷，平均亩产206千克，其中57.4公顷亩产达到227千克，比常规大暑白玉米亩产增加127.4千克。1995年，全镇种植42.87公顷，产量23吨，占杂粮总产的6.13%，占全镇粮食总产的0.64%。2000年后，居住在镇境内农业户均套种和零星种植春、秋玉米。

大豆

俗称黄豆、毛豆。传统栽培品种，农家主要蔬菜作物。中华人民共和国成立初期，民间逢年过节或办婚、丧事，多数农户自制豆制品食用，平常黄豆待成熟开始尝鲜豆荚食用。鲜豆，食用面广，营养丰富，味鲜美，可做多种农家菜肴。1965—1966年，大岚、华山公社年均种植面积33.3公顷，产量57.5吨，占杂粮面积的16.96%，占杂粮总产的12.09%，占镇内粮食总产的2.28%。1970—1974年，华山公社年均种植黄豆4.83公顷，产量11.58吨，占杂粮总产的6.9%，占公社粮食总产的1.65%。1980年，大岚、华山公社种植20.8公顷，产量30.8吨，占杂粮总产量的4.5%，占镇境内粮食总产的0.83%。1995年全镇种植55.27公顷，总产33吨，占杂粮总产8.8%，占全镇粮食总产的0.9%。1996年后，耕地改种花卉，黄豆套种面积逐年减少。

马铃薯

俗称洋芋艿。传统栽培品种，具有生长期短、产量高、食味好、易贮藏等特点，是山区农家主要蔬食和代粮作物。薯块可炒、蒸、烤，也可磨粉制作洋芋艿粉丝。烤芋艿为境域农家名食，个大的可当点心，小的可作蔬食。首次烤煮薯皮略带盐，以后将原汁（老汤）烤煮省盐省时，皮皱不带盐，味香食美，成为市民最喜欢品尝的农家特产。中华人民共和国成立初期，集体和个人均有种植，小户可收获200～400千克，大户可收获1000千克以上。1977—1974年，华山公社集体耕地平均种植15.13公顷，产量479.54吨。1980年，大岚、华山公社种植41.07公顷，总产1518吨。1995年后，马铃薯产量按春粮统计（产量5折1），因镇境内农业结构调整，种

芋艿丰收

植面积逐年减少。近年，农户在雅庄等村种植稍多，其他各村除少数居民外均有零星小面积种植，供自食或送亲友。

第三节　蔬菜

品种

据民国《余姚六仓志》等记载，清末民初，现境内蔬菜品种有50余种，2017年全镇共有12类90余种。主要包括：

豆类　传统品种：蚕豆（大蚕豆）、豌豆（细蚕豆）、黄豆（毛豆、大豆）、扁豆（红、青）、豇豆、赤豆（细豆）、绿豆、长豇豆（带豆、梗豆）、羊角豆（梅豆、四季豆）等。1970年后，从山下引入矮梅豆、甜豌豆、荷兰豆等。

茄果类　传统品种：红茄、紫茄、白茄、辣椒。1960年后引进番茄，1970年引进菜椒（后朱村试种高山菜椒50亩）、羊角椒等。1980年引进宁波藤茄、浙茄1号等。

果瓜类　传统品种：南瓜、冬瓜、黄瓜、蒲子、丝瓜等。1990年后，引进青瓜、五月蒲（青皮长蒲）、白长蒲，2000年后，引进短丝瓜、早熟小南瓜等。

白菜类　传统品种：小白菜、高脚白、落雪大、黄芽菜、青菜、本地油菜等。1980年后，引进山东大白菜，俗称胶菜。2000年后，陆续种植多种新品种，胶菜类有丰抗80—90、早熟五号、北京小杂56等，青菜有小塘菜、苏州青、大叶黑大头、矮抗青、黑叶五月蔓、小八叶菜塌等。

芥菜类　传统品种：雪里蕻、大叶芥、紫雪芥、弥陀芥。2000年后，引进金丝芥、嘉兴瘤芥、胖儿菜（娃娃菜）等。

甘蓝菜类　20世纪90年代，引进包心菜、青花菜，又名绿花菜、西兰花。

根菜类 传统品种：大头菜、板菜萝卜、长萝卜、圆萝卜等。1990年后，陆续种植多种萝卜，有浙江长萝卜、九斤玉迟萝卜、神禾丰田65、高抗青大萝卜、圆白萝卜、成都六十早萝卜、扬州白萝卜、一点红萝卜、成都满身红萝卜、神禾红秀（胡萝卜）等。

绿叶菜类 传统品种：茼蒿、苋菜、菠菜等。1990年后，陆续引进泰国柳叶空心菜、生菜、香菜、实芹等。

水生类 1982年引种茭白。2003年，由市农科所引种在黄家庄村试种3.33公顷，搞茭白田养殖技术研究。

薯芋类 传统品种：马铃薯、芋艿。1957年后，引种葵花芋艿，焦藕。

葱蒜类 传统品种：葱、韭菜、大蒜、瓢柱头。2009年后，引种阔叶大蒜。

多年生菜类 1970年后，上马岗一带种植金针（黄花菜）。1990年后，种植香椿，另有多种野生菜类，竹笋（毛笋、鞭笋、冬笋、杂竹野山笋）、野生姜、鱼腥草、马兰、蕨菜等。

产量

20世纪50年代起，农户在屋前屋后、田边地角、自留地（饲料地）种植日常蔬菜供自给。面积、产量属马铃薯最多，其次白菜、雪里蕻菜和萝卜。三大菜蔬是农户当家菜，户户种植、家家腌制，白菜产量小户80～150千克，大户200～400千克；每户产雪里蕻30～150千克，经腌制，一部分晒干备用，待开春后烧制成笋煮干菜。1995年后，农户种植白菜、雪里蕻菜面积减少。萝卜素有种植，20世纪80年代前多数作生猪饲料。1970—1974年，豆类年均种植1.7公顷，产量2.3吨。1980年，大岚、华山公社种植17公顷，产量23吨。1986年后，只有少数农户种植。（马铃薯、黄豆类见本章第二节）

第四节　高山西瓜

西瓜为葫芦科，西瓜属，一年生草本藤蔓植物。西瓜在不同土质均可栽培，镇境内高山沙地，土壤肥沃疏松，排水良好，气候条件适宜，昼夜温差大，有利植株养分积累，提高果实含糖量，瓜果水分足、甜度高、瓜瓤脆、特爽口，受消费者的青睐。

民国时期，境内未栽培，农民吃瓜向山下瓜商购买。中华人民共和国成立后，少数农户从梁弄、下管等集市带瓜秧引入试种。20世纪70年代中期，农村发展多种经营，为提高耕地复种指数，增加生产队收益，多个大队在苹果园幼龄期套种黑皮和花皮西瓜。因品种老，缺栽培经验，产量不高。另受计划经济时代影响，商品意识薄弱，多数瓜果不外卖，供生产队社员自食，经济效益不明显，西瓜种植发展缓慢。

1981年后，农业实行生产承包责任制，农户口粮基本解决后，始对种植业结构进行调整。1992年，在农技部门指导下，引入西瓜新品种早佳（82—24）和浙密3号，在耕地上种植高山西瓜6.67公顷，亩产1500千克，产值15万元，经济效益明显。此后，农民种植面积逐年扩大。2003—2011年，多村农户种植，年产瓜果1535吨，产值184万元。2012年后，大户栽培面积渐减，多户种植面积扩大，外运销售不多，镇内农家就地自销数量增加。2017 年，全镇生产西瓜 60 吨，产值 12 万元。

附：加工农产品

番薯枣子

俗称番薯瘪。镇域农家传统消闲食品，亦是农户干活防饥的干粮。民国时期多有制作。选一种红皮白心品种，霜降前后收获，地上摊放 20 ~ 30 天，待淀粉转为糖分后，番薯甜度增高，水分减少。加工时选中档大小，长而圆滑鲜番薯，洗净，削去两头根须，据铁镬和烘制器具大小确定数量，放小半镬水，用旺火烧煮，待番薯软后，再放点红糖（过去不放糖），见镬底的汤汁快干时（汤呈糖浆状）起镬。

备火缸（陶制大缸）一只（南片农家大多在火炉潭烘制），底部先放一层灰，放炭火后，把烤好的番薯挨个摊放在铁丝编成的圆匾内，上面用麻袋盖严。在烘制过程中人要关注火势，火缸过旺，番薯容易烘焦，要往火缸里加盖一层灰，最好用糯稻瘪谷或大砻糠盖上，既控制火的强弱，又用烟熏，这样烘成的番薯枣子有股特有的香味（不能用锯屑熏）；火缸过冷，番薯要烘僵，要扒开灰层。烘的番薯要经常翻动，并用手轻轻将番薯捏成扁形。烘到晚上临睡前，番薯外已干，半夜起来再翻动一次。经过一天一夜，番薯枣子基本烘成，待放置 1 ~ 2 天返潮后再烘一次。烘好番薯枣子略扁，呈褐红色，外干内软，味道类似蜜枣，有股清香味。过去农家都是自己消闲或送亲友，不外卖。20 世纪 60 ~ 70 年代，农家贮在谷仓内，待翌年采茶、农忙时，饭镬蒸后当点心。80 ~ 90 年代农民极少烘制。2000 年后，随着境内旅游产业的开发，番薯枣子受到消费者喜爱。2003 年，在市农技指导员辅导下，引入番薯新品种浙薯 13 和 132，率先在黄家庄村开发试制。2005 年，番薯枣子产量达到 21 吨，产值 42 万元，增加农民收入。2006 年后，多村烘制，年产值百万元以上。2017 年，全镇生产 40 吨，产值 160 万元。

番薯粉丝

俗称干面，是山区农家常年的优质蔬食。农户素来把收获后的大番薯，经洗净，削去两头根须及劣皮，选长 70 厘米左右老竹基部（节密、高、硬原竹子）磨粉。1970 年后，引进薯粉机械，大小番薯可磨粉，经人工加水拌匀，用蚊帐布过滤压榨，取沉积在桶底或缸底淀粉，数次用清水拌和过滤晒干后成为番薯粉。小部分留作平时蔬食外，其余薯粉经蒸熟后，加工成番薯粉丝，供自食或送亲友。2000 年后，雅庄、黄家庄、柿林、大岚、大俞等村农户制作后对外销售，成为镇内主要农副产品。2017 年，全镇生产粉丝 11.54 吨，产值 70 万元。

制作番薯淀粉

第二章　种植培育

民国时期，农民耕种管理以传统模式为主。中华人民共和国成立后，政府重视在农业生产中广泛应用农业科技，使农民科学种田水平不断提高，促进农业增收增效。

第一节　耕作

中华人民共和国成立初期，境内粮田“三多一低”，即冬闲田多、冷水田多、靠天田多，粮食产量低。为改变低产粮田，政府一方面兴修水利，改善灌溉条件，另一方面号召农业社挑“客土”，增加土壤耕层厚度，增施石灰，减少土壤酸度，多割草叶（谷雨前后嫩枝叶），提高土壤肥力。

1953 年，大岚乡试种绿肥（紫云英）4.3 公顷。1960 年后进行耕作制度改革，对冬闲田扩大绿肥种植，境内形成绿肥—稻、大小麦—稻、油菜—稻、马铃薯—稻、早稻—荞麦或蔬菜，一年两茬耕作制度。1974 年，大岚公社种植麦、油菜冬季作物 141.4 公顷，比 1965 年 98.3 公顷扩种 43.85%，占全公社种植面积的 26.56%。是年，境内种植绿肥 402.67 公顷，占水田总面积的 76.25%，基本消除冬闲田。旱地种植推行马铃薯—番薯、麦—番薯、油菜—番薯、马铃薯—玉米黄豆、冬菜—花生—蔬菜等种植模式。当年在马铃薯地边套种春玉米，番薯地边套种秋玉米或黄豆、赤豆等，提高复种指数。20 世纪 80 年代，粮田耕种马铃薯—杂交稻、油菜—杂交稻、垂盆草—常规稻。90 年代，粮田种植马铃薯、油菜面积不断扩大，1996 年种植 258.3 公顷，占粮田面积的 50%。2008 年始，粮、油、薯主要农作物面积逐年减少，改种经济作物。

耕板田

第二节 栽培

水稻

播种育秧 民国时期，中汛稻育秧通常在“谷雨”后稻子出畈，经晒种，冷水浸种，用芒谷直播大水秧田育苗。中华人民共和国成立后，在互助组、高级社时期，播种前用黄泥或盐水选种，冷水浸种2天后，分二期播种，第一期4月22日后，第二期5月5日前，分别安排在冬闲田和春花田移栽。秧田选择就近肥田，经翻耕、破碎、除草、耙平、上层糯糊不起沟，脚踏分畦，用芒谷子直播水秧田。每亩用种量100～120千克，秧龄30～35天，秧本比1∶18左右。20世纪60年代，生产队推行温水催芽，分三期播种。催芽方法为高温破胸：浸胀种子在50℃热水中淘种2～3分钟，然后谷子放入竹箩或木桶内保温催芽，保持温度在35℃～38℃，15～20小时种子可破胸露白。湿温催根：通过淋低度温水，翻动谷堆，补充氧气，保持30℃左右温度，使种子根生长粗壮整齐。保温催芽：根齐后，温度控制在20℃～25℃，促进芽的生长，使根芽平衡。摊晾炼芽：根芽出齐后，摊1～2天，喷或淋冷水炼芽，增强抗寒能力。70年代中期，在“以粮为纲”的政策指导下，粮食生产放在首位，农技推广力度加强，区、社领导每逢春播搞育秧现场会。最早在1977年4月9日，在丁家畈大队率先试播，由区农技站技术人员蹲点辅导，重点推广水稻高产育苗技术。改进育秧方式，推行半旱育秧。要求干耕燥整成畦，秧板宽1.2～1.6米，秧沟宽20厘米左右，做成面平、上糊、软硬适中半湿润通气秧田。减少播种量，提倡稀播匀播。常规品种秧田用种量每亩掌握在40～80千克，杂交水稻亩种量7～9千克，秧本比1∶10左右。1980年推行80%的“402”2000倍或1%石灰水消毒浸种，推广“五四〇六”菌肥拌种地窑催芽。1982年起，粮田实行联产承包责任制，春播育秧不再分期，农户自主集中在4月底、5月初播种。杂交水稻本田每亩用种量0.75～1千克，秧田亩用种量8千克，秧龄35天左右。2017年，催芽育秧方式一直沿用。

翻耕 民国时期，水稻田盛行冬耕晒白或灌水。1958年，镇境内推行深耕改土。1960年后，除春花田外，水稻田多数种植绿肥（草子），待草子初花期始耕翻、破碎泥块，筑水称头耕。半月后，绿肥根系腐烂翻二耕，破鼻拖平，经耙、滚、耖达到插种要求。1975年，部分村的畈田用拖拉机带铧犁深耕。1980年起，机耕面积从20%普及到90%。2006年后，机耕面积渐减。

插种 中华人民共和国成立初期，多在芒种前插种。1960年后，生产单位水田面积和春花田种植扩大，少数靠天收的农田水源不足，水稻移栽略推迟，农谚：“芒种种半田，夏至了秧田。”移栽方式历代沿用人工插种。密度：1949年后就近肥田株行距6×7寸，山呑冷水田5×6寸。1960年后提倡小株密植5×4寸或5×3寸。1975年起常规品种5×4寸，杂交稻5×5寸或5×6寸。1982年始，水稻种植以杂交水稻为主，密度6×7寸或5×5寸，本田每亩插1.5万～2.4万丛。至2017年一直沿用。

管理 民国时期至20世纪70年代耘田二三次，80年代镇境内推广化学药剂除草，耘田次数减少。1996年，推广除草剂6000余亩，占水田面积的80%。灌水历来长期深灌，70年代中期，镇境内推行合理灌水、看田、看苗薄水插秧，寸水护苗，浅水促蘖，合理搁田（入伏前），足水养胎，湿润灌浆，潮田割稻。1973年始，镇境内推行插种前先开挖“避水沟”，排泄冷水，达到田块里外温度平衡促早发。

麦

民国时期，霜降后播种，以点播为主。旱地做畦宽度不等，水田畦宽3尺，沟宽1尺，行株8×（9～10）寸，亩用麦种2～3千克，土地利用率65%左右。用基肥很少，麦穴上盖一点淡焦泥。解放后，小麦霜降前后播种，大麦立冬前后播种。1975年后，田麦推广阔畦撒掭，土杂肥、磷肥打底，亩用麦种12千克。1982年后，种植面积逐年减少。1995年改种经济作物。

油菜

1960年前，多在秋分后直播，活棵后松土、删苗、施肥，清明后，摘菜蕻，芒种前后收割。1961年后，推行育苗移栽，9月中旬播种育苗，亩播菜籽0.75～1千克，删苗2～3次，秧龄35～45天，霜降前后移栽，亩栽6000～8000株。1980年，大岚公社推广油菜“九二13系”，在大路村专题召开油菜高产栽培技术现场会，由区农技站技术员讲课培训，要求亩施土杂肥3吨，磷肥30千克，亩栽5500～7500株。

番薯

民国时期和中华人民共和国成立初期，番薯苗多数向外采购。1953年，大岚乡留薯种1.67吨。1954年春始育苗，惊蛰后下种，苗床采用稻草和草苫覆盖。1964年后，采用尼龙薄膜覆盖育苗，出苗后掌握苗床温度22℃～28℃左右，做到早揭两头薄膜，晚防冻盖膜。栽种第一批始植空白旱地，第二批套种马铃薯行间，最后待大小麦、油菜收割后种植，亩种3500～4000株。80年代推广高畦独株栽培，亩种植2500～3000株。

马铃薯

20世纪70年代前，惊蛰后下种，夏至前收获，行株距1.5×0.8尺，亩种植5000～5500株。秋季种植在8月下旬。80年代后，种植普遍提早，多户惊蛰前下种（除华山村外），5月底、6月初收获，种植密度4000～4500株，行株距0.3～0.4米。

第三节　良种推广

民国时期农作物种子以农家自选、自留、自用为主。1953年，镇境内推行稻种片选、穗选，共选种3.95吨，其中穗选0.74吨，穗选后经大田繁育留种。1960年建立四明山区农技站，华山、大岚公社（1964年后）农作物的良种推广隶属区农技站。1973年2月，建立大岚、华山公社农科站，先后配备农科员4人，同时各大队配备植保员25人，形成区、社、队三级良种推广体系。

1978 年，观下、黄家庄村率先建立公社杂交水稻种子繁育基地。1979 年后，扩大到多个大队繁育。1982 年始，推行家庭联产承包责任制，大队植保员多数成为农业科技推广示范户，农户种植的杂交稻种子由区农技站从外采购，调拨到各乡农科站。1990—2017 年，镇内水稻良种由镇农办采购，统一供给，其中 1990—1996 年杂交水稻良种年均调运 10 余吨。

水稻

收割单季稻

民国时期和中华人民共和国成立初期，籼稻有“万年红”“露白”“细秆红”“早大秆”，粳稻有“细嵌”“老来红”“红须粳”“晚青”“青粳金”，1955 年，镇境内推广“老来青”。糯稻有“湖州白”“红壳糯”“白壳糯”。60～70 年代，籼稻引种“矮脚南特”“广陆矮四号”“珍珠矮”“广选”“金龙”，70 年代以“珍珠矮”种植为主。粳稻引种“科引”“农垦 58”，糯稻引种“京引”“桂花黄”。1976 年引进“南优 6 号”“威优杂交稻”。1980 年起，籼稻种植杂交水稻为主，品种“汕优 6 号”“协优 64 号”兼种“广二”“桂朝”“早金风”，粳糯稻种植较少，沿用原品种。2013—2017 年，杂交水稻推广品种“中浙 8 号”，全生产期平原种植 137 天，镇域 150 天左右。

大小麦

中华人民共和国成立初期，大麦主要品种有“稞大麦”“二棱大麦”“六棱大麦”，小麦有“洋小麦”“矮粒多”。20 世纪 60 年代，镇境内引种“矮白洋”“早熟 7 号”、小麦“浙农 17”“矮秆红”。70 年代大麦种植“早熟 3 号”，小麦有“杨麦 1 号”“友谊”。80 年代后，大小麦种植种子由农户自留，少数向市种子公司引入。

番薯

1960 年后，镇境内引进“胜利百号”，取代水分多、淀粉少的“红皮白心”和“白皮白心”传统品种。1978 年，从省农科院引入“红红 1 号”“舟薯 1 号”（港头白）“浙薯 1 号”等品类试种。1980 年起，“红红 1 号”成为番薯种植的主要品种，薯块大、产量高，出丝出粉率高。另有栽培“南京 234”，产量不高，但熟食口味好。2003 年后，推广“浙薯 13”和“132”新品种，制成休闲食品或加工成番薯枣子、番薯粉丝。

马铃薯

20 世纪 60 年代，镇境内引入“甘肃种”，取代传统“花旗种”，另种植“六十日头”。70 年代引进“大甘肃种”，80 年代引种黑龙江“克新二号”。境内自 70 年代以来，马铃薯品种以甘薯种类为主，为防薯种退化，农户向高海拔村域换种，有经验的农户采取整株（收获时选活株，结薯多的）留种。

玉米

1958 年，镇境内推广“金皇后”早玉米，1962 年引种磐安“黄子”秋玉米大暑白，1977 年后广植“旅曲”“丹玉 6 号”“丹红 13 号”“虎单 5 号”等杂交良种。2007 年，引种“甜玉米”“糯米玉米”，可春播和秋播。2017 年，糯、甜玉米品种有浙玉糯 1 号、金糯 628（上海）、萃糯 1 号（南京）、农科糯 336（北京）、渝糯 930（重庆）；苏科甜 1506（南京）、美甜 6 号（江西）、超甜 3 号（开原）、金大福（福建）等。

黄豆

传统品种“八月黄”。20 世纪 70 年代，镇境内引入兰溪“大青豆”，80 年代引种湖北“矮脚早”“青大豆”，90 年代后引种早黄豆，“五月拔”“六月拔”和小黄豆种。

油菜

从清同治元年引种油菜起，境内素来种植白菜型土种，易患病。1960 年后引进甘蓝型“胜利油菜”，20 世纪 70 年代推广“九二油菜”，80 年代后多种“九二 13 系”。1992 年后，引进种植“高油 605”。

第四节　肥料

境内耕地（旱地）用肥素以绿肥、塘泥、土杂肥、人粪肥、畜肥、饼肥、灰肥等农家有机肥料为主。20 世纪 50 年代始，使用硫酸铵、过磷酸钙、氯化钾等化肥。1990 年后，施有机肥逐年减少，至 2017 年，以施用化肥为主。

有机肥料

绿肥　中华人民共和国成立初期，有少量草籽在农家自留地上种植当蔬食。1953 年，大岚乡推广水田种植紫云英 4.3 公顷。60 年代，镇境内绿肥种植面积占水田的 60%，70 年代占 80%。1990 年后逐年减少，1995 年起农户另星种植。70 年代雅庄、观下、大路等村水稻田推行养殖绿萍，80 年代后停养。

粪肥　人粪肥和畜肥自古以来为农家主要肥料，畜肥以猪粪为主，还有牛粪、羊粪、兔粪、鸡鸭粪等。牛粪主要用于水稻田，其他粪类多施旱粮作物。1 头猪，垫草软栏，年可积肥 150 余担，硬栏也可积肥 40 ～ 50 担。

饼肥　以菜籽饼肥为主，经尿液浸后腐蚀，作马铃薯、番薯基肥，是 70 年代前替代磷、钾的好肥料。2000 年后，农户向外采购饼肥，用于花木生产。

灰肥　有草木灰和焦泥灰两种。草木灰用于绿肥拌种及豆科作物，焦泥灰常用于水稻秧田和油菜育苗覆盖。多户农家草木灰垫在鸡、鸭栏内，焦泥灰垫在羊栏里，用于薯芋类和根茎类作物。1990 年后，灰肥使用量渐减。

杂肥　有塘泥、墙沟泥，生活垃圾堆放腐烂后成为杂肥，农家用作果瓜蔬菜基肥。2000 年后，农村环境整治，村道、水沟硬化，生活垃圾有专人清理，杂肥稀缺。

草肥　俗称草叶。民国时期是境内水稻田主要基肥，谷雨前后上山割枝叶野草，用于空白稻田。中华人民共和国成立后，割草叶肥田一直沿用到 70 年代初期。1956 年，大岚乡谷雨前割草叶 769 吨，1960 年后割草肥面积随着冬闲田的减少而渐减。1982 年后，农家已不上山割草叶。

化学肥料

20 世纪 50 ～ 80 年代初期，国家实行计划供应：一是生产队向国家交售茶叶、毛竹等农产品，奖售化肥；二是国家按田亩、茶园面积下达资助的化肥。80 年代中期后，市场放开供应。另有发展“一优二高”农业、林特“1215”工程下达扶贫化肥和“配土测方”试验化肥。

氮肥　20 世纪 50 年代，镇境内以硫酸铵为主。60 年代有硫酸铵、氢氧化铵（氨水）、碳酸氢铵（碳铵）。70 年代后，以碳铵为主。逐渐淘汰硫酸铵。50 年代，平均每亩施氮肥不足 2 千克，60 年代每亩施氮肥 10 千克，70 年代亩施 15 千克，80 年代亩施 40 千克。2017 年，余姚市供销合作社甬舜农资公司大岚连锁店销售 130 吨氮肥，其中尿素 80 吨。另一家农资商店销售 130 吨氮肥，其中尿素 100 吨。

磷肥　以过磷酸钙为主，用于绿肥、油菜、马铃薯、豌豆等作基肥。50 年代磷肥使用量少，60 ～ 70 年代镇境内使用普遍，绿肥田亩施绿肥 15 ～ 20 千克，油菜田亩施 30 千克。1982 年后，多用于马铃薯作基肥。2017 年境内大岚连锁店销售 50 吨磷肥，另一家销售 30 吨磷肥。

钾肥　以氯化钾为主。20 世纪 70 年代，镇境内推行水稻、油菜增施钾肥。水稻田用量 6 千克与尿素 11 千克拌匀施作追肥，油菜田亩施 10 ～ 15 千克作基肥。1985—2007 年，年用量 5 吨。2008—2017 年，水稻种植面积减少，大岚连锁店年销售钾肥 2 吨。

复合肥　1974 年，镇境内始用“氮、磷二元”“氮、磷、钾三元”复合肥，主要用作基肥。1980 年后，用量增大，水稻、油菜、马铃薯、番薯、豆类等多种作物使用，效益明显。2017 年，大岚连锁店以洋丰复合肥 N15—P15—K15 和俄罗斯 N16—P16—K16 两种为主，年销售复合肥 150 吨，另一家销售 180 吨。

有机肥　茶叶专用肥。1996 年始，茶园推广使用含有机质 45%，氮、磷、钾 5% 的有机肥，年用量 200 吨。2017 年，年用量 120 吨。

微量元素　20 世纪 80 年代起，推广使用硼肥，多在油菜抽薹期喷施 0.1% ～ 0.2% 硼沙液 1 次，提高结荚率。作基肥亩用量 0.5 ～ 1 千克。

第五节 植保

主要病虫害

境内常见主要病虫害有稻瘟病（叶瘟、穗瘟）、纹枯病、白叶枯病、矮缩病，稻纵卷叶虫、蚼虫（稻飞虱、稻叶蝉）稻蓟马、蝗虫、螟虫、稻椿象。大小麦病虫害有赤霉病、锈病、白粉病、黄矮病、黑穗病，黏虫、麦蚜。蔬菜病虫害有根腐病、软腐病、霉病，蚜虫、潜叶蝇、菜青虫。茶叶有炭疽病，茶尺蠖、茶小绿叶蝉等虫害。

主要作物水稻是农家口粮的重要保证，除品种、施肥及干旱、台风等因素外，受病虫害减产的年份较多。1967 年，大岚公社稻纵卷叶虫猛发，水稻减产 30%。1970 年，水稻黏虫普遍发生。1979 年，华山公社常规品种发生穗颈瘟 14 公顷，占水稻总面积的 14.4%，水稻总产量比 1978 年减产 22.7 吨。是年，丁家畈村 3 队，栽培品种珍珠矮穗瘟发病率 51%。1980 年，大岚公社发生叶瘟 6.07 公顷，较严重 3.4 公顷，后期穗瘟发生 92 公顷，占粮田面积的 21.4%，水稻产量比 1978 年减产 476.4 吨。是年，发生白叶枯病 19.73 公顷。1981 年，华山公社常规稻发生穗瘟 10 公顷，其中颗粒无收 1.67 公顷，损失粮食 12.5 吨。

防治措施

1955 年后，梁弄区农技站派专职农技人员指导农民开展病虫害防治工作。1960 年起（大岚公社 1964 年后），农作物病虫害防治工作由四明山农技站技术指导。1973 年，各公社均建立农科站，25 个生产大队配有植保员。1978 年，大岚、华山选派 34 个大队青年骨干，参加四明山区“五七大学”学习农技知识，后成为大队干部和植保员。1993 年，建立大岚镇“庄稼医院”。2000 年，建立 11 个配药站，控制高残农药使用。2010—2017 年，全镇有专职农技干部 7 人，其中，中级职称 4 人，初级职称 3 人。

农业防治 作物选用高产抗病品种；提倡合理施肥，增施磷、钾；适时搁田，增氧促根粗秆、降湿，增强作物抗病能力；推广栽培轮作制，改善土壤，减少病菌、虫害源头基数。

人工防治 中华人民共和国成立后，农民沿用冬烧田坎、冬翻耕地的办法清除病虫害越冬场所。1980 年后，冬烧田坎杂草被禁，冬翻耕地一直沿用。20 世纪 60 年代中期，防治稻纵卷叶虫危害，推行点灯诱蛾来减少稻田产卵量。

生物防治 1972 年起，县政府多次发布保护青蛙通告。农业部门试放赤眼蜂防治稻纵卷叶虫。2017 年全镇注重生物防治，保护生态，减少对农作物的危害。

药物防治 主要以药剂防治各种农作物病虫害。20 世纪 60 年代，镇境内杀虫类药剂主要用“六六六”“二二三”等农药。70 年代多用敌百虫、马拉松、乐果、八八九、1605、甲胺磷等。80 年代沿用有机磷推广杀虫双、叶蝉散等高效低残农药，停用有机氯农药。90 年代后，推广菊酯类和有机磷药剂，多用溴氰菊酯、联苯菊酯防治蔬菜类茶叶病虫害，氯青菊酯用于花木害虫。20% 氯虫苯甲酰胺防治水稻二化螟、稻纵卷叶虫，50% 吡蚜酮防治稻飞虱、蚜虫、叶蝉、稻蓟马等虫害，联苯菊酯防治茶叶虫害。

杀菌药剂主要用于防治农作物病菌害。20 世纪 60 年代，用多菌灵、托布津防治水稻叶瘟、穗颈瘟、纹枯病、小麦赤霉病。70 年代用稻瘟净、克瘟散防治稻瘟病，稻脚青防治水稻纹枯病。80 年代用井冈霉素防治纹枯病。90 年代后用苯甲、丙环唑防治穗颈瘟、纹枯病、亩用量 30 克（3 小包）加水 45 千克。

20 世纪 70 年代中后期，镇境内稻田推广使用除草醚、杀草丹等除草剂，80 年代引进乐草隆、丁草胺，2000—2017 年普遍使用吡嘧磺隆，亩用量 10 克（1 小包），花木地除草多用 30% 草甘磷和 20% 草铵磷。

综合防治 主要采取种子消毒处理，改进耕作管理技术，合理密植和施用氮肥，磷钾搭配，控苗减湿，适时搁田，提高作物自身抗病抗倒能力，科学配施农药，掌握病虫用药适期，达到最佳防治效果。境内雅庄村 1989 年来采用“六统一”综防措施：统一熟制改革、统一良种当家、统一水浆管理、统一配方施肥、统一病虫防治、统一农技服务，促进水稻稳产高产。

第三章 养殖业

饲养猪、牛、羊、鸡、鸭、鹅等为当地农家传统副业，境内养殖以猪、牛、羊为主。民国时期，农户缺粮，畜禽饲养量不多，自养自食，出售较少。中华人民共和国成立后，畜牧业生产发展较快，成为农家主要经济收入之一。20世纪80年代，畜牧业收入占全镇生产经营分配收入的12.87%，占农业收入的29.6%。

第一节 家畜

猪

养殖数量 中华人民共和国成立初期，大岚乡户均养1.14头，人均0.29头。1964年，贯彻“公私饲养并举，以私养为主”的畜牧业生产方针，分饲料地、饲料粮到户，农民饲养积极性提高。1964—1966年华山公社年户均养猪2.63头，人均0.62头。1967年，取消奖励政策，饲养量从1966年的1588头下降到955头。1970年，提倡大办集体牧场。1974年，镇境内有公社、大队、生产队三级牧场132个，集体饲养1723头猪，全年饲养量14816头，其中大岚公社户均4.85头，人均1.02头，亩均1.32头。20世纪80年代，生猪饲养向专业化发展，镇境内年均饲养量稳定在16279头，户均3.8头，人均1.08头。90年代初，生猪饲养量保持在1.7万头以上。1995年，生猪饲养列入政府传统产业开发项目，制定发展畜牧业生产奖励政策，分片建立示范村和重点饲养户。积极鼓励农户和集体茶场专业饲养，农户年出售猪30头以上一次性奖500元，50头以上奖1000元；凡茶场养猪30头以上给予贷款协调和化肥补助。2000年后，农户经济结构调整，注重花木生产发展，养猪农户减少，以大户专业饲养为主，2017年，除农户自养自宰供自家食用外，大户年出售肉猪2070头。

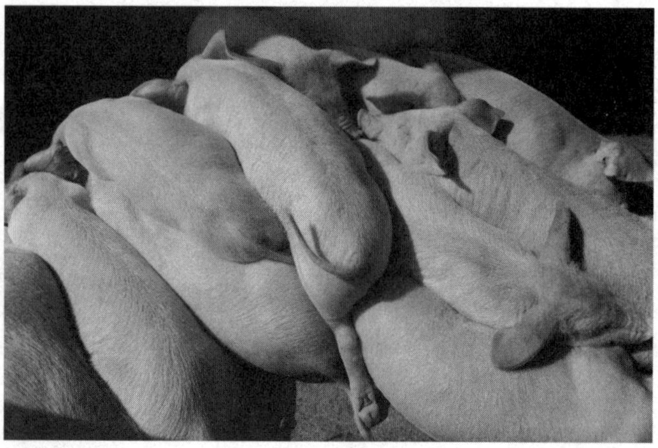

苗 猪

猪种 传统品种有“本地黑”和“金华猪”，

中华人民共和国成立初期，多由新昌、嵊县等地输入土种“白花猪”“龙游乌猪”。1957年贯彻“自繁自育”方针，以“约克”“长白”公猪与地产母猪杂交繁育。1964年养猪农户自行在丁家畈（老桥头）交易。1968年苗猪市场纳入供销社管理，并确定每月逢一日、六日为苗猪交易日。1974年镇境内饲养能繁殖母猪1459头，1979年饲养1690头。仔猪自给有余外，供“三县”（上虞、余姚、鄞县）、“四镇四乡”（下官、梁弄、章水、四明山镇和鹿亭、洪山、杖锡、陈溪乡）出售，日均上市量320头左右。1985年，境内饲养母猪下降到1278头，1990年为638头。1995年引进良种黑土母猪二代，农户饲养2头猪政府奖50元，养3头奖100元。2017年，全镇饲养母猪155头，专业户苗猪自产、自养、自销，少数户向仔猪商上门采购。

饲养方法　民间一向为圈养，以垫草软栏为主。2000年后，专业饲养均为硬栏，喂养苗猪及出售、宰杀前搭配粮食等精饲料。1980年前，常年喂养青饲料、割野草及农家芋、薯藤叶、萝卜、菜类、南瓜等，搭配糠麸、小马铃薯、小番薯作主要饲料。1981—2017年，喂养青饲料掺和混合饲料。

牛

民国时期，以饲养黄牯牛为主，供碾米、犁田使役，另有苗牛和菜牛出售。1951—1952年，大岚乡年均饲养348头，水牛2头，出售占11.6%，自宰占0.86%。1956年农业合作化时，耕牛折价入社。1958年，限制农户私养，取消耕牛交易市场。1962年后，各生产队饲养耕牛增加。1965年起，供销社采购水牛逐年引入到村。1974年，存栏620头，其中华山公社168头，耕牛120头，水牛20头。1987年，存栏769头，为历史最高年。1991年后，机耕面积增加，耕牛锐减。2000年，粮田改种经济作物，耕牛存栏下降到153头。镇境内黄牯牛主要来自浙南天台，水牛来自上海南汇、崇明等地，饲养多为冬食干草（稻草、玉米脑等），春天至秋天，以上山放养为主。

羊

镇境内以饲养山羊为主，历来民间供年节、婚丧时食用。1951—1952年，大岚乡年均养羊426头；1964—1966年，华山公社年均养羊1028头；1974—1979年年均养羊1615头，其中华山公社653头。1980—1989年为饲养高峰期，年均饲养3055头，其中华山公社年均养羊817头。1990—1999年，年均饲养2573头，以专业户饲养为主，成为优质农副产品。2000年后，年存栏减少，2017年，饲养385头，其中母羊95头。山羊多为当地土种，全身披白毛、有角、尾短、体型小。均以放养为主，冬季圈养，割木荷、刺杉、毛竹等枝叶和花生干、豆壳做饲料。20世纪60年代初，境内引种绵羊，1963年华山公社绵羊存栏77头。1995年，引进黄羊，农户饲养5头，政府补助200元。

山　羊

兔

民国时期和中华人民共和国成立后，境内有少数农家饲养肉兔。20世纪60年代，有少数农家引种长毛兔作家庭副业。70年代，农村发展多种经营，长毛兔饲养较快发展。80年代中前期，大岚、华山公社年均养兔1357只，其中1985年存栏2796只，为历史最高年。1986年始逐年减少，2000年后以专业饲养肉兔为主。

中华人民共和国成立前后饲养本地白、灰色土种，20世纪60年代引进安哥拉英系长毛兔。70年代后期，引进西德长毛兔。饲养多为竹笼，饲料以草为主，入冬后花生、豆类干或掺少量玉米、麦、糠麸。

1951—1952大岚乡畜牧生产统计表

表6-3-1　　单位：头、只

年份	饲养种类	上年存栏	生殖	买入	全年饲养量	杀	出售	死亡	年终存栏
1951	猪	288	364	169	821	90	449	35	247
	牛(水牛)	291	29	19	339	3	34	—	302
	羊	435	92	14	541	26	46	52	417
	鸡	1210	362	715	2287	912	156	332	887
	鸭、鹅	53	—	57	110	33	7	13	57
1952	猪	247	474	264	985	94	445	57	389
	牛(水牛)	304	37	16	357	—	47	1	309(水牛2)
	羊	417	144	36	597	73	128	30	366
	鸡	887	407	1168	2462	921	43	425	1073
	鸭	57	—	21	78	16	12	6	44

1970—1990年大岚镇（公社）主要年份畜牧业生产统计表

表6-3-2

年份	生猪（头）		牛年末存栏数（头）	羊年末存栏数（头）	兔年末存栏数（只）
	全年饲养量	年末存栏数			
1970	10231	—	—	—	—
1971	9935	7212	459	325	—
1972	10531	7515	—	—	—
1973	12051	—	—	—	—
1974	11982	7745	452	578	—
1975	12039	7750	440	648	—
1976	10943	6679	423	817	—
1977	10999	7364	432	909	—
1978	12412	8100	414	1180	—

续表 6–3–2

年份	生猪（头）		牛年末存栏数（头）	羊年末存栏数（头）	兔年末存栏数（只）
	全年饲养量	年末存栏数			
1979	13938	8062	409	1642	—
1980	14374	8474	391	2350	1263
1981	14180	8567	416	2702	1276
1983	14635	9331	388	2439	365
1984	13453	8051	347	2098	321
1985	12471	8256	391	2254	1589
1986	12875	7948	473	2031	671
1987	11572	6626	484	2179	156
1988	14887	7108	467	2094	81
1989	12975	7659	410	1996	4
1990	13326	7260	389	1755	—

1963—1990年华山乡（公社）主要年份畜牧业生产情况表

表 6–3–3

年份	生猪（头）		牛年末存栏数（头）	羊年末存栏数（头）	兔年末存栏数（只）
	全年饲养量	年末存栏数			
1963	855	672	—	998（绵羊 77）	—
1964	1408	1067	213	995	—
1965	1457	968	240	1063	—
1966	1588	1114	263	1027	—
1967	955	923	239	—	—
1970	1794	—	—	—	—
1971	2198	1505	188	537	—
1972	2459	1648	—	—	—
1973	2635	—	—	—	—
1974	2834	1796	168	552	—
1975	2471	1543	169	545	—
1976	2255	1389	161	591	—
1977	2316	1494	153	656	—
1978	2627	1687	154	786	—
1979	2831	1731	150	788	—
1980	3007	1853	159	975	226
1981	3106	1989	171	995	167
1983	2769	1698	174	897	365
1984	2787	1517	178	757	94
1985	2222	1398	174	676	1207
1986	2561	1461	214	710	597

续表 6–3–3

年份	生猪（头）		牛年末存栏数（头）	羊年末存栏数（头）	兔年末存栏数（只）
	全年饲养量	年末存栏数			
1987	2570	1416	285	794	213
1988	3015	1265	228	847	99
1989	3053	2091	236	701	47
1990	2455	1404	223	660	12

注：1970—1979 年兔年存栏数因统计部分年报未统计

1991—2017 年大岚镇主要年份畜牧业生产统计表

表 6–3–4

年份	生猪（头）		牛年末存栏数（头）	羊年末存栏数（头）	兔年末存栏数（只）
	全年饲养量	年末存栏数			
1991	17128	8622	620	2430	117
1993	17553	8224	412	2691	172
1994	16422	7974	272	2710	—
1995	15606	7353	242	2723	172
1996	14545	6687	242	2723	172
1997	14004	6920	212	2543	111
1998	11921	5504	193	2420	284
1999	11600	5300	176	2500	325
2000	888（当年肥猪出栏，下同）	333	153	95	—
2001	843	480	—	—	1345
2003	816	335	—	—	—
2004	975	241	—	—	—
2005	975	241	—	—	—
2006	1820	572	—	—	—
2007	935	611	—	—	—
2008	1140	509	—	—	—
2009	1029	1095	—	—	—
2010	750	280	—	—	—
2011	3240	1667	—	—	—
2012	2800	5000	—	—	—
2013	925	561	—	—	—
2014	320	600	—	—	—
2015	706	356	—	460	—
2016	3320	803	—	445	—
2017	2070	1950	—	385	—

注：自 2000 年起，仅统计出栏肥猪 20 头以上、羊出栏 30 只以上户的数据

第二节　家禽

境内家禽主要有鸡、鸭、鹅等品种，民国时期和解放初期多为农家自孵、自育、自食或送亲友。20 世纪 60 年代，饲养量逐年增加，少数农户除自食外有出售。70 年代，农村发展多种经营，镇内有多户饲养群鸭、群鸡。2002 年，实施番鸭上山工程，建场 25 个，与“振余”“龙邦”“神龙”畜禽养殖公司签约收购，当年出售 6.5 万羽，净收入 26 万元。2004 年，番鸭饲养量 8.05 万羽，土鸡 106000 羽。2012 年后，饲养专业户减少。

鸡

传统品种有芝麻鸡、萧山鸡和芦花鸡等。1970 年起，镇境内先后引进白洛克、红宝、AA、江村黄等肉用鸡及罗斯、伊莎、迪卡、罗曼等蛋用鸡种。高山土鸡，引种境外，2002 年来成为镇内的主要农副产品，亦是 48 家“农家乐”的主要菜肴，其肉质紧实，味鲜美，受消费者喜爱。

鸭

主养蛋、肉兼用的绍兴麻鸭，1978 年后引进北京鸭。

鹅

主要是浙东白鹅。2007 年引进“法国灰天鹅”。

饲养方式

农户一般采用散放式饲养，春养冬宰，雏鸡、雏鸭喂米、饭、糠麸，成鸡（鸭）喂稻谷、玉米等。鹅，除冬喂精料外，其余时间喂食草禾。养鸡专业户采用群养方式，夜圈日放，饲养以青草、昆虫、玉米及配合饲料。

2002—2010 年大岚镇禽业专业饲养统计表

表 6-3-5　　单位：户、只（羽）

年份	户数	禽出栏总量	其中	
			鸡出栏	鸭出栏
2002	25	65000	—	65000
2003	25	189530	50000	139530
2004	19	186500	106000	80500
2005	16	60500	20500	40000
2006	12	64000	18600	45400
2007	11	93250	15350	77900

续表 6-3-5

年份	户数	禽出栏总量	其中	
			鸡出栏	鸭出栏
2008	9	84000	39500	44500
2009	9	52830	31550	21280
2010	2	18000	—	18000

第三节　畜禽疫病及防治

畜禽疫病，猪有猪瘟、猪丹毒、口蹄疫、猪蓝耳病、气喘病、传染性肠胃炎、水肿病等；牛有炭疽、牛流感、恶性卡他热；羊有口蹄疫、羊肝蛭；兔有兔瘟；禽有禽流感、雏鸡传染性支气管炎、鸭瘟、禽霍乱、雏鸭病毒性肝炎等。1953 年 7 月，大岚乡发生猪丹毒，死 40 头，病猪 20 头。1987 年春发生猪瘟，大岚乡死 400 头左右，后深埋在废薯种洞里，饲养户损失惨重。1988—2017 年未发生畜禽疫病。

民国时期和中华人民共和国成立初期，民间仅有 4 名“牛、猪郎中”和阉割员，沿用祖传技术在境域内为农户出诊，医治常见畜禽病，阉割牛、羊。1952—1957 年，有 2 人为县畜牧兽医工作者协会会员。1958 年建立公社民办兽医站，业务由区农技站畜牧干部负责指导。1972 年底，建立公社兽医站。1977 年，建立区畜牧兽医联站，配备畜牧技术人员 5 人。1992 年，撤区扩镇并乡后归属镇农办管理。1994 年，有定编人员 1 人，临聘人员 4 人。2014 年，站改建为余姚市动物卫生监督所大岚分所，配备专职所长 1 人、兽医 2 人、基层动物防疫员 2 人。

1953 年始，贯彻预防为主方针，春秋季对猪、牛进行免疫注射。1960 年后，逢苗猪市日注射防疫，生猪检疫由大岚供销社负责。1988 年始，乡兽医站负责食品站检疫工作。2000 年起，重点对专业饲养户的家禽进行预防免疫，确保动物重大疫病防治和畜产品安全。2015 年，制定《大岚镇畜禽屠宰（肉品安全）专项整治行动实施方案》，成立大岚镇屠宰联合执法稽查大队并建立畜禽屠宰管理工作联席会议制度。2017 年春秋防疫，加强对村主任、畜禽饲养大户培训，签订《大岚镇动物重大疫病和畜产安全监管联场带户责任书》。猪、羊、鸡注射密度为 100%，家犬免疫密度在 90% 以上。

第四节　渔业

境内溪流纵横，山塘水库众多，淡水渔业资源丰富。民国时期和中华人民共和国成立初期，以溪流野生物种为主，有光唇鱼（石斑鱼）、沙塘鳢（土布鱼）、麦穗鱼、花骨鱼、泥鳅、鳗鲡鱼（鳗）、黄鳝、青虾、溪蟹、黄蚬、田螺、螺蛳、乌龟、鳖、石蛙（石撞）等。1958 年始，公社、大队先后建造山塘水库（电站水库）54座，总库容量800.41万立方米，可淡水养殖面积32.8公顷。

民间素有池塘养鱼、泥鳅的习惯。20世纪60～70年代，集体利用山塘水库放养鲢鱼、鳙鱼、草鱼，由水库专管员负责饲养管护，待鱼养成0.5～1.2千克，逢年过节时捕捞分配给社员食用，不外卖。80年代，少数山塘水库养殖由个人承包经营，确定承包期限及上交款，当作村集体收入。1986年始，推行稻田养鲤鱼、鲫鱼，丁家畈、上马等村均有养殖。

1991年，山塘水库放养面积8.87公顷，产量19吨；1993年放养4.77公顷，产量10.35吨；1995年放养4.6公顷，产量3吨。改革开放后，城乡经济发展，镇境内野生鱼类等物种成为走俏“山珍”，价格逐年上升，溪鱼、鳖、鳗、石蛙、黄鳝等数量逐年减少，为改善生态，保护水质，政府重视山区野生物种的保护。2006年起，大岚镇人民政府同嵊州市甘霖镇鱼种场签约，每年1—2月初，在山塘水库放养草鱼、鲤鱼、鲢鱼、花鱼、白鲫鱼等。2013年放养13.65万尾，2017年放养鱼类56451尾。2007年，市农林局在境内放养鳗、鳖、石蛙、鱼6.9万余尾（只）。

第四章　农机具

民国时期和中华人民共和国成立初期，镇境内生产生活以传统农机具为主。20 世纪 60 年代始，随着交通电力设施的改善，生产工具不断改革，农业机械化进程逐年提升，农民体力劳动负担减轻，劳动生产率得到提高。2017 年，农业机械总动力 12016 千瓦，其中柴油机 2552 千瓦、汽油机 1252 千瓦、电动机 8212 千瓦。

第一节　传统农机具

耕作农具

翻耕有犁、铁耙（铁扎），平整有耙、滚轴、耖，播种有种子孔对（麦拙头）、削锄头（兼用），除草有耨（俗称刮子）、茅刀，耘田有骑马夹、推苗遮，掘沟有大、中锄头，培土有坑铣等。

排灌农具

有竹槽（人勺）、吊桶（抨水桶）、料勺、木制龙骨水车（脚踏）、抽水箱等。

收割农具

有镰刀、稻桶、扎篱、遮枳蓬、箩、簟、筛谷篇、风车、畚斗、竹耙、柴刀（大小）、斧头等。

传统农具风车

运输工具

有扁担、抬杠、冲担、草杠、柴绳、石库、大畚箕、拎络、粪桶（俗称皮桶）、马桶篮、倒穿篮等。

农副产品加工具

主要有捣臼、石磨、碾子、铡刀、踏碓、水碓、木榨等。

1960年后，逐渐推广改良农具，发展农业机械，碾子、捣臼、石磨、水碓、龙骨水车等先后淘汰。

第二节　现代农机具

拖拉机

1972年，丁家畈村引进工农12型拖拉机1台，为镇境内机耕之始。1974年大岚、华山公社引进手扶拖拉机9台、86.73千瓦，其中农用拖拉机1台、14.7千瓦。1977年，大岚、华山公社引进手扶拖拉机21台、178.6千瓦，农业拖拉机3台、55.13千瓦，实现一个大队1台拖拉机。1981年，镇境内有手扶拖拉机67台、590.9千瓦；1985年后拖拉机数量剧增，1991年有各类拖拉机154台；2017年全镇有拖拉机192台，总动力1514千瓦。

脱粒机

20世纪60年代，引进双人脚踏打稻机，工效比旧式稻桶手工脱粒提高1倍。1963年，华山公社使用打稻机7台，1970年脚踏打稻机43台。1974年，镇境内人力打稻机293台。1975年后，大岚公社使用电动打稻机，工效比脚踏高20倍。1977年镇境内拥有电动打稻机39台，总动力91.88千瓦，人力打稻机266台。1981年有脱粒机械323台，其中机（电）脱粒110台、243.3千瓦，1981年为脱粒机拥有量最多年。1990年后逐年减少，1991年镇境内有机电脱粒36台、79千瓦，2017年全镇有机电脱粒机33台，总动力73千瓦。

灌溉机械

1974年镇境内有排灌机械81台、372.7千瓦，1977年有26台、122.75千瓦，1981年有48台、288.1千瓦。1991年有农用水泵115台、430千瓦，1997年全镇有78台、348千瓦，2017年有农用水泵32台，总动力263千瓦。

植保机械

1956年，大岚乡使用人力手动压缩喷雾（粉）器防治病虫害。1960年后，改用单管喷雾器。1963年，华山公社有喷雾器7架、喷粉器2架，1970年有喷雾器52架、喷粉器5架。1975年始，推广机动喷雾（粉）器，1979年大岚公社有机动喷雾器7台、15.44千瓦。1982年大岚、华山有人力喷雾器362架，1985年后，以背包式喷雾器为主。2017年，全镇有植保机械12台，总动力 18 千瓦，另有人力手动喷雾（粉）器 4000 余架。

农用运输机械

20 世纪 70 年代初，镇境内以胶轮手推车为主。逐年引进手扶拖拉机，改变靠人力运输的局面。1979 年，镇境内有农用拖拉机 3 台、58.1 千瓦，手扶拖拉机 49 台、427.0 千瓦，1991 年有大中型拖拉机 1 台、小型 154 台。2007 年有拖拉机 72 台、635 千瓦，其中小四轮 16 台，总动力 141 千瓦。2017 年全镇有农用小型拖拉机 192 台。

1986 年始，农户陆续引进三轮摩托车，至 2017 年全镇拥有三轮摩托车 759 辆。

农副产品加工机械

民国时期，阴地、柿林、甘竹等村用牛拉碾子粮食，龙潭村用水碓，多个村采用捣臼加工粮食，磨粉均使用石磨。1957 年，梁弄粮食加工中心厂下设大岚车间(丁家畈)，1958 年建淀粉厂，丁家畈、甘竹村有油坊，为木榨。1970 年，华山公社有饲料粉碎机 1 台、碾末机 7 台、磨粉机 6 台，大岚公社普通使用机械碾米、磨粉。1974 年，镇境内有饲料粉碎机 22 台，青饲料打浆机 21 台；1979 年有饲料粉碎机 28 台，青饲料打浆机 25 台。1994 年，全镇有农副产品加工机械 573 台、2042 千瓦；2017 年有加工机械 114 台，总动力 1146 千瓦，其中粮食加工机械 100 台、油料加工机械 13 台。

第三节　农机管理

民国时期及中华人民共和国成立初期，无农机专管机构。1956 年后，镇内先后办起手工业和农机综合性社。1971 年，公社选送青年骨干参加梁弄“五七大学”学习，培养农机操作人员。1974 年，大岚、华山公社建立机电管理站，配管理人员 5 人。1977 年始，运输拖拉机须持驾驶证和农田操证。1980 年，镇境内农机管理得到进一步加强，配有管理人员 12 人（镇聘），其中机农机员 5 人、电工 5 人、水利员 2 人。1982 年，成立四明山区交通管理站，农机管理隶属区站业务指导。农机主要管理职能有安全管理、农机配件采购供应、农用柴油票发放、新型机械引进推广等。1992 年撤区并乡后，农机站归属镇农办，有农机专管人员 3 人。2011 年，成立农机培训学校，对茶农新引进制茶机械开展操作技术培训。2017 年，全镇农机从业人员 114 人，农机操作人员 102 人，农机修理 2 人，农机专编人员 1 人。

2010—2011 年，大岚、丁家畈、南岚、新岚、雅庄、上马、后朱等村被评为市农机安全村，2012 年大岚镇被评为市农机安全镇。

第七编　水利　电力

第一章　溪流　灌溉

第一节　溪流

大岚镇内溪流较多，三大水系（姚江、奉化江、曹娥江）源于大岚，属余姚市二类溪道的有3条，计30千米，三类溪道13条，计48千米。

姚江又名余姚江，自夏家岭东出，北行串百丈岗、四明湖水库，经上虞楼家闸于新江口，西接通明江来水，汇成姚江干流。

奉化江水系，境内主要有北溪、晓鹿溪及其支流，包括东部地区溪流。

曹娥江水系，境内主要为黑龙潭，支流包括屏风山、芦山乡及大岚、华山乡的西部地区溪流。

俞白溪

位于大岚镇境内大俞村，源于甬江源头四明山镇，经大横山水库大坝。流域在四明山北溪村至大横山水库方向来水，杖锡汇横山岗方向来水，在大岩下汇四窗岩方向来水，在华盖山汇华山水库方向来水，在眠床岗汇陶家坑方向来水，整条溪由南向东汇入榧树潭水库，经李家坑村，于大岚白鲞洞横泾叉口入周公宅水库至甬江。主流长度15千米，集水面积79平方千米，大岚境内长15千米，河床平均比降2.5%。

晓鹿溪

源于大岚龙角山附近。沿西北方向流至鹿亭乡晓岭，折向东，横贯鹿亭全乡，于中村附近入海曙区。

大岚溪

位于大岚镇境内丁家畈村，源于后朱村西北丁塘坑。溪流自后朱公路沿丁家畈而来，在余家岭头沿余家横而来，在蜻蜓岗汇檫树岭而来，在四丰沿大炮岭汇强盗湾水库而来。整条溪由东南向西北流入集镇丁家畈，经蟹坑入上虞。主流长度12千米，宽5～8米，集水面积6.8平方千米。

龙潭溪

位于大岚镇境内龙潭自然村。源于四明山镇仰天湖北面6944（旧志载：黑龙潭溪源出自将军帽山）。溪流在宁波林场汇鹁鸪岩洞方向来水，在华盖山背面汇宁波林场北电站方向来水，在阴地汇龙潭公路方向来水。整条溪由东南向西穿过龙潭村入上虞徐林水库，集水面积8.86平方千米，自南至北流至华山乡龙潭村，折而向西流入上虞。全长7.5千米，其中大岚境内3.5千米，主流长度2千米。河床平均比降6.6%，两岸支流发育，形成典型的羽状水系。

大岚镇河（溪）一览表

表7-1-1　　单位：千米

序号	河道名称	长度	流经	河道起点	河道终点
1	俞白溪	15	大俞村	大横山水库	横泾叉口
2	大岚溪	12	丁家畈村	丁塘坑	蟹坑
3	船底湾溪	8	华山村	泥坪岙	榧树潭水库
4	大岚溪—A	2.5	大岚村	夏家岭	纺车岩
5	黄家庄溪	2.1	黄家庄村	华山吊台	长弄下
6	新岚溪	4	新岚村	下南田湾	王石坑水库
7	观下溪	2.3	大路下村	李俞线马	观下庙前
				观下村办	横泾
8	阴地龙潭溪	2	阴地龙潭村	下坑电站	上虞徐林水库
9	后朱溪	3.7	后朱村	上阳门	上马龙王殿下
10	雅庄溪	3.4	雅庄村	大陈	观下村办公室
				西庄	李俞线马路
11	戴糜溪	1.3	戴糜村	戴王	蟹坑
12	南岚溪	2	南岚村	西岭下	榧树潭下流
13	上马溪	3	上马村	上马	乌桕岭脚

第二节　溪流整治

大岚溪

1994—2016年，溪道陆续进行部分地段的整治工程，溪道两边进行拓宽，拉直修整，对溪道坝面受损点进行水泥灌浆砌石，筑坎高2～4米、宽5～8米，总长6.8千米，对乱石及异物导致拥堵水流的因素进行及时清理。对水流平稳、人居集中的6个地段进行拦坝砌闸，既方便了当地群众的生活用水，又确保了溪道泄洪正常。平时加强观测清理，建立河长责任制，美化溪道两岸景观，加强溪道监督护理。

俞白溪

1992—2014 年，大俞村至大横山水库大坝外段相继进行整治，溪道两边进行拓宽，拉直修整，对溪道坝面受损点进行水泥灌浆砌石，筑坎 4 至 8 米高，提高了行洪能力，清理拆除溪道两旁垃圾、废弃物，扎实做好溪道两岸乱占、乱堆、乱倒等整治工作，切实改善溪道整体环境。新建北岸长廊，美化了两岸景观，建立了河长制，加强监督巡查，使溪道焕然一新。

龙潭溪

1995—2017 年，对村口公路桥至上虞徐林水库进行小范围整治。拓宽溪道两边堤坝，拉直修整，对溪道坝面受损点进行水泥灌浆砌石，筑坎 2 至 5 米高，提高了行洪能力，严格控制溪面造桥，清理拆除溪道两旁垃圾、废弃物，扎实做好整治溪道两岸乱占、乱堆、乱倒工作，切实改善溪道整体环境。

结合"五水治理"（治污水、防洪水、排涝水、保供水、抓节水）工程，落实溪道安全保洁责任，确保溪道水流畅通、水质干净，2016 年又投入 1642 万元，对大岚、黄家庄、华山、阴地龙潭、大路下、雅庄 6 个村进行溪道整治、污水处理工作。

1998—2017 年大岚镇其他溪流整治情况一览表

表 7-2-1

名　称	长度（千米）	集水面积（平方千米）	主要整治措施
船底湾溪	8	3	疏浚拓宽、砌筑护岸
黄家庄溪	2.1	3	疏浚拓宽、砌筑护岸、修筑水堰
新岚溪	4	3.7	疏浚拓宽、砌筑护岸、修筑水堰
观下溪	2.3	9	疏浚拓宽、砌筑护岸、修筑水堰
大岚溪	2.5	2.5	疏浚拓宽、砌筑护岸、修筑水堰
后朱溪	3.7	2.5	疏浚拓宽、砌筑护岸
雅庄溪	3.4	4	疏浚拓宽、砌筑护岸、修筑水堰
戴糜溪	1.3	2	疏浚拓宽、砌筑护岸
南岚溪	2	1.5	疏浚拓宽、砌筑护岸
上马溪	3	2.5	疏浚拓宽、砌筑护岸

第三节　灌溉

大岚地处余姚南部山区，雨量充沛，水利资源丰富，粮田灌溉历来是高处筑山塘、山坡造梯田，从上到下逐块流灌，最后汇入溪流。解放前，灌溉工具主要是以人力、畜力牵引的手车、脚车、牛车和戽车。有的地方以拦溪筑坝引水，以竹筒顺勺引流灌溉。中华人民共和国成立后，逐步建造山塘，后各村随着条件改善，增添抽水机、电水泵翻水。

每座山塘水库由主渠道到分渠道至田畈，最大最长的渠道是华山水库渠道，主渠道长 7 千米，口径 50 厘米，分渠道 40 厘米、30 厘米。其次是后路田水库，主渠 4 千米，口径 50 厘米，分渠口径 40 厘米、30 厘米。

生产大队实行集体制管水，大队水库有水库管理员一人，大队长负责调度，按线路远近、渠道长短、受益亩分、放水大小、时间长短给予分配，各生产队由专职管水员踏看田畈，负责放水。

粮田承包到户后，灌溉体制不变，但水利纠纷不断，直至发展花木产业后，种植水稻面积逐年减少，灌溉压力减轻。

由于山塘水库的地理位置处于山岙，有些水稻田在水库上流，难以自行流灌，大岚建造不少泵站，翻水上山灌溉，如雅庄后路田、凉风岗，后朱的芝麻湾。后来，这些靠天、靠翻水灌溉的农田逐步调整种植结构，泵站也随之改为为村民提供生活用水，即自来水设施。全镇有泵站 15 座，分别是大岚村姚江源头、弹树坑、邱庄泵站，雅庄村后路田、芝石坑、凉风岗泵站，新岚村大水孔泵站，大路下村大路上、下村、观下、老屋基泵站，南岚村蜻蜓岗泵站，柿林村泵站，后朱村芝麻湾、大家后泵站。

到 2009 年，全镇灌区面积 553.33 公顷，其中标准农田 306.67 公顷。防渗渠道 25 千米，每亩 5.5 米，其中管道 13 米。蓄排水沟 15 千米，每亩 3.3 米，基本满足灌溉需要。

经济型喷滴管，大岚主要在茶园、苗木中试用，面积达 141.67 公顷，但由于大岚雨量充沛，除少量的茶园还在使用外，大部分都停用了。

第二章　水利建设

第一节　水库

大岚镇水资源丰富，有小（1）型水库2座，总库容456万立方米，小（2）型水库7座，总库容227.77万立方米。

大横山水库

位于大岚大俞村横山自然村脚下，属奉化江水系。集雨面积53平方千米，总库容348万立方米，正常库容198.5万立方米。大坝为浆砌石重力坝。非溢流段坝高36.5米、长94米。溢流段高32米、长40米。最大泄量1580立方米/秒。输水隧洞为城门型岩石洞，断面1.8米×2.2米，洞长524米。出口接18钢筋混凝土二叉明管，直径50厘米。水库以发电为主，养鱼面积12.6公顷。

大横山水库工程于1966年10月9日经浙江省水利厅批准，同年12月根据余姚县水利局设计动工兴建。1967年编写技术设计书，设计为浆砌石重力坝。由于受当时的经济条件和施工技术条件限制，前期采取先施工后设计，以大岚、华山两个公社农民工为主，报酬采用各大队、生产队计工分制，用锄头、扁担、钢纤、铁锤，土法上马，历时近四年建成。

水库逐年加高加固，工程建设大致分为五个阶段：1966年12月—1970年7月为兴建阶段，1970年8月—1975年为加高阶段，1976—1980年为大坝加固、电站增容阶段，1981年为加高加固阶段，2006年为维修加固阶段。

1969年底基本建成，1971年7月1日向大岚送电320千瓦。1976年装机改成500千瓦（250千瓦×2），1979年又增容640千瓦（320千瓦×2）。为总装机1140千瓦，年发电360万千瓦时。至1987年完成石方1.99万立方米、混凝土2323立方米。投工21.7万工，投资111万元。

华山水库

位于大岚华山村华盖山脚，属奉化江水系。坝址海拔638米，是余姚坝址最高的小(1)型水库。集雨面积2.05平方千米，总库容108万立方米，正常库容93.3万立方米。大坝为照谷社型坝，坝高26.15米、长107.6米。坝顶溢流段宽40米，最大泄量1580立方米/秒。1971年10月开工，当时的大岚、华山公社发动群众，以农业学大寨精神，每天几百民工吃住在水库工地，拉石滚筒、夯夯柱，喊着号子，奋战了七个春秋，到1977年底竣工，投工36万工。完成土方7.5万立方米、石方 7.5 万立方米、混凝土 280 立方米。国家投资 24 万元。水库以灌溉为主，灌区面积 159.13 公顷，养鱼面积 5.53 公顷。由于水深水冷，鱼产量不高。

华山水库是境内较早修建的小（1）型灌溉水库，由于当时的经济和技术条件，1977 年竣工，但未验收。

华山水库水质清晰

大岚镇小（2）型水库情况

表 7-1-2　　　　单位：万立方米

水库名称	所在村	总库容	年检时间	备　注
黄石坑	大路下村	70	2015 年 3 月	电站水库
龙　潭	阴地龙潭村	13.91	2015 年 3 月	电站水库
纺车岩	丁家畈村	17.28	2015 年 3 月	电站水库
大岩下	华山村	15	2015 年 3 月	电站水库
坑角头	大俞村	16	2015 年 3 月	电站水库
后路田	雅庄村	15.58	2015 年 3 月	灌溉饮用
横　泾	大路下村	80	2015 年 3 月	电站水库

第二节　山塘

大岚，山塘水库众多，大都建于 20 世纪 50～70 年代，绝大部分是土坝，个别也有浆砌石坝和混泥土坝，全镇共有小（3）型山塘 45 座，总库容 116.64 万立方米，不包括各村 1 万立方米以下小山塘。牛染塘和种塘，其用途大都用于农田灌溉以及农村饮用水和生活用水。这些水库数十年来对于农业灌溉，农村以至于小集镇的生活用水都发挥着重要的作用。然而，建设时受各方面条件的限制，工程设计标准较低，有些甚至没有进行设计，而且大部分以群众运动的方式修建，加上经过数十年的运行使用，工程设施普遍存在老化和损坏，严重影响工程的安全运行和经济效益的发挥，威胁着水库下游人民群众的生命和财产安全，给社会造成不良的因素，也给工程管理带来不少的问题。通过 20 年的整治，这些山塘已逐步消除隐患，重新发挥它的功能，为大岚的经济和社会发展起着至关重要的作用。

大岚镇小（3）型山塘情况

表 7–1–3　　单位：万立方米

水库名称	所在村	总库容	年检时间
里四丰	大岚村	2	2015 年 3 月
石弹头	大岚村	3.5	2015 年 3 月
后塘岙	大岚村	1	2015 年 3 月
凤凰山	大岚村	1.12	2015 年 3 月
旦树坑	大岚村	1.37	2015 年 3 月
溪　王	戴糜村	1	2015 年 3 月
下南田湾	新岚村	5	2015 年 3 月
上南田湾	新岚村	6.3	2015 年 3 月
油车畈	新岚村	1	2015 年 3 月
岗里下	新岚村	3.3	2015 年 3 月
斗　湾	大路下村	8	2015 年 3 月
强盗湾	丁家畈村	1.5	2015 年 3 月
安山岗	丁家畈村	4	2015 年 3 月
洋顺湖	南岚村	1	2015 年 3 月
牛角丘	南岚村	1	2015 年 3 月
沙　渡	柿林村	1	2015 年 3 月
张家塘	后朱村	1.05	2015 年 3 月
大家下	后朱村	1.6	2015 年 3 月
芝麻湾	后朱村	3.4	2015 年 3 月
太平庵	上马村	6.4	2015 年 3 月
竹园边	上马村	1.2	2015 年 3 月
三　十	上马村	1.4	2015 年 3 月
芝麻湾	雅庄村	3.2	2015 年 3 月
朱石坑	雅庄村	4.7	2015 年 3 月
火弄口	雅庄村	3	2015 年 3 月
先人湾	阴地龙潭村	2	2015 年 3 月
水加湖	阴地龙潭村	1	2015 年 3 月
峡　弄	黄家庄村	4	2015 年 3 月
水竹岙	黄家庄村	1	2015 年 3 月
湖　头	大俞村	1	2015 年 3 月
岗芝畈	阴地龙潭村	8	2015 年 3 月
大元基二级	华山村	3	2015 年 3 月
长　弄	黄家庄村	5.3	2015 年 3 月
旧　宅	雅庄村	3	2015 年 3 月
吊　台	南岚村	2	2015 年 3 月
陶家坑	南岚村	3	2015 年 3 月
黄树塔	大岚村	0.1	2015 年 3 月

续表 7-1-3

水库名称	所在村	总库容	年检时间
边　丘	新岚村	1.1	2015 年 3 月
井头丘	南岚村	1	2015 年 3 月
凸弄里	雅庄村	2.5	2015 年 3 月
跑吉岭	阴地龙潭村	5	2015 年 3 月
大元基一级	华山村	0.6	2015 年 3 月
旧　坑	华山村	1	2015 年 3 月
岩头顶	华山村	1.5	2015 年 3 月
白玉坪头	华山村	2.5	2015 年 3 月

第三节　水库山塘除险加固

大横山水库

电站大坝曾出现垂直裂缝和绕边渗漏以及抗滑稳定系数不足等问题，1973 年后，对大坝采取造孔灌浆、坝后加砌 10 米横墙、坝西铺砌块石等措施，稳定系数 KFE 由 0.65 提高到 1.88，整体质量有所提高。

2005 年 8 月，经大横山水库大坝安全鉴定专家组鉴定大横山水库大坝为二类水库，水库基本安全，但有缺陷。对其进行维修加固的主要内容包括：坝体加厚、溢流段补强、坝顶维修、坝基帷幔灌浆、基础补强和人行交通桥及大坝观测设施等。工程等别为Ⅳ等，主要建筑物为 4 级。设计洪水标准 N=30 年，校核防洪标准为 N=300 年。工程总投资为 455.83 万元，2007 年完成。

华山水库

1997 年 8 月，余姚市水利局将华山水库列为重点“病危”水库，并列入 1998 年度除险加固项目，是年 11 月完成《华山水库除险加固工程初步设计书》，并得到批复。

1998 年汛期前，突击对右坝头漏水进行开挖回填处理，发现有多处 10 厘米左右的漏水洞，处理后未发现漏水现象。

1998 年 11 月，在实施除险加固过程中发生大坝迎水面中间部位坝坡向上游大面积滑坡。据测量，滑动体长 52 米，下滑高度 6 米，坝体黄泥斜墙防渗体发生破坏，左右坝头各长 30 米和 26 米的坝坡仍保持完好，大坝砌石体上部 4 米高度有细小裂缝，砌石拱体整体未造成损伤。

滑坡发生后，市政府、市水利局、大岚镇政府十分重视，多次赶赴现场，共同分析原因，商量对策，并对原坝址修复和向下游迁建做了方案比较，但由于时间和资金等原因，最后决定仍按原总体除险加固方案在原址进行修复。

2015 年再次进行除险加固。主要内容包括坝坡处理、溢洪道侧堰伸缩缝漏水处理、应急泄洪闸处理、坝下涵管处理、输水隧洞处理、溢洪道下游溪道整治以及重建管理房、启闭房等。

工程总投资258.7万元，2016年完工。

横泾水库

横泾水库位于大路下村下游，柿林村上游约1000米处，离集镇4千米，水库集雨面积9平方千米，坝高25米，水库总库容70万立方米。该水库是一座以发电、防洪为主，结合供水、养鱼的小（2）型水库。该水库用隧洞与黄石坑水库相串联，横泾电站装机容量为1260千瓦，两水库坝上溢流堰顶高程相同，水库于1995年7月投入使用以来。根据水库大坝安全技术认定结论，现有坝顶高程小于复合坝顶高程；右坝面渗水突出，消力池坝高不满足规范要求等问题。除险加固工程的主要内容为坝顶加高、坝体钢纤维喷射砼处理、坝肩帷幕灌浆处理、消力池堰顶加高、浆砌块石踏步等；同时增设溢流段及库区内水尺各一根、增设管理用房10平方米。工程等别为V等，主建筑物为5级，设计洪水标准N=30年，校核防洪标准为N=300年。工程总投资为160万元，2006年完成。

后路田水库

后路田水库位于雅庄村北首，离村委会1.5千米，水库集雨面积0.34平方千米，坝高14米，水库总库容15.58万立方米，该水库是一座以灌溉、防洪为主，结合供水、养鱼的小（2）型水库，下游有雅庄、大路下等村的2650人，灌溉面积为100.93公顷。由于建设时期没有落实严格的技术措施，并且经过30多年的运行，工程设施老化，根据大坝安全鉴定结果，存在坝顶宽度不足、坝体渗水、坝坡变形严重、坝下涵管漏水等问题，列入2004年市千库保安工程建设，工程总投资为158.09万元。加固后，其主要建筑物达到30年一遇的防洪标准校核，300年一遇的防洪标准，2005年完成。

雅庄村后路田水库

大岩下水库

大岩下水库位于华山村，距离镇南首13千米处，水库大坝于1992年12月份建成投产，是一座以发电为主，结合防洪、养鱼的小（2）型水库，集雨面积2.63平方千米，总库容15.57万立方米，经过十多年的运行，水库大坝出现一些隐患，需进行除险加固。加固内容为：坝顶加高及坝体坝肩防渗处理，新建消能防冲设施，人行踏步，启闭房及观测设施等。工程等级别为V等，主要建筑物为5级。工程总投资为138.72万元。设计洪水标准N=30年，校核洪水标准N=200年，2007年完成。

纺车岩水库

纺车岩水库位于丁家畈村西南方1千米处，水库大坝于1991年10月竣工，水库工程由拦溪坝、泄洪洞、输水隧洞、电站厂房等组成。水库上游集雨面积为6.67平方千米，总库容16.21万立方米，是以发电为主，结合防洪、养鱼的小（2）型水库，经过十多年运行，水库大坝、坝基在施工中留下的一些隐患暴露出来，需要采取一定的加固措施，加固内容为：坝顶加高，坝体及坝肩防渗处理，新建消能防冲设施，上坝踏步，泵房及观测设施等。工程等别为V等，主要建筑物为5级。总投资为225.21万元，设计洪水标准N=30年，校核防洪标准为N=200年。2007年完成。

龙潭水库

龙潭水库位于阴地龙潭村，系曹娥江流域龙潭溪上游，离下游龙潭村1.5千米，水库于1999年2月组成，是一座以发电为主，结合防洪的小（2）型水库，水库上游集雨面积8.57平方千米，总库容14.24万立方米。除险加固的内容为坝顶加高及坝体坝肩防渗处理，新建消能防冲设施，人行踏步，管理房，启闭设施及观测设施等。工程等别为V等，主要建筑物为5级。总投资为159.69万元，设计洪水标准N=30年，校核洪水标准为N=200年，2007年完成。

安山岗山塘（丁家畈村）

洪水标准为设计洪水标准N=20年，相应水位503.11米（假定高程基准，下同）；校核洪水标准N=200年，相应水位503.25米，水库正常蓄水位502.65米，总库容2.77万立方米。

主要整治内容为大坝防渗加固，坝顶及坝坡整理，溢洪道加固，输水设施改造，防风抢险道路及新建管理房15平方米等。工程总投资133万元，2013年完成。

边垳山塘（新岚村）

洪水标准为设计洪水标准N=20年，相应水位570.91米（假定高程基准，下同）；校核洪水标准N=200年，相应水位570.10米；水库正常蓄水位570.20米；总库容1.04万立方米。

主要整治内容为大坝防渗加固，坝顶及坝坡整理，溢洪道加固，输水设施改造及新建管理房15平方米等。工程总投资80万元，2013年完成。

峡弄山塘（黄家庄村）

洪水标准为设计洪水标准 N=20 年，相应水位 516.70 米（假定高程基准，下同）；校核洪水标准 N=200 年，相应水位 516.91 米；水库正常蓄水位 516.00 米；总库容 2.13 万立方米。

主要整治内容为大坝防渗加固，坝顶及坝坡整理，溢洪道加固，输水设施改造，防汛抢险道路及新建管理房 15 平方米等。工程总投资 75 万元，2013 年完成。

潭树坑山塘（大岚村）

洪水标准为设计洪水标准 N=20 年，相应水位 541.47 米（假定高程基准，下同）；校核洪水标准 N=200 年，相应水位 541.80 米；水库正常蓄水位 540.35 米；总库容 1.10 万立方米。

主要整治内容为大坝防渗加固，坝顶及坝坡整理，溢洪道加固，输水设施改造，防汛抢险道路及新建管理房 15 平方米等。工程总投资 78 万元，2013 年完成。

张家塘山塘（后朱村）

洪水标准为设计洪水标准 N=20 年，相应水位 600.06 米（假定高程基准，下同）；校核洪水标准 N=200 年，相应水位 600.31 米，水库正常蓄水位 599.20 米；总库容 1.15 万立方米。

主要整治内容为大坝防渗加固，坝顶及坝坡整理，溢洪道加固，输水设施改造，防汛抢险道路及新建管理房 15 平方米等。工程总投资 93 万元，2013 年完成。

芝石坑山塘（雅庄村）

洪水标准为设计洪水标准 N=20 年，相应水位 540.70 米（假定高程基准，下同）；校核洪水标准 N=200 年，相应水位 548.17 米；水库正常蓄水位 546.22 米；总库容 5.34 万立方米。

主要整治内容为大坝防渗加固，坝顶及坝坡整理，溢洪道加固，输水设施改造、防汛抢险道路及新建管理房 15 平方米等。工程总投资 107 万元，2013 年完成。

里四丰山塘（大岚村）

里四丰山塘治理工程，主要整治内容包括大坝防渗加固，坝顶及坝坡整理，溢洪道加固，输水设施改造，设置水库标牌等。工程总投资 109.1 万元。2015 年完成。

中娘垅湾山塘（大路下村）

中娘垅湾山塘治理工程主要内容包括大坝防渗加固，坝顶及坝坡整理，溢洪道加固，输水设施改造，增设防汛抢险道路，新建管理房，设置水库标牌等。工程总投资 77.39 万元。2015 年完成。

周家龙田山塘（位于雅庄村）

周家龙田山塘治理工程主要内容包括大坝防渗加固，坝顶及坝坡整理，溢洪道加固，输水设施改造，增设防汛抢险道路，新建管理房，设置水库标牌等。工程总投资 111.67 万元，2015 年完成。

第四节　防洪抗台

大岚地处浙东沿海，位于四明山之心，平均海拔550米，是余姚江、曹娥江、奉化江三大水系的发源地之一，素有“高山台地之最，诸水之源”之称。但也属自然灾害多发地区，尤以洪、涝、台、旱、风等灾害影响最为严重。

大岚最大的几次洪涝风灾

1988年8月7日，7号台风，大岚降雨318毫米，部分地段山洪暴发、桥塌地毁、农田受淹。

1990年8月30—31日，受第15号台风影响，降特大暴雨，全市最大降雨地区为大岚华山，达438毫米。

1992年8月28日—9月1日，受第16号台风影响，暴雨成灾，全市最大降雨地区为大岚华山，584毫米。9月22—23日受19号台风影响，狂风暴雨成灾，最大风力9级，最大降雨地区为华山，241毫米。

1997年8月18—19日，受第11号台风影响，山区出现特大暴雨，最大降雨地区为华山，达395毫米。

2000年9月13—15日，受“桑美”台风影响，全市普降大到暴雨，全市最大降雨地区为大岚夏家岭，达749毫米。大岚部分山塘水库出现险情，山体滑坡，公路、溪道多次冲毁。

2002年，受第5号台风“威马逊”影响，局部出现大暴雨，其中大岚夏家岭达214毫米，局部地段塌方、滑坡。

2007年10月7—8日，受16号台风“罗莎”影响，普降暴雨，全市最大降雨地区为大岚夏家岭，达398毫米，山塘水库全部超汛限水位运行。

2013年10月7—9日，受“菲特”台风影响，暴雨成灾，全市最大降雨地区为大岚华山，达603毫米。

造成灾害的原因有以下几点

大岚镇内局部地段山体土层单薄，土壤贫瘠，地质构造条件不利于植被生长，森林涵养水土能力弱；山区山势陡，部分岩石山体松散，稳定性差，遇雨饱和后容易导致水土流失及泥石流、滑坡的产生：大俞村出口溪谷狭窄，村中溪段弯道急且坡陡，阴地龙潭自然村位于弯道的凹岸，受溪流直冲威胁较大，半岭自然村后存在一处较大的山体滑坡体，容易形成洪涝灾害；大岚镇地处浙东沿海山区，降雨量充沛，且比较集中，特别是夏季受来自东南海洋暖湿气流影响较大，气流在爬升时容易形成局部强度较大的地形雨，而且流域内山谷狭长陡急，容易造成山洪暴发，形成泥石流、滑坡。

20世纪90年代以前，人民生活水平普遍较低，无足够条件建设堤防工程，原有块石堤防单薄矮小，年久失修，部分河段堤防已被洪水冲毁，根本经不起洪水冲击，防洪能力不足5年一遇。

另外，不少村民把住房建在河边，而河岸又缺少足够的防洪保护工程，成为受洪水灾害威胁最大的区域。

人类活动是造成自然界破坏的首要原因，近几年，农民为了增加经济收入、改善生活环境，不顾自然条件，盲目开垦种植经济果林，大量修建通村公路等基础设施建设，水土保持意识淡薄，致使水土流失加剧，不合理的村庄规划和溪边建房又进一步加剧灾情。

镇防汛防台指挥体系及主要职责

依据《浙江省防汛抗台条例》《浙江省防御洪涝台灾害人员避险转移办法》《宁波市防洪条例》等法律法规和《浙江省防汛抗台应急预案》《余姚市防汛抗台应急预案》等规定，镇建立防汛防台指挥部，编制《大岚镇防汛防台应急预案》，负责领导组织全镇的防汛防台和水利工程险情处置工作。

总指挥由镇长担任，副总指挥由镇党委副书记、农业副镇长、镇人武部部长担任。成员由其他党政领导班子成员组成。

镇防指职责　在上级防汛防台指挥部门和镇党委、镇政府领导下，组织、指挥、协调全镇防汛防台和抢险救灾工作。主要职责是：组织防汛防台知识与法律、法规、政策的宣传，组织防汛防台的定期演练，在上级防汛防台指挥机构和镇政府的领导下，具体负责指挥、协调防汛防台与抢险救灾工作；组织制订完善防汛防台预案，以及有关规定、规程、办法等；组织开展防汛防台检查，督促有关部门及时处理影响防汛防台安全的有关问题；贯彻执行上级防汛防台调度命令，负责骨干溪道的洪水调度；负责发布全镇汛情、台风警报以及发布和解除紧急防汛期、非常期；组织灾害处置，并做好有关协调工作。

2013 年，朱铁炯被授予“宁波市抗洪救灾先进个人”称号。

村级防汛防台主要职责　协助当地政府开展防汛防台与抢险救灾避险的具体工作；当接到灾害性天气预报、水雨情预警信息时，负责通知村级防汛防台负责人和各网格的联络员、监测员巡查员、预警员等责任人进岗到位，做好人员转移等防御准备，将预警信息传递到户到人；当接到上级人员转移命令和地质灾害险情报告时，协助做好人员转移的具体工作；当出现交通、信息中断或突发险情时按村级预案实施自主转移；实施转移前，及时发出转移信号，明确人员转移时间、地点、路线、召集人和注意事项，迅速将危险区域群众转移到安全的避灾场所；当洪涝、台风和地质灾害发生时，发动群众及时开展抢险救灾和自救互救，并及时将灾情报告乡级防指；开展防汛防台知识宣传，重点做好人员避险转移方案和群众自防自救知识宣传，开展人员转移演练；协助做好灾情统计和救济救助工作；法律、法规和规章规定的其他职责。

防洪抗台中的干部群众

第三章 电力

第一节 发电（小水电）

四明山区水力资源丰富，建造电站具有得天独厚的优越条件。1970年，随着大横山电站建成，形成了四明山区独立小电网，自发自用，2个公社及邻县1个村受益。1976年，发展为6乡46村。1977年4月，大横山电站新增2×320千瓦机组投产，小电网发电、用电不能就地平衡。80年代以来，小水电建设贯彻“调整配套，挖潜提高和全面规划，择优开发”的方针，集中财力、物力完成岩下山、华山、大横山等经济效益显著的水电工程。对效益低和建站条件很差的电站，暂停建造。择优新建一批投资较省、效益较好的电站。同时为解决四明山小电网有电送不出的问题，1980年兴建35千伏安大岚变电所，1982年建成投产，以35千伏安线路和县网并网。

1985年以来，市委、市政府为支持小水电发展，针对小水电上网电价“80年代高造价，50年代收购价”的不合理现象，先后作三次调整。1987年，市政府根据十届人大一次会议代表的议案，制定了今后三年小水电开发计划和实施方案。人大常委会发布《关于加快小水电开发建设实施意见的决定》，制订了“全面规划，择优开发，分年实施”的开发方针和投资“三三开”的经济优惠政策（即财政补助1/3，银行贷款1/3，自筹1/3）。三年内计划开发小水电站11处，计2145千瓦。开发小水电成为发展山区经济，扶助革命老区脱贫致富的一项战略任务。

大横山水电站

为余姚第一座专注发电的水库电站。

电站为混合式。发电隧洞长524米，城门形洞径为2.2米×2.2米。隧洞出口处封闭，设斜卧直径600毫米钢筋混凝土管和直径800毫米水泥网管各1条，分叉管4条。水头29～50米，流量3.0立方米/秒。安装“HL129-WT-600”和“HL100-WT-60”水轮机各2台。配发电机“TSWN-8-250”和“TSWN-8-320”各2台，总装机1140千瓦，年均发电量360万千瓦时。

电站始建于1966年，省列项拨款，县组织领导，大岚、华山二公社出劳力，1970年10月发电。安装配变32处，建成10千伏安输电线路40千米，供电范围为2个乡及邻县1个村，形成四明山自发自用小电网。1975年，县委定其为县属大集体，对大岚、华山两地用电，实行优惠电价，并对两公社在基建中投入的219509工日，按每工日1元予以兑现。1984年3月，县政府取消上述两乡优惠电价，实行统一电价。两乡以1983年用电量为基数，由大横山电站每年补给3万元，分配所属各村。

电站原设计容量为2×100千瓦。后改为2×160千瓦，后又改为2×250千瓦。投产时坝高23米，库容100万立方米。为充分利用水力资源，投产后大坝由23米加高至28米又加高至32米，库容增至265万立方米。装机总容量由500千瓦增加到1140千瓦，最高年发电量为1985年的385万千瓦时。

白鲞洞水电站

位于大岚镇柿林村与海曙区章水镇李家坑村的樟水溪边。集雨面积78平方千米。水头36米，设计流量4.14立方米/秒。工程分两期完成，一期安装“HL240-WT-50”水轮机2台，配“TSWN-8400”发电机2台，二期安装“HL240-WT-50”、400千瓦机组1台。总装机为1200千瓦，年均设计发电量360万千瓦时，为当时余姚单机和总装机容量最大的水电站。

电站为大岚镇兴办。始建于1980年，1982年7月投产，用专线与大岚变电所联网。二期工程于1984年投产。经省、地水利部门邀请海曙、余姚两地有关单位评议协商，确定由余姚开发。电站总投资93万元，其中国家补助26.8万元，乡自筹66.2万元(包括贷款35万元、劳力折价6万元)。

大岚镇小水电站基本情况表

表7-4-1

序号	站名	所属村	开发形式	集雨面积（平方千米）	总装机（千瓦）	建设情况（投产时间）
1	大横山	大　俞	集体个人股份	53	1630	1970年7月
2	华　山	大　俞	集体个人股份	60.8	720	2006年11月
3	大岚电站	柿　林	镇集体	75.8	1580	1983年7月
4	四窗岩	华　山	大俞村集体	3	200	1984年7月
5	柿　林	柿　林	村集体	16	410	1984年7月
6	西岭下	南　岚	村集体	1.6	100	1987年1月
7	长　弄	黄家庄	镇村集体	3.2	320	1989年6月
8	纺车岩	丁家畈	村集体	6.7	320	1990年5月
9	陶家坑	南　岚	村集体	3	200	1991年6月
10	马鞍山	南　岚	村集体	8.6	320	1991年8月
11	大岩下	华　山	村集体	2.65	320	1992年10月
12	三坑口	戴　麋	村集体	11.25	200	1993年9月
13	坑角头	大　俞	村集体	2.5	250	1994年1月
14	大元基一级	华　山	村集体	2	75	1993年
15	大元基二级	华　山	村集体	2.34	160	1994年1月
16	横　泾	大路下	镇村股份	12.7	1260	1995年5月
17	阴　地	阴地龙潭	村、个人合股	2.01	250	1998年1月
18	上　马	上　马	村、个人合股	2.35	125	2006年2月
19	大　俞	大　俞	村、个人合股	61	175	2006年11月
20	龙　潭	龙　潭	市、镇、村合股	8.86	800	1998年12月

1995年10月18日大岚横泾电站正式发电

第二节 输变电

1970年10月，大岚大横山电站建成发电，主要负责供应原大岚、华山两个公社及周边邻近几个村自供网。

四明山区小水电网，1977年4月，大横山电站新增2×320千瓦机组投产后，以10千伏线路在梁弄让贤钱库岭与县电网联网互供。至1979年，联网电站有8座，总装机2415千瓦，原10千伏线路联网已不适应。1980年，投资39万元，兴建35千伏大岚变电所，首期主要容量3150千伏安，新建35千伏大岚至梁弄联网线路12.54千米，1982年7月建成投产。1984年，扩建2号主变2000千伏安投产，主变总容量5150千伏安。1987年年底，变电所并网水电站17个，装机总容量4850千瓦，年发电1412万千瓦时。其中输送大电网952万千瓦时。变电所有10千伏配电线路4路，计152千米。有用户配变118台，计5510千伏安。四明山区6个乡镇和17个水电站基本形成发、供、用自成系统的小水电网。

1987年，大岚小水电输变电设施有35千伏输电线路12.54千米，10千伏输电线路152千米，380伏输电线路500千米；35千伏主变2台，5150千伏安；10千伏升压变52台，11570千伏安；1998年，大岚变电所又增装容量为2000千伏安的3号主变。

1988年10月20日，经逐年分批改造，原“二线”地制线路改为“三线”制。

小水电上网收购价，1985年前，每千瓦时0.05元。1985年1月，实行高峰、低谷收购价，高峰每千瓦时0.07元，低谷每千瓦时0.025元，以鼓励多发高峰电，增加电站收益。1987年，部分上网电实行议价收购，以1985年前投产电站4年平均发电量为基数，超基数高峰电议价每千瓦时0.20元，低谷电议价每千瓦时0.07元。

2008年1月29日，罕见的雨雪冰冻天气，导致35千伏“梁大线”断线，全镇断电，成为全省受损最严重的地区之一。至2月8日，通过近百人的艰苦奋战，“梁大线”成功恢复送电。

2002年，投资2000万元，完成对四明山小水电自供区电网建设与改造工程，为老区铺平致富道路。通过农网改造，供电可靠率提高4.1个百分点，电压合格率提高了12个百分点，大大改善了电网结构，农户不再额外分摊电费。

自从2011年6月20日小水电自供区业务移交“国家电网”后，市供电局组织人员深入大岚山上对配电线路进行了标准化改造，优化了山区配网线路的结构，采用的加强型钢芯铝绞线和架空绝缘导线可有效抗击台风、冰雪等自然灾害，提高了大岚的供电质量。

2017年，大岚供电站新建了办公营业房，方便群众申办用电手续。

标准化的配网线路改造

第八编　工业经济

第一章　发展概况

20世纪70年代前，镇域内工业经济基础薄弱。80年代始，工业企业得到发展。1983年，占镇境内工农业总产值的11.38%。90年代后，农业经济比重逐年下降，工业产值快速增长。2009年，工业产值46500万元，占全镇工农业总产值的78.11%。2010年后，工业经济比重下降，第三产业发展提升。2017年，全镇工业产值64700万元，占全镇工农业总产值的61.68%。

第一节　中华人民共和国成立前的工业、手工业

大岚手工业的形成与发展，与驻军、人口繁衍密切相关。境内在商代前，常有人上山捕猎、采果挖药，入居人口不多，基本无手工业。唐至德二年（757），余姚籍龚历率民起兵，驻扎大岚山两年之久，给山民传授不少手工业技能。宋代，境内盛产茶叶，山民较完整地掌握制茶工艺，经蒸青（杀青）、炒青（炒干）、或烘青（焙干）成为绿茶各类产品。另将收获后的稻谷、麦子、玉米，用石捣臼、石碾子、石磨等工具，加工成大米、年糕，面粉等食用品。宋末元初，鲁氏始祖迁徙四峰头（现四丰），明代又有沈、王、郑氏世祖移民定居大岚，四大姓氏人口快速增长。为适应生活生产需求，拜师学艺，使农副产品加工业和裁缝、竹器编织、木工、泥工、采石等手工业得到发展。清同治三年（1864），甘竹自然村始办境内首家榨油厂。清代，境内建起多个宗祠祖堂，用材粗大，结构新颖，做工精细，有的配有雕塑，充分体现工匠技能的高超。清代晚期，山民充分利用毛竹资源，选用当年嫩竹做原料，在龙潭、大俞、柿林等地办起9家纸厂。

个体铁匠

民国时期，受交通条件制约和战争的影响，新兴手工业发展缓慢，仍以传统手工业和加工业为主。南岚乡9个保（现南岚、新岚片），有手工业人员94人，其中木工12人、泥工5人、簟匠27人、裁缝26人、箍桶10人、棕棚匠4人、漆匠4人、石匠4人、弹花匠

2人。另有境外天台个体工商户，开办多家砖瓦厂，东阳永康个体工商户开办4家铁器店（中华人民共和国成立后定居大岚）。

第二节 中华人民共和国成立后的工业、手工业

中华人民共和国成立后，人民政府扶持发展，加强组织管理，工业、手工业生产逐步恢复发展。1952年，南岚、大岚、新岚乡建立手工业互助组（同业小组），除大岚乡外（资料遗失），有15个手工业互助组、94人，其中，新岚乡有木工、泥工、簟匠、裁缝、箍桶、棕棚、漆匠7个组53人。

1956年，对私营工业、手工业进行社会主义改造。镇境内先后建起手工业和农机综合性社。生产农机具和生活器具，供高级社及农户购买。是年，梁弄粮食加工中心下设大岚车间，后改为地方国营米厂。1958年，境内办起多个炭窑厂，其中大俞村有炭窑4处，年产白炭31吨，提供梁弄炼钢企业所需燃料。1962年后，大岚手工业和农机综合性社精减职工，部分职工回家从事农业，留存职工归属梁弄铸钢厂和四明山第三机械厂。

20世纪70年代初，装机320千瓦的大横山水电站投产。大岚公社开办农机五金厂。上马、后朱村联营开办五金塑胶厂，有职工35人。1975年，中共中央颁布中发[1975]21号文件后，集体企业、社队企业得到较快发展。1977年，大横山水电站扩容到500千瓦，年发电量234.7万千瓦时，产值15.28万元，职工40人。华山公社有社、队联办企业2家，产值23.47万元，职工89人。大岚公社社、队联办企业3家，产值63.9万元，职工269人。

1985年，社队企业改称乡镇企业。是年，大岚乡工业产值384.83万元，华山乡工业产值17.42万元。1990年，大岚镇工业产值1153.88万元，华山乡工业产值136.08万元。

1992年5月撤区扩镇后，华山乡并入大岚镇。同年，全镇有注册企业38家，其中乡镇办12家、村办17家、校办3家、集体商业6家，注册资金500.96万元。是年，全镇工业产值1830万元，占工农业总产值的57.05%。1992年，大岚镇精制茶厂实行股份制。1993年，对镇办企业开展以转换经营机制为重点的工业体制改革，1994年，上海工业大学余姚花岗石联营公司进行企业经营机制转换。至2000年底，村办集体企业经营机制转换工作亦由各村组织实施完成。

2001年后，工业经济以股份合作、私营企业、个人独资企业为主体，民营企业发展迅速。2003年，全镇有注册企业83家，从业人员926人，工业产值2.17亿元，利润总额1210万元，实缴税金532万元。2009年，工业产值达到4.65亿元。2010年起，为保护生态环境、发展旅游产业，工业经济产值有所下降。2017年，工业产值6.47亿元，工业在国民经济产值中的比重比2009年下降16.43%。

第二章　管理体制

1952年，镇境内手工业隶属梁弄镇工会管理。粮、油、食品加工归入县工业统计，铁器、竹木编织加工归入县手工业统计。1956年，完成对私营工业、手工业的社会主义改造，以公私合营或地方国营方式经营的米厂、淀粉厂、茶竹加工等企业，分别归属县主管局管理。1958年，归属余姚县工业交通局。1961年5月，归属县公社工业手工业局。

1962年，大岚公社手工业隶属梁弄区手工业办事处，华山公社隶属四明山区手工业办事处。1965年后，大岚公社归属四明山手工业办事处。1974年，大岚公社建立手工业办公室。1978年，建立四明山区及大岚、华山公社社队工业办公室（简称工办），负责对下属工业企业、手工业企业进行管理。1983年，区、公社社队工业办公室改称区、镇（乡）工业办公室。1992年5月，全市撤区扩镇并乡，成立大岚镇工业办公室。2000年，镇、村办企业经营机制改革基本结束（除镇、村电站企业外）。至2017年，企业经营者或境外引资企业归属镇工贸办公室管理。

第一节　乡镇工业

乡（镇）办工业，在人民公社时期称公社企业。1983年后，实行政社分设，社办企业改称乡镇工业。镇境内乡镇企业以资源型或五金、机械等加工型企业为主，起步于20世纪70年代初期。

茶厂

华山、大岚公社为发展壮大集体经济，分别办起公社茶场，通过初制加工出售，增加财政收入。1979年12月10日，启动筹建大岚精制茶厂。1980年6月投产，当年生产天坛牌精制珠茶（3505）40吨，产值35万元，利润7万元。1983年，经省计经委批准，大岚精制茶厂为茶叶出口定点企业。1985年、1987年分别生产415.65吨和699吨。1993年，销售产值（现行价）662.74万元，营业收入602.24万元，缴纳税金40.02万元，企业职工96人，工资总额21.28万元。

电站

1977年12月，华山公社开发华山电站(站址大俞村)，投资60.5万元，装机200千瓦。1979年，大岚公社利用俞白溪水资源优势，规划筹建大岚电站（站址柿林村白鳖洞），投资101.3万元，装机 1200 千瓦（后扩机到 1580 千瓦）。1983 年，大岚电站年发电量 356.88 万千瓦时，年产值 107 万元，利润 53.5 万元。是年，华山电站增机扩容到 500 千瓦，年发电量 94 万千瓦时，产值 27.44 万元，利润 16.5 万元。1987 年 11 月，华山公社长弄电站开发，投资 83 万元，装机 320 千瓦。1989 年 6 月投产，年发电量 102 万千瓦时，年产值 30.6 万元，年利润 18.36 万元。

1995 年，镇村股份制企业横泾电站投产，建设资金 680 万元，装机 1260 千瓦。1998 年，市、镇、村合股开发龙潭电站，装机 800 千瓦。2000 年，有镇属电站 6 处，产值 489.63 万元。

其他

1977 年，境内有农机五金加工企业 2 家，产值 37.42 万元，利润 9.43 万元。1984 年，供销社中药材加工企业转为乡办垂盆草加工厂。1986 年 12 月，规划筹建上海工业大学余姚市花岗石联营公司。1988 年，华山公社办起宁波燎原食品厂余姚分厂。至 1993 年，全镇共有镇办企业 16 家，其中电站企业 3 家，工业产值 1937 万元，销售 1565 万元，利润 90 万元，职工 413 人。其他镇办资源型企业和加工企业改制后转为个私企业。

1992 年大岚年检合格镇办企业名录

表 8-2-1　　单位：万元

企业名称	厂址	法人代表	注册资金	核准时间	经营方式	主营范围
宁波燎原食品厂余姚三分厂	华山村	俞树佳	10.3	1989.10	加工、制造	金元宝、巧克力软糖
余姚大岚精制茶厂	丁家畈村	夏德耀	97.2	1992.4	加工	精制茶叶
余姚市大岚镇中草药精制加工厂	丁家畈村	李纪先	5.2	1990.1	加工、制造	中草药加工
余姚市四明山塑料厂	丁家畈村	鲁才锵	13.8	1989.11	加工	塑料制品
余姚市大岚乡农机化服务站	丁家畈村	李纪明	2.1	1989.8	修理代购、代销、零售	农机配件 电工器材
余姚市大岚建筑工程队	丁家畈村	鲁将禄	1.8	1989.11	建筑	房屋建筑
余姚市名茶研制厂	丁家畈村	沈金石	14.9	1991.4	加工	制名茶
上海工业大学余姚市花岗石联营公司	丁家畈村	王永昌	40.5	1993.3	开采、加工	花岗石、大理石制品
余姚市大岚汽配厂	上马村	马伟长	5	1989.9	加工、制造	烟机配件
余姚市大岚塑胶厂	丁家畈村	马求肯	10	1989.11	加工	塑胶制品
余姚市大岚农机五金厂	丁家畈村	王新丹	10	1989.11	加工制造	五金配件农机具
余姚市华山电子仪表配件厂	华山村	黄银岳	9.9	1989.10	制造、加工修理	仪器、仪表元器件

第二节　村办企业

属村民集体所有。人民公社时期，称队办企业。1983 年后，改大队为行政村，更名村办企业。

初期的村办企业，多为小型的加工企业，设备简陋，利用祠堂、庙宇及租赁个人闲置房办厂。20 世纪 70 年代初，上马、后朱联营开办五金塑胶厂，为镇境内首个队（村）企业。1977 年，大岚、华山公社开办队（村）联营企业 4 家，其中 3 家为余姚市棉纺织厂（与甘竹村联营企业）、丁家畈村酒厂、阴地五金胶木塑料厂。是年，村办集体企业总产值 56.25 万元，利润 8.91 万元，职工 246 人。

1984 年，大路下村与大岚供销社联营开办汽水厂，上马、夏家岭、戴王、雅庄、观下、柿林等村办起烟机、五金、胶木、微型轴承、塑料编织、玻璃纤维等加工业。1986 年，镇境内村办企业产值 128.26 万元（除电站企业外），利润 19.11 万元，职工 707 人。

1992 年，经工商部门年检登记的村办集体企业 17 家，注册资金 136.66 万元。1993 年，村办集体企业 11 家，工业产值 894 万元，销售产值 946 万元，利润 87 万元，职工 358 人。2000 年，有村集体电站 12 处，产值 364 万元。

1992 年大岚镇年检合格村办集体企业名录

表 8-2-2　　　　单位：万元

企业名称	厂址	法人代表	注册资金	核准时间	经营方式	主营范围
余姚市夏家岭电器配件厂	夏家岭村	朱纪尧	3.4	1989.9	加工	五金
余姚市纺织厂大岚纺织分厂	甘竹村	郑明权	28.3	1992.3	制造	纺织
余姚市大陈塑料配件联营厂	大陈村	徐志培	10	1992.1	制造加工	吸尘器
余姚工艺编织总厂大岚工艺帽联营分厂	朱家宅村	马连塘	10	1992.2	制造	工艺帽、布制工艺品
余姚市大岚戴王胶木厂	戴王村	王新学	1.2	1989.11	加工	胶木塑料制品
余姚市大岚紧密电器仪表厂	夏家岭	夏伯晗	3.6	1989.9	加工	五金制品
余姚市大岚酒厂	丁家畈村	鲁育钱	5.9	1989.11	制造	黄酒
余姚市大岚大路汽水厂	大路村	吴建设	3	1989.11	制造	汽水、果菜汁饮料
余姚市大岚电器装置件厂	柿林村	沈世明	3	1989.10	加工制造	电器装置件
余姚市烟机配件厂	上马村	马伟长	5	1989.9	加工制造	烟机配件
余姚市甬舜微型轴承厂	雅庄村	鲁才苗	47.26	1991.12	制造、加工	微型轴承
余姚市大岚预制品厂	丁家畈村	鲁纪者	4	1992.4	加工制造	预应力小孔板
余姚市大岚丁家畈锯板厂	丁家畈村	鲁文达	3.5	1989.9	加工	锯板
余姚市大岚塑料编织厂	观下村	郑为弟	1.1	1989.11	加工	塑料编织布
余姚市大岚机械电器厂	夏家岭村	沈忠铨	1.8	1989.9	加工	五金冲件

续表 8-2-2

企业名称	厂址	法人代表	注册资金	核准时间	经营方式	主营范围
余姚市大岚机械实验厂	观下村	郑建完	4.5	1990.11	加工、制造安装	机械零配件、工业设备安装
余姚市大岚柿林玻纤厂	柿林村	沈永楼	1.1	1989.11	加工制造	玻璃纤维丝

第三节　个私企业

1983 年起，在以公有制为主体，发展多种经济成分方针指引下，镇境内开始发展家庭工业，原属村办集体企业茶叶初制厂逐年转制为个人承包经营。1986 年，原大路下村与大岚供销社联营汽水厂转为个私经营。是年，大岚、华山乡家庭工业产值 34.28 万元，占境内工业产值的 7%。

1993 年后，镇村集体企业经营体制进行改革，镇办上海工业大学余姚市花岗石联营公司转制为个私企业，余姚市大岚酒厂村办企业也转制为个体经营。1994 年，中共大岚镇委员会制定《关于发展个体企业实行若干优惠政策的规定》。是年，新引进镇、村个体企业 10 家，年终共有个体企业 41 家，产值 600 万元，销售 580 万元，产值是上年 43 万元的 12.95 倍。1998 年，工业总产值 1.01 亿元，比上年增长 17.16%，销售收入 7344 万元，利税 1177 万元，分别比上年增长 21.5% 和 165.3%，产销和资金利税率比上年提高 3.8 和 6 个百分点。

2000 年后，招商引资力度加大，工业经济增幅逐年提升。2001 年，引进余姚市清心茶业有限公司，年创产值 1500 万元以上。2010 年，私营企业、个人独资企业、产值 44635 万元，销售产值 44597 万元；股份有限公司工业产值 9462 万元，销售产值 9462 万元。

附：大岚镇人民政府鼓励个体私营企业优惠政策

1. 个体工商户和私营企业，在 1995 年底前按市委 94 号文件减免的税收 50% 返回给所在村，主要用于企业扩大再生产，兴办公益事业或充入农业发展基金。对年产值 50 万元或销售 30 万元（营业额），100 万元以上的私营企业可享受市重点私营企业的优惠政策。

2. 个体企业管理费的收取由原来按销售额的 1.5% 下浮到 0.65%，1994 年前办的个体企业销售额超 50 万元、新办企业销售超 30 万元的，超过部分给予缓交。

3. 代征的个体企业工商管理费，由原来按销售比例 1% 征收转为定额上交，根据企业规模大小，每家收取工商管理费 200 ~ 300 元。

4. 凡进企业服务站的个体企业，包括转制企业、集体企业，对销售额在 10 万元内的企业收取销售额的 1% 作为服务费，销售额在 10 万 ~ 50 万元的企业按 0.5% 收取服务费，销售额超过 50 万元的，免交服务费。

5. 凡在 1994 年老个体企业销售达 50 万元的、新办个体企业达 30 万元的，奖现金或物资 1000 元；老企业销售达到 80 万元的、新办企业达 50 万元的，奖现金或物资 2000 元；老企业销售达到100万元的、新办企业达80万元的，奖现金或物资3000元。

第四节　部门工业

市属部门工业，始于20世纪50年代中期，境内最早的粮食加工企业，由粮食部门管理。1996年，有留存部门企业6家。2004年起，将部门工业企业转换为民营企业或关闭停业。至2012年，境内无部门企业。

粮食局属工业

1956年，公私合营大隆米厂改组为梁弄粮食加工中心厂，下设大岚车间。1958年，新建大岚淀粉一厂，厂址设在现丁家畈自然村大溪旁。1959年7月，梁弄米厂之大岚车间改名为地方国营米厂，撤销淀粉厂，人员并入米厂。1961年11月，撤销大岚米厂，并入梁弄米厂。

供销合作社属工业

1979年，大岚供销社采购店，充分利用本地野生垂盆草资源优势，与上海市静安制药厂联营开办中药材代加工企业。中药厂开启后，引导农户野生采挖或在自留地上种植垂盆草，最多一年向农户收购鲜草2500吨，增加农民收入。1984年后，企业转为乡办，一直延续到1996年。

1984年，大岚供销社与大路村合股联营办汽水厂，1986年转为个私企业。是年，供销社为更好地服务茶农，办起茶叶初制加工厂，年加工鲜叶150～200吨，干茶38～50吨，年产值35～40万元。1992年，初制茶厂停办后，与大岚精制茶厂联营办企业，年产值1200～1600万元。1997年，镇、村集体企业改制后撤销。

教育局属工业

1971年，国家对校办工厂实行优惠政策后，先后在甘竹、上马等学校发展校办企业。1984年，办起余姚市四明山甘竹学校纺织配件机带厂，上马小学办起余姚市四明山五金机械配件厂。1987年12月，大岚公社中心小学办起余姚市金龙烟机厂。1991年4月，大岚初级中学办起余姚市大岚甘竹纺织厂。1992年，丁家畈村办起余姚市石油机械厂。2000年，全镇校办企业产值770余万元，销售收入720万元，利润27.8万元。2001年，上缴镇中心小学4.15万元，上缴镇中学3万元。2004年后，校办企业转为民营企业。

民政局属企业

1983年，大岚塑料制品厂为镇属企业，占地面积600平方米。1985年9月1日起，更名大岚塑胶厂，归属民政局福利企业。1985年，有企业职工25人，其中“四残”（盲、聋、哑及肢体残）职工4人，年产值30万元。1990年，有职工35人，其中“四残”职工10人，年产值150万元。1994年，集体企业转为个私企业，福利企业性质不变。2007年，更名大岚塑料有限公司。2011年，有职工 25 人，其中“四残”职工 5 人，产值 80 万元。2012 年，不再享受市民政局福利企业待遇。

县（市）属集体企业

大横山水电站始建于 1966 年，1970 年 10 月投产，1975 年，归属县大集体企业。1977 年，经加坝扩容，装机 500 千瓦，后又增容 640 千瓦，总装机 1140 千瓦。1985 年，最高发电量 385 万千瓦时。2000 年 5 月，转为集体、个人股份制企业。电站产权以 540.45 万元转让给大岚镇企业资产经营公司，改制人员数 17 人，其中在职 11 人，退休 6 人。2017 年，总装机 1630 千瓦，年发电量 3870510 千瓦时，总产值 2038354 元，上缴国家税金 117055 元，有职工 9 人。

第三章　行业门类

大岚镇工业历经数十年的建设发展和积极招商引资，逐步形成由农产品加工、小水电站、五金机械、塑料电器，建筑建材、食品纺织、文化产业等门类构成的加工制造服务企业体系。

第一节　农副产品加工企业

茶类加工

20世纪60年代中期前，茶类加工沿袭传统方式制作。1969年始，大岚公社8个大队引进制茶机械，建立第一批茶叶初制加工厂。1977年，镇境内有公社、大队集体茶厂28家。1979年，创办大岚精制茶厂。1994年，全镇有个私及镇村集体初制茶厂62家，精制茶厂2家。2010年，镇村集体初制茶厂115家，优质茶加工企业11家。2011年后，镇村初制茶加工企业减少，个人名优茶加工机械剧增。2017年，全镇有优质茶（精制）加工企业10家。

初制茶生产

林木加工

20世纪70年代前，民众生产生活所需林木建材，由大队和个人自取。80年代初期，丁家畈村办起锯板厂，供村、户林木来料加工。1993年，机械设备转让后，村办锯板厂停业。1994年，在浒溪线旁新开办1家大岚家具商店，兼营林木建材加工。此后，余家横自然村东首三角站旁开设1家农户联营锯木厂，后转个人经营。至2017年，林木加工有丁家畈、新岚村及余姚市万林竹木制品厂3家。

1985年，雅庄村村民在丁家畈至后朱公路入口处，开办1家仿古家具代加工企业，兼营锯木，2008年后停办。

竹子加工

20 世纪 70 年代前，镇境内以原竹出售为主。集体和农户所需生产生活农具由篁匠加工制作，不外销。供销社采购的土箕、脚手架等由生产队加工制作，集体销售。

1976 年，阴地村办起羽毛球拍加工厂，年销球拍 1 万副。1982 年，华山公社竹木制品厂，年销售产值 0.42 万元。2000 年，大俞村开办私营宏森竹制品有限公司，初加工成竹浇板及竹丝产品营销奉化、安吉等地。年需原竹 2400 吨，年产值 70 万元，利润 10 万元，职工 38 人。企业不但解决村富裕劳力的务工，而且帮助农民解决毛竹销售难问题，增加农户林业收入。2008 年，企业法人创办余姚市四窗岩旅游开发有限公司后，竹制品公司停业。

垂盆草加工

垂盆草俗名瓜子草，镇境内野生垂盆草资源丰富。为开发利用当地资源，1979 年，上海市药材公司、余姚市医药材公司和上海静安制药厂与大岚供销社共同开发，创办垂盆草粗制加工厂，并用土灶粗制加工浸膏。1984 年，药厂转为乡办，列入政府为农民增收的一个重要项目，积极鼓励农户野生采集，并在春季稻田中种植（不影响单季水稻），逐年投入资金，改造厂房，增加设备。年粗加工垂盆草中药材 80 万千克，年加工浸膏 6 吨。1993 年，产值 26 万元，销售 21 万元，利润 4.31 万元。1996 年后，转为个私企业，2000 年，企业产值 50 万元，销售 50 万元，职工 12 人。2003 年后停业。

主要企业选介

大岚精制茶厂　属镇办集体企业。1979 年规划筹建，同年 12 月 10 日批复，厂址厂区占地面积 0.3 公顷，建筑面积 1500 平方米，引进制茶机械设备 21 台，其中炒车机 1 台、圆筛机 3 台、风扇机 8 台、抖筛机 1 台、拣梗机 2 台、齿切机 1 台、烘干机 1 台、磨粉机 1 台、炒干机 3 台。1980 年 6 月投产，第一年生产天坛牌精制茶 40 吨，产值 35 万元，利润 7 万元，有职工 34 人，成为公社农业龙头企业。

精制茶厂生产车间

1984 年，为进一步发展生产，新添置机械设备 9 台，其中炒车机 2 台、风扇机 3 台、拣梗机 2 台、圆筛机 2 台；另配置东风牌五吨货车 2 辆、奇观汽车 1 辆，生产量达到 850 吨，产值 760 万元，上缴国家税金包括特产税 120 万元，有职工 187 人（包括镇茶场人员）。

1992 年，精制茶厂实行股份制，镇政府与供销社联营开办，镇占股 49%，供销社 51%，企业成立董事会、监事会、工委。1993 年，调整企业领导班子，进一步加强企业管理，缩减人员 52 人，企业效益得到提升。1997 年，集体企业实施改制，大岚精制茶厂转为个人承包经营，集体资产性质不变，年上缴镇财政租赁费 16.5 万元。

余姚市清心茶业有限公司 创办于2000年8月4日，设址在镇境内大岚村邱庄自然村，厂区占地面积0.47公顷，优质茶基地面积66.7公顷。现有固定资产总额478万元，职工40人，是余姚市农业龙头企业。公司拥有进口蒸青流水线和烘青流水线各1条，乌龙茶设备20组，名茶炒机15台。公司主要生产蒸青茶、烘青茶、乌龙茶、龙井茶，产品出口日本，以及欧洲各国。公司着眼于茶农利益，收购茶叶原料（鲜叶）数量大，价格稳定，为茶农销售解忧，增加茶农收入。2015年，通过国际雨林联盟认证，企业知名度进一步提高。2015年，向农户收购鲜叶2000吨，金额304万元，公司茶类产品500吨，产值600万元。2017年，收购茶农鲜叶2032吨，金额310万元；企业产量510吨，营业收入507.06万元，上缴国家税收57.4万元。

蒸青茶厂生产车间

宁波市姚江源机械有限公司 创办于2009年，厂址雅庄村集体茶场内，厂房面积4000余平方米，优质茶基地面积33.3公顷，拥有两条绿茶加工生产线和红茶及茶机制造生产线（包括茶叶加工设备及茶叶品质检测设备）。公司与中国农业科学院茶叶研究所联合开发茶叶加工过程中的关键设备，产品主要包括环保节能型电磁杀青机，燃油式热风烘干机、理条机、精揉机、红茶发酵室等，并获得国家专利证书。公司现有各类专业技术人员7人，职工48人，临时采茶工70人。2010年，总产值850万元，其中生产优质茶10吨，产值700万元。创制的“诸水之源”牌余姚瀑布仙茗获得浙江绿茶博览会名茶评比金奖。是年，公司被评为宁波市茶叶示范企业、中国茶叶学会茶叶科技示范基地。2011年，“诸水之源”牌茶叶获得上海茶叶博览会“中国名茶”评比金奖，同年6月获得22届哈尔滨国际经济贸易洽谈会浙江绿茶博览会名茶评比金奖；8月获得第九届“中茶杯”全国名优茶评比一等奖。2012年，总产值620万元，其中生产名茶7吨，产值490万元。是年5月，荣获上海茶叶博览会“中国名茶”评比金奖；6月荣获浙江省绿茶博览会金奖；宁波市林业龙头企业。2016年总产值1410万元，其中生产“诸水之源”和“瑶境茗茶珠”名茶8吨，产值560万元。上缴国家税金22万元。是年，企业分设后，更名为余姚市姚江源茶厂和宁波市姚江源机械有限公司。2017年，营业收入689.5万元，实缴税额17.1万元。

名品选介

天坛牌（3505） 茶叶是镇境内的传统主导产业，20世纪70年代前，以传统工艺加工为主。1979年，余姚县第一家社办茶厂——大岚茶叶精制厂启动筹建，1980年6月投产，主营天坛牌特级珠茶（3505）。企业注重品牌创建，抓好产品质量。大岚公社从生产大队采摘茶叶、初制加工质量抓起，组织各大队主要干部和茶场，茶厂负责人，在春茶开采之前进行技术培训。企业严把精制工艺技术操作，提升天坛牌特级珠茶品质。1984年，生产的天坛牌（3505）特级珠茶，获西班牙马德里世界优质食品评选大会金奖。

四明龙尖 1992年撤区扩镇并乡后，大岚镇人民政府实施万亩优质茶无公害工程建设。

1996年7月，成立余姚市四明龙尖名茶开发有限公司（简称名茶公司）。下属分设6家“四明龙”制作加工企业，镇、村茶场为基地，生产、加工、销售一条龙。此后，名茶公司立足重质量、创品牌、拓市场，1998—2009年，创制的“四明龙尖”连续6次获奖。

诸水之源　于2010年春始，由宁波市姚江源机械有限公司创制。名茶外形略扁、色泽绿翠，香气持久，滋味鲜醇爽口，回味甘甜，汤色嫩绿、清澈明亮，叶底芽叶成朵、匀齐。至2012年，连续获得6次浙江绿茶、中国名茶和第九届“中茶杯”金奖及一等奖。

第二节　电站

1958年，余姚县委提出“全民办电”的号召，强调“自力更生、土法上马、土洋结合、因陋就简”的办电方针。镇境内20世纪60年代后期，先后在大俞、黑龙潭村办起水力发电站2处，装机各10千瓦。这些水电站规模小、建造速度快、标准低、质量差，但当时推动了村级经济的发展。随着社会发展和各村大电网开通后，这2处村水力电站被淘汰。

20世纪70年代始，大横山电站开发后，经济效益、社会效益明显。引起县、区、公社领导高度重视，余姚县（市）委、县（市）人民政府为支持小水电发展，制定扶助政策。至1991年，大岚镇、华山乡先后开发镇属电站3处，村办电站4处，总装机2940千瓦，总投资470.59万元，其中国家拨款147.9万元，贷款147.9万元。年发电量745.18万千瓦时，产值222.64万元，利润121.76万元，职工73人。

1992年5月，华山乡并入大岚镇，镇村水力资源开发步伐加快。2000年，有镇村电站18处，产值853.63万元。2017年，全镇有镇村电站20处，总发电量1716.8万千瓦时（除上马电站外），产值940.2万元，税金46.5万元，其中镇属电站6处，年发电量1113.8万千瓦时，产值620万元，税金33.9万元，职工38人。

第三节　五金　机械配件

五金

民国时期，镇境内有从事铁器为主的五金手工业作坊4家，加工修理生产农具，生产建材铁钉。中华人民共和国成立后，政府组织铁匠建立手工业社，生产传统耕作农具。20世纪70年代初期始，大岚、华山公社开办农机五金厂和农机五金修配厂。1977年，大岚公社生产小五金65万件，产值17.5万元，利润2.41万元。华山公社生产内燃机配件11.5万件，汽车配件1.5万件，产值19.92万元，利润2.42万元。80年代，大岚乡新办大岚汽配厂、农机五金厂2家，村办夏家岭器配厂、大岚精密电器仪表厂、大岚机械电器等五金制品企业3家。1993年，共有镇办企业2家、个私及联营企业7家，产值392万元，销售375万元，职工144人。2017年，全镇有五金企业2家。

机械配件

20 世纪 50 年代后期，大岚镇办起农机综合性社。1962 年后，归属梁弄铸钢厂和四明山第三机械厂。80 年代，大岚乡先后办起余姚县五金机械配件厂、余姚市烟机配件厂、余姚市大岚机械电器厂、余姚市机械实验厂。1993 年，新办余姚市石油机械厂、余姚市四明山烟机厂、余姚市兴岚机械厂、大阵吸尘机厂、阴地纺机厂、分水岭汽车机械配件等 7 家企业，年产值 405 万元，销售 401 万元，职工 86 人。2006 年，全镇主要企业有诚功华虹机械有限公司、舜豫传动机械厂、金龙烟机厂、余姚市精配机械工控技术有限公司 4 家。2009 年 9 月，新引进余姚市姚江源茶叶茶机有限公司。至 2017 年，全镇有机械配件企业及制造企业 7 家。

主要企业选介

宁波华虹机械有限公司 创建于 1991 年，属大岚镇邱庄村扶贫企业。原厂名为余姚市大岚建材电器厂，1997 年更名为余姚市舜豫传动机械厂，属福利企业。2007 年，因生产发展需要，更名为宁波华虹机械有限公司，属综合性生产型公司。现厂区占地面积 2.2 公顷，建筑面积 20000 平方米，注册资本 200 万元。

公司现有总资产超 6000 万元，其中固定资产近 3000 万元。主要设备有冲压机 5T-400T 液压机 35 台，100T ～ 400T 液压机 5 台、激光切割机 1 台、机器人焊接机 2 台、注塑机 160 ～ 2000 克 5 台、产品自动检测机 10 台、冷墩机 19B-24B3 台、数控机床 80 台、中走丝线切割 4 台，具备年产 5000 万件汽车减震器衬套的生产能力。公司设备齐全，技术力量雄厚，有职工总数 160 人，其中大专以上学历的技术人员 35 人。主要生产汽车配件、户外运动用品、各种自动滑轮等产品。产品销往美国，以及欧洲、北美等地。

为加强企业管理，确保产品质量创优，实施三套管理体系：即 IATF 16949：2016 体系、ISO 9001：2015 质量管理体系和 ISO 14001：2015 环境管理体系，公司连续被多家客户评为优秀供应商和战略合作伙伴，连续获得余姚市 A 级守合同重信用、A 级纳税单位。2017 年，实现销售收入 5995.3 万余元，上缴税收 479.8 万余元。

浙江金龙烟草机械有限公司 创建于 1985 年，原名为宁波市金龙机械实业有限公司，厂址在大岚镇丁家畈。随公司生产发展，规模逐年扩大，1995 年移址到梨洲街道磨刀桥工业区。2012 年，迁址到梨洲街道高新工业开发区。2015 年，更名为浙江金龙烟草机械有限公司。

经 30 余年创业，现拥有固定资产总额超亿元，注册资金 5800 万元，公司占地面积 4.67 公顷，厂房建筑面积 43000 平方米，各类高精尖现代化机械加工设备 100 台（套），其中包括日本进口牧野 F3 高速雕铣立式加工中心、A51 精密卧式加工中心、TX68 卧式镗床、北京（台湾）精雕机、日本沙迪电火花数控慢走丝等。公司现有员工 150 人，其中中级职称工程技术员 36 人（含工程师 5 人）。公司近期主要生产进口 FOCKE-FX2、H1000、ZB48、C600、X6S、GDX1、GDX2、PROTOS 等烟草机械系列配件、部套件，并承接修理。

公司董事长王文皎是中国烟草交易中心全国会员之一，带领生产管理团队，不断改革创新，秉持“以科技求发展”的理念积极开展与高等院校，科研院所合作，产、学、研、用联合开发，提升公司创新能力，向更高科技水平发展。2000 年始，严格按照 ISO 9001 质量认证体系，严把质量关，积极推行6S管理体系，不但拥有常规的检测工具，而且引进德国蔡司三坐标检测仪、瑞士产TESA三坐标检测仪CH-1020和测高仪MICRO-HITE600，使公司产品质量和营运管理水平显著提高。2017年，年创产值6500万元，营业收入3766.4万元，缴纳税金518.2万元。

第四节 塑料 电器业

塑料

塑料加工始于20世纪70年代中期，境内各公社陆续兴办社队企业，塑料、胶木加工业逐年增加。1977年，现境内有塑料压机12台、胶木压机5台、加工塑制品24.1吨，产值5.29万元。80年代，加工塑料制品15家，其中主营企业5家。1993年，全镇有塑料、胶木加工业4家，其中镇办2家，销售产值142.67万元，利润7.62万元，税收9.94万元，职工54人。2017年，全镇有塑胶企业1家。

电器

镇境内电器企业始于20世纪80年代，先后办起电器加工企业6家，其中乡办2家、村办4家，注册资金23.8万元。1993年，全镇有电器加工企业6家，其中镇办1家，村办2家，个私3家，全年销售产值216.74万元，上缴税金14.49万元，利润15.91万元，职工119人。2000年，有电器企业4家，销售产值1231.43万元，有职工69人。2016年，共有企业7家。2017年，全镇有主要电器生产企业2家。

主要企业选介

余姚市莱意电器有限公司，2006年建于大岚镇大路下村，原名为博意电器有限公司。2010年5月，更名为莱意电器有限公司。为保护境内生态，便利公司产品营销，移址于低塘街道砀家闸村2号建厂，占地面积0.87公顷，建筑面积15000平方米，注册资金50万元。现有固定资产总额352万元，员工130人。公司专业从事家用电器管类配套产品的研发、生产，拥有行业领先检测设备和生产设备。年生产吸尘器3848898件、挂烫机管136628套，兼营电风扇，园林工业的配套管类等。产品营销欧美、东南亚、中东等国家和地区，成为家用电器管类配套产品的龙头企业，占据行业二分之一的市场份额。2017年，产品销售收入6250万元，缴纳税金443万元。

第五节 建材 建筑

建材

民国时期，境内有多处砖瓦窑，建窑业主均为天台人，主要制作青砖、小青瓦和土灶砖等。

80年代的花岗石磨石车间

中华人民共和国成立后，集体、个人造房仍沿袭传统制作，除少数自然村外，大部分村创办过砖瓦窑。至20世纪70年代中期，为保护耕地及林业资源，停止办窑厂。

1985年后，雅庄村在丁家畈办起大岚预制厂，加工制造预应力小孔板（五孔板）、石子、水泥砖。大岚乡创办上海工业大学余姚市花岗石联营公司，开采加工花岗石和大理石制品。1993年，全镇有建材企业2家，销售产值263.4万元，税金16.65万元，职工40人。2000年，建材企业1家，销售产值38万元，职工8人，企业延续至今。

建筑

20世纪80年代后期，境内农村经济发展，建学校、造住房逐年增加，农村始改革木结构向砖混结构建筑转化，根据社会发展需求，镇内建立余姚大岚建筑工程队，属乡办企业，主营房屋建筑。1993年，糜山村建立余姚市建筑基础工程公司。至2010年，全镇有建筑企业4家。2017年，有余姚市岚山建筑有限公司、余姚市大诚建设有限公司、余姚市星光建设有限公司、余姚市汉通建设有限公司等6家企业。

主要企业选介

余姚市岚山建设有限公司创建于2003年11月23日，属镇引资企业。公司设址于余姚市南雷路328号合力大厦北楼18层，占地面积0.49公顷，建筑面积1145平方米，注册资本6117万元。主营房屋建筑工程、市政公用工程、地基与基础工程、装潢工程、钢结构的制造及加工。

2004年，有职工157人，其中68人具有专业技术职称。是年，施工产值1605万元，上缴税收66万元。至2017年，有职工1230人，其中276人具有专业技术职称，施工产值达到14305万元，营业收入5721.4万元，缴纳税金288万元。

公司经营重信用，求质量，抓管理，企业效益逐年提升。2011年来，连续3次被评为浙江省工商企业信用AA级守合同重信用单位；2014和2017年，被评为宁波市信用管理示范企业。

第六节　其他企业

纺织

20世纪70年代中期，甘竹村联办迴纺织厂。1997年，企业有铁木织机10台，织棉布11.87万米，销售产值18万元，职工60人。2010年，有纺织企业2家，销售产值819万元，职工 57 人。2017 年，全镇纺织企业 1 家。

食品

镇境内食品工业始于 1976 年，丁家畈村首办酒厂。1982 年 10 月，大岚公社建办食品厂，生产汽酒、棒冰等食品。1984 年，大路村与大岚供销社联合开办汽水厂，1987 年，华山乡创办宁波燎原食品厂余姚三分厂，加工制造金元宝巧克力及软糖。1993 年，镇、村办食品企业 2 家，销售产值 42.5 万元，税金 3.3 万元，职工 27 人。2017 年，柿林村沈氏路 3 号建立余姚市四明山老柿子酒业有限公司，加工生产柿子酒。是年，生产的柿子酒获得哈萨克斯坦阿斯塔纳世博会金奖。

宁波四明山矿泉水有限公司

1992 年 8 月至 1993 年 7 月，浙江省第五地质大队宁波华夏地质矿产技术开发公司，对蜻蜓岗村矿泉水资源进行地质综合评审。1999 年，创办宁波四明山矿泉水有限公司，生产“天涌牌”矿泉水。2000 年，销售产值 105 万元，职工 12 人。2017 年，生产易品益生牌矿泉水 250 吨，销售产值 125 万元，税金 14 万元。

文化

2010 年 4 月，成立浙东四明山书画院，2013 年 4 月正式营业，是镇内首家文化产业。2017 年，营业收入 356.8 万元，实缴税额 12.1 万元。

2017 年，全镇有广告制作企业 2 家，年营业收入 271.8 万元，缴纳税额 6.75 万元。

2017 年大岚镇营业收入超百万元以上企业情况表

表 8-3-1　　　　单位：万元、人

企业名称	厂址	创办时间	法人代表	经营方式	主营	营业收入	实缴税额	职工人数
余姚市清心茶叶有限公司	大岚村（邱庄）	2000.8	张永	加工	蒸清茶	507.06	57.4	40
余姚市丹山茶叶精制厂	丁家畈（老粮站）	2005.5	沈安安	加工	精珠茶	577.2	26.8	16
余姚市沁岚茶厂	丹山路 18 号	1998	周安德	加工	精珠茶	268.2	11.78	6
宁波市姚江源机械有限公司	雅庄村大炮岭	2009.4	王岳梁	加工制造	名茶及机械	689.5	17.1	48
余姚市让贤茶厂	太祖庙路 11 号	2014.3	姚建茶	加工	名优茶	145.8	8.3	5

续表 8-3-1

企业名称	厂址	创办时间	法人代表	经营方式	主营	营业收入	实缴税额	职工人数
余姚市四窗岩茶叶有限公司	柿林村泥桥	2011	沈亚红	加工	四明龙尖	250	5	9
余姚市芸海茶厂	雅庄村	2007	鲁鸿江	加工	勾青	150	免缴	10
宁波华虹机械有限公司	凤山街道同光经济开发区	1991	翁宣章	加工制造	汽配件户外运动用品	5995.3	479.8	160
浙江金龙烟草机械有限公司	梨洲街道高新工业开发区	1985	王文皎	加工	烟机配件	3766.4	518.2	150
余姚市亿隆金属制品有限公司	华山村	2009	邵彩英	加工	金属制品	217.3	0.57	20
余姚市莱意电器有限公司	低塘街道砀家闸村	2006	杨卫丰	加工	吸尘器配件挂烫机管	6250	443	130
余姚市博雷特电器有限公司	新岚村分水岭	2006	杨卫丰	加工	吸尘器配件挂烫机管	896	102.7	20
余姚市岚山建设有限公司	余姚市南雷路 328 号	2003	秦文华	施工	房屋建筑	5721.4	288	1230
余姚市大诚建设有限公司	丁家畈村	2010	鲁炎明	施工	房屋建筑	8603	387	150
余姚市星光建设有限公司	丁家畈村	2007	倪黎明	施工	房屋建筑	9943	586	20
余姚市汉通建设有限公司	余姚玉立路 98 号	2008	董汉	施工	房屋建筑	2686	153.8	20
浙江宇康工程管理咨询有限公司余姚分公司	下芝庄自然村	2011	蔡新永	服务	招标代理工程咨询	275	22.8	10
宁波涌金建设有限公司	上马村	2012	张曦方	施工	房屋建筑	252	10.6	15
余姚市姚吉自动化仪表有限公司	丁家畈村	2014	杨立军	加工制造	仪器、仪表元器件	396	19.6	30
宁波四明山矿泉水有限公司	南岚村	2012	鲁曲波	加工	矿泉水	125	14	12
余姚市大岚纺织厂	甘竹自然村	1997	郑齐兰	加工	纺织品	110	12.7	25
余姚市万林竹木制品厂	丁家畈村	2013	叶娴君	加工	竹木制品	245	7.3	8
余姚红岩旅游开发有限公司	大俞村	2008	俞全江	服务	漂游	110	5.4	75
余姚市浙东四明山书画院	丁家畈村	2010.4	王建军	服务	文化产业	356.8	12.1	41
余姚市吉龙广告制作服务部	戴糜村	2015	李建太	制作	广告	175.5	4.5	6

第九编　交通运输

第一章　道路　桥梁

第一节　省道　县道

省道

慈溪浒山至奉化溪口公路　简称浒溪线，省内统一编号 S213。1958 年 5 月通至夏家岭，后延伸至邱庄、丁家畈、南岚、华山等村，境内全长 14.5 千米。

1997 年 4—9 月，k45+868 ～ k61+868 段（梁弄至大岚段）由砂石路面改建为水泥混凝土路面 1.1 千米，路面宽 6 米；沥青路面 14.9 千米，路面宽 5.5 米，投资 673.8 万元。

1998 年 4—9 月，k61+868 ～ k79+868 段（大岚至梨洲段）由砂石路面改建为沥青路面，路面宽 5.5 米，投资 698 万元。

盘山公路

2010 年 5 月，k51+300 ～ k66+300 段（白水冲至大岚丁家畈段）拓宽改造工程开工，工程按山岭重丘二级公路标准设计建设，路基宽 8.5 米，行车道宽 7 米，至 12 月底完成路基工程投资 8200 万元。一期工程（车岗头至大岚丁家畈段）全长 15 千米，于 2011 年 11 月建成通车，二期工程（大岚丁家畈段至奉化段）全长 27.8 千米，总投资 2.967 亿元。2013 年底完成通车，促进四明山地区旅游业的发展。

县道

细岭至北溪公路　简称细北线，编号 X024，自海曙区细岭至余姚市四明山镇北溪村。余姚段起点大岚镇大俞村，途经大横山水库，桩号 k24+096 ～ k29+617，终点与浒溪线 k87+200 相交，长 5.521 千米。四级公路，沥青混凝土路面。有中桥 1 座，长 34.5 米，涵洞 55 道，荷载标准汽车 -10 级，履带车 -50。2010 年平均日交通量 310 辆。

北溪至大俞公路由原华山乡人民政府组织建设，余姚市交通建设管理所测量、设计和技术指导。1987 年 2 月开工，1991 年 9 月竣工，同年 10 月通过市交通局竣工验收。工程按山岭重丘四级公路标准设计、建设，路基宽 6.5 米，泥结碎石路面宽 3.5 米，最小平曲线半经 15 米，最大纵坡 8.5%，有中桥 1 座。工程投资 87 万元，其中区、乡、村自筹 4 万元，其余为上级补助资金。

2005 年，余姚境内段列入宁波市交通局砂石路面改建工程计划，同年 5 月开工，9 月竣工，11 月通过验收。工程由砂石路面改建为沥青混凝土路面，路面宽 5.5 米，投资 273 万元。

细岭至北溪大俞段

细岭至夹山公路　简称细夹线，编号 X025，自海曙区细岭至大岚镇新岚村夹山自然村。余姚段起点分水岭村，桩号 k10+672 ～ k12+537，终点与李余线 k13+235 相交，长 1.865 千米。四级公路，沥青混凝土路面，有涵洞 12 道。

余姚段 1976 年开工，1983 年 12 月建成通车，泥结碎石路面。2001 年 12 月由乡道调整为县道。

2005 年，境内段列入宁波市交通局砂石路面改建工程计划，同年 5 月开工，9 月竣工，11 月通过验收。工程由砂石路面改建为沥青混凝土路面，路面宽 5.5 米，投资 101.1 万元。

李家塔至余家横公路　简称李余线，编号 X214，起点鹿亭乡李家塔村，相交于荷梁线 k32+016，途经石潭、白鹿、甘竹，终点大岚镇余家横自然村，与浒溪线 k67+450 相交，全长 17.281 千米，山岭重丘四级公路，路基宽 6 ～ 7 米，路面宽 5 ～ 6 米。有水泥混凝土路面 1.878 千米，沥青混凝土路面 15.403 千米。有中、小桥各 1 座，计 60.1 延米，涵洞 48 道，荷载标准汽车 -10 级，履带车 -50。2010 年平均日交通量 1009 辆。

公路自 1960 年 1 月至 1969 年 9 月分 2 期建成通车，四级公路，泥结碎石路面。

1996、1997 年，白鹿、大岚大路穿村段 0.798 千米砂石路面先后改建为水泥混凝土路面，路基宽 7 米，路面宽 6 米，投资 41.99 万元。

2004 年，李余线路面改造工程经市发展计划局批准立项，由市交通局负责建设，市公路管理段组织实施。2004 年 5 月开工，同年 11 月竣工，2005 年 5 月，通过宁波市公路管理局竣工验收，改造工程长 15.61 千米，有水泥混凝土路面 0.45 千米，路面宽 6 米，余为沥青混凝土路面，路面宽 5 米。工程投资 634 万元，其中宁波市交委补助 126 万元。

第二节　镇村道路

镇村道路主要是指镇连接村及周边乡村道路，是村与村之间的连接线、行政村与自然村的通道。2003 年，根据省交通厅“乡村康庄工程”实施意见，余姚市开展以实现行政村“村村通公路”为目标的公路建设。至 2017 年末，全镇共有道路 34 条，97.166 千米。

主要道路简介

蜻蜓岗至峙岭（白鲞洞）公路 编号Y215，长6.172千米，位于大岚镇境内，起点与浒溪线k69+220相交。山岭重丘四级公路，路基宽6～6.5米，沥青路面宽5～5.5米，有涵洞12道。1980年5月建成通车。

2002年3—9月，由砂石路面改建为沥青路面。

余家横至雅庄公路 编号Y219，长1.362千米，位于大岚镇境内，起点与李余线相交。山岭重丘四级公路，路基宽6.5米，沥青混凝土路面宽4.5米，有涵洞9道。1974年6月建成通车。

2004年9月—2005年1月，投资56.53万元，由砂石路面改建为沥青混凝土路面。

丁家畈至后朱公路 编号Y220，长3.576千米，位于大岚镇境内，起点与浒溪线k66+690相交。山岭重丘四级公路，路基宽6.5米，沥青混凝土路面宽4.5米，有涵洞24道。1979年5月建成通车。

2006年6—12月，投资192万元，由砂石路面改建为水泥混凝土路面。

吊台跨至阴地公路 编号Y230，长3.521千米，位于大岚镇境内，起点与浒溪线k72+690相交。山岭重丘四级公路，路基宽6.5米，水泥混凝土路面宽3.5米，有涵洞13道。1982年5月建成通车。

2006年6—12月，投资176万元，由砂石路面改建为水泥混凝土路面。

邱庄至姚江源头公路 编号Y236，长3.368千米，位于大岚镇境内，起点与浒溪线k65+120相交。山岭重丘四级公路，路基宽6.5米，沥青混凝土路面宽5.5米，有涵洞14道。

邱庄至四丰段公路 1980年5月建成通车。2006年6—12月，由砂石路面改建为沥青混凝土路面，同年建成四丰至姚江源头段2.268公里，沥青混凝土路面，工程总投资333万元。

甘竹至上马公路 编号Y246，长1.592千米，位于大岚镇境内，起点与李余线相交。

工程列入宁波市扶贫公路建设计划，1996年6月开工建设，同年9月竣工，10月通过市交通局竣工验收。工程按山岭重丘四级公路标准设计、建设，路基宽6.5米，泥结碎石路面宽3.5米，最小平曲线半径15米，最大纵坡7.1%，有涵洞4道。工程投资23.11万元，其中上级补助16万元，镇、村自筹7.11万元。

2004年9月—2005年1月，投资68万元，由砂石路面改建为宽4.5米沥青混凝土路面。

西岭下至石鼓公路 编号Y248，长0.851千米，位于大岚镇境内，起点与浒溪线k69+840相交。

工程列入宁波市扶贫公路建设计划，1996年6月开工建设，同年9月竣工，10月通过市交通局竣工验收。工程按山岭重丘四级公路标准设计、建设，路基宽6.5米，泥结碎石路面宽3.5米，最小平曲线半径15米，最大纵坡8.85%，有涵洞4道。工程投资17.36万元，其中上级补助13万元，镇、村自筹4.36万元。

2006年6—12月，投资50万元，由砂石路面改建为宽3.5米水泥混凝土路面。

雅庄至大陈公路 编号Y253，长0.712千米，位于大岚镇境内，为余家横至雅庄公路延伸段。

工程列入宁波市扶贫公路建设计划，1997年5月开工建设，同年9月竣工，并通过市交通局竣工验收。工程按山岭重丘四级公路标准设计、建设，路基宽6.5米，泥结碎石路面宽3.5米，最小平曲线半径17米，有涵洞11道。工程投资22万元。

2004年9月—2005年1月，投资29.47万元，由砂石路面改建为宽4.5米沥青混凝土路面。

西岭下至大俞公路 编号Y261，长6.35千米，四级公路，水泥混凝土路面。位于大岚镇境内，起点相交于浒溪线 K69+800，途经半岭，终点与细北线相交。公路分 2 期建成通车。

一期工程西岭下至半岭，工程列入宁波市扶贫公路建设计划，1998 年 6 月开工建设，同年 11 月竣工，并通过市交通局竣工验收。工程按山岭重丘四级公路标准设计、建设，路基宽 6.5 米，泥结碎石路面宽 3.5 米，最小平曲线半径 15 米，最大纵坡 9%，有涵洞 19 道。工程投资 95.8 万元。

二期工程半岭至大俞，2003 年 7 月开工建设，同年 12 月竣工，2004 年 4 月，通过市交通局竣工验收。工程按山岭重丘四级公路标准设计、建设，路基宽 6.5 米，泥结碎石路面宽 5 米，最小平曲线半径 16 米，最大纵坡 8%。有小桥 2 座，计 15 延米，涵洞 9 道，设计荷载标准汽车—20 级，挂车—100。工程投资 150 万元，其中上级补助 60 万元，余为镇、村自筹。

2006 年 6—12 月，投资 486 万元，由砂石路面改建为宽 5 米水泥混凝土路面。

华山至大元基公路　编号 Y267，长 2.97 千米，位于大岚镇境内，起点与浒溪线 k74+695 相交。

工程列入宁波市扶贫公路建设计划，1999 年 5 月开工建设，同年 11 月竣工，并通过余姚市交通局竣工验收。工程按山岭重丘四级公路标准设计、建设，路基宽 6.5 米，泥结碎石路面宽 3.5 米，最小平曲线半径 15 米，最大纵坡 9%，有涵洞 21 道。工程投资 63 万元。

华山至大俞的 S 型公路

2006 年 6—12 月，由砂石路面改建为宽 3.5 米水泥混凝土路面，投资 169 万元。

丁家畈至糜山公路　编号 Y271，长 4.317 千米，位于大岚镇境内，起点与浒溪线 k65+930 相交。1997 年 5 月开工建设，同年 12 月竣工，并通过市交通局竣工验收。工程按山岭重丘四级公路标准设计、建设路基宽 6.5 米，泥结碎石路面宽 3.5 米，有涵洞 27 道。工程总投资 105 万元。

2006 年 6—12 月，投资 255 万元，由砂石路面改建为宽 4.5 米水泥混凝土路面。

甘竹至城山司公路　编号 Y276，长 1.718 千米，位于大岚镇境内，起点与细夹线相交。

1998 年 6 月开工建设，同年 11 月竣工，并通过市交通局竣工验收。工程按山岭重丘四级公路标准设计、建设，路基宽 6.5 米，泥结碎石路面宽 3.5 米，最小平曲线半径 15 米，最大纵坡 6.65%，有涵洞 12 道。工程投资 29.2 万元。

2006 年 6—12 月，投资 97 万元，由砂石路面改建为宽 3.5 米水泥混凝土路面。

黄家庄至长弄公路　编号 Y277，长 1.596 千米，位于大岚镇境内。

工程列入宁波市扶贫公路建设计划，2000 年 6 月开工建设，同年 12 月竣工，2001 年 6 月通过市交通局竣工验收。工程按山岭重丘四级公路标准设计、建设，路基宽 6.5 米，泥结碎石路面宽 3.5 米，最小平曲线半径 15 米，最大纵坡 9%。有小桥 1 座，长 7.3 米，涵洞 9 道，设计荷载标准汽车—15 级，挂车—80。

2004 年 6—12 月，起点 0.27 千米砂石路面改建为宽 3.5 米水泥混凝土路面。

2010年末大岚境内省、县、乡公路基本情况统计表

表9-1-1 单位：千米

名　称	编　码	里程	技术等级	路面类型
羊额岭—华山大岩下叉口	S213	14.5	二级	沥青路面
细岭—北溪	X024	5.521	四级	沥青混凝土
细岭—夹山	X025	1.865	四级	沥青混凝土
李家塔—余家横	X214	17.281	四级	水泥、沥青
蜻蜓岗—峙岭	Y215	6.172	四级	沥青混凝土
余家横—雅庄	Y219	1.362	四级	沥青混凝土
丁家畈—后朱	Y220	3.576	四级	沥青混凝土
吊台垮—阴地	Y230	3.521	四级	水泥混凝土
邱庄—姚江源头	Y236	3.368	四级	沥青混凝土
甘竹—下马	Y246	2.72	四级	沥青混凝土
西岭下—石古	Y248	0.851	四级	水泥混凝土
雅庄—大陈	Y253	0.712	四级	沥青混凝土
西岭下—大俞	Y261	6.35	四级	水泥混凝土
华山—大元基	Y267	2.97	四级	水泥混凝土
丁家畈—糜山	Y271	4.317	四级	水泥混凝土
甘竹—城山司	Y276	1.718	四级	水泥混凝土
黄家庄—长弄	Y277	1.596	四级	水泥混凝土
高山（洪孔）—黄家庄	Y229	3.297	四级	水泥混凝土

2017年末大岚镇村道一览表

表9-1-2 单位：千米

名　称	长	技术等级	路面类型	备　注
后朱—岩头	2.556	四级	水泥混凝土	—
阴地—黑龙潭	5.411	四级	水泥混凝土	1座19米的桥
浒溪线—镇中	0.472	四级	水泥混凝土	1座12米的桥
镇中—浒溪线	0.542	四级	水泥混凝土	—
雅庄—甘竹	1.428	四级	水泥混凝土	—
上马岗—雅庄	1.329	四级	砂石路	—
大元基—大俞	2.826	四级	水泥混凝土	—
猪场—黄泥岭头	1.35	四级	砂石路	—
黄家庄—江朱鸦鹊窝	3	四级	砂石路	—
朱家宅—后朱公路	1.2	四级	水泥混凝土	—
大陈—大路下办公室	0.82	四级	水泥混凝土	—
雅庄大会堂—观下桥头	1	四级	水泥混凝土	—
观下—前山岭脚	1	四级	沥青路面	—

续表 9-1-2

名　称	长	技术等级	路面类型	备　注
搅老婆岭—大岩下	2.36	四级	水泥混凝土	—
船底湾—大元基	2.98	四级	水泥混凝土	—
船头埒—杂柴坪	1.4	四级	水泥混凝土	—

第三节　资源路（机耕路）

资源路主要是便于境域内群众生产、生活，开发当地的山地资源，增加群众收入，由各村提出规划，镇政府统筹安排上报，市老区开发办批准补助而建。到 2017 年年底，全镇共有资源路 93 条，总长 143.082 千米。

2017 年末大岚镇资源路（机耕路）一览表

表 9-1-4

村　名	起　止	长（千米）	宽（米）	备　注
上　马	叶家祥—大园山	0.85	—	—
	太平—里拜	0.45	—	—
	黄泥岭头—后朱水库	0.4	—	—
	大朵坪—阔林	1	—	—
	乌柏岭脚—三十水库	0.8	—	—
	下马—竹园边水库	1	—	—
	下马—凤凰山	2.2	—	—
	太平庵—松宝湾水库	0.35	—	—
黄家庄	大爿山	3.2	—	2008 年建设
	苹果场	1.2	—	2003 年建设
	南畈	1.3	—	2003 年建设
	狭弄	1.8	—	2007 年建设
	后山岗—后山岗天灯盏	3	—	2017 年建设
	六湾	1	—	2016 年建设
	高山—飞湾岗	1.5	—	2017 年建设
	坟山脑	0.5	—	2003 年建设
	长弄—仁同顶	0.5	—	2016 年建设
	黄泥埒—泥塘	1	—	2017 年建设
大　岚	四丰—南山背	2.072	4	2017 年建设
	凤凰山	0.35	3	2011 年建设
	村前机耕路	0.6	3.5	2013 年建设
	干塔平	1.2	3	2003 年建设

续表 9-1-4

村名	起止	长（千米）	宽（米）	备注
大岚	潭树坑	0.54	3.5	2013 年建设
	后塘岙	0.47	3	2011 年建设
	夏家岭—朱岗	2.72	4	2011 年建设
新岚	野猫岗—东潘	1.1	4.5	2005 年建设
	南田湾—公墓	0.6	4.5	2005 年建设
	南田湾—小远山	0.4	4	2014 年建设
	上马岗茶园路	1.3	4	2014 年建设
	大园—松毛山	1	4	2017 年建设
	张白岙—水竹岗路	1.8	4	—
	城山司—高城	0.6	4	2011 年建设
	三队叉口—凉风岗大爿塔	4	—	—
	国荣猪场—畚箕弯口	1.5	—	—
	国荣猪场—坭家龙	0.5	—	—
雅庄	村办公室—上马岗	2.5	—	—
	朱家宅—公墓	0.3	—	—
	雅庄—金鸡坪	1	—	—
	供电所—大炮岭	1	—	—
丁家畈	中学—安山岗	1.08	4	2014 年建设
	斜山湾—竹冷坑	0.6	4.5	2009 年建设
	下芝庄—大弯里	1.5	4	2009 年建设
柿林村	大湾口头—落大山	1.5	5	—
	沙渡水库—后山岗	1	4.5	—
	金鹅孵蛋—杨梅树湾	2	4.5	—
	王石坑—鹰窠斗	5	4.5	—
	回马亭—朱珠岗	0.5	4.5	—
南岚	石鼓—黄沙畈	2.5	5	—
	牛角丘—眠床岗	2.5	4	—
	陈家坪—牛角丘	1.5	4	—
	牛头里—冷水湾	2	4.5	—
	紫头垮—叶家湾脑	1.5	4	—
	陶家坑—龙潭顶	0.5	4	—
	西岚—张大岗	1.5	4	—
	茶园岗—墙坎前	1.5	4	—
后朱	荞麦岭头—马屋岭	1	4	2006 年建设
	相见岭脚—建湾	3.5	6	2007 年建设
	大家下—丁塘坑	2	6	2007 年建设
	大园—黄沙岭脚	2	6	2007 年建设
	相见岭头—竹龙	1	4	2008 年，由村民朱吉江投资建造
	大园—小山湾	2	4	2006 年建设

续表 9-1-4

村　名	起　止	长（千米）	宽（米）	备　注
后　朱	大园—芝麻湾	1.5	5	2010 年建设
	庵后岗—山头岭	1.5	5	2010 年建设
	后朱—张家塘	2	6	2015 年建设
	周家田—野毛岩	1.5	6	2016 年建设
	周家田—梦根猪场	1	6	2016 年建设
大路下	地母殿—敬老院—横泾电站	5	4.5	1997 年建设
	刺山斜	3	—	2013 年建设
	山树园—猪头尖岗	5	—	2004 年建设
	老屋基—坟山斜	4	—	2012 年建设
	前山岭脚—狗头胫—猪头尖岗	4.5	2	2017 年建设
阴地龙潭村	大刺蓬—仙神弯	0.6	3.5	—
	里子亚—跑吉岭水库	1.1	3	—
	过路丘—江珠电站	2.1	3.5	—
	阴加山—黄西坑	0.1	3.5	—
	北畈叉口—泥塘里	1.5	3	—
	北畈叉口—江珠龙头	0.2	3	—
戴麇村	戴王村口—胡丘	1	4.5	—
华山村	浒溪线—小湾里	1.7	5	—
	浒溪线—华盖山	1.4	4	—
	杂柴坪—岩顶	1.2	4	—
	白莲庄—牧场	1.2	4	—
	大元基—岩顶	1.8	4	—
	大元基—杨梅树湾	1.4	4.5	—
	浒溪线—下吊台	1.2	4	—
	东湾—旧坑岗—白牛坪头	2	4	—
	浒溪线—泥坪岙	0.6	4	—
大俞村	冷水坑—白龙潭	1.8	5	2006 年建
	白坑口—大俞村茶牧场	1.9	5	2008 年建
	高山公墓—白玉坪头	1	3	2009 年建
	高山茶牧场—湖头	1	3.5	2012 年建
	赞水—湖头	2	3.5	2013 年建
	大俞村—岙底—高池山脚	1.5	3.5	2008 年建

第四节　古道

丁家畈—余姚城，经后朱石塌岭、岩头村、大方桥、中窑村、虎坑岭、茭湖岭、黄山岭、金岙桥、后溪村、鲁家弄、万安桥、横溪桥、南庙桥入余姚城，大岚段大部分已毁。

丁家畈—四明山镇，经西岭脚、蜻蜓岗、陶家坑、韩采岭、半岭、大俞入四明山镇北溪。其中丁家畈、西岭脚、蜻蜓岗、陶家坑、韩采岭、半岭至今保存完好。

丁家畈—梁弄镇，经夏家岭村、羊额岭、万春庵、宫前庙、横坎头入梁弄。羊额岭段保存完好。

丁家畈—上虞丰惠，经擦树岭、石鼓、黄家庄、阴地、前山岭、旧宅至上虞丰惠；丁家畈、擦树岭、石鼓、黄家庄段保存完好。

丁家畈—宁波市海曙区，经朱家宅、雅庄、上马、十字路头、白鹿、中村入海曙区。丁家畈至朱家宅、雅庄、上马、十字路头保存完好。

蜻蜓岗—海曙区章水镇杖锡，经西岭下东、鹰岩下岭、穿过凉亭、牛背脊、李家坑、上蟹坑岭入海曙区章水镇杖锡村。西岭下东、鹰岩下岭、穿过凉亭、牛背脊段保存完好。

柿林—章水镇字丰，经丹山赤水、撒药岭、小岩岭头、高阵、入章水镇字丰。大岚段保存完好。

新岚甘竹—章水镇，经分水岭村、上凉亭、下凉亭、半坑、红溪桥入章水。大岚段基本被毁。

糜家山—绍兴市上虞区陈溪乡，经金竹湾岭、白岩岭、上虞小陈岙入上虞陈溪乡。大岚段保存完好。

糜家山—陈溪乡，经上虞旭峰村、大岩顶岭、浪撞入陈溪乡。大岚段保存完好。

村民行走在古道上

第五节　桥梁　凉亭

古桥

赤水桥　位于大岚镇柿林村，南北向跨赤水溪，清咸丰九年（1859）发起兴建，至清同治元年（1862）建成。1920年，毁于山洪，此桥民国11年（1922）重修。单孔石拱桥，桥长30米，桥孔净跨12.8米，拱矢高10米，桥宽5.08米，两侧置望柱，栏板，南北各有10级台阶。2001年5月，被公布为余姚市文物保护点，2010年4月，由市政府公布为文物保护单位。

大路下石拱桥　该桥位于大岚镇大路下村大路下自然村烧香湾，建于清代，横跨于大路下溪之上。桥为单孔拱桥，整体由不规则石块垒筑而成。全长12.4米，宽3.1米，高3.4米。桥拱弧度较大，拱矢高3.3米，宽5.7米。桥面两侧用石块垒砌，中铺鹅卵石。该桥风格朴素，因地制宜，坚固耐用，技艺精湛。

大路下村古桥

观下水碓桥　该桥位于大岚镇大路下村，横跨大路下溪，因该处原建有水碓，故称。据传，该桥有四五百年历史。桥为双孔石梁桥，桥全长8米，平均宽度1.1米。桥架于两侧岸堤上，中间于大块溪岩上堆两大石块作桥墩，上架两岩石板，未作人工雕凿。其中北侧一块长约6米，厚度达0.3米。该处溪水湍急，溪岩兀立，石桥与溪岩融为一体，宛若天成。

域内其余古桥分布情况：

大岚村 升仙桥。

大俞村 顺心桥、月季桥、华采桥、和尚桥、狮凤桥。

黄家庄 同桥、合弄桥。

上马村 皇封桥。

后朱村 五板桥、乌山桥。

新岚村 运嶒桥、溪脚桥、岭脚桥。

大路下村 烧香湾桥。

现代桥

红岩桥 地处大岚大俞村，跨大俞溪，位于乡道西岭下至大俞公路，中桩号 k6+229。2003 年 12 月竣工。桥梁全长 32.6 米，跨径总长 32 米，共 4 孔，跨径组合 4 ～ 8 米，桥面净宽 6.5 米，水泥混凝土桥面，桥下净高 5.3 米。桥梁上部为根梁，下部为重力式墩台，盆式橡胶支座。设计荷载标准汽车—20 级，挂车—100。

工程由镇政府组织建设，市交通设计院设计，慈溪江南道路发展有限公司施工，余姚交通工程咨询监理有限公司监理。

阴地龙潭村主要集中在龙潭，跨溪生产生活由村集体建造 3 座，个人建造 6 座，长 20 米，宽 4 米。

镇境域内其余现代桥分布情况：

大俞村 红岩桥、永春桥、众兴桥、顺兴桥、龙舌桥、青石桥、四窗岩桥、俞北仁政桥。

黄家庄村 夹山桥、斗私桥、下坎弄堂桥、下坎大道桥、公路桥。

上马村 下马桥、新建桥、水碓根桥。

新岚村 溪脚桥。

大路下村 大水打田桥、前山岭桥、石兵桥。

凉亭

凉亭为行人憩息、避风躲雨、挑担歇脚之处，古已有之，间或供施茶水、凉帽、草鞋等物，为群众捐资或行善者建造修缮。随着公路、机耕路普及发展，凉亭逐渐减少。全镇有凉亭 10 座，多数在古道山岗，仍起着作用。镇境域内凉亭分布情况如下：

大俞村 半岭凉亭。

戴糜村 山岗凉亭。

上马村 十字路口凉亭、上马岗凉亭。

柿林村 穿过凉亭、撒药岭凉亭。

后朱村 公路边凉亭。

丁家畈村 蜻蜓岗弯头凉亭。

阴地龙潭村 跨头凉亭。

新岚村 三角站凉亭。

第二章　运输

第一节　运输工具

人力运输工具

轿子　有客轿、青布小轿、花轿、山轿。客轿，古时称官轿，木柱架，立式长方形。中置座位，前遮布帘，余三面竹编遮篷，漆黑色。轿底轿顶为木板，顶稍隆起，轿身两旁各置铜环插轿杠，两人抬行。青布小轿与客轿结构类似，不同者四围以青布、轿顶亦为布制。花轿大于客轿、小轿。四周围以绸幔，花团锦簇，鲜艳美观，专供新娘乘坐。大岚以竹藤制山轿为主，俗称爬山虎。轿顶或撑遮阳布篷，两人抬行。蒋介石上四窗岩，以6顶官轿上山。中华人民共和国成立后逐渐淘汰。

手拉车　又称塌车，双轮钢丝车。大岚在20世纪70年代出现。载重500千克，是装运柴草，肥料、农作物等运输工具。到2000年，大岚几乎家家户户有辆手拉车。

自行车　俗称脚踏车，20世纪70年代开始有简易公路后出现，起初是邮电部门及政府机关单位用作交通工具，后逐渐发展成代步代肩的交通运载工具。20世纪80年代开始猛增，到2000年，几乎每户1～2辆。

机动车运输工具

摩托车　大岚以个人购买为主，20世纪90年代开始猛增，牌号有“幸福”“嘉陵”日本“铃木”等。

拖拉机　大岚从20世纪70年代开始购入，作为集体运输工具，部分作为生产队农田耕作工具，以运输为主。80年代发展迅速，当时已成为山区货运主要工具，都以个体运输户购置。

机动三轮车　俗称“三卡”，20世纪90年代开始购入，为农户交通代步工具，也是运送农作物、肥料的运输工具，已普及到家家户户，至2017年，大岚镇共有777辆机动三轮车。

货车　20世纪70年代开始购入，为企业交通运载工具，企业改制后个体商户逐渐购入，主要为运载花木、农产品、建筑材料等，全镇拥有82辆。

客车　大岚客车，20世纪80年代个体运输户，以载客特定线路专用，多为“中巴车”。城乡公交开通后淘汰。

小汽车　俗称“轿车”。20世纪80年代开始进入，为企业、政府机关交通工具，20世纪90年代开始个人购买，2000年后猛增，至2017年，全镇拥有轿车2503辆。

第二节 货物运输

中华人民共和国成立前，山区无公路，主要靠人力肩挑为主，中华人民共和国成立后至60年代，大岚还是以人力为主，俗称“挑脚”，部分有公路、机耕路的采用人力车，主要运输集镇到村小店的货物、肥料。70年代，供销社采购货物，从余姚至大岚有运输专用5吨车2辆，配专职驾驶员，运输物资主要有百货、食盐、化肥等，生产商店的农产品也由供销社负责运送。食品站收购的生猪由市食品公司专车运送。

20世纪80年代开始，精制茶厂有专车2辆，每年装运珠茶1000吨左右。花岗岩联营公司有专车3辆，一年装运石材1200吨左右。大岚电站1辆、上马烟机厂1辆，专门负责企业的原材料采购产品发送。企业的专车除本企业外，有空也对外承接运输业务。

村级集体、生产队，在承包到户前配有手扶拖拉机，主要作用为村级集体装运建筑材料，支农物资，农产品外销，如为老百姓到林场装运柴草、木材，为老百姓装运番薯、芋艿去平原换稻谷等，收取一定的费用。直至90年代，随着农业产业结构的调整，手扶拖拉机逐步淘汰，个人购买改箱式农用车，装运货物及为建设工地拉塘渣用。

第三节 城乡客运

大岚1959年开始通客运后，车站设在丁家畈。发车余姚北站至丁家畈，每天来回4班，票价1.05元。开始车站只是一间小平房，后来班次调整，车辆要在大岚过夜，驾驶员、列车员（售票员）要住宿，建成了5间平房加灶间。1985年，大岚至宁波南站客车开通，票价7.8元，每天来回2班。1991年个体中巴车开始运营，相继开通了后朱至宁波、夏家岭至宁波、柿林至宁波，大岚客运热闹起来，一大批农产品从山里运往城里，增加了农民的收入。

大岚老汽车站

随着公路运输的改革，个体中巴成为短途客运的主力，客运车站逐渐失去作用，1992年，大岚车站停止使用，大岚至宁波线路最后定为柿林至大岚到宁波，票价15元，后增加到18元。

大岚至余姚由丹山客运10条线路分别通往各村，票价13元。直至2012年6月，余姚实行城乡公交车制度，原大岚至宁波、大岚至余姚客车停止运作。

从2012年6月25日开始实施城乡公交一体化。

一、区间车：由大岚各村通往大岚镇，票价每位上车一元

2012 年 6 月 25 日，城乡交通公司根据山区道路特点，一次性投放了 8 辆 18 座的中型客车，大岚镇划分为 11 条线路，招聘 10 名驾驶员，1 名管理员。到 2016 年，公司实施公交优先，作了为期 3 个月的客流实载调查后，大岚区间投入的车辆和班次，每班实载量还不到 30%，公司为了节约能源，在与镇政府协商决定后，在 2016 年 4 月 28 日，减少了 2 辆客车和 2 位驾驶员，大岚镇现有运营区间车 6 辆，其中 18 座 4 辆，23 座 2 辆，另加 18 座机动车 2 辆，基本能够满足老百姓出行需求。

二、大岚至余姚城区（南站）

从原来票价每人 13 元，降到每人上车 2 元。线路 2 条：509 路为大岚至余姚，513 路为四明山至大岚至余姚。2012 年 6 月 25 日，投放 509 路大客车（24 座）7 辆，每天来回 42 个班次，513 路 24 座大客车 11 辆，每天来回 44 个班次。由于客流逐年上升，山区道路不准超员，2014 年 12 月，公司再次投放车辆，并把后来的 24 座调换为 39 座，其中 513 路增加了 2 辆，现有 513 路 13 辆，509 路 7 辆。509 路每日来回 42 班，513 路每日来回 52 班。

公交车上山

四明丹山汽车客运有限公司原有班线发车时刻表

表 9-2-1

上午			
班线	发车地点	发车时间	南站回程时间
四明山—余姚	四明山（途经大岚）	6：00	8：30
唐田—余姚	四明山（途经大岚）	6：25	12：30
密家山—余姚	四明山（途经大岚）	6：55	11：40
大山—余姚	四明山（途经大岚）	7：10	11：00
芦田—余姚	四明山（途经大岚）	7：40	13：00
下庄—余姚	大岚	5：30	8：00
柿林—余姚	大岚	5：40	8：30
上马—余姚	大岚	6：00	8：40
白鹿—余姚	大岚	6：20	9：00
阴地—余姚	大岚	6：40	9：20
白鹿—余姚	大岚	8：00	9：50
后朱—余姚	大岚（途经上庄、陆埠）	7：00	9：50
丁家畈—余姚	余姚	7：20	9：30（大岚回程）

续表 9-2-1

下午			
班线	发车地点	发车时间	南站回程时间
四明山—余姚	四明山（途经大岚）	11：40	14：40 周一、五 16：20
唐田大客—余姚	四明山（途经大岚）	12：25	余姚过夜
芦田大客—余姚	四明山（途经大岚）	13：00	余姚过夜
奉化—余姚	四明山（途经大岚）	14：30	余姚过夜
大岚—余姚	大岚	11：30	14：00
大岚—余姚	大岚	11：40	14：40
大岚—余姚	大岚	12：00	15：00
大岚—余姚	大岚	12：20	16：20
后朱—余姚	大岚（途经上庄、陆埠）	12：00	15：20
余姚—四明山　上午南站发车时间　6：40　7：00　7：30　8：30　11：00			
大岚班线车星期五～星期日全部加班，星期一～星期四每辆隔日跑两班次			

513 路余姚南站—大岚—四明山公交线发车时刻表（夏令时）

表 9-2-2

	四明山	余姚	四明山	余姚	四明山
1	—	6：10	8：00	10：20	13：30
2	—	6：20	8：20	10：50	14：00
3	—	6：35	8：40	11：20	14：30
4	—	6：50	9：00	11：50	14：55
5	—	7：05	9：20	12：30	15：20
6	—	7：20	9：40	13：10	15：45
7	—	7：35	10：00	13：50	16：10
8	—	7：50	10：30	14：25	16：30
9	6：00	8：05	11：00	14：50	—
10	6：30	8：35	11：30	15：30	—
11	6：55	9：05	12：00	16：05	—
12	7：25	9：30	12：30	16：25	—
13	7：50	9：50	13：00	16：40	—

注：以上班次时刻仅供参考，精确班次时刻以调度发班为准，2017.4.29 开始执行

509 路余姚南站—大岚公交线发车时刻表（夏令时）

表 9-2-3

	大岚	余姚	大岚	余姚	大岚	余姚	大岚
1	—	6：05	7：30	9：20	12：10	13：30	16：00

续表 9–2–3

	大岚	余姚	大岚	余姚	大岚	余姚	大岚
2	—	6：30	8：00	10：00	12：35	14：00	16：30
3	—	7：00	8：40	10：30	13：15	14：45	17：00
4	6：00	7：30	9：20	11：00	13：30	15：20	—
5	6：20	8：00	10：00	11：30	14：10	16：00	—
6	6：40	8：20	10：20	12：10	14：50	16：35	—
7	7：00	9：00	10：40	12：50	15：30	17：00	—

注：以上班次时刻仅供参考，精确班次时刻以调度发班为准（2017.4.29 开始执行）

大岚区间车时刻表（冬令时刻）

表 9–2–4

627 线　上马—下庄—大岚	6：20　8：00　9：20　13：50　15：20
627 加：下庄调头发车	8：10　12：20
651 线　分水岭发车	6：30　8：55　10：45　12：15　14：45
629 线　柿林发车	6：35　8：45　10：20　12：20　14：15　16：15
630 线　后朱发车	6：20　8：10　10：45　13：10　15：10
631 线　糜山发车	7：00　9：50　12：50　15：40
632 线　龙潭发车	6：40　9：00　10：40　13：00　15：10　加黄家庄早班 6：40
638 线　四丰发车	7：00　9：35　12：55　16：05
639 线　大俞发车	7：00　10：00　14：10　16：20
639 线　石鼓发车	7：10　9：40　13：00　15：00
647 线　华山大元基发车，再转大岩下	6：55　12：10　15：30

注：此班次时刻为 2012 年 6 月 25 日至 2016 年 4 月 28 日

余姚市城乡公共交通有限公司大岚区间线路夏令时刻表

表 9–2–5

编号	车辆数（辆）	首末站	运营时刻表	班次数（次）
626	2	大岚	6：50　8：00　9：00　10：05　12：40　13：40　15：10　16：10	8
		上庄	6：50　8：00　9：00　10：05　12：40　13：40　15：10　16：10	
627	0.5	上马	6：10　8：30　10：45　12：35　14：50	5
		大岚	8：10　10：25　12：15　14：30　16：30	
631	0.5	大岚	6：35　10：00　15：30	3
		糜山	6：45　10：10　15：40	
632	1	龙潭	6：20　9：00　10：35　13：30	4
		大岚	8：30　10：05　13：00　16：10	
632	0.3	黄家庄	6：10	1
		大岚	16：30	

续表 9-2-5

编号	车辆数（辆）	首末站	运营时刻表	班次数（次）
629	0.3	大岚	6：30　9：30　13：30　16：00	4
		柿林	6：45　9：45　13：45　16：15	
647	0.3	大岚	7：05　12：20	2
		大岩下	7：30　12：15	
639	0.5	大岚	6：20　9：40（转石鼓）　12：20　15：40（转石鼓）	4（其中石鼓单向4班）
		横山岗	6：55（转石鼓）　10：05　13：45（转石鼓）　16：05	
630	0.5	大岚	16：40	3
		后朱	6：00	
630	0.3	大岚	9：40　14：00	
		后朱	9：50　14：10	
638	0.3	大岚	6：45　10：00　16：00	3
		四丰	6：50　10：05　16：05	
651	0.3	大岚	8：35　10：20　11：50　16：30	4
		分水岭	6：20　9：00　10：15　12：35	
以上班次时刻仅供参考，精确班次时刻以调度发班为准（2017.4.29 开始执行）				

注：此表为 2016 年 4 月 29 日以后班次时刻

第四节　交通管理

大岚没有专职的交通管理机构，管理职能隶属于梁弄交管站，公路养护隶属于梁弄姚南养护公司。

公路养护

大岚道班始设于 1965 年，在原农机站旁边，占地面积 546. 4 平方米，建筑面积 199. 45 平方米。2004 年转让给姚南养护公司，道班现有农民养护工 3 人。

公路附属设施

随着经济社会的快速发展，山区公路附属设施也逐年改善，波型梁钢护栏、太阳能闪光灯、凸面反光镜、微棱镜型反光膜，热熔型标线涂料等一批新材料也应用于山区道路。特别是在省道浒溪线，有交通量观察点、公路绿化带和块状景观绿化，主要山区地段还设有全球眼的景观平台。

大岚加油站

以前，大岚没有加油站，车辆加油都要到附近梁弄等地。2000 年，个人筹资建造加油站，后由中石化碧辟（浙江）石油有限公司收购经营，名称为余姚大岚加油站，地址在大岚丁家畈。员工 2 人，年销售汽油、柴油 1000 吨。

第十编　商业贸易

第一章　经营模式

民国时期，大岚境内物产丰富，人民生活需求量大，因受交通等条件制约，商贸经济不发达，生产生活滞后。中华人民共和国成立后，余姚县人民政府重视建立经营机构，改善交通设施。建粮站，办起供销合作社，保障人民生活生产资料的供给及“三毛”（毛茶、毛猪、毛竹）采购，推动了城乡商贸交流，促进了经济、社会发展和人民群众生活水平的提高。1983 年，大岚供销社被评为省先进集体。

第一节　供销合作社

南岚乡战时消费合作社

民国 28 年（1939）春，境内旱情严重，茶叶滞销，商人杀价，民遭饥荒。为发展生产，度过灾荒，县战时政治工作队组织南岚乡 19 保（包括今海曙区杖锡部分村）办起南岚乡战时消费合作社。凡自愿入社者填写志愿书，每人交股金 2 角，共发放社员证 650 余份。合作社经县政府批准，归县战时合作社联合社领导。经召开社员大会（成立大会由楼明山主持，县战联社社长张承昌、县农行副行长邵之寿、梁弄区署区长周芒生参加），选举柿林村沈功田为社长，各保“青年救亡室”负责人为理事，设会计 1 人，工作人员 1 人。合作社设址在观下保书房楼顶。合作社建立后，组织社员到梁弄挑运“救济谷”10 万余市斤，凭战时社会服务团和社员证发放稻谷济民；向县农行贷款，平价收购柿林、石鼓、大陈三保地主的余谷（留足口粮外）1 万余市斤，又向境外采购谷米 1 万余市斤，平价卖给社员；另向外地采购卤晶等肥料发展生产。合作社不但解决山民饥荒，而且促进生产发展，开办一年后停办。

南岚乡生产合作社

民国 33 年初，中共余姚县委会陈布衣、黄连等领导二五减租，开展生产自救，组织贫苦农民和烈军属家庭为主体的广大群众，成立南岚乡生产合作社。在雅庄村召开成立大会，推举雅庄保鲁香泉为乡社主任，各保建立分社及负责人。

民国 34 年，境内又出现严重春荒，县政府拨出一部分资金、粮食外，生产合作社动员地主、富农出钱、出粮和种子。同时，组织到嵊县、奉化等地采办马铃薯种子，开荒扩种春粮。又向境外采办耕牛13头，分别到各保帮助社员耕种。并在蜻蜓岗设税卡，动员路过的牛商，帮助各保社员耕田2～3天。通过生产合作社组织作用，顺利度过春荒，当年水稻、杂粮丰收。该组织形式维持至中华人民共和国成立前夕。

南岚乡供销合作社

民国37年，南岚乡公所为调节消费、改善人民生计，邀集本乡各保甲长及士绅等征询意见后，组织筹建供销合作社。以供给谷、米、纱、土布及一切杂用品，购销土产品为宗旨，引导住民踊跃入社，认购者143人，计1005股，股金共5075万元。是年3月14日，南岚乡公所呈文，4月25日余姚县政府批复，于5月5日召开成立大会，推定沈民风乡长为理事主席，沈功亮为经理。

大岚供销合作社

1950年3月，余姚县供销合作社总社成立后，梁弄区设立供销合作站，境内设南岚、新岚、大岚三分店。1952年，建立“三岚”供应站（包括粮食统销），站址设在丁家畈岳殿庙。经理朱良才，站长夏生根。1954—1955年第四季度销售额分别为32.76万元和42.1万元。1958年，建立余姚县大岚供销合作社（简称大岚供销社）。1959年，改称大岚供销部。

1961年，新建5间2层供销社办公、营业楼（现丹山路87号），建筑面积175平方米，社址从原木结构用房迁入二楼。同年，设大岚、新岚社。1962年，新建立四明山供销社，华山公社分社隶属四明山区社管理，大岚归属梁弄区社。1967年起，恢复大岚供销社。

1978年，供销社纯销售144.2万元，比上年增长14.6%；财务销售246.7万元，比上年增长15.1%。1979年，供销社有36人（不包括下伸商店）、其中行政7人（会计3人），生活商店13人（棉布2人、百货2人、文具2人、副食2人、负责1人），生产商店4人，采购商店6人，调拨2人，驻余姚工作人员2人，食堂人员2人。

1980年，投资6.8万元新建3层大岚供销社综合楼（现丹山路18号），建筑面积840平方米，占地面积950平方米。社址迁入二楼，一楼营业，三楼设大小会议活动室。1985年，全社有63人（女职工22人），其中固定职工35人，合同工27人，其他用工1人，另有离退休干部职工11人。

1987年，大岚乡人民政府新规划集镇建设，供销社新建3层商业大楼（现丹山路单数19-33号），建筑面积1100平方米，社址迁入二楼，一楼商业，三楼旅馆。在此期间，全社常年营业总额达1000万元以上，其中农副产品采购500万元，生产资料（农机具）150万元，工业品200余万元，副食品200万元。

1992年，撤区扩镇并乡后，华山乡分社并入大岚供销社。全社有60余人，其中行政组10人，采购商店6人，生产商店7人，工业品商店12人，副食品（调拨部）9人，饮食服务业8人，华山分社8人。

1993年底，按照市供销合作联社实施“社有个营”（指企业性质不变、职工身份不变、退休待遇不变、资产集体所有，由个人承包经营）的机制转换改革，采用租赁集体的房屋店面，通过合同形式承包给个人或合伙经营，经营流动资金原则自行解决，对确有困难的商店给予适当铺底。1994年底，集体商业资产、人员并入到供销社。1995年，供销社分设八大类，分别为行

大岚老街

政、采购、生产、工业品、副食品、饮食服务、华山分社、集体商业部。

1996年始，将“社有个营”机制一律改为“抽资承包”，即采取“柜组经营、责任到人、确定基础、逐年递增、自负盈亏、依法纳税，风险抵押、分期抽资”的方式。抽资承包期为2～3年。1997年，转制67人，安置副主任以上4人，连续承包4人，调出余姚商场工作8人，其余人员自谋职业。

1999年，贯彻余政发[1997]42号和市社[1999]17号文件精神，大岚供销社全面实施企业改制。制定《大岚供销社改制职工处置办法》：对解除劳动合同者进入社会失业，企业根据工龄（工龄基准当年8月31日止）满一年发给1个月本市企业平均工资（597元）的经济补偿金；企业开具失业证明，向失业保险机构办理登记手续，并按规定领取失业救济金。

对解除劳动合同实行自谋职业的职工，企业给予一次性安置费，安置费标准按工龄每满一年500元，最高不超过5000元基数加每满一年工龄发给一个月的本市上年企业平均工资(597元)。凡自谋职业的职工不再享受失业保险待遇，本人应在30天内向劳动部门办理社会保险续保手续。

对距法定正常退休年龄不足2年，给予办理准退手续，准退休职工转入市社托管中心，并与中心签订托管协议，其生活费按本人应发基本养老保险金的80%，待到法定退休年龄后办理正常退休手续；距法定退休年龄不足5年的职工，经本人申请、单位同意，与本企业解除劳动合同进入市社托管中心作离岗退养，与中心签订托管协议，退养期发给基本工资270元，医药费30元。至1999年12月30日，全社改制结束。

附：大岚供销社历任主任名录

朱良才（1958—1960.1）、杨爱浓（女，1960.1—1962.6）、朱良才（1962.6—1979.12）、沈岳定（1980.1—1983.7）、郑奕定（1983.5—1987.1）、龚联盟（1987.7—1997.1）、鲁杏桂（1997.1—1999.12）

第二节　粮站

20世纪50年代初，大岚设粮食供应店，店铺设在丁家畈岳殿庙，由供销部门代理销售。1955年3月，粮食购销归属粮食部门统一经营。1956年，建立大岚粮油购销站（简称粮站），隶属梁弄粮食管理所；是年，公私合营大隆米厂改组为梁弄粮食加工中心厂，下设大岚车间，厂址设在丁家畈高顶头（现太祖庙11号），有五间平房作为厂房，站内设粮油销售窗口。1957年，建造 1～4 号储粮仓。1959 年 5 月 30 日，建立大岚粮管所。是年 7 月，梁弄米厂之大岚车间改名为地方国营米厂。

1960 年，新建 8 间"角尺形"平房（现丁家弄 12 号），建筑面积 140 平方米，为境内粮油供应点。是年，全所有干部职工 14 人，设副所长、副厂长、会计、出纳各 1 人，粮食专管员 3 人，职工（包括临用工）7 人。1961 年 5 月，建立四明山粮管所。是年 9 月，撤销大岚粮管所，更名大岚粮油购销站，隶属四明山粮管所。同年 11 月，撤销大岚米厂，并入梁弄米厂。

1970 年，大岚粮站扩建 6、7 号战备粮库，建筑面积 350 平方米，可储粮 50 万公斤。1983 年，更名为余姚市四明山粮油贸易公司大岚粮油供应站，全站土地面积 0.17 公顷。

1992 年，全站有职工 11 人，其中 3 人分流到乡镇其他企业。自 1993 年始，实行粮站经营承包责任制，第一年上缴基数 3800 元，承包者分担 7.5 名职工工资，一切费用由承包人自负。1994 至 1996 年，分别有 2 个职工承包。1997 年，实行粮站体制改革，撤销四明山粮管所，编制内人员并入梁弄粮管所。转制后，全所职工卖断工龄，对职工进行一次性政策处理。按工龄 1 年计算 1 个月本市企业平均工资（597 元）的经济补偿金，补全民职工转岗费每人 6800 元，户粮在农村职工每人补 3800 元。不到退休年龄由本人补缴保险金，年轻职工自谋职业，截至 1999 年 10 月，改制结束。

附：大岚粮管所、粮站负责人名录

大岚粮管所副所长　徐荣飞（1959.5—1961.11）
大岚米厂副厂长　黄瑞泰（1957.2—1958.6）
谢家新（1960.2—1960.4）
陈章寿（1960.4—1961.9）

大岚粮站站长　1956—1992 年先后有徐荣飞、金永桂、陆军、鲁同文、邵根耀、张田夫、夏炳权担任。

第三节　合作商店

私营商业经社会主义改造后，从原 3 家（丁家畈、柿林、石鼓）发展到夏家岭、后朱、雅庄、大俞下伸商店 7 家。1958 年 9 月，"大跃进"时期，合作商店和个体商店全部过渡到公社供销社。1961 年，调整国民经济时，公社供销部的合作商店、小组人员划出，重新组织合作店。1970 年，合作店、小组又并入供销社，职工拿固定工资，取消股份制利息和分红。1978 年后，并入供销社的合作店又恢复集体所有制性质。全公社由供销社管理的集体商业（合作店）有柿林、雅庄、上马、观下、蜻蜓岗、夏家岭、后朱、甘竹等"三代"商店（代购、代销、代营）9 家。集体企业由供销社代管，独立核算，自负盈亏，拿固定工资，人员为大集体职工，职工 16 人。

1970—1988 年，境内有 21 家"二代销店"（代销、代营），盈亏不负，拿固定工资，店员工资由供销社确定发放，人员大队定，工资、挑运费供销社下拨到大队，代销员由村发放工资或工分计酬不等。

1989 年，商业经营政策放开后，“二代销店”停业。个体商业兴起，经工商行政管理部门审核登记，领取执照，可正常营业。

1994 年，全镇集体商业资产、人员并入供销社统一经营管理，社内设置集体商业部，确定专人负责。年销售量 150 ～ 200 万元。

第四节　食品站

1952 年，设大岚猪肉供应店，有职工 2 人。1958 年，建立大岚食品站（也称生猪收购站），站址设在丹山路 18 号，隶属大岚供销社，经营境内生猪购销业务。1960 年，迁址到丹山路 15 号，监管苗猪交易日注射防疫和生猪出售前检疫工作。1968 年，苗猪交易市场归属供销社食品站经营。1974 年，猪肉实行凭票、凭卡供应。1975 年，农村社队饲养生猪一律由当地食品站统购派购，集体和个人不得直接向商业外的任何单位交易。食品站积极做好生猪派购任务的落实。是年，大岚、华山公社派购及自宰生猪 5217 头。1976 年 1 月 1 日起，食品系统经营业务由省食品公司统一经营、统一调拨、统一核算，大岚、华山更名食品分站，隶属四明山食品站。1981 年，大岚、华山分站收购及自宰生猪 6730 头。1985 年 1 月 1 日起，生猪购销全部放开，价格随行就市。是年，大岚、华山公社出售、自宰生猪 5039 头。1994 年 8 月，余姚商业集团公司撤销四明山食品站，大岚、华山分站等 6 人转制分流。

第五节　个体商店

20 世纪 50 年代初期，镇境内无商业街道，个体商业以村为主，供应民众日常百货，商品数量极少，小店内只有日用杂货，无食盐、酱油、酒等物品，棉布、粮油需到上虞县下官、丰惠，鄞县大皎、鄞江，梁弄、余姚等地购买或用山货兑换。据统计，当时有个体商业 24 家，其中村店 12 家，药店、染店、肉店各 1 家，豆制品 2 家，铁匠 4 家，个人行医 3 家。

1951 年，对私营商业重估资产，清产核算，登记发证。1956 年，对私营工商业进行社会主义改造，组织小商店成立合作商店、合作小组，仅留少量个体经营者。1958 年，个体经营户全部过渡进入大岚公社供销社。1961 年，调整国民经济时，部分原并入供销社的小店又恢复为夫妻店，以及农村货郎担。1966—1976 年，“文化大革命”期间个体商业大多停业。1977 年后，以供销部门“二代销店”为主。

1979 年，政府重视个体商业在流通领域作用，鼓励和扶植个体商业的发展。此后，个体商业逐年发展。1989 年，“二代销店”结束。1992 年，全镇有个体商店 67 家，至 2017 年，共有个体商店 84 家，年收入 260 万元。

第六节 现代商业

2005 年，贯彻落实市政府《关于进一步加快农村现代流通网点建设的实施意见》。是年 9 月，余姚市大岚镇姜渭坤华联超市七十店在丹山路 87 号开业。店铺面积 105 平方米，设营业员 2 人，商品开架摆放千余种，让顾客自行选取，为境内开设的首家连锁超市。此后，境内农村兴办便民店（小超市）10 家，2017 年，年收入 31.7 万元。

2007 年 4 月，家家福超市有限公司在丹山路 17 号开设分店，面积 120 平方米（货物库），设店长 1 人，营业员 2 人。当年销售额 60 万元，2017 年销售额 120 万元。

买年货

第二章　集市贸易

镇境内居住分散，聚集人口不多，集市发展一直滞后。中华人民共和国成立后，历届乡（镇）党委、政府重视市场建设，先后规划建设苗猪、蔬菜、农贸市场，使农副产品商品能得到正常交易。

第一节　苗猪集市

生猪饲养是农户主要经济产业，20世纪70—80年代，经济收入居第二位。1964年前，农户自产苗猪在丁家畈(老桥头)自行交易。1968年，规划建设苗猪交易市场(场址现丹山路西3～9号楼)，面积700平方米，市场归属大岚供销社食品站管理，并确定每月逢一日、六日为苗猪交易日。1970年后，农户饲养母猪数量剧增，常年饲养母猪（包括华山公社）1400头以上，仔猪自给有余外，供“三县”（上虞、余姚、鄞县）、“四镇四乡”（下官、梁弄、章水、四明山镇和鹿亭、洪山、杖锡、陈溪乡）出售。市日兴旺，交易面广量大，平均日交易量320头，年交易量23000头，交易额215万元。1992年7月，苗猪市场由大岚食品站和镇农办兽医站共同管理，苗猪交易调整为每月逢一、六、九日。1995年，市场由镇农办负责，兽医站做好苗猪注射防疫工作。1996年始，由于农业产业结构调整，农户饲养肉猪和母猪减少，生猪饲养以专业大户为主，苗猪仅供自产、自养。2000年后，市场交易停止。

苗猪交易

第二节　农贸市场建设

集镇蔬菜市场

1988年，规划建设小集镇蔬菜市场，场地设在原苗猪市场内，有2幢26间小平房，占地面积1500平方米，内设26个摊位。后因市场偏西，居民购买不方便，渐向东朝街移位，租房设摊。2000年12月，在丹山路99号楼后，投资10万元建造7间小平房，占地面积1000平方米。2008年，又在平房面前露天场地上搭建钢棚，内设摊位10余个，供蔬菜商经营。2016年，投资200.4万元，在原址新建1000平方米大岚农贸市场。

南岚村蔬菜市场

2008年，规划建设，投资14万元，选址在蜻蜓岗自然村大古树旁，修缮3间管理房，面前空场基上搭建钢棚设摊，于当年验收使用。由于流动菜商经营活跃，一般农民在自家园地自产自食，到菜场买菜居民并不多，2010年后停业。

南岚村土特产交易市场

为促进旅游经济发展，镇政府规划在南岚村蜻蜓岗（丹山赤水入口处）建立土特产交易市场。南岚村于2004年筹建，投资110万元，占地面积1667平方米，2005年营业。由于农副产品销售不佳，2010年后，改成“南岚山庄”。

大岚村农副产品交易点

2001年后，随着镇境内丹山赤水景区的开发和姚江源头景观的改造，客流量渐增。大岚村夏家岭自然村在家农妇，充分利用浒溪线交通优势，自行在村岭顶空场地上设摊开展农副产品交易。初开设2～3家，逐年发展到30家，节假日期间设摊更多，自然形成交易场所，每年给村民增收170余万元。

夏家岭农副产品交易点

第三章　采购　销售

大岚镇地处余姚南部山区，山多田少，粮食自给不足，靠国家调拨、供应，仅有少数村（大队）、组（生产小队）有稻谷征购。购销以化肥、农药、农机具生产资料及茶、猪、竹等农副特产为主。

第一节　粮油购销

征购

民国时期，政府征稻谷抵田赋，无粮油商店，农民粮食不足时，到上虞县丰惠，鄞县大皎、鄞江，余姚梁弄等地采购或用山货兑换。

1953年，实施粮食统购统销，由国家粮食部门对农村余粮户实行计划收购，禁止私商收购。1955年3月，境内粮食购销业务及资金划归梁弄粮管所统一经营管理。10月，粮食实行“三定”（定产、定购、定销）政策，三年不变。由乡粮食专管员根据社员土地、人口确定销售指标，除去留存种子、饲料粮外，按县人均最高不超过270千克口粮指标，多余部分为征购粮。提留种子每亩7.5千克，肉猪每头25千克，公母猪每头100千克，牛每头10千克。以每户实际产量，除去口粮、种子、饲料“三留粮”，确定余粮户、自给户、缺粮户三种类型。

1958年4月，实行粮食包干制度，确定统购统销数量后，增产不增购，减产不减免，五年不变。后连续三年因粮食减产，镇境内给予免征。1962—1965年，大岚公社每年征购17.5吨。华山公社1962—1963每年征购5.35吨，1964—1965年减购。

1971年，实行粮食征购“一定五年”政策，延续到1978年。其中1974年，大岚、华山公社征购任务13.05吨，实际征购45.3吨，超购32.25吨。

1979年，再次调整购销指标，大岚、华山公社共征购4.05吨。1981年后，农村实行家庭联产承包责任制，1984年粮食统购2.75吨，平原稻区实行合同定购。1985年，取消镇境内征购指标。1997年，撤销四明山粮管所，粮食由市场自由购销。

兑换

20世纪60年代始，镇境内以番薯为主的杂粮种植面积扩大，产量提高。为改善山区农民生活，少吃粗粮，县粮食局实行计划统购鲜薯（薯干）兑换大米。每年逢10月下旬开始收购鲜薯（薯干），供平原居民占定量的5%～10%搭配供应。有的年份购薯干作酒厂原料。鲜薯每2千克换稻谷0.5千克（大米0.36千克），薯干每50千克换36千克大米。兑换前，由公社粮食专管员核算到各队（户），社员凭票额到大岚粮站兑换。70年代，大岚、华山公社最多一年兑换薯干600吨，或鲜薯2000～2400吨。1979—1984年，城镇居民鲜薯凭粮票自由购买，不作搭配。1985年后，粮食部门取消统购兑换指标。

销售

20世纪50年代初期，粮食销售由供销社代销，亦有农民直接向境外市场交易。1953年冬，实行粮食统购统销后，居民口粮实行计划供应。1955年3月，粮食销售由梁弄区粮管所统一经营。同年9月全国实行票证制。10月，按全县农村指标核算到乡到户。居民供应用粮按工种差别、年龄大小分四大类：工人分特重工、重工、轻工，供应粮14～25千克；国家机关、企事业人员等脑力劳动者，供应粮13.5～14.5千克；大中学生，供应粮14.5～15.5千克；一般居民按年龄定量，10周岁以下供应粮3.5～11.5千克，11～12周岁供应粮12千克，13周岁以上供应粮12～12.5千克。

按1961年10月的数字统计，现境内月人均粮食供应为13.25千克，其中工人17.875千克，职员14.4千克，中学生15.2千克，一般居民10.16千克。1962年起，每人每月增发熟食票0.5千克。1987年取消。

1966年，规定山区农村口粮不低于215千克。1974年，大岚、华山两公社社员实际所得口粮分别为258千克和253千克。1979年全县农村口粮为225～240千克，境内实际分配口粮为249千克。1982—1984年，实行粮食大包干，境内口粮为225～228.3千克。

1974年，镇境内分配国家统销粮237.9吨，1977年为376.3吨，1979年为236.15吨，1981年为1146.65吨，1987年为437.55吨。

1993年1月1日起，粮油销售全面放开，取消粮票，粮食计划供应（统销）也随之结束。实行粮食多渠道流通，提倡国家、集体、个人一起经营，经工商行政管理部门审核并登记发证，即可经营批发和零售。境内原粮站职工在丹山路66号率先开启粮店，不久丹山路2家副食品小店附销粮食供应。2007年4月，浙江家家福超市有限公司开业。2014年，确定为浙江省粮食局粮食应急供应点。

1961—1980年大岚、华山公社人均口粮情况表

表10-3-1　　单位：千克

年份	大岚	华山	年份	大岚	华山
1961	195.5	212	1971	232	249
1962	187	196.5	1972	280.5	278.5
1963	189.5	206.5	1973	225	266.5
1964	187	203.5	1974	258	253
1965	204	204	1975	253.5	248

续表 10-3-1

年份	大岚	华山	年份	大岚	华山
1966	226.5	219	1976	241.5	237.5
1967	224.5	233	1977	231.5	231.3
1968	258	248.5	1978	273.5	257.5
1969	260.5	247	1979	250	248
1970	257.5	243	1980	248.5	238.5

20 世纪 50 年代初期，油料由公社供销部门代销。开始时采取内部控制销售计划，对外凭证不限量供应。1955 年，供应食油归属大岚粮站。人均实际供应 1.8 千克。1957 年第 4 季度到 1958 年第 3 季度，采取凭证限量供应。每人每月供 125 克。第 4 季度仍采用凭证不限量供应。1959 年凭票定量供应，农业人口每人每月 62.5 克。1962 年 6 月实行油脂包干，平原农村只购不销，山区农民每人每月 62.5 克，直至 1992 年。

非农业人口食油供应，1995 年全县人均实际供应 2.25 千克，1956 年 2.15 千克。1957 年第 4 季度至 1958 年第 3 季度采取凭证定量供应。每人每月 125 克。1958 年第 4 季度至 1959 年第 1 季度仍采取凭证登记供应，第 2 季度开始发票供应，每人每月 156 克。1962 年 100 克。1965 年第 4 季度 200 克，1977 年 4 月起每人每月 100 克。1978 年始每人每月 200 克，国庆节、春节等重大节日，另有补助供应。

1985 年起，居民每人每月补助供应平价油 1.5 千克，并敞开供应议价油。1993 年 1 月 1 日起，取消油票，食用油料在市场上自由流通。

饲养供应

民国时期，境内无饲料经营机构。中华人民共和国成立后，政府重视发展畜牧业生产，饲料由供销部门经营。1955 年后，归属大岚粮站经营。1956 年，梁弄粮食加工中心设大岚车间（米厂），稻谷加工后的细糠销售给农民。1961 年，国家收购生猪采取奖售饲料的政策，规定每出售给国家 1 头肉猪，奖给农户饲料粮 10 千克，供应品种为大麦和玉米。1962 年 9 月，生猪奖售饲料每头增加到 40 千克。同年 11 月，规定繁殖水牛 1 头，奖售饲料粮 40 千克；繁殖黄牛 1 头，奖售饲料粮 25 千克；配种 1 头母牛，奖饲料粮 2.5 千克。

1965 年 7 月，生猪收购实行全省统一奖售标准，每收购出净肉 35 千克生猪 1 头，奖售饲料粮 25 千克（原粮）。镇境内 1971 年出售肉猪 3416 头，供应奖售粮 85.4 吨；1975 年出售 5217 头，奖售饲料粮 130.4 吨；1979 年出售肉猪 6976 头，供应饲料粮 174.4 吨。1985 年起，取消生猪奖售粮政策，饲料供应大部分为议价饲料。1986 年，农村产业结构调整，专业饲养鸡、猪的农户逐年增加，粮食部门供应鸡、猪配合饲料。1993 年起，粮食部门实行经营承包，饲料仍由经营者购销。1997 年后，饲料生产单位自行设多家网点销售，有的专业饲养户到梁弄自行采购。

第二节 生产资料购销

化肥

大岚丹山农业生产资料商店

民国时期，农作物以人畜肥、灰肥、杂肥、草肥（草叶）为主，使用化肥极少。中华人民共和国成立后，化肥由供销社生产商店经营。供应店设在丁家畈岳殿。20世纪50年代，化肥销售种类单一，只有硫酸铵少量供应。1956年起，化肥按种植面积分配供应。1960年后，化肥种类增加，有高含量氮肥（尿素）、液氨（氨水）、磷肥（过磷酸钙）、石灰氮等，货源比较充足。1963年，对向供销社交售茶叶者，给予化肥奖售。70年代后，种类有尿素、硫酸铵、碳酸氢铵、氨水、钾肥、复合肥、骨粉、石灰氮等。80年代，化肥开始多渠道经营，供销社继续发挥主渠道作用，除继续实行计划供应外，多方组织货源，保障供给。90年代初，实施贫困乡（镇）化肥扶持政策。1995年，为扶持粮食生产，专供尿素15吨、碳氨112.8吨；为优惠林特“1215”工程专供碳铵160吨，均按粮田、茶叶、竹山面积分配到户。为支持集体茶场、支持特困户发展“一优二高”林业，供应平价尿素10吨。1996年始，茶园推广使用专用化肥。2017年，余姚市甬舜农资公司在境内开设连锁店2家。

农药

20世纪50年代以前，遇农作物虫害，则使用雷公藤、鱼藤筋等灭杀，或采取冬翻耕地、火烧田坎的办法清除病虫害越冬场所。60年代，农药由供销社生产商店经营，药剂有六六六、二二三、西力生、硫酸铜。70年代，农药种类增多，杀虫剂有敌百虫、乐果、1605、杀螟松、杀虫醚、敌敌畏、甲胺磷、八八九、呋喃丹，杀菌剂有稻瘟净、稻脚青、井冈霉素、多菌灵、托布津等，除草剂有除草醚、杀草丹。80年代起，更新供应高效低毒、低残留农药杀虫双、叶蝉散，停用有机氯农药。除草剂供应乐草隆、丁草胺，并允许多渠道经营农药。90年代，以供应菊酯和有机磷农药为主。2017年，农药多由甬舜农资公司大岚连锁店经营，品种有溴氰菊脂、联苯菊酯、20%氯虫苯甲酰胺、50%吡蚜酮，除草剂有吡嘧磺隆，花木除草剂有30%草甘磷和2%草铵磷。

中小农机具

民国时期，常见传统生产农具由境内铁匠、篁匠、木匠上门加工或向工匠作坊定购。中华人民共和国成立后，供销部门始供应犁铲、镰刀等小农具。1956年，组织大岚乡手工业和农机综合性社，供应小农具。同年，供销部门引进人力手动压缩喷雾（粉）器。1960年，供应单管喷雾器和双人打稻机。1974年，境内供应人力打稻机293台，1975年，引进机动喷雾（粉）器和电动打稻机。1977年，累计供应人力打稻机266台、电动打稻机39台。1981年，累计供应脱粒机械323台，其中机（电）脱粒110台。1982年，累计供应植保机械362架。1985年后，多渠道经营中小农机具。

石灰　水泥

民国时期，民用石灰需到境外采购。1958年后，石灰由供销社生产资料商店供给。1971年起，经营姚产水泥。1985年，大岚老车站旁开设1家建材商店，有石灰、水泥零售，供销部门销售量减少。1994年，该店年销售石灰20吨、水泥18吨。2002年，现兰山路开设1家建材商店，有水泥、石灰零售。2017年，村、户生产、生活设施工程，均由工程承包者或每户自行去镇外采购，少量使用则去商店零售。

柴油　煤

20世纪50年代始，火油、柴油由供销部门经营。1980年后，农用柴油由镇农机管理站分配发票，生产商店供应。1999年始，建立大岚加油站，柴油由加油站零售，年销300吨。

20世纪70年代前，境内制茶以木柴为主（柴片、大柴）。1985年后，以煤、电制茶为主，用柴减少。2017年，年销售煤炭500吨。

第三节　生活资料购销

猪肉

民国时期，镇境内在余家横自然村开设一家肉店，平常时段农村宰杀肉猪较少。逢年过节和婚事，以村（保）自宰自销为主。春节宰杀肉猪数较多，习惯上，几户农家合宰一头猪，除过节外，留小部分鲜肉加工腌制，供平时食用。

卖猪肉

20世纪50年代初，供销社和个人经营并存。1956年，改由供销社统一经营。1961年起，境内按日计划宰杀，节日视货源酌量增加，农户需要鲜肉得早起排队购买，或预先向商店定购。1964年后，货源充足，敞开供应。1974年，猪肉实行凭票凭卡供应。1975年后，实行生猪派购、预购、寄养、定期定量收购，国家奖励卖猪户饲料票、布票、化肥及预购金等。1985年起，猪肉供销全部放开，价格随行就市。2017年，大岚镇有流动肉摊10个，年销售鲜猪肉 153.4 吨。

蔬菜禽蛋

20 世纪 70 年代前，蔬菜禽蛋以自产自销为主，少数农家有禽蛋出售。农家逢红、白事和过节需到梁弄、下管等市场购买。供销部门常年有皮蛋食品供应。80 年代始，农村实行家庭联产承包责任制，种养业逐年发展。农户商品意识增强，少数农民到镇开设蔬菜摊，不久发展到六七家。90 年代后，开始有外地流动菜商上门销售，有的居住在镇内，另有各村小店亦有蔬菜销售，集镇蔬菜场摊位减少。1991 年，销售鲜蛋 31 吨。2004 年，出栏销售鸡、鸭 186500 只（羽），为历史最高销量。2010 年后，饲养禽业减少。2016 年，销售鲜蛋 8 吨。

水产

民国时期，较少食用水产品，山民进城时，向鱼商购一些咸白鲞、虾干、龙头烤等海货。境内虽多有野生黄鳝、泥鳅、习惯于喂鸡、鸭，少食用。中华人民共和国成立后，供销部门配置鱼鲞、海带、虾干、咸带鱼之类海货，方便人民购买。20 世纪 60 年代始，端午节、重阳节期间，有鲜黄鱼、带鱼供应，一年中供应次数不多。70 年代，农村发展多种经营，境内各大队利用山塘水库放养鱼类，逢年过节捕捞后供社员食用。80 年代，农村实行粮田承包责任制，部分农民稻田放养鲤鱼、鲫鱼。1985 年起，水产品放开经营，销量逐年增多。1991 年，自产自销淡水鱼 10.35 吨。2017 年，居民食用水产主要向菜商和水产商购买。

糖果

民国时期，婚事用糖果向镇外采购，私营小店有少量当地产品供村（保）自销。品种有棒糖、粽子糖、纸包硬糖等，另有农村货郎担用货物兑换的牛皮糖。1957 年后，供销部门批发经销，品种增加。20 世纪 70 年代，上海、宁波产糖果大量调入，品种有乳酸糖、蛋白糖、软糖、夹糖、抛光糖、巧克力等。1985 年起，各家商店均有糖果销售。1989 年，镇境内华山乡开办宁波燎原食品厂，生产巧克力和软糖。2000 年后，个体商店糖果进货较少，品种有水果糖、玉米糖、牛奶糖、北京酥糖等。居民操办红白之事、造房、办寿宴等，均到余姚糖果专卖店购进多种高档糖果。

糕点

民间称糕点为茶食。民国时期，境内丁家畈开设一家南货店，经销商自产自销，品种有香糕、金枣（油枣）、麻枣、橘红糕等。被侵华日军烧房后停业。1958 年后，糕点业产销分离，均由供销部门经营。品种有香糕、大饼（龙凤饼）、油枣、蛋糕，桃酥、豆酥糖、麻酥、饼干等。60 ～ 70 年代，因原材料紧缺，商店进货不能满足市场需求。1985 年后，民营食品工业发展，沪、杭、甬产各式糕点涌入境内，糕点销量不断上升。2000 年始，省外更多高档产品输入。2017 年，境内主要糕点产品有阳光早餐饼干、高级炼奶饼干、河北牛牛豆饼、台湾米大饼、芝麻苏打饼、咸味饼干、旺旺仙贝饼干、中秋月饼等 10 余种；豆酥糖、香酥锅、谷五酥、华康之酥、宫廷桃酥、椒盐酥；四川青稞花生棒、芝麻棒；手工蛋卷、雪花蛋卷、山东流心卷；香糕（状元糕、平安糕、万事大吉糕、步步高糕）、梁弄大糕、早餐派蒸蛋糕；法式软面包、香奶面包、嘉兴红豆面包；

康师傅盘面、红烧牛肉面，嵊州榨面，长寿面；上海灌汤小笼包；正宗宁波汤圆；上海浦东水饺、猪肉水饺、玉米水饺等。

食盐

民国时期，余姚虽有盐场，但长期以来山民食盐困难。中华人民共和国成立后，食盐由国家计划调拨，县专业公司、供销部门销售，能满足人民生活需要。1988 年下半年，境内食盐一度供应紧张，采用提价、食用盐由政府补贴、凭票定量供应的方法。1991 年 10 月起，市政府出台《加强盐政管理工作的通知》，使盐的供应和碘盐质量趋于正常，市场秩序恢复。此后，在余姚市盐业管理局和市供销联社直接管理下，食盐供应一直平稳。2000 年后，境内农村商店均有食盐销售。

食糖

民国时期，山民所用食糖（红糖、白糖、冰糖）均从外地购买。1950—1957 年，虽敞开供应，受交通条件制约，供求不平衡。农户仍需到梁弄、下管、大皎等地购买。三年经济困难时期，资源奇缺。1960 年，实行食糖凭票定量供应。1969 年，一度敞开供应。1970—1982 年，仍凭票供应，每人每月 100 克，春节增加到 250 克。产妇、婴儿另有照顾。1983 年后，敞开供应，销量增加。1990—2017 年，货源充足，各商店根据常年销售量进货购销。

烟

民国时期，镇境内多销自产烟丝，卷烟较少。中华人民共和国成立后人民生活改善，烟丝逐渐绝迹。1953 年起，卷烟由国家专卖，通过供销社、合作商店销售。20 世纪 60—70 年代，卷烟凭票定量供应，低档外省烟放开销售。80 年代后，除计划调拨外，多向外自行采购，品种增多。90 年代始，卷烟放开供应。2017 年，全镇 65 家个体商店和家家福超市均有烟草零售。

酒

20 世纪 50 年代前，山民饮酒以自制土酒（糯米白酒、大麦、高粱烧）为主。1958 年起，黄酒、白酒由供销部门经销。1961 年始，经销余姚产黄酒、白酒、啤酒，黄酒凭票供应。1976 年，丁家畈大队开办酒厂，初生产番薯烧（白酒），后生产黄酒、白酒，年销黄酒 50 吨，白酒 27.5 吨。1994 年，转为个体经营，年销黄酒 250 吨，白酒 10 吨。2001 年后停业。

1984 年，大岚供销社与大路村合股联营汽水（酒）厂，当年职工 9 人，产值 1.54 万元。后转为个体经营，年销汽水 2500 箱（25 吨），汽酒 1000 箱（12.5 吨），1995 年停办。2000 年后，黄酒销售减少，啤酒、红酒销售和土烧激增。2017 年，全镇 65 家个体商店均有各酒类零售。

纺织品　百货

民国时期，镇上无经营纺织品及百货的商店，人民所需向外地购买，时有个体商上门销售余姚土布。1950 年后，供销部门开始经营纺织品和小百货，以毛巾、袜子、手套、肥皂、洗脸盆、镬、碗、陶瓷杯、雨伞等为主。1954 年 9 月，棉布实行统销，由供销社统一经营，凭票供应。1958 年，棉布、百货商店货物增多，一般常用百货小杂供求平衡。1978 年起，供销社改变单一的购销渠道，增加采购计划外商品。1985 年 12 月，取消布票，敞开供应。2012 年，城乡开通公交后，人民所需纺织品、针织品和百货，多到余姚商场自行选购，镇境内购销减少。2017 年，镇街经营纺织品和百货（百杂）店 5 家，其中棉布 3 家，服装店 1 家。

五金　交电

民国时期，镇境内无五金商店，农户需去外地采购。20 世纪 50 年代起，供销社兼营圆钉、铁丝、铰链等小五金。1960 年后，自行车、缝纫机实行凭票供应。灯泡、灯管、电线、电度表等电器配件销量激增，圆钉、铁丝 20 多年供不应求，实行凭证限量供应。70 年代，有大、小收音机、录音机供应。80 年代，黑白电视机、电风扇、洗衣机，电冰箱等开始上市。1987 年，镇境内拥有电视机 811 台、录音机 378 台。90 年代，电器增加空调、电脑等品种，均从余姚商场采购。2017 年，镇街有五金交电商店 3 家，除高档电器外，电风扇、电饭煲等均有零售。

燃料

民国时期，燃料以烧柴为主，农家使用竹篾（亮篾爿）、葵花梗、油松柴照明盏。20 世纪 50 年代始，供销部门供应火柴、煤油，农民使用煤油灯，大队开会、夜校学文化、演戏采用机蕊灯。1971 年后，境内大横山电站建成后，以使用电力为主。1984 年起，农户炒煮采用电饭煲、电炒锅。1987 年，部分农家使用瓶装石油液化气，用户逐年扩展。1999 年，建起大岚加油站，摩托车、小轿车用油料便捷。2000 年后，用户以电、液化气为主，用柴灶烧煮不多。2017 年，大岚加油站年销汽油 500 吨。

医药

20 世纪 50 年代，境内丁家畈自然村（现丁家弄）和甘竹夹山自然村各有 1 家中药店。1962 年，2 家药店并入大岚卫生院管理，卫生院内设中医门诊。1999 年底，供销社改制后，原职工购入供销社店面房（现丹山路 19 号），开设大岚药店。2004 年，改称天天乐大药房，属城镇职工基本医疗保险定点零售药店。以零售非处方药为主，亦有处方药供应，共 400 余种。2014 年，由于药师人员配备不足，达不到基本医疗保险定点零售要求，改一般性药品经营商店。2017 年，零售药品 200 余种。

第四节　农副产品采购

镇境内主要农副产品有“三毛”“三籽”（油菜籽、茶籽、乌桕籽）、蚕茧、药材等。1963 年 12 月起，对农副产品收购实行统一领导，分级管理。1980 年后，农副产品市场逐步放开，主产珠茶仍以大岚、华山茶站和精制茶厂收购为主。2000 年后，实行多渠道购销。

茶叶

民国时期，农户在境外自主交易。1950年始，由梁弄茶站统一收购。1953年，采购“三岚”（大岚、南岚、新岚）春茶70.07吨。1956年，全年收购136.37吨。1958年，供销社设立“三岚”管理区收购点，大岚乡收购点设在现丹山路83号。1960年后，实行茶叶贷款、奖售、补贴和提价，收购量逐年增加。1962年起，收购站设在现丹山路18号。茶叶收购价为：一级1～2等，4.24～3.88元/公斤；二级3～4等，3.68～3.5元/公斤；三级5～6等，3.2～3元/公斤；四级7～8等，2.8～2.6元/公斤。1965年，大岚公社春茶收购50.82吨，每担均价166.97元。1975年，大岚、华山茶站收购毛茶230.4吨。1976年，茶站迁入新址（现书画院）。1978年，大岚公社收购茶叶236.82吨，奖售化肥149吨，粮票137.85吨。1985年，境内收购472.6吨，1990年，795吨，1995年，906吨。1999年后，茶站收购停歇。

毛竹

民国时期，毛竹（原竹）出售较少，以农户加工成竹制品自销为主。中华人民共和国成立后，由供销社经销，少量由山民自销。1957年，毛竹购销纳入国家计划。1962年，实行奖售销售。1963年，华山公社采购毛竹18万株。1969年，取消山货交易市场，毛竹及其竹制品均由供销社收购。1970年，华山公社销售毛竹57.87万株。1974年，恢复山货交易市场。1975年后，除采购毛竹外，另收购多种竹制产品，种类有竹箬壳、小土箕、马稍、竹脑、脚手架篇等。1983年后，取消计划收购，实行市场调节，日用毛竹及竹制品自行购销。

皮毛

民国时期，牛、羊、狗、猫、猪及野生动物皮毛，农户自行境外销售。20世纪50年代，鸡、鸭、鹅、猪毛由农村货郎担上门采购，皮类除牛皮集体销售外，其他各类兽皮（狗、猫、黄狼、草狐、香狸、貉子、麂等）均由农户自主到供销部门销售。1990年后，野生动物受到保护，罕有野生动物皮毛买卖。

70年代，农村发展多种经营，长毛兔饲养较快发展。80年代中期，境内存栏量达2796只，兔毛均有采购商店收购。1996年后，农户产业结构调整，兔毛销售极少。

其他农产品

1958年，境内有大批木（竹）炭被收购，致山林资源严重受损。1961年，受三年国民经济困难时期影响，粮食紧缺，余姚酒厂职工驻境内大批量收购“红刺根”，增加农民收入。此后，采购商店收购“枹栎”籽做酒料和龙胆草根、鹿含草等药材。

1970年，华山采购店收购乌桕籽2.7吨、桐籽0.2吨、茶籽0.45吨。1980年，境内采购油茶籽1.1吨、乌桕籽1.45吨、棕片0.189吨。1990—1992年，全镇销售垂盆草1300吨。1995年，收购蚕茧10.76吨。另有不同时期，收购黄花菜、苎麻、藤蒲等农副产品。

附：票证

票证是20世纪50年代至90年代初，国家为保障供给而发放购买某些物品的凭证，其中粮票使用时间最长。

1954年1月，农村缺粮户、流动户、集体单位伙食使用购粮券，同年7月改用购粮证。1955年9月，全国实行票证制度。粮食供应票证有四种：浙江省固定粮票（定额粮票），发给城镇居民和农村缺粮户使用；流动粮票，发给长期职业性流动人口使用；浙江省临时流动粮票，省内临时流动使用；全国通用粮票，出省流动使用(1955年、1957年版于1980年10月10停止使用)。1956—1962年，先后由省统一印制发放军用粮油供应证、票，奖售粮票、品种交换粮票、周转粮票、饲料票。期间，县粮食部门也印发食油票、牛食饼票、统糠票等。区粮管所在县核定指标内，为控制计划，也印制油票、糠票、番薯干兑换票、水作品票。到1987年，用统销价供应的票证有全国通用粮票、浙江省定额粮票、浙江省农村粮票、浙江省粮票、浙江省粮食专用券、浙江省侨汇粮油票、军用供给粮票、军用价购粮票、浙江省流动人口食油票、浙江省流动食油票、余姚市居民食油票、余姚市农村油票，城镇居民购粮证、农村购粮证、流动人口购粮证、用粮企业购粮证。其他临时性使用的票类有卖谷退糠票、公母猪照顾饲料票、茶叶、毛竹奖售粮票专项饲料票、牛食黄酒花饼票等。至1992年，各类粮票停止使用。

1959—1970年，三年国民经济困难时期和“文化大革命”期间，供销社大多数商品需凭票证购买，副食品部有香烟票、黄酒票、糖票及各类茶食票等；百货部有钟票、表票、热水瓶票、自行车票、缝纫机票；购买各种针织棉制品需要布票，袜子、毛巾、汗衫、棉毯凭证供应。生产部有化肥票、汽油票、柴油票，另有火柴票、肥皂票、肉票、带鱼票、煤球票等。

1971年后，茶食、糖果、铁木制农具陆续敞开供应，而自行车、三五牌台钟、香烟、黄酒、鲜肉等票证，至20世纪80年代初方取消。2000年后，柴油、汽油等各类商品均敞开供应。

各类票证名义上是国家无偿分配的购物凭证，无价值，因按计划限量，在民间私底下常可兑换多种实物，亦可兑换人民币，变相成为另一种货币。为加强票证管理，粮管所、供销社均成立票证管理办公室，根据业务组确定的计划数，印发票证至各公社，再由公社发至所属单位、大队、生产队。单位和大队生产小队编制明细账单，发放至各家庭户。

第四章　饮食服务

20 世纪 40—50 年代，镇境内受交通条件制约，外来流动人口稀少，商品经济落后，饮食服务业不发达。进入 21 世纪，社会发展，交通便捷。随着旅游资源的开发，外来人口流动频繁，饮食服务业快速发展。

第一节　饮食业

民国时期，镇境内无饮食业。20 世纪 50 年代后期始，供销部门兼营 1 家饮食店，供应年糕、面条，后增设甜馒头、肉包子、油条、油饼等品类。70 年代，随着境内茶叶、生猪产业的发展，外来流动人口和镇内农村干部群众到公社、供销社办事人员增多，供销社为便利人民餐饮，办起饭店。80 年代中期，有私营餐饮店 2 家。2000 年起，旅游经济带动饮食服务业发展。至 2017 年，全镇拥有高档酒店、山庄 5 家，农家乐 48 家，从业 245 人。

第二节　服务业

旅馆

民国 37 年（1948），镇境内丁家畈自然村 1 家豆制品店兼营宿旅店（现太祖庙路 8 号），为外地小商贩提供方便，有床位 8 个。1958 年，大岚单设供销合作社后，开设住宿客栈，栈址设在现丁家弄 1 号三间木结构楼房内，可供客房床位 11 个。1962 年后，迁址到现丹山路 81 号，改称大岚旅馆。1987 年，供销社新建商业大楼（现丹山路 19-33 号），大岚旅馆迁址到三楼，有客房 12 间，床位 24 张，1992 年 5 月停业。在此期间，发展个体旅社、客栈 4 家。2000 年后，民宿、酒店、农家客栈快速发展。至 2017 年，全镇拥有民宿、酒店、客栈 33 家，客房 333 间，床位 596 张。

理发业

民国时期，境内无专营理发店，有兼营理发师多人，大多数理发人员以本保（村）服务为主，也有少数理发师到邻村上门服务。中华人民共和国成立后，丁家畈自然村开设1家理发店。1961年后，供销社附设理发店，镇内多数农民由本村理发师洗理修剪。部分村理发服务采取承包制，平时理发不付钱，年终时每人收取1元洗理费。服务时间以雨天或晚上为主。1988年，镇街建起后，私营理发店得到发展，供销社理发店停办。2017年，镇街上陆续开办理发店4家，农村兼营理发人员减少。

村里的理发师

缝纫业

民国时期，境内无专营缝纫店，多个保（村）有裁缝师傅，以兼营加工传统服装为主。技术高一点的裁缝师到各户上门加工，少则2天，多则3～4天。中华人民共和国成立后，丁家畈自然村率先开设1家缝纫店。1962年后，又新开1家。1970年后，传统服装逐年减少，新款式服装境外商场上市，农村青年购置新款式服装渐增。1988年后，镇街开办缝纫店4家。1990年后，多数服装向宁波、余姚等商场购买。2017年，农村极少兼营缝纫加工（除寿衣外），镇街有缝纫店3家。

其他个体服务业

20世纪50—70年代，个体服务业发展受限，1984年后，发展迅速。2017年，有汽车维修、机械配件、农具加工、家电维修等5家、茶叶包装2家，轿车出租从业8人。

第十一编 邮政 电信

第一章　邮政

第一节　邮政沿革

大岚交通站

据史料记载：民国33年（1944），浙东抗日根据地为加强交通站工作，构建一整套联络网，成立了四明交通站，下设3个县站，3个直属区站为大岚、沿江、姚西。大岚区站设在大俞村，站长陈勇，为根据地司令部义务提供情报。区站情报员遍及各乡村，各地情报和邮件都通过当地民兵、交通员、游击队员和群众积极分子传送。交通站的主要任务是收集传递军事情报、文件、报刊，转运伤员和军事物资等。

大岚邮电所

1956年1月起，设立大岚邮电代办所，地址在丁家畈太祖庙路1号，电话总机1台，2名工作人员，隶属梁弄邮电支局。1959年6月，依据余姚县邮电局的体制试点，设立大岚公社邮电局，实行自收自支。1961年9月，大岚线路巡房竣工，迁址于太祖庙路18号。1962年10月，撤销大岚公社邮电局，设立大岚邮电所，隶属四明山邮电支局。1975年10月，人员调整，增设邮电所所长。1976年11月，经余姚市邮电局同意，更新50门总机一台并投入使用。1982年12月，余姚县成立农村邮电所联营站，大岚、华山等62个农村邮电所加入联营，为市属大集体，由县邮电局代管。1984年3月，第一条自办山区汽车邮路开通，途经梁辉、梁弄、大岚、白鹿、华山等地，改变了山区步班、客运托班的局面。1988年6月，经市政府批准，余姚市农村邮电所联营站更名为余姚市农村邮电管理站，体制不变。同年5月，设备更换，100门总机投入使用，接入用户60余户。1989年3月，大岚邮电所从太祖庙路18号搬迁至15号，并在西首扩建一间，面积达到220平方米，基本满足运行条件。

1992年5月，开通载波程控电话3部，从此大岚有了程控电话。同月，行政区划调整（撤区扩镇并乡），华山邮电所全部并入大岚邮电所。同年12月，立项筹建电信大楼，1993年10月竣工，总投入300余万元。1995年10月，开通大岚、四明山模块局各一台，实现村村通程控电话。1996年10月，大岚邮电所大楼顶安装2127台和移动电话信号发射塔。1997年开通移动电话信号，1999年开通BB机，实现大岚山顶也能使用无线电话。1998年7月，电信、邮政分营，相继成立大岚邮政所、电信所，分别隶属市邮政局和市电信局。1999年底电信体制改革，职工分流4人，辞职1人。2003年，大岚邮政所有工作人员6人，其中投递4人，营业1人，所长1人（王少波兼）。至2017年12月，大岚邮政所有工作人员2人，主营报刊投递，兼做邮政营业，包裹代送。邮件投递分东北、西南二片，一人一片。

华山邮电所

1960年10月，开办四明山邮电支局。同年华山设立邮电所，隶属四明山邮电支局，地址在原华山村船底湾水碓厂的平房里，10门总机，1个工作人员（值机），投递由四明山支局派员兼任，开通华山邮路，每天去大岚邮电所接送邮件。1963年5月，把邮电所搬迁至华山供销社西边间。至1992年5月，因行政区划调整，撤区扩镇并乡，华山邮电所并入大岚邮电所。同年6月，对工作人员重新进行了分工。

第二节　邮路　投递

邮路

1956年1月，大岚设立邮电代办所，隶属梁弄邮电支局，因当时梁弄至大岚公路未竣工通车，至大岚的邮件包裹由梁弄邮电支局派固定员工用肩挑至大岚、雅庄，每周6班，风雨无阻。1958年6月，余姚梁弄至大岚公路建成通车后改为车运，途经梁弄、钱库岭、大岚（现加油站），全程45千米。1984年3月，市邮电局第一条山区自办线路开通，途经梁辉、黄明、梁弄、让贤、大岚、白鹿、华山、四明山等地，把邮件直接送到各邮电所。1992年3月，由于自办汽车线路调整，大岚、四明山等山区邮路改为由余姚长运公司的余姚南至芦田的班车委办邮路。1998年邮政、电信分营，成立大岚邮政所，隶属梁弄邮政支局。2012年6月，余姚成立城乡公交公司，大岚成立了公交站，取消了余姚至芦田的班车，邮件运输由余姚市邮政局雇民用车辆送达大岚、四明山等邮政点（所）。至2017年未变。

投递

1956年1月，大岚设立邮电代办所，梁弄邮电支局用步班把邮件送至大岚所后，投递员步行分发到用户手中。1958年6月，余姚至大岚通班车，投递员从车站把邮件挑到大岚邮电所分拣，当天按投递线路分发到用户手中，从不间断。是年，由于当时各级党政机关有要求，每个公社、生产大队订《人民日报》等四级党报，《红旗》《求是》二刊，生产队订"二报一刊"，全社15个生产大队全部征订"四报二刊"，使报刊的征订量大幅度上升。邮件投递方式一直沿用到1984年3月，开通山区自办线路，为保证邮件投递的及时性和正确性，投递到各村及用户的邮件采用自行车和步班相结合来完成的。1992年5月，因行政区划调整，原华山乡并入大岚镇，区域面积扩大，增设投递员2人，自行车3辆，对镇以下各村投递线路进行调整。1998年，邮、电分营，成立大岚邮政所。投递的标准是，镇（乡）村全部到达，自然村85%。做到沿村投村，单位送到，挂号信送到户。为了及时传递党和政府的方针政策，改变服务态度，提高服务质量。

2012年1月，开始筹备建立各村邮政服务站。同年6月，建村邮政服务站14个，市、镇财政进行误工补贴，并与各村签订服务合同。现在邮政投递员把报刊投递到各村，由村邮政服务员及时发放到征订户，效果明显。同时对所2名投递员明确分工，落实责任，重新划分投递区域。东北线：大岚、丁家畈、后朱、雅庄、新岚、大路下、上马、镇政府等及辖区内的企事业单位；南西线：戴麋、南岚、柿林、大俞、华山、黄家庄、阴地龙潭、居委等及辖区内的企事业单位。至2017年，大岚邮电所有工作人员2人，主营投递，兼营邮政营业、包裹，电销按划分区域送至用户。共投递《人民日报》《浙江日报》《余姚日报》等50余种报纸，《共产党员》等30余种刊物杂志，全年营业额26.8万元，邮政投递业务运作平稳。

第三节　邮政业务

信函

1956年1月，大岚设邮电代办所，函件有平信、明信片、挂号信3类。1959年，开办特种挂号业务，可寄递粮票、布票、邮票等票据。20世纪90年代末，信函作为单位和百姓联系的主要方式之一，信件业务量较大。90年代后，随着现代通信技术的发展，程控电话、无线电话的普及，信函量逐渐减少。据2017年统计，大岚寄出的信函只有160余件，寄入的信函约2400余件，主要以公函为主，平信寄送极少。

包裹

1956年6月前，因梁弄至大岚的公路还未通车，寄往大岚的包裹都是由梁弄支局派固定人员挑至大岚邮电所的，数量也很少。1958年梁弄至大岚公路通车，信件和包裹用班车托送。20世纪80年代后，乡镇企业邮寄产品的包裹猛增。2001年后，开办包裹快递、速递业务，包裹种类有普通速递、快递、电商、保价、航空等。2017年，大岚邮政所邮寄快递320余件，顺丰快递收寄快递8030件，寄出的主要为农产品。

汇兑

改革开放以来。本镇外出打工的人越来越多，往家里寄钱也多。1994年11月，大岚邮电所在营业厅增加汇兑业务，定额汇票每张最高金额为5万元，一般每1万元收取10元，200元以内按2元收取。2004年12月，储蓄汇兑全国统一版本，汇兑业务一直做到2016年自动消失。

第二章　电信

第一节　电信机构

1956 年 1 月，在大岚丁家畈太祖庙西首前间建立大岚邮电代办所，有工作人员 2 人，20 门磁石式电话交换机 1 台，架设梁弄至大岚电话线一条，长 18 千米，总立杆 192 个，专线梁弄—大岚，互挂余姚—梁弄，主要从事用户电话连接业务。1959 年 6 月，由于余姚县邮电局的体制试点，设立大岚公社邮电局，实行自负盈亏。是年，20 门交换机实占 18 门，用户数 26 户，其中计费 25 户。大岚公社有会议专用电话机一部、双向放大机一部，15 个生产大队都安装了电话。1960 年 7 月，架设四明山至大岚 4.0 双号铁线一对。1961 年，迁址太祖庙路 18 号。1962 年 10 月，撤局设所，隶属四明山邮电支局。1976 年 11 月，更新 50 门电话交换机并投入使用。1988 年 5 月，更换 100 门总机。1989 年 3 月，大岚所搬迁至太祖庙路 15 号。1992 年 5 月，开通载波程控电话 3 门。同月，华山邮电所并入大岚，年底立项建造电信大楼。1993 年 10 月，开通程控电话，装机量达到 180 门。1997 年，开通移动电话信号。1998 年 7 月，邮电系统分营，成立大岚电信所。1999 年底体制改革，职工分流。2001 年起，归梁弄电信支局管辖。2008 年底，安装程控电话 2700 部，常住人口户户通电话，成为全省开通百事通的乡镇之一。大岚电信所及职工鲁柏庆获得浙江省邮电系统的表彰。据 2017 年底统计，开通无线信号发射塔 13 座，网络电视用户 400 余户，360 宽带接入 640 户，开通国际长途，程控电话零入网。

第二节　电信业务

电报

大岚邮电所自设立起，无电报收发机。如大岚居民需电报收发，要经过梁弄邮电支局收发后再由本所传递给用户。每年电报数也很少，全年不足 6 个。1995 年程控开通后，没有电报转发业务。

电话

1956年1月，大岚设邮电代办所。同年，在丁家畈原太祖庙西首半间安装小型磁石式电话总机，并投入使用。先在大岚公社、信用社、粮站、“三岚”供应站、大岚诊所、丁家畈村等接入通话。至1959年6月，公社下属生产大队都开通电话，同时向生产队延伸。1960年12月，在四明山地区建成民兵联防电话线一条。余姚市人武部对华山、大岚等4个人民公社党委提出保密规定，确保电话24小时畅通。由于业务量增加，1976年1月至1988年5月，先后更换电话交换机2次，增至100门总机。在试通载波电话的基础上，1993年冬开通程控电话，装机180门。1996年10月，在大楼顶安装移动电话数字信号塔。1997年2月，开通了移动电话信号（部分区域），同年7月，2127台无线寻呼发射基站运行，开通BB机信号。1999年底，进行体制改革，职工分流4人，辞职1人。由于电信业务少，2001年起，大岚等山区乡镇撤所归梁弄电信支局管辖，降为网格，设负责人。2008年底，全镇共安装程控电话2700余门。至2017年底，境内有无线基台13座，实现电信信号无盲区。

无线通信

1992年5月，境内试通载波电话，同年7月，有了拨号上网，少量模拟机流入辖区。1994年，发展GSM通信网络，1997年中国电信（移动）在境内开通了移动电话信号，行业发展迅猛。浙江移动、浙江联通分公司在梁弄相继成立。至2017年，移动基站30个（大基站23个、小基站7个），辖区内有手机用户约10000户（其中移动8500户、联通1500户）。

第三节　互联网

1992年5月，大岚开通载波电话，同时开通了一线通网络。由于业务上的需要，率先开通大岚镇财政所、信用社、中小学等部门，但用户较少。1993年10月，开通程控电话后，改用宽带网服务，用户有所增加。2001年后，甲种（个人住宅）用户的宽带资费标准为90元/月。为增加用户数量，在资费上不断优惠。至2015年，宽带入网全年只需398元，网速从原来的4兆提速到20兆，宽带初装费从1993年3800元至现在的零入网。服务也更上一层楼，基本做到用户有需求，随叫随到。至2017年底，居民安装网络电视560户（其中电信410户，移动150户），360宽带640户（电信）。

电信员工在给村民安装

第十二编　财政　税务

第一章　财政

20 世纪 90 年代前，镇内虽财力薄弱，对教育、农业基础设施的投入仍不减，支出占财政总收入的 38% 和 40%。2000 年后，政府扶持力度逐年加大，招商引资，广开财源。2017 年，财政收入 3360 万元，分别是 1987 年、1997 年、2007 年的 47.3 倍、12 倍、2.6 倍。

第一节　体制

机构

1955 年前，乡镇未设财政，只作报销单位。1956 年，大岚乡人民委员会设立财政，实行以收代支，不足部分由县拨补。杂项收入分成，乡得 20%，不抵作经费；自筹资金分别列收列支。1958 年人民公社化后，财政实行县统管，县按人员定额预算拨经费，公社包干使用。1960 年 6 月，余姚县财政局组建四明山财政管理所，华山公社设财政员，隶属四明山财政所。大岚公社仍属梁弄区财政所管理。1965 年起，大岚公社隶属四明山财政所，镇境内大岚、华山两公社人员经费每月由四明山财政管理所下拨，年终结算，不足补拨。

1986 年 1 月，重建乡镇财政。境内大岚、华山二个乡均成立财政管理小组，主要工作为行政事业单位的经费管理、乡办企业管理费和利润监缴、农业税收及国库券发行等。乡镇财政组组长均有乡镇长兼任。设专职总会计 1 人，兼职出纳 1 人。四明山财政税务所同时设总会计 1 人，负责所属乡镇财政组工作，进行预算资金的划拨和结算。

1992 年，撤区扩镇并乡后，大岚镇财政管理小组改建为大岚镇财政所。设所长 1 人，由党政办主任兼，工作人员 3 人，分工负责预算管理，行政事业财务、企业财务、农业财务等。

1994 年，设财政总会计兼行政会计，行政出纳主管农业“四税”收取，配备财政协税员等 4 人。

1997 年 2 月后，由镇财政所负责全镇会计管理，财政所工作遂涵盖全镇财政管理的各个方面，职能作用得到加强。

2003 年 9 月，成立镇行政事业单位会计核算中心，隶属财政所管理，设核算中心会计人员 4 人。

制度

1986—2007 年，相继实行分成制、包干制、分税制等财政管理体制。其中 1986—1991 年为分成制，先后实行“划分收支、核算基数、定额上缴（定额补助）、增收分成、定期包干”及“划分收支、核定基数、超收分成、收支挂钩”的办法；1992—1994 年为财政收支包干制；1995—1999 年为分税包干制；2000—2007 年为分税制，先后实行“划分收入、收入总额分成、定额补助或上缴”和“核定基数、环比递增、超收分成，短收赔补”的办法。

2008—2010 年，实行分税制下的“核定收支、超收分成、短收赔补”的办法。根据乡镇（街道）财政状况，确定收支基数，对超基数部分进行 2% 分成，短收部分进行赔补。

2011—2016 年，在管理体制不变的基础上，对山区乡镇建立专项转移支付资金。

2017 年起，按照“保基本、保运转、保重点、控风险”的原则，进一步向基层倾斜，充分调动乡镇聚财理财的管理办法。

第二节　财政收入

镇财政收入分为预算内收入（亦称体制内收入）、预算外收入、镇自筹资金（含统筹资金）3 个部分。其中，预算外收入主要包括乡镇所属工业企业、商业企业和其他企业（福利、校办企业）的上缴利润及管理费；乡镇所属文化、教育、民政等单位规费收入；乡镇征收的各种土地出让，城建开发收入；农村教育附加收入和农业发展基金收入；以政府名义获得各种捐赠资金、财政专户储存利息和其他规费收入等。2017 年，预算内收入 2563 万元，包括地方财政收入、中央级收入。按征收单位分为地税和国税。基金及预算外收入 797 万元。全年财政可用资金 9568 万元，其中各类专项补助 5838 万元，占可用资金的 61.02%。

具体收入项目在不同年度有所变化。1992 年财政收入的主要财源有工商三税（营业税、增值税、产品税）、农林特产税、教育经费、农业发展资金、镇级上交利润及其他收入，税类收入 76.7 万元，占财政可用资金的 41.3%。2002 年，一般预算收入有增值税、营业税、所得税、农业税、农业特产税、城建税、房产税等其他税收。基金收入和预算外资金收入包括镇电站、茶场上交、事业单位和经济实体上交、计生事业收入、统筹收入等。其中补助款类 842.78 万元，占全年财政可用资金的 67.4%。

1986—2017 年大岚乡镇财政总收入统计表

表 12-1-1　　　　单位：万元

年份	收入	年份	收入	年份	收入
1986	62	1997	279	2008	757
1987	71	1998	394	2009	778
1988	108	1999	317	2010	3037
1989	154	2000	358	2011	3093
1990	183	2001	379	2012	2839
1991	170	2002	412	2013	3829

续表 12-1-1

年份	收入	年份	收入	年份	收入
1992	168	2003	452	2014	4452
1993	91	2004	612	2015	3138
1994	134	2005	1022	2016	3357
1995	213	2006	1237	2017	3360
1996	184	2007	1283		

注：2008、2009 年总收入不包括中央级收入

第三节　财政支出

镇财政支出主要有工资性支出、公务经费、事业发展经费、支持经济发展经费、公益事业支出 5 类。其中公务经费包括行政、农业、林业、水利、教育、卫生、文化、广播、计划生育、抚恤、社会救济等项目。如遇特大自然灾害，一次性专项补助由市财政支出。

镇财政支出项目在不同的年度有所变化。1992 年，预算内支出有农林生产、水利事业、文教卫生事业、城市维护、社会福利、行政管理、支援薄弱村、公安安全。预算外支出有农业发展、文教卫生、行政事业、基本建设，由于教育基础设施投入大，出现预算内外收支不平。在上述预算内外支出中，教育事业费支出 54.3 万元，占总支出的 47.6%。

2002 年支出有“学生两免一补”、教师奖金、小型农田水利专项补助、支援农村合作、农村技术推广专项补助、农村造林专项补助、农业事业费、畜牧事业费、水利、农机、林业、乡镇企业、广播、计生、其他农林水事业、教育事业等。总支出中，教育支出 391.31 万元，占总支出的 40.38%。农村农业支出 314.55 万元，占 32.46%。

2017 年支出，有一般公共服务支出（含人大、政协、政府、财政、审计、人力资源、低保等支出）、公共安全支出、教育支出、文化体育与传媒支出、社会保障和就业支出（抚恤、社会福利、残疾人、灾害性救助、低保等支出）、医疗卫生与计划生育支出（含医疗保障、农村公共卫生、食品安全等支出）、城乡社区事务支出、农林水事务支出（农业、林业、水利、扶贫、农业综合开发）、交通运输支出、资源勘探信息等支出（旅游业、中小企业支持等支出）。基金及预算外支出有城乡社区事务基金支出、其他政府性基金支出、彩票公益金支出、节能环保支出（污染减排、生态保护等支出）。农林水扶贫农业综合开发占总支出的 42.5%。

1986—2017 年乡镇财政总支出统计表

表 12-1-2　　　　单位：万元

年份	支出	年份	支出	年份	支出
1986	45	1997	442	2008	3168
1987	49	1998	395	2009	3303

续表 12-1-2

年份	支出	年份	支出	年份	支出
1988	92	1999	471	2010	5375.2
1989	103	2000	588	2011	6547.6
1990	102	2001	695	2012	7960.3
1991	108	2002	969	2013	9620.5
1992	114	2003	1196	2014	7774
1993	198	2004	1303	2015	8472.7
1994	283	2005	2208	2016	9469.5
1995	314	2006	2395	2017	9636.3
1996	362	2007	2475		

第四节　行政事业财务管理

1949 年 5 月，余姚解放后，乡镇行政事业单位所需经费以实有人数，按规定开支标准向上级财政部门报销。1953 年，开始建立县级行政单位预算。1959 年起，行政事业单位预算分为全额预算、差额预算、自收自支 3 种。党政机关、学校等为全额预算单位，所需经费全由财政拨款，全额预算从编制到执行，纳入财政部门监督管理范围。有稳定业务收入的医院等为差额预算单位，收支相抵后，不足部分由财政部门核定拨款补助。境内无自收自支单位。

1980 年始，行政事业单位经费实行“预算包干增收节支奖励”办法。发给个人的奖金全年平均不超过 20 元，对增收节支贡献特别大的集体和个人的奖金最高不超过本单位平均工资一个月的数额。

1988 年，继续执行“包干制”办法。对收支相抵后纯收入未超过当年事业费基数 20% 的，全额留存单位；超过 20% 的，超过部分一半抵下年度事业费，一半留给单位建立事业发展、福利、奖金三项基金。

1989 年 1 月起，行政事业单位经费实行“综合定额加专项补助的预算包干”办法，即各单位按工作范围和业务特点等，确定对每年每人平均所需的经常经费开支额度；专项补助包括离退休人员费用以及一次性大型设备购置、修缮等经费，实行专款专用。对预算包干节余部分，可提取 30% 作职工福利基金，20% 作奖励基金，其余 50% 作事业发展基金转下半年度继续使用。

1998 年 7 月，根据中共余姚市委、市政府紧缩财政支出的规定，各行政事业单位招待费开支不超过公务费的 2%。1999 年，建立财政综合预算管理制度，对行政事业单位所有非财政性收入（不包括上级补助和下级上缴收入）征集 10% 的政府统筹资金，将预算外收支全部纳入预算管理，实行统一核算、统一管理。并采取核定收入基数，以收抵支，不足时由财政定额补助，超支不补、节余留用的管理办法。对预算外资金试行“零基预算法”。

2000 年，对非财政收入超过年初核定收入基数的部分 40% 上缴财政，60% 由单位留用；短收部分，财政补助 60%，单位削减支出 40%，并全面推行“零基预算”。

2001年，对全市84个预算单位实行综合预算管理，采取专项和建设经费分单位细化到每个项目，实行监督。

2003年，修订行政事业单位财务考核办法，人均考核奖额调整为2000元，仍实行“封顶不保底”。

是年4月，成立镇行政事业单位会计核算中心，继续保持法人代表预算内外资金使用权及财务管理体制，撤销法人单位的银行账户及会计人员，由核算中心统一开户。部门或单位资金的拨入、支付以及往来款项均通过核算中心统一结算、统一发放工资、统一会计核算、统一财务公开和会计档案集中保存。法人代表原有的预算管理职能不变，年度经费预算仍由部门或单位编报，原有部门或单位的预算资金使用权不变，原有的奖金审批权不变。

2005—2010年，行政事业单位开展多项管理措施，规范公务员工资和补贴，纳入财政专户统一发放，事业单位试行“绩效工资”。改革公务用车，建设节约型机关，实行《会议费标准管理办法》。开展预算外资金“收入税收化、支出预算化、支付国库化、监督经常化”，制定《财务专项资金管理办法》，财政部门按预算额度、项目、进度、时间要求拨款管理。

2017年，乡镇人大加强对财政预算草案、预算执行、预算调整或决算案的全面监督管理。

第二章 税务

税是政府主要财源之一，取之于民，用之于民，推动镇域经济发展。2017年，大岚镇征收地税863万元，征收国税1700万元。

第一节 征税机构

民国时期，境内未设专门的税务征收机构，田赋等国税由乡公所代征，地方杂捐多由包商认办或寺庙代征。

1949年3月起，镇域征税隶属梁弄税捐征收处。1950年3月，建立余姚县税务局大岚税务所。1961年11月，为适应县行政区域的体制改革，撤销余姚县税务局大岚税务所，并入梁弄税务所。是年12月，建立余姚县税务局四明山税务所，负责华山等公社和1964年后大岚公社的税收征管工作，各乡专派税务专管员。1979年1月，改为余姚县财政税务局四明山财政税务所，大岚、华山隶属不变。1986年，建立乡镇一级财政机构，农业税归属各乡政府征收。1992年撤区并乡，华山乡并入大岚镇，大岚镇内设国税代理服务站人员1人，地税专管员1人，隶属四明山财政税务所不变。1994年，并入梁弄财政税务所。1995年为适应“分税制”财政管理体制，分设余姚市国家税务局梁弄税务所、余姚市地方税务局梁弄税务所，大岚设国税、地税专管员制度不变。2000年后，乡镇取消国税、地税代理服务站及专管员制度。

1999年1月，组建余姚市国家税务局梁弄税务分局、余姚市地方税务局梁弄分局。大岚镇至今仍属梁弄国税、地税分局征管。

第二节 清代及民国时期税种

田赋及其附加

田赋又称地税，为历代国家财政收入主要来源，故亦称国课，俗称皇粮。清初田赋沿用明代“一条鞭法”，按地亩征收地税，按人头征收丁银。清康熙五十一年（1712），实行“摊丁入亩”

制，将丁银摊入地亩随地征收，合称为“地丁银”，按田、地、山、荡分定科则。每征地税银一两，摊丁税二钱四厘五毫。清末，田赋正税（国税）有地丁、漕粮（大部分起用上供，小部分留供南方驻军食用，称南米）、屯粮、租课4种。

民国元年（1912），漕粮及南米改征银两，称抵补金。旋将屯粮、租课并入地丁。此后至民国20年，地丁征收以银两为本，折征银圆。每地丁银1两折征正税（国税）1.5元；省附加3角，称粮捐；县附加7角，称特捐。抵补金以米为本位，每石折银圆3元为国税；省附加3角。民国21年起，改用银圆为本位，数额不变。地丁改称上期田赋，抵补金改称下期田赋。

民国30年，田赋改征实物，以田赋正税及各种附加为折实总数，每元折征稻谷3斗，带征公粮1斗，借征1.5斗，合计每元（法币）折征稻谷5斗5升。农民负担骤增数倍。时余姚县沦陷，以折实稻谷数回征法币。民国36年，正式实行田赋征实。当年，国民政府批准浙江田赋减半征收。

田赋附加，始于清光绪二十八年（1902），为筹措《辛丑条约》赔款而开征，按田赋正税每征银1两，带征制钱300文（后改银圆3角）称粮捐。此后，省、县筹款多照此办理，名目繁多，数额不断增大。民国16年前，现境内有田赋附加3项，为粮捐、特捐、自治附捐。民国17年后又增7项：教育附捐、灶地建设特捐、灶地自治附捐、治虫费4项为县附加；军事善后特捐（后改建设特捐）、建设附捐、农民银行股金3项为省附加。民国30年，田赋征实后，附加均并入正税。民国35年后，又陆续开征不同名目的附加。至民国37年，田赋附加已达田赋正税的5.4倍。

厘金统捐

厘金是清咸丰三年（1853）开征的一种商业税。余姚于清同治初年设厘金局，择交通要道设卡征税，以助军饷。因其初定税率为1厘（1%），故名厘金，又称厘捐、厘金税。厘金是无物不税，无地不税。按其课征品种，分为百货厘、盐厘、洋药厘、土药厘4类。按其课征环节，分为出产地厘金，有出产税、出山税等；通过地厘金，有活厘、行厘等通过税；销售地厘金，有坐厘、门市厘、日捐等交易税。其中百货厘征收最早最广；行厘是厘金收入的主要部分，对商品流通的危害最大。民国建立后改办统捐，过境商货在第一站征足，不再重征。余姚县统捐以大岚等山区出产的茶叶为大宗，次为竹木、药材捐。民国20年裁厘，统捐停征。

烟酒税

民间家庭酿酒相沿成俗，酒税向为县重要财源之一。民国6年（1917）有余姚县烟酒税稽征所征收。民国22年，改称为余姚县烟酒税征收分局，稽征土酒税和烟酒牌照税。民国30年并入货物税。

货物税

民国30年开征，原烟酒税、矿税均并入。民国35年2月成立浙江区货物税局鄞县分局余姚办公处，正式开征土酒、麦粉、箔类、糖等货物税，以土酒税为大宗。

直接税

民国35年10月成立浙江区直接税局绍兴分局余姚查征所，全面开征直接税。主要税种有：

印花税，民国2年开征，民国35年划为直接税；所得税，计有营利事业所得税、薪金报酬所得税、存款利息所得税、财产租赁所得税、一时所得税（出售财产）、综合所得税（个人所得超过60万元以上者）等6项。

非常时期过分利得税

民国35年开征，对象为全年利润超过资产额60%以上之企业。

遗产税

民国35年开征。

盐税

盐税亦称盐课。分灶课、引课、杂课3种。余姚沿海产盐历史悠久，在北宋熙宁五年（1072），已设有石堰场盐课司。盐税历由盐政机关统一征收。实行产、销、税合一。从清光绪六年（1880）起，盐税由盐商承包。抗日战争胜利后，废除盐商承包，实行自由贸易，依法征税。

灶课，征于制盐灶户。原按丁征收，称丁课。清雍正三年（1725），改按盐地征收，称灶课。

引课，征于盐商。盐商出钱买“引”（销运凭证），凭“引”向国家盐栈购盐，运销指定地区，所付“引”价，即为引课。

杂课，为盐税附加，名目繁多。余姚独有者为酱销，系对酱坊（酱园）生产用盐之附加税。民国18年起，灶课银1两，带征县建设特捐1元，为县地方收入。

契税

始于晋代，按典、卖、押分定税率。民国36年，规定买契征6%，典契征4%，另收契纸费5角。契税附加有置产捐、推收学捐、验契费等，均按亩带征，民国30年后改按正税征2.5%。

营业税

民国20年，为补裁厘收入减少而开征营业税，牙贴税、典当税、屠宰税等一度并入，民国30年又划出。民国35年税法规定，一般营利事业按总收入额征收1%～3%营业税，金融、典当等业按其资本额征收2%～4%营业税。

民国36年，对银行、交易所、保险公司等另征特种营业税。

房警税

清光绪二十八年（1902），为筹措《辛丑条约》赔款，开征房税。起初仅对城镇营业用房按其租金课征，后扩大征收范围，凡百户以上村镇，除公用户、赤贫户外，均属课征对象。警捐，原为铺户捐、商铺户捐，开征于民国初年。民国31年起，改为警捐，因与原来的房捐同，故名房警捐。凡自用房屋按时价征收5%；租住房屋按租金征收5%（由承租人负担）。民国36年停征。

屠宰税

历代王朝各地征设屠宰税。但税制不统一。余姚县屠宰税开征于民国4年（1915），到民国20年并入营业税。民国30年又从营业税分离，单独征收。

营业牌照税

民国16年（1927），牌照税与烟酒税、烟酒公卖费合一，列入国税。民国20年7月，将烟类、洋酒类、酒类营业牌照税三项合并。颁布《烟酒营业牌照税暂行章程》，规定整卖设甲、乙、丙类；零售设五级征税。民国23年7月6日起，放权划给地方征收。民国31年公布牌照税征收通则，所有商业经营者均需于开业前申请领照，并按其资产额及营业种类分设课税。民国34年10月开征，税率为资产的0.3%。

使用牌照税

按民国31年公布征收通则，凡使用公共道路、河流之车船、肩舆、驶曾，均需请领牌照，并按驾驶种类、载重量、自用或营业分级课税。民国34年10月开征。

其他捐税

民国初年，除田赋、契税附加外，尚有茶碗捐、旅馆捐、戏捐、筵席捐、置产捐、店住屋捐。民国17年（1928）后，又新增堰坝捐、广告捐、屠宰捐、屠宰学捐、壮训捐、保卫户捐、人力车捐等。抗日战争胜利后，又增加商人积谷费、抗属优待费、戡乱费、水利费等。

第三节　革命根据地税种

抗日根据地税种

民国30年（1941）10月，由中共领导和控制的苏鲁战区淞沪游击队暂编第三纵队（新四军浙东游击纵队前身），从浦东抵达三北后，为筹集军队给养，开始在交通要道设立税卡，向过往商货征收物税（时无统一完整的税收政策和制度）。民国31年7月，中共浙东区委会成立，同时成立浙东财经委员会，其间先后在姚北、姚南成立征收处和税卡。民国32年8月，境内设蜻蜓岗税卡，下设夏家岭、丁家畈、观下小组，有税收人员12人，税率为5%～20%，向过往商货征收物税。税种主要有：

抗卫捐及田赋　民国32年8月，颁布《抗卫军粮及抗日军费暂行征收条例》。根据土地性质分为：一田（平原水田），每亩征谷13斤；二田（旱地）甲等，每亩征谷6.5斤；二田乙等，每亩征谷5斤；境内三田（山间水田），每亩征谷8斤。

民国33年（1944），田赋征收额暂定官田每亩75元（法币，下同），民田每亩65元，地50元，山荡5元。

是年始，除按原额缴纳田赋之外，增加缴纳公粮。公粮主要用作新四军浙东游击纵队军饷，部分用于根据地行政开支，故又分别称为军事公粮和行政公粮。公粮征收以田、地为对象，以征收谷物为原则，征收标准以土地性质分为四等：甲田（平原水田）每亩征公粮27斤，其中军事公粮16斤，行政军粮7斤，田赋4斤；乙田（山田）每亩征17斤，其中军事公粮10斤，行政公粮4斤，田赋3斤；甲地（包括上等地及地改田）每亩征谷13斤，其中军事公粮8斤，行政公粮3斤，田赋2斤；乙地（次等地）每亩征谷7斤，其中军事公粮4斤，行政公粮2斤，田赋1斤。

民国34年7月，浙东行政公署颁布《民国34年公粮田赋并征办法》，征收标准为：甲田（平原区水田）每亩征32斤，其中田赋5斤；乙田（山田）每亩征收20斤，其中田赋3斤；甲地（上等地及地改田）每亩征谷20斤，其中田赋2斤；乙地（次等地）每亩征谷13斤，其中田赋1斤。

屠宰税　猪每头600元，羊每头60元，菜牛按照10%税率征收。每逢集市派员直接征收或屠户按月向区署缴纳，或委托乡（镇）公所代收。

油坊税　每车油征收200元，由油坊自报打油车数解交税款。

牙税　平均每月佣金收入在150000元以上者为甲等，每季税额10000元；佣金收入100000～150000元者为乙等，每季税款5000元；佣金收入50000～100000元者为丙等，每季税额2000元；佣金收入10000～50000元者为丁等，每季税收1000元。佣金收入10000元以下者为戊等，每季税额300元。

进出口货物税　民国32年（1943），开始统一税目税率，规定过境一道税的原则，商人纳税后可在根据地内通行不再征税。进出口货物税率指定原则是军需和急需进口的货物给予免税；根据地欠缺物资进口税率5%；一般物资进口税率10%；消耗品、奢侈品进口税率15%～20%。对出口物资的政策是鼓励土特产出口，税率为5%；对粮食及重要战略物资禁止出口。征税品目有青油、桐油、化妆品、棉花、布匹、卷烟、盐等。

酒捐　不分家酿、坊酿，每缸均征600元。民国34年（1945），改为定额累进税率，酿酒一缸征米三斗；酿满两缸每缸征米四斗；酿满三缸以上每缸征米五斗。

解放战争时期税种

民国37年（1948）4月，大岚区内设财政指导员，负责南岚、白鹿、杖锡、晓云四乡的爱国军政公粮和工商业爱国特捐的征收。

爱国军政公粮　按田亩征收，每亩10斤，加地方事业经费和优抚公粮各1斤，合计12斤。

爱国特捐　1949年1月，四明特派员办公处决定，对城镇工商业户主，按年利计征。

第四节　中华人民共和国成立后税种

农业税

1949年10月，将田赋、公粮、公柴及乡村经费等各项税费合并，统一征收，称农业税。按土地肥瘠、面积，实行4等16级累进税制。1950年，规定以土地常年产量为计税标准，以征收实物为主，实行40级超额累进税率。1952年，改为24级金额累进制。1953年，实行“稳定负担，增产不增收”政策。1958年后，又改为地区差别比例税制，按土地自然条件，正常年景产量重新评定计税产量。1999年，市政府对大岚等4个山区乡镇农业税减征27%。2004年起，市政府决定免征农业税。

农业税征收沿用历史做法，以实物征收为主。镇境内大多数村粮食不足，缴纳时折成货币后以现金征缴。代金价格以国营贸易公司收购的稻谷中等价格为准。1983年10月起，按当地稻谷统购牌价征收。1985年，改为20%按统购价，80%按起购价。2000—2003年，农业税全部统一为代金征收。同时停用原财政部门和粮食收购部门季节性共同征收的办法，改为镇财政所常年独家征收。

1954年前，农业税由占用地农民以户缴纳。1955年农村进入合作化发展时期，农业税改由初级农业生产合作缴纳，由土地入股的农户负担，未入社的农民仍由个体缴纳。1956年起，土地转为集体所有，农业税全由高级农业生产合作社统一交纳。1958年后，由基本核算单位（生产队）缴纳。1982年后，农村实行家庭联产承包责任制，土地归农户个体经营，农业税由农户负担，至2004年停征。

1950年始，按农业税正税的15%征收地方附加税，附加税留地方政府使用。以后税率常有调整，高时达20%，低时为5%，1964—2003年，保持15%不变。2004年地方附加税随同农业税免征。

境内，农业特产税是农业税的重要组成部分，境内以茶叶为主，占农业特产税的60%以上，其次是毛竹、竹制品、林木。1954年前，对种植农林特产的土地，按评定产量折算粮食10%。1955年始，按实际出售收入征收农村特产税。1957年，毛竹、茶叶按原税率，林木由10%的税率调为15%，白术由13%的税率调为25%（其中个体销售的税率为30%）。1961年，对竹木、茶、白术税率分别降为8%、7%和13%。1973年1月起，农林特产税与附加税合并。茶叶、油桐籽、柏籽的税率为8%，原竹、木的税率为9%，白术的税率为14%。1978年9月，白术、芍药税率下调到7%。1979年，对议价收购毛竹，按实际收购价打五折税率征收。1984年4月，鼓励茶农多售春茶，改春茶税率为6%，夏、秋茶按10%税率征收。1993年2月，原木下调为7%税率计征。1994年后，农林特产税与原农林牧水产品税归并，统一征收农林特产农业税，简称农业特产税。1995年，浙江省对生产和收购原木、原竹的非林业系统单位和个人、生产者单位和个人按8%税率征收。2000年5月，财政部、国家税务总局对毛茶、原木、原竹、畜牧产品等只在生产环节征收农业特产税，收购环节不再征收。毛茶、水果的税率调整为8%～13%，原木、原竹、花卉等调整为8%～10%征收。2002年7月，对农民土地上生产的农业特产品，只征收农业税。2003年，对非计税土地上征收农业特产税的农业特产品改征农业税。2004年，农业特产税与农业税一同免征。

工商税收

中华人民共和国成立初期，境内停征部分捐税，保留货物税、所得税、印花税、营业税、屠宰税等税种。1950年起，正式开征工商业税（包括营业税和所得税）、货物税、存款利息所得税、房产税、地产税、交易税、特种消费行为税、屠宰税、印花税、使用牌照税等10种。1953

年，按新税制保留货物税、工商税、印花税、屠宰税、车船使用牌照税、利息所得税、新开征商品流通税和畜牧交易税，改特种消费行为税为文化娱乐税，合并房产税、地产税为城市房地产税，共 10 种。1958 年，合并商品流通税、货物税、营业税、印花税为工商统一税，对工农业产品从生产到流通，实行两次课征制。并从工商业税中划出所得税，单设工商业所得税。1959 年，停征利息所得税和畜牧交易税。1962 年，开征集市交易税，至 1965 年 9 月停征。1966 年 10 月，停征文化娱乐税。1973 年，工商统一税及附加、车船使用牌照税、城市房地产税合并为工商税。每个行业只按一个税率征收一种税。在此期间，工商税种为工商税、工商所得税、屠宰税、城市房地产税 4 种，企业只征前两种，个人征收后两种。

1983 年 1 月始，实行第一步“利改税”，国营企业改为向国家缴纳所得税。同年开征畜牧交易税、增值税和建筑税。1984 年 10 月，实行第二步“利改税”，分解、保留、恢复和新增 11 个工商业税种，对国营企业征收奖金税，并对区镇办企业、街道企业、手工业社、中小学校办厂、乡镇企业生产的产品定期定率征收增值税。

1986 年，先后开征城市个体工商业户所得税、房产税、车船使用税、个人收入调节税。10 月起，将原征收产品税的轻工产品改按增值税征收，增值税税目共 24 个。至 1987 年，征收的税种有产品税、增值税、营业税、畜牧交易税、国营企业所得税、集体企业所得税、城乡个体工商业户所得税、个体收入调节税、国营企业利润调节税、房产税、建筑税、国营企业奖金税、国营企业工资调节说、集体企业奖金税、事业单位奖金税、屠宰税、车船使用税、城市建设维护税等 18 个。1988 年，开征印花税、城市土地使用税、筵席税。

1988 年后主要税种税率情况

增值税 1988 年，设 31 个税目，12 档税率，最高税率 45%，最低税率 6%，根据扣除项目设 3% ～ 45% 扣除税率 13 档。按企业类别，采用“定期定率”“实耗扣税法”和“购进扣税法”分别计征。1998 年 7 月 1 日起，商业企业小规模纳税人征收率由 6% 调减为 4%。2009 年 1 月 1 日起，调整小规模纳税人征收率由 6% 调减为 3%。

营业税 1988 年，设 11 个税目，4 个固定税率，即 3%、5%、15%，一个弹性税率 5% ～ 10%。对商品零售月收入不满 240 元、其他业务收入不满 120 元的，免征营业税。

1994 年 1 月 1 日起，执行新营业税条例，设 9 个税目和 3%、5% 两个固定税率，对娱乐业设置 5% ～ 20% 的弹性税率，其中金融保险业税率 5%。余姚确定，把按期纳税的月营业额 400 元和按次纳税的每次（日）50 元作为起征点。娱乐业税率 10%。1997 年 1 月 1 日起，金融保险业税率由 5% 提高到 8%，提高部分由市国税局征收。2003 年 1 月 1 起，税率降为 5%，国税系统不再征收。

2010 年 6 月，从事 BT（BUILD　TRANSFER，是基础设施建设的一种投资模式）业务取得收入，包括建设工程费用、融资费用、管理费用和合理回报等，按建筑项目纳税；从事拓展训练、漂流等业务取得的收入，按照文化体育税目征税；从事货运代理业务的，其营业额为实际取得的报酬，扣除运费、装卸费、仓储费、报关费、输单费、检疫费、保险费、滞箱费等征税；个人独资企业将企业名下不动产产权过户到企业投资者个人名下的，按销售不动产税目征收的规定取消。2017 年起，征收营业税企业统一改为增值税。

消费税 1994 年 1 月 1 日开征，分 11 个税目、13 个子目、25 个征税项目。最高税率 45%，最低税率3%。分比例税率和定额税率两种；金银首饰10%减按5%征收，黄酒、啤酒、汽油、柴油实行从量定额计征。

1995年1月1日起，金银首饰由生产销售环节征收改为零售环节征收，税率5%。

2006年4月1日起，征收高档手表20%、游艇10%、一次性木制筷子5%的消费税，增设实木地板5%的税目及税率，取消汽油、柴油、护肤护发品税目。

2009年1月1日起，执行新税法。修改后设14个税目、21个子目、38个征税项目。增加对高档消费和一次性资源消耗产品征税。最高税率45%，最低税率1%。

车辆购置税 2001年1月1日起，取消车辆购置附加费，开征车辆购置税，税率10%。车辆购置税为中央税，由国税系统负责征收，税款缴入中央国库。

征税环节为购车之后、办理车辆登记手续之前。征收范围包括汽车、摩托车、电车、挂车、农用运输车。

2009年1月20日至12月31日，购置1.6升及以下排量乘用车，暂减按5%税率征收。

2010年1月1日至12月31日，购置1.6升及以下排量乘用车，暂减按7.5%税率征收。

企业所得税 1993年前，内资企业按国营、集体、私营不同所有制性质所得税条例征收。中小型企业实行10%～55%的八级超额累进税率。城镇集体企业实行10%～55%的八级超额累进税率。乡镇企业实行比例税率20%，私营企业税率为35%。

1994年1月，国营、集体、私营企业所得税合并为企业所得税，执行33%比例税率。

2008年1月1日起，执行新税法。内资、外资"两税合一"，税率为25%。非居民企业取得中国境内所得，适用税率20%。

2009年1月1日起，房地产开发经营企业，通过正式签订《房地产销售合同》所取得的收入，确认为销售收入的实现；企业销售未完工开发产品计税毛利率，余姚为10%，符合规定的经济适用房、限价房和危改房项目为3%。

外商投资企业和外国企业所得税 1991年7月1日起，税率30%，地方附加税为3%。余姚的外商投资企业按设在沿海经济开发区企业减按24%征收，地方附加税按2.4%征收。从事能源、交通、港口建设的，减按15%税率征收。

2008年1月1日起，外资企业所得税和内资企业所得税两税合并，税率为25%。

个人所得税 1988年，工资、薪金收入按5%～45%的超额累进税率征收，劳务报酬等所得适用20%的税率。

1994年1月1日起，执行新个人所得税法。原个人所得税法和实施细则同时废止。

1997年7月，对特定行业实行定额征收。

1998年，个人取得彩票中奖所得、凡一次中奖不超过1万元的，暂免征；超过1万元的，按20%税率征收。

1999年9月1日起，按每人每月收入扣除400元的费用纳税。2006年1月1日起，按每人每月收入扣除1600元的费用纳税。外籍人员在每月收入扣除1600元基础上，再扣除附加费用3200元纳税。2008年1月起，每人每月收入扣除费用2000元纳税。

1999年11月1日起，实行储蓄存款利息所得征收个人所得税（利息税），税率20%。2007年8月15日起，由20%减到5%。2008年10月9日起暂免征收。

2000年，个人独资和合伙企业，适用5%～35%的五级超额累进税率。

2006年12月，建筑安装企业暂按月工程预付款的0.5%带征。个人独资、合伙企业土木建筑及其他项目调整为7%，个体工商户2.2%带征。

2010年9月，对出售自有住房并在一年内重新购房的纳税人不再减免。

城市维护建设税 1988年，以缴纳产品税、增值税、营业税（1994年增加消费税，取消产品税）的单位和个人为纳税义务人。税率：余姚城区7%，其他建制镇5%，建制镇以下1%。1999年1月1日起，余姚镇规划范围内按7%征收，其他建制镇规划范围内按5%征收，建制镇以下按1%征收。2006年8月1日起，建制镇以下由1%调整为5%。

固定资产投资方向调节税 1991年起开征。凡在余姚市范围内进行固定资产投资的单位和个人，为纳税义务人。实行差别税率，设14个目，基本税率分别为0.5%、10%、15%、30%。

1992年起，实行计划统一管理和投资许可证相结合的办法。

1995年6月，对1994年后批准的技改项目，总投资额在500万元以上的缓缴80%；总投资额在300万元以上的缓缴70%；个别投资单位纳税确有困难的，缓缴比例可适当提高。

1999年12月，由国家资产投资的暂停征收。2000年1月1日起，新发生的固定资产投资暂停征收。

车船使用税（车船使用牌照税） 1988年，船舶按吨分别计征，机动车辆按辆定额计征。

2007年1月1日起，改名车船税。

印花税 1989年10月1日起恢复征收，设13个税目，税率分别为0.03‰、0.3‰、0.5‰、1‰，按件定额5元计算应纳税额。实行轻税重罚政策，对违反条例者可处以偷税额10倍至30倍的罚款。

2004年1月1日起，实行“三自纳税”（自行计算应纳税款、自行填写缴款书、自行向当地代理国家金库的银行缴纳税款）、“核定征收”和“委托征收”的办法。2017年具体税目计征：购销合同按购销金额的0.3‰；货物运输合同按运输费用的0.5‰；财产保险合同按保险费收入的1‰；产权转移书据按所载金额的0.5‰；生产、经营用账册0.5‰，其他账簿按每件5元；权利、许可证照按每件5元；建筑安装工程承包合同按承包金额的0.3‰贴花。

屠宰税 1988年，牛每头征收屠宰税4元，猪每头3元，绵羊每头0.5元，山羊每头0.3元。1994年1月起，牛每头征收屠宰税14元，猪每头10元，羊每头2元。1996年，牛每头征收屠宰税10元，猪每头7元，羊每头2元。

2002年3月21日起，全市暂停屠宰环节和批发环节征收。

土地使用税 1989年1月开征。建制镇分为两类，一类年税额每平方米0.3元，二类年税额每平方米0.25米；1991年调整为一类年税额每平方米0.35元，二类年税额每平方米0.3元。

2005年1月1日起，城区每平方米3元，低塘街道、朗霞街道和泗门镇每平方米2元，其他乡镇、街道每平方米1元。

土地增值税 1995年1月开征。实行四级超率累进税率，增值额未超过扣除项目金额50%部分，税率为30%；增值额超过扣除项目金额50%，未超过扣除项目金额100%部分，税率为40%；增值额超过扣除项目金额100%部分，未超过扣除项目金额200%部分，税率为50%；增值额超过扣除金额200%部分，税率为60%。

房地产税 1984年恢复征收。1986年10月起，除出租房之外，个人自住房不再征收。税率和计算标准，按照应征房产原值一次性减除 30% 后，余值按 1.2% 税率计征。出租房租金收入按 12% 计征，其中农村个人住宅出租作居住用的按租金 4% 计征。

1990 年起，改称房产税。2009 年 12 月 1 日起，租赁使用其他单位的房产，依照房产余值代缴；产权出典的房产由承典人依照房产余值缴纳；融资租赁房产，由承租人融资租赁合同约定开始日次月起依照房产余值缴纳，合同未约定开始日的，由承租人自合同签订的次月起依照房产余值缴纳。

资源税 2005 年 1 月 1 日开征。建筑用石按开采数量征收，税额每吨 1 元。其他非金属原矿和其他有色金属矿，暂缓征收。

大岚镇近年部分工商税种征收情况表

表 12-2-1　　单位：元

年份	营业税	城市维护建设税	城镇土地使用税
2011	1941818	342855	149701
2012	4079104	451825	256184
2013	4497371	454384	154264
2014	3584317	260015	264405
2015	3042310	1131870	296273
2016	1516815	932739	292259
2017	4196757（营改增）	1044768	172774

注：地方留成 80% 的统计数

其他税费

粮食附加税 1987 年 12 月 1 日始，对乡镇企业、家庭工业和农村个体户，按销售额的 0.6% 征收粮食附加费，用于农田基本建设。保证粮食生产和整个农村经济稳定协调发展，2001 年 2 月 1 日停征。

教育费附加费 1984 年始，乡镇企业按销售额的 0.5% 征收农村教育事业附加费，后调整至 0.8%。1986 年 7 月 7 起，凡缴纳产品税、增值税、营业税（简称“三税”）的单位和个人，除缴纳农村教育事业附加费外，按“三税”带征 2% 市教育费附加费，后调至 4%。

2013—2017 年全镇教育附加费征收情况：2013 年征收 60 万元，2014 年 60 万元，2015 年 73 万元，2016 年 77 万元，2017 年 59 万元。

第五节　税务征收管理

民国时期，田赋、统捐征收制度较严。田赋按年编册造串，随田亩增减和推收登记调整赋额；统捐一律于产地先捐后销，由行栈代扣。其他杂捐，多为定额征收或招商承包。营业税、货物税等新税种开征后，逐步建立开业登记、营业申报、纳税检查等制度。企业所用账簿，均需购贴印花，并送征收机关查验盖戳后方可使用。企业偷欠税款，则送法院依法裁定罚款，罚款由法院代收，县税中的房警捐，历来专作警察经费，征收面普及各乡村，由警局代征，各乡、保派专人协助，对纳税户催逼甚紧。1949 年 10 月后，税收征管模式历经三次改革，管理制度得到逐步完善。

征管模式

集征、管、查于一体的专管员征管模式 中华人民共和国成立初期，各区划分地段，分组管理，责人到税务专管员。1951 年 4 月起，城镇按行业专管，分重点、典型、一般户，建立专管手册，管好各户纳税申报；农村划片包干，巡回稽征，各税统管。1956 年，实行区、乡、镇工商业户按行业或地段专人分管，对农村个体及分散税收仍划片专管。1959 年，工商业户按行业专管，对农村采取“一专多能、分线负责、划片包干、分工协作、巡回辅导的稽管”办法。自 1978 年至 1986 年 2 月，采用“一员到户、各税统管、集征、管查于一体”的征管模式。

征管、检查分离的征管模式 1986 年 3 月，四明山税务所成立检查小组，开始采用征管、检查两分离模式，乡镇税务专管员只负责征管，稽查由检查小组实施。

现行征管模式 1996 年根据国家税务总局提出的“以纳税申报和优化服务为基础，以计算机网络为依托，集中征收，重点稽查”的工作要求，建立“纳税申报、税务代理、税务稽查”三位一体的征管模式。1997 年起，对外实施以设立服务厅为标志的纳税人自行申报制度，对内形成以取消专管员管户制度为标志的服务、管理、稽查的有机结合。

征收方法

中华人民共和国成立后，税务部门在不同历史时期，对不同所有制经济成分先后采用十余种方法征收税金，分别为查账征收，自报、自核、自缴征收，民众评议征收，定期定额征收，定率征收，委托征收，代扣代缴征收，查定征收，查验征收，起运征收，驻厂（场）征收，简易申报、储蓄卡纳税等。

征收管理制度

中华人民共和国成立后，税务管理部门先后建立若干制度，并在实践中得到规范。主要有税务登记、纳税申报、纳税辅导、纳税鉴定、发票管理、税务检查等制度，纳税人分类管理等制度。

第十三编　金融　保险

第一章　金融

大岚的农村信用合作社成立60余年来，承担着镇境内农副产品收购和农村经济开发等业务中的政策性、信用性贷款，为推进镇村集体和个私经济的发展起到重要作用。

2017年，农村商业银行梁弄支行大岚分理处年终存款余额34511.5万元，贷款金额1464.2万元。

第一节　金融机构

典当

民国时期，镇境内观下自然村开设1家典当。典当物品多为民间生活用品及粮茶、衣物、古玩字画，金银首饰及至房产田地。典当期限和利息，由县商会统一规定。时间由需当者自定，最长不超过2年。利息按典当值和期限而定，后因业务不佳而停业。

大岚信用合作社

1954年，建立大岚、南岚、新岚乡3个信用社组。1956年，三乡合并后设置大岚信用社（设址乡政府内）。1958年，人民公社化时改称大岚人民公社信用总部，下设南岚、新岚信用分部。1961年5月，恢复信用社集体所有制性质。1964年，移址公社所在地丁家弄。1980年，信用社事业不断发展，迁址到公社驻地东首精制茶厂。1983年体制改革，加强信用社在组织上的群众性，管理上的民主性和业务上的灵活性，支持乡镇企业、专业户发展生产。是年，建立16个信用服务站。1984年11月，县信用合作社联合社成立，对基层信用社实施统筹管理。1987年7月，建立四明山区信用联社。是年，大岚信用社在镇新街（现丹山路61号）建造三层营业及宿舍楼，实用面

农村商业银行大岚分理处

积525平方米。

1992年5月，行政区域调整后，10月撤销四明山信用联社，华山信用社隶属大岚信用社。1996年，撤销华山分社，并入大岚信用社。1998年，移址丹山路89号营业楼，占地面积703.51平方米，房屋实用面积1072.04平方米。2002年6月，信用社机构调整，改称梁弄信用社大岚分社。2004年4月，市信用联合社改建为农村合作银行。2005年，大岚信用社改称余姚农村合作银行梁弄支行大岚分理处。2015年，更名宁波余姚农村商业银行股份有限公司梁弄支行大岚分理处。是年，大岚分理处共有职工7人。

1958—2017年历任主任（负责人）：夏梦金（1958.4—1971.4）、吴春木（1971.4—1982.4）、俞宏业（1982.4—1992.4）、吴建来（1992.4—1993.7）、俞平（1993.7—1997.4）、傅朝燕（1997.4—2002.7）、傅瑞强（2002.7—2011.8）、汪益彪（2011.8—2015.4）鲁丹（2015.4—）。

华山信用合作社

1960年7月，设华山管理区，成立信用分部，隶属四明山公社信用部，工作人员1人，地址在黄家庄自然村下桥头。1961年10月，调整人民公社规模，管理区更名为华山公社。移址到华山大队白莲庄自然村，信用社迁址到华山大队船底湾自然村水碓厂旁。1973年，迁至浒溪线西首公路旁2间平房，有工作人员2人。1983年起，下设大俞、阴地、龙潭大队3个服务站。1992年5月，撤区扩镇并乡，华山信用社隶属大岚信用社。1996年，并入大岚镇农村信用合作社。

1960—1996年历任主任（负责人）：卢瑞法、黄益夫、俞宏业、吴春木、吴建来、俞张木。

宁波市助农金融服务点

为便利群众金融服务，于2017年7月始，在镇街丹山路85号楼设置宁波市助农金融服务点，有工作人员2人。服务内容有：

银行卡助农金融业务 助农取款、现金汇款、转账汇款、代理缴费、余额查询。

人民币假货币工作站 帮助客户人民币假币识别；人民币小面额货币兑换。

金融消费者权益保护 协助金融消费者受理投诉；宣传金融知识普及；基本金融业务咨询。

第二节 金融业务

存款

民国时期，境内农村经济收入低，多数民众生活贫困，村（保）集体和个人存款者很少。少数富裕农家省吃俭用，积蓄的钱多用于造房、娶媳妇或置田地。

单位存款 中华人民共和国成立后，建立地方政府组织，先后办起供销社、粮站、邮电所及学校。执行政务院《关于实行国家机关现金管理的决定》，各单位库存限额以上现金全部存入信用社。20世纪70年代前，存款数额不多。80年代始，随着农村商品流通和乡镇企业的发展，单位存款逐年上升。1991年，年末单位存款余额63万元，比1986年的40.4万元，增长56%。

服务窗口

2016 年，单位存款金额 7728.3 万元，比 1992 年的 114.7 万元，增长 66.38 倍。

个人储蓄存款 20 世纪 70 年代前，个人储蓄存款者占少数。80 年代后期始，随着单位工资收入增加，农村产业结构调整，农户工副业收入激增，个人储蓄逐年提增。1991 年，个人年终储蓄金额 273.6 万元，比 1978 年的 8.3 万元，增长 31.96 倍。2000 年后，农业种植结构再次调整，花木产业迅速发展，政府给予困难家庭补助等，农户收入普通提高。2017 年，个人储蓄 26783.2 万元，比 1992 年的 543.8 万元，增长 48.25 倍。

贷款

工商贷款 20 世纪 70 年代前，境内工商贷款金额较少。80 年代始，开放集体商业贷款和恢复个体有证工商业贷款后，集体和个体贷款金额逐年上升。1988 年，工商贷款 78.9 万元，比 1971 年的 4.7 万元，增加 15.79 倍。90 年代起，镇村注重集体经济发展，开发水力资源，兴办加工企业，年末贷款余额逐年递增。1999 年，贷款余额 1426.4 万元，比 1992 年的 233.6 万元，增加 5.11 倍，为历年贷款最多年份。2001 年后，以发展旅游产业为重点，兴办山庄、酒店、民宿、农家乐，个体工商贷款增加。2017 年，年末贷款余额 1464.2 万元，其中个人 662.2 万元，占贷款总余额的 45.23%。

农业贷款 1954 年，农村建立互助合作社后，出现生产用房和农机具不足的现象。农村信用社为扶持发展生产，发放低息贷款。1956 年，境内遭受“八一”台风，受灾严重，发放小额救灾贷款，恢复生产。1962 年 3 月，贯彻中央关于严格控制货币投放的决定，农村信用社农贷受控。1979 年后，一般农贷支持以发展农村多种经营及各类专业户、承包户为主，农贷逐年增加。1990 年，农贷年末余额 55.7 万元，比 1982 年的 8.4 万元，增加 5.6 倍。2001 年，贷款余额 496.1 万元，比 1992 年的 110.5 万元，增加 3.49 倍。2002 年后，全镇农贷金额减少。

1971—2001 年部分年份大岚信用社（合作银行）历年存款、贷款余额一览表

表 13–1–1　　　　单位：万元

年份	存款总金额	其中		贷款总金额	其中	
		单位存款余额	储蓄存款余额		工商贷款余额	农贷余额
1971	4.7	3.3	1.4	6.8	4.7	2.1
1978	23.6	15.3	8.3	11.7	9.2	2.5
1982	55.2	29.0	26.2	32.3	23.9	8.4
1983	48.5	17.9	30.6	40.8	26.6	14.2
1984	49.7	13.7	36.0	48.4	20.9	27.5
1985	48.6	12.1	36.5	53.9	24.0	29.9
1986	50.8	40.4	10.4	46.3	38.2	8.1
1987	180.6	45.9	134.7	65.6	42.4	23.2
1988	196.4	32.0	164.4	111.3	78.9	32.4
1989	193.5	40.6	152.9	112.1	67.3	44.8
1990	256.4	44.2	212.2	149.8	94.1	55.7
1991	336.6	63.0	273.6	159.1	105.2	53.9
1992	658.5	114.7	543.8	344.1	233.6	110.5
1993	778.8	106.8	672.0	564.0	459.2	104.8
1994	923.9	118.2	805.7	684.0	665.0	19.0
1995	964.5	175.6	788.9	810.0	683.8	126.2
1996	1580.6	262.7	1317.9	980.1	844.4	135.7
1997	2045.8	350	1695.8	1199.6	1050.1	149.5
1998	2100.2	263.1	1837.1	1569.8	1403.4	166.4
1999	2232	307.6	1924.4	1632.3	1426.4	205.9
2000	2242	354.8	1887.2	1690	1384.7	305.3
2001	2420.8	387	2033.8	1707.1	1211	496.1

2014—2017 年梁弄支行大岚分理处存款、贷款余额一览表

表 13–1–2　　　　单位：万元

年份	存款总余额	其中		贷款总余额	其中	
		单位存款余额	个人储蓄余额		单位贷款余额	个人贷款余额
2014	24712.9	5648.1	19064.8	1795.9	990	805.9
2015	25940.6	5148.8	20791.8	1557.3	920	637.3
2016	31143.8	7472.3	23671.5	1560.6	958	602.6
2017	34511.5	7728.3	26783.2	1464.2	802	662.2

结算

结算分现金结算和转账结算两种方式，分别由银行和信用社办理。银行为现金出纳中心和转账结算中心。

1951—1957 年，开户单位的转账、汇划、按批准计划结算；现金管理单位一切往来通过银行结算。1955 年，随着农业合作化和信用社的发展，农村推行非现金结算。1973 年后，结算业务几经调整、改革逐步完善，形成同城结算和异地结算两大类。

2008 年 7 月，余姚市开通宁波电子交换系统个人账户跨行通存业务。2009 年 4 月，实现个人账户跨行通兑业务，开通个人通存通兑业务，个人可通过代理银行对本人或他人在开户行开立的个人账户实时办理资金转账，现金取款。

同城结算 形式有四种：支票结算。用于同城机关、学校、团体、企事业单位之间。1951—1952 年，支票只付现金，如需转账，则在支票上画两条横线。1953 年起，分现金支票和转账支票两种，现金支票不能用于商品交易；转账支票，不得支取现金。支票不准在流通中转让，也不开约期、远期和透支支票。

托收无承付结算。最初用于全民事业单位向有关部门收取水电费、邮电费、公房租金、交通运杂费、劳务供应费等。20 世纪 90 年代后，拓展为代理业务，涉及通信、交通、社会保障、税费、行政事业、保险、开放式基金等。

农村转账结算。1955 年始，国家收购粮、茶、竹等一二类农副产品，农村社队购生产资料，均由银行和信用社转账结算。1983 年后，对农副产品收购由转账结算改成现金结算。

支农限额结算。1962 年起，用于县内生产资料采购和原材料购销。

异地结算 1955 年起，施行托收承付结算。1964 年起，扩展到国营企事业单位、供销合作社、粮站等商品交易和劳务活动。社办企业符合条件者办理托收，不办承付。粮食、茶叶、生猪预购定金收回等亦办托收。1980 年推行委托收款后，托收承付逐年减少。

委托收款。1980 年 10 月起，办理机关、团体、国营、集体企事业等单位应收款项，不负审查和拒付责任。

异地结算除异地托收承付结算和委托收款，还有汇兑结算、特种账务结算、信用证结算和限额结算等 4 种。

第二章　货币

自秦代统一币制，制钱为历朝所沿用。唐代后，除制钱外，民间还以金、银通货为主要货币。清咸丰年间（1851—1861），发行户部官票和大清宝钞。光绪年间（1875—1908），开始流通银圆和铜元，中国通商银行开始发行纸币。此后，银圆、铜元、纸币逐渐替代金银元宝与制钱，沿用至 1949 年 10 月新中国成立。之后，人民币为唯一法定货币。

第一节　银两　银圆　铜币

银两

明清时期实行银两制，流通银锭、银饼、碎银（1 两以下）。民国 22 年（1933），废两改元，银圆代替银两，纹银停止流通。

银圆

鸦片战争后，外国银圆开始在境内流通，主要有墨西哥鹰洋、西班牙银圆、美国贸易银等。光绪年间，各省开铸“龙洋”。民国元年（1912）至 24 年，银圆流通以袁洋（袁世凯头像）、孙洋（孙中山头像，亦称“小头”）最多，占 80%；鹰洋次之，占 15%；龙洋占 5%。民国 24 年，国民政府实行法币制，停止银圆流通，但民间仍有交换和收藏，至 1949 年 10 月中华人民共和国成立前后，仍流通不绝。

银圆辅币

清末，银圆辅币主要为三钱六分、一钱四分四厘、七分二厘、三分六厘四种面值的银质辅币。民国元年至 29 年（1940），流通的银圆辅币有：角票，由中国银行、交通银行、中央银行、中南银行 4 家发行的一角、二角、五角辅币券；银角，以民国 7—11 年广东省造贰毫银角及民国 13 年浙江省造双旗图壹毫银角为主；铜元，以清时苏、浙、闽、赣等省铸造的为多。

铜币

秦代后，历朝沿用制钱，亦称铜钱，外圆中间方孔。从民间收藏看，境内流通的制钱主要

古钱币

有半两、五铢、开元通宝、宋元通宝、淳化通宝、绍兴通宝、至正通宝、洪武通宝、嘉靖通宝、顺治通宝、康熙通宝等。明清时期，以 1000 个铜钱为一贯，又称一缗，值银一两。清末推行铜元，亦称铜板，圆形无孔。1 枚铜元抵用 10 个制钱。铜钱于民国 10 年停止使用，铜元于民国 30 年余姚沦陷前夕停止使用。

第二节　民国时期纸币

民国元年至 24 年（1935），境内主要流通中国银行、交通银行、中央银行、中国通商银行、四明银行、中国实业银行、浙江兴业银行、中南银行、农商银行和浙江地方银行发行的钞票，面额有壹圆、伍圆、拾圆、伍拾圆等数种，以中国银行纸币最为流通。是时，币值较为稳定，纸币可与银圆等额兑换。民国 24 年金融风潮后，又经历八年抗日战争，至 1949 年 5 月余姚解放前夕，由于通货膨胀，纸币严重贬值。境内山民以实物等价交换为主，以避纸币贬值风险。

法币

民国 24 年 11 月 4 日，国民政府实行法币制，以中央银行、中国银行、交通银行、中国农民银行四行发行的钞票为法币。票面初为壹圆、贰圆、伍圆、拾圆和壹分、伍分、壹角、贰角、伍角等数种。后因通货膨胀，法币严重贬值，到民国 37 年，票面增至壹佰圆、伍千圆、壹万圆，最高达伍百万圆。

民国 25 年，流通 20 分、10 分、1 分三种镍辅币和 1 分、半分两种铜辅币。

关金券

即海关金兑换券。民国 30 年，国民政府将缴纳税收专用的关金券，以 1 元折合法币 20 元流入市场。民国 37 年 8 月停止流通。

金圆券

民国 37 年 8 月，因通货膨胀，货币严重贬值，国民政府实行币制改革，发行金圆券。以金圆券壹元兑换法币 300 万元，限期兑完。初期面额为壹圆、伍圆、拾圆、伍拾圆。因货币滥发而迅速贬值，3 个月后面额激增到壹佰万，直至伍佰万。1949 年 2 月 26 日《宁波日报）第五版报道米价：早晨开市 1.033 万元，中午到 1.1 万元，晚上达 1.15 万元。

临时辅币代用券

民国 28 年（1939）秋，尚未沦陷的浙东地区市面上金属辅币匮缺，各县遂自行发放临时辅币代用券。当时境内流通的辅币代用券由县商会、县当业同业公会、县草帽业同业公会等发行，面额有壹分、伍分、壹角等。民国 30 年 4 月余姚沦陷后退出流通。

汪伪储备券

余姚沦陷后，境内开始流通由汪伪中央储备银行发行的储备券，又称“新法币”。“新法币”与法币等值流通，面值有壹分、伍分、壹角、贰角、伍角、壹圆、伍圆、拾圆、壹佰圆、贰佰元、伍佰元、壹仟元、伍仟元、壹万元、拾万圆等 15 种。民国 35 年 2 月至 4 月 1 日，县政府以法币 1 元收兑储备券 200 元。

浙东抗币

民国 34 年 4 月 10 日，由中共领导的浙东银行发行抗币，规定抗币为浙东抗日根据地本位币。境内流通的抗币有壹圆、伍圆、拾圆及贰角、伍角等面额，地方乡镇民主政府发行的抗币辅币兑换券同时流通。当时 1 元抗币值大米 1 斤，折合法币 50 元，折合汪伪储备券 3000 元。同年九月，新四军浙东游击纵队奉命北撤，抗币以粮食或棉花兑换收回，就地销毁。

第三节 人民币

1949 年 5 月余姚解放后，统一使用由中国人民银行于同年 1 月 10 日发行的第一套人民币，面额有壹圆、伍圆、拾圆、贰拾圆、伍拾圆、壹佰圆、贰佰圆、伍佰圆、壹仟圆、伍仟圆、壹万圆、伍万圆等 12 种，同时以 1∶1000000 的比价收兑金圆券，禁止银圆流通。1953 年 7 月至 9 月 15 日，以人民币 1200 元兑换抗币 1 元，收兑民间遗留抗币。

1955 年 3 月 1 日，发行第二套人民币，主币分壹圆、贰圆、叁圆、伍圆、拾圆等 5 种，辅币分壹分、贰分、伍分、壹角、贰角、伍角等6种纸币和壹分、贰分、伍分3种铝质硬分币，以新币1元折兑旧人民币1万元。

1962年4月20日，发行第三套人民币，与第二套人民币票面额等值。1964年4月15日至1965年3月30日，收回苏联代印的叁圆券、伍圆券、拾圆券3种人民币。至1980年，第三套人民币共发行7种面额、13种版别，分别是壹角券（币）4种、贰角券（币）2种、伍角券（币）2种、壹圆券（币）2种、贰圆券1种、伍圆券1种、拾圆券1种，分币仍采用第二套人民币面额。第三套人民币一直流通至20世纪90年代初。

1987年4月27日，发行第四套人民币，与第三套人民币等值混合流通。至1997年4月1日，第四套人民币共发行9种面额、14种票券，其中壹角券1种、贰角券1种、伍角券1种、壹圆券3种（1980、1990、1996年）、贰圆券2种（1980、1990年）、伍圆券1种、拾圆券1种、伍拾圆券2种（1980、1990年）、壹佰圆券2种（1980、1990年）。

1999年10月1日，发行第五套人民币，与第四套人民币混合流通。面额有壹角、伍角、壹圆、伍圆、拾圆、贰拾圆、伍拾圆、壹佰圆8种，其中壹角、伍角、壹圆有纸币、硬币2种。至2004年底，壹分、贰分、伍分硬币实际已退出流通，仅见银行找付。

20世纪90年代后，中国人民银行发行标有面值的金、银质硬币，均不进入流通，仅作收藏品。

第四节　债券

民国20年（1931）前后，国民政府在余姚地区发行的公债有公路公债、编遣库券、建设公债。

1950年，人民政府为平抑市场物价，向单位和个人发行人民胜利折实公债，年息5厘，偿还期5年。

1954—1958年，连续5年发行国家经济建设公债，年息4厘。除1954年发行的公债偿还期为8年，其余均为10年。

1981年起发行国库券，首年国库券发行对象主要是单位，1982年开始向个人发行。1981—1993年，国库券以实物券形式（又称无记名式国债）发行。1994年开始发行凭证式国债（又称存单式国库券）和记账式国债（又称无纸化国债），1997年后国债发行均采用非实物形式，不再发行实物国库券。1981—1997年，国债品种除国库券外，还有国家重点建设债券、国家建设债券、财政债券、特种债券、保值债券、基本建设债券和转换债券7种。1998年后，不分品种，统一称国债。

2017年底，债券品种大致分国债、特种金融债、政策性银行债、企业债四大类，合计400多种。

1981—1997年国库券偿还期及年息一览表

表13-2-1

年份	偿还期	年息（%）		备注
		单位	个人	
1981	10年	4	4	主要向单位发行
1982	10年	4	8	开始向个人发行
1983	10年	4	8	—
1984	10年	4	8	—
1985	5年	5	9	—
1986	5年	5	9	—
1987	5年	5	9	—
1988	5年	5	9	—
1989	3年	14		单位和个人不再分开计息
1990	3年	14		—
1991	3年	10		—
1992	3年	9.5		1993年7月11日后享受保值贴补率
	5年	10.5		—
1993	3年	13.96		1993年7月11日后享受保值贴补率
	5年	15.86		—
1994	2年	13		开始发行凭证式国债和记账式国债
1995	3年	14.5		—
1996	5年	13.06		—
1997	2年	8.64		采用凭证式国库券，不再发行实物券式国库券
	3年	9.18		—
	5年	10.17		—

第三章　保险

20世纪80年代前，镇境内无保险机构。90年代始，建起2家保险服务所(站)，便利群众服务，惠及人民利益，使镇、村集体和个人受灾损风险减少。

第一节　保险机构

“中保”大岚服务站

1988年2月，建立中国人民财产保险股份有限公司四明山代理处，办理大岚、华山等6个乡保险业务。1990年，成立中国人民财产保险股份有限公司大岚保险服务站（简称“中保”大岚服务站）。为发展保险事业，惠及群众利益，大岚镇成立保险服务工作领导小组，设立办公室，服务站与民政办合署办公，四明山保险代理处派驻1人在大岚工作，主要从事公私财产保险业务。1995年，“中保”服务站单设，迁址到太祖庙路17号平房。2017年，业务收入80万元，其中大岚镇公私财产保险业务收入40万元。

“太保”大岚服务所

1996年5月，中国太平洋保险（集团）股份有限公司设大岚保险服务所（简称“太保”大岚服务所）。服务所附设在政法办公室，由政法干部兼管保险工作，主要服务家庭财产保险及少数团体意外保险。随着群众保险意识增强，业务量激增。1998年12月，移交给专人办理，地址在原大岚公社文书办公室。2017年，业务收入140.56万元。

第二节　保险业务

1992年，“中保”大岚服务站，保险业务收入45万元，其中家庭财产保险费收入15万元，参保率100%。1998年，处理财产理赔案10起，理赔金额25万元，赔付款高于保险费。2000年后，镇内业务量减少。

“太保”大岚服务所，第一年保费收入 2.2 万元。1999—2015 年业务量逐年增加，2014 年达到 217.46 万元，为业务量最多年份。险种从家庭财产保险扩展到单位和个人企业财产保险、建筑工程保险、团体意外保险、各类机动车辆保险、产品责任保险等 6 种。

2016 年始，为拓展四明山区域保险业务，在原险种的基础上，增设“农家乐”意外保险。交费比例：经营者负担 50%，宁波市补贴 15%，余姚市补贴 35%。是年，参保 21 家，保费 23500 元。2017 年参保 14 家，保费收入 20720 元。

2017 年，新增名优茶低温气象指数保险。茶园面积 15.4 公顷，交费比例：宁波市补贴 20%，余姚市补贴 30%，茶叶大户 50%（同镇政府各半承担）。

是年，全镇共有 2 家保险服务所（站），开办的险种有 10 余种，业务收入 180.56 万元。

1999—2017 年太平洋大岚服务所保费情况表

表 13-3-1　　单位：元

年份	保费	年份	保费
1999	205670	2009	612755
2000	309420	2010	851953
2001	324191	2011	968233
2002	320868	2012	1315950
2003	341620	2013	1607674
2004	434548	2014	2174609
2005	507430	2015	2007757
2006	489016	2016	1200726
2007	478307	2017	1405578
2008	517386		

第十四编　村镇建设

第一章　集镇建设

20 世纪 80 年代前，由于交通、信息等条件的限制，经济发展落后，村镇建设事业进展缓慢。1988 年，大岚开始设村镇建设管理机构，兴建了一条 200 米左右的街道及街面房子，后随着经济和社会事业的逐步发展，集镇慢慢形成，1989 年，被余姚市政府批准为建制镇。

第一节　规划编制

一轮规划编制

第一轮《大岚镇城镇总体规划（2005—2020 年）》编制于 2005 年，确定了“余姚市南部的特色农业和旅游度假为主的生态型小集镇”的城镇性质。人口规模近期（2010 年）为 1.2 万人，远期（2020 年）为 0.9 万人，远期城镇化水平达到 22%，城镇户籍人口达 0.2 万人。城镇建设用地远期为 41.57 公顷。

规划形成“一心、二轴、三翼”的用地布局结构。一心：以镇政府及新的商业服务为依托的镇区新中心。二轴：镇中路，以展现镇区老街商业风貌为主的轴线；丁家路（第二轮总体规划中为丁家弄），以展现旅游商业风貌为主的轴线。三翼：镇东片，兰山路以东小学用地；镇南片，丁家路以南新开发的居住用地；镇西片，包括镇中路两侧用地和中学用地。

规划实施评估

该规划所确定的人口规模比较符合大岚的发展状况；总体用地布局较为合理集中，有利于配套设施的共享；道路框架符合大岚城镇发展肌理。对近几年来大岚的健康发展具有较好的指导作用。当然，城镇发展建设是一个动态过程，各种不确定因素或重大政策导向都会对其带来影响，评估如下：

实际发展规模未达预期　上轮总体规划确定近期（2010 年）目标为，城镇户籍人口 1300 人，常住人口 2500 人。实际 2010 年统计数据为城镇户籍人口 533 人，常住人口 1033 人。建设规模上，总体规划确定近期用地规模为 43.7 公顷，实际现状用地为 14.69 公顷。规划空间落实率 30%。

道路框架与规划略有出入　镇中路：总规中近期建设规划考虑镇中路适当南延，作为城镇南拓的交通载体，实际该路仍以现状为主，并未延伸。丁家路总规确定丁家路接入小学西侧道路（兰山路），向北进去浒溪公路，实际建设中，丁家路呈东西向直接接入浒溪公路，作为镇区横向骨架。岚丁路总规确定岚丁路沿镇政府南侧打通，接入西侧小学道路，实际由于镇政府新大楼的建设，该条道路无法打通。

城镇建设与规划引导不一致　镇政府新楼、四明山书画院、幼儿园等项目，规划布局中均未体现；城镇建设重点仍以依山而建为主，明山路两侧几乎没有开发，受城镇发展制约，商业服务设施仍以小型分散的农家乐为主。集中的带状商业没有形成。公共服务设施、基础设施建设落后，旧镇改造进展缓慢，未达到近期建设规划目标。

强制性内容实施不够　强制性内容中，除控制建设开发区域控制情况良好外，各类城镇建设用地及设施实施情况差，尤其是防灾工程基本未实施。

二轮规划编制

第二轮总体规划修编，在第一轮基础上，于2010年开始编制，由浙江建院建筑规划设计院负责修编。

规划的范围为大岚镇行政辖区内，总用地面积63.4平方千米，镇区规划用地为丁家畈村部分用地，共计约0.38平方千米。规划期限为2011—2030年，其中近期为2011—2015年。

镇域发展战略为以生态保持和水源保护为核心，建设水源保护生态示范区，按照适度发展绿色经济、特色经济和循环经济的思路，实施镇村统筹发展战略，明确大岚镇的支柱产业为以生态养生、休闲度假为核心的旅游服务业。同时大力发展生态农业和特色农业，并逐步缩减二产在经济总量中所占的比重，适度发展为第三产业服务的旅游工艺品及农副产品深精加工产业，并控制规模数量，因地制宜发展清洁能源产业。

大岚镇发展定位为余姚市生态旅游特色小镇、四明山休闲度假养生中心。规划预测镇域人口2030年为0.88万人，近期至2015年为1.19万人。其中镇区人口2030年为0.27万人，近期至2015年为0.13万人。镇域城镇化水平预测2030年达到45%。

镇域空间结构　大岚镇规划形成“一核两心、两轴三区、多点成网”的整体空间结构。

“一核”为大岚镇区，依托现状丁家畈行政村，构建服务全镇的公共核心，功能上承担了行政、商业、文化和教育中心，同时也是展示高山台地居住风貌的平台。

“两心”，分别指围绕蜻蜓岗和大路下打造的两大特色休闲旅游基地。“两轴”则是纵贯全镇的213省道以及横向的李余线，既是城镇发展的交通轴线，也是大岚镇域空间组织的发展轴线。

“三区”，分别为南部的四窗岩景区、中部的丹山赤水景区和北部的高山茶文化观光区。

“多点”，是指散落在生态格局中的农居集聚点，通过次一等级道路串联，形成网络。

镇域功能区布局　镇区丁家畈村，是全镇政治、经济、文化、教育中心，生活居住中心，规划建设用地面积31.73公顷，城镇规划人口为0.27万人。规划形成镇区总体布局结构是“一心两轴、六大片区”。规划建设：蜻蜓岗休闲度假中心、大路下高山运动基地、丹山赤水景区、高山茶文化观光园、四窗岩景区等的发展。

2016年，为了落实新确定的重大项目，促进经济社会发展，利于总体规划的更好实施，根据《中华人民共和国城乡规划法》《浙江省城乡规划条例》《镇规划标准》，对现行《余姚市大岚镇总体规划2011—2030》作了一次修改。修改主要内容是人口规模修改，中期至2020年为1.23万人，远期至 2030 年为 1.36 万人。其中镇区人口中期至 2020 年为 0.13 万人，远期至 2030 年为 0.27 万人。

镇域城镇化水平修改为预测镇域 2030 年城镇化率达到 40%。

镇域功能布局修改为规划建设用地面积 31.39 公顷。

第二节　规划实施与管理

规划管理

1992 年，撤扩并后大岚镇城镇建设办公室全面负责村镇建设的管理与实施。做好建设项目定点和建设用地管理，确保方案的实施，协助建设单位在征地和拆迁等遇到困难时做好群众工作。做好空中、地下工程管线管理，在工程项目审批时细致审阅，严格把关，使不同管线互不干扰。做好违章建筑的查处工作，保证规划的严肃性和权威性。做好档案管理，村镇建设各类材料分类管理、分级存档。工程建设过程中，坚持“四到场”制度（审批工程项目前到场选址定点，工程项目建设动工前到现场丈量放样，工程项目建设过程中到现场检查及整改，工程项目竣工时到现场验收核实）。

主要措施

一是加大了规划的宣传力度，统一认识，强化规划的法律地位。通过展览、征询、新闻媒体等多形式、多层次的规划宣传、提高公众的规划意识，增加规划实施的透明度和公众参与程度。

二是进一步深化规划，制定相应的详细规划和实施细则。根据已批准的总体规划，对近期建设内容作出详细规划，具体落实蓝线、绿线、紫线及黄线等“四线”位置并做好法定工作。

三是循序渐进，引导镇域农民点集聚、改造。在条件成熟前提下采取逐步、部分迁移的方式，严格控制建设用地指标。尤其是农改居土地、应在符合土地利用规划，年度计划与审批手续齐全的基础上，提高建设用地的利用率与土地开发强度。

四是增强规划实施过程中不确定因素的应对能力。对规划实施过程进行全方位追踪。并随时提供准确的信息反馈。对待实际的与潜在的发展机会，从规划层次上进行有效应对，不轻易否决。规划编制应具有较快的动态反映与连续性，必须根据实际需要适时进行规划修编，使规划随时保持目标性和目的性统一。

规划的编制与修改，必须从上至下，召开市、镇人大代表与有关人员座谈会、专家论证会，镇人大主席团决定报上级政府批准后由镇政府实施。

第三节　公共基础设施

道路

丹山路　为集镇内主要街道。1999年前，长约200余米，宽12米，南起太祖庙西侧岔路口，西北至大岚生产商店，水泥混凝土路面，东西两边为街面商铺。为加快发展集镇建设，方便山区群众赶集购销农产品，1999年立项对街面进行延伸。南起明山路西、北至太祖庙西（大岚溪桥头北），西北段大岚生产商店至大岚卫生院，总长度达到500米。由于街面部分路面老化，2000年1月，对新老路面浇筑水泥混凝土。由于路面老化严重，2006年，对街面重新浇筑水泥混凝土，长宽依旧不变。2017年，为开展省小城镇环境综合整治工作，结合大岚镇实际，对镇街面又进行改造，浇筑沥青路面，清理拓宽下水道，新做窨井，对两旁房屋门面统一安装铝合金，配发垃圾桶，落实长效保洁机制，从而保证街道的整洁性。

明山路　东起浒溪线，西至大岚镇中，初建于2004年，全长500米，宽12米。2006年改造为水泥混凝土路面，2017年改造为沥青路面。

集镇明山路一角

兰山路　南起派出所西，北至四明兰庄。初建于1995年，砂石路面，全长450米，宽5米，1996年改建为水泥混凝土路面，长宽依旧。

太祖庙路　西起丹山路，东至大岚烈士陵园，全长1200米，宽2～5米，南宽北窄，1998年由砂石路改建为水泥混凝土路面。2017年，部分铺设为花岗石和鹅卵石路面。

仙茗路　初始于1958年，砂石路面，至2017年前两次路基拓宽，路面浇筑，全长1400米，宽8米，沥青路面。

丁家弄　东起大岚门球场，西至云雾茶厂，全长220米，宽2米，至1992年改建水泥混凝土路面。

南溪弄 北起平安饭店，南至大岚溪，全长200米，宽2米，2017年改造为水泥混凝土路面。路、弄内建有停车场4个，停车位125个，其中路旁车位43个。

路灯

1988年前，大岚乡所在地丁家畈村，路灯安装管理以村为主。1989年成为建制镇后，建成区内的路灯以镇建办负责安装。随后路灯安装从公共场所向路、弄、小区延伸，数量每年递增。随着节能灯的普及，主要以LED灯为主、太阳能灯为辅，明亮度和节能效果明显提高。截至2017年，共安装路灯267盏，其中明山路高杆节能灯21盏，丹山路高杆节能灯16盏，LED柿形灯190盏，兰山路、仙茗路分别安装太阳能灯6盏、21盏，太祖庙路借电杆装节能灯7盏，丁家弄、岚溪弄安装高杆灯6盏，基本满足居民晚间活动。同时，还在露天篮球场和门球场安装高压路灯18盏。

供水

1986年前，集镇内居民主要用井水作饮用水，靠5口井解决居民饮用水问题，遇到干旱年代，只能去离集镇较远的地方寻找水源，解决饮水问题。生活用水主要靠大岚溪的水源来维持。1986年，四明山区公所在大岚集镇开办了一家花岗石厂，用水量很大。为了不影响集镇用水，只能去雅庄村的土名旧宅造小型水库，解决工业用水。随着居民用水量的增加，井水远远不能解决。1992年，立项建造自来水工程，在大岚溪上流洞桥处用拦水坝做清水池，用水泵抽入自来水池中，用镀锌管接入各居民家中，解决了居民的饮用水和生活用水，但离标准用水差距较大。为了改善用水条件，提高饮用水质量，使居民喝上清洁水，2002年，立项在华山水库至蜻蜓岗的倒虹吸出口中，用直径200毫米水泥网管直接引水到集镇水池中。解决集镇3000余居民、学生的用水问题，水质量有明显提高，使居民基本不用溪水。2005—2007年先后对自来水池及设备进行改造，投入资金38万元，增加膜设备一套，建管理房50平米，还对自来水进行消毒，直接在华山水库北洞用90毫米PE管接入自来水池，保证了居民用水的质量和数量。

大岚集镇供水站

2013年，结合市级实施四明山片区饮用水改造提升工程，投资150万元。又对集镇自来水进行了改造，新建300吨水池一只，新添置200毫米PE管1200米，重用200吨/小时砂石过滤器。集镇重新铺设25～90毫米PE管网。至2017年，大岚水站已拥有约500吨的供水能力，水质达到规定饮用水标准，全年收取水费4万余元，用于日常管网维修，使集镇居民吃上清洁水。

排水

1989年前，集镇上排水设施以明沟为主，由高往低排入大岚溪，由于集镇的地理位置特殊，水土流失较大，中学后的溪道流水比较缓慢，产生泥沙堆积，一旦遇上台风季节和强降水天气，导致原酒厂、供销社调拨部一带房子进水，丹山路成了溪道，集镇居民的生命和财产受到威胁。1988 年 7 月 30 日，大暴雨使集镇房屋进水严重，损失较大。结合实际，1995 年，镇政府立项进行大溪治理，分二期实施，总投入资金 130 万元。第一期为浒溪线的洞桥至中学后，长 1000 米，宽 6 米，高 3 米，两边用石块干砌，建平桥 3 条。第二期从 1997 年开始，中学后面至卫生院西首，长约 500 米，宽 7 米，高 3 米，两边用石块干砌建平桥 2 条，在同年 9 月完工。至 2017 年，集镇居民房屋从未发生过进水现象。

第四节　公共绿化管理

1989 年 9 月前，大岚乡所在地丁家畈村，是本乡（镇）规模中等偏下的村庄，148 户，480 余人，在册非农人口 268 人，在校学生 572 人，教职员工 38 人。绿化以农户房前屋后种植林木为主，每年的 3 月 12 日植树节期间，镇农业经济办公室及各村号召农户“四旁”（宅旁、路旁、水旁、沟旁）植树，分点银杏、杜仲等苗木给农户，见缝插绿，绿化环境。1989 年 10 月，集镇建设初具雏形，同年 11 月，市政府批复大岚为建制镇，大岚镇成立了村镇建设办公室，与农办一道管理集镇的绿化，率先在仙茗路上种植玉兰 750 棵，同时要求镇属单位内种树绿化。

人行道绿化

2005 年，随着明山路等集镇道路相继建成，两旁人行道种植大规格玉兰 600 棵，紫薇、樱花、红枫等 300 棵。丹山路街面、丁家弄、岚溪弄等种植移动花草 300 余盆，约 4200 平方米。

公园绿化

至 2017 年，镇设立镇村建设办公室，先后建成明山公园、太祖庙路公园、仙茗路公园等，种植冷杉、红枫、樱花、小金竹、垂柳、冬青、银杏、桂花、红梅等花木 20 余种，还在公园内播种波斯菊（红、粉、混等色）、血橙、孔雀草、蓝花鼠尾草、向日葵（橙色），进口百日草等种子 40 千克，使公园内每个季节都有鲜花盛开。

机关、企事业单位绿化

至 2017 年，全镇机关、学校、企事业单位绿化面积逐年提增，如四明山书画院绿化面积达 33350 平方米。罗汉松等大规格的名木种植量大，与场所的名称相匹配。

集镇内机关、企事业单位绿化面积达 43355 平方米，公园绿化 13340 平方米，人行道两旁绿化 8700 平方米，合计 61185 平方米。在 2017 年的省小城镇综合整治工作考核验收中，大岚等 17 个乡镇验收合格，大岚镇被评为宁波市样板。

第二章　村庄建设

第一节　村庄规模

1960 年 6 月，阴地、龙潭、长弄 3 个大队从上虞县划入大岚公社。1966 年 1 月，戴王、糜山 2 个大队又从上虞县划入大岚公社，时辖 14 个大队。1992 年 5 月，华山乡并入大岚镇，时辖 30 个行政村。2001 年，行政村撤并调整为 14 个行政村 1 个居委会。因居住环境影响，各行政村规模大小不一，人口相差较大。小的行政村大俞村仅 417 人，大的行政村大岚村 1468 人，区域面积最小的村丁家畈只有 2.65 平方千米，面积最大的大岚村有 7.36 平方千米。

第二节　中心村建设

结合本镇实际，中心村要求具有一定规模，与集镇有一定距离，又交通便捷，周边条件较好，并能服务周边地区，避开集镇等条件。2014 年 1 月 24 日，余姚市政府批准实施《大岚镇 2011—2030 年村镇建设总体规划》，全镇确定 2 个中心村。

新岚中心村（甘竹、分水岭等自然村），用地规模 14 公顷，人口规模 1238 人。2011 年后，村加大对基础设施建设力度，拓展筹资渠道，积极向上争取资金，使交通、文化、商贸、便民服务等设施日臻完善。

至 2017 年，村辖内建停车场 7 个，计 2900 平方米，基本能解决村民节假日停车。626 路、627 路、651 路区间公交车穿村路过，设公交站 5 个，与鄞州至字丰公交车在分水岭庙衔接，交通便捷，村民出行方便。为了减轻村民劳动强度，方便村民上山劳作，新开机耕路 7 条，计 6.2 千米，遍布辖区的主要地段。村还投资建造老年活动室 400 平方米，室内设施齐全，有便民服务中心 1 个，由村干部轮流服务。利用闲散土地建公园 4 个，“四旁”植树 500 棵，绿化 3200 平方米，建健身路径 2 条。村道硬化，通水通电，新建村卫生室 1 个，方便群众看病就医。村内有家家福连锁店 1 家，日用副食品店 6 家，农资连锁店 1 家，理发店 2 家。辖区内有制茶厂 19 家，榨油厂、年糕厂、碾米（粉）厂各 1 家，方便村民的生产和生活，完善了各项功能。已初步建设成为特色农业、观光农业和区域公共服务中心。

南岚中心村，用地规模 14 公顷，人口规模 1298 人，下辖石鼓、西岭下、蜻蜓岗等自然村。2010 年后，村班子对辖区内的各项设施进行排摸，倾听大多数村民诉求，结合实际，拟定了建设社会主义新农村的计划，并对公共设施、便民服务和村民一家一户做不到的事情，加大了投入力度。至 2017 年，修建便民服务中心 1 个，安排工作人员每天上班，方便群众办事。建造村欢乐大舞台、家园馆各 1 个，丰富山区群众的文化生活。建居家养老服务照料中心 1 个，留守儿童亲情屋 1 个，建健身路径 3 条，村卫生室等设施为村民服务。修建机耕路 8 条，计 13.5 千米。公交 513 路横穿村辖，639 路转石鼓等，每 30 分钟有一班公交车经过，村民出行方便，公共设施健全。户户通电、通水、通有线电视，三相四线通电到户。污水净化处理受益率 93% 以上，做到雨水与污水分开排放，户户会垃圾分类，村集中处理，并落实长效保洁机制。村辖内有家家福副食连锁店 1 家，日用副食品店 5 家，理发店 1 家，方便村民购物、服务。辖区内的 5 家花木销售大户，为本村经济发展、增加农户收入出力，为休闲服务基地、区域公共服务中心建设提供保障。

第三节　农村住宅

中华人民共和国成立前，山区农民生活困难。农村住宅主要以木结构平房为主，少量二层楼房，外墙以泥墙或草扇为主，装修简陋，以能遮风挡雨为好，个别户居住草舍。1976 年后，农村经济有所发展，人口增长幅度也较大，居住困难户出现，有的也开始考虑改善居住条件。多数大队以生产队为基础，建造“大寨屋”，计成本价分给居住困难的农户，以砖（石）木结构、二层楼房为主，较少办理用地手续，人、畜禽共处的情况减少。1984 年大岚乡政府选配乡村建设助理员分管土地建设。1987 年 1 月，国家颁布实施《土地管理法》，农村住宅建设开始纳入法制管理轨道。农村住宅一般由居住房、辅助房、庭院三部分组成。居住房为厅堂屋、卧室、厨房；辅助房为厕所、杂屋、畜禽圈舍；庭院用于家禽饲养、翻晒农副产品等。为节约土地，提倡建造二层以上楼房。是年，乡政府配备专职土管员（兼规划建设员），明确农村住宅选址必须按照村

以前山区农村的石头房子

现在的农民新居

庄总体规划，用地指标必须按《余姚市农村宅基地管理办法》（余政办［2015］1号文件）规定执行。严格实行“一户一宅”、拆旧建新、法定面积的原则。作出如下规定：每户农户只能建一处住宅，庭院面积作住宅占地面积计算；已婚尚未有子女或已领取独生子女证的，可增加一人建房人口；原户籍在本村，1998年1月1日后，在大中专院校毕业（结业、肄业），且户口已迁回本市的，可计入建房人口。

余姚市新建农村住宅用地指标一览表

表14-2-1

户类型	小户	中户	大户
家庭人口	1～3人	4～5人	6人以上
使用非耕地面积	90平方米	120平方米	140平方米
使用耕地面积	75平方米	110平方米	125平方米

审批程序为：（1）农户申请，村委会审核讨论公示；（2）现场踏勘；（3）镇政府批前公示；（4）审核审批。

2015年，大俞、丁家畈等村试行了集资建房，提高了土地的利用率，规范“三通”（通路、通水、通电）。至2017年，全镇85%以上的农户新建或翻建住宅，基本为框架结构，部分房屋已扩展翻新为别墅，住房安全更加保证。据统计，人均住宅建筑面积达46平方米。

第四节　农村公共设施建设

20世纪70年代以前，公共设施仅有庙宇、宗祠等。70年代末，雅庄、上马、糜山、阴地等村新建了大会堂，聚会和制茶一举两得。80年代初，随着农村经济的发展，农村公共设施建设投入力度逐年加大，公共设施不断完善。

至2017年，全镇实现村村通公路，路面硬化，宽度在5米以上，且每个村通区间公交车。户户通电、通水，每位村民都能喝上清洁水，公共场所和主要道路都安装路灯。村村通数字电视网络，数字广播的视听率90%。村村整治了溪道，在主要溪道两旁砌石驳坎，10个村的污水纳入污水处理系统，7433人受益。村村绿化，提倡见缝栽绿。村村设立分类垃圾箱，向全体村（居）民开展垃圾分类讲座，并落实长效保洁机制。而且每个村有三委会办公室，内设多种活动室。每个村有文化宫、卫生室、居家养老服务照料中心等。

第五节　历史文化古村保护

大岚镇辖区内，有历史文化古村1个——峙岭（柿林）村。据《沈氏宗谱》记载，峙岭的始祖太隆公，游览至此，见环峙峻岭，可樵可钓，可读可耕，在元末明初从余姚下坝迁居峙岭定居，以耕读传家，至今已630余年。古村文化底蕴深厚，峡谷幽深，丹青冲天，幢起岩鬼斧神工，风凉洞浑然天成，飞瀑、深潭等自然景物美不胜收。更有巧夺天工的赤水桥、庄严肃穆的沈氏宗祠、千丁共饮的同心井、忠贞不二的节孝碑，还有具有江南民居特色的上堪沈氏墙门和新丘里沈氏老宅等，构成“柿林、山色、老街、古村”的自然人文风光。2003年入选宁波市级历史文化名村，2012年入选首批国家传统风貌村落。

为保护柿林村内具有浓郁地方特色的建筑与景观，协调周围环境，特制定大岚镇柿林村保护与利用规划（2002—2020）。2003年起，从保护入手，划定核心保护区和建设控制地带，制定保护规划和保护措施，对人口与居住、道路和基础设施、绿化和水体，都进行了具体的规划设计。一是核心保护区，包括村落有代表性的人文景观建筑群（如沈氏宗祠，莲花庵等）、传统民居建筑群、沿街巷各风貌带、各主题游览区。二是风貌协调区，规划保护区范围内核心保护区除外的地段，是保护区保护和协调村落整体风貌完好所必须控制的地段。三是建设控制地带。规划保护区外围，规划红线以外100米的圆周范围。2008年，柿林村也制定古村保护改造实施意见，要求柿林村全体村民共同执行，遵循科学管理、统一规划、合理布局、有序实施、永续利用的原则，并要求古村的重点地段必须长年保洁，杜绝乱搭建、乱堆放，房屋改造，装修要统一，做到以石还石、以砖还砖，外表保持原貌。同时也规范了补偿范围和标准，把古村保护条款融入其中，健全完善柿林村村规民约，要求村民自觉遵守各项约定，自愿加入古村保护行列，正确处理古村保护景点开发与村民增收的关系，扩大柿林古村和丹山赤水景区的知名度，吸引游客树好口碑，为村民增加收入。

古老精致的木结构

第三章　环境保护

第一节　一级水源保护

大岚镇位于余姚四明山腹地，是甬江、姚江、曹娥江的源头，水源保护尤为重要。历年来各级政府对水源保护都采取了措施。特别是镇、村组织把保护水资源纳入重要议事日程。2003年开始，全面推进辖区内的环境整治工作，按照“万村整治、千村示范”的要求，投入资金800余万元，消除露天粪缸4998口，建公共厕所32座，新增垃圾箱320个，“四旁”绿化10万平方米，建立了长效保洁制度，柿林等4个村顺利通过市环境整治验收。全镇申报批准生态公益林25010.5亩，绿化覆盖率82%，10个村建成为宁波市级生态村。全镇有39座供水站，都达到饮用水标准，供水给村民。2010年，华山水库达到一级水源保护标准，供应南岚、柿林、黄家庄、丁家畈集镇等3800名居民的饮用水。同时还对甬江流域的柿林、上马等8个村的辖区内试行一级水源保护的规定，从限制畜禽养殖，禁止二高农药在花木上使用，做好垃圾分类、生活污水净化处理等工作，落实水源保障措施，保证甬江流域的水源安全。

第二节　污染治理

污染源

20世纪80年代初，随着畜牧业的发展和人口的增长，生活污水排放增加。2000年鼓励农户养生态猪和过年猪，2002年番鸭上山工程饲养量增加。2006年后，为增加农民收入打造旅游乡镇，要求有条件的农户办农家乐、民宿等第三产业，村民收入明显增加，但各种污染环境的污染物增多。主要包括：

畜禽养殖　2015年有小型猪场9家，年出栏肉猪2000头，农户分散饲养年猪250头，饲养年鸡20000羽，蛋鸭4000羽，畜禽养殖产生大量污染物。

饮食业　辖区内有民宿23家、农家乐45家、山庄酒店5家，年接待游客41.65万人次，产生了较多污水垃圾，给周边环境带来污染。

农药残留　1995年后随着农村林地承包责任制的完善，镇内农民陆续在疏林荒山上种植花木，改造林种，为农民带来较好的经济效益，花木种植面积逐年增加到1万余亩，为防治病虫危害，喷洒“二高”（高毒、高残留）农药，影响了环境和空气，造成污染。

生活污水　随着人们生活水平的不断提高，居住在辖区内的农户，普遍建了洗手间，安装了抽水马桶等设施，产生的废水成倍增加，早先因没有统一的治污设计和设施，严重影响环境。

公厕　2000年以前，镇内有公厕10余座，主要集中在集镇内等场所，但都是漏底厕所，靠自然渗透消解排污物，给环境造成一定的污染。

管理、治理

1988年后，镇成立工贸、村镇建设办公室，管理全镇的环保工作。2004年，结合大岚溪的治理，对集镇的污水进行治理，投资40万元，铺设1100米排污管网，把公厕下水道接入排污管网，单位及居民的生活污水连接管网，做到雨水和生活污水分理。在戴麋公路下安装污水处理设备，日处理能力20吨，基本解决集镇污水处理。2013年，争取到世界银行贷款项目宁波市新农村建设示范项目农村污水处理工程建设。大岚集镇（包括丁家畈村）又作了进一步完善，使集镇和丁家畈村居民586户、2932人受益，大俞、南岚、柿林等9个村的污水也进行治理，使1653户、4501人和68家农家乐、民宿受益。总投资2200万元，安装一体化污水处理设备6套，厌氧+人工湿地+土地渗透7处。还对全镇的农药经商户进行约法，限制“二高”农药流入镇辖市场并销售，从源头上杜绝。2017年，还对畜禽养殖户进行排摸，改造9家养猪场，规范排污设施。关闭养鸭专业户1家，使全镇畜禽养殖污染值降到最低。生活垃圾每天由各户交统一投放点，由村用垃圾车及时运至垃圾场，全年约2555吨垃圾以村为主统一作无公害处理。同时还完善了各项制度。要求农家乐、民宿在申请开办前，先落实排污措施；生活垃圾分类做到家喻户晓，人人参与。各村选配督察员，完善长效保洁制度，从而保持了全国环境优美乡镇的称号。

第十五编　旅　游

第一章　旅游资源

境域旅游资源丰富，有丹山赤水、四窗岩、姚江源头、黑龙潭、升仙桥、中共余姚四明山第一支部纪念室、大岚革命烈士纪念碑、羊额岭、华盖山瞭望哨、七彩山丘等景区、景点20余处。

第一节　山水人文景观

丹山赤水

丹山赤水位于大岚镇柿林村，面积6.05平方千米，是一处以自然山水为依托，道教文化、浙东古山村风情为内涵，绝壁、奇岩、古桥、溪流、飞瀑为特色的风景名胜区。丹山赤水历来备受高雅隐逸之士的青睐。相传东汉年间，上虞县令刘纲曾弃官携妻在此修道成仙，遂使“丹山赤水”声名鹊起。自此，丹山赤水受到道教人物的尊崇，被奉为道教三十六洞天之“第九洞天”，名之曰“丹山赤水洞天”。北宋皇帝宋徽宗用他独创的“瘦金体”御笔钦赐“丹山赤水洞天”御碑，闻名遐迩。

云雾仙境柿林村

2005 年 12 月，丹山赤水景区被国家旅游局命名为“AAAA”级景区。

2006 年 8 月，首届中国旅游精品推广峰会上，丹山赤水景区被评为“中国最佳山村旅游胜地”。

2008 年 1 月，丹山赤水景区入选“浙江省最值得去的五十个景区”之一。

2017 年，浙江旅游总评榜年度美丽景区。

四窗岩

四窗岩位于镇境域内大俞山之巅，与华山大岩下自然村相邻，主峰海拔 680 米，山顶 6 米以下陡崖上横列四洞穴，宛如四扇明亮的窗户，可通日月之光，故名四窗岩。唐代诗人刘长卿《游四窗》诗道：“苍崖倚天立，覆石如覆屋。玲珑开户牖，落落明四目”。四明山原为天台山的一部分，因此景此诗得名四明山。宁波古称明州，亦源如此。

四窗岩据传是汉代刘晨、阮肇遇仙的地方。在抗日战争和解放战争时期，由于四窗岩地处四明山腹地，地势险要，十分隐蔽，成为中共地下党组织的“公馆”。曾有革命歌谣“四明山上四明窗，岩洞石壁朝天床，藏文件，住伤员，稳似泰山立后方。”蒋介石曾两次上四窗岩，一次为 1913 年，讨袁失败遭北洋军阀通缉，因躲避抓捕藏匿于四窗岩。第二次是 1949 年去台湾前夕，回奉化祭祖，特地备香烛上四窗岩祭祀神灵。四窗岩具有深厚的人文意蕴，是浙东地区著名的自然和文化景观。

羊额古道

始建于南宋嘉定年间（1208—1224），是境内旧时下山进城开展经济、文化交流活动的重要通道，也是进入四明山地区的峻岭险道。1941 年 5 月 30 日，为阻止侵华日军进攻大岚，余姚县县长蔡竹屏命令夏家岭夏采冬等村民，以石垒布阵扼守在羊额岭顶。由于守在半山腰的国民党部队不战而退，日军便衣队得以顺利上山，将夏采东枪杀后剖腹割头。2010 年，为纪念抗日英雄，大岚镇人民政府在其殉国处羊额岭顶立碑，激励后人。

黑龙潭

黑龙潭位于大岚镇阴地龙潭村龙潭山，距镇 16 千米。景区上游为宁波市仰天湖林区，一条狭溪径流龙潭村口，溪中部依次排列三个深潭，俗称头潭、二潭、三潭。两岸青山成荫，二潭陡壁瀑布，碧潭绿水，奇特壮观，古称是“黑龙”藏身之地。站在潭岸，凉风阵阵，觉得汗收热散。相传上虞陶县令向“黑龙”求雨心切，说要“桥前三步”，竟被大雨淋死在回衙途中，深受当地百姓的敬重。“黑龙”呼风唤雨，解旱出名。居住在龙潭下流的王氏小村，称为黑龙潭村。区域内植被保存完好，林茂水清，景色秀丽，生态环境优美，是一处探险、休闲养生的极佳胜地。

升仙桥

升仙桥位于大岚村邱庄自然村大岚山，史载，原名大兰山。据清光绪《余姚县志》记载，大岚山在县 80 里，汉刘纲、樊云翘夫妻弃官学道，师事白公，道成而飞举于此，故大岚山又名升仙山。后人于山边溪上建桥，曰升仙桥。如今大岚山与升仙桥已构成一道独特的自然和文化景观。

火焰山

火焰山位于大岚镇丁家畈村西500米处，是一座砂岩石山，可观面积500～800平方米。整片裸露的红色山石犹如正被大火燃烧，貌似《西游记》里的火焰山一般，由此得名。据考证，是余姚唯一一处天然形成的红紫沙区域，酸性较高，属于典型的丹霞地貌，与四窗岩有异曲同工之处。

第二节　红色旅游景点

中共余姚四明山第一支部纪念室

1939年5月，时任山区特派员朱之光与谢汝昌秘密来到柿林村，在村对面的鹰巢兜山上主持成立了姚南山区最早的中共峙岭（柿林）村党支部，由此拉开了大岚人民英勇抗战的序幕。为传承革命精神，弘扬爱国热情，2006年4月4日，在丹山赤水景区柿林村"耕读传家"四合院内建立中共余姚四明山第一支部纪念室。是年6月29日，由省新四军研究会第二会长、省军区司令员黎清、副秘书长乐子型、省委党史研究室副主任高三山，中共余姚市委副书记杨雄跃出席开放仪式，并为陈列室揭匾。

陈列室于2005年筹建，面积80平方米左右。室内分7个方面展示，即前言、红色堡垒、红色歌谣、红色回想、红色硝烟、红色纪要、结束语。同时存放着党组织活动时的书籍、生活用品及军用器械等文物。

2014年，村委内新建中共余姚四明山第一支部展示厅。展示厅详细反映四明山地区党组织发展和组织活动情况，记录了革命烈士和"三老"人员革命历程及革命同志艰苦奋斗、不怕困难、不怕牺牲，为共产主义事业奋斗到底的精神风貌，是市青少年思想教育基地。2015年12月8日，被命名为首批市廉政文化教育基地。

大岚革命烈士纪念碑

纪念碑位于大岚镇丁家畈村（浒溪线旁），占地面积0.17公顷。抗日战争始，大岚成为浙东革命根据地的腹地。1939年，中国共产党在柿林村成立四明山第一个地下支部，领导广大军民开展艰苦卓越的革命斗争。谱写了许多壮丽的史篇，无数英雄儿女为此长眠在这块红色的土地上。

为缅怀先烈、牢记初心、教育后人，1999年10月，在中华人民共和国成立50周年之际，政府在原安放着余旭、褚世义、沈荷花三烈士忠骨的基址上树立此碑。纪念碑底盘宽2.2米，高1.8米，碑高11.1米，宽1.6米。正面镌刻着"革命烈士永垂不朽"八个大字，由浙江省委原书记、中央党校原常务副校长薛驹亲书。背面为立碑记事，右侧石碑上记录39名革命烈士的名录和牺牲时间，前方有一座凉亭，名为"大兰亭"，供前来祭扫和游览的人士休憩之用。

2013年，余姚市人民政府在碑后新立7位烈士墓碑。2015年出资55万元对墓场地面进行修缮，新建一条"生的伟大，死的光荣"宣传长廊和大岚烈士陵园牌坊。现已成为重要的爱国主义和革命传统教育基地。

祭拜革命烈士

红岩战斗英雄纪念碑

红岩战斗英雄纪念碑位于大岚镇大俞村永春桥东，分为两块，分别高约1.8米和1.5米，宽0.6米，花岗岩质。一块为“红岩战斗英雄牺牲纪念碑”，另一块为“蓝碧轩烈士纪念碑”。蓝碧轩烈士曾任新四军浙东游击纵队第三支队第一大队大队长，在1943年11月19日浙东第二次反顽自卫战红岩头战斗中光荣牺牲。

华山瞭望哨

瞭望哨位于华盖山顶，海拔882米，建于1962年6月。20世纪60年代，为防台国民党特务空降渗透，县人民武装部在四明山地区成立民兵联防委员会，为进一步掌握防区敌情，决定在华盖山之巅建立对空瞭望哨碉堡。指令华山公社民兵执勤，曾组建华盖山民兵联防小组。

华山瞭望哨，旧址留存在华盖山顶，可俯瞰整个四明山区域的全景，是登山徒步、纳凉的首选之地。（详见第十八编第一章第三节）

第三节 休闲观光

姚江源头

姚江源头位于大岚村眠岗山西南坡，海拔680米，源头由一前一后两个泉井组成，一年四季，泉水长年经流不息。泉眼上方是一块凿刻着“余姚江正源”五个楷体大字的石牌，背面镌刻着《姚

茶园云瀑

江源头碑记》，全文309字。1990年，余姚市政府组织河源考察队，经三年四次实地考察和测量提出报告，于1993年3月3日，经省专家评审委员会确认，得出最终结论，并在碑正面下方镌刻考察队20名人员的名字。姚江源于此流经余姚、上虞、宁波，汇入甬江，全长105千米，流域总面积2940平方千米，是余姚的母亲河。

姚江源头，群山环抱、松竹叠翠、雨雾缭绕、水汽充足，万亩茶海若隐若现，盛产四明龙尖、瀑布仙茗，品质优良，其味有兰馥奇香，是人民休闲、观光之地。

上马岗

上马岗位于大岚镇上马、雅庄、新岚三村之间，因山形似马，称上马岗。上马岗海拔620米，坡缓平整，土壤肥沃，适宜于种植茶叶。1995年以来，农村产业结构调整，三村居民在茶地上套种花木，可赏万亩樱花。每年四月中旬，满山遍野樱花盛开，花海似涛，景色优美，成为特色农业观光点之一。

七彩山丘

七彩山丘位于大岚镇南部南岚村茶园岗，占地3.33公顷。坐拥在境内高山台地之间，视野广阔，可晨观高山日出的奇观，夕赏晚霞的缤纷万变，夜望灿烂的银河星空，山岚云雾缥缈，山坡上栽满色彩斑斓的高山花卉，得名“七彩山丘”，也被誉为“雾上花园”。七彩山丘可出产高山蔬果、花卉、茶叶及畜牧养殖等。七彩山丘多元化经营，以高山花卉为主体农业观光游。内附高山蔬果区、亲子游乐区、野营区、烧烤、大锅灶等多个项目，可提供特色民宿和餐饮。

七彩山丘

大岚镇旅游资源一览表

表 15-1-1

序号	资源单位名称	类别	所在行政区域	级别
1	丹山赤水	谷地型旅游地	柿林村	4
2	四窗岩	岩石洞与岩穴	华山、大俞村	4
3	余姚江正源	自然标志地	大岚村	3
4	黑龙潭	潭池	阴地龙潭村	2
5	柿林古村	特色街巷	柿林村	4
6	丹洞	岩石洞与岩穴	柿林村	1
7	风凉洞	岩石洞与岩穴	柿林村	1
8	幢起岩	奇特与象形山石	柿林村	1
9	白水冲	跌水	华山村	1
10	白桃树	丛树	柿林村	1
11	四空头檀木、金钱松	丛树	大岚村	1
12	大岚水碓	废弃生产地	柿林村	1
13	四明观	宗教与祭祀活动场所	柿林村	1
14	沈氏宗祠	祭拜场馆	柿林村	1
15	大岚革命烈士纪念碑	碑碣（林）	丁家畈	1
16	回马亭	建筑小品	柿林村	1
17	赤水桥	桥	柿林村	1
18	升仙桥	桥	大岚村	1
19	四明兰花	农林畜产品及制品	镇域	1
20	大岚高山西瓜	农林畜产品及制品	镇域	1
21	四明龙尖	农林畜产品及制品	镇域	1
22	火焰山	自然地貌	丁家畈	2
23	瞭望哨	岗哨遗址	华山村	2
24	羊额岭	交通遗址	大岚村	1

第二章　旅游发展

2000年前，大岚镇党委、政府就已形成工作思路，把开发利用旅游资源列入议事日程。2003年提升到“旅游兴镇”战略，将打造山区特色农业格局、构建生态文化旅游强区作为大岚经济发展目标。2006年，按照旅游强镇的发展思路，加快景区景点建设。2010年被评为省旅游强镇。2013年成为宁波市首批“现代农业生产和乡村旅游标准化示范镇”。2017年创建成为宁波市乡村全域旅游示范区。

第一节　旅游规划

2006年前，先后制定《柿林古村保护规划》《姚江源头保护规划》《四窗岩旅游开发规划》《四丰农家乐旅游发展规划》《羊额岭景点开发规划》。2013年，根据《余姚市四明山片区（2010—2020）规划》定位：大岚为余姚南翼四明山区集聚中心，旅游产品、特色产业、服务设施集聚开发。结合本区域地理、交通、气候、资源等因素，于2014年编制《大岚镇旅游服务设施专项规划》。

总体定位

依托大岚的“高山台地”特色生态资源环境，打造集文化体验、休闲农业、户外运动、养生度假、旅游服务功能于一体的山地休闲度假旅游目的地。

空间结构

形成“山间民宿、山腰农耕、山下休闲”的旅游设施空间布局模式，建立农垦、乡居加集镇的乡村生态圈，“生产、生活、生态”“三生一体”的建设模式，逐步吸引众多的投资者，发展多元的乡村旅游体系。以一轴引领，核心辐射，沿213省道形成“四明山风景大道，以本区域为中心，形成文化集镇特色的旅游服务核心”。三区协同，错位发展，形成特色文化观光区、茶田花海会客空间、休闲农业体验区、七彩山丘互动空间、高山台地养生区、高山雨雾隐居空间。

设施规划

境内分别编制2014—2030年《住宿设施规划》《餐饮设施规划》《娱乐设施规划》《旅游交

樱花季节游客蜂拥上山

通规划》《旅游信息服务》《旅游厕所与无障碍设施》《分块导则》7 项规划。按照镇域总体规划，分步逐年实施。

第二节　景区建设

丹山赤水

通过专家论证会审，由丹山赤水有限公司与镇政府合股规划开发，于 2001 年首期投资 1200 万元对以柿林村丹山赤水为中心的景区进行开发建设。整个景区建成以丹山赤水、鹰岩洞天、狮王悟道、淡瀑飞水、八卦仙台、仙人指路、秋水长滩、四明道观为代表的八景。2005 年，积极争创 AAAA 级景区，在完成柿林古村一期改造工程的基础上，实施二期改造，景区内新建中共余姚四明山第一支部陈列室。2008 年景区入选省文明风景旅游区，2009 年，景区内新增丹山赤水漂流项目，2013 年，景区实施二期提升工程，投资 2000 万元，新增“第九洞天穿越”项目。2014 年投资 4000 万元，建“老柿林山居”，对外开业。2017 年，柿林村创建成为宁波市 AAA 级景区村庄。

古道游客

四窗岩

2005年，镇政府开始四窗岩景区前期准备工作，签订大岩下自然村群众搬迁意向协议。2006年，编制《四窗岩开发规划》，投入270余万元浇筑四窗岩油路和新建游步道。

姚江源头

2005年，会同宁波团市委、环保局、水利局等部门，发起姚江源头青年生态林建设，宁波市委书记巴音朝鲁为“共青林”题词。2006年编制《姚江源头保护规划》，建造四丰—姚江源头旅游公路。2007年投入160万元对景观改造。2010年，以“茶仙祠”为主体工程全面竣工。并举办“神奇大岚”茶文化旅游节。

不二谷

位于镇境大路下村，是农业生态观光休闲综合项目。2016年筹建，建设用地0.4公顷，流转土地9.33公顷，总投资3000万元。2017年，基础道路开通并完成绿化，建成管理用房，停车坪基本平整。

罗汉谷四明岚舍

位于大岚镇大俞村韩采岭脚，2011年8月规划筹建。2013年，由余姚万里盈旅游开发有限公司投资建设，景区占地面积8公顷。2017年，投资3200万元完成景区前期户外拓展，罗汉谷、摩崖石刻群及四明岚舍等服务设施工程即将竣工试业。

不二谷进口处

大岚山门

为打造浒溪线百里风光带，2016年，由市交通局出资，投资150万元，在镇境入口处建立夏家岭景观台，占地1.3亩。2017年，政府投资300万元，占地400平方米，在入口处新建雕塑、水池及配套景观，使大岚山门绿道风光得到进一步美化。

特色旅游项目

四窗岩漂流 位于大岚镇大俞村，2008年始，在大横山水库以下搞漂流项目开发，因上游大俞山有著名景点四窗岩而得名。四窗岩漂流从大横山电站出口处起漂至大俞村红岩下桥止，全长2000千米，漂程1小时30分钟。

丹山赤水漂流 丹山赤水漂流因景区得名，位于柿林村赤水溪下游，为2009年新增项目。从起漂点横泾电站出口处至柿林电站，全长1000米，漂程40分钟。

岚无止境 大有可观

四窗岩漂流

第三节　旅游促销

境内丹山赤水景区开发后，旅游促销宣传进一步加强，节庆活动丰富多彩，大岚旅游知名度不断提升，客流量逐年增加，促进第三产业发展。2013—2014 年先后获宁波市社会化办节三等奖。

制作宣传资料

2002 年，出版《丹山赤水话大岚》，首次发印 3000 册。2006 年，沈远波为家乡编写《沈氏古村峙岭》，印发 5000 册。2009 年，编制中国电信《大岚镇黄页》，2011 年编辑《大岚古韵》，2014 年编写出版《神奇大岚》，2017 年编制《华山竹韵》和《大有可观岚无止境》等多种刊物、图片、导图宣传资料。

举办节庆活动

2003 年，举办首届丹山赤水柿子节，自此后累计举办柿子节十五届、“神奇大岚”茶文化节十二届、四明山电影节二十三届、四明山帐篷音乐节四届，全民登山运动会三届。节庆期间，结合各种促销活动，2003 年组织到上海开展旅游促销系列活动。2009 年开展“四明龙尖”品茶会、都市茶农“游茶乡”、寻仙踪等系列活动。2010 年开展知名媒体四明茶乡行、茶乡风情、摄影采风、四明山书画院成立仪式等。是年，柿子节期间开展乐在柿乡、老年金秋登高、柿乡庙会等活动。2016 年，宁波四明山旅游节期间，开展全民登山运动会，天下茶人会、寻找旅游达人、乡村民谣节、老柿林山居星空音乐趴等活动，节日内容丰富多彩。

外国客人品尝柿子

平台宣传推介

拓展政府网站旅游专栏、微博、微信公众服务等平台宣传推介，扩大镇境旅游知名度。2016—2017 年，发布政府网信息 15 条、“神奇大岚”微信平台信息 142 条、各级报刊 20 篇，在浙江新闻、东方网、宁波旅游等 20 多家新媒体上发布旅游信息 300 余条。

通过宣传推介，景区客流量不断增加，带动镇内第三产业的发展，2005 年丹山赤水景区接待游客 10 万人次，门票收入 300 万元；2008 年，景区游客 83.2 万人次，门票收入 1820 万元，其中，农家乐接待游客 31.2 万人次，直接经济收入 1068 万元；2017 年，接待游客 63 万余人次，实现直接经济收入达 3150 万元。

2002—2017 年丹山赤水景区门票收入一览表

表 15-2-1

年份	接待游客人数（万人）	门票收入（万元）
2002	0.9262	20.69
2003	10	76.13
2004	9	225
2005	10	300
2006	9.5	285
2007	9.5	285
2008	52	1820
2009	57.1	1998
2010	50.6	1518
2011	64.11	1923
2012	60.09	1803
2013	68.14	2043
2014	53.48	2359.82
2015	54.17	2515.27
2016	39.08	2128.6
2017	50.01	1712.87

主要旅游线路

一日游线路 上午：夏家岭景观台—升仙桥—姚江源头—四明山书画院；下午：丹山赤水景区。

二日游线路 第一天，夏家岭景观台—升仙桥—姚江源头—火焰山—丹山赤水；第二天，七彩山丘—四窗岩或黑龙潭。

车行 唐诗之路：夏家岭观景平台—升仙桥—七彩山丘—华山水库—大岩下—四窗岩；春：集镇—雅庄—大路下—新岚—上马岗樱花观赏点；夏：集镇—南岚—大俞—四窗岩漂游—大元基—华山—阴地龙潭—黑龙潭；秋：集镇—蜻蜓岗—丹山赤水（柿林）。

步行 北部环线：集镇—雅庄—上马岗樱花观赏点—后朱—姚江源头—戴麋—火焰山—集镇，全长 16.5 千米；四窗岩环线：华山—白莲庄—大岩下—四窗岩—大俞—大元基—华山，全长 12 千米，中部环线：集镇—南岚—七彩山丘—眠床岗—杂柴坪—四窗岩户外运动基地—十八罗汉道—陶家坑—鹰岩洞—金竹岭—大路下—集镇，全长 18 千米；全镇大环线：集镇—南岚—黄家庄—阴地龙潭—华山—大俞—柿林—大路下—新岚—上马—雅庄—后朱—大岚—戴麋—集镇，全长 48 千米；溯溪环线：集镇—南岚—黄家庄—阴地龙潭—旧宅—浪撞—戴麋—集镇，全长 21 千米。

第三章 旅游设施和管理

自2001年大岚开始加强开发境内旅游资源，全镇旅游管理服务得到逐年加强，民宿、酒店、农家乐产业快速发展。2017年，民宿接待游客3.95万人，收入869万元，农家乐接待游客36.1万人，带动周边消费1673万元。

第一节 酒店、山庄

1992年撤区扩镇后，镇所在地（丁家畈）曾先后开办7家饭店、4家小旅馆，游客量较少。随着旅游经济兴起，人民消费观念改变，客流量渐增。经政府引领扶持，农家乐饭店档次不断提升。2017年拥有高档酒家、农庄5家，客房167间，床位288张，可接待餐饮500余人。

酒店

余姚市浙东四明山书画院 位于大岚镇所在地丁家畈（原供销社茶站旧址），占地面积3.33公顷。王建军投资5000万元，于2010年4月成立四明山书画院，2013年4月正式营业。四明山书画院为庭院景观式主题酒店，主楼取明、清江南民居的建筑风格，白墙黑瓦，素雅清淡，韵味无穷。酒店旨在以书、画、茶、香、食、居等中华传统文化为背景，为客户提供观光游览、休闲度假、商务会议、文化交流等多元化服务。被授予“中国美术学院艺术创作基地”“中国艺术研究院写生创作基地”“江芮围棋四明山工作室”“宁波四花饭店”“余姚市文化产业基地”。设酒店客房38间，床位59张，可接待餐饮200余人。

山庄

老柿林山居 位于大岚镇柿林村丹山赤水风景区内，2013年由丹山赤水有限公司规划开发，投资4000余万元。2014年5月对外营业。老柿林山居以木屋别墅为整体风格，设樵苏园、丹湫谷、望溪楼、山沁居、老柿林客栈等区块，配有庭院、咖啡吧、酒坊、青年旅舍等设施。可提供客房60间，床位106张。

余姚市大岚镇锦谷园生态农庄 位于大岚镇丹山赤水景区入口处（原泥桥茶场），于2012年改建原柿林村集体茶厂，投资1500万元。2015年5月对外营业，是一家集茶文化休闲体验，农业观光于一体的生态庄园，园内栽种多种茶、花卉、果蔬，养殖土鸡等家禽。提供农家菜肴和会议娱乐活动，可接待160余人餐饮，有客房37间，床位80张。

大乐之野·谷舍 位于大岚镇柿林丹山赤水景区内，占地0.43公顷。工程前期由柿林村投资490万元完成民宿主体建筑，后租赁给谷舍（宁波）酒店管理有限公司经营管理，总投资2000万元，于2018年6月正式对外营业。大乐之野·谷舍利用景区山水风光、人文地理环境，将高端酒店的服务理念与地方民居、民俗等人文特色完美融合，公共设施完善，具有儿童活动空间、庭院茶室、泳池、温泉泡池和露天平台。可提供各类小型聚会，配有客房22间、床位28张。

小隐·东湾 位于华山村东湾（原宁波林场护林点），境内精品名宿，总投资600万元，拥有客房10间、床位15张，于2016年对外营业。

第二节 农家乐 民宿

农家乐

2002年9月28日，柿林村7户农家乐在丹山赤水景区开业。2007年镇成立"农家乐"旅游协会，进一步完善星级考评机制，经营管理、行业自律、服务质量明显提高。是年，农家乐接待游客7万余人次，直接经济收入600余万元。2006年1月，柿林村被评为"浙江省特色农家乐示范基地"。

2008年，开展"农家乐党员示范店"评选活动，定期对经营户环境卫生、食品安全、诚信服务方面检查。大岚镇四丰自然村被评为"宁波市农家乐特色村"。

2009年，成立首个宁波市村级"农家乐"服务站，进一步规范农家乐经营管理，对原有星级户进行复评。次年，农家乐队伍不断扩大，政府组织经营户，开展礼仪、烹饪技能培训，使全镇经营户服务技能普遍提升。

2006—2011年，农家乐接待游客82万人次，直接经济收入6900万元，带动周边消费3500万元。

2012—2016年，农家乐平均接待游客25万人次，直接经济收入1.5亿元，带动周边消费0.7亿元。

2017年，全镇有农家乐48家，其中二星级农家乐25家，三星级农家乐4家。

2017年大岚镇农家乐一览表

表15-3-1　　　　单位：人

序号	村 名	饭店名称	星 级	可接待餐饮人数	营业执照
1	柿林村	余姚市大岚镇家安酒家	三星级	120	齐全
2		余姚市吊红餐饮山庄	三星级	90	齐全
3		余姚市大岚镇赤水饭庄	二星级	80	齐全
4		余姚市大岚镇柿林春秋饭店	二星级	50	齐全
5		余姚市大岚镇南来饭店	二星级	50	齐全

续表 15-3-1

序号	村名	饭店名称	星级	可接待餐饮人数	营业执照
6	柿林村	余姚市大岚镇山村饭店	二星级	80	齐全
7		余姚市大岚镇柿林阿土饭店	二星级	50	齐全
8		余姚市大岚镇柿林古村饭店	二星级	60	齐全
9		余姚市大岚镇琼香阁饭店	二星级	40	齐全
10		余姚市大岚镇兴隆饭店	二星级	80	齐全
11		余姚市大岚柿林玉珍饭店	二星级	50	齐全
12		余姚市柿林娟鑫饭店	二星级	40	齐全
13		余姚市大岚镇四季春饭店	二星级	30	齐全
14		余姚市大岚超乐饭店	二星级	30	齐全
15		余姚市柿林农家乐饭店	二星级	30	齐全
16		余姚市大岚镇醉仙楼饭店	二星级	50	齐全
17		余姚市大岚柿林阿锋饭店	二星级	30	齐全
18		余姚市大岚镇开心饭店	二星级	30	齐全
19		余姚市大岚柿林福乐酒家	二星级	50	齐全
20		余姚市丹山赤水农家乐饭店		100	齐全
21		余姚市同心井农家乐饭店		100	齐全
22		大岚镇鸿运农家乐		60	齐全
23		余姚市爱凤农家菜馆		100	齐全
24		余姚市峙岭景观饭店		150	齐全
25	大岚村	余姚市大岚和风酒楼	二星级	50	齐全
26		余姚市星火小厨农家乐饭店		50	齐全
27		余姚市云间农家土菜馆		60	齐全
28	丁家畈村	余姚市怡岚山庄	三星级	130	齐全
29		余姚市大岚镇丽丽酒家	三星级	150	齐全
30		大岚镇姚康农家菜馆		60	齐全
31		余姚市平安大酒店		70	齐全
32		余姚市铭记驿站客栈		110	齐全
33	阴地龙潭村	余姚市大岚黑龙潭农家乐饭店		50	齐全
34		余姚市大岚宁绍山庄		60	齐全
35	大俞村	余姚市大岚七里香农家乐饭店	二星级	80	齐全
36		余姚市大岚新碧云天农家乐饭店	二星级	60	齐全
37		余姚市大岚大俞农家乐饭店	二星级	40	齐全
38		余姚市大岚春风杨柳农家乐饭店	二星级	50	齐全
39		余姚市大岚世明农家乐饭店	二星级	50	齐全
40		余姚市大岚溪边小楼农家乐饭店	二星级	30	齐全
41		余姚市大岚甬升农家乐饭店	二星级	40	齐全
42		余姚市大俞山里人家农家乐饭店		60	齐全
43		余姚市大岚俞家农家乐饭店		40	齐全
44	南岚村	余姚市南岚山庄		140	齐全

续表 15-3-1

序号	村　名	饭店名称	星　级	可接待餐饮人数	营业执照
45	华山村	余姚市大岚华山人家农家乐饭店		50	齐全
46		余姚市大岚福强农家乐饭店		60	齐全
47	丁家畈村	余姚市大岚亚妮农庄		50	齐全
48	雅庄村	余姚市大岚绿里飘香农家乐饭店		120	齐全
总　计				3210	

民宿

随着镇境旅游趋于休闲式、体验式、自助化，发展民宿经济成为乡村旅游的方向，成为农民增收新途径。自2013年始，打造民宿经济作为旅游产业的重要工作，支持丹山赤水景区露营基地、小木屋、柿林民宿的建设和推介，积极鼓励民间将闲置用房改造成特色民宿。2015年，筹建姚江源乡村客栈管理指导中心，培育“姚江源乡村客栈”品牌，建成乡村农舍民宿样板。2017年，全镇拥有民宿、酒店、农家客栈28家，房间169间，床位308个，接待游客3.95万人，营业收入869万元。

2017年大岚镇民宿、酒店、客栈一览表

表 15-3-2

序号	村名	饭店名称	房间数（间）	床位数（张）
1	柿林村	余姚市吊红餐饮山庄	4	4
2		余姚市大岚超乐饭店	6	11
3		余姚市大岚镇醉仙楼饭店	4	7
4		农家住宿	4	8
5		安泰客栈	2	4
6		沈国权住宿	3	5
7		沈银海住宿	3	7
8		沈娟珍住宿	2	5
9		农家乐住宿	4	7
10		沈安客栈	5	7
11		梦溪客栈	4	6
12		余姚市丹山别院客栈	9	13
13		松月居	3	4
14	大岚村	余姚市大岚和风酒楼	2	5
15	丁家畈	余姚市大岚镇丽丽酒家	5	8
16		余姚市平安大酒店	4	8
17		余姚市大岚镇新生客栈	8	13
18		余姚市大岚镇春天旅馆	4	10
19		大岚镇姚江源乡村客栈	42	94

续表 15-3-2

序号	村名	饭店名称	房间数（间）	床位数（张）
20	大俞村	余姚市大岚七里香农家乐饭店	3	6
21		余姚市大岚新碧云天农家乐饭店	4	8
22		余姚市大岚俞家农家乐饭店	2	4
23		余姚市大岚大俞农家乐饭店	6	10
24		四明·岚舍	7	12
25	南岚村	余姚市南岚山庄	8	14
26	华山村	余姚市大岚华山人家农家乐饭店	9	13
27		余姚市大岚福强农家乐饭店	7	8
28	雅庄村	余姚市大岚亚妮农庄	5	7
总计			169	308

第三节　管理机构

为促进镇域旅游资源的开发利用，促进山区经济的持续发展，2002 年 2 月政府成立柿林村丹山赤水景区开发领导小组。4 月，建立大岚镇旅游开发综合协调小组，成员包括市属梁弄国税分局、地税分局、工商所、农行、交警队、公管所、路政局中队、法庭及镇属部门、柿林村主要负责人。9 月，组建丹山赤水风景区试开业（黄金周）活动领导小组，首期开发顺利进行。

2003 年 8 月，建立丹山赤水风景名胜区党的工作委员会，下辖柿林村党支部、丹山赤水景区管理处党支部、丹山赤水旅游发展有限公司党支部。

2005 年，成立大岚镇旅游办公室，隶属工贸镇建办公室。分工负责协调旅游景区的建设和管理；开发项目规划、申报；行业管理和服务质量监督；旅游宣传推介，农家乐发展管理等。配置工作人员 3 人。

2007 年，镇旅游开发领导小组进行调整，办公室设在工贸与村镇建设办公室内。为进一步加强旅游服务，在原大岚车站改建设立旅游咨询服务中心，配置服务人员 2 人，隶属旅游办公室管理。

2008 年，为创建省旅游强镇和省旅游特色村，成立大岚镇创建省旅游强镇和省旅游特色村领导小组。

2016 年，为进一步发挥旅游产业优势，将大岚打造成为集文化体验、休闲农业、户外运动、养生度假、旅游服务功能于一体的山地休闲度假目的地，大岚镇人民政府建立创建宁波乡村全域旅游示范区工作领导小组。

第四节　政策扶持

为认真落实镇文化、旅游产业发展，2015年3月政府制定以下激励政策：

第一条　镇级财政每年设立文化，旅游产业发展专项扶持资金50万元，用于扶持镇内注册的服务类文化、旅游企业、培训企业、重点文化企业、文化产业基地等项目。

第二条　文化、旅游、培训企业扶持：年接待游客住宿3000人以上补助3万元；5000人以上补5万元；10000人以上补10万元。旅游企业在镇内举办各种旅游推广宣传活动，每次补助活动促销费1万元，最高补10万元。每年评出金牌服务企业1家，奖3万元；银牌企业2家，各奖2万元；铜牌企业3家，各奖1万元。

第三条　景区、景点（包括漂流、拓展项目）扶持：景区、景点年接待游客10000～30000人补助3万元；30000～60000人补5万元；60000～90000补7万元；90000人以上补9万元。

第四条　文化产业基地、示范基地扶持：申报成为宁波市级、余姚市级以上文化产业示范基地的，按上级要求给予配套。每家给予一次性2万元奖励；申报成为宁波市级、余姚市级以上文化产业基地的，每家给予一次性1万元奖励。

第五条　重点文化产业项目扶持：被列入市级以上文化产业重点扶持项目，按照上级规定给予配套奖，按1∶1比例奖励奖金，原则上资助总资金最高不超过10万元。

第六条　文化旅游产业宣传扶持：对参加国内外知名文化旅游产业类会展的企业，经认定，按参展费用的50%给予补助，每年每家最高不超过10万元，对媒体宣传费用按实际发生额的50%给予补助。

第七条　附则，同一企业或项目，只允许享受一种政策。本政策调整后，与往年扶持项目差额部分不作追溯补助。提供虚假资料，发生知识产权纠纷、环境污染、食品安全、产品质量、偷税、侵权、欺骗等重大安全事故和群体劳资纠纷及其他违法违纪行为企业，取消享受政策。

第十六编　党派团体

第一章　中国共产党地方组织

1937年，抗日战争全面爆发，中国共产党高举团结抗日的旗帜，促进了国共两党重新合作和中国抗日民族统一战线的形成。1938年7月，成立了中共余姚县工作委员会（简称县工委），领导全县人民投入轰轰烈烈的抗日救亡运动。大岚境内党的组织也在斗争中稳步发展。中华人民共和国成立后，中共大岚镇（乡）委员会与时俱进，从严治党，基层党组织不断完善和加强，为大岚人民脱贫致富奔小康，建设美丽、富裕、幸福的新大岚发挥领导核心作用。

第一节　中华人民共和国成立前党的组织与活动

组织机构

民国27年（1938）夏，由中国共产党掌握和领导的余姚县战时政治工作队第四区队，在楼明山率领下，进驻南岚乡的峙岭村，在开展抗日救国运动的同时，发展党组织。是年冬，先后建立峙岭、大陈、大俞村党小组。

1939年5月，余姚中心县委根据宁绍特委的安排，撤离和调整干部，楼明山调往逍林区，由朱孚若（朱之光）接替并负责第四区队工作，由委员制改为单线领导的特派员制，下设峙岭、大阵村2个支部。

1942年夏，建立区委组织，由分管山区工作的县副特派员和中共南山联络员领导，后因负责人参军，区委工作终止。

1943年8月，重建区委组织，四明山区建有34个支部（其中2个支部原属嵊新奉县），党员182人。先后由姚亨尧、腾增传、舒文、谷光、黄连任负责人、区委书记。1945年夏，建南岚乡总支部，下设南片、北片两个分支部，12个村支部。新四军浙东游击纵队奉命北撤后，当时为了隐蔽斗争的需要，又由委员会制改为特派员制。1947年4月，山心县工委成立，管辖大岚区，虞南区。先后由黄连、褚克才任区特派员。

1948年4月，山心县工委改建为嵊新奉县工委，其所辖之大岚区，由虞鸣非（洪非女）任区委副书记，下设南岚、白鹿、杖锡、晓云4个乡（晓云乡于1948年6月划给梁弄区管辖），镇境内建立了乡级党支部1个，村级党支部7个，党小组1个，共有党员96人（不包括黄家庄村支部），直至解放。

组建第一个基层党组织

1938年夏，中共余姚县工委书记陈小平派郭静唐与峙岭村进步青年沈功田取得联系，让刚从延安“抗大”学成回来的共产党员楼明山，以教书为名到柿林村开展组织活动，秘密宣传革命道理，在进步青年中发展党员。沈功田是柿林村最早发展的中共党员。为广泛发动群众，掀起抗日救亡活动，1939年5月，时任山区特派员朱之光与谢汝昌秘密到峙岭（柿林），在村对面的鹰窠兜山上主持成立了姚南山区最早的党支部——中共峙岭村党支部，由沈功田任书记，到年底，支部共有党员12人（沈功田、姚亨尧、王援军、俞存潮、沈日月、沈功其、俞幼初、王福佑、杨习恺、沈金姑、邓增传、姚亨善）。此后，四明山区党的力量得到加强。

成立南岚乡战时消费合作社

战时政治工作队进驻南岚乡后，在发展党组织建设的同时，又重点做好战时合作社群众组织建设。1939年春，山区旱情严重，茶叶滞销，山货销不出去，商人杀价，饥荒严重。为开发乡村经济，先后在19个保里办起了南岚乡战时消费合作社。合作社开办后，发动山民去梁弄挑“救济谷”十多万斤，凭战时社会服务团和社员证领取稻谷；各保青年救亡室，积极做好地主政治思想工作，把家里（除留足口粮外）其余稻谷1万余斤，统一由合作社平价收购，原价卖给缺粮社员，不赚一分钱；还到外地采购谷米一万余斤，平价卖给社员。合作社除采办粮食外，还采购卤晶，给社员发展生产作肥料。通过一年生产自救，社员对党组织更加信任，为今后中共党组织开展工作奠定良好的群众基础。

组织茶农请愿

当时山区茶叶价格低，茶农怨声载道，激发了一大批有志青年的革命热情。民国28年（1939）3月，宁绍特委书记杨思一来到大岚与朱之光商议策划，在党组织的引领下，峙岭等11个保青年抗日救亡宣传室发动茶农组织进城请愿。要求国民党县政府“提高茶价，平抑米价，救济山民，拥护国共合作”，县长林泽与郭静唐商议用和平谈判方式解决。茶农代表有王援军、郑孝灿、姚亨尧、何德如、褚萃文等20余人参加谈判。经过双方磋商后答复了请愿团的要求。规定：1斤茶叶换3斤米，责令茶商收购，政府帮助打开销路；拨救济粮3万斤，并指令在梁弄区设立购粮站；山货土特产的税收酌情减免；秤一律改作市秤。由县民政科长钱祖授代表县政府当场宣布。请愿群众听后全场沸腾，互相祝贺胜利，一场轰轰烈烈的茶农运动宣告圆满结束。

在抗日战争和解放战争期间，四明山区地下党积极组织发展红色堡垒村、堡垒户；组织党员民兵为“浙纵”三五支队送信、送粮、当联络员；严守机密，保障革命同志的人生安全，并提供救援服务；为大岚歼灭战，蜻蜓岗、大俞战斗，峙岭伏击战和四明山地区彻底剿灭顽军和残余匪军，取得余姚民主革命的全面胜利，发挥党组织的战斗堡垒作用。

附一：抗日战争时期中共大岚地方党组织情况

中共余姚山区特派员

1939 年 5 月设立，下辖峙岭、大阵 2 个支部，1940 年秋撤销。

特 派 员　朱之光（1939.5—1940. 秋）

中共大岚区委员会（1942—1945.10）

负 责 人　姚亨尧（1942 年上半年至 7 月）[①]

　　　　　滕增传（1942.8—1943.6）

书　　记　舒　文（女，1943.8—11）

　　　　　谷　光（1943.11—1944.4）

　　　　　黄　连（1944.6—1945.10）

委　　员　腾增传（1942 年上半年至 7 月）

　　　　　王福佑（1942 年上半年至 1943 年 6 月）

　　　　　王援军（1942 年上半年—1943 年 6 月）

　　　　　俞幼初（1942.7—1943.6）

　　　　　林秀美（李辉，女，1943.8—1944.11）

　　　　　朱　虹（女，1943.8—1944.4）

　　　　　陈　苇（女，1943.8—1945.10）

　　　　　赵阿同（1943.11—1944.8）

　　　　　周文宪（1944 年春至 6 月）

　　　　　沈功其（1944.9—1945.10）

　　　　　俞存潮（1943.11—1945.10）

中共南岚乡总支部（1944.9—1945.10）

1945 年夏，南岚乡总支部以下分设南片、北片两个分支部。

书　　记　沈功甲（1944.9—1945.10）

委　　员　沈明文（1944.9—1945.10）

　　　　　朱传培（1944.9—1945.10）

　　　　　姚元对（1944.9—1945.10）

　　　　　沈德顺（仁）（1944.9—1945.10）

　　　　　鲁水涨（1944.9—1945.10）

---

① 姚亨尧，1943 年冬牺牲，烈士

中共南岚乡南片分支部（1945 年夏至 1945 年 10 月）

书　　记　沈明文（1945 年夏至 10 月）

中共大俞村支部（小组）

组　　长　俞存香（1938.12—1942.12）
　　　　　腾增传（1943.1—1944.7）
书　　记　俞存潮（兼，1944.7—1945.10）
党　　员　俞川流　俞世铿　俞长泉　俞长土　俞存标　俞存铿

中共峙岭村支部（小组）

组　　长　沈德顺（仁）（1938.12—1942.8）
书　　记　沈功田（1939.5—1941.2）
　　　　　沈德顺（仁）（1941.3—1945.10）
党　　员　沈功田　沈先立　沈企宏　沈宗铿　沈功益　沈宗觉　沈绍苗　沈功其
　　　　　沈述友　沈桂芳　沈幼富　沈宗怀　沈绍青　沈功甲　沈功能　严大康
　　　　　严戴仁　严彩花（女）　沈正水　沈金姑　沈鲁法　沈宗张　沈功治
　　　　　沈杏仁　沈国林

中共石鼓里村支部

书　　记　沈明文（兼，1944 年秋至 1945 年 10 月）

中共蜻蜓岗西岭下村支部

书　　记　沈良修（1944 年秋至 1945 年 10 月）
党　　员　沈明芳　沈明秋　丁育昌　沈成章　沈明照　王焕尧　王福佑　王德川
　　　　　王海宝　褚杨（祥）成

中共夏家岭村支部

书　　记　夏生才（1943 年 7 月至 1945 年夏）
　　　　　夏云才（1945 年夏至 10 月）
党　　员　夏生才　夏生金　夏绍端　夏云来　夏张田　鲁维官

中共王（黄）家庄村支部

书　　记　褚祥仁（成）（1944 年秋至 1945 年 10 月）

中共南岚乡北片分支部（1945 年夏）

书　　记　朱传培（1945 年夏至 10 月）

委　员　姚元对（1945 年夏至 10 月）
　　　　鲁仁义（1945 年夏至 10 月）

中共后朱村支部

书　记　朱传培（兼，1945 年夏至 10 月）
党　员　朱启长　朱启尚　朱雅金　朱忠福　朱启达　朱贞姑　朱志法　朱茂福
　　　　朱庆万　朱仁信　朱梦荣

中共上马村支部

书　记　马才炳（1943 年夏至 1945 年夏）
　　　　史仁新（1945 年夏至 10 月）
党　员　马才炳　王援军　杨习恺　龚成家　马忠兴　马忠训　马成康　王文员
　　　　马才交　马忠桃　马成志　周序根　郑祖通　郑全齐

中共大陈村支部（小组）

组　长　沈功田（1938.12—1939.4）
书　记　姚亨尧（1939 年 5 月至 1942 年夏）
　　　　俞幼初（1942.9—1943.9）
　　　　姚元对（1943 年 5 至 1945 年夏）
　　　　姚利堂（1945 年夏至 10 月）
党　员　姚亨尧　俞幼初　姚亨周　姚元对　姚亨善　姚亨支　姚利康　姚青云
　　　　姚元功　姚求花　姚元善　俞大康　俞小康　俞茂万　俞茂彩　俞幼富

中共大路村支部

书　记　徐茂万（1945 年夏至 10 月）

中共观下村支部

书　记　郑春木（1943 年夏至 10 月）
党　员　郑孝坤　鲁水章　鲁生堂　鲁忠堂　郑友法　鲁后化　鲁杏池　郑为士
　　　　郑为林　郑求生　郑定木　郑孝火　郑孝良　龚爱灿

中共下庄村支部

书　记　鲁仁义（1945 年夏至 10 月）
党　员　鲁仁花　鲁中牟　鲁人灿　鲁人正　鲁志雅　鲁中立　周根法　鲁德贵

糜山村

党　员　糜纪大　候张秀　戴锡定　王久品　王龙余

附二：解放战争时期中共大岚地方党组织情况

中共大岚区委员会（大岚区特派员）（1945.10—1949.5）

特 派 员　黄　连（1945.10—1946.12）（1947.4—1948.4）
　　　　　褚克才（1946.12—1947.4）
副 书 记　虞鸣飞（洪菲，女，1948 年夏至 1949 年 5 月）
组织委员　俞存潮（1948 年夏至 1949 年 5 月）

中共南岚乡支部

书　　记　沈明文（1948.9—1949.5）

中共南岚乡基层党组织

中共峙岭村党支部书记　沈德顺（仁）（1945.10—1949.5）
党　　员　沈功田　沈宗铿　沈正水　沈功能　严彩花　沈述友　沈鲁法　沈功其
　　　　　沈宗怀　沈山传　沈生桂　沈文宝
中共大俞村党支部书记　俞存朝（兼，1946 年冬至 1948 年 3 月）
　　　　　　　　　　　俞存标（1948.3—1949.5）
党　　员　俞川流　俞世铿　俞长泉　俞长土　俞存周　俞存铿　俞存端　俞世昌
　　　　　俞志才　俞世德　鲁育明　鲁忠炳　鲁世昌　沈荷花
中共大陈村党支部书记　姚亨周（1945.10—1949.5）
党　　员　姚亨交　姚亨善　姚利康　姚利堂　姚春云　姚元对　姚元功　姚求花
中共观下村党支部书记　郑春木（1945.10—1949.5）
党　　员　鲁水章　鲁生堂　郑定来　郑求生　郑孝良　郑孝坤　郑友法　鲁后化
　　　　　郑为士　郑为林　鲁杏池　鲁忠堂　龚爱灿
中共夏家岭党支部书记　夏云来（1947 年春至 1949 年 5 月）
党　　员　夏生才　夏生金　夏绍才　夏张田　夏张炎　夏正水　夏长海　夏生根
　　　　　鲁维官　鲁维根　邵沛芳　鲁利刚
中共后朱村党支部书记　朱传培（1947 年春至 1949 年 5 月）
党　　员　朱启长　朱启尚　朱雅金　朱忠福　朱启达　朱贞姑　朱志法　朱庆万
　　　　　朱茂福　朱仁信　朱梦荣　朱传秀　朱　旭　黄贞苗　朱荣华　黄求苗
中共石鼓村党支部书记　沈明文（兼，1948 年春至 1949 年 5 月）
党　　员　沈明芳　沈明照　沈良秀　王全尧
上马村党小组组长　史仁兴（1947 年春至 1949 年 5 月）
党　　员　马忠兴　马忠训　马忠姚　周序根　郑全齐　王文员
下庄村党员　鲁人义　鲁人化　鲁志雅　鲁人正　鲁人灿　鲁长根　鲁德贵
麋山村党员　麋纪太　候张秀　戴久品　王龙余　麋传品

第二节　中华人民共和国成立后党组织与工作活动

组织建设

1949年5月23日，余姚解放。6月，建立中共南岚乡支部，隶属梁弄区委领导。

1950年5月，南岚乡分设为南岚、大岚、新岚3个乡，除南岚乡已建党支外，大岚、新岚于1953年分别建立乡党支部。1956年4月，大岚、南岚、新岚3个乡合并后，建立大岚乡总支。1958年10月，建立中共大岚公社委员会，称大岚山公社党委，原大岚乡党委分建为4个大队支部。1959年3月，改建为大岚、南岚、新岚3个管理区党总支，所属生产大队均建立党支部。

1960年7月，建立中共四明山公社委员会，设华山等5个管理区总支。1961年10月，建立四明山区委，下设华山等5个人民公社党委。大岚、南岚（峙岭等3个大队）、新岚3个管理区调整为大岚、新岚2个公社党委。1962年，大岚、新岚公社党委合并。1964年11月，大岚公社党委从梁弄区划归四明山区领导。1965年，大岚公社建支部23个，党员146人；华山公社建支部6个，党员33人。1969年4月，建立四明山区革命领导小组，大岚、华山公社改称革委会。6月，更名为四明山区革命委员会党的核心组，更名大岚、华山公社革命委员会党的核心小组。

1971年，复建区委、公社党委。1973年，大岚公社建19个支部，党员316人；华山公社建9个支部，党员73人。1983年8月，实行政社分设，公社党委改称乡党委，大队支部改称村党支部。1990年，大岚公社建支部33个，党员（预备）447人；华山公社建支部13个，党员100人。

1992年5月，撤区扩镇并乡，华山乡并入大岚镇，新组建中共大岚镇委员会，组成人员由市委任命，下设39个党支部，党员553人，其中村支部30个。

2001年4月，村级组织机构调整，全镇30个村合并成14个村民委员会，建成14个村党支部。2003年，设党支部28个，有党员671人，其中女党员70人，占党员总数的10.43%。2010年，设党支部36个，党员832人。至2017年，全镇设支部37个。

思想建设

1950年5月，南岚乡组织党员和农会、团、妇等干部学习土地改革政策。1952年12月，乡干部分期分批到县干部学校进行形势、任务、政策和民主建政、党的基本知识教育。1953—1954年，组织全体党员和互助合作组长，进行党在过渡时期的总路线教育。1956—1957年，结合整党整风，对全体党员、预备党员和建党对象开展党性教育。1961年，学习贯彻《农村人民公社条例（草案）》。1963年，开展社会主义教育运动，组织党员干部学习“老三篇”等毛主席著作，教育党员干部发扬艰苦奋斗精神，做奉献于事业、服务于人民的好干部。“文化大革命”期间，党的思想教育停顿。

1973年6月，学习中央工作会议和省委扩大会议的精神，学习中央关于筹备中共十大和批林整风的文件。1975年9月，学习贯彻中共中央《批判林彪资产阶级军事路线若干问题》（材料之二），学习无产阶级专政理论。

1981年7月，各乡学习中共十一届六中全会《关于建国以来党的若干历史问题的决议》。1987年9月，各村支部书记参加市完善农村双层经营体制的政策学习培训。1988年，学习党在社会主义初级阶段的基本路线，开展生产力标准的学习讨论。1989年7月，学习市委第八届扩大会议和中共十三届四中全会精神，学习邓小平三次重要讲话和中共中央总书记江泽民讲话。1990年7月，四明山区委组织各乡（镇）党委，区级机关、村支部书记等90余人，在大岚镇举办党训班。

1992年后，认真学习邓小平南方谈话精神，学习中国特色社会主义理论和社会主义市场经济理论，开展解放思想大讨论。2000年3月起，开展讲学习、讲政治、讲正气的“三讲”教育。2001年，开展“三个代表”重要思想教育。2005年，充分利用镇党委中心学习组和机关干部夜学制度；党员家庭教育活动点及现代远程教育网等阵地，采用多种形式和方法进行党员先进性教育。2009年，开展学习、实践科学发展观活动。2010年，采取党政领导讲课与邀请专家、学者培训辅导相结合的方式，开展党员干部思想素质教育。

2013—2017年，认真学习中共十八届三中、四中全会和十九大精神，开展不忘初心、牢记使命的党性教育。

作风建设

1950年，中共余姚县委开展乡（镇）脱产干部思想作风整顿，克服脱离实际、脱离群众的官僚主义、命令主义作风。1953年2月，在党员干部队伍中开展反对官僚主义、反对命令主义、反对违法乱纪的新“三反”斗争。通过“三反”，促进党员、干部转变作风、提高政策水平，改善干群关系。1957年5月，组织党员、干部学习《关于正确处理人民内部矛盾的问题》，密切联系实际，开展批评与自我批评，批判官僚主义、宗派主义和主观主义。

1970年冬，开展整党建党工作，基层党组织陆续恢复。1971年9月，县委组织22级以上党员干部和公社党委委员，开展批修（陈）整风会议。

1986年6月，余姚市委整党工作指导组和四明山区委整党工作领导小组，组织大岚、华山等6乡基层党组织全体党员，按照先乡属机关部门、企业单位党组织，后村级党组织分二期进行整党，历时1年，到1987年6月结束。这次整党，坚持以正面教育为主，对全体党员进行理想、宗旨、党风党纪教育。

1991年10月，四明山区委组织五乡一镇机关干部和部门党支部书记，开展思想作风教育，历时23天。主要解决干部队伍群众观念淡薄、工作作风不实、办事效率不高等问题。1994年，开展领导班子思想作风建设年活动。1997年，组织党员、干部开展“奉献于事业、服务于人民”的作风教育活动，组织大型教育4次。1998年，组织机关干部开展进村入户调研活动，撰写调研文章14篇。

2004年，党政班子领导干部推行联村、联企、联户活动，与村困难家庭实行结对帮扶。2005年，又相继开展“转变作风年”“调查研究年”活动。2007年，镇机关干部中开展“树形象、创业绩和走进矛盾、破解难题”主题实践活动。派驻中层副职以上干部联系11家企业，当好企业调研员、政策法规宣传员、发展难题破解员、经营管理服务员。2010年，组织党员干部开展“创先争优”活动。2015年，深入开展领导干部“五联五促”“走亲连心”“双带双连”活动，走访3913户，走访率 98%。2016 年，开展农村党员“双带双创”（带头参与创美丽标兵，带动周边创美丽庭院）共建美丽家园活动。

党员发展

中华人民共和国成立初期，全乡有党员 96 人。1953 年，在土地改革镇压反革命运动中，各支部“小心谨慎，有计划地吸收个别贫雇农积极分子入党”。1955 年，大岚乡有党员 35 人，其中预备党员 3 人。1956 年，完成农业、手工业和资本主义工商业的社会主义改造后，党的队伍不断发展壮大。1962 年，大岚公社有党员 135 人，其中预备党员 18 人。华山公社有党员 28 人，其中预备党员 5 人。1964—1965 年，农村开展“四清五反”社会主义教育运动中，吸收青年干部进入党组织。1971 年，大岚、华山公社有党员 361 人，其中女党员 23 人，占党员总数的 6.37%；高中以上学历的 5 人，占党员总数的 1.39%。1974 年前后，出现“突击入党”的不正常现象。1977 年 7 月，慎重审查“文化大革命”期间突击入党的党员。此后，进一步贯彻“积极慎重”的方针，严把入党关，符合党员标准的积极分子按照《党章》规定吸收入党。

1980 年，大岚、华山公社有党员 460 人，其中女党员 30 人，占党员总数的 6.5%；高中以上学历 9 人，占党员总数的 1.96%；45 岁以下党员 356 人，占党员总数的 77.39%。

1983 年起，遵照新时期党员标准，注重党员的年龄结构和文化素质，重视发展知识分子和女性党员。1987 年，大岚乡党委下设 30 个村支部，党员 422 人，其中女党员 32 人，占党员总数的 7.6%，50 岁以下党员 232 人，占党员总数的 54.98%；高中以上文化程度的 47 人，占党员总数的 11.14%。

1990 年，大岚镇（含华山）有党员 547 人，其中女党员 38 人，占党员总数的 6.95%；高中以上学历的 95 人，占党员总数的 17.37%；45 岁以下党员 252 人，占党员总数的 46.1%。

1992 年后，新党员重点从村后备干部、专业户、文明家庭户、优秀教师等先进工作者中发展。2000 年，全镇有党支部 49 个，党员 656 人，其中女党员 62 人，占党员总数的 9.5%。

2004—2011 年，共吸收 283 名镇属机关部门、农村后备干部、骨干企业及外出创业青年进入党组织（包括预备期 39 人），其中，吸收优秀教师 15 人，占新党员总数的 5.3%；企业负责人和技术骨干 14 人，占新党员总数的 4.95%；镇机关干部发展 16 人，占新党员总数的 5.65%，女青年 45 人，占新党员总数的 15.9%。

2013 年后，党员发展总量控制在每年 14 人。对入党对象的政审要求更加严格，镇委组织办对发展对象及其家庭配偶、社会关系进行综合调查审核。

2017 年，全镇共有党员 866 人，其中女党员 174 人，占党员总数的 20.09%，50 岁以下党员 348 人，占党员总数的 40.18%；高中以上学历的 390 人，占党员总数的 45.03%，党员队伍整体素质得到提高。

附：1949—2017年历届党组织名录

中共南岚乡支部

书　记　沈文明（1949.6—1949.7）
　　　　沈正水（1949.7—1950.5）
　　　　沈文定（1953年上半年至1956年4月）

中共大岚乡支部

书　记　郑为士（1953年上半年至1956年4月）

中共新岚乡支部

书　记　姚亨善（1953年上半年至1956年4月）

中共大岚乡总支（党委）

书　记　沈文宝（1956.4—1957.4）
　　　　金渭棠（兼，1957.4—1958.1）
　　　　黄瑞田（1958.1—1958.5）
　　　　陆和本（1958.5—1958.10）
副书记　郑全芹（1956.4—1958.10）
　　　　郑为士（1956.4—1958.10）
　　　　沈文宝（1957.4—1958.10）

中共大岚公社委员会及所属管理区（大队）党组织

中共大岚公社委员会

书　记　张传友（1958.10—1959.2）
　　　　金渭棠（1959.2—1961.10）
副书记　陆和本（1958.10—1959.2）
　　　　王朝煊（1958.10—1959.3）
　　　　张传友（1959.2—1960.8）
　　　　鲁瑞钿（1959.2—1960.6）
　　　　张幼青（1959.8—1961.10）
　　　　余自强（1959.11—1960.12）
　　　　汪长银（1960.1—1960.5）
　　　　沈长位（1960.1—1960.5）
　　　　黄贞苗（1960.3—1961.5）

大岚管理区党总支

由大岚乡党委改称。

书　记　郑求生（1959.3—1961.10）

副书记　郑为士（1959.3—1961.10）

南岚管理区（华盖山大队）党总支

从大岚乡党委分设。

书　记　沈功能（1958.10—1959.2）

　　　　汪长银（1959.2—1960.1）

　　　　沈功能（1960.1—1961.10）

副书记　沈功能（1959.3—1960.1）

新岚管理区（上马岗大队）党总支

从大岚乡党委分设。

书　记　夏生根（1958.10—1959.2）

　　　　黄贞苗（1959.2—1959.3）

　　　　王朝煊（1959.3—1959.7）

　　　　鲁光戴（1959.7—1961.10）

副书记　黄贞苗（1959.3—1960.2）

夏家岭大队党总支

从大岚乡党委分设，1959 年 3 月并入大岚管理区党总支。

书　记　郑求生（1958.10—1959.3）

丁家畈大队党总支

从大岚乡党委分设，1959 年 3 月并入大岚管理区党总支。

书　记　龚存德（1958.10—1959.3）

中共大岚公社党委

书　记　郑求生（1961.10—1962.6）

副书记　沈长位（1961.10—1962.6）

　　　　鲁德者（1961.10—1962.6）

中共新岚公社党委

书　记　张幼青（1961.10—1962.6）

副书记　黄贞苗（1961.10—1962.6）

中共大岚公社党委

1962年6月，新岚、大岚两个公社党委合并。

书　记　金渭棠（兼，1962.6—1966.12）
　　　　蒋炳勤（兼，1966.12—1969.12）
副书记　郑求生（1962.6—1969.1）
　　　　沈长位（1962.6—1966.12）
　　　　张幼青（1962.6—1963.2）
　　　　李文林（1966.12—1969.1）

大岚公社革委会党的核心小组

组　长　将炳勤（1970.1—1970.6）

大岚公社党委

书　记　将炳勤（1970.6—1971.3）
　　　　李文林（1971.3—1972.1）
　　　　何梦来（1972.1—1972.12）
　　　　金渭棠（1972.12—1974.2）
　　　　马仁成（1974.2—1978.3）

大岚乡（公社）党委

书　记　任朝尧（兼，1978.3—1979.9）
　　　　赵忠新（兼，1979.9—1980.9）
　　　　刘来根（1980.9—1982.9）
　　　　郑世根（1982.9—1992.5）
副书记　郑求生（1976.10—1979.12）
　　　　朱炳法（1976.10—1979.12）
　　　　陈荣业（1976.10—1987.4）
　　　　陈林章（1979.12—1983.4）
　　　　李志根（1979.12—1986.3）
　　　　沈惠康（1984.8—1989.8）
　　　　朱炳法（1989.10—1992.5）
　　　　郑苗姑（1987.3—1992.5）

中共四明山人民公社华山管理区总支

书　记　叶立金（1960.7—1961.10）
（四明山公社党委副书记）

中共华山公社党委

书　记　任朝尧（1961.10—1970.2）
副书记　郦枝梅（1961.10—1962.6）
　　　　俞世浩（1966.7—1969.3）

华山公社革委会党的核心小组

组　长　鲁介人（1970.3—1970.7）

中共华山公社党委

书　记　鲁介人（1970.7—1978.5）
　　　　沈水堂（1978.6—1979.12）
　　　　王寿根（1979.12—1982.12）
　　　　鲁秀定（1982.12—1983.9）
　　　　唐勤山（1983.9—1987.2）
　　　　王明央（1987.2—1992.5）
副书记　俞士佳（1976.10—1978.5）
　　　　沈水堂（1976.10—1978.6）
　　　　黄君多（1978.5—1979.12）
　　　　鲁秀定（1978.5—1982.2）
　　　　龚幼安（1980.10—1982.12）
　　　　唐勤山（1982.12—1983.9）
　　　　马仁成（1983.9—1987.4）
　　　　沈宗钱（1985.10—1992.5）
　　　　鲁建华（1987.2—1992.5）

撤扩并后历届党的委员会

中共大岚镇委员会

1992年5月，“撤扩并”后，市委公布的中共大岚镇委员会组成成员名单
书　记　沈惠康（1992.5—1992.11）
　　　　唐勤山（1992.11—1993.1）
副书记　王明央（1992.5—1993.1）
　　　　唐勤山（1992.5—1992.11）
　　　　王林君（1992—1993.1）
委　员　郑苗姑（女，1992.5—1993.1）
　　　　唐富良（1992.5—1993.1）

沈宗钱（1992.5—1993.1）
鲁才定（1992.5—1993.1）
鲁庆范（1992.11—1993.1）
朱炳法（1992.11—1993.1）

中共大岚镇第八届委员会

书　记　唐勤山（1993.1—1994.1.12）
　　　　张百成（1994.1.12—1996.1.23）
副书记　王林君（1993.1—1996.1.23）
　　　　王明央（1993.1—1995.11.4）
　　　　鲁章敖（1995.11.4—1996.1.23）
委　员　郑苗姑（女，1993.1—1996.1.23）
　　　　王再根（1993.1—1995.2.25）
　　　　沈宗钱（1993.1—1993.8）
　　　　鲁才定（1993.1—1996.1.23）
　　　　鲁庆范（1993.1—1996.1.23）
　　　　朱炳法（1993.1—1996.1.23）
　　　　屠林娟（女，1993.8—1996.1.23）
　　　　周　栋（挂职，1995.5.23—1996.1.23）
　　　　郑奕训（1995.7.26—1996.1.23）
　　　　沈华坤（1995.7.26—1996.1.23）
　　　　王守先（1995.11.4—1996.1.23）

中共大岚镇第九届委员会

书　记　张百成（1996.1.23—1998.4.13）
　　　　王林君（1998.4.13—1998.12.23）
副书记　王林君（1996.1.23—1998.4.13）
　　　　鲁章敖（1996.1.23—1998.12.23）
　　　　沈立群（1998.4.13—1998.12.23）
委　员　屠林娟（女，1996.1.23—1998.12.23）
　　　　鲁才定（1996.1.23—1998.12.23）
　　　　王守先（1996.1.23—1998.12.23）
　　　　沈华坤（1996.1.23—1998.9.24）
　　　　鲁庆范（1996.1.23—1998.12.23）
　　　　朱炳法（1996.1.23—1998.12.23）
　　　　周　栋（挂职，1996.1.23—1996.6.20）
　　　　何国信（挂职，1998.4.13—1998.12.23）

中共大岚镇第十届委员会

书　记　王林君（1998.12.23—2001.10）
　　　　鲁章敖（2001.10—2001.12）
副书记　沈立群（1998.12.23—2000.1）
　　　　鲁章敖（1998.12.23—2001.10）
　　　　戚建华（1999.12—2001.12）
　　　　徐康林（2001.10—2001.12）
委　员　屠林娟（女，1998.12.23—1999.12）
　　　　王守先（1998.12.23—2001.10）
　　　　鲁才定（1998.12.23—2001.10）
　　　　郑奕训（1998.12.23—2001.12）
　　　　袁根思（1999.12—2001.12）
　　　　黄红珍（女，2001.10—2001.12）
　　　　张剑耀（2001.10—2001.12）

中共大岚镇第十一届委员会

书　记　鲁章敖（2001.12—2003.11）
　　　　郑桂春（2003.11—2005.8）
　　　　潘银浩（2005.8—2006.9）
副书记　徐康林（2001.12—2003.5）
　　　　潘银浩（2003.5—2005.8）
　　　　戚建华（2001.12—2003.5）
　　　　袁根思（2003.5—2005.9）
　　　　杨荷峰（2005.8—2006.9）
　　　　黄红珍（2005.8—2006.6）
　　　　沈培荣（2006.6—2006.9）
委　员　袁根思（2001.12—2003.5）
　　　　黄红珍（女，2001.12—2005.8）
　　　　张剑耀（2001.12—2006.6）
　　　　郑奕训（2001.12—2006.6）
　　　　沈培荣（2003.12—2006.6）
　　　　邵志云（2005.6—2006.9）
　　　　李文娟（女，2005.8—2006.9）
　　　　柳雅敏（女，2006.6—2006.9）
　　　　叶伟松（2006.6—2006.9）

中共大岚镇第十二届委员会

书　记　潘银浩（2006.9—2006.12）
　　　　杨荷峰（2006.12—2010.6）
　　　　杨万里（2010.6—2011.9）
副书记　杨荷峰（2006.9—2006.12）
　　　　杨万里（2006.12—2010.6）
　　　　沈培荣（2006.9—2007.7）
　　　　唐裕康（2007.7—2011.9）
　　　　潘剑波（2010.8—2011.9）
委　员　李文娟（女，2006.9—2010.3）
　　　　柳雅敏（女，2006.9—2009.12）
　　　　叶伟松（2006.9—2008.8）
　　　　施建森（2008.8—2011.8）
　　　　周百荣（2010.3—2010.9）
　　　　蒋伟儿（女，2010.6—2011.9）
　　　　陈晓珍（女，2010.9—2011.9）
　　　　周　晋（2011.8—2011.9）

中共大岚镇第十三届委员会

书　记　杨万里（2011.9—2011.12）
　　　　毛柏生（2011.12—2014.12）
　　　　潘剑波（2014.12—2016.10）
副书记　唐裕康（2011.9—2011.12）
　　　　潘剑波（2011.9—2011.12）
　　　　周百荣（2011.12—2013.5）
　　　　黄　强（2013.5—2016.10）
委　员　蒋伟儿（女，2011.9—2016.8）
　　　　陈晓珍（女，2011.9—2012.12）
　　　　周　晋（2011.9—2013.3）
　　　　严鸿炳（2011.9—2012.12）
　　　　李基坚（2012.12—2016.10）
　　　　徐志军（2013.11—2016.10）
　　　　马文文（2016.8—2016.10）
　　　　谢超炯（2012.12—2016.10）
　　　　郑文杰（2016.8—2016.10）

中共大岚镇第十四届委员会

书　记　潘剑波（2016.10—2017.4）
　　　　肖鹤峰（2017.4—12.30）
副书记　肖鹤峰（2016.10—2017.4）
　　　　黄　强（2016.10—2017.12.30）
　　　　张叶飞（女，2017.7—2017.12.30）
委　员　马文文（2016.10—2017.12.30）
　　　　郑文杰（2016.10—2017.12.30）
　　　　李基坚（2016.10—2017.12.30）
　　　　徐志军（2016.10—2017.12.30）
　　　　谢超炯（2016.10—2017.11）
　　　　汪　江（挂职，2017.5—12.30）

第三节　党员代表大会

1958—2017 年，共召开中共大岚镇（公社）代表大会 14 次，其中 1 ～ 5 次代表大会因资料缺失而无从查考。

中共大岚乡第六次代表大会

1984 年 4 月 30 日，中共大岚乡第六次代表大会在乡大会堂召开。会议应出席代表 78 人，实际出席 67 人，大会听取、审议并通过乡委工作报告。选举产生中共大岚乡第六届委员会委员 4 人，选举郑世根为乡党委书记，选举产生出席县第七次代表 3 人。

中共大岚镇第七次代表大会

1990 年 3 月 20 日，中共大岚镇第七次代表大会在镇大会堂召开，实际出席代表 63 人。大会听取、审议并通过镇委工作报告，提出以中共十三大精神为指针，立足山区，积极工作，为夺取大岚镇两个文明建设新成就而努力奋斗。会议选举产生中共大岚镇第七届委员会委员 5 人，选举郑世根为镇委书记。

中共大岚镇第八次代表大会

1993 年 1 月 4 日，大岚镇召开第八次党的代表大会，实际出席代表 79 人。会议审议通过镇委《解放思想、转换脑筋、加快建设、加速脱贫，努力实现小康目标而共同奋进》的工作报告和镇纪委工作报告。大会选举产生中共大岚镇第八届委员会 9 人，选举产生中共大岚镇纪律检查委员会委员 5 人。在镇委一次全委会议上，选举唐勤山为镇委书记。在镇纪委一次全委会议上，选举王明央为镇纪委书记。大会同时选举出席余姚市第十次党代会代表8人。

中共大岚镇第九次代表大会

1996年1月23日，中共大岚镇第九次代表大会在镇大会堂召开。应到代表80人，实际出席代表79人，列席代表17人。大会听取、审议并通过镇委《振奋精神、务实创新，为加快实现小康镇目标而努力奋斗》的工作报告和镇纪委工作报告；大会以无记名投票、差额选举方式，选举产生了中共大岚镇第九届委员会委员9人和纪律检查委员会委员5人。大会选举张百成为镇党委书记；在镇纪委一次全委会议上，选举鲁章敖为镇纪委书记。

中共大岚镇第十次代表大会

1998年12月23日，中共大岚镇第十次代表大会在镇大会堂召开。应到代表81人，实际到会代表81人，列席代表20人。大会听取、审议并通过镇委《振奋精神、开拓创新，努力把大岚建设成为文明美丽富强的社会主义山区中等新集镇》的工作报告和镇纪委工作报告。大会以无记名投票、差额选举方式，选举产生了中共大岚镇第十届委员会委员7人和纪律检查委员会委员5人。选举王林君为镇党委书记；在镇纪委一次全委会议上，选举鲁章敖为镇纪委书记。

中共大岚镇第十一次代表大会

2001年12月28日，中共大岚镇第十一次代表大会在镇三楼会议室召开。应到代表53人，实际出席代表53人，列邀代表37人。大会听取、审议并通过镇委《务实创新、与时俱进，为开创大岚工作新局面而努力奋斗》的工作报告和纪委工作报告。大会通过《中共大岚镇党委关于加强和改进镇领导班子作风建设的决定》。大会以无记名投票方式，差额选举产生了中共大岚镇第十一届委员会委员7人和纪律检查委员会委员5人。选举鲁章敖为镇党委书记；在镇纪委一次全委会会议上，选举戚建华为镇纪委书记。

中共大岚镇十二次代表大会

2006年9月22日，中共大岚镇第十二次代表大会在镇大会议室召开，出席代表54人。大会听取、审议并通过镇委《面向旅游经济时代，立足现实特色优势，为构筑大岚发展新格局而努力奋斗》的工作报告和纪委工作报告，大会以无记名投票的方式，差额选举产生中共大岚镇第十二届委员会委员6人和纪律检查委员会委员3人。选举潘银浩为镇党委书记；在镇纪委一次全委会议上，选举沈培荣为镇纪委书记。

中共大岚镇第十三次代表大会

2011年9月28日，中共大岚镇第十三次代表大会在镇大会议室召开，应出席代表53人，实际出席代表52人，列席代表47人。大会听取、审议并通过镇委《立足发展新起点，开创发展新篇章，为加快建设富裕、幸福美丽新大岚而努力奋斗》的工作报告和纪委工作报告；通过《切实加强党委班子自身建设的决定》和《中国共产党大岚镇代表任期制实施细则》。大会以无记名投票和差额选举的方式，选举产生中共大岚镇第十三届委员会委员7人和纪律检查委员会委员5

人。选举杨万里为镇党委书记；在镇纪委一次全委会议上，潘剑波当选为镇纪委书记。

中共大岚镇第十四次代表大会

2016年10月18日，中共大岚镇第十四次代表大会在镇四楼大会议室召开。应出席代表53人，实际出席52人，列席代表43人。大会听取、审议并通过镇委《不忘初心，砥砺前行，为建设浙东美丽幸福生态小镇而努力奋斗》的工作报告和纪委工作报告；通过《关于开展基层党建“整村推进、整镇提升”行动的实施意见》。大会以无记名投票和差额选举的方式，选举产生中共大岚镇第十四届委员会委员7人和纪律检查委员会委员3人。选举潘剑波为镇党委书记；在镇纪委一次全委会议上，马文文当选为镇纪委书记。

附：

1994年6月6日，柿林村沈永楼出席中共宁波市第八次代表大会。

2017年2月，柿林村沈炳荣出席中共宁波市第十三次代表大会。

第四节　纪检　信访

纪检

1992年5月前，镇纪委不设专门纪律（监察）机构，不配备专职纪检干部，纪律检查工作由乡（公社）分管党群工作的副书记或党委委员兼任。1984年6月，成立中共四明山区委纪律检查组。1988年3月，建立四明山区纪检小组，有成员2人。大岚、华山乡建立纪检小组，组长郑苗姑、沈宗钱。1991年12月改建为四明山区纪律检查工作委员会。1992年2月，调整后有委员3人。大岚镇仍设纪检小组，隶属四明山区纪律检查工作委员会。

1992年5月，撤区并乡，镇委设专职纪检干部。1993年1月，中共大岚镇第八次代表大会首次以无记名差额选举的方式，选举产生镇纪律检查委员会，任期与镇党委相同。设书记、副书记各1人，委员3人，其中专职委员1人。此后，历届镇纪委均按此配置。

1958年前，各乡支部（总支）及行政村党组织，农村党员干部的纪律教育由梁弄区委组织实施。在此期间，结合土地改革开展“三反”（反贪污、反浪费、反官僚主义）、“五反”（反行贿、反偷税漏税、反盗骗国家财产、反偷工减料、反盗窃国家经济情报）、“一化三改造”（实现社会主义工业化、实现对农业、手工业和资本主义工商业的社会主义改造）、“反右派”、人民公社化等运动，对党员进行遵守党章、党纪教育，查处丧失立场、道德败坏、贪污等违法乱纪行为。1959年后，开展“反右倾保守”的“插红旗、拔白旗”运动，一度发生处理扩大化倾向。1963年，对在“反右倾”整风中受过处理的党员进行甄别，落实政策。1964—1965年，开展“四清”运动，清工分、清账目、清仓库、清财务，时称“小四清”；后转向清思想、清政治、清组织、清经济，时称“大四清”。1966年“文化大革命”开始，纪检监察工作停顿。1970年底前，通过整党、建党，恢复区委和公社党委。因受“左”的思想影响，党内纪律作风教育带有阶级斗争、路线斗争等上纲上线倾向。

1979年，重建县纪检委后，公社党委纪检工作以加强党风、党性、党纪教育为重点，保证中共十一届三中全会路线、方针、政策的贯彻执行。清查在“文化大革命”中犯有打、砸、抢错误的“三种人”，复查纠正“文化大革命”及历次政治运动中遗留的冤、假、错案，并给予平反。1981年后，公社纪检工作以坚持四项基本原则，反对资产阶自由化，反对不正之风为基本内容，开展“争做合格党员”活动。1985年，乡党委围绕发扬党的“三大作风”（即理论联系实际、密切联系人民群众、批评与自我批评），贯彻落实党风廉政建设的各项规定和措施。1989年，中共四明山区委、区公所提出《关于廉政建设方面抓好八件事的决定》，清理党政机关干部经商办企业，刹住请客送礼风，制止机关干部中违纪或违章建私房，杜绝干部人员调动、招收、分配中的不正之风和机关部门违规滥发奖金实物等问题。三年中，大岚乡处理违纪党员5人，限期改正4人，恢复党籍2人。1990年4月，大岚镇人民政府建立镇政府议事规则，决定有关财政、人事、资金、物资分配及重大政策性问题，必须经镇长办公会议集体讨论决定，并对廉政建设提出七条规定。

1992年5月，撤区扩镇并乡后，建立镇纪律检查委员会和监察室，明确镇纪委、监察室的工作职责，处分权限和工作程序，履行纪检监察机关“保护、惩处、监督、教育”四项职能，搞好思想作风建设和反腐败斗争。1994年，查处党内违纪案5件，处分违纪党员5人，其中留党察看撤销职务1人，严重警告2人，警告2人。在党风廉政建设活动月中，镇党委政府进一步完善机关干部财务报销，下村下厂联系、学习、值班、考勤等5项制度。

1996—1998年，镇纪委重点加强机关干部和村干部、党员廉政教育。专题开展“加强机关干部廉政建设争做群众满意公仆”“加强党风廉政建设，提高党员干部拒腐能力”的两期培训教育，使机关、村党员干部进一步树立勤奋学习观、政治立场观、整体全局观、群众服务观、传统美德观，严肃党纪、政纪和法纪，做人民满意公仆。在党政领导班子成员中开展述职评议。

1998—2001年，镇纪委进一步健全党政一把手负总责、分级负责、一票否决的党风廉政责任制。加大标本兼治、综合治理力度，提出党风廉政建设15项任务；制定实施领导干部廉洁自律十条规定、机关干部守则、首问责任制等规章制度。

全面实施村务、财务公开制度，设立党政领导干部廉洁自律专用账号，开通纪检专线电话。三年中，受理群众来信来访25人次，来信22件，立案查处党员干部案7件，受党纪处分7人，挽回经济损失2万元。

2002—2006年，建立市、镇、村三级责任网络体系，设立党风廉政建设建议书、任务书。规定村和基层站（所）党风廉政建设若干制度和监督办法，建立村务公开和村级重大事项实行村民代表议事（或听证）制度，制定行政村非生产开支限额报审批制度，确定村非生产性开支范围、总额、审批、管理等规定。2002年，对镇、村三处电站企业进行审计，审计金额462万元，查处违规金额1.5万元，收缴1.5万元，提出建议5条，纠正错账2项。5年中，14个行政村共减债700余万元，立案查处党员干部违纪案10件。开展党政班子成员述职评议，撰写个人剖析材料和述廉报告。通过“述廉、评廉、考廉”，促进领导班子牢固树立克己奉公、廉洁自律、干净干事的工作准则，自觉实践“三个代表”重要思想。

2007—2011年，镇村在签订党风廉政建设责任书的基础上，领导班子成员分别签订廉洁自律承诺书，实行谁主管谁负责，将党风廉政建设责任制落实到人。成立镇“三资”监管中心，组织检查村级资金、资产、资源的有效监督管理，确保村级集体资产的保值增值。进一步推进“阳光村务工程”，实行阳光考核，将考核结果与村干部的报酬和创先评优相结合。开设“廉政课堂”，发送廉政教育短信，不定期组织镇村党员干部廉政教育，做到警钟长鸣。建立工程招投标制度，实施工程预算监察。2011年始，推行村支部每年在代表大会上述职评议。

2012—2016年，继续落实党风廉政建设一把手总负责，“一岗双责”的要求，一级抓一级，层层抓落实，完善主要领导“问责”，分管领导“督责”，领导班子成员带头“履责”的制度体系。在抓好机关干部学习教育、效能建设的同时，注重村级财务、工程招标等内容的审计监察力度。5年中，镇纪委完成6个村的村级财务审计，查明违规支出金额246.82万元，提出审计建议46条。审计工程项目59个，送审财务金额8224.7万元，核减工程款269.1万元。对工程招标管理监督83次，概算资金5473.66万元，中标金额5224.33万元，节减资金249.33万元。通过村级财务管理监督，非生产性开支总额逐年缩减。2014年9月，全镇14个村非生产开支98.45万元，比上年同期下浮39.06%；2015年，非生产性开支45.62万元，比上年同期节减53.66%。查处党员违纪案13件，受党纪处分13件，其中开除党籍7人，留党察看2人，党内警告处分4人。

2017年，遵照“两学一做”学习教育常态化、制度化要求，加强对中央八项规定、“两个条例”及《廉洁自律准则》等党规党纪教育，自觉做遵守各项制度规矩的模范表率。镇纪委重视督查机关工作纪律、作风、会风、廉洁自律等方面的问题，采用明察暗访、专项督查。整风肃纪领导小组开展5次突击检查，对检查中存在的问题开展批评教育、约谈和通报。是年，查处普通党员违纪案2件，其中开除党籍1人，警告处分1人。

信访

20世纪80年代前，人民群众来信来访工作由镇党委委员兼管，党政其他领导及下属机构归口承办。特定时期设临时接待机构，接待受理群众信访。1981年底，设立由乡党委副书记为组长的信访工作领导小组，配兼职信访干部，信访干部具体承接上级交办信件，接待受理群众信访，同时会同归口业务部门参与重要信访件办理。

1992年5月起，信访工作由镇党委委员负责，党群工作副书记和镇委纪检副书记分管，设信访室，配1名专职信访干部。此后一段时间，受理的信访主要集中在农村宅基地、山林权属、企业转制后的政策及村级财务等方面问题。2000年后，建立《信访工作责任制》《信访工作职责》《文明接访守则》等工作制度。2004年，完善领导干部信访接待日，重大信访、疑难信访定期会商，目标管理考核等三项制度。至2005年底，群众反映的主要热点为检举村干部财务不清、内聚外迁政策咨询、土地管理等方面的问题。两年内受理各类信件66件，其中来信39件（市长信箱9件、重复信5件），来访、来电27件，接待群众58人次，办结率100%。全镇无赴京、赴省、赴宁波上访现象，无因信访原因造成恶性事件。2007、2009年，积极摸排不稳定因素，努力消除信访隐患，把矛盾纠纷解决在萌芽期，信访件明显减少。两年共受理信访件48起，做到事事有着落，件件有回复。

2013—2017年，共受理各类信访数253件（包括上级转办件），其中市长电话106件，来信16件，来访123件。5年中，群众反映的主要问题有检举揭发、土地管理、拆建安置、环保、困难求助等，其中困难求助信访 45 件，检举揭发 40 件，城镇管理 33 件，土地管理 29 件，劳动保障 24 件，环保 20 件。

附：中共大岚镇纪律检查委员会历任负责人名录

书　记　王明央（1992.5—1995.11.4）
　　　　鲁章敖（1995.11.4—1999.12）
　　　　戚建华（1999.12—2003.5）
　　　　袁根思（2003.5—2005.8）
　　　　黄红珍（女，2005.8—2006.6）
　　　　沈培荣（2006.6—2007.7）
　　　　唐裕康（2007.7—2010.8）
　　　　潘剑波（2010.8—2011.12）
　　　　周百荣（2011.12—2013.5）
　　　　黄　强（2013.5—2015.3）
　　　　蒋伟儿（女，2015.3—2016.8）
　　　　马文文（2016.10—2017.12）
副书记　沈宗钱（1992.5—1993.8）
　　　　屠林娟（女，1993.8—1996.1）
　　　　王守先（1996.1—1998.12）
　　　　屠林娟（女，1998.10—1999.12）
　　　　袁根思（1999.12—2003.5）
　　　　黄红珍（女，2003.5—2005.8）
　　　　李文娟（女，2005.8—2011.9）
　　　　蒋伟儿（女，2011.9—2015.3）

第五节　宣传　统战

宣传

民国时期党的宣传工作　民国 27 年（1938），中共余姚县工委派驻共产党员楼明山以教书为名到柿林村开展党的宣传工作，在进步青年中宣传革命道理，组织成立“青年救亡宣传室”。民国 28 年，县战时政治工作队组织南岚乡 19 保成立“战时社会服务团”“战时消费合作社”等抗日团体，开展爱国抗日宣传和抗日救亡活动。是年，党组织宣传发动、组织群众参加万名群众进姚城请愿运动，茶农利益得到保障。

抗日战争后期，现境内党支部经常组织党员、民兵、农会干部学习毛泽东的《论持久战》《抗日救国十大纲领》等文献，学习中共浙东区党委主办的《时事简讯》《新浙东报》等报刊，宣传党的抗日方针、政策。民国33年（1944），根据上级党组织的指示，现境内各保组织“冬学”，除发放识字课本外，还发放时事政治课教材，使学员的文化程度和思想觉悟得以提高。

解放战争时期，党组织虽基本处于秘密状态，因群众基础好，党组织宣传活动实际未停顿。民国35年6月，黄连带领大岚武工队队员8人，夜袭雅庄保长家会场，活捉县参议员鲁家人、乡长鲁康，随即处决。通过张贴告示及红色交通联络站宣传，“三五支队回来了”，振奋了四明山地区的基本群众，打击了反动派的嚣张气焰。

中华人民共和国成立后党的宣传工作 1949年5月余姚解放后，围绕党在各个不同时期的中心任务，加强党的宣传工作。1952年，组织召开党员大会，农代会及儿童团口号队等形式，宣传抗美援朝保家卫国和土改政策。1953—1956年，宣传中国共产党在过渡时期的总路线，《中华人民共和国宪法》及《全国农业发展纲要（草案）》，推进社会主义改造，促进工农业生产发展。

1958年后，宣传“鼓足干劲、力争上游，多快好省地建设社会主义”的总路线，受“大跃进”思想影响，一度出现生产高指标、瞎指挥、浮夸风、共产风，直至1961年，宣传贯彻《农村人民公社条例（草案）》和中央关于纠正平调风错误决定后，才对上述做法有所纠正。1963年，开展社会主义教育运动，通过学习毛泽东《为人民服务》《纪念白求恩》《愚公移山》等文章，开展学习雷锋活动，社会风气明显好转。

1966—1976年“文化大革命”期间，掀起宣传学习毛泽东著作、读毛泽东语录热潮，“语录不离手，万岁不离口”，张贴毛泽东语录的红色标语处处可见。大鸣、大放、大字报、大辩论代替正常的宣传工作。粉碎江青反革命集团后，宣传工作逐渐恢复正常。1978年党的十一届三中全会后，开展“实践是检验真理的唯一标准”的大讨论，宣传新时期党的路线，方针、政策，进行以经济建设为中心，坚持四项基本原则，坚持改革开放（“一个中心、两个基本点”）的宣传教育。

1981年始，宣传农村经营机制改革，促进生产力的发展。1982年，开展“五讲”（讲文明、讲礼貌、讲卫生、讲秩序、讲道德）“四美”（心灵美、语言美、行为美、环境美）“三热爱”（爱祖国、爱共产党、爱社会主义）的宣传活动。1987年始，围绕大岚两个文明建设的总目标，开展刹“三风”（赌博、封建迷信、婚丧喜事大操大办）、“创三户”（爱国守法户、五好家庭户、双文明户）活动，社会文明程度得以提升。

撤区扩镇并乡后党的宣传工作 1992年5月起，镇党委宣传范围广，内容更丰富，除组织机关、村党员干部开展主题教育、理论学习，及市、镇、村换届宣传外，还开展物质、精神、生态三个文明建设和对外宣传。

物质文明建设。1992—1999年，围绕农村脱贫致富奔小康为目标，制定《农村奔小康规划》，实施村特“1215”工程，广泛宣传做山水文章，走优质、高产、高效发展路子。2000—2003年，以全面推进小康社会建设为主题，调整农业结构，走农业特色化、专业化、合作化路子，营造绿色、无公害茶叶基地，大岚镇被国家有关部门授予“中国高山云雾茶之乡”荣誉。2004—2010年，以加快社会主义新农村建设要求，实施旅游强镇，开发柿林丹山赤水旅游资源，带动农村第三产业发展。柿林村被评为浙江省小康示范村，大岚镇被评为浙江省旅游强镇。2011—2017年，培育观光农业，打造民宿、农家乐品牌，达到农民增收增效的目标，大岚镇创建成为宁波市农业标准化示范区、宁波市首批现代农业生产和乡村旅游标准化示范乡镇、宁波市乡村全域旅游示范区，在此期间，同步开展文明村创建，南岚、丁家畈、大俞、柿林村先后被评为宁波市文明村。

公民道德建设。1994—1996年开展文明家庭户争创评选活动。按照爱国爱乡、勤劳致富、家庭环境、团结互助、遵纪守法、移风易俗、家庭教育、优生优育八个标准，宣传发动，通过评选，有510户文明家庭得到镇党委政府的授牌表彰。2001—2011年，组织开展三次“孝亲敬老之星”评选活动，评出42名敬老爱老之星，典型事例得到宣传弘扬。2013—2017年，全面开展践行社会主义核心价值观宣传教育。2013年，以“诚信、向善、感恩”为主题。开展养成“知行合一”深化“做文明崇德余姚人”系列活动；2014年，突出“信孝俭”这一主题，开展宣传教育，弘扬传统文化，开展“沈氏祖训八条”“王氏族箴十则”等家训宣传教育。活动注重全民参与，进一步增强公民道德意识，营造农村良好的社会氛围。2015年，积极弘扬“奉献、友爱、互助、进步”精神，成立“姚江源”志愿服务队，下设4个分队，开展“端午暖阳”专项主题及“美丽家园”建设活动，做奉献社会公益事业带头人。

生态文明建设。1994年实现造林灭荒后、发动机关、村开展优质树种四旁植树活动。2000—2001年，开展美化家园环境整治活动。2003—2004年，农村以全面消灭露天粪缸为重点，开展环境大整治。2006年，中共大岚镇十一届代表大会第五次会议决定“生态立镇”目标。在建立保护好1726.23公顷生态公益林的基础上，镇、村实施环境绿化工程。2008年，大岚镇创建为浙江省兴林富民示范镇，柿林村被评为兴林富民示范村。至2013年，创建宁波市生态村13个。

对外宣传。1992—2000年，大岚镇党委、政府邀请宁波、余姚市有关部门领导及各家报社、电视台记者，分别在大岚、余姚、宁波召开大岚镇经济发展恳谈会、汇报会。创制“四明龙尖”品牌，积极参加第二届中国农业博览会，浙江省优质农产品、中国精品茶、第三届宁波市国际茶文化节等评比，多次获得金奖，提高大岚名优茶知名度。1999年5月，创办《丹山赤水》报，共编辑书刊30期，发送市、局及有关乡镇。

2011年5月26日，《浙江日报》红色寻访小分队到大岚采写《丹山赤水相忆》一文，发表在《浙江日报》。是年，制作“神奇大岚美丽乡村”外宣挂历。2013年，在市级以上报刊中，报道大岚信息文章251篇，其中宁波级以上32篇。

2014年，在新浪官微中发布微博683条，腾讯官微中发布微博405条。2015年，利用“足记”软件制作“七彩神奇大岚”宣传照，经微博、微信、论坛推送，累计阅读量约5万次。在宁波市阿拉旅游、余姚生活网、“最余姚”等13家微信平台推送22篇博文，累计阅读量达16万余次。2015年4月，央视四套《远方的家》摄制组到大岚姚江源头踩点拍摄，当年5月播出。2017年，“甬派”客户端进行《春风十里就等你》大型移动直播活动，通过平台直播余姚市全民登山大会樱花之旅活动在大岚举行，累计浏览量约10万，吸引央视《中国影像方志》摄制组到大岚录制节目。

统战

抗日战争时期，中共大岚区委员会与境内地方士绅和乡、保长建立不同层次的统战关系，扩大抗日力量。解放战争时期，中共大岚特派员、大岚区委员会继续保持与部分抗战时期的统战对象联系，使其中一小部分逐步转变为“白皮红心”，为解放事业做出贡献。

中华人民共和国成立后，广泛团结各界人士参政议政，统一战线队伍扩大。1949 年 9 月，建立县各界人民代表会议制度，现境内均有各界代表参加。1955 年后，吸收民国时期从医、从教对象到教育卫生战线工作。“文化大革命”期间，各项统战工作遭受破坏，一些爱国主义人士及曾在民国政府任职过的“白皮红心”受到伤害。中共十一届三中全会后，统一战线工作恢复，各项统战政策逐步落实，对错划“右派分子”及冤假错案予以改正，并作妥善安置和平反。县建立侨台港澳联谊会，每年定期举办“三胞”联谊活动，派人参加；逐步落实宗教政策，在宗教场所开展爱国守法教育。

1992 年 5 月撤区并乡后，统战工作由镇党委委员兼管。重视境内 3 处基督教活动场所的安全管理和爱国守法教育，建立大型活动审批制度。2007 年，抓好《宗教事务条例》的学习贯彻。2010 年，建立宗教工作台账制度。2011 年，制定《村级统战工作星级考评标准》。2014 年，按照“三改一拆”工作，对镇宗教场所和 22 处民间信仰点进行摸排检查，有 4 处民间信仰点进行整改。2017 年，将已登记的民间信仰点纳入村委日常工作管理，并签订安全工作责任书。

随着农村经济的发展，外来少数民族人口渐增。从 1990 年的 20 人，增加到 2000 年的 86 人，关注关爱少数民族人口的生活生产成为统战工作的重要部分。2007 年 1 月，集聚少数民族人口最多的大岚村，成立全市首个村级外来媳妇俱乐部，定期开展技能培训，生殖健康服务、才艺比赛等活动，使她们感受到第二故乡的温暖。2009 年，组织 30 名少数民族人员参加农家乐技能培训班，组织 190 人参加市计生指导站和镇卫生院妇科检查。当年 9 月 27 日，在大岚村举办少数民族俱乐部联欢会，共庆祖国生日。是年，发放扶持资金 1 万元，帮助发展养殖业。2010 年，发放《丹山赤水话大岚》书籍，供她们学习。8 月 30 日，在大岚村举办“情融姚江源，共建邻里情”纳凉晚会，外来媳妇登台献艺。2011 年起，实施少数民族妇女幸福工程，组织开展困难帮扶、创业扶持、素质提升、健康关爱、文化传承等五项行动。2014 年，制定《大岚镇开展民族工作示范村创建的实施意见》，进一步把大岚村创建成全市首个民族工作示范村。至 2017 年，全镇有少数民族 10 个，人口 215 人。

积极实施“联侨归心工程”。1992 年后，成立大岚镇“三胞”联络小组。此后，通过留学途径，在国外新一代侨民增多。至 2017 年，在美国、日本定居华侨 2 人，侨眷 7 人；归国华侨 1 人，归国留学生 8 人，正在留学 1 人，台胞 4 人，台属 12 人。利用春节等重要节假日，加强“三胞”眷属及留学生家属的联系，关心他们的生产、生活，为他们提供力所能及的帮助和服务。同时，鼓励他们回乡投资创业。

第二章　群团组织

中华人民共和国成立后，随着境内各项社会事业的快速发展，群众团体组织得到进一步完善和发展，为大岚镇人民脱贫致富奔小康，建设美丽、富裕、幸福的新大岚发挥重要作用。

第一节　工人团体

镇总工会

1952年9月，镇境内成立手工业互助组（同业小组），隶属梁弄手工业工会，其中南岚、新岚乡有会员94人，会员参与行业工会活动。“文化大革命”期间，工会组织活动停止。农村广泛开展“农业学大寨”运动，粮食生产摆上重要地位，工商企业职工不多。1978年后，镇村集体企业逐年发展，企业职工渐增。1994年4月，经市总工会批准，成立大岚镇工会工作委员会，由镇党委副书记兼任主任，专人分工负责日常工会工作。1995年6月，成立余姚市大岚镇机关工会委员会。第一次代表大会，选举产生主席、副主席各1人，委员3人。同年7月18日，成立大岚镇精制茶厂工会委员会。2002年，成立大岚镇小水电企业联合工会委员会，会员28人。2004年7月，根据《浙江省工会法实施条例》，余姚市舜岚纺织厂等4家非公有制企业先后依法建立工会委员会，会员113人。2010年10月，成立大岚镇总工会委员会（简称总工会）。总工会内设女职工委员会、经费审查委员会、劳动争议纠纷调处委员会。选举产生总工会委员7人，主席、副主席各1人，潘剑波为总工会主席。2015年12月24日，召开总工会第二次代表大会，会议审议通过《弘扬主人翁精神，发挥生力军作用，为美丽富裕，幸福新大岚建功立业》的工作报告。选举产生总工会委员9人，郑奕训为工会主席。是年，全镇有总工会1个，基层工会委员会16个，其中单建工会13个，联合工会2个（覆盖企业40家），机关工会1个，会员1047人。

主要活动

20世纪90年代，机关工会组织职工2年一次的健康检查和3年一次外地疗休养，逢元宵节、端午节、五一节开展文体娱乐活动，发放粽子、夏季冷饮作为职工福利。机关干部“大病”住院期间，每人发放慰问金500～700元。茶叶加工企业开展职业病检查。2002年起，积极鼓励民营企业，建立工会组织和职工代表大会制度。2010 年，镇总工会成立后，深化党建带工建，积极开展“示范工会”创建活动。以创新、规范、实效为目标，服务企业促发展，服务职工促和谐，“走亲连心”入企调研，帮助企业解决融资等困难，对事故易发企业进行安全检查。至 2017 年，累计消除安全隐患 27 次，调处劳资纠纷 32 起，举办职工技能培训 8 期，受训 328 人次。在此期间，积极开展市重点工程和劳动模范、模范集体评选活动。至 2017 年，1 人被评为入选市建设功臣，1 人被评为劳动模范，1 家单位被评为模范集体。

组织开展春慰问、夏送凉、秋助学、冬送暖的关爱活动。2010—2015 年，市、镇、企走访慰问困难职工 22 人次，计慰问金 2.1 万元，金秋助学 2 人。高温期间，走访慰问企业 7 家，为 238 名职工发放慰问品。2017 年，“夏送凉”企业 10 家，金额 3.7 万元，慰问职工 290 人，金秋助学 3 户。

2014 年后，建立政府与工会联席会议制度和三方协调机制，释疑解难，解决基层工会实际问题。2017 年 4 月，镇总工会组织 6 家企业、机关工会开展职工医疗互助保障，帮助符合条件的职工办理报销手续。

第二节　农民团体

民国时期农会

民国 27 年（1938）3 月，中共组织控制的余姚战时政治工作队成立后，恢复农民协会组织，实行“二五”减租，带领会员垦荒种粮，兴办消费生产合作社，采购耕牛、种子，使农会威望提高。不久，抗日民族统一战线遭破坏。在中共余姚县工委农民部及农民运动工作委员会领导下，农民协会仍坚持活动。

民国 33 年 7 月，中共大岚区委进行整顿改组，选举中共党员或进步人士担任干事长。境内大岚区农会干事长赵孝华，南岚乡农委干事长俞幼初。乡农会成立后，召开地主、农民、大岚区署三方代表参加议租会议，要求地主按额向区缴粮，同时要求农民按“二五”减租的规定及时向地主缴租，以此维护业佃双方的利益。新四军浙东游击纵队北撤后，大岚区、南岚乡农会停止活动。民国 35 年，国民党县党部重新成立县农会和乡农会。1949 年 5 月，余姚解放时解体。

中华人民共和国成立后农民组织

组织　1951 年 1 月后，为配合土地改革运动，现境内各乡、村建立农民协会。参加会员 3871 人，其中贫雇农民 2962 人，占总会员数的 76.52%。农民协会主要任务是组织农民减租减息，剿匪反霸，抗美援朝，土地改革，发展生产。1953—1955 年，农民协会开展生产互助合作运动，组织成立初级农业合作社。1956 年，各村普遍建立高级农业合作社后，乡、村农民协会完成历史使命。

1964 年 6 月，根据《中华人民共和国贫下中农协会组织条例（草案）》，公社、大队两级成立贫下中农协会（简称贫协）。“文化大革命”期间，公社、大队两级建立贫下中农代表大会（简称贫代会），取代贫协组织。贫代会除参加公社，大队管理事务，发挥监督作用外，还进驻学校参与管理。1973年，撤销贫代会，恢复公社、大队贫协组织。1981年3月，贫协组织撤销。

主要会议活动　1953年3月26日晚至27日上午，大岚乡召开农代会总结大会，参加会员114人，其中互助组长38人，党员5人，团员4人，其他会员67人。同年9月30日，新岚乡召开农代会，参会代表130人，其中女代表26人。

1954年3月30晚至4月1号上午，大岚、南岚二乡联合召开农代会，参会200人，其中互助组长22人，党员14人，团员10人，妇女59人，会议议题：争取粮食全面丰收的动员报告，饲养技术培训，典型经验介绍，春耕生产要求。是年，8月9日，梁弄区在大岚召开"三岚一鹿"农代会，参会465人（男350人，女115人），其中，中农108人，贫农357人。代表总数中有互助组长86人，党员28人，团员76人，单干户14人。会议要求贯彻中央的指示精神，走农村农业社会主义合作化道路，发展粮食生产。

第三节　青少年团体

中国共产主义青年团

组织机构　1951年12月，大岚、南岚、新岚有中国新民主主义青年团团员50人，其中新岚乡29人（女8人）。1952年，建立中国新民主主义青年团余姚县梁弄区工委，境内设3个团支部。1956年2月，三乡合并后，建立大岚乡团总支。1957年5月后，改称中国共产主义青年团大岚乡委员会，下设团支部4个。1958年10月改称共青团大岚公社委员会。1959年，设3个管理区总支，各所属生产大队均建立团支部。1961年，境内分设中国共产主义青年团大岚、新岚和华山公社委员会。共青团华山公社委员会隶属共青团四明山区委（大岚公社团委1965归属共青团四明山区委）。1966年，"文化大革命"初期，共青团组织停止活动。大岚初中成立"红卫兵"组织，1969年后，"红卫兵"组织消失。1971年，部分村团组织恢复活动。1979年，通过整团，团的组织和工作全部恢复。1986年，团市委遵照团中央《关于在农村整党中加强共青团建设的报告》精神，分别建立大岚、华山乡团的建设领导小组。村、企一批优秀青年吸收到团、党组织。1989年，大岚乡新吸收团员76人，办理超龄团员离团手续110人，入党3人。1990年，大岚镇建团委1个、团总支2个、团支部26个，共有团员702人，其中女团员339人，当年新发展84人。

1992年5月，撤区扩镇并乡时，撤销共青团四明山区委，华山乡团委与大岚镇团委合并，建立共青团大岚镇委员会，下设团总支2个（行政机关及初中团总支），团支部36个（其中村团支部30个），共有团员816人。2001年，行政村调整后，设团总支2个，团支部19个，共有团员384人。2006年，建团委1个、团总支1个、团支部18个，共有团员400人，发展53人。2017年，建团委1个、团支部20个，共有团员288人。

1956—1991年，大岚镇（乡）召开团代会10次，历任镇（乡）团委（总支）书记为：褚彩定（负责人）、鲁光戴、郑志依、黄万岳、鲁瑞灿、卢德荣、宓向阳、郑奕训、鲁才定、俞国强。1992—2017年，召开镇团代会8次，历任镇团委书记为：沈华坤、沈良炯、朱海波、黄红珍、沈巍伟、冯莹、朱方方、陈晓珍、应建辉、毛川。

1992—2017年大岚镇团员代表大会情况一览表

表16-2-1　　单位：人

届次	时间	代表数	会议议题	团员
11	1992.12.10	80	发扬艰苦创业精神，争做星火带头人	816
12	1995.1.8	53	团结奋进，开创九十年代中期大岚镇团委工作新局面	547
13	1998.11	53	发挥党的助手和后备军作用，为建设大岚全面实现小康目标而努力奋斗	496
14	2002.8.15	38	开拓创新、与时俱进、为开创大岚工作新局面而贡献青春	384
15	2005.11.15	40	与时俱进、开拓创新，为全面加快推进建设大岚生态旅游镇而奉献青春	415
16	2008.11.11	37	为加快推进建设全面小康新大岚做出贡献	385
17	2012.3.30	40	为加快建设富裕幸福美丽新大岚争当先进	344
18	2015.12.10	40	认识新常态，抓好着力点，为助推建设美丽富裕幸福新大岚而奉献青春	288

主要活动　团组织围绕中国共产党在各个时期的中心任务，结合青年自身特点，组织开展各种活动。1949年5月余姚解放后，组织团员青年参与政权，参加经济、文化建设，开展土地改革、镇压反革命，抗美援朝和农村互助组合作运动。1953—1956年，团组织成立业余宣传队、业余剧团，开办夜校、扫盲班，组织团员青年参加社会主义改造和社会主义建设。1963年后，在团员青年中开展“向雷锋同志学习”活动。此后，每年3—5月成为团的活动月。1971年，组织团员青年成立文艺宣传队，演唱现代歌（戏）活动。1978年中共十一届三中全会后，在团员青年中开展“争当新长征突击手”活动。1982—1984年，在“全民文明礼貌月”活动中，团组织发动团员青年成立“学雷锋小组”，为孤寡老人送温暖活动。1984年5月，组织青年专业户、科技示范户开展勤劳致富竞赛。1986年，开展“我为大岚腾飞立一功”活动。现境内涌现出一批青年种茶、培竹、饲养畜禽、创办企业致富的带头人。1990年起，开展“青年星火带头人”活动。

1992年后，镇团委加强团组织学习教育活动外，主要开展四项活动。

党团共建活动。1995年始，贯彻落实中共余姚市委、共青团余姚市委的《关于小康村党支部建设的同时加强小康村团组织建设的意见》、大岚镇委制定的《党团共建实施意见》，整顿力量较薄弱的村团支部4个，推荐优秀团员作为党的发展对象和村两委会后备干部，及时办理28周岁以上团员离团手续，吸收优秀青年入团。2007年，推行入团公示制。至2012年，69名团员吸收为中共党员，5名团支部书记进入村两委会成员，526名青年加入团组织，团组织建设加强，发挥了党的助手和后备军作用。此项党团共建活动持续进行。

青年星火带头人活动。围绕脱贫致富奔小康目标，1992年始，培养农村青年成才致富，争做星火带头人。至2008年，镇团委联合举办农村实用技术培训班20余期，受训青年团员2000余人次。广大青年成为外出创业和种养殖业致富能手，有4名青年被评为市星火带头人。建立镇级星火示范基地1个。

青年志愿者活动。1995年4月起，逢每年植树节、“五四”青年节、重阳节期间，组织青年团员开展植树造林、绿化环境、敬老助残、爱心便民服务等系列活动。2005年3月20日，组织100余名志愿者在姚江源头开垦栽植青年林基地，并承担日后养护工作。是年，注册志愿者67人。2012年，志愿者180余人。2015年，成立“姚江源”服务总队青年志愿分队。组织参加“重走樱花道，志愿你我行”，志愿者进敬老院，平安志愿者进景区及生态复绿等活动。2017年，组织开展生态环境保护志愿服务活动。

希望工程实施活动。1993年余姚被列入省“希望工程”实施市后，1994年，共青团浙江省委、《改革月报》、赵安中捐资，建造大岚镇初中、大岚镇中心小学教学楼。1996年，余姚帅康集团公司捐资建造黄家庄村帅康希望小学。2002年始，镇团委牵线搭桥，同宁波、余姚有关单位和企业负责人联系，开展帮困助学献爱心活动。至2017年，累计助学120余人次，捐助资金，赠送书籍和学习用品等。先后成立未成年人保护委员会和青少年维权中心，开展多种形式的青少年道德、法制、安全知识教育。2016年，开设“亲子礼堂”，增加外出务工家长与留守孩子相聚机会，通过亲子阅读、亲子游戏、学国学礼仪等活动，让留守儿童健康成长。

少年儿童组织

1952年12月，大岚、南岚、新岚乡建立少年儿童团，有队员439人，其中女队员247人。1953年6月，改名为中国共产主义少年先锋队（简称少先队）。少先队在学校设大队部，班级设中队，班以下设小队。1958年，全公社有少先队员500余人，辅导员13人。“文化大革命”期间，少先队被“红小兵”组织取代。1978年7月，少先队组织恢复。1979年后，学龄儿童入学即加入少先队组织。1992年，全镇共建21个大队部、62个中队，共有队员1490人、大队辅导员21人、中队辅导员62人。2017年，全镇有大队部1个、中队6个，有队员100人、大队辅导员1人、中队辅导员6人。

1958年起，少先队员组织宣传队，配合村开展防火、防偷、清洁卫生、山林保护等方面宣传活动。组织开展拾麦、拾稻穗，帮助烈军属及孤寡老人搞清洁卫生，拾柴等活动。1963年始，开展“学雷锋，创三好”活动。1992—2017年，先后开展“学赖宁”，为贫困地区及镇内受灾户捐款、捐物，庆“六一”，庆“国庆”庆香港、澳门回归，开展采茶，助老敬老，祭扫革命烈士等活动。

大岚镇青少年宫

大岚镇青少年宫成立于2012年，地址在大岚镇中心小学。镇政府、商会设“阳光伙伴”成长基金，支持少年宫运行。少年宫以培养青少年艺术特长为主，开设绘画、书法、古筝、二胡、葫芦丝、阮、茶文化等课程，65名1～5年级学生参加少年宫活动。此后，除开展校内活动外，每年多次组织参加宁波、余姚及镇节庆表演。其中2014年7月，参加余姚市委、市教育局、广电局举办的“幸福余姚，幸福水”，青少年美术赛获一等奖；2015年，参加“浙茶集团”杯浙江茶艺邀请赛暨第五届宁波茶艺赛，余姚市教育局组织的中小学规范汉字书写赛分别获得二等奖；参加余姚市第九届教育系统艺术节乐器合奏、余姚市第十届教育系统艺术节舞蹈表演，分别获得三等奖。

第四节　妇女团体

组织发展

1951年8—12月，大岚、南岚、新岚乡各村成立妇女代表会。境内参会人员1540人，其中贫雇农会员1239人，占总会员的80.45%。1952年10月，建立梁弄区民主联合会。乡、村成立妇女代表会。1957年11月，区民主联合会改名为区妇女联合会（简称妇联）和乡妇联。1966年“文化大革命”开始，妇联活动停止。1973年，妇联工作恢复。1983年，境内整顿乡、村妇代会组织，一批有文化的年轻妇女骨干担任村妇女主任。1992年5月，撤销四明山区妇女联合会，华山公社妇联并入大岚镇妇联。1994年后，镇妇联由7名执委组成，改为主席制。1992—2017年，召开镇妇女代表大会7次，在此期间历任镇妇联主席（主任）为：周秀娟、屠林娟、王幼珍、黄红珍、冯莹、赵海英、冯莹、将伟儿、赵海燕。

大岚镇第十六次妇女代表大会召开

1992—2017 年大岚镇妇女代表大会召开情况一览表

表 16–2–2

届次	时间	代表数（人）	主要议题
11	1994.6.30	65	发扬“四自”精神，为大岚脱致富奔小康建功立业
12	1997.6.11	53	务实创新，奋发进取，为实现小康目标，发挥妇女“半边天”作用
13	2000.5.30	50	面向市场促发展，立足山区创新业，为争取镇妇女工作新局面而努力
14	2003.6.10	45	高举旗帜建新业，与时俱进铸辉煌，团结动员全镇妇女全面建设小康社会做贡献
15	2006.6	45	坚持科学发展，构建和谐家园，团结动员全镇妇女为建设社会主义新农村而努力奋斗
16	2009.7.17	45	坚持科学发展观，谱写和谐新篇章，引领广大妇女为加快推进建设全面小康新大岚而努力奋斗
17	2013.7.18	47	凝心聚力，开拓创新，团结带领全镇妇女为建设具有独特魅力的山区旅游乡镇努力奋斗

主要活动

中华人民共和国成立后，妇联组织发动妇女参加抗美援朝，土地改革运动。1953 年，大力宣传《中华人民共和国婚姻法》，解除套在妇女身上的封建包办、买卖婚姻枷锁。1954—1956 年，组织广大妇女投入生产和农业合作化，发挥妇女“半边天”作用，上马高级社王水凤被评为省生产建设先进个人。1958 年，全公社参加兴修水利、积肥、种茶等的妇女劳动力占总劳力的近 50%。1960 年，蜻蜓岗七姐妹栽培的 10 亩试验茶园成功后，获得全国“三八”红旗集体称号。甘竹大队妇女主任连续当选为省二、三、五届人民代表。1973 年 6 月，公社妇联恢复活动，组织妇女投身农业学大寨运动。1978—1984 年，境内 3875 个妇女劳力积极发展养殖业，大岚公社年均生猪饲养量 13800 头以上。1985 年，各乡妇联组织开展“五讲四美”活动，华山公社大元基小学女教师被评为全国五讲四美为人师表先进个人。1987 年后，围绕大岚、华山公社两个文明建设的总目标，组织开展“刹三风、创三户”活动，推动社会风气好转。1989 年 6 月起，开展“双学双比”（学知识、学技术、比成绩、比贡献）活动，是年，大岚镇参加种茶、养猪、编织等项目的妇女 94 人。

1992 年 5 月后，“双学双比”活动进一步深入。1993 年，组织妇女干部 21 人参加中国农函大学习。至 2000 年毕业 67 人，获得“绿色证书”47 人。1994 年起，加强村妇女主任、妇代会委员的政策、法律、科技知识培训。至 2006 年，共培训 22 期，受训 1090 人次。1994—2017 年，对农村妇女进行实用技术和外出创业技能培训 88 期（次），受训 5554 人次，其中与社会保障中心合办 58 期（次），受训妇女 3795 人次，培训内容有家政、电脑、烹饪、保健按摩、纺织纤维、挡车等技术知识。2003—2017 年，发放科普资料 3000 余份、平安家庭知识宣传学习资料 4000 余份，提高农村妇女致富创业能力。2006年起，实施“巾帼创业致富”小额贴息贷款。至2009年，累计为9名女性种养殖户发放贷款22万元。2010—2013年，累计发放创业小额贴息贷款36万元、贴息资金3万余元。全镇11人被评为双学双比女能手，2人被评为宁波市乡村厨娘，1家企业被评为妇女龙头企业，获得乡村厨娘奖2万元和龙头企业补贴3万元。2014—2017年，帮助茶企女能手申领小额贴息贷款28万元，扶持畜牧女养殖户13万元，奖励农村女性创业致富带头人资金3万元。

家庭文明建设持续发展。1994—1996年，开展争当“贤内助”，争做“五好家庭”活动。1997—2003年，在争创五好文明家庭基础上，开展“好婆婆、好媳妇、好女儿”的评选活动，婚育新风进万家和“爱我家园”环境整治活动。2004—2006年，以“美德在农家”，广泛发动农村妇女和家庭成员参与生态文明村建设，积极参与“同饮一江水、共护母亲河”生态环保活动。2007年起，开展“绿色家庭”“平安家庭”“廉洁家庭”创建，大力弘扬文明和谐新家风。开展以“弘扬美德，爱我家园”为主题的庭院整洁和节能减排进家庭活动。至2012年，全镇共评选出文明家庭2465户，余姚市和谐家庭60户，示范和谐家庭6户，平安家庭6户，节水型家庭3户，余姚市十佳平安家庭示范户1户，宁波市文明家庭3户和绿色家庭1户。2013年后，持续开展市级以上文明家庭、平安家庭、美丽庭院精品户创建。至2017年，评选出省绿色家庭1户，宁波市文明家庭6户，余姚市文明家庭33户和最美家庭5户，余姚市平安家庭示范户15户，余姚市和谐家庭30户，示范和谐家庭3户，余姚市美丽庭院精品户25户。

妇女儿童维权关爱工程。1992年起，每年组织村妇联培训学习《中华人民共和国妇女权益保障法》《浙江省妇女儿童合法权益若干规定》《中华人民共和国老年人权益保障法》、新《中华人民共和国婚姻法》《中华人民共和国未成年人保护法》等法律知识，提高妇女维权意识。2003年，建立镇、村维权信访网络。2005年，成立维权服务站1个、服务点14个。2010年，成立黄丝带护民志愿队，积极开展妇女维权活动。2013—2017年，开展维权知识入村现场咨询等活动10余场次。

1996—2010年，相继制定《余姚市妇女发展规划》《余姚市儿童少年事业发展规划》。根据规划目标，镇妇联开展关注妇女健康、困难母亲关爱工程，每年逢“三八”的前夕开展“送温暖”活动，对敬老院和农村困难妇女家庭进行志愿服务和妇女节慰问。2011—2013年，实施贫困妇女关爱行动。对重症妇女进行排摸，累计走访慰问35人次，发放慰问金4.5万元。联合组织计生办、卫生院，开展优质健康服务，送医疗到家。2004—2013年，村、镇的卫生院、计生指导站为妇女免费体检7000余人次。

2009年3月14日，柿林村成立留守儿童亲情站，之后，各村相继建立留守儿童亲情站（2017年改为亲情屋），为247名留守儿童家庭建立信息库。开展“争做合格家长，培养合格人才”家庭教育宣传实践活动。实施母亲孝养工程，全镇共建立各类家长学校16所。2010年，组织女村官联谊会，到大岚镇中心小学开展助学帮困活动。

第五节　工商业组织

2006年8月，大岚镇商会成立。第一次会议选举产生商会理事17人，设会长1人，副会长3人，秘书长1人。杨卫丰当选首届商会会长。会议通过《余姚市大岚镇商会章程》和《余姚市大岚商会会费收缴及使用办法》，参加商会组织的会员企业有29家。

2012年8月，召开大岚镇商会第二次会议，大会通过第一届理事会工作报告，选举产生商会会长，会长人选不变。2016年9月30日，召开大岚镇商会第三次会议，选举产生商会理事19人，设会长1人、常务副会长人1人、副会长9人、秘书长1人。杨卫丰再次当选为商会会长，有会员企业28家。此次会议对第一届制定的商会章程进行修改，通过大岚镇第二届理事会关于《创先争优，乘势而上，努力开创商会工作新局面》的工作报告和《第二届商会会费收支情况报告》。

大岚镇商会自成立始，服务于全镇中心工作，助力非公经济健康发展。2006年，全镇工业总产值34520万元，至2017年达到64700万元，增长87.43%，其中16家会员企业缴纳税金3025.2万元，解决就业岗位2158个。商会通过考察学习、交流互动、组织参展、教育培训、体检关爱等服务形式，为广大会员服务。积极开展会员企业各类企业文化、体育活动和爱心捐助。至2015年，商会支持大岚敬老院扩建维修和孤寡老人慰问；支持山区教育卫生事业等，累计捐款100余万元。

第六节　劳动者协会

手工业劳动者协会

1954年10月，余姚县手工业劳动者协会梁弄分会成立，境内按行业编成8个同业小组，会员约100余人。南岚乡二村沈德顺、大岚乡一村郑志文分别担任梁弄分会（竹业）副主任委员和青年委员，新岚乡二村鲁富顺担任梁弄分会（木业）财务委员。1956年，手工业社会主义改造期间，组织会员建立大岚手工业合作社后，手工业劳动者协会自行解体。

个体劳动者协会

中共十一届三中全会后，个体工商户发展。1980年初，建立四明山区个体工商业管理委员会，个体商贩联合委员会和个体工商业代表大会。同年10月，个体工商业组织改建为四明山区个体劳动者协会。1984年8月，区个体劳动者协会改称分会，设大岚、华山组。1992年，改称四明山区个体劳动者协会四明山分会大岚组。1996年，四明山分会被命名为全省第二批规范化个体劳动者基层协会。2000年后，大岚组隶属余姚市个体劳动者协会梁弄分会。至2017年，全镇共有个体工商户249户。

协会组织会员学习中国共产党和人民政府的方针政策、法律、法令，宣传税法、工商法规、《劳动法》、《消费者权益保护法》、《反不正当竞争法》等法律法规。开展“五讲四美”文明经营活动。1991年后，开展“五好”经营户、“文明经营示范户”评选活动。2002年起，开展“诚信行业”“诚信经营示范户”活动。2006年6月始，开展“创业之星”及“农村放心示范店”评选活动。协会还组织会员参加志愿服务、献爱心捐款扶贫救灾等公益活动。

第七节　老龄工作委员会及协会

老龄工作机构

大岚镇老龄工作委员会　1988年，余姚市老龄工作委员会四明山区分会建立，大岚、华山乡成立老龄工作领导小组。1992年10月，成立大岚镇老龄工作委员会（简称“老龄委”），由主管党群工作的党委副书记兼主任，配备1名老龄工作专职干部，共青团、妇联、民政、综治、财政等办公室各1人组成工作委员会。

村老龄工作　1986年始，以村为单位建立老年人协会（简称“老协会”）。1996年，增建村级老龄工作领导小组，村党支部书记或主任兼组长，共青团、妇联、治保调解、老年协会等负责人为成员，开展老龄工作。

老龄协会

老年人协会　镇老龄协会与老龄工作委员会同套班子成员组成。镇党委副书记兼任会长，设常务副会长1人，主持协会日常工作，理事5人。组织村老协会会长每年定期例会3～4次。1992年，建村（居）老协会31个。2001年，村老协会组织15个，理事会成员103人。会员1933人，会员代表330人。2017年，共有理事会成员115人，会员3761人，会员代表438人。2006年起，推行老年协会民主选举换届制度，每3年1次。

老年体育协会　1985年10月，四明山区成立老年体育分会大岚、华山组。1994年12月，成立大岚镇老年体育协会，设主席1人，副主席2人，委员5人。2004年，成立柿林村老年腰鼓队。2005年，组建门球队。至2017年，全镇有老年体育协会16个，理事会成员85人，会员480人，体育团队25个，272人。

退休教育工作协会　简称“退教协会”，1989年，各乡建立分会。1992年9月，成立大岚镇退教协会，协会每年召开例会1～2次。2017年，有会员39人。

政策惠老

1987年，余姚市进入人口老龄化阶段，老龄问题得到市、镇、村重视。境内老龄化进程也逐年加快。1964年，华山公社60周岁以上老年人口137人，占总人口的5.99%。2000年，全镇60周岁以上人口1904人，占总人口的13.3%。2006年，老年人口2321人，占总人口的18.01%。2017年，老年人口3761人，占总人口的30%。

高龄津贴　1988年1月始，百岁（周岁）老人享受政府补贴每人每月10元。1995年4月起，提高到25元。1997年1月，增加到100元。2003年1月起，提高到200元。2006年，发放对象扩展到虚岁百岁老人。2007年，提高到300元。2015年，增加到500元。对80～90岁、90～100岁高龄老年人，2014年每月每人分别发放津贴50元、100元。

1994年起，柿林、丁家畈村先后实施老龄补贴。对60岁以上老年人分年龄档次，享受每人每月20～60元不等的津贴。

敬老优待　1991年10月，市政府对70周岁及以上老年人在出行坐车、就诊医疗、游览参观等方面提供10项便利或免费性优待服务。2006年，参照省优待老年人规定，明确12项优待内容。对60～69周岁发放绿卡，对70周岁以上老年人发红卡，推行持卡享受省内相应优待服务。

医疗惠老　2003年起，全镇有6个村的老年人，享受合作医疗费个人自负部分由村集体支付的待遇，2006年后还有2个村的村民享受医保金。2006年，开展“五保”“三无”老人、免费白内障复明活动。2007年始，镇卫生院开展送医下村，为老年人上门提供就诊服务。2009年后，每年组织男女老年人健康检查，建立老年人健康档案。2017年，老年人参加医疗保险率达99%。

居家养老　2004年起，围绕“六个老有”（老有所养、老有所为、老有所学、老有所乐、老有所医、老有所教）目标，创建老龄工作规范化建设，得到政府资金扶持。2008年始，推行居家养老服务，各村建立不同形式的居家养老服务站，面向特困、高龄、病残、空巢、孤寡老人，开展生活照料、家政服务、安全看护、医疗保健、精神慰藉、文化娱乐等服务。

2015年，后朱村建立居家养老服务照料中心，送餐23人。至2017年，全镇、村有居家养老服务站14个，建筑面积2895平方米，管理和工作人员106人，专职护理人员31人，志愿服务队伍46支，人数468人，服务老年人1188人，享受政府补贴老年人124人，有日间照料机构2个，托老床位10个（不包括敬老院）。

敬老活动

政府敬老　1988年10月，全市召开第一次老人节庆祝大会。此后，每逢老人节、春节，年年走访慰问。2004年，纳入老年人低保对象177人，占老年人总数的8.1%，享受低保资金194880元；困难老年人补助98人，金额24000元；春节对80岁以上老年人发放慰问金（礼品）15000元。2007—2008年，对80岁以上老年人发放慰问金60533元（不包括困难补助）。2010年，春节、老人节发放慰问金81040元。2011年1月起，市政府对60周岁以上农村老年人发放春节慰问金每人500元。2016年，纳入低保老年人97人，享受低保资金772900元。2017年，对90岁以上老年人及离退休干部在春节、老人节发放慰问金50200元。

村级敬老　2004年，各村节日发放敬老慰问金95170元。2007—2008年，发放敬老慰问金212150元（包括社会敬老）。2017年，各村对60岁以上老年人，共发放慰问金83400元。

老年体育活动

组织老年人参加市1～23届社会主义新农村运动会和2～13届乡镇街道村级门球赛。积极参加9～15届市运会。2010年，在16届新农村运动会中，获得仿保龄球团体第二名，个人第一名。在“银龄行动”门球赛获得第二名。2017年，在市15届运动会中，组织参加老年部门球、地掷球、乒乓球、飞镖、中国象棋、兜球、佳木斯健身操等7个项目的比赛，其中兜球赛获得个人第一名。

第八节　科学技术协会

组织沿革

1987年，余姚市科学技术协会四明山区分会建立。各乡科技工作依托乡政府职能机构开展，不配专门工作人员。1992年，镇政府设兼职科技副镇长，负责科学技术普及推广工作。1995年6月，建立镇科技工作领导小组和科协组织，实行一套班子二块牌子，镇长任组长，工业副镇长任副组长，共有成员7人，下设办公室。科技秘书长负责处理科技、科协日常事务工作。30个行政村的合作社长分管各村科技工作。2002年初，镇成立科学技术协会（简称镇科协），成立第一届委员会，镇党委副书记兼科协主席，主管工贸、农业的副镇长兼任副主席。2008年，各村建立科普协会，共有协会成员98人。2017年，召开大岚镇科学技术协会第四次会议，正式代表48人，列席代表20人，大会审议通过《知行合一、科技发力、共享成果、为建设浙东美丽幸福生态小镇贡献科技力量》的工作报告，选举产生大岚镇第四届委员会委员13人，设主席1人，副主席2人，常务委员7人。

主要活动

宣教阵地建设　2003年起，各村设科技宣传栏。2008年后，先后建立科普长廊14个。至2017年，累计展出科普知识版面146期，村级图书室新增书籍2600余册。组织引导614户开通“农民信箱”。2010年始，镇青少年宫开设茶文化特色教育课，提高了全镇科普知识覆盖面。

产业基地建设　1995年后，建立万亩无公害优质茶基地，改造低产茶园，引入优良茶种，配施高效低残农药。1998年起，调整种植业结构，鼓励农民规模化、专业化、产业化经营，建立以红枫、樱花为主的万亩花木基地。建立花木专业合作社，鼓励营销大户在省内外设店铺销售。2001年起，重视生态公益林基地建设，至2005年，生态公益林面积1726.23公顷。2009年，招商引资，建立中国茶叶学会茶叶科技示范基地，面积33.5公顷。同时，引导农民科技致富，先后建立番鸭养殖和大岚村屹城果品基地等。

第九节　残疾人联合会

机构设置

1992年10月，成立镇残疾人联合会（简称残联），残联设主席团和执行理事会。第一次代表大会选举产生主席1人，副主席1人，理事会会员3人。主席由镇党委委员、武装部部长兼任，副主席兼理事长，主持日常工作。2002 年，14 个村、1 个居委会建立残疾人协会和管理小组。至 2017 年，召开残疾人代表大会 6 次。全镇有持证残疾人 541 人。

大岚镇残疾人联合会第 4 ～ 6 次代表大会情况一览表

表 16–2–3　　单位：人

届次	时间	代表人数	会议主题
四	2006.5.30	43	以与时俱进的精神，不断开创残疾人工作的新局面
五	2011.8.4	41	开拓创新，真抓实干，不断开创残疾人工作的新局面
六	2017.11.24	41	求真务实，凝心聚力，全力推进残疾人工作再上一个新台阶

主要工作

帮扶自立　1992 年后，福利企业逐年发展。是年，安置残疾职工 10 人。2005 年，累计安置 20 人。至 2011 年，通过多渠道安置就业 50 余人。1996 年起，对残疾人无偿扶持种植红枫、樱花苗木 7 万余株。2002—2006 年，对残疾人定向扶持小额贷款 60 万元。2007—2011 年，对残疾人无偿扶持 1.9 万元，滚动投放小额借贷资金 28 万元，使 25 名残疾人得到生产自救性资助。

2011—2017 年，组织 441 名残疾人参加种植、养殖、电脑等技术培训，提高残疾人择业竞争力。

困难救助　2001—2005 年，特困残疾人纳入低保 95 人。2006—2011 年，纳入低保残病人 119 人。2001—2011 年，在春节、全国助残日走访慰问残疾人 869 户（人次），发放补助资金 27 万余元，助学 76 人，助房 42 户。2007 年起，助医 776 人。2013—2017 年，累计向残疾人发放补助资金 720 余万元；发放救助资金 122 人，共 85000 元；助房 26 户，共 186000 元；助学 42 人，共 51000 余元。

健康服务　2002 年 7 月，镇成立康复领导小组和康复服务指导站，村设卫生医疗康复服务点，配备镇、村康复指导员 15 人，从事残疾人康复训练工作。2002—2011 年，35 个残疾人得到不同程度康复。举办精神病亲友联谊会 6 次，150 余名精神残疾患者得到综合防治；51 名特困白内障患者施行复明手术。2013—2017 年，累计施行白内障复明筛查和手术 66 例，为 2 人假肢安装，为 5 人验配助听器，为 17 人验配助视器，为 65 人适配各类辅助器具，为 346 人免费签约家庭医生。

第十节　关心下一代工作委员会

镇关工委

1988 年，大岚、华山乡（镇）建立关心下一代工作委员会（简称“关工委”）。1992 年 5 月，华山乡并入大岚镇。6 月，成立大岚镇关工委，有委员会成员 7 人，设主任、常务副主任各 1 人，由镇党委副书记任主任。此后，随着人事变动，调整充实关工委领导班子。各村（居）均建立关工委。至 2017 年，镇关工委成员 15 人，设主任 1 人，副主任 3 人。

主要工作

阵地建设 1999 年 10 月，建立大岚烈士陵园。2006 年 4 月，成立中共余姚四明山第一支部纪念室，成为青少年革命传统、爱国主义教育阵地。2005 年，贯彻落实余党办 [2005]46 号文件《关于加强村级关心下一代工作规范化建设的意见》，各村建立青少年活动场（室）。办起假日学校 8 家，开展安全、教育、道德教学和文体活动。参加学生 808 人次。2012 年，建立大岚青少年宫，开办青少年特色艺术班。2015 年，建立青少年校外教育辅导站。

队伍建设 2004 年，镇党委制定《关于进一步加强未成年人思想道德建设的实施意见》后，镇、村关工委组织“五老”（老干部、老战士、老专家、老教师、老模范）队员 90 人，开展“五帮”（帮德、帮学、帮困、帮教、帮富）活动。2017 年，全镇有“五老”志愿者队员 86 人。

道德建设 每逢清明节，组织中、小学生开展祭扫革命烈士活动，开展革命传统教育。2009—2011 年，镇、村宣讲团教育 10 场次、1480 人次，组织青少年参观中共余姚四明山第一支部纪念室，宣讲 20 余场（次），青少年受党史教育 400 多人次（不包括游客人数）。2014—2017 年，开展革命传统、孝德教育 24 场次，受教育青少年 978 人次。

关爱活动 2009 年 3 月起，各村相继建立留守儿童亲情站，对留守儿童开展结对帮扶、学习辅导、好书品读、文体活动、谈心沟通等六项活动。2017 年 9 月，宁波市关工委在大岚镇设留守儿童工作站，发动社会各界关爱留守儿童。2009—2011 年，市、镇关工委组织企业家、单位、个人捐资助学 496 人，捐资 263050 元。2014—2017 年，帮困助学 117 人，资金 106400 元。2016 年，市关工委开设微心愿网上认领，帮助山区留守儿童实现微心愿。2017 年，认领学生 50 人，捐资 10000 余元。镇、村建立帮教团，对青少年开展法制教育和失足青少年的一对一结对帮教活动。

慈孝活动 组织中、小学生开展市 1 ～ 10 届小孝星评选活动；每年老人节组织青少年到镇敬老院开展敬老爱老志愿服务活动。使青少年知孝理、讲孝德、践孝行，以实际行动争做文明崇德好学生。

宁波市关工委领导为大岚留守儿童工作站授牌

第十七编　政权机构

第一章　权力机构

中华人民共和国成立初期，乡镇实行人民代表会议制度。1954 年 3 月起，实行人民代表大会制度。1966 年，人民代表大会制度因“文化大革命”而被中断，1980 年 12 月得以恢复。

第一节　代表选举

1949 年 10 月中华人民共和国成立，是年底，境内实行人民代表会议制度。人民代表除部分由乡人民政府邀请外，多数由各人民团体、单位及社会各界人士民主协商产生。1950 年 1 月至 1953 年 3 月，现境内有多名代表参加县各界人民代表第二次至第七次会议（第一次会议仅限城区代表），能确定的人员有 14 人。1953 年 6 月实行普选，按《中华人民共和国全国人民代表大会及地方各级人民代表大会选举法》程序，直接选举产生乡人民代表，再由乡人民代表大会选举产生县人民代表大会代表。1979 年，出席县第七届人民代表大会的代表，由于选举制度尚未恢复，代表由各公社和县级机关、企事业单位按照民主集中制的原则，经民主协商，通过无记名投票方式选举产生。自 1980 年县第八届人民代表大会起，县（市）、乡镇人大代表均由选民直接、差额、无记名选举产生。从 1993 年 3 月市第十二届人民代表大会第一次会议始，市人大代表任期每届三年改为五年，其中第十四届人大因为要与上级换届一致，任期缩减为四年。从 2004 年起，乡镇人大的代表任期每届也由三年改为五年，与市人大一致。

人大代表选举机构

乡镇（公社）人大代表选举工作由乡镇选举委员会主持。第一届至第六届县人大代表选举工作由乡（公社）人民代表大会主席团主持，第七届县人大代表选举工作由乡（公社）革命委员会主持，第八届以后的县（市）人大代表选举工作由乡镇选举委员会主持。1991 年前，四明山区公所成立选举办事处，指导辖区内各乡的县（市）人民代表选举工作。1992 年 5 月撤区扩镇并乡后，市、镇两级人大任期不同，第十三、十四届市人大代表选举工作由市选举委员会在大岚镇设立选举办事处并主持选举。

人大代表结构

县(市)人大代表结构比例由县(市)选举委员会提出指导性意见,乡镇(公社)选举委员会(办事处)在选区划分、代表名额分配时予以体现。

乡镇(公社)人大代表结构比例,兼顾社会各界,按先进性、广泛性、代表性要求分配代表名额。公社第五届人大代表 141 人,农民代表 86 人,党员干部代表 37 人,工人代表 4 人,知识分子代表 3 人。第九届人大代表 90 人,妇女代表 16 人,党外人士代表 40 人,干部代表 35 人。第十二届人大代表 51 人,党外人士代表 18 人,妇女代表 8 人,农民代表 40 人,知识分子代表 8 人,高中(中专)以上学历 26 人。第十五届人大代表 49 人,党员代表 32 人,党外人士代表 17 人,妇女代表 14 人,工人、农民代表 42 人。

人大代表选举程序

自 1953 年第一届人民代表选举开始,就依法形成"建立选举委员会—划分选区—登记、公布选民名单—协商确定代表候选人—选民无记名投票选举—公布选举结果"的选举工作程序。第一届至第六届县选举委员会要求各乡镇在规定时段内完成选举工作任务,未明确规定统一的选举日。县(市)第八届至第十一届人民代表选举除试点乡镇外,由县(市)统一选举日。"文化大革命"前,县、乡(公社)两级人民代表任期同步、届次一致。"文化大革命"期间人大代表选举中断,届次不一致。1992 年后,市、乡(镇)两级人民代表大会任期分别为 5 年、3 年,市十二届人大代表与镇人大代表同步选举。后几届市、镇人大代表分别按任期换届,从市十五届人大代表大会起,市、镇两级代表同步选举产生,选举日统一定为换届年的 1 月 5 日。

镇选举工作会议

第二节　乡镇人民代表大会

1954 年 3 月,乡召开第一届人民代表大会。1966 年 3 月 6 日,召开公社第六届社员代表大会后,因"文化大革命"开始,未召开大会。

按届次顺序,1980 年 12 月召开的公社人民(社员)代表大会应是第七届,由于当时无档案资料可查,仅凭回忆排列,该届人民代表大会被列为第五届,以后历届均按此排序。

第五届人民代表大会

第一次会议 1980年12月20日召开，会期1天，出席代表141人。会议听取和审议公社革命委员会《解放思想，鼓足干劲，同心同德，为加快大岚农、工、副全面发展而努力奋斗》的政府工作报告，以及财政预决算报告，选举刘来根为革委会主任，同时选举副主任3人。

第二至三次会议 资料缺失。

第四次会议 1983年8月15日召开，原代表141人，因工作调动10人，增补1人。应出席代表132人，实际出席121人，列席代表77人。会议听取和审议政府工作报告，代表资格审查报告和选举办法。选举李志根为乡长，同时选举副乡长3人。收到议案、建议10件18条。

第六届人民代表大会

第一次会议 1984年7月10日召开，会期1天。应出席代表103人，实际出席代表96人，列席代表29人，特邀代表6人。大会选举16名代表组成主席团，会议听取和审议政府工作报告，财政预决算报告、代表资格审查报告，通过乡政府关于执行计划生育、治安管理、乡村建设用地、林木爱护、财务管理等规章制度的决议。选举沈惠康为乡长，同时选举副乡长3人。共收到议案、建议7个方面14条。

第二次会议 1985年5月29日召开，本次应到代表103人，实际出席89人，列席代表61人。大会听取和审议政府工作报告，"五项规定"执行情况和议案答复，通过《关于改革教育管理体制，实行分级办学分级管理若干规定的实施意见》。新增选副乡长1人，收到代表议案35份82条。

第三次会议 1986年4月30日召开，会议时间1天。实际出席正式代表100人，列邀代表36人。会议听取和审议乡政府工作报告、财政预决算报告、议案审查报告，还通过烈军属优抚实行全乡统筹统支的政策。

第七届人民代表大会

第一次会议 1987年5月16日召开，应到代表53人，实际出席50人，列席代表67人。会议选举7名代表组成的主席团主持会议，审议通过乡政府工作报告、财政预决算报告，乡政府关于教育经费统筹统支；计划生育有关政策；烈军属普优统筹集资；实行九年制义务教育等决定和第七届人民代表大会代表活动制度。选举沈惠康为乡长，同时首次以差额选举的方式选举副乡长1人。

第二次会议 1987年12月21日召开，应到代表52人，实际出席47人。大会听取和审议乡政府工作报告和财政预决算报告，会议等额增选第七届乡政府副乡长1人。

第三次会议 资料缺失。

第八届人民代表大会

第一至三次会议 1989—1992年6月资料缺失。

第四次会议 1992年6月6日召开，出席代表101人。会议选举镇人大主席团常务主席1人，依法选举出镇长1人，副镇长5人。选举郑世根为大岚镇人大主席团常务主席，唐勤山为镇长。

第九届人民代表大会

1993年2月12日，在镇大会堂召开第九届人民代表大会第一次会议，会期1天。应出席代表90人，实际出席90人，列席代表72人。会议通过11名代表组成人大主席团主持会议，听取和审议镇第八届人大主席团工作报告、镇政府工作报告、财政预决算报告，通过《关于筹措教育经费的有关规定》《加强村级财务管理制度的若干规定》《关于计划生育若干政策的补充规定》《大岚镇人民代表大会主席团活动规则》《关于烈军属普优统筹集资的决定》，提出到1995年工农业总值达到7000万元。选举郑世根为镇人大主席团常务主席，王林君当选为镇长。同时选举副镇长5人，人民陪审员4人。

第二至第三次会议　资料缺失。

第十届人民代表大会

第一次会议　1996年2月6日在镇大会堂召开，会期1天。应出席代表50人，实际出席50人，列席代表45人。会议通过11名代表组成人大主席团主持会议，听取和审议镇第九届人大主席团工作报告、镇政府工作报告、财政预决算报告，通过《大岚镇人民代表大会议事规则》《关于计划生育若干政策的补充规定》。大会选举郑世根为人大主席，王林君为镇长。同时选举人大副主席1人，副镇长5人，人民陪审员3人。

第二次会议　资料缺失。

第三次会议　1998年2月18日在镇大会堂召开，会期半天。应出席代表50人，实际出席代表50人。会议听取和审议人大主席团工作报告、镇政府工作报告、财政预决算报告，代表提交有关公路、电站建设等议案建议15件。

第十一届人民代表大会

第一次会议　1999年1月28日在镇大会堂召开，会期1天。应出席代表50人，实际出席代表50人，列席代表41人。会议选举5名代表组成主席团会议，听取和审议镇第十届人大主席团工作报告，镇政府工作报告、财政预决算报告。选举王林君为镇十一届人大主席，沈立群为镇长。同时选举人大副主席1人，副镇长5人，人民陪审员2人。

第二次会议　2000年1月18日在镇大会堂召开，会期1天。出席代表47人，列席代表22人。会议听取和审议镇人大主席团工作报告，镇政府工作报告和财政预算报告。同意沈立群辞去镇长职务的提请，补选鲁章敖为镇长。收到5人以上联名提案16件，批评、建议14件。

第三次会议　资料缺失。

第十二届人民代表大会

第一次会议　2002年1月18日在镇三楼会议室召开，会期1天。应出席代表51人，实际出席代表51人，列邀代表47人。会议选举5名代表组成主席团会议，听取和审议镇十一届人大主席团工作报告、镇政府工作报告、财政预决算报告，选举鲁章敖为镇人大主席，徐康林为镇长。同时选举人大副主席1人，副镇长3人。

第二次会议 2003年1月18日在镇三楼会议室召开，会期半天。出席代表49人，列席代表31人。会议听取和审议人大主席团工作报告，镇政府工作报告和财政预决算报告。

第三次会议 2003年5月23日在镇三楼会议室召开，会期半天。出席代表51人，列席代表47人。会议同意徐康林辞去镇长职务的提请，补选潘银浩为镇长。

第四次会议 2004年1月8日在镇三楼会议室召开，会期半天。实际出席代表50人，列席代表34人。会议听取和审议人大主席团工作报告、政府工作报告和财政预决算报告，同意鲁章敖辞去人大主席职务的提请，补选郑桂春为人大主席，同时补选副镇长1人。

第五次会议 2005年1月20日在镇三楼会议室召开，会期1天。出席代表50人，列席代表35人。会议听取审议镇人大主席团工作报告、镇政府工作报告和财政预决算报告，通过《大岚镇城镇总体规划》。

第六次会议 2005年9月6日在镇三楼会议召开，会期半天。出席代表49人，列席代表42人。经主席团会议通过，同意郑桂春、潘银浩、王良位辞去人大主席、镇长、副镇长职务的提请，补选潘银浩为人大主席，杨荷峰为镇长，同时补选副镇长1人。

第七次会议 资料缺失。

第八次会议 2006年7月28日召开，补选副镇长2人。

第十三届人民代表大会

第一次会议 2007年1月17日在大岚镇初级中学一楼大礼堂召开，会期半天。应出席代表48人，实际出席47人，列席代表35人。会议选举7名代表组成主席团主持会议。听取和审议第十二届人大主席团工作报告、镇政府工作报告、财政预决算报告，会议确定积极打造实力大岚、活力大岚、魅力大岚、合力大岚，全面推进大岚经济和社会各项事业再上新台阶。大会选举杨荷锋为镇人大主席，杨万里为镇长，同时选举副镇长3人。

第二次会议 2008年1月15日在镇政府三楼会议室召开，会期半天。应出席代表49人，实际出席49人，列席代表40人。会议听取和审议镇人大主席团工作报告、镇政府工作报告、财政预决算报告，同意邵志云辞去副镇长职务的提请，补选人大副主席、副镇长各1人。

第三次会议 资料缺失。

第四次会议 2010年1月10日在镇政府三楼会议室召开，会期半天。应出席代表46人，实际出席45人，列席代表36人。会议听取和审议镇人大主席团工作报告。镇政府工作报告、财政预决算报告，同意杨荷锋、邵志云、柳雅敏辞去人大主席、副主席、副镇长职务的提请，补选郑奕训为人大主席。

第五次会议 2010年7月27日在镇政府三楼会议室召开，会期半天。应出席代表45人，实际出席42人。会议听取和审议镇人民政府半年工作报告，选举唐裕康为镇长，同时补选副镇长1人。

第六次会议 2011年1月11日在镇政府三楼会议室召开，应出席代表46人，实际出席代表46人。会议听取和审议镇人大主席团工作报告、镇政府工作报告、财政预决算报告，同意赵建永辞去大岚镇副镇长职务的提请，补选副镇长1人。

第十四届人民代表大会

第一次会议　2012 年 1 月 15 日在镇四楼大会议室召开，会期半天。应出席代表 49 人，实际出席 49 人，列邀代表 55 人。会议选举 7 名代表组成主席团主持会议。听取和审议十三届镇人大主席团工作报告、镇政府工作报告和财政预决算报告，选举俞国强为人大主席，潘剑波为镇长，同时选举副镇长 3 人。

第二次会议　2013 年 1 月 18 日在镇四楼大会议室召开，会期半天。实际出席代表 49 人，列邀代表 36 人。会议听取和审议人大主席团工作报告、镇政府工作报告和财政预决算报告，通过《大岚镇政府实事工程实施办法》，同时票决镇实事工程项目。

第三次会议　2014 年 1 月 9 日在镇四楼大会议室召开，会期半天。实际出席代表 47 人，列邀代表 30 人。会议听取和审议镇人大主席团工作报告、镇政府工作报告和财政预决算报告。

第四次会议　2015 年 1 月 16 日在镇四楼大会议室召开，会期半天。实际出席代表 44 人，列邀代表 34 人。会议听取和审议镇人大主席团工作报告、镇政府工作报告和财政预决算报告，同意潘剑波辞去大岚镇镇长职务的提请，补选肖鹤峰为镇长。同时对 2014 年度票决通过的政府实事工程满意度测评，票决 2015 年度政府实事工程项目。

第五次会议　2016 年 1 月 15 日在镇四楼大会议室召开，会期半天。应出席代表 45 人，实际出席 44 人，列邀代表 36 人。会议听取和审议镇人大主席团工作报告、镇政府工作报告和财政预决算报告，票决 2016 年度镇政府实事工程项目。同意曹丹辞去大岚镇副镇长职务的提请，补选副镇长 1 人。

第十五届人民代表大会

第一次会议　2016 年 12 月 22 日在镇政府四楼大会议室召开，会期 1 天。应出席代表 49 人，实际出席 48 人，列席代表 51 人。会议选举 11 名代表组成主席团主持会议，听取和审议镇十四届人大主席团工作报告、政府工作报告和财政预决算报告。提出实现生态立镇、旅游兴镇、产业富民的奋斗目标。到 2021 年，工农业产值实现 16.3 亿元，其中工业产值实现 9.6 亿元，农业产值 1.5 亿元，第三产业 5.2 亿元。财政可用资金 4800 万元，农民人均收入年增长 15% 以上。选举俞国强为镇十五届人大主席，肖鹤峰为镇长。同时选举人大副主席 1 人，副镇长 3 人。

第二次会议　2017 年 8 月 28 日在镇政府四楼大会议召开，出席代表 48 人，列席代表 43 人。会议听取和审议 2017 年半年度政府工作报告，同意肖鹤峰辞去镇长职务的提请，补选黄强为镇长。

第三节　镇人民代表大会主席团

乡镇人民代表大会主席团，由乡镇人民代表举行会议的时候在代表中选举产生。它随着人民代表大会制度的不断完善而发展。大岚镇自 1954 年召开第一届乡人民代表大会至 1986 年期间，乡（镇）人民代表大会会议由乡（镇）人民政府（乡人民委员会）召集，大会主席团是会议的领导机构，其职责是主持本次人民代表大会，大会闭幕，主席团即完成工作任务。1986 年 12 月 2 日起，按修改后的《中华人民共和国地方各级人民代表大会和地方各级人民政府组织法》，由主席团主持会议，并负责召集下一次的本级人民代表大会会议，乡镇人大主席团的职责范围扩大。1990 年 4 月，依据《浙江省人大乡镇人大主席团工作条例》，选举乡（镇）人大主席团常务主席，开始行使闭会期间工作职责。1992 年 6 月，镇人大主席团设专职常务主席。1996 年后，设镇人大主席、副主席，负责主持闭会期间人大主席团活动，处理人大日常工作，协助市人大开展市人大代表小组活动。1992 年后，镇人大主席团主要开展以下工作：

例会

建立例会制度，每季度召集一次主席团会议，必要时临时召集。例会议题主要有人大主席团视察、调研、监督、评议情况汇报，交流代表小组活动情况，布置下阶段工作，听取政府及职能部门工作汇报，审议代表议案、建议办理情况，向政府部门提交闭会期间人大代表意见、建议和批评，组织代表约见政府及职能部门领导。

议案建议办理

对每次代表大会会议期间收到的议案、建议，经议案审查小组综合初审后，由主席团向大会提交议案建议审查报告。镇第九届至十一届代表会议期间，共收到教育、计生、农林、电站、交通、民政、卫生、广播事业、财税、社会治安、保险、干部作风等方面提案、建议、批评和意见 174 件，其中 6 件议案列入人民代表大会议程依法办理。其他 167 件议案、建议、批评和意见，由人大主席团提交镇政府各部门办理。各承办单位领导负责，专人在规定期限内办理，将办理结果向代表做出答复，并报告主席团。代表对办理结果不满意的，主席团再发还办理部门，限时办理。主席团适时邀请部分代表，听取镇政府各部门关于议案、建议办理情况汇报，向下次代表大会报告。

第十一届至十五届二次代表会议期间，收到 5 人以上代表联名提案、建议 77 件。主要内容涉及旅游资源开发、资源路建造、水库除险加固、电站技改、改水改厕、干部养老保险、教育校舍、医疗服务等，提案、建议办结率 100%，满意率达 90% 以上。

视察调研

1993 年 2 月镇第九届人民代表大会后，人大主席团每年初制订工作计划，围绕当年人民代表大会确定的年度工作重点，开展 2 ～ 4 次视察调研活动。1993—2001 年，镇人大主席团先后对“一优二高”林业，茶叶产业粗制加工质量效益和无公害茶叶基地建设，镇、村电站效益和开发利用，横经电站股份产权明晰和站务公开等议题开展 11 次调研活动，形成理论调研文章 8 篇。2002—2017 年，对农村合作医疗、环境整治、生态镇村创建，中小学、幼儿园、丹山赤水景区安全工作，重点骨干企业、农家乐产业、校舍建造、水库除险加固，交通道路改造等内容，视察调研 28 次。每次视察调研均由人大主席、副主席带队，主席团成员和有关代表组成视察组，镇政府主管领导及有关部门负责人参加。经调查综合并提出针对性意见、建议，为提高全镇医疗服务覆盖率，提升工程质量，做好学校、企业安全防范，发展农家乐民宿产业，增强生态保护意识等方面起到积极有效作用。

评议检查

1993—1995年，主席团对镇卫生院、派出所和城建土管办公室开展行政执法评议3次，检查《食品卫生法》实施情况1次。协助配合市人大对公安局、检察院、法院、司法局、卫生局、环保局、土管局、城建局、交通局等部门行政执法评议和检查4次。

1996—1998年，针对群众关注的村级财务，农村宅基地开展专项检查。协助市代表对市、镇二级的行政执法评议，听取梁弄法庭和镇派出所对1997年以来行政执法工作汇报，组织代表开展农户走访座谈，在广泛听取群众意见的基础上，认真梳理，写出评议报告。1998年7月，配合工商所进行食品卫生执法监督检查，对食品卫生存在的问题提出批评、建议和意见，保护消费者利益。

1999—2001年，加大执法检查力度，对《环境保护法》《食品卫生法》《妇女权益保障法》《土地管理法》《村民委员会组织法》《残疾人保障法》《老年人权益保障法》等法律法规贯彻实施情况开展专项执法检查。每年7月，组织市、镇人大代表开展镇级政务、村级“两务”（政务、财务）公开情况进行监督，促进村级财务清欠工作。

2002—2006年，先后对工业、农业、教文卫战线和派出所、卫生院等单位开展行风评议。对《森林法》《档案法》实施情况开展依法监督检查。同时加强对政府财政预算审查和执行情况监督，严格按照一年二审制，组织代表认真听取和审议财政预算报告和半年度财政执行情况。对中小学教学楼、大溪治理、农民饮水工程等项目进度，进行质量检查。

2007—2011年，对医疗卫生、环保工作进行执法评议。组织市、镇代表深入镇社区卫生服务中心、村级卫生室，听取工作汇报，走访群众，征询意见。并对存在问题提出整改意见，为进一步完善山区的医疗卫生体系建设发挥积极作用。组织人大代表和爱卫办人员对各行政村的环境卫生开展全面检查，并提出整改建议。为成功创建全国环境优美乡镇和宁波市卫生镇起到推动作用。每年对政府民生实事工程建设项目进行监督检查。

2012—2017年，对市交通局、教育局、民政局、农林局、安监局、文广局老区办等20多个市级部门和相对应镇级职能办工作进行评议。开展“关爱母亲河（溪），寻找水污染源、恪尽代表职责”主题活动，市、镇两级人大代表分组对镇、村溪道进行监督检查，提出9条针对性治理和保护建议。政府实事工程实行代表票决制后，对镇老年服务中心、城乡公交线路安保、小集镇改造提升等多个工程，从设计、招投标、施工、监理、竣工验收进行跟踪监督。

代表联系制度

1989年前，历次会议主席团只行使大会会议期间的职责，闭会期间，主席团和镇人大代表不单独组织活动。1990年后，镇人大主席团在闭会期间组织镇人大代表活动。镇人大代表联系制度始于1992年，全镇按选区就近2～3个村划分9个代表小组。人大主席联系主席团成员，主席团成员联系各代表小组，代表小组组织代表定期联系选区选民。1996年，完善代表联系制度，明确主席团成员联系代表，分别编入代表小组，参加代表小组活动，代表小组长联系本组的代表和本选区选民，并将选民的建议、意见综合后上报主席团。自镇第十二届人民代表大会始，调整为4个代表小组。镇第十四届人民代表大会后，进一步完善人大主席团成员联系代表小组制度，要求主席团成员加强与代表小组、辖区内代表的联系和沟通，征集代表议案和建议。同时，代表小组长为小组召集人，组织开展好代表小组的学习、视察、检查等活动。进一步完善代表联系选民制度，要求代表经常走访辖区内选民，向选民传达贯彻好镇人民代表大会决议、决定和上级有关政策文件精神。同时，倾听选民意见，了解掌握民情民意，积极向党委、政府反映群众的意见和要求。向镇人大提交议案建议，并积极参加代表联络站活动，充分发挥人民代表桥梁纽带作用，密切党委政府与人民群众的联系。

市（县）人大代表联系制度建立于1957年，当时境内建有1个人大代表小组，定期活动以征集选民意见，逢县政府人大代表接待日，派组长或代表向县政府反映人民群众意见和诉求。1984年后，以区为单位建立代表中心组，配备兼职人大联络员，代表小组和代表中心组的活动开始规范化、经常化。工作的主要内容包括组织代表视察、调查、学习讨论，走访选区选民，参加市人大常委组织的有关活动等。

大岚镇第八至十五届人大负责人名录

表17-1-1

届次	职务	姓名	任职时间	备注
第八届	大岚镇主席团常务主席	郑世根	1990.4—1992.5	兼职
			1992.6—1993.2	专职
	华山乡主席团常务主席	沈宗钱	1990.4—1992.5	兼职
第九届	主席团常务主席	郑世根	1993.2—1996.2	专职
第十届	镇人大主席	郑世根	1996.2—1998.12.31	专职
	副主席	李志根	1996.2—1998.12.31	专职
第十一届	镇人大主席	王林君	1999.1—2001.12	兼职
	副主席	沈双吉（女）	1999.1—2002.1	专职
第十二届	镇人大主席	鲁章敖	2002.1—2003.11	兼职
		郑桂春	2004.1—2005.9	兼职
		潘银浩	2005.9—2007.1	兼职
	副主席	鲁庆范	2002.1—2007.1	专职
第十三届	镇人大主席	杨荷锋	2007.1—2009.12	兼职
		郑奕训	2010.1—2011.12	专职
	副主席	邵志云	2008.1—2010.1	专职
第十四届	镇人大主席	俞国强	2012.1—2016.12	专职
	副局级市管	苏　瑜	2016.8—2016.12	协助人大
第十五届	镇人大主席	俞国强	2016.12—2017.12.30	专职
	副主席	苏　瑜	2016.12—2017.12.30	专职

附：出席市（县）以上历届人民代表大会代表名录

出席余姚县各界人民代表 2-7 次会议部分代表名录（1949.9—1953.3）

二次会议（1950 年 1 月）　代表　鲁生堂　沈述有
三次会议（1951 年 7 月）　代表　郑春木　沈功能　沈明叶
四次会议（1951 年 12 月）　代表　夏生根　沈述友　史仁兴
五次会议（1952 年 4 月）　代表　史仁兴
六次会议（1952 年 11 月）　代表　龚成德　俞成龙（团）鲁怀才
七次会议（1953 年 3 月）　代表　龚存德　鲁月华（老根据地）

出席余姚市（县）人民代表大会名录（1954—2017）

余姚县第一届人民代表大会（1954.7—1956.12）

王全明　郑分顺　郑求生　沈功伟　马忠岱

余姚县第二届人民代表大会（1956.12—1958.5）

鲁才田　金渭棠　马忠岱　郑求生
王全明　孙杏泉　严彩花（女）　熊达

余姚县第三届人民代表大会（1958.5—1963.1）

郑求生　沈文宝　孙杏泉　陈桂凤（女）
鲁育华　鲁怀才　林远

余姚县第四届人民代表大会（1963.1—1963.12）

姚亨钊　马幼康　郑求生　沈望友
沈企宏　朱雅兴　马忠岱　俞张旺　竺圣华

余姚县第五届人民代表大会（1963.12—1968.12）

郑求生　鲁人冲　邹利华（女）　严彩花（女）
沈企鸿　姚亨钊　马幼康　竺圣华　鲁育华

余姚县第六届人民代表大会

因“文化大革命”，未举行会议。1966 年 5 月 6 日，经公社第六届社员代表大会选举产生代表 9 人。

余姚县第七届人民代表大会（1979.3—1980.12）

郑求生　王全明　周序信　龚存德

黄万森　郑水生　黄君多　俞世林

余姚县第八届人民代表大会（1980.12—1984.7）

李志根　赵忠新　候文定　鲁将禄

王水凤（女）鲁张青　俞存祥　鲁秀定

余姚市第九届人民代表大会（1984.7—1987.5）

李志根　沈双吉（女）俞志高　鲁家灿

马仁成　俞存祥

余姚市第十届人民代表大会（1987.5—1990.5）

沈金石　沈惠康　茹家兴　俞存祥　俞志高

余姚市第十一届人民代表大会（1990.5—1993.3）

朱炳法　陈幼先　郑友娣（女）俞存祥

俞志高　鲁家灿　茹家兴

余姚市第十二届人民代表大会（1993.3—1998.2）

王林君　沈阿香（女）余家其　郑友娣（女）

郑世根　俞存祥

余姚市第十三届人民代表大会（1998.2—2003.2）

王林君　糜荣品　郑世根　鲁志千　鲁丽娜（女）

余姚市第十四届人民代表大会（2003.2—2007.2）

沈正鹏　徐康林　鲁文华　鲁庆范　鲁丽娜（女）

鲁章敖

余姚市第十五届人民代表大会（2007.2—2012.2）

杨荷峰　郑奕训　夏永品　沈正鹏　郑桂调（女）鲁庆范

邵志云

余姚市第十六届人民代表大会（2012.2—2017.2）

王素平（女）俞国强　毛柏生　夏永品　鲁纪东　潘剑波

余姚市第十七届人民代表大会第一次会议（2017.2）

沈炳荣　俞国强　潘剑波　夏永品　鲁纪东

出席宁波市人民代表大会名录

宁波市第八届人民代表大会代表　1983年9月15日　李志根

宁波市第九届人民代表大会代表　1988年3月26日　沈双吉（女）

出席浙江省人民代表大会名录

浙江省第二届人民代表大会

陈桂凤（女）　大岚乡甘竹高级社社管委员

浙江省第三届人民代表大会

陈桂凤（女）　大岚会社夹山大队妇女队长

浙江省第五届人民代表大会

陈桂凤（女）　大岚公社甘竹大队妇女主任

第二章　行政机构

清光绪三十四年（1908）始置南岚乡，至 1949 年 5 月大岚解放，大岚地方行政管理机构先为自治，后为县政府委派，不属一级地方政府。1949 年 6 月，成立南岚乡人民政府。1954 年 3 月，实行乡人民代表大会制度，确立乡行政机构的法律地位，乡政府成为最基层的地方政府组织。2017 年，大岚镇政府管理 14 个村民委员会和 1 个居民委员会。

第一节　民国时期行政机构

民国元年（1912）至 16 年，乡村政权沿袭清旧制，各乡乡董管理地方事务。乡董由地方推选，县公署备案，实行地方自治制度。民国 17 年，推行村里制。民国 19 年，改为乡镇制。现境内置华左、岚峰、明山、甘露 4 个乡。民国 35 年，设南岚乡公所，乡长鲁康。因前后乡公所资料缺失不能详列。

民国 34 年 4 月，中共大岚区委、区署依据梁弄区区署左溪乡民主建政的试点经验，选举中

抗战时期原国民党余姚流浪政府办公场所

共党员马才炳为大岚乡乡公所乡长。民国37年夏，建立嵊新奉县办事处领导的大岚区署，辖南岚、白鹿、杖锡、奉西4个乡公所（杖锡、奉西现为宁波市海曙、奉化区），至1949年5月余姚解放时解散。

民国时期大岚区区署、乡长名录

大岚区区署

区　　长　朱之光（兼，1944年春至6月）

代理区长　周文宪（1944年春至6月）

区　　长　李志标（1944.6—1945.2）

　　　　　武　斌（胡祚慈，1945.2—1945.10）

财　　经　王援军（1944年春至1945年10月）

民　　政　武　斌（1944年春至1945年2月）

指 导 员　王奎（王家奎，1945.2—1945.10）

文　　教　李　伟（1944年春至9月）

指 导 员　沈成章（1944.9—1945.10）

南岚乡乡公所

乡　　长　马才炳（1945.4—1945.10）

原属嵊新奉县办事处领导的大岚、虞南区署

大岚区区署（1948年夏至1949年5月）

区　　长　虞鸣非（女，1948年夏至1949年5月）

南岚乡乡公所

乡　　长　鲁世昌（1948年秋至1949年5月）

虞南区陈溪乡乡公所

乡　　长　糜传品（1948.4—1949.5）

第二节　中华人民共和国时期的行政机构

1949年6月，成立南岚乡人民政府，乡长由中共余姚县委任命。配工作人员3～5人。1950年5月，境内设大岚、南岚、新岚3个乡，乡长、副乡长由人民代表会议选举产生。1954年3月实施人民代表大会制度，乡长、副乡长由人民代表大会选举产生，乡政府下设生产合作社、文教卫生、民政、财粮、治安保卫、人民武装、调解等工作委员会。1956年4月，大岚、南岚、新岚乡合并为大岚乡，同时建立乡人民委员会（简称“乡人委”）。1958年10月，建立大岚公社管委会，称大岚山公社，实行政社合一管理。设工业、农业、财经、文教、卫生、民政、治安、武装、调解等委员会。1959年3月，公社以下设大岚、南岚、新岚3个管理区。1961年10月，撤销3个管理区委员会，建立大岚、新岚公社管委会，隶属梁弄区区公所。同年，原南岚管理区部分村和上虞县划入的3个村，建立华山公社管委会，隶属四明山区区公所。1962年6月，大岚、新岚两公社合并，组建大岚公社管委会，仍实行政社合一管理。1969年1月，实行党政合一的“一元化”领导，一切权利归革命委员会（简称“革委会”）。1981年3月，撤销革委会，恢复乡政府，境内各公社恢复公社管委会，由公社（乡）人民代表大会选举乡长（管委会主任），副乡长（管委会副主任）。1983年8月政社分设，大岚乡成立农工商联合社（后称经联社），性质是全乡社会主义劳动群众集体所有制的经济组织，管理、服务、经营相结合，至20世纪80年代末自然撤销。是年，各乡机构设置基本相似。具体分设社队工业办公室（后改乡镇工业办公室）、农业办公室（下属粮、林、畜、水、机电、农经等站）、教文卫办公室（包括计划生育）、政法办公室、财政组（后改财政所）、村镇建设办（土管）等。1989年1月，大岚乡建镇，改称大岚镇人民政府，设镇长1人，副镇长2人，内设机构不变。

1992年5月，华山乡并入大岚镇，镇政府工作暂时由市政府任命的政务组管理。1993年2月，第九届人民代表大会选举产生镇长1人，副镇长5人。此后，历届镇政府均由镇人民代表大会选举产生，报市公布任命通知。镇政府内设党政办公室、农业办公室、工业办公室、教文卫办公室、政法办公室、城建办公室、武装民政办公室、财政所。1995年，改设党政办公室（审计所）、工贸办公室（招标办）、农业经济办公室（扶贫办）、教文卫办公室（计生办）、综合治理办公室（司法所）、社会事务办公室，村镇建设办公室、财政所。2002年，改设“五办一所”，即党政办公室、工贸村镇建设办公室、农业经济办公室、综合治理社会事务办公室、教文卫办公室、财政所。2007年，内设党政综合办公室、农业经济办公室、工贸村镇建设办公室、社会事务管理办公室、综合治理办公室、财政审计所、劳动和社会保障综合服务中心、外出创业（丹山家政）服务中心。至2017年，镇政府内设7个办公室、5个群团组织、3个服务中心和其他3个工作办公室。

镇工作思路交流会议

2017年镇政府内设机构及人员配置一览表

表 17-2-1　　　　单位：人

序号	机构名称	中层正职职数	实配中层正职干部数	中层副职职数	实配中层副职干部数	备注 工作人员人数
	内设合计	7	6	5	6	
1	党政办公室	1	1	1	1	4
2	发展服务办公室	1	1	1	1	2
3	综合治理办公室	1	1			1
4	社会事务办公室	1		1	2	3
5	农业农村办公室	1	1	1	1	4
6	财政管理办公室	1	1	1	1	3
7	综合指挥室	1	1			
	群团组织	5	5			
1	工会	1	1			
2	团（工）委	1	1			
3	妇联	1	1			
4	计生协会秘书长	1	1			
5	残联理事长	1	1			
	事业单位	3	2	4	4	
1	生态发展中心	1				
2	便民中心	1	1	1	1	
3	农技中心	1	1	1	1	
	其他	3	2	2	2	
1	人武副部长	1	1			
2	四大干事			2	2	
3	纪委委员	2	1			
合计		18	15	11	12	

注：机构编制以市编制委员会规定为准，编内外各机构所配置人员为机关在编人员，不含临聘

附：1949年6月至2017年12月镇政府历届负责人名录

南岚乡政府

1949年6月建立。1950年5月，分设为大岚、南岚、新岚3个乡，隶属梁弄区管辖。

乡　长　鲁世昌（1949.6—1950.5）

大岚乡政府

乡　长　夏升金（1950.5—1951.7）

　　　　张文尧（1951.8—1954.7）

鲁瑞钿（1954.8—1956.4）

副乡长 何金姑（女，1950.10—1953.9）

鲁俊满（1950.5—1951.4）

鲁瑞钿（1952.10—1954.8）

南岚乡政府

乡　长 沈文宝（1950.5—1955.5）

方祖康（1955.6—1956.4）

副乡长 鲁育世（1950.5—1953.4）

俞涨洪（1952.3—1954.6）

严彩花（女，1952—1953.6）

鲁俊满（1952.11—1953.4）

沈长位（1953.4—1956.4）

鲁忠炳（1954.6—1956.4）

新岚乡政府

乡　长 鲁水章（1950.5—1951.5）

姚亨交（1951.6—1956.4）

副乡长 姚亨交（1950.5—1951.6）

沈　钦（1950—1951）

史致维（1952.6—1953.4）

鲁俊满（1953.4—1956.4）

大岚乡人委

1956 年 4 月，大岚、南岚、新岚乡合并为大岚乡，同时建立乡人民委员会。

乡　长 鲁瑞钿（1956.4—1957.4）

沈文宝（1957.4—1958.10）

副乡长 鲁长根（1956.4—1958.5）

姚亨善（1956.5—1958.5）

大岚公社管委会

1958 年 10 月建立，称大岚山公社。

主　任 鲁瑞钿（1958.10—1959.11）

余自强（1959.11—1960.12）

龚存德（1960.12—1961.10）

副主任 夏升才（1959.4—1961.10）

大岚管理区管委会

由大岚乡改称，1959 年 3 月，夏家岭、丁家畈两个大队合并。

主　任　沈文宝（1959.3—1960.1）

　　　　朱良才（1960.1—1961.10）

副主任　黄万生（1960.9—1961.10）

南岚管理区（华盖山大队）管委会

从大岚乡分设

大队长　俞水苗（1958.10—1959.2）

　　　　余自强（1959.2—3）

主　任　余自强（1959.3—7）

副主任　鲁世昌（1959.9—1961.10，主持工作）

新岚管理区（上马岗大队）管委会

从大岚乡分设

大队长　郑全芹（1958.10—1959.2）

　　　　邵枝先（1959.2—3）

主　任　龚存德（1959.3—1960.12）

　　　　龚存德（兼，1960.12—1961.10）

副主任　鲁长根（1959.3—1960.8）

　　　　郑全芹（1960.9—1961.10）

夏家岭大队

从大岚乡分设，1959 年 3 月撤销。

大队长　黄贞苗（1958.10—1959.2）

　　　　鲁维钊（1959.2—3）

丁家畈大队

从大岚乡分设，1959 年 3 月撤销。

大队长　鲁长根（1958.10—1959.3）

大岚公社管委会

1961 年 10 月，恢复梁弄区公所，南岚管理区分别并入大岚，新岚公社。

主　任　鲁光戴（1961.10—1962.6）

副主任　夏升才（1961.10—1962.6）

新岚公社管委会

主　任　龚存德（1961.10—1962.6）
副主任　吴春木（1961.10—1962.6）
　　　　朱良才（1961.10—1962.6）

大岚公社管委会

1962 年 6 月，大岚、新岚两公社合并。
主　任　郑求生（1962.6—1969.1）
副主任　鲁光戴（1962.6—1963.2）
　　　　鲁德者（1962.6—1966.12）
　　　　褚　坚（1963.2—1965.5）
　　　　周永江（1965.5—1967.6）
　　　　马仁成（1966.12—1969.1）

大岚公社革委会

主　任　蒋炳勤（1969.1—1971.3）
　　　　李文林（1971.3—1972.1）
　　　　金渭棠（1972.1—1974.2）
　　　　马仁成（1974.2—1976.10）

大岚乡政府（公社革委会、管委会）

革委会　马仁成（1976.10—1978.3）
主　任　任朝尧（1978.3—1979.9）
　　　　赵忠新（1979.9—1980.9）
　　　　刘来根（1980.9—1981.3）
副主任　朱炳法（1976.10—1979.12）
　　　　郑求生（1976.10—1979.12）
　　　　郑世根（1977.6—1979.12）
　　　　李志根（1979.12—1981.3）
　　　　陈林章（1979.12—1981.3）
　　　　唐金生（1980.10—1981.3）
管委会
主　任　李志根（1981.3—1983.9）
副主任　沈宋来（1981.3—1983.7）
　　　　陈林章（1981.3—1983.4）
　　　　郑苗姑（女，1981.3—1983.9）

唐金生（1981.3—1983.9）

乡　长　李志根（1983.9—1984.8）

沈惠康（1984.8—1989.8）

副乡长　郑苗姑（女，1983.9—1987.2）

黄万岳（1983.9—1987.4）

宓安标（1983.9—1985.3）

鲁后畚（1985.6—1989.11）

应松平（1987.12—1989.11）

唐富良（1989.7—1989.11）

大岚镇人民政府

1989年10月25日，经省民政厅批准，大岚乡改为建制镇。

镇　长　朱炳法（1989.11—1992.5）

副镇长　鲁后畚（1989.11—1992.5）

唐富良（1989.11—1992.5）

王幼珍（女，1990.4—1992.5）

华山管理区

主　任　叶立金（1960.6—1961.10）

华山公社管委会

主　任　竺兴华（1961.10—1969.3）

副主任　朱荣华（1961.10—1961.12）

沈文宝（1962.6—1969.3）

华山公社革委会

主　任　任朝尧（1969.3—1970.3）

鲁介人（1970.3—1976.10）

华山乡政府（公社革委会、管委会）

革委会

主　任　鲁介人（1976.10—1978.5）

沈水堂（1978.5—1979.12）

王寿根（1979.12—1981.3）

副主任　俞士佳（1976.10—1978.5）

沈水堂（1976.10—1978.5）

黄君多（1978.5—1979.12）

　　　　鲁秀定（1978.5—1980.10）
　　　　唐勤山（1980.10—1981.3）

管委会

主　任　鲁秀定（1981.3—1983.9）

副主任　唐勤山（1981.3—1983.9）
　　　　王再根（1981.3—1983.9）

乡　长　马仁成（1983.9—1987.4）
　　　　鲁建华（1987.5—1992.5）

副乡长　沈功祥（1983.9—1984.4）
　　　　俞福坤（1984.8—1987.4）
　　　　黄万灿（1987.6—1992.5）
　　　　屠林娟（女，1990.4—1992.5）

大岚镇政务组

1992年5月11日，市人民政府公布大岚镇政务组。

组　长　唐勤山（1992.6—1993.2）

副组长　王林君（1992.6—1993.2）
　　　　朱炳法（1992.6—1993.2）
　　　　王良伟（1992.6—1993.2）
　　　　王再根（1992.6—1993.2）
　　　　沈文斌（1992.6—1993.2）

第九届大岚镇人民政府

镇　长　王林君（1993.2—1996.2.6）

副镇长　鲁庆范（1993.2—1996.2.6）
　　　　朱炳法（1993.2—1996.2.6）
　　　　王良伟（1993.2—1996.2.6）
　　　　王再根（1993.2—1996.2.6）
　　　　沈文斌（1993.2—1993.10）

第十届大岚镇人民政府

镇　长　王林君（1996.2.6—1998.12.31）

副镇长　鲁庆范（1996.2.6—1998.12.31）
　　　　朱炳法（1996.2.6—1998.12.31）
　　　　王良伟（1996.2.6—1998.12.31）
　　　　郑奕训（1996.2.6—1998.12.31）
　　　　鲁建华（1996.2.6—1998.12.31）

第十一届大岚镇人民政府

镇　长　沈立群（1999.1—2000.1）

　　　　鲁章敖（2000.1—2002.1）

副镇长　郑奕训（1999.1—2002.1）

　　　　鲁庆范（1999.1—2002.1）

　　　　王守先（1999.1—2001.11）

　　　　鲁才定（1999.1—2001.10）

　　　　王良伟（1999.1—2002.1）

第十二届大岚镇人民政府

镇　长　徐康林（2002.1—2003.5）

　　　　潘银浩（2003.5—2005.9）

　　　　杨荷锋（2005.9—2007.1）

副镇长　郑奕训（2002.1—2006.7）

　　　　王良伟（2002.1—2005.6）

　　　　黄红珍（女，2002.1—2003.5）

　　　　沈培荣（2004.1—2006.7）

　　　　邵志云（2005.9—2007.1）

　　　　柳雅敏（女，2006.7—2007.1）

　　　　俞国强（2006.7—2007.1）

第十三届大岚镇人民政府

镇　长　杨万里（2007.1—2010.7）

　　　　唐裕康（2010.7—2012.1）

副镇长　邵志云（2007.1—2008.1）

　　　　柳雅敏（女，2007.1—2010.1）

　　　　俞国强（2007.1—2012.1）

　　　　赵建永（2008.1—2011.1）

　　　　周百荣（2010.7—2011.12）

　　　　沈巍伟（2011.1—2012.1）

　　　　曹　丹（女，2011.12—2012.1）

第十四届大岚镇人民政府

镇　长　潘剑波（2012.1—2015.1）

　　　　肖鹤峰（2015.1—2016.12）

副镇长　郑文杰（2012.1—2016.8）

沈巍伟（2012.1—2016.8）
曹　丹（女，2012.1—2016.1）
李基坚（2016.1—2016.12）
方烈君（2016.8—2016.12）
朱铁炯（2016.8—2016.12）

第十五届大岚镇人民政府

镇　长　肖鹤峰（2016.12—2017.8.28）
　　　　黄　强（2017.8.28—12.30）
副镇长　方烈君（2016.12.22—2017.12.30）
　　　　李基坚（2016.12.22—2017.12.30）
　　　　朱铁炯（2016.12.22—2017.12.30）

附：宁波市挂职干部（镇长助理）名录（1996.10—2003.12）

姓名	任职年份	派出单位
秦孝进	（1996.10—1997.10）	宁波市民政局
王　震	（1999.3—2000.2，党委委员）	宁波市电业局
陈立波	（2000.3—2001.2）	宁波市电业局
叶兴法	（2001.3—2002.2）	宁波市旅游局
严忠禄	（2002.3—2003.2）	宁波市电业局
徐　平	（2003.4—2003.12）	宁波市民政局

第三节　基层行政自治组织

中华人民共和国成立前基层行政自治组织

境内唐代始置里，里直接领于乡。宋时，一度改里为保，乡设都，都辖保。元代改里为图，领于都。明代复改图为里，按离县城远近，以一、二、三、四序次名里。清承明制。民国初期，仍沿清制。历代都、里、图、保主事者由地方望族富户推举，为县衙服事，费用由地方公摊，或县衙从税赋捐外别列捐费。

地方保长名为公举，实由绅士富户推举，乡长委任。主要职责除协助县、乡摊丁派税，还负有维护地方治安职责。日军侵占余姚期间，大岚境内一带属抗日民主政权管理，保甲制依然延续。解放战争时期，各保一度为国民党政权控制，后期各保仍被中共基层组织控制。

中华人民共和国成立后农村基层行政自治组织

中华人民共和国成立初期村公所　1949年5月余姚解放后，废除保甲制，乡以下保改村13个。村管理机构称村公所，设村长、农会主任、青年民兵队长、妇女队长等不脱产干部4～6人。村公所大多无固定办公场所，主要是配合乡人民政府围绕阶段性任务开展工作，担负组织全村的生产、治安、卫生等职责。

农村合作化时期村级组织　1953年开始实施农业互助合作，1955年又实行农业合作化，村的各项工作逐渐转移到农业生产合作社。1956年初，境内普遍建立高级农业生产合作社，其规模相当于村，村为高级农业生产合作社所替代。境内共建有高级社17个（不包括上虞县划入的村）。

生产大队　人民公社期间，高级社改为核算单位（1958.10—1959.3称大队），当时境内设4个核算单位。1961年11月，实行“三级所有，队为基础”，核算单位改名为生产大队。每个生产大队设大队长1名，副大队长1～2名，配会计、出纳、妇女主任、青年、民兵、治保调解等专兼职人员，负责处理行政、经济、社会等事务。生产大队以下，以合作社初期的初级农业合作社为基础，建立独立核算职能的生产小队，每个生产小队设队长、妇女队长各1名，配会计、出纳、保管员，主要负责全小队生产、经营、分配等事务，协助生产大队管理其他社会事务。1981年，境内共有24个大队、126个生产小队、3个茶场，其中实行大队核算所属的生产队2个。

村民委员会　1983年，大岚、华山人民公社先后完成政社分设，生产大队复名为村，建立自治管理机构——村民委员会。每村设主任1名，委员视规模大小设2～3名。下设爱国卫生、治安调解等委员会，负责管理全村行政、社会等事务。初期村民委员会选举，按乡规定程序要求，召开各组户长会议推选组长、村民代表。村民委员会候选人由村民10人联名推荐，报乡换届选举工作领导小组协商审核后，确定各村正式候选人，经村民代表大会（全体党员、乡人民代表参加）选举产生村民委员会。与村民委员会平行设村经济合作社，负责村集体经济经营管理，村经济合作社成员一般与村民委员会交叉兼任。同期，农村土地联产承包责任制已全面推行。各村推行统分结合的双层经营机制，生产队集体资产并入村经济合作社统一管理，生产小队更名为村民小组。

1990年，首次按《中华人民共和国村民委员会组织法（试行）》，开展第二届村民委员会选举工作，由市统一部署，镇（乡）成立选举工作领导小组及办公室，各村在党组织领导下由村民选举委员会主持换届工作。1999年3月，镇根据新颁布的《中华人民共和国村民委员会组织法》，组织实施第五届村民委员会换届选举，各村首次由全体选民直接提名推选村委会候选人，于8月底前，依法选出30个村民委员会，其中主任28人，委员50人，共有参选村民11347人，参选率99.47%。此后，每3年换届1次。

2001年4月，全镇30个行政村并为14个村，调整后的村民委员会配置3名脱产工作人员，仍设主任1名，委员2名。2011年2—3月，根据《浙江省村民委员会选举办法》和《浙江省村民委员会选举规程》，开展第九届村民委员会换届选举，选举采用候选人差额（海推直选）方式进行，并推行“双承诺”制度（履职承诺、辞职承诺），14个村民委员会选出主任14人，委员29人。自该届始，实施行政村“三委会”（党支部委员会、村委会、社管会）和农村专职工作者选聘分离制度。2014 年 1—3 月，依据“一法两办法”，按照选举程序（即选民登记—候选人推荐—正式候选人公布—投票选举—公布结果等）和干部交叉兼职的要求，完成第十届村民委员会换届选举工作，产生主任 14 人，委员 17 人。2017 年，经济合作社改称股份经济合作社。

村民委员会自治建设　20 世纪 80 年代，村民委员会实施以制定和完善村规民约为主的自治建设，内容包括《山林管护公约》《公共卫生公约》《财务管理制度》等。

1992 年后，实施《浙江省村经济合作社组织条例》，设立村经济合作社（简称社管会）。社管会承担村资源开发与利用、资产经营与管理、生产发展与服务、财务管理与分配的职能，同时建立村经济合作社监督委员会。社管会成员由社员代表会议选举产生，社长（董事长）一般由村党支部书记兼任。并建立村民（社员）代表会议制度，凡村重大事项（水资源开发、改路、改水、建校及大额度财务支出等），由代表会议审议通过决定。此后，村民代表会议制度进一步健全完善。

2000 年起，贯彻落实市委、市政府关于《余姚市村级民主管理暂行规定》和《关于规范完善村务、财务公开民主管理工作的通知》精神，各村建立政务、财务公开制度。2004 年，全镇又统一规定自当年的 7 月 20 日起，每年 1 月、4 月、7 月、10 月的 20 日为村务公开日。2005 年 10 月，进一步完善村级财务管理和民主理财制度。各村村民代表会议民主选举产生民主理财小组，一般 3 ～ 5 人，负责村级日常民主理财、监督检查财务账目。2008 年，建立村务监督委员会。监督内容有村务决策、村务公开、村级集体“三资”（资金、资产、资源）管理、村工程建设项目等。

2003 年始，为保护生态环境，各村建立保洁队伍，实施长效保洁机制，对主要溪道、山林管护落实专人负责制。大岚村建立山林防火应急分队，柿林村委会为保护古建筑，制定《古村保护改造实施意见》等，各村的自治建设得到不断加强。

撤扩并后集镇基层行政自治组织

居民委员会　20 世纪 90 年代前，集镇上从事工商服务业及居民户籍的人口不多，集镇建设滞后。1992 年 5 月撤区扩镇并乡后，集聚人口渐增，工商服务业发展。是年 11 月，组建大岚镇居民委员会（简称居委会）。居委会设主任 1 名，委员 2 名，其中 1 名兼文书。由镇政府定期发放误工津贴，负责处理街道环境卫生、治安调解及镇政府部署的阶段性工作。居委会每 3 年换届 1 次，主任、委员由居民代表会议选举产生。

第三章　政府其他工作

政府工作部门多，内容广，多数工作已分类设编，本章简要记述综合档案室和社会治理综合指挥室。

第一节　综合档案室

1988年起，乡、镇档案管理工作通过市主管部门和专业人士的指导和帮助，逐步走上规范化和法制化轨道。辖区内大岚、华山两乡镇都建有规模不同的档案室，每年把发生的文书档案、会计档案、科技档案及声像档案进行分类归档，妥善安全地保管。1990年，通过市、区主管部门的帮扶，建成了综合档案室。1992年5月完成乡镇撤扩并，华山乡并入大岚镇，档案管理更加得到各级领导的重视，明确党委副书记为分管领导，党政办主任为综合档案室主任，镇文书为具体责任人的工作班子，严格按照档案接收、鉴定、整理、保管、利用程序实施管理，按规定做好收集、整理、立卷和归档工作。依照市档案局要求，对镇1992年以前的档案，于1988、2001年分二批次移送市档案馆收藏。1998年，大岚镇政府关于切实抓好村级建档工作，明确村级档案管理和领导责任，使档案管理质量更加完善。2002年，镇人大主席团对《档案法》的实施情况进行监督检查，使档案管理真正落到实处。2004年，为确保第二轮农村土地承包的档案材料和完善农村土地承包所形成的原始记录以及在承包土地流转过程中有关材料的完整、安全和有效利用，提出进一步加强农村土地承包档案管理，保障农民的切身利益，化解土地承包纠纷，保持农村社会稳定。至2006年，镇综合档案室有文书档案792卷、科技档案50卷、会计档案675卷，除移送市档案馆外，档案安全、保管质量良好。

2012年起，根据主管部门的要求，对镇内收集归档的文书档案中的部分科技和声像档案采用电脑扫描输入，确保纸质和电子文档共存，极大地方便了单位和公众的查询。为了配合村级组织“三资”和“三务”公开，使广大村民能够及时了解村级的收支情况，从2013年9月开始，在做好传统纸质会计账目的同时，把收支票据、各种合同和重大决议都进行电脑扫描输入，形成电子文档，能在网上查询，真正做到公开、透明，使广大村民放心，融洽了党群干群关系。使村级“三资、三务”在有线电视上都能查询结果。

围绕强化档案管理职能，重视了解利用档案，扩大服务成效。至2017年，镇综合档案室有房屋面积130平方米，空调2台，标准铁制档案柜10口（长450厘米×宽60厘米×高200厘米），铁制档案柜38口（40厘米×40厘米×90厘米）。2007—2017年新增归档、文书档案797卷，科技档案138卷，声像档案645张（册），会计档案1167卷，室内档案查阅设施齐全，由镇文书专人管理落实。2006年，通过市档案局年检合格，14个行政村的档案室也通过市级年检合格。落实档案防潮、防火、防虫咬等预防措施，使入库档案安全。2017年，共接待档案查阅利用30人次，查阅档案资料60卷，出具证明20份，方便了单位和公民的查阅。

第二节　社会治理综合指挥室

围绕推进基层治理体系和治理能力现代化，落实简政放权、放管结合、优化服务的改革要求，结合市两办通知精神和镇实际，2017年3月，在综合执法等四个平台的基础上，组建大岚镇社会治理综合指挥室。统筹镇国土资源所、发展服务办公室以及市直部门派驻机构的执法力量，坚持“网格化管理，组团式服务”，整合基层社会治理各类网格资源，形成全镇统一的基层社会治理“一张网”工作格局，整合各类辅助工作力量，建立健全专兼职网格员队伍，明确职责。依托社会管理综合信息系统，加强信息平台的深度融合，延伸拓展网格人员专用移动终端APP，实现信息资源的汇聚、流转、交换和共享，以优化服务为根本出发点，按照“人性化，零距离”的要求，着眼于基础群众的服务要求，实现全程跟踪，贴心服务。

2017年底，通过一年的努力，实现网上报送、网下落实的“互联网+社会治理”“党建+网格”工作体系，基本形成“管理网格化、指挥平台化、运行信息化、服务全程化、考核智能化、参与全员化”的基层社会治理新模式，提升全镇社会治理能力。全镇共划分网格40个，聘任网格总长15人、网格长42人，网格信息系统操作员14人，配置E宁波手机71台，多次组织网格长参加E宁波操作系统培训。

在全镇组成横到边、纵到底的社会治理服务管理网，排查发现公共安全隐患、环境污染、矛盾纠纷、村民需求等信息，共上报一级事件561件，二级事件32件，三级事件1件，并及时分派到分管部门处置，为上级党委、政府及时了解基层工作情况提供详细数据。同时还夯实基础，面向基层，优化为民服务，完善机构改革，调整整合均衡，人员编制配备，提升治理效能。

第十八编

军事　公安　司法行政

第一章 军事

第一节 驻军 设施

大岚的地形地貌特别，四周山峻谷深，中间岗联坡平，是典型的高山台地。这种特殊的地形加之地处四明山腹，易守难攻，又可练兵，因此是历代兵家必争之地。早在东晋隆安三年（399），会稽王世子司马元显苛刻虐民，百姓怨苦，“征东将军”孙恩就自海岛率军起义。入余姚，破上虞，占会稽，后转战大岚山，义军充分利用大岚山的有利地形，一战击败朝廷官兵。唐至德二年（757），余姚人龚历率民起兵，占领大岚，与官军斗争达两年之久。宋宣和二年（1120），方腊起义军转战到大岚山，后向南挺进，追杀敌兵，直插浙南。元代诗人戴元表曾称大岚“七百年来是战场”。明末清初，黄宗羲的抗清义军“世忠营”在大岚、杖锡一线驻军结寨，另有自号为“大岚洞主”的抗清将领龚万里也建寨于大岚山，抵抗清政府的民族残杀。到康熙十三年（1674），龚万里号召山民反抗清政府的重税，聚众大岚山，与官军展开斗争。

康熙四十七年（1708），因大岚山张念一起兵反清，绍兴协右营都司署自临山迁址县城东北隅，驻都司以下 4 员，兵丁 149 人。同年，绍兴同知分府驻梁弄，千总 1 人带兵 100 人防守梁弄，把总 1 名带兵 60 人驻中村，尚有兵 100 人分防大岚上马岗等地。

咸丰九年（1859）二月十二日，黄春生率众万余，复进余姚县城，攻县署，被“黄头勇”击败。浙江巡抚遣兵镇压，旋退大岚山。

同治十一年（1872），把总 1 人，兵员 120 人驻夏家岭、丁家畈。

民国 30 年（1941）秋，陆军暂编第九军挺进第一纵队进驻四明山，司令部设陈家岩、丁家畈。

民国 33 年 6 月，陆军 33 师 1 团驻大岚柿林，设立“前进指挥所”，至 8 月撤回天台。

第二节 日军暴行

1941 年 5 月下旬开始，日军分路第一次扫荡四明山。5 月 30 日（五月初五端午节）中午时分，扫荡四明山的东线日军攻破樟村、密岩、大皎。大皎是国民政府四明山游击中心司令部所在地，还是国民政府浙江省六区专员公署，鄞县、镇海、慈溪三个县政府办事机构的驻地，这些地方国民党武装败退南撤。

西线日军扫荡梁弄之后，即攻破羊额岭，直趋大岚山。国民党余姚县政府在急迫之下只好由陈家岩、岩下村退往细岭，再经由周公宅、燕子窠村，暂驻北溪村，后又迁至嵊县晋溪。日军第一次扫荡结束后，由晋溪迁回黄家庄。日军杀进陈家岩，杀死村民10多人；暂驻陈家岩的四明医院因撤退时间急促，有16名伤员牺牲在日军屠刀之下。同日，在大岚分水岭庙，国民党军18名伤兵遭日军围困后全被刺死。大岚一名木工鲁水林无辜被日军用铁丝穿通双手，绑在屋柱上用刺刀刺死。该日，丁家畈、后朱村、大岚山各村先后被日军扫荡，死伤惨烈。

当羊额岭失守时，壮士夏采冬扼守岭头而殉难。羊额岭是大岚山前卫，历来被视为千古天险，历史上没有任何兵寇突破守兵登上羊额岭。为阻止日伪军进攻，国民党县政府在大岚山严加设防，沿路山坡设置排哨。为防备万一，羊额岭顶上还有一块直径近一米的圆形巨石，用绳子悬在岭顶上，到时用刀将绳子砍断，巨石即刻滚下岭去，登山的敌军即会被翻滚而下的巨石滚压。而这临阵守在羊额岭顶操刀割绳的壮士，便由羊额岭东侧夏家岭村的山民夏采冬担任。日伪军进攻羊额岭时，夏采冬执守岗位，手执利刃，眼睛注视着岭下的一切。可是意外情况发生了，进山扫荡的日伪军便衣队在熟悉山路的汉奸引导下，从半岭乱山丛中爬上了岭顶，蹿到了夏身后。当夏发觉身后有敌军，即时转身迎战，用手中的利刃与日军拼杀。日军便衣队用手枪连续发射，夏身中数弹，手握利刃倒地。日军上前用马刀将夏采冬剖腹切胸，鲜血染红岭顶。

夏采冬纪念碑

11月12日晨，2架日机先向大岚山境域投炸弹、机枪扫射，炸死石鼓村沈明相、沈桂相2人。是日晚，日军700多人从余姚城出发，向大岚山扫荡。火烧石鼓村沈家祠堂和民房10多间，几名妇女被强奸，财物被抢劫，十几个农民被抓去作挑夫。

11月12日，2架日机投炸弹，一枚投到丁家畈山里，另一枚投到柿林村。

1943年4月4日，日军700多人从上虞出发进四明山扫荡。大岚山群众事先获得消息，逃入深山躲避。日军洗劫了9个村庄，抢走财物，焚毁民房几十间。

12月初，日军和伪军1500余人经由大皎、陆埠、奉化、下官、梁弄，分五路向四明山扫荡。12月8日清晨，日军和伪军一部闯入夏家岭山村。村民已事先获得信息，躲避在山岙间。日军一进山村，先行翻箱倒箧，把细软财物洗劫一空。然后放火烧村，顿时浓烟滚滚，留在村里的几名老弱山民见状，冒火抢救，但抢救出来的东西，仍被日军夺去，投入烈火之中。全村有124户、

日军回转的回马亭

474间房屋被烧成瓦砾，烧死猪90多头。在火烧山村时，村民夏绍钧之妻正要临产，结果只得分娩在山坡田塍边的草堆里，用碎碗片割断脐带，用冷田水清洗婴孩。火烧夏家岭的同一天，日军还烧了华山黄家庄59户百余间房屋，大岚蜻蜓岗18户、35间房屋，烧死鲁忠良母亲，打死年仅18岁的鲁金国。

12月9日，日军抢劫、火烧丁家畈、余家横村，烧毁177户村民住房近300间。1944年，在大岚蜻蜓岗，日军企图强奸一名孕妇，该妇女的婆婆出来阻挡，被日军当头一刺刀，晕厥倒地。晓岭大岩里的两个山民，被日军活埋在岩头村，大岚余家横潘家17岁的独子被日军打死在屋后南瓜地里。

第三节　地方武装

民国时期地方武装组织

大岚区常备队　1939年5月，中共余姚山区设立特派员制，朱之光任特派员，隶属余姚县工委领导，下辖峙岭村和大陈村2个党支部。同时组建战时政治工作队开展工作。1942年10月，遵循浙东区党委“坚持三北，开辟四明”的战略方针，三北游击司令部挺进姚南山区，姚南人民便在中国共产党领导下组建起姚南自卫中队。其后，随着形势的发展和变化，又成立了姚南县自卫大队，积极协助主力部队，抗击日伪军。大岚区也成立常备队，由王援军担任队长，队员32人，并在斗争中不断发展壮大。

大岚区武工队　南山县仅有的武装人员跟随县特派员活动，1946年12月，特派员朱之光将身边的武装人员组建成武工队。1947年5月，在草茅庵重建主力武装时，姚南武工队编入主力武装第四中队，共有队员43名，朱晋康任中队长。1948年春，大岚区成立了区武工队，队长严大康，属嵊新奉县领导的大岚区地方武装组织，配合当地党组织开展工作。同年9月在大岚区组建“小钢铁”武工队，队长为吕民烽（1948.9—1948.11）、俞世鉴（1948.11—1949年初），另有青年队员20余人。解放战争时期，四明山地区陷入国民党的统治，反共势力抬头，压迫革命群众，时任大岚区特派员的黄连组织当地革命武装就地镇压了国民党大岚乡长鲁康和副乡长鲁家我，鼓舞了党员和革命群众的信心。随着武工队的发展壮大，各村都建立了自卫队和民兵中队，迎接了中华人民共和国的诞生。

中华人民共和国成立后地方武装组织

乡镇人民武装部　1949年6月，余姚县设人民武装部，南岚乡也设立武装委员，分管武装

国防教育

队列训练

工作。1950 年 5 月，南岚分为南岚、大岚、新岚 3 个乡，各乡配备兼职武装干部。1956 年，3 乡合并为大岚乡，成立梁弄区人民武装部。1958 年，实行“全民皆兵”，公社（管理区）组建民兵营，核算单位为民兵连、生产队为民兵排，民兵总数占全公社总人口的 40%。1960 年，公社成立民兵工作小组。1961 年，对民兵组织进行整改，设武装基干民兵，大岚公社设人民武装部，转配专职人武干部，同时开展组织、政治、军事三落实工作。1981 年，恢复普通民兵和基干民兵，大岚公社设立普通民兵营和基干民兵连。身体健壮，年龄在 18 ～ 35 周岁者成为公社基干民兵，余皆为普通民兵，民兵制度和预备役统一，基干民兵为一级预备役，普通民兵为二级预备役。1983 年，余姚县人武部制定《民兵参加两个文明建设的具体规划》，学习推广先进经验。1985 年，按照减少人数、提高质量、抓好建设后备力量的重点、打下战时动员基础的原则，再次调整民兵组织。1992 年，大岚镇成立了普通民兵营和基干民兵连，健全完善民兵领导班子。

1992 年 5 月，华山乡并入大岚镇，设立大岚镇人民武装部。1993 年，认真搞好民兵工作“三落实”，结合民兵整组工作，按照民兵工作条例，健全完善民兵组织。1995 年，依据《民兵工作条例》《民兵组织整顿暂行规定》，健全完善领导班子，落实基干民兵 140 人，健全完善应急分队建设。

2015 年，围绕民兵工作“三个转变”，遵循党管武装、任务牵引、军民融合、改革创新、依法建设的原则，进一步优化组织布局，加强教育训练，夯实基层基础，组建规模适度、布局合理、装备配套、可管可用的新型力量体系，为提升“两个能力”奠定组织基础，结合本镇实际开展民兵整组工作。

大岚民兵剿匪

匪特猖狂　1949 年 5 月 23 日，余姚解放。长期以来深受国民党反动派政治压迫、经济封锁、苛捐杂税以及清乡扫荡、烧山搬村之苦的人民，满怀翻身的喜悦欢庆胜利。而当时还盘踞在舟山的国民党反动派，不甘心失败，乘共产党工作重心由农村转移到城市，浙东各地武装配合解放大军解放舟山之机，妄图伺机而入，卷土重来。位于五县接合部，山高林密便于隐蔽的四明山，成了他们的首选基地。蒋介石的亲信、国防部第三局局长俞济时授意在定海的俞济民任命第三支队副支队长刘子良为浙东全权代表，于 6 月带着百余人上了四明山，其任务是牵制解放军解放舟山，建立反革命根据地，便于反攻大陆。

刘子良上山后，迅速收罗国民党散兵、基层反动分子和土匪、地痞流氓，不到两个月的时间，匪特队伍就扩大到700余人。他打出了“反共救国军浙东行署突击纵队”的牌子，自任司令，并重建伪四明县政府。在当时属奉化的唐田廿四担庵召开成立大会，委任钱金法为县长，副县长为军统特务、原南岚乡（即大岚乡，下同）乡长、四乡联防队长沈民风（这是一个曾杀害中共地下党员、民兵鲁仁士、鲁志雅、龚昌茂等7人的刽子手）。接着又建立了四明县反共游击部队，任命嵊县北庄乡乡长王钱根为总队长。总队司令部开始设在东坑、董家岩一带，后移至梨洲。同时还任命了一批区长，一时间，国民党军在奉化、鄞县、余姚、上虞、嵊县交界地区猖狂活动，他们到处张贴反动标语，欺骗人民，扰乱人心，弄得中共党内个别不坚定分子，如上虞县大洋乡原乡长王云能带着手枪投降国民党军，被委任为四明县第三自卫大队大队长。为了表示效忠国民党，他先拿自己所在的戴王村村干部开刀，村长戴永堂被“五马分尸”，戴锡定、王九品、王龙余等村干部也被他枪杀。一时乌云四起，国民党残部蠢蠢欲动，气焰嚣张。

民兵还击 当时南岚乡成立的新政权，面临十分危急的形势。南边驻扎大批国民党军，西边王云能投敌，大岚原敌伪军政人员也有40多人加入土匪，乡政府成为残匪的首要攻击目标。乡长鲁世昌根据人民群众及时提供的情报，和其他乡领导认真分析形势，决定一面做好随时抗击的准备，一面由鲁世昌带俞存龙、鲁忠炳等绕道后朱，翻东岗山，步行40多里到梁弄区委紧急汇报。区委立即派有一定作战指挥经验和人地熟悉的区委组织委员俞存朝前往帮助工作。俞存朝到大岚后，一方面发动群众，揭破谣言，稳定民心；另一方面制定与国民党军的作战计划，并把全乡民兵召集起来，进行迅速整编、紧急集训。俞存朝担任民兵大队长，鲁仁化任副大队长，下设三个中队。并将30多支步枪和100多支鸟枪都集中在民兵手里。

集训开始不久，便传来消息，定海来的国民党军特约40余人已渡过奉化江，经鄞县到达中村，中午可能上大岚。俞存朝当即命令各中队开赴东北方向的赤石岭、九雷岭、相见岭，每一个中队防守一条山岭，决不让土匪进入大岚。以后朱村民兵为主的一中队接到命令后，赶往相见岭，民兵还未进入阵地，国民党军已占领相见岭山头，双方立即开火，投入战斗。因为国民党军的武器好，激战中一中队长朱传培中弹受伤，但民兵们继续勇敢战斗，并采用迂回攻击，抢占有利地形，一步步向敌人进逼。国民党军见势不妙，慌忙逃到黄家庄。俞存朝指挥三个中队兵分两路追击，占领眠床岗和牛头山岗两个山头，再次向敌发起进攻。对峙20多分钟后，国民党军溃逃到上虞山区。

时隔数日，国民党军前来报复，刘子良派300余人直扑后朱，妄图缴枪抓人。这一情报被民兵方预先获得，根据敌强我弱的实际情况，指挥部决定采取回避战术，将后朱村的民兵和青年都转移到山林里。国民党军进村后既抓不到人，更缴不到枪，就翻箱倒柜抢劫财物。第二天一早，分两路经蜻蜓岗向南退去。

8月15日，国民党军200余人在沈民风、王良贵带领下从鄞县向大岚进犯。途中被鄞县茶亭岗民兵截击。交战中，国民党军打死民兵1人，活埋民兵队长严志相，还火烧民房3间。大岚民兵得讯后前往增援，在麻屋村与敌展开近战。在大岚民兵机智而猛烈的打击下，国民党军受伤多人，向杖锡方向逃窜。民兵取得了反击战的胜利，但二中队长鲁茂人负伤，民兵鲁求仁被俘。后由于民兵不断追击，残匪慌乱，鲁求仁得以机智脱身。

紧急求援　战斗结束后，大岚乡政府和民兵指挥部及时举行会议。会上认真分析了形势：前一段时间，后朱村民财物被抢，两个中队长受伤，鄞县严志相被活埋，房子被烧，说明匪军活动越来越猖狂。下一步，国民党军必然要攻打大岚。一是为了秋收抢粮，二是由于大岚优越的地理位置。如果强敌进犯，虽然大岚民兵勇敢顽强，熟悉地形，但装备差，除了几支七九式步枪，多数以鸟枪为主，要彻底消灭匪徒，必须增加武器，提高民兵战斗力。会议决定提高警惕，严阵以待，随时打退进犯之敌。分头向上级汇报，争取武器装备。

会议以后，由俞存朝带领一组人员赶到梁弄区委汇报，区委即通过区武装部向县武装部要求。县武装部十分重视，迅速决定调拨步枪 50 支，手榴弹 300 颗，子弹千余发，发放到大岚民兵手中。另一组由乡长鲁世昌带领 3 个民兵到宁波军分区，军分区领导听取汇报后，高度赞扬了老区人民的斗争精神，当场发给轻机枪一挺，另奖给在剿匪中负伤的中队长鲁茂人二号木壳 1 支。4 人背着机枪星夜返回大岚。消息传开后，全乡人民精神振奋，民兵信心大增，纷纷争当机枪手，要为严志相报仇，一时群情激愤。

柿林战斗　是年，大岚中汛稻喜获丰收，人民在庆祝解放后的第一个丰收年。这时，梨洲杨沟坑民兵送来情报，说匪首刘子良为了过冬备足军粮，准备到柿林、下庄、蜻蜓岗抢粮，已拉好伕子 200 多人。接到情报后，大岚民兵严阵以待。

农历九月中旬的一天上午，国民党军 600 余人分两路进攻大岚，一路由沈民风带领 100 多人为先遣队，直扑蜻蜓岗和柿林，另一路由刘子良、王良贵带领的 400 多人到达鄞县杖锡乡，随时准备接应。敌先遣队到达目的地后，先派兵分头占领了蜻蜓岗和柿林唐古岭头东边两座碉堡，然后进村抢粮。柿林民兵十余人在沈功能带领下，冲出封锁线到乡里汇报。俞存朝、鲁世昌当即决定，为保卫人民财产，三个中队分路出击。全乡民兵在上马岗集合后，由柿林民兵带路，一中队从北向东，过横泾，隐蔽在丹山赤水的红岭上坡小岩岭，伺机出击；二中队占领猪头尖岗，配合三中队端掉蜻蜓岗碉堡；三中队从西面直扑蜻蜓岗。

各路民兵按计划进入阵地，上午 9 时，蜻蜓岗方面战斗打响。二中队猛烈射击，三中队发起冲锋。守在蜻蜓岗的敌一个排见势不妙，放弃碉堡逃到柿林。民兵直追到柿林，占领西北碉堡，与敌原占领的东碉堡对峙激战。国民党军集中 4 挺机枪扫射，并派兵沿山坡向阵地发起冲锋。这时，宁波新发来的一挺捷克式轻机枪发挥了威力，机枪手鲁忠炳越打越猛，原先隐蔽在小岩岭的一中队也对着迂回的国民党军猛打。匪军进攻受挫，但他们以为民兵战斗力不强，同时还等待着杖锡的大部队来增援，所以继续发起冲锋，面对民兵掷出的一批手榴弹也不后退。正在这时，梁弄区中队派出的小分队赶到，一中队民兵看到区中队来了，有意高喊："解放大军来了，大军来了！"沈民风看到穿黄军装的队伍进入阵地，也以为是解放军到了，马上指挥撤退，拖着尸体、伤员逃到杖锡。坐镇杖锡指挥的刘子良听说大军来了，也马上改变计划，率部退到奉化、嵊县边界。

民兵进入柿林，见已被抢走的 6000 多斤粮食一粒不少，国民党军连杀猪宰鸡准备好的饭也顾不上吃，都放在原地。这一仗，经 7 小时激战，打死打伤匪军 10 余人，民兵无一人伤亡，也未损失一粒粮食。

主动出击　为消灭这股国民党军，梁弄区委决定乘胜追击，成立剿匪总指挥部，任命俞存朝为总指挥，杨明为副总指挥，所辖武装以区中队和大岚民兵为主体，另调晓云乡民兵一个中队，白鹿乡民兵一个排，兵力扩充到 500 多人。

10月下旬，队伍集合后，向奉、嵊边界进攻，经灵溪、平坑，到达梨洲，指挥部设在庙下村。刘子良避而不战，把部队隐蔽在五县边界山林里，伺机反攻。民兵们采取搜索推进的战术，连续10多天在唐田、棠溪、芦田、宓家山、董家岩等10多个村庄中逐村逐户搜索，抓获匪徒20余人，缴获步枪、手枪各1支、手榴弹10余颗、子弹22箱，电线电话机及军用物资一批。经过平坑等多次战斗，重创匪军主力，匪徒有的被击毙，有的投降，有的开了小差。匪首刘子良、钱金法、沈民风、王良贵、王云能先后被民兵俘获，并分别于1950年、1951年被处决。

华山民兵

20世纪60～70年代，为掌握防区敌情组织对空监视，防范台湾飞机空降空投，防止匪特活动，平息反革命暴乱，在四明山地区成立了民兵联防委员会。

1962年6月，县武装部决定在大岚华山建立对空瞭望哨，由华山公社民兵执勤。1971年9月，民兵联防会议在四明山梨洲召开，增设华山联防小组。1976年7月，再次召开联防会议，调整设置了华盖山联防小组。

1981年1月，根据省军区通知，撤销了华山民兵对空瞭望哨。4月，四明山区民兵联防小组也撤销。

华山民兵瞭望哨从建立到撤销历时20年，在特殊时期发挥了特殊作用。在此期间，无论刮风下雨降雪还是节日农忙时节，瞭望哨民兵二十年如一日，坚持每晚上岗执勤，带头发展山林生产，带头苦练军事技能、开展对敌斗争，带头维持社会治安，发挥了积极作用，成为一支建设山区、保卫山区的突击力量，南京军区政治部曾专门介绍华山公社武装工作经验，华山武装工作和华山民兵多次获得县级以上荣誉。

华山民兵射击、工兵班曾在全省民兵大比武中获三等奖，1964年、1978年的余姚县民兵大比武中，男、女民兵分别获得集体刺杀第一名和女子射击第一名，女子民兵还多次参加宁波、余姚汇报表演。

第四节　兵役

民国时期兵役制

民国25年（1936），国民政府开始实施《兵役法》。《兵役法》规定，中华民国年满18～45岁男子有依法服兵役之义务。兵役分国民兵役和常备兵役。常备兵役分现役、正役、续役3种。现役为平时征集的20岁至25岁之男子，经检定合格者入营服役，役期3年。同时规定，常备兵役的现、正、续各役役期，在战时延长。

《兵役法》施行初期，尚能依法办理，后各级役政人员弄权舞弊现象渐增，逃役现象随之增加。同时，壮丁被送至新兵征集所后，名为管理，实为关押，壮丁入营后亦形同监犯，待如牛马，穿不暖、吃不饱、生病不给治，更有病重壮丁被遗弃途中任其死亡者。对逃亡壮丁，一旦被抓，多施行极刑。民众对征兵深为痛恨，纷纷以各种方法逃役，或隐瞒户籍、或假报年龄、或举家潜逃，造成征兵困难局面。

中国共产党领导下的兵役制

革命战争年代的志愿兵制　民国时期，由中国共产党领导的境内兵役，无明文制度，所实行的是与当时社会情况和军事斗争需要相适应的志愿兵形式。民国 30 年（1941）11 月，在姚南由朱之光、周曼天发动建立的浙东游击队（浙东游击指挥部独立大队），为余姚第一支由中共领导的抗日武装。随后组建的余姚中队、姚南自卫中（大）队、余上自卫大队等中共抗日地方武装和新四军浙东游击纵队扩充壮大，均为经中共各级组织的抗日宣传动员后自愿入伍的当地开明绅士的子弟和贫苦农民。从民国 30 年 4 月余姚沦陷至 1949 年 9 月中华人民共和国成立前夕，境内先后参加新四军浙东游击纵队和浙东人民解放军第二游击纵队三、五支队以及中共领导的县、区、乡各级地方武装的有 117 人，参加民兵组织的人数更多。

中华人民共和国的兵役制　中华人民共和国成立后，各乡镇成立人民武装部。兵员征集工作，在乡镇党委、政府的统一领导下，由乡镇人民武装部负责操作。每年征兵前，乡镇成立征兵领导小组，领导小组由党委领导，财政、武装、教育、民政、公安、卫生、宣传、共青团、妇联等部门组成。1999 年前，义务兵役时间为 3 至 5 年，后统一调整为 2 年。2013 年开始，改冬季征兵为夏秋季征兵，服役时间为 9 月 1 日始。

兵役登记　为征兵基础性工作，目的是对公民实行依法服兵役教育，增强其兵役义务观念的同时，掌握适龄青年、应征公民的数量、质量状况并确定预征对象。

1955 年下半年，《中华人民共和国兵役法》颁布实施。遵照《兵役法》规定，余姚县首次实行兵役登记，登记对象为当年满 18 ～ 20 岁的男性公民。

1988 年起，对每个 18 ～ 22 岁的男性公民进行登记。2014 年，开始推行全国征兵网网上兵役登记，对每个当年度 18 ～ 24 周岁的男性公民进行网上登记。

目测与体检　应征公民的体格检查，由市级卫生部门统一抽调医务人员，组成体检组，采取先到乡镇进行目测初检，然后再上县（市）级体检站，再次进行集中初检、复检。应征公民身体检查的内容包括视力、外科、内科、五官等常规检查和心电图、腹部超声、血常规、尿常规、肝功能、艾滋病、吸毒试验、心理检测等辅助检查（含表面抗原检查）。

政治审查　体检合格后，应征公民的政治审查工作，在余姚（县）市人民政府征兵工作领导小组的领导下，由公安机关的治安部门和基层派出所负责组织实施。2016 年开始改为政治考核，主要注重应征青年本人的现实表现。乡镇设立政考组，政考主要内容是应征青年基本情况、个人经历、家庭成员、主要社会关系成员情况等。方式主要是查阅档案材料、走访家庭、户籍所在村、就读学校、本人所在单位等，核查现实表现。通过政治考核拟批准服现役的应征公民，最后由县（市）征兵办公室逐个审查把关，以切实保证新兵政治可靠，防止把不符合政治条件的人员征入部队。

新兵交接　对经过审查符合服现役条件的应征公民，县（市）征兵办公室进行全面衡量，按照择优录取的原则，优先批准政治思想好、身体好、文化程度高的青年服现役。新兵交接方式是镇政府开欢送会，到起运预定时间后由村委会欢送到镇政府，然后由镇政府派人专车送到市新兵起运集中点（市征兵办），移交给部队领兵（接兵）干部。

第五节　兵事

刘从简据险守大岚

唐咸通元年（860）三月二十三日，剡县（今嵊州市）裘甫起义军万余人自上虞攻入余姚城，杀丞尉。四月，唐王朝调派安南都护王式为浙东观察使，进入越州，并发忠武、义成、淮南三道之兵，后又增发昭义军，前来镇压起义军。六月，裘甫军退回剡城，兵败被俘就义。部将刘从简率壮士500余人突围至大岚山，据险坚守。王式派兵围攻，战斗激烈。七月，因寡不敌众，刘从简撤往台州，后为台州刺史李师望杀害。

王翊举事

清顺治五年（1648）春，慈溪士民王翊聚众万余人，结寨大岚山（四明山）起兵反清。三月，攻入上虞县城（今丰惠镇），杀清摄印推官，浙东震动。清集绍兴、宁波两府兵力，进攻大岚山，由清贤岭潜入，起义军遭突然袭击，死400余人。王翊为了与清军长期作战，在大岚山设五营、五司，履亩科税，且耕且战，结寨屯粮，自号大岚洞主，形成四明山区的独立政权。王翊军纪严明，为人民所拥护，群众多向起义军供粮饷、送情报，归附日众，军势渐盛。周围各县清军胥吏不敢下乡，城门昼闭。

顺治六年（1649），王翊再度攻入上虞县城，知县仓皇逃走，起义军获得县印。时会稽、临海、奉化、萧山等地皆有抗清义军，唯王翊起义军最强，各寨视若盟主。会稽起义军首领陈天枢荐其勇将刘翼明辅佐王翊，王遂以刘翼明为副将，军势益盛。是年，王翊与刘翼明联络各地起义军，攻奉化，越余姚，拔浒山（今慈溪），又攻克新昌县城。十月，明旧臣张名振、张煌言迎鲁王从福建入舟山，王翊依附鲁王，被授以官职（后升至兵部尚书）。

顺治七年（1650），王翊与张名振协调作战，清军入海攻舟山，王翊出兵策应袭其后；清军攻大岚山，张名振从海上登岸袭扰。清军首尾不能相顾，屡战失利，视王翊为心腹之患。八年（1651）秋，清闽浙总督陈锦谋袭舟山，决定先攻大岚山，以除后顾之忧。八月，命浙江提督田雄率军，分两路自奉化、余姚会攻王翊起义军。又以熟悉地形的人为向导，王翊屡战不利，损失甚重，只好突围，准备去天台募兵再战，途中被当地团练所俘，献于田雄，后被杀于定海（今镇海）。坚持4年的大岚山起义失败。会稽、萧山等地的起义军也被清军镇压。

余姚“十八局”佃农起义

咸丰十年（1860），十八总局转移到姚南大岚山中，招集勇士数千人，据险坚守。是年十二月，两次攻袭县城。

咸丰十一年五月，黄春生率领佃农起义军联合诸暨“蓬莲党”、嵊县“虎哨党”起义武装，攻上虞、克梁弄，据险屯守，并派部队追拿杀害宣士文的豪绅丁敬义。上虞知县胡尧戴率清军、谢敬带“黄头勇”，兵分四路围攻梁弄。十八局佃农军集中兵力打败胡尧戴部，胡领残兵败将溃逃。

黄春生率领佃农军乘胜追击到黄竹岭。谢敬率领“黄头勇”偷袭佃农军背后，佃农军腹背受敌。余姚知县陶云升带领清军、丁敬义带领团练合攻击佃农军。双方激战半天，佃农军突围。为掩护主力撤退，黄春生带小部队断后，边撤边打，当退到上虞后陈箭山时，被谢敬所带的“黄头勇”追上，寡不敌众，黄春生被俘。六月初二，黄春生被害于后陈，首级悬于余姚县城通济桥。黄春生妻卢七姑与堂弟黄来昌率领十八局佃农继续坚持斗争。十月二十二日，太平军黄呈忠部攻打余姚县城，黄来昌率十八局佃农参加太平军，配合攻占余姚县城。尔后，随黄呈忠部转战浙东。

大岚歼灭战

1943年7月初，余姚县长夏铭章参加天台“绥靖会议”后，率领32集团军特工数十人返姚南，搜集浙东游击纵队情报。国民党军“肖二支队”在姚南大岚夏家岭、丁家畈、石鼓里一带建造营房，企图配合“挺三”贺钺芳部对浙东游击纵队“清剿”。浙纵三支队、五支队在南山总办自卫队配合下，于8月13日夜全歼夏家岭、丁家畈、石鼓里“肖二支队”和驻黄家庄的余姚县政府武装，生俘县长夏铭章及支队长肖文德以下官兵100余人，缴获长短枪130余支。18日，在梁弄召开军政民代表座谈会，夏、肖在会上公开悔过，签订“抗战公约”后被释放。

蜻蜓岗、大俞战斗　1943年11月19日，国民党“挺三”贺钺芳部，正面向三北游击司令部第五支队蜻蜓岗阵地进攻。“挺五”张俊升部侧翼配合，五支队两面受攻击，经多次反冲锋，毙伤“挺三”“挺四”部百余人。是晚，三支队配合五支队突围，出击大俞，击溃“挺三”主力一大队，击毙大队长以下官兵10余人，俘20余人。缴获步枪10余支。三支队一大队大队长蓝碧轩牺牲。

大俞红岩头蓝碧轩烈士牺牲处

峙岭伏击战　1943年11月，国民党“挺四”田岫山部和“挺五”张俊升部，乘三北游击司令部五支队迎战“挺三”贺钺芳部时，连续袭击岩头、晓岭、杜徐、上王等根据地后方机关时事简讯社、后方医院、印刷厂、修械所等，并在紫龙庙枪杀中共四明地委书记陈洪。在此情况下，三、五支队于1943年12月1日拂晓在峙岭伏击“挺四”田岫山部，毙伤其支队长以下100余人，俘20余人，缴获长短枪20余支。纵队司令部作战参谋余旭牺牲。

大岚战斗　1948年11月18日，“浙保”一团和二区专员公署独立营等5个营，分3路向大岚、峙岭、李家坑、大俞等地浙东人民解放军五支队发起进攻。五支队奋起还击，毙伤30余人，俘17人，缴获步枪17支。

第二章 公安

第一节 公安机构

1983 年以前，四明山区公所设公安特派员，大岚属区公安特派员管辖。1984 年四明山区成立派出所，管辖四明山区内 6 个乡的社会治安。1988 年大岚开始成立民警值勤室，抽调有关村 5 名优秀青年退伍军人，由乡政府抽调 1 名在编干部分管，任民警值勤室主任。工作职责主要负责大岚域内社会治安管理、民间纠纷调解，业务指导由当时四明山区派出所、法庭负责，办公地点在乡政府人民大会堂右侧 3 间平房，配有三轮摩托车 1 辆。

1992 年撤区并乡，大岚镇成立派出所，有公安民警 4 人，派出所除民警外成立联防队，有联防队员 4 人。原公路道班前面的一幢三间二楼民房作派出所办公室，配有北京吉普车 1 辆，三轮摩托车 1 辆。行政归当地镇政府领导，业务人事属余姚市公安局管理。

随着旅游事业的发展，2004 年在丹山赤水景区设立民警值班室，配合景区做好治安管理及服务工作。2006 年，又逐步在夏家岭、新岚夹山、华山设立 3 个治安岗亭昼夜由协警管理。

2015 年 10 月，大岚派出所搬迁至明山路 28 号新址办公。

2011 年 6 月 24 日，《人民公安报》第三版头条刊登了《四明山深处他们守护和温暖着村民》一文，报道了派出所民警几年来关爱孤儿的感人事迹。

2011 年 11 月 22 日，中央电视台《社会与法》频道播出了大岚派出所专题片《警察爸爸》，该片集中展示了该所民警义务抚养孤儿小沈妍的感人故事。

2012 年 12 月，大岚派出所被宁波市政府授予“宁波市模范公安基层单位”称号。

2012 年，大岚派出所所长严鸿炳被浙江省公安厅评为“全省公安机关优秀派出所所长”。

2013 年 1 月，大岚派出所被评为第五届“感动余姚”新闻人物。

1992 年 5 月至 2000 年 7 月历任派出所所长：沈小杭、卢银林、钟厚毅、陈冠民。2000 年 7 月至 2017 年历任派出所所长：周海江（2000 年 7 月至 2002 年 2 月）；严鸿炳（2002 年 2 月至 2012 年 12 月）；谢超炯（2012 年 12 月至 2017 年 11 月）；蒋映岗（2017 年 11 月至 2017 年 12 月 30 日）。

历任派出所教导员：王寿根（1995 年 12 月至 1999 年 12 月）；胡国先（2010 年 12 月至 2016 年 3 月）；任钟（2016 年 3 月至 2017 年 12 月 30 日）。

第二节 镇压反革命

1949年底，国民党潜伏特务、武装股匪、不法地主、恶霸、帮会头目相互勾结，制造政治谣言，破坏土改，袭击区、乡人民政府，暗杀干部、民兵、群众，抢劫公私财物，扰乱地方，活动猖獗。按照上级指示，此阶段公安工作重点为开展反动党、团、特清查登记，镇压反革命，取缔反动会道门。

反动党、团、特清查登记

大岚、南岚、新岚3个乡，共登记国民党人员17人，其中县级以上1人、科长级1人、区长级2人、乡长级1人、保长级7人、匪首3人、恶霸2人。地主15人，其中罪大恶极者4人，外逃匪特1人，下落不明乡长级2人。

镇压反革命

1950年底，在开展剿匪反霸、土地改革、抗美援朝的同时，按照中央关于镇压反革命活动的指示精神，开展镇压反革命运动。1951年底，3个乡在新岚大路坪头召开公审大会，判处死刑6人，其中匪特2人、地主1人、恶霸1人、区长1人、乡长1人。判处有期徒刑4人，管制4人，给予宽大处理2人。

抓获鲁飞

鲁飞，大岚邱庄人，军统特务，曾先后两次受过专业特务训练，历任警察、班长、特务长。抗战时期曾加入过三五支队，后又投靠国民党，任南岚乡乡队副，参加浙江省保安司令部四明行动组。1949年，余姚、宁波解放时，随国民党败兵逃到镇海，参加镇海县自卫队。该队被人民解放军击溃，他逃回四明山，参加国民党上虞县自卫队，任排副。不久，上虞县自卫队在解放军打击下溃散，他携枪投刘子良，任四明县反共游击总队第三大队大队副。鲁飞作恶多端，先后杀害民兵、积极分子、复员军人8人。他抓住让贤乡麻地下村民兵队长姚梦海，在蔡家桥头用刺刀将其活活刺死。杀人魔王的所作所为，连他的部下都感到心惊，有的见形势不好，放下武器向政府自首。他为杀一儆百，把自首的王云柏杀死。他还妄图杀害大岚丁家畈农会主任沈金堂，但未成功。除杀人外，他还缴抢民兵组织步枪12支、鸟枪33支、手榴弹10余颗，抢群众耕牛24头，现金20余万元。

在人民解放军节节进剿下，鲁飞手下的人越来越少，他也感到末日来临，开始东躲西藏，把多余的枪支子弹藏到山上草包棺材里。1950年8月，在平坑与大队长王云能密谋后，决定分散活动。鲁飞由匪指导员吴维贤带路流窜到鄞县大皎乡小岙阿根家中，发现剿匪小组跟踪而至，又转到横街头山上草舍里。住了3个月后，返回姚虞交界一带活动。由于大岚民兵日夜剿匪，他感到无处藏身，于农历十一月初九在黄纸厂与吴维贤、鲁俊奎、王云辉4人再次碰头后各奔东西。鲁飞先窜到上虞旧宅村，杀害了刚回家的复员军人王家万，抢走军装和证件。十二日晚上，在让贤乡十码头一农户家借麻袋一只、扁担一根，伪装成贩私盐的连夜逃到石婆桥，在堂娘舅家中躲了一天一夜，并借了现金三四万元。第三天混进姚城，住在旧时一位同事家，怕被人认出，还理了发。但终因没有户口，不敢多住，乘轮船去绍兴。船快到百官时，发现前面有检查，就钻进厕所，为了逃命，把用来护身的一支三号木壳丢入河中。后来又从绍兴乘火车到上海，改名换姓冒充复员军人，先卖水果，做店员，第二年进入上海铜厂当工人。

1954年4月，路坑村一位农民在上海帮工扎扫帚，一天在一条小街看见鲁飞，马上报告公安局，公安局终于在6月2日抓获鲁飞。被捕时鲁飞承认："我鲁飞在四明山上有臭名，死是应该。"1955年6月，在梁弄召开公判大会，判处鲁飞死刑。

第三节　打击刑事犯罪

中华人民共和国成立后，打击刑事犯罪活动与镇压反革命运动配合进行，对刑事犯罪活动除坚持常管常打，还视治安与发案情况集中打击。

1995年，开展打击拐卖妇女儿童、卖淫嫖娼等行动。在雅庄、丁家畈抓获了湖南、贵州籍人贩子3男2女。

1996年5月，开展"严打"统一行动，捣毁盗窃团伙一个，抓获犯罪分子5名。在清查外来人员中，配合慈溪市公安局在阴地村抓获慈溪籍逃犯1人。

2010年以来，大岚派出所根据山区的实际，着重打击外来人员流窜盗窃作案。

2013年9月17日晚上，大岚派出所民警会同市公安局刑侦大队视频技术中队民警巡逻跟踪，在阳明街道海外海宾馆门口、丰山前村山脚下87号门口等地先后抓获盗窃犯罪嫌疑人冷某飞（男，29岁，贵州省习水县人）、郭某福（男，35岁，安徽省霍邱县人）。经审讯，2名犯罪嫌疑人交代了2013年8月至9月期间结伙窜至大岚镇浒溪线二期工程路段处，采用撬挂锁、吸管吸等手段窃得停放在此的挖机内柴油300升（总价值2100余元）的犯罪事实。

2015年8月19日晚上，大岚派出所民警巡逻至大岚镇大俞村大横山电站附近时抓获盗窃犯罪嫌疑人徐某忠（男47岁）、傅某平（男，44岁）、陈某勇（男，43岁）、唐某夫（男，48岁），均系宁波市鄞州区人。经审讯，4名犯罪嫌疑人交代了当日晚上结伙窜至大岚镇大俞村大横山电站门口，采用货车装运手段窃得皮划艇5艘、船桨5把的犯罪事实。

2016年1月9日上午，大岚派出所民警巡逻至大岚镇丁家畈村余家横时抓获盗窃犯罪嫌疑人贾某（男，27岁，安徽省蒙城县人）、白某孟（男，24岁，安徽省怀远县人）。经审讯，2名犯罪嫌疑人交代了2015年12月以来结伙窜至马渚镇、临山镇、大岚镇、朗霞街道、兰江街道等地，采用麻醉针麻醉土狗手段窃得土狗若干只的犯罪事实。

2016年4月7日下午，大岚派出所民警经巡逻跟踪，在大岚镇黄家庄村一租房内抓获盗窃犯罪嫌疑人曾某德（男40岁，贵州省德江县人）。经审讯，犯罪嫌疑人交代了2016年4月6日下午窜至大岚镇丁家畈村一修车店内，采用溜门、顺手牵羊等手段窃得手机1部（价值3000余元）的犯罪事实。

第四节 群防群治

治保组织

1952年，为配合剿匪，防止敌特刺探情报和不法分子的破坏活动，大岚3个乡分别建立治保委员会，每个委员会由7人组成，主任、副主任由乡政府领导兼任，委员由各村主任担任；并以村为单位建立治安保卫小组，组员3人。1958年，治保组织与调解组织合并为治保调解委员会。“文化大革命”期间，治保组织基本瘫痪。1978年后，整顿重建治保组织，各大队设治保主任1人，委员2人。1995年后，镇政府每年对各村治保主任、委员培训不少于2次。2002年，全镇共有治保组织15个，委员47人。其中各村治保组织14个，委员42人。

大岚派出所民警在巡逻

镇联防队、民防治安大队

2007年组建民防治安大队，人员19人，经费由镇政府出，管理、办公在派出所，各村、居组建消防应急分队14支，人员70人，夜巡队15支，90人。每当节假日和大型活动期间，组织民警、民防、夜巡队员巡逻，形成以专职巡逻力量为主体，群防群治组织为补充的镇、村两级巡逻防范网络。同时，在14个行政村的主要道路安装了19个覆盖全镇的“全球眼”监控系统，派出所安排专人进行维护。“全球眼”监控系统的建成，真正做到人防、技防相结合，提高了派出所对社会治安的驾驭能力。

第五节 户籍管理

1950年，根据省人民政府通令《户口管理暂行办法》，统一进行户籍整顿。1951年，建立户口登记、户口迁移、出生死亡报告、入户许可、特种人口移动等户口管理制度，制发户口簿。1988年，大岚成立民警执勤室，开始由专人管理户籍。1992年底，大岚成立派出所，户籍开始由派出所管理。

1987年，发放第一代居民身份证，发证率98%。2004年，开始换发第二代居民身份证。2010年底，全镇登记在册并做证的外来务工人员共42人，并登记出租房东10户，出租房17间。

第六节　治安管理

处置群体性事件

1989 年 5 月，大岚柿林村大东岗茶园，原分配到户承包，后因管理不善而荒芜，又由村集体收回经营。茶园通过培育管理出现好转，部分原承包农户上山擅自抢摘。村、乡组织力量劝阻无效，矛盾逐步升级。最后市政府组织公检法司对个别人员依法进行处理，事态得到平息。

危险物品管理

1987 年，对爆炸物品生产单位进行检查整顿，特别是对建筑工程用石材的石塘，爆炸品使用进行了严格控制，考核培训了一批安全管理员和爆破员。到 2017 年，使用危险物品需经市公安局、市土管局、市安检局批准。

扫除社会丑恶现象

1949 年 10 月前，山区乡村赌风炽盛。中华人民共和国成立后，经过土改、镇反等运动和禁赌宣传教育，并对个别赌棍进行了严肃处理，赌博活动基本制止。20 世纪 90 年代，赌风又起，镇政府和派出所又进行了打击，使得赌博活动有所收敛。改革开放后，人员流动量大，大岚外出打工人员中发现吸毒人员 18 人，派出所和司法所掌控他们的活动情况，帮助他们进行戒毒脱毒。

加强重点部位的安全检查

对镇域内的景区、旅馆、民宿、校园、电站、宗教信仰点进行定期的安全检查，特别是在节假日加强检查力度，发现问题，及时纠正。

第七节　消防

1949 年 10 月前，大岚山农房多为草木结构，极易发生火灾。各村在村中筑有太平池，终年蓄水 500 ～ 1000 立方米，条件好的大户庭院中备七石缸，预防火灾。

民间消防组织

20 世纪 70 年代前，各村以自然村为单位，组织基干民兵，在干燥天气轮流巡逻。组织学生呼喊队在放学后沿村弄呼喊防火口号，张贴标语，动员家家户户安全防火。一遇火灾发生，鸣锣紧急动员全村救火。扑救以青壮年为主，其他人员抢救转移周边农户的财产物资。1975 年后，各村普遍安装自来水管，在农户集中处安装消防龙头，每个消防龙头备一套消防皮管，并由专人负责。

消防队

大岚以前木结构房子多，用柴草烧饭的农户也多，加上电线老化，极易引起火灾。一发生火灾报 119，消防队赶到需要 1 个多小时，每次赶到前火已经被扑灭了。1995 年下半年，镇政府购置一台机动水泵，用高压水枪灭火，队员都是由镇干部、联防队员兼职。

1998 年开始，镇组建应急分队，主要是大岚村的民兵骨干 10 多人组成的义务消防队，一有火警他们及时赶到扑救。2007 年，镇民防治安大队组建，成立消防分队。到 2017 年底，配有 17 名民防（消防）队员，消防车 1 辆，手抬泵 2 台，警用摩托车 5 辆，风力灭火机 20 台。每个民防队员都有民防制服、抗洪抢险服、消防服三套统一着装，并配备了对讲机、手电筒、橡皮警棍等必备物品。14 个村也分别组建了 14 支消防应急分队，配有柴油机高压消防泵，每年进行 4 次训练，做到拉得出，打得响。

附：重大火灾纪要

1953 年，西岭下村发生火灾，烧毁房屋 28 间，受灾农户 25 户。

1960 年 2 月 7 日，后朱大队下墙门自然村小孩玩火引起火灾，受灾农户 78 户，烧毁楼房 86 间，平房 54 间，草房 43 间，粮食 3.5 万余公斤。

1961 年 1 月 18 日，大岚供销社百货部被歹徒纵火，烧毁全部房屋物资，烧死职工 2 人。

1988 年 9 月，蜻蜓岗村发生火灾，烧毁房屋 24 间，受灾农户 16 户。

1993 年 5 月 29 日，雅庄村发生火灾，受灾农户 3 户，损失 10 余万元。系精神病患者纵火。

1999 年 4 月 11 日，后朱村发生火灾，受灾农户 5 户，烧毁房子 7 间。

第三章　司法行政

第一节　司法行政机构

1953年，余姚建立3个巡回法庭，大岚属余姚巡回法庭管理，司法行政工作由法庭管理。1961年建立四明山法庭，大岚的原华山乡隶属四明山法庭负责，大岚隶属梁弄法庭管理。

1965年后，大岚归属四明山法庭管理，“文化大革命”开始后司法行政工作停止。

1980年5月，恢复四明山人民法庭。

1981年5月，余姚县建立司法局，原大岚、华山公社配备兼职司法助理员，主管法制宣传，人民调解、公证、法律事务等。

1981年，各大队建立调解组织，由3～5人组成。

1992年，撤区扩镇后，由镇政法办公室一名副主任主管司法行政工作。

1996年，成立镇司法所。主要工作是开展法制宣传教育，为群众提供“1234148”法律援助和法律咨询服务，指导全镇各基层调解组织开展工作，对刑满释放人员和解除劳教人员进行过渡性安置和帮教。

第二节　法制宣传教育

中华人民共和国成立后，国家有重大法令颁布，均通过各种形式组织宣传教育。20世纪50年代，着重宣传《中华人民共和国宪法》《中华人民共和国婚姻法》等，1979年宣传《刑法》《刑事诉讼法》，1989年宣传新《婚姻法》，1982年宣传《民法》《民事诉讼法》。

1986年开始，乡政府组织开展普及法律常识宣传教育，每五年为一个周期。“一五”“二五”普法期间，组织全乡机关干部、教师、企事业单位干部职工，农村党、团员，分批举办法律常识培训班，系统学习《宪法》《刑法》《刑事诉讼法》《民法通则》《民事诉讼法》《婚姻法》《继承法》《经济合同法》《兵役法》《治安管理处罚条例》等。1997年，成立依法治镇普法教育领导小组，由分管政法的副镇长任办公室主任，负责“三五”普法工作，着重对外出打工人员加强法制宣传教育。“四五”普法以宣传《宪法》为主要内容，坚持法治和德治相结合，推进依法治镇、依法治村工作。

普法教育期间，共举办学法报告会、讲座 56 次，发放宣传资料 16000 册，全镇 10 个村创建成市级民主法治村，其中大路下村、南岚村被评为宁波市民主法治村。

第三节　人民调解

1954 年 3 月，大岚三个乡分别建立乡人民调解委员会，委员会有 7 人组成，主任、副主任由乡干部兼任，委员由各村妇女干部担任。1955 年，各农业合作社成立调解组织，主要是排解群众在农业合作社运动中产生的纠纷和矛盾。1958 年，调解组织和治保组织合并，称治保调解委员会。

1981 年，大岚、华山两公社配备司法助理员，各大队建立调解委员会，由大队党支部书记兼主任。大队管委会中，一人分管调解工作，另有妇女主任、民兵连长等 3 ～ 5 人参加。调解组织的主要职责是调处民间婚姻、家庭、承包田地、山林、宅基地、房屋、邻里、生产经营等方面的纠纷，包括公民与公民、公民与法人之间以及社会组织之间涉及民事权利的各类纠纷，在双方自愿的基础上进行调处。未经调解和不愿调解的以及对调解结果不满意的，当事人可以向人民法院起诉。

1993 年，全镇共有基层调解委员会 32 个，调解委员 118 人。2000 年行政村调整后，基层调解组织 15 个，调解委员 45 人。大岚镇司法所成立调解中心，有关村、单位调解组织调解不成功的纠纷由镇调解中心调处。2007 年，镇调解中心调处民间纠纷 42 起，2010 年 62 起，2014 年 85 起，2017 年 90 起，成功率 100%。做到小事不出村，大事不出镇，确保一方平安。

第十九篇　民政　劳动人事

第一章 民政

中华人民共和国成立前，大岚的社会救济、灾荒施舍等多由民间慈善机构办理。1956年大岚、新岚、南岚三乡合并成立大岚乡人民政府，内设民政工作委员会。1958年，成立大岚人民公社，设武装民政办。1992年后，设镇民政办公室。

第一节 拥军优属

1938年6月，由中国共产党领导的余姚县战时政治工作队第四区队进驻南岚乡的峙岭（柿林）村，开展抗日救国运动，发展党组织。1942年夏，成立中国共产党大岚区委员会，为新生组织开展工作。大岚区建立脱产的常备队，后改为区中队，人数从30余人发展到50余人，部队给养由南岚、晓云、白鹿等乡提供。1943年11月，国民党贺钺芳残部，在大俞村公开抢劫，纵火烧屋，强奸妇女，欺压百姓，浙东游击纵队司令部命令三支队予以打击。蓝碧轩大队长率军前往，当地干部群众紧密配合，救伤员运送物资。1945年，大俞村3位共产党员，把自家玉米送给三五支队当口粮。1951年，抗美援朝期间，新岚乡组织干部群众，做背包100余只，布鞋40双及其他生活用品，计价137万元（解放初期人民币，旧币1万元约新币1元，1955年实行新人民币），慰劳新兵参军上前线。1958—1998年每年的农历正月初一，各村组织党员干部群众，慰问烈军属、复退军人并赠送礼包等物品。1992—2017年，大岚镇党委、大岚镇人民政府数次派代表赴大岚镇籍士兵服役的部队慰问，征求部队和士兵的意见、建议，及时改进，做好拥军优属工作，军人始终得到全社会的尊重。

追悼褒扬

革命战争年代，有许多烈士在大岚这块土地上洒下鲜血，更有不少大岚籍志士献出了生命。为纪念缅怀他们，大岚公社于1970年5月在丁家畈村一座叫做猴子坪的山上建起了余旭等3位烈士墓。1999年，又通过镇机关、丁家畈村和全镇各级党组织捐资捐地，把包括上述3位在内的40名烈士之墓迁移至坚古山顶，立“革命烈士永垂不朽”碑，占地1700平方米。2015年，对墓场进行修缮，新增宣传长廊和烈士陵园牌坊。

每年清明节，镇里都会组织机关干部、中小学师生祭扫烈士陵园，缅怀革命先烈。各级领导和有关部门也会于每年春节、建军节、国庆节等重要节日，慰问烈士家属，并赠送慰问品。

国家抚恤

1950—1979 年，死亡抚恤对象为牺牲、病故军政人员家属。初发抚恤粮，1952 年起改发抚恤金。1955 年，牺牲、病故军政人员按生前职级一次性补发抚恤金，并补发革命烈士光荣纪念证。1980 年，死亡抚恤对象改为革命烈士家属、因公牺牲军人家属和病故军人家属 3 类，并对一次抚恤金金额作大幅度提高。1985 年起，改为按月发放抚恤金。是年，革命烈士家属、因公牺牲军人家属优抚金标准为城镇每月 30 元，农村每月 20 元；城镇病故军人家属优抚金标准为每月 30 元，农村每月 20 元，以后抚恤金标准多次调整提高。2004 年 10 月，《余姚市重点优抚对象优抚金标准自然增长机制实施办法》规定，享受定期抚恤的城乡革命烈士家属抚恤金标准分别为当地上年度农村居民人均纯收入的 125% 和 120%；城乡因公牺牲军人家属优抚金标准分别为 120% 和 115%；城乡病故军人家属优抚金标准分别为 110% 和 105%。其中，孤老家属优抚金标准再增发 10%。2011 年 7 月起，根据《国务院、中央军委〈军人抚恤优待条例〉的决定》《烈士褒扬条例规定》执行。2017 年，向全镇重点优抚对象发放抚恤金。

基层自助优待

民国 27 年(1938)夏,余姚县战时政治工作队第四区队楼明山带领 11 人进驻南岚乡的峙岭村，组织青年骨干，发展中共党员，慰问为党工作的家属，主要是帮助搞农业生产，缓解革命家属无劳动力的困难。

1950—1951 年 8 月，土地改革中，从地主手里没收的土地、农器具优先分给烈属、复员退伍军人和现役军人家属。据当地报表记载，新岚乡没收地主农器具 603 件、家具 35 件、粮食 6370 千克、耕牛 4 头、房屋 23.5 间，全部分给烈军属、复退军人和困难群众。1951 年，新岚、南岚、大岚 3 乡组织干部群众帮助 149 户烈军属复退军人耕田、做农活共 430 工，不包括邻里帮扶。1956 年改为优待劳动日制，人民公社化期间试行供给制。1962 年后，义务兵家属优待劳动日制、补贴工分等，以后对烈军属、复退军人发优待证及光荣证，凭证优先购物、乘车、供应副食品，子女入学优先等。1981 年，农村推行家庭联产承包责任制，服兵役的士兵享有土地承包经营权。1985 年起，对立功受奖和超期服役军人实行优待金制度。1989 年，对现役军人投保养老保险和家庭财产保险。1990 年起，对立一、二、三等功及获“优秀士兵”称号者，分别给予奖励，并把喜报送到获奖者家里。21 世纪始，对农村不足 60 周岁的退伍军人进行追补养老保险费，每服兵役一年，政府补贴一年的养老保险费，保证退伍老兵的晚年生活。

复员退伍军人安置

1950 年，余姚县复员军人建设委员会成立，办理全县志愿兵复员安置工作。1952 年，改称为县转业军人建设委员会。1958 年后，改设县退伍军人安置领导小组，转入义务兵退伍安置，执行“从哪里来，到哪里去”的安置原则，对城镇户口义务兵退伍军人安排工作，农村户口退伍兵除少数参加过战斗、立过二三等功者，或因公致二、三等残疾者安置工作外，其余回农村。1979 年，退伍军人改由县（市）退伍军人与军队离退休安置领导小组安置。1992 年后，鼓励退伍军人自谋职业，按年发给安置费和培训费。2011 年 10 月，国务院、中央军事委员会公布《退役士兵安置条例》，同年 11 月 11 日起施行。建立以扶持就业为主，自主就业、安排工作、退休、供养等多种方式相结合的退役士兵安置制度，妥善安置退役士兵，多措并举，保证退役士兵安置就业。

第二节　社会救济

灾荒救济

大岚地处山区，中华人民共和国成立前，穷人多，富人少，如遇自然灾害，只有靠亲戚朋友和邻里照顾，渡过难关。

1949 年 5 月，大岚解放，遇自然灾害，由各级政府拨资金、物资救济。1950 年 3 月开始，干旱严重，农作物减产，山区缺粮户达 30% ～ 40%，县成立生产自救委员会，领导灾区群众生产自救，基本保证山区农民口粮。1953 年，西岭下村的一场火灾，烧毁房屋 40 余间，受灾农户 25 户，县政府拨发棉被、大米等物品，帮助受灾户解决困难。1956 年 8 月 1 日，强台风过境，刮倒民房 248 间，15 人受伤，吹倒古树 13962 棵、毛竹 31 万株等，损失严重。大岚乡人民政府成立灾害善后小组，向灾区群众发放赈济粮款，组织村民恢复生产，重建家园。2008 年 2 月 1—2 日，冻雨冰雪灾害，不同程度地使全镇断电、断水、断交通，冰雪封山 15 天。宁波和余姚市政府主要领导亲临现场指挥救灾，市级有关部门送水、手电筒、大米、棉被等生活物资帮助灾区群众解决困难。同时各乡镇、驻姚部队等组织救灾志愿者队伍上山开凿冰雪路面，使道路尽早恢复通车。2017 年，全镇临时救济 135 人，发放临救资金 8 万元。

扶贫救济

中华人民共和国成立后，各级政府重视困难户的生活，平时发动群众帮助困难户，政府定期向少数特别困难户发放救济粮。1954 年后，农村发展自助合作组织，成立了互助组，困难户以互助帮扶为主。1960 年后，政府拨发部分农村救济经费，扶持贫困农户养殖畜禽，增加收入，但效果不佳。1965 年 9 月，中国人民银行余姚支行对 44 户困难农户的生产费用贷款 11582. 23 元进行豁免。1978 年，县政府对困难群众下拨救济款 2005 元，1979 年又拨发社会救济款 1890 元，解决群众的生产和生活困难。1992 年后，全镇发放扶贫化肥 479 吨。同年 7 月，对困难户养殖长毛兔、猪、羊等畜禽进行扶持，变输血为造血，加快脱贫步伐。1997 年 10 月起，对贫困户实行最低生活保障金制度，定月补助，对低保户采用动态管理，加强监督机制，做到应保尽保。2000 年，低保救助 235 人，按每月 30 元 / 人发放低保金。2017 年，全镇享受最低生活保障金的有 395 户、474 人，全年共发放低保金 373. 7 万元、慰问金 594000 元，人均每月 761 元。落实精准扶贫兜底工程，疾病救济，困难残疾人、单人户低保和残疾人“两项补贴”制度。

疾病救济

1961 年，因正处于国民经济困难时期，体弱的劳动力吃不饱，患上浮肿病。县、乡政府组织医务人员下乡、村治疗，及时发放救济粮，海产品等物资。1976 年后，县民政局每年拨专款发给困难户，治病救人。特别对精神病患者及遗传者，各级政府拨款监护治疗，如甘竹、雅庄、四丰等地，时常有精神病人危及妇女儿童生命和财产安全的事件出现。乡、村组织对病患者采取监管和治疗，负担全部费用，维护辖区安宁，这种做法一直保持到现在。2014 年，共为 21 名重病患者支付医疗费用 26.1 万元。2017 年，全年为 29 名困难病人支付医疗费 32.3 万元，人均约 11140 元。

“三老”补助

1984 年起，对中华人民共和国成立前加入的共产党员、游击队员、交通员和掩护留驻革命工作人员的“堡垒户”(简称“三老”)，通过走访排摸、个人申请、原领导人证明，经主管部门批准，共有“三老”人员 70 人，给予他们每年 50 ～ 60 元的生活补助，此后，补助标准多次调整，逐年提高。2000 年，全镇有“三老”人员 42 人，每人每月发放 80 ～ 130 元不等的补助。至 2017 年，全镇有“三老”人员 6 人，补助金额 77544 元，慰问金 9000 元，人均每月 1202 元。

附：“三老”人员名单

据统计，至 1990 年全镇有符合条件、经上报批准的“三老”人员 70 人，具体名单如下：

大岚镇“三老”人员一览表

表 19-1-1

序号	姓名	性别	出生年月	家庭住址	登记时间
1	沈良秀	男	1924	南岚村西岭下	1987.7.23
2	邵沛芳	男	1928	大岚村四丰	1987.7.23
3	鲁杏治	男	1922	丁家畈下芝庄	1987.7.23
4	夏昇金	男	1916	大岚村夏家岭	1987.7.23
5	朱亚兴	男	1922	后朱村	1987.7.23
6	黄贞苗	男	1925	后朱村	1987.7.23
7	姚亨周	男	1923	雅庄村大陈	1987.7.23
8	姚利康	男	1923	雅庄村大陈	1987.7.23
9	姚利堂	男	1927.5	雅庄村大陈	1987.7.23
10	郑孝良	男	1922	大路下观下	1987.7.23
11	夏长海	男	1931	大岚村夏家岭	1987.7.23
12	鲁生堂	男	1922	大路下观下	1987.7.23
13	夏张泉	男	1914	大岚村夏家岭	1987.7.23

续表 19–1–1

序号	姓名	性别	出生年月	家庭住址	登记时间
14	鲁玉英	女	1923	雅庄村大陈	1987.7.23
15	鲁忠堂	男	1922	大路下观下	1987.7.23
16	鲁孝坤	男	1914	大路下观下	1987.7.23
17	鲁后生	男	1922	—	1987.7.23
18	沈三传	男	1923	柿林村	1987.7.23
19	黄贞姑	男	1913	后朱村	1987.7.23
20	鲁人清	男	1929	雅庄村	1987.7.23
21	龚存志	男	1927	大路下观下	1987.7.23
22	鲁志强	男	1930	雅庄村	1987.7.23
23	夏银花	女	1902	敬老院	1987.7.23
24	王全明	男	1925	南岚村蜻蜓岗	1987.7.23
25	姚金求	男	1913	雅庄村大陈	1987.7.23
26	沈布仁	男	1923	柿林村	1987.7.23
27	夏条姑	女	1911	大岚村夏家岭	1987.7.23
28	吴全能	男	1917	大路下大路	1987.7.23
29	鲁伟良	男	1925	丁家畈下芝庄	1987.7.23
30	朱杏林	女	1905	雅庄村	1987.7.23
31	鲁茂人	男	1921	雅庄村	1987.7.23
32	姚亨钊	男	1904	雅庄村大陈	1987.7.23
33	鲁志培	男	1914	大路下大路	1987.7.23
34	鲁维根	男	1925	大岚村四丰	1987.7.23
35	龚秋凤	女	1902	南岚村石鼓	1988
36	夏杏仁	女	1917	雅庄村大陈	1988
37	姚法界	男	1902	大路下村大路	1988
38	鲁育才	男	1923	丁家畈村下芝庄	1988
39	邵云姑	女	1914	丁家畈下芝庄	1988
40	马家顺	男	1918	上马村	1988
41	马承康	男	1915	上马村	1988
42	黄焕尧	男	1919	南岚村石鼓	1988
43	王文乐	男	1920	上马村	1988
44	严信娣	女	1922	大路下村观下	1988
45	俞美仁	男	1917	大路下村观下	1988
46	戴仁夫	男	1926	大路下村观下	1988
47	朱清范	男	1921	后朱村	1988
48	朱志法	男	1919	后朱村	1988
49	鲁才朝	男	1921	雅庄村	1988
50	周金孝	男	1923	雅庄村	1988
51	卢求顺	男	1912	华山村	1988
52	俞张土	男	1913	大俞村	1988

续表 19–1–1

序号	姓名	性别	出生年月	家庭住址	登记时间
53	沈杏珠	女	1918	大俞村	1988
54	俞志定	男	1930	大俞村	1987.8.13
55	卢任林	男	—	大俞村	1988
56	李彩娥	女	1924	华山村大元基	1987.8.13
57	鲁育华	男	1919	华山村大元基	1987.8.13
58	鲁忠周	男	1926	华山村大元基	1987.8.13
59	卢远福	男	1926	华山村大元基	1987.8.13
60	鲁育淦	男	1928	华山村大元基	1987.8.13
61	沈桂尧	男	1915	黄家庄村长龙	1987.8.13
62	童月芹	女	—	大俞村	1988
63	沈杏仁	男	1921	柿林村	1988
64	戴杏信	女	1921	柿林村	1988
65	王全章	男	1918	大路下村观下	1988
66	王定招	女	1920	柿林村	1988
67	郑孝火	男	1918	大路下观下	1988
68	麋南品	男	—	戴麋村麋山	1988
69	龚林珠	女	—	华山村大元基	1988
70	姚元化	男	—	雅庄村大陈	1988

第三节　福利事业

慈善机构

中华人民共和国成立后，社会福利事业由人民政府、企事业单位出资兴办，亦有个人少量捐助。1998 年 1 月，市慈善总会成立，每年开展慈善一日捐活动。2001 年 6 月，余姚市慈善总会大岚镇分会成立，鲁章敖为会长，鲁才定、李志根为副会长，积极在机关、企事业单位、村募捐善款。2012 年后市慈善总会对特困家庭发放扶助金，对困难学生家庭发放助学金等。至 2017 年，镇慈善分会共募集慈善款 103020 元，助困 58 人，捐出 101910 元，助医 3 人，支出 6000 元，村级帮扶 383005 元，合计支出 490915 元，收支差额由市、镇、村调节。

2012—2017 年大岚镇慈善分会募集资金情况一览表

表 19–1–2

年份	个人捐款（人次）	金额（元）	单位捐赠（家次）	金额（元）	合计（元）
2012	116	54500	2	270000	324500
2013	173	87960	1	9235	97195

续表 19-1-2

年份	个人捐款(人次)	金额(元)	单位捐赠(家次)	金额(元)	合计(元)
2014	112	58500	1	15000	73500
2015	1	50000	6	56600	106600
2016	—	—	6	82400	82400
2017	106	53020	2	50000	103020

2012—2017年大岚镇慈善分会扶助支出情况一览表

表 19-1-3　　单位：人、元

年份	助困人数	金额	助学人数	金额	助医人数	金额	村级帮扶	合计
2012	246	132250	—	—	716	67070	281978	481298
2013	49	82000	—	—	17	32889	319000	433889
2014	26	39000	4	1500	—	—	92960	133460
2015	104	108500	—	—	—	—	184449	292949
2016	35	56500	—	—	—	—	259270	315770
2017	58	101910	—	—	3	6000	383005	490915

福利企业

1983 年全国民政会议后，各乡镇积极兴办社会福利企业。1985 年 9 月，大岚塑胶厂转为福利企业，为镇属集体企业，安置残疾人职工 10 人。2007 年转为个私企业后，仍享受税收政策，采用先征后返的方法，按年结算退税，必须由企业交足残疾职工的养老保险等险种后才可享受。2009 年全镇有福利企业 4 家，102 个职工，安置残疾人 52 名，为残疾职工按规定落实各项福利。至 2012 年，由于乡镇企业规模小、数量少，加之有关政策调整，全镇没有福利企业指标，如有残疾人就业，由民政办介绍到马渚等乡镇福利企业就业。

大岚镇先后办过的福利企业有余姚市大岚塑胶厂、宁波姚吉冲压件有限公司大岚丹丹分厂、余姚市大岚塑料厂、余姚市永润电器股份有限公司。

“五保”

1954 年起，常住在辖区的丧失劳动能力或基本丧失劳动能力及生活无依靠的孤、老、残、幼等，归农业生产合作社供养，做到“住有房，吃有粮、病有治、穿有衣、死有葬”，简称“五保”，孤儿上学费用亦由农业社负担，“五保”者死后遗产按遗嘱处理，无遗嘱者由社、队收管。1960 年后，“五保”经费统一由生产大队公益金支出，1983 年后，健全完善农村家庭联产承包责任制，政、社分设，“五保”供养由村民委员会负责。1985 年 10 月，建造大岚敬老院，“五保”对象由敬老院集中供养。2004 年，全镇有签约“五保”老人 58 人，集中供养 53 人。供养标准多次调整，逐步提高待遇。至 2017 年，全镇有“五保”老人 26 人，其中户院挂钩的有 5 人，由村、邻帮扶，供养费按季拨付，在院“五保”老人的生活费标准按每月 900 元执行，有 5 名工作人员看护。

敬老院

1985年10月，大岚乡在陶家坑茶场内创办了敬老院。是年，由香港联谊会捐助、宁波余姚民政部门资助，投资36万元，在原东潘五七学校旧址经过改造后设立。1986年10月，迁址大路村东潘，总建筑面积780平方米，集中供养辖区内“五保”老人，入院老人从15人增加到24人。2013年起，经过扩建，房屋立面改造和围墙、操场的修建，总投入760万元，建成设施、服务、养老功能完备的敬老院，同时增挂大岚镇老年人服务中心牌子。至2017年，占地面积8004平方米，建筑面积1770平方米，有床位120个，并有茶园、竹林2.8公顷，能进行健身、养身体验，有入院“五保”老人26人（其中院户挂钩5人），服务人员5人，看护院内老人的生活起居。

残疾人就业与康复

1999年8月，大岚镇政府制定《关于对残疾人实行照顾扶持的若干规定》，各村、镇属企事业单位将残疾人照顾帮扶工作纳入法治轨道，解决存在的具体问题。通过技术培训、社会结对、税收减免、贷款优先等政策，扶持残疾人脱贫，实施残疾人智力、肢体康复等工程。对尚有劳动能力的残疾人，有关部门想方设法为其寻找就业门路，安排力所能及的工作。如在2002年，番鸭养殖上山工程中，扶持肢残等人员养殖畜禽，使其摆脱困难。

2017年，落实残疾人基本生活保障政策，兜底线、保基本，坚持以人为本、可持续发展的工作理念。全镇有持证残疾人541人，其中贫困残疾人344人。是年，镇政府扶持12人发展养殖业，扶持12人发展家庭副业加工业，扶持4人创办个体工商业，分散安置316人。组织残疾人培训1次，计24人。给重度残疾人346人发放护理补贴103.5万元；为困难残疾人344人发放生活补贴107万元；临时困难救助24人，发放救助款2.6万元；向75人发放精神病专项救助卡，计7.5万元；退还202名残疾人医保自交部分费用，计6.04万元；助学1人，计6000元。有344人享受最低生活保障金。

镇老年人服务中心

第四节　婚姻管理

封建婚姻

民国前，境内男婚女嫁全凭父母之命、媒妁之言，由父母包办，讲究门当户对，男女双方多在结婚时才得以首次见面。婚后一般男主外、女主内，崇尚夫唱妇随、相亲如宾，重结发（原配）感情，遗弃患难配偶的行为历来为人唾弃。男尊女卑封建思想严重，一夫可以多妻，而寡妇改嫁备受歧视，对夫亡守节者则予以旌表、建牌坊等。已婚女子若有不孕无子、红杏出墙、不孝敬父母、饶舌多事、偷盗行窃、妒忌无量、身患恶疾“七事”之一者，丈夫只要一纸休书即可把妻遗弃，而女方如以男方行为不轨等原因，欲脱离夫妻关系则遭种种责难，即使离婚也常被人轻视。除结发夫妻外，另有以下几种特殊的婚姻形式：

童养媳　穷苦人家为生活所迫，将未成年的女儿送交婆家收养，等双方成年后结婚。童养媳备受婆家虐待。此习俗至民国时期尚存，中华人民共和国成立后禁止。

典妻　较富裕人家男方年岁已较大，未娶妻或无子嗣，出钱典穷苦人家已婚妇女以供生育，传宗接代，实为一妻多夫。典妻立有妻约，规定典期、典金，由中间人牵线并签证，期满女方仍回夫家，境内不多见。

入赘　俗称进舍女婿。入赘后，男改女姓，所生孩子亦随母姓，旧时入赘女婿受人歧视。中华人民共和国成立后受法律保护，男方不再改姓。

换亲　俗称兑换亲。甲、乙双方因家境贫困，互换女儿为儿子成婚。中华人民共和国成立后，换亲偶有发生，但都征得男女双方自愿同意后，依法办理结婚手续。

老亲结亲　俗称亲上加亲　主要指姑表、姨表、舅表等姻亲之间的下代互相通婚。民国前禁同姓联姻，中华人民共和国成立后，直系血亲和三代以内旁系血亲依法禁止结婚。

婚姻制度改革

1950 年 5 月，《中华人民共和国婚姻法》颁布，原有父母包办成婚而双方感情不和、配偶一方被虐待、童养媳等，多主动提请离婚或解除婚约。重婚、纳妾者，凡一方提出离婚请求，均可结束婚姻关系。已解约的童养媳和离婚妇女生活有困难者，政府临时拨款救济。

婚姻登记

婚姻登记包括结婚登记、离婚登记和复婚登记。1955 年前，婚姻登记在区公所办理，1955 年 6 月，改由乡镇办理。1985 年 12 月，《浙江省省婚姻登记办法实施细则》颁布。1986 年 1 月，市培训各乡（镇）婚姻登记工作人员，经考核合格，发给婚姻登记人员证书。从 5 月起，按《实施细则》办理婚姻登记，建立婚姻登记档案。2004 年 10 月起，婚姻登记由市民政局婚姻登记处办理。

1992—2004 年 10 月大岚镇婚姻登记情况一览表

表 19-1-4　　单位：对

年份	登记结婚数	登记离婚数	年份	登记结婚数	登记离婚数
1992	129	—	1999	53	—
1993	165	1	2000	76	—
1994	116	4	2001	78	—
1995	105	—	2002	91	—
1996	120	2	2003	66	—
1997	115	—	2004	63	5
1998	197	3			

第五节　殡葬改革

境内历来有土葬风俗，中华人民共和国成立前，贫富人家殡葬用地不一，富人多择墓地安葬，占用土地较多。贫民只能在自家的土地上做坟安葬，自己没有土地的贫民只好变卖家产甚至卖儿卖女安葬亲人。1951 年 8 月，进行土地改革，农民都分得了土地。后经合作化和人民公社化，土地制度又有改变。至 1983 年，如果家里有人过世，只要向生产队报告情况，生产队就按规定拨地块供农户安葬，并尽量从严把关，节约土地。20 世纪 70 年代，全国开展“农业学大寨”运动，境内也结合实际，把闲散的废地、旱地改造成整块的“大寨田”，在规划造田区内，平毁无主坟墓，迁移有主的坟墓，安葬在空闲地上。

1998 年 3 月，依据余姚市人民政府《关于切实搞好山区殡葬改革的通知》（市政发 [1998]28 号文件），大岚镇出台了《关于切实搞好殡葬改革的通知》（岚政 [1998]7 号文件），从 1998 年 4 月 1 日零时起，划定为火化区的常住人口，不论在何地死亡，其遗体都必须火葬。火化后的骨灰须送指定地点进行生态深埋安葬。开始执行上述规定时比较困难，后对群众做了大量思想工作，政策执行得比较顺畅，通过了市政府的验收。2012—2017 年 12 月，全镇累计死亡 627 人，除大雪封山时间内 10 人按规定土葬外，其余 617 人，全部实行火化，遗体火化率达 98.4%。全镇 14 个行政村建公益性生态深埋点 20 个，规划镇级生态公墓 3 处（丁家畈猴子坪、东潘、眠床岗），基本能满足村民尸体火化入土安葬。

2017年大岚镇村级公益性公墓墓区建设情况汇总表

表19–1–5

序号	村别	名称	地理位置	用地面积	用地性质	现用规模	剩余空间	绿化情况			是否需要补种绿化	至2030年墓区发展规划			
								好	较好	一般		扩建	新建	规划面积	用地性质
1	丁家畈村	丁家畈村	黄婆溪	5亩	集体	56	50		√		是				
2	丁家畈村	丁家畈村	竹冷坑	1.5亩	集体	19	30		√		是				
3	后朱村	公墓	马茹田	2.4亩	集体	78穴	14穴			√	是	√		2亩	集体
4	黄家庄村	黄家庄龙腾公墓	峡弄	1.5亩	大栗山	53	9			√	是		√	3亩	花木山
5	大俞村	大俞村公墓	高山长湾	7.5亩	集体	27座	54座		√		否		27座	2.5亩	集体
6	柿林村	柿林公墓	珠猪岗	3亩	林地	113	15	√			否	√		2亩	林地
7	新岚村	公墓	蝴蝶形	3亩	杂地	153	20		√		是		√	3亩	
8	华山村	旧坑公墓		2.5亩	林地	23	15			√	是		√		
9	雅庄村	率湖岗	牛层岗	7.74亩	菜地	151	115		√		否		√	10亩	田地
10	戴縻村	公墓	戴王庙山	0.2亩	林地	27	1			√	是				
11	戴縻村	公墓	戴鞍马岗	0.2亩	林地	14	14		√		否	√		1亩	林地
12	戴縻村	公墓	縻山大平山	0.2亩	耕地	10	7		√		否		√	1亩	
13	大路下村	公墓	柏树湾	2.7亩	集体	60	50	√			否				
14	阴地龙潭村	阴地公墓	江子龙头	3亩	集体	1亩	2亩			√	是	√			集体

续表 19-1-5

序号	村别	名称	地理位置	用地面积	用地性质	现用规模	剩余空间	绿化情况			是否需要补种绿化	至2030年墓区发展规划			
								好	较好	一般		扩建	新建	规划面积	用地性质
15	阴地龙潭村	龙潭公墓	安茂山	2亩	集体	1亩	1亩			√	是	√			集体
16	上马村		阔林	1.05亩	老墓地	0.8亩	0.205亩				是		√	5亩	园地（位置于上海湾）
17	大岚村	公墓	凤凰山	1.2亩	征用	30	50		√		是				
18	大岚村	公墓	荷花芯	0.5亩	集体	16	10			√	是		√		
19	大岚村	公墓	大寨田	3亩	征用	30	30			√	是	√			
20	南岚村	公墓	包家岭	1.5亩	审批	60	40	√			是		√	2.25亩	

第六节 革命纪念建筑物

大岚烈士陵园

大岚烈士陵园，位于大岚镇丁家畈村，占地1700平方米，地下长眠着为抗日战争、解放战争和社会主义建设献出生命的40位烈士，被大岚镇党委、大岚镇政府确定为革命传统教育、爱国主义教育阵地，供后人瞻仰祭拜。

中共余姚四明山第一支部旧址

四明山第一党支部陈列室，位于余姚市大岚镇柿林古井路23号。2006年4月落成，陈列室分红色堡垒、红色歌谣、红色硝烟等七部分，同时存放原党组织活动资料、生活用品和军械等。2014年又新扩建展示厅，对外开放。2015年12月首批被命名为市廉政文化教育基地，同年被大岚镇关工委命名为“青少年教育阵地”。

红岩战斗英雄纪念碑

此碑位于大岚镇大俞村永春桥东，共有“红岩战斗英雄牺牲纪念碑”和“蓝碧轩烈士纪念碑”

红岩头纪念碑

两块碑，为纪念第二次反顽自卫战时在红岩头战斗中牺牲的四位烈士所立，供后人瞻仰。

羊额古道纪念碑

抗日战争时期，为阻止侵华日军进攻大岚，以夏采冬为代表的夏家岭村民，以石垒布阵扼守在羊额岭顶，被日军发现，夏采冬被抓后，被日寇剖腹割首，在 1941 年 5 月 30 日牺牲。为纪念抗日英雄，教育后人，大岚镇政府于 2013 年 5 月 29 日在羊额岭顶立“夏采冬纪念碑”。

第二章　干部人事

第一节　干部队伍

行政干部

1949年6月，境内建立南岚乡人民政府，隶属梁弄区公所。1950年梁弄区有行政干部35人，南岚乡有行政干部3人。1951年12月，大岚、新岚、南岚乡共有行政脱产干部9人。1958年前，设中国共产党大岚乡支部委员会，沈正水任党支部书记，以后随着党员队伍的壮大，成立党总支。1958年后，成立中共大岚公社委员会，行政干部有所增加。同年，有自愿退职行政干部2人。1959—1961年国民经济困难时期，精简下放行政干部4人。1979年，郑世根、鲁系东等7人转为公社正式干部。1980年底，大岚公社有行政干部16人。1984年，因干部调动、录用，行政干部增至19人。1992年5月，华山乡并入大岚镇。1997年9月，实行国家公务员制度，余姚市委出台《余姚市中国共产党机关参照试行（国家公务员暂行条例实施方案）》，镇机关有32名行政干部过渡为国家公务员，其中现职领导14人，科员及办事员18人。1999—2016年，镇机关公务员编制数是26人，实有公务员23～26人。2003—2004年，镇机关有离岗退养公务员5人。2017年，镇机关有在职公务员23人，其中年龄在46周岁以上的9人，36～45周岁的5人，35周岁以下9人，大专以上文化程度的23人。

事业干部

中华人民共和国成立初期，乡镇不配事业干部。1958年人民公社时期，从农村抽调优秀骨干从事专业管理工作，1961年仍精简回原单位。1963—1972年，公社陆续配备农业专业管理人员、社队企业管理人员、文化广播人员，多为编外自配人员。1973年后，陆续聘用全民事业干部。至1979年，共录用全民事业干部9人，其中大岚5人，华山4人。1983—1998年，乡镇农林、农业、政法、文化、广电等办（站、所）的自配人员中陆续转为在编事业编制22人，其中全民事业聘用9人，全民工人招工3人，市属大集体合同聘用10人。2004年底，镇机关事业干部编制33人，实际在岗32人，离岗退养3人。至2017年，在编事业编制31人，其中全民事业编制31人，文化程度大专以上人员21人，大专结业人员10人。从事管理岗位人员1人，有技术职称人员30人，年龄在45周岁以下20人。现代农业公共服务中心人员15人，便民服务中心人员6人，生态旅游发展服务中心人员10人。

第二节　干部录用

行政干部录用

中华人民共和国成立之初，开始有计划地吸收干部。1952年后，辖区的10余名优秀青年成为乡干部。为充实基层干部队伍，1963年，县调褚坚任大岚公社副主任。1965—1966年，在社会主义教育运动中，选拔农村青年积极分子为公社半脱产干部。1978年，选拔农村青年1人，去宁波农技学校委培，充实到大岚公社工作。1979年，吸收农村优秀青年8人为公社半脱产干部，至1980年，19名半脱产干部全部转为行政干部，奔赴各个岗位。1984年，以合同制形式招聘国家聘用干部4人。1987—1990年，先后在退伍军人中通过推荐考核，录用2人为镇人武干部。2000年后，按公务员录用程序向社会公开招考公务员。至2017年，全镇接收通过考试录用分配给大岚镇的公务员13人，其中大学生村官4人，优秀村干部2人，有关部门考录7人。

事业人员录用

1972年，开始录用事业干部。1980年后，在乡镇机关从事专业管理的编外人员中，分批录用，聘用为在编事业干部。至1998年，先后录用3人，聘用19人。1990年，通过考试考核，在村干部中聘用农经干部1人。2000年后，参照公务员录用程序，镇机关根据工作需要，报市人事局，由人事部门统一招考，或到宁波大学等院校自行招录。至2017年，全镇共接收通过考试录用的事业人员17人。

大中专毕业生分配及公开招录

1982年前，大岚镇政府分配到中专生2人，委培农技生1人。1982—1997年，乡（镇）机关先后分配到大中专毕业生6人，其中大专以上文化程度人员4人，中专生2人，从事行政4人，事业人员2人。1998年后，人事制度改革，国家取消对大中专毕业生的分配。1999年，镇政府通过市人才交流中心招聘村镇干部1人。2000—2004年，由市组织和人事部门统一考试录用干部8人，均为大专以上毕业生，其中公务员5人，事业干部3人。至2017年，镇政府共接收向社会公开招考的公务员和事业人员30人，其中公务员12人，事业人员18人。

军队转业干部

1975年前，大岚籍军队转业干部，一般都安排到商业和服务部门，也有转业至行政部门。1976—1987年，军队转业干部数量增多，按军转干部安置政策，营级及以下干部主要安置在区乡（镇）行政机关和行业对口的县级部门和企事业单位。在此期间，先后有大岚籍军队转业干部安置到县人武部、公安局及乡（镇）。

第三节　干部考核

1977 年，建立年终评比先进工作者制度。1980 年起，实行岗位目标管理责任制考核，根据考核结果评定先进。1987 年，完善岗位目标管理责任制考核，考核结果与年终奖金挂钩，按考核得分确定乡镇年终奖金。

1992 年后，建立岗位目标管理责任制考核体系。每年年初，市政府下达给乡镇（部门）目标管理指标，年终进行考核，以考核得分确定奖金基数，评定先进单位。乡镇（部门）对所属工作人员实施岗位目标管理全员考核，按德、能、勤、绩（2∶2∶2∶4）考评工作人员，以分定档，按档建奖。考核档次分优秀、称职、不称职三档，事业人员分优秀、合格、不合格三档，年度市（镇）级先进工作者须从优秀档次中产生。市管干部由市委定档，其他干部由所在单位定档。考核结果记入个人档案，作为选拔、使用、提级的依据。

第四节　干部工资福利

工资

中华人民共和国成立后，干部工资制度历经数次改革，多次调整干部工资。

供给制　中华人民共和国成立之初，国家机关工作人员的工资待遇，采用多种形式。南岚乡在编干部实行供给制，由政府按干部级别供应伙食、生活用品及少量津贴；新吸纳的乡干部实行粮薪制，每月发放定量大米及少量津贴；旧政府留用人员仍享有薪给制。1952 年 9 月，改供给制为包干制，待遇按职务等级确定。1954 年，统一划定供给、薪给制，共分行政 1 ～ 29 级。1955 年，乡镇干部试行定级、改粮薪制为货币工资制。

货币工资制　1956 年，执行全国统一的货币工资，人均月增资 7.9 元。1963 年，工资调整面 45.9%，人均月增 6.7 元。主任、书记每月 24 元，其他干部每月 20 元。1971 年，对工资进行调整，调整级差不足 5 元者，按 5 元增资。1977—1979 年，2 次调整工资，调整面均为 40%，有 2% 的干部经考评调整工资。1982 年，普升 1 级以上工资。1984 年，对 1949 年 10 月前参加工作，工资偏低的离休干部调整级别，进行增资。

结构工资制　1985 年，改革工资制度，国家机关、事业部门人员实行由基础工资、职务工资、奖励工资、工龄津贴 4 部分组成的结构工资制，人均月增资 21.4 元。1986 年 7 月，工资类别改为六类区，粮价补贴每月 1.5 元。1987 年，调整干部工资，同时乡级党政正职干部普升 1 级工资。

职级工资制　1993 年 10 月，机关和事业单位实施工资改革，对已进行公务员登记的机关行政人员实行职级工资制，将工资分为职务工资、级别工资、基础工资和工龄工资 4 个部分，其中职务工资和级别工资是工资构成的主要主体。事业单位工作人员根据从事的专业和工作岗位，实行不同类型的工资制度，主要是专业技术职务和职员职务等级工资制。年度考核合格以上，晋升1档薪级工资。此次工资改革后，建立了正常的增资机制。机关行政人员年度考核称职以上的职务工资每2年晋升1档，级别工资每5年晋升1级，建立地区性津贴制度，改革奖励制度，相应提高离退休人员的待遇。

自1993年工资改革后，1997年7月调整工资，基础工资人均月增30元。1999年7月调标，机关行政人员基础工资、级别工资作了相应提升，机关事业人员工人工资作了相应提高。2001年1—10月，两次对机关行政事业人员进行调标。2003年7月，对机关行政人员，职务工资进行调整，每人月增加30～300元。

2006年实行工资制度改革，公务员实行职级工资制，事业单位实行岗位绩效工资制，完善干部职务与职级相结合的制度，建立干部激励和保障机制，同时出台公务员工资套改办法。公务员正常晋升工资，五年晋级，两年晋档，滚动升级。事业人员年度考核合格以上者，上浮一档薪级工资。以上办法一直沿用至2017年。

奖金

1978年始，行政、事业单位人员实行奖励工资，每人每月在10元以内。1979年，实行行政经费包干使用，对节支单位实行年终一次性节支奖励。1987年，实行目标管理责任奖，实现管理目标的人得奖。此后，随着岗位目标管理制的不断完善，乡镇之间完成情况不同，按考核得分计奖，各乡镇奖金额高低不一，半年预发，年终再按市政府批准的考核奖励，按机关职工考核的实绩发放。1992年后，实行岗位目标管理责任制全员考核，以分定档，按档计奖。1995年起，按干部职级确定奖金浮动基数。同时对乡镇机关工作人员年度考核为称职（合格）以上的发放年终一次性奖金，在考核结果确定后兑现。还对获得奖励的公务员计发一次性奖金，分别为嘉奖800元、三等功1500元、二等功3000元、一等功6000元、授予“人民满意的公务员”荣誉称号10000元。

福利费

1952年始，乡干部按每人每月0.06元提取福利费，统一由县干部福利委员会管理使用。1956年后，乡镇干部按工资总额的3%提取。1957年起，乡镇干部福利费统一由区公所掌管使用。1983年，福利费按月人均1.8元提取，1986年后调整至每月人均2.8元。1975年前，福利费主要用于干部生活补助。1976年后，福利费多用于干部家庭特殊困难临时补助、子女统筹医疗费补贴及集体添置福利设施等。1992年后，福利费根据实际发生额列支，主要用于干部家庭困难补助，节日慰问等。2017年，大岚镇政府机关福利费，按每人6500元/年预算，主要用于干部疗养2000元，午餐补贴3000元，体检500元，优秀公务员的健康休养费用，干部家庭特殊困难、重病等支出，统一由镇政府掌管使用。

住房补贴

中华人民共和国成立后，乡镇机关人员居住用房由个人自行解决，单位只提供值班用房。干部个人建房须经县主要部门批准，按规定办理规划许可、用地许可等相关手续后，可向乡镇政府申请部分计划内建筑材料。1997 年，实施住房公积金制度，个人按月平均工资基数的 10% 缴存住房公积金，单位亦以 1∶1 比例出资纳入个人账户。2012 年后，单位按职工月平均工资 12% 的比例出资纳入个人账号，公积金由干部住房管理中心统一管理。缴纳住房公积金人员，在购建商品房或翻建个人住宅时，可申请个人住房公积金贷款，按规定支取住房公积金。

年休假制度

1994 年起，机关干部实行年休假制度，按工龄分别享受 5 ～ 20 天不等的年休假。2007 年前，年度内未休年休假的人员，年终可享受货币补贴（即日基本工资乘以年休假期）。2008 年 1 月起，施行《机关事业单位工作人员带薪年休假实施办法》，对带薪年休假的具体问题作出规定。是年 4 月，浙江省人事厅对带薪年休假又作出相应规定，年休假天数按工龄年限分别享受 5 ～ 15 天，2009 年后，年休假管理更加规范。

第五节　干部管理

编制

1951 年始，实行干部编制制度，南岚乡人员编制只有 4 人。1955 年起，行政事业单位编制由县编委核定。1963 年，县编委对各公社干部编制有所增加。大岚公社定编 6 人。“文化大革命”期间，编制工作终止。1979 年后，恢复编制制度，大岚公社定编 12 人。1980 年后，公社事业部门人员增加，行政编制 16 人，事业及综合部门用工 7 人。1985 年，大岚行政编制 14 人，事业 11 人，华山行政 7 人，事业 6 人。1991 年，因乡镇自配人员较多，两乡镇共清理编外人员 8 人，并对按规定比例的留用人员签订聘用合同。1992 年 5 月，撤区扩镇并乡，原华山乡并入大岚镇，市编委核定大岚镇内设 6 个办公室、1 个所。是年 12 月底，市编委核定镇机关行政编制 30 人，事业 33 人，实有行政 30 人，事业 31 人。1997 年 9 月，试行《国家公务员暂行条例》，市编委核定大岚镇机关公务员编制 34 人，实际过渡国家公务员 32 人，事业在编 33 人。2006 年，市编委核定镇机关公务员 26 人，实际 25 人，全部符合公务员登记条件。至 2017 年，全镇机关编制机构 3 个，在编公务员 25 人，缺编 2 人，在编事业人员 34 人，缺编 3 人。

任免调动

中华人民共和国成立初期，辖区内的党政干部由中共余姚县委、县委组织部管理。梁弄区委协助县委组织部提出干部任免、调动建议，抓好日常教育管理工作。1952 年，县人民政府成立人事科，主管科局以下的行政干部。县属部门分别管理本系统派驻在各乡镇的干部。1957 年，建立在县委统一领导下、各部门分别管理本系统干部的制度，乡镇从事党委工作的干部任免调动，由县委组织部决定；行政正副职由县人民委员会公布；其他区、乡干部在辖区内调动，由区党委决定任免；跨辖区、跨部门调动，由市人事科决定任免。“文化大革命”期间，干部管理混乱，正常的干部任免、调动制度废止。1978 年后，干部管理制度逐步恢复正常。

1984年，干部任免、调动工作“简政放权”，县委组织部、县人事局出台《关于整顿干部管理权限》规定。乡镇党委成员经选举产生后报县委公布，任期内调整由县委决定任免。乡镇政府正副职换届选举产生后，或任期内调整的，履行法定手续后报市政府公布。1992年5月后，乡镇人代会换届选举产生的镇人大正副主席，镇政府正副镇长，其结果分别报市人大、市政府备案。镇人民武装部部长任免由市人民武装部决定。镇工会主席、团委书记、妇联主席经选举产生后，报市委组织部公布。1998年始，改由市主管部门公布，以上三个职位享受副镇级待遇的人员，由市委组织部决定任免。1992年后，陆续由镇内部选拔，上级下派或外省市短期挂职充任镇长助理的人员，由市委组织部决定任免。

1992年4月前，乡镇中非市委、市委组织部管理的干部，其任免分别由区、乡镇党委决定，其中乡镇各办（线、所）负责人任免报区委备案，在区内乡镇间调动的人员由区委决定，跨区跨部门调动的报市人事局办理。1992年5月后，镇机关各办（线、所）正副负责人任免由镇党委决定，党群、政府线人员分别由党委、政府决定任免，跨镇、跨部门的调动报市人事局办理。派驻大岚镇的行政、司法执法部门的人员任免、调动、由市主管部门办理。

职称评定

中华人民共和国成立初期，乡政府机关没有配备专业职称和技术人员。1980年后，专业干部业务技术职称由县技术职称评定小组审查考核。1982年，大岚镇授予浙江省人民公社农技人员合格证书4人，聘用公社林业技术员1人。1984年，县人才交流咨询服务中心成立，为大岚镇中专以上学历及有职称的专业技术干部建立档案。1987年，实行专业技术职称聘任制，全乡有6名专业技术干部获得任职资格。1992年后，镇机关事业编制人员逐年增多，职称评定趋于规范化、经常化、专业化，每年评审一次，考试一次。其中，农业、经济、文化专业技术以评审为主，其他各类专业技术职称以考试为主，大中专毕业生分配或考任专业技术岗位，满规定工作年限后，可直接评审初级技术职称。至2017年，全镇有高级（副）专业技术职称1人，中级专业技术职称9人，初级专业技术职称18人，均按职称得到行政领导聘任。

奖惩

1950年初，干部奖惩由县委组织部办理，后改由县委纪律检查委员会、县人民政府监察室分别办理党员干部、非党员干部的惩戒事宜，奖励由县人事部门办理。“文革大革命”期间，奖惩工作处于无序状态。1977年起恢复正常。是年，区、乡镇均建立年终评比先进工作者制度。1980—1991年，实行目标管理责任制，按考核结果评定先进工作者。1992年后，实行以德、能、勤、绩为主要内容的岗位目标管理责任制考核，以年度考核结果确定优秀、称职、不称职档次，以档领奖，并在优秀档干部中，评定先进工作者和优秀公务员。2001年后，每年度对机关干部考核更加规范，全面、公开，通过领导互评、基层干部参评、群众评议等方式，评出机关干部的档次。2006年后，健全完善机关干部考评办法，并付诸实施。

1977—1992年4月，干部惩戒由区党委及市（县）纪检、监察部门办理。其中市管领导干部惩戒由市纪检、监察部门办理，其他干部党内严重警告，行政记大过以下处分，由区党委区公所办理。撤销党内职务，行政记大过以上处分由市纪检、监察部门办理。1992年5月后，市管干部惩戒由市纪检、监察部门办理，其他干部留党察看，行政记大过以下处分由镇纪检、监察部门处理（上级纪检监察部门直接办理除外），开除党籍、行政降级以上处分则由市纪委、监察局分别办理。1997 年后，按《中华人民共和国公务员管理条例》，实施诫勉制度。2017 年，镇纪委、监察室办理普通党员违法违纪案件 2 起，报余姚市纪委开除党籍 1 人，党内警告 1 人。

第六节　干部离休退休

干部退休制度始于 20 世纪 50 年代，至 1982 年，大岚乡政府始有干部进入退休年龄。1982—1988 年有 6 名干部办理退休手续，其中一名办理提前退休手续。此后严格执行干部退休制度，即男干部年满 60 周岁，女干部年满 55 周岁，由县人事局办理退休手续。至 2017 年，全镇办理退休手续的干部 39 人，其中公务员 17 人，事业干部 22 人。

1980 年始，对 1949 年 9 月 30 日前参加工作的机关干部，实行干部离职休养制度。境内户籍的离休干部 11 人，其中大岚镇人民政府内离休干部 3 人，代管市属部门离休干部 8 人。至 2017 年，有健在离休干部 1 人。

离、退休干部的日常管理服务工作由市老干部局、乡镇党委负责，党群书记为责任人。1992 年后，成立了大岚镇离退休干部党支部，由调研员和现职领导负责管理，配专职干部 1 人负责日常管理服务工作。镇政府内有老年大学和活动室，学习活动每月 1 次，活动场地长年开放。

第三章 职工

第一节 职工构成

民国时期，境内职工以手工作坊职工、商店店员为主。1958 年前，全乡有职工 167 人，其中商店店员 66 人、手工业及金融业职工 101 人。1959 年后，职工性质分全民所有制职工、集体所有制职工、土地征用工（20 世纪 80 年代中起）、乡村集体企业职工、民营企业职工等。

全民所有制职工 1956 年后，陆续在大岚境内设立粮食供应站、信用社、公立中小学等，始有全民所有制职工 36 人。1958 年，供销系统职工转入全民所有制，境内办了淀粉厂手工工厂，全民所有制职工增至 56 人。1961 年，停办企业、下放职工，全民所有制职工减少，之后邮电、金融、医疗卫生、教育等全民事业单位职工有所增加。1993—1999 年，以产权制度改革为核心的经济体制改革全面展开，粮站、供销社、食品站、运输公司等全民所有制企业先后转制，职工分流，其职工落实安置政策后，不再保留全民所有制职工身份。

集体所有制职工 20 世纪 50 年代，私营工商业、手工业社会主义改造完成后，合作商业、手工业社成为县属集体企业职工，至 1957 年，全镇有集体企业职工 110 人。1958 年，境内办起了炭窑厂、梁弄粮食加工中心大岚车间等企业，职工 146 人。后企业性质几经变化，国家行业重点转移，炭窑厂关闭等，职工人数几度增减变化。1978 年，农村插队知青返城，安置在工商企业和集体所有制企业，集体职工有所增加。1987 年，商贸企业招工，建造小型水力发电站等，职工人数达到 242 人。1995 年后，市属大集体工商企业陆续转为股份制企业或民营企业。至 2001 年，除行政、事业部门职工仍保留大集体所有制外，绝大部分原大集体职工，不再保留大集体职工身份。

土地征用工 1985 年，随着大岚集镇建设的加快，每年有土地被合法征用，被征用土地者，可到镇属以上集体企业务工，不转户口粮食关系，享受所在单位正式工待遇。随着企业经营体制转换，职工按编制落实安置政策，不再保留土地征用工身份。

小集体职工 1984 年，县政府鼓励各系统兴办劳动服务类公司，解决以本系统职工家属为主的待业青年就业。大岚粮站、四明山水管处等市属大集体企业先后兴办独立核算的小集体企业，其职工由主办单位自行招录，自负盈亏，职工身份称之为小集体职工。以后随着主办单位的改制而解散。

乡镇集体企业职工 20 世纪 70 年代，大岚乡利用山水资源先后兴办小型水力发电站等乡镇集体企业，安置剩余劳动力。1980 年后，集体企业、社队企业得到较快发展，就业职工 394 人。1985 年，社队企业改称为乡镇企业，企业效益较好，就业职工增加。1992 年 5 月，华山乡并入大岚镇后，全镇有镇、村、校办企业 72 家，职工就业成倍增加。1993—2000 年，乡镇集体所有企业陆续转换经营机制，原职工大部分转为民营企业员工或自谋职业。至 2017 年，尚有集体所有制企业 3 家，职工 32 人。

第二节　劳务管理机构

大岚镇地处山区，工业基础薄弱，民国时期没有劳务管理机构。1949 年 6 月至 1965 年，职工劳务管理由所在乡（公社）经济管理委员会负责。“文化大革命”期间，由公社革命委员会管理。1975—1987 年，由乡人民政府指派专人管理。主要职能是职工社会保障、就业介绍、劳动保护、职业病监管及工伤事故调处等，隶属市劳动局、四明山区公所领导。2003 年 6 月，成立大岚镇劳动和社会保障综合服务中心，承担职工（农民工）养老、失业、工伤、生育和医疗等社会保险，劳动就业和再就业，职业技能培训，及劳动用工管理等职能。2005 年，增设大岚镇综合便民服务中心，在太祖庙路 1 号合署办公。至 2017 年，配备在编人员 3 人，劳动协理员 16 人，其中 14 人协助村开展工作。

大岚保姆推介会

第三节　用工管理制度

民国时期，境内没有工商企业，只有少数诊所、药店、裁缝店、手工业主招用雇员，多以口头约定，雇主方不承担雇员伤、残、亡造成的损失。1956年起，实行计划用工制。1986年后，逐步推行劳动合同制。

计划用工制　1956年，完成对私营工商业、手工业社会主义改造，境内先后建起手工业社和农机综合社。职工招收由劳动局直接管理，单位用工报县劳动局，县局根据劳动用工需求汇总，编制招工计划，经县政府批准后，将招工指标分解到各主管局。乡镇政府按分配到的招工指标，在城乡待业的非农业人口中选择符合条件的人员，推荐到县劳动局。县劳动局批准录用后办理招工手续，再分配到各主管局，由主管局落实到企事业单位。招工手续一经确定，调动、辞职、解除劳动关系等均需通过县主管局、县劳动局批准。计划用工管理制度一直延续至1995年实施全员合同制为止，在此期间安排到企事业单位的大中专毕业生，部队转业复员军人等，均属全民及集体所有制职工。境内因非农业人口较少，部分招工对象主要是大中专毕业生和部队转业复员军人。

劳动合同制　1986年始，部分全民所有制、市集体所有制企事业单位对新招收的职工实行劳动合同制，称为合同制正式工。1995年后，全面推行全员劳动合同制，全民及集体所有制职工须与单位签订集体劳动合同，成为合同制职工。用工单位按市劳动部门统一的合同文本，定期与职工签订或续订劳动合同。2017年，对108家企业与职工签订的劳动合同进行书面审查。

乡镇企业劳动用工管理　1979年前，乡镇（社队）企业劳动用工主要由公社、大队推荐安排。1980年后，随着企业承包责任制的不断完善，企业开始自主招收职工，个别管理人员、技术人员由社队和技术部门推荐，只有少数人员签订劳动合同，实行合同管理。大多数职工均按规章制度行使劳动用工管理职能。1997年后，农民工进城打工增多，实行劳动合同制的企业也不断增加。2010年，全镇职工劳动合同签订率达87%。至2017年，全镇在企业（包括非公企业）职工2439人（包括建筑企业1420人），在签订集体合同的同时，企业与职工劳动合同的签订率达95%，完善劳动就业工作。

第四节　职工工资　福利及保障

职工工资、奖金

工资　中华人民共和国成立之初，各行各业职工工资多沿袭旧习，工资差距较大。据1949年底粗略统计，商业职工年平均工资190.40元（折合人民币下同），工业职工年平均工资401元，小学教师年平均工资240元，医疗卫生从业人员年平均工资420元。1954年10月，企业职工调整工资，建立等级工资制度。1956年，工资改革，人均月工资提高7.93元。1957年，调整公私合营企业职工工资，人均月增资1.71元。1959年，调整全民所有制职工工资，人均增资3.95元。1960年，调整手工业系统县属大集体职工工资，建立计时定额奖励等形式的工资制度。1971年，对3级工以下的职工按参加工作年限，分别调升1级工资，人均月增资6.57元。1977年，对2级以下的职工，按参加工作年限晋升1级工资，部分学徒工提前转正定级。1979年，40%的职工升1级工资，按照"劳动态度、技术高低、贡献大小"来升级定资。

1983年，改革工资制度，实行企业经济效益同职工收入挂钩的办法。是年，全民所有制职工人均月增资6.77元，集体所有制职工人均月增6.48元。1984年，对1972年底前参加工作和上山下乡的老2级（含3级）晋升1级工资，人均月增资6.45元。1985年，企业实行工资改革，统一职工工资标准，奠定了现行工资制度的基础，把职工级别工资制改为由基础工资、岗位工资，绩效工资组成的结构工资制，企业普遍实行工效挂钩的工资分成形式。2002年实行最低工资标准。以后政府每年出台最低工资标准，各行各业的职工工资，不能低于最低工资标准。至2017年，全镇职工年平均工资为55000元。

奖金　1950年起，工业企业逐步建立超产奖、质量奖、新产品试制奖等单项奖励。1956年后，工业系统推行以生产成本，产品质量和生产总值三项指标为依据的奖励制度。1958年，工商企业全面实行跃进奖。1959年，企业对直接从事生产的职工建立综合奖。1966年，"文化大革命"开始，取消奖励制度，把奖金改为2.5元的附加工资平均发放。1978年，各企业全面恢复奖励制度，各系统按行业特点设置单项奖。1981年，实行年终奖制度，按规定控制额度，经济效益好的企业，全年奖金不超过3个月平均工资额，其他企业控制在2个月的平均工资额。1983年，试行经济承包责任奖。1984年，对完成生产计划、利税增加的企业，奖金不封顶，开征奖金税，规定奖金超过2.5个月以上工资额的依法征税。以后随着企业对职工考核机制的进一步完善，国家税收政策的健全规范，使职工更加自觉依法纳税。

劳动保护及福利保障

劳动保护　中华人民共和国成立后，境内的企事业单位多次组织安全、卫生大检查，查漏补缺。1954年，各企业制订劳动保护实施方案。1956年，全面实施《工厂安全卫生规程》《建筑安装工程安全技术规程》《工厂职工伤亡事故报告规程》和《女工保护条例》，按预防为主、防治结合的方针，企事业加强安全生产宣传教育，改进安全生产设施，消除事故隐患，建立、健全安全生产制度，特别是抓好对《女工保护条例》的贯彻实施。1957年后，企业普遍加强生产场地的防暑降温、防冻保温措施，增加防护设施，供应饮料和防暑药物。1978年，对新建、扩建工程项目实行劳动保护，安全生产"三同时"（设计、施工、投产使用）会审制度，对特种作业工种职工须经考核、考查，合格后凭证上岗。

1982年，对锅炉压力容器实行安全监察制度，普查登记压力容器，经检查合格，颁发使用许可证，镇属垂盆草厂锅炉工纳入其中。1986年，安全生产日趋制度化，各管理部门把安全生产放在首位，各企业建立安全生产领导小组，生产车间设安全员。乡镇工业办公室配兼职安全生产管理员，在市主管部门指导下，负责安全生产监督、检查和生产事故调处等。1992年，镇政府成立安全生产领导小组，每季度1次普查企业安全生产情况，对茶厂、垂盆草厂、小水电站等易燃易爆企业开展重点监察和年检制度。年初，镇政府与各企业签订安全生产责任状，定期开展安全生产检查，发现安全隐患，及时排查补救，年终考核奖优罚劣，增强企业安全防范意识。2000年后，随着工会组织的发展壮大，工会组织参与安全生产监督，建立工会安全生产义务监督组织，积极开展活动，使安全生产不留死角，保证职工生命和企业财产的安全。

职业病防治 大岚是以农业为主的乡镇，被称为高山云雾茶之乡，茶园面积1666.6公顷。1979年后，粗制茶厂和精制厂较多，设备简陋，生产产生的灰尘有害职工身体健康，加工季节高温作业，制茶厂是职业病高发的企业。1980年，对茶企业加大设备改造力度，对职工每月发放防护物品，进入车间必须佩戴口罩；在大岚卫生院设立职业病防保科，定期对职工进行职业病预防和健康检查，把病例降到最低。至2017年，对30家制茶企业约350名职工进行体检，未发现有严重的职业病。

退休制度 职工退休制度始于1953年。1958年，落实国务院《关于工人、职工退休处理的暂行规定》，实行统一退休制度。职工退休后，可由其子女或尽赡养义务的亲属1人顶替招工。1980年，规定中华人民共和国成立前参加革命工作的老职工，可享受离休待遇。1982年，停止执行非农户口顶替招工办法。1984年后，新招收的合同制长期工，实行社会劳动保险制度。1987年起，全民、市属大集体所有制职工离休费、退休费先后实行社会统筹。2000年后，全民实施城镇职工基本养老保险。全民、市属大集体职工亦开始交纳养老保险费。至2017年，全镇有离休、退休（包括城乡居民养老保险退休），退职职工3233人，其中完成异地认证8人。中华人民共和国成立前参加革命工作的离休老职工3人，全部领取养老保险金。

第二十编　教　育

第一章　普通教育

百年大计，教育为本。中华人民共和国成立后，大岚镇党委、政府重视教育事业发展。1951年始，先后在境内建起29所中小学校（教育点），使群众整体文化素质得到较大提升。1992年后，实施科教兴镇战略，加大对教育投入。1996—1999年，年均教育经费占镇财政总支出的38.2%，办学条件改善，教学质量提高。2002年，创建成为省教育强镇。2012年，被评为宁波市第一批学前教育示范乡镇。至2017年，全镇拥有大专以上学历1750人，其中本科以上学历610人。

第一节　学前教育

发展概况

民国时期，境内无学前教育。中华人民共和国成立后，学前教育逐年发展。1958年10月，人民公社化运动中，为解放农村妇女劳动力，雅庄等多个村办起幼儿班和托儿所。“文化大革命”结束后，陆续恢复幼儿教育，当时实施幼儿教师工分制。1980年后，多村办起幼儿班。1993年全镇有丁家畈、雅庄、柿林、石鼓、甘竹、戴縻、大路、后朱、夏家岭、黄家庄、阴地、大俞等16所村幼儿班。1994年，按照“分级办学，分级管理”原则，镇政府制定《关于幼儿教师工资待遇的规定》：入学幼儿20人以下的，幼师工资每月150元，入学幼儿超过20人的，幼师每月工资160元。幼儿教师工资由镇、村各半分担，其他办公用具及经费由村自负。镇负责部分资金由财政办按月划拨到大岚镇中心小学，大岚镇中心小学负责支付到村幼师。2001年，全镇4～6周岁幼儿464人，入园261人，入小学学前班186人，入园率96.3%。2002年始，镇幼儿教育的重点是管理辅导雅庄、石鼓、黄家庄、甘竹、阴地等村办幼儿园。2006年，新建大岚镇中心幼儿园，村级学前教育停办后并入镇办幼儿园，幼儿上学由校车接送。该园有幼生73人，教职工10人。2017年有幼生52人，教职工15人，其中在编教师5人。

镇中心幼儿园

大岚镇中心幼儿园建立于2006年10月8日，是镇政府投资公办幼儿园。校址在兰山路2号，占地面积2100平方米，建筑面积768平方米，活动场地1132平方米，配有“五室、二池、一园地”（即活动室、午休室、保健隔离室、办公室、会议室，沙池、水池，多功能种植园地）。2013年，原

2 辆客车和 1 辆面包车更新为 2 辆标准校车。2014 年教育设施、设备进一步完善。

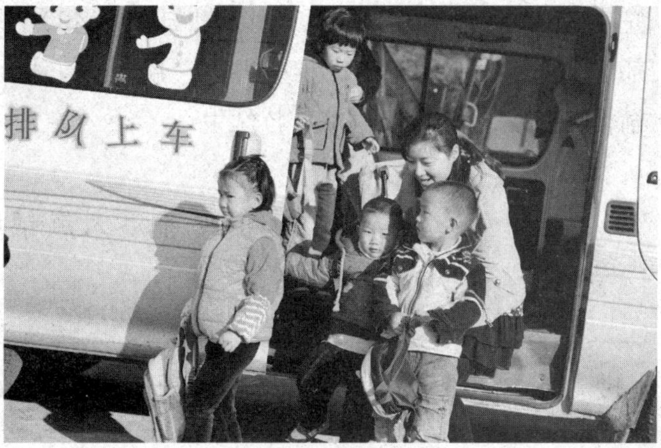

幼儿园接送车

幼儿园遵照教育方针和幼教法规要求，坚持保教并重原则，积极推进素质教育，提高保教质量。坚持“用爱呵护、用心教育”的办园理念，以培养“文明、礼貌、独立、自由高素质幼生”为目标，引领每个孩子健康快乐成长。开展特色教育和各类游戏教育活动，培养良好的卫生和安全保护能力，为小学教育打下扎实基础知识。2008 年 12 月，被评为宁波市达标乡（镇）中心幼儿园。2010 年，被授予浙江省三级一类幼儿园。2012 年，被评为浙江省二级幼儿园和宁波市现代化达纲幼儿园。

2006—2017 年历任园长：孙如丹（2006. 8—2007. 8）、胡素音（2007. 8—2010. 8）、江孟祎（2010. 8—2014. 8）、孙微微（2014. 8—2017. 12. 30）。

2009—2017 年镇中心幼儿园教育情况一览表

表 20–1–1　　　　单位：人

年　份	班级人数			合计幼儿人数	教职工人数	备　注
	小班	中班	大班			
2009	13	35	39	87	12	2006—2008 年，幼生总数分别为 73、59、80 人；2017 年公立教师 5 人，临时代课教师 2 人
2010	12	25	18	55	13	
2011	12	19	25	56	13	
2012	24	23	16	63	13	
2013	19	19	22	60	12	
2014	27	24	21	72	13	
2015	17	22	25	64	14	
2016	16	16	22	54	14	
2017	18	18	16	52	15	

第二节　小学教育

民国时期小学教育

民国时期，小学教育以私塾为主，众多农民子女受教育较少。民国 27 年（1938）后，小学教育逐步发展，私塾、保校（村改村保，保建办学校）办学数量渐增。镇境内曾办学 38 班，有先生45人，学生744人。民国31年（1942），峙岭村开办一所峙岭小学，教师由补习中学简师部学生兼。民国34年，雅庄办起一所保校。据《余姚县教育志》载：民国36年，南岚乡有国民学校7所，7个学级，338名学生。

民国27年后大岚镇境内小学教育情况表

表20-1-2

村别	校数			班数	学生数	先生数	备注
	合计	保校（所）	私立学校（所）				
柿林	3	1	2	3	58	3	村办复式班30人 抗日政府办1班
大俞	6	1	5	6	181	10	抗日政府办班30余人
丁家畈	3	0	3	3	60	3	—
大岚村	1	0	1	1	16	1	先生工资米
黄家庄	1	1	0	1	20	1	先生工资银24元/半年
后朱	6	1	5	6	145	6	—
上马	3	0	3	3	12	3	先生稻谷100市斤/月
雅庄	2	1	1	2	35	2	先生稻谷80市斤/月
新岚	3	1	2	3	62	3	先生工资稻谷
南岚	2	1	1	2	60	5	保校先生140元/年 私塾每个学生4元/年
隐地龙潭	2	0	2	2	28	2	1960年6月上虞县划入
华山	3	0	3	3	12	3	—
戴縻	1	0	1	1	10	1	1966年上虞县划入
大路下	2	0	2	2	45	2	大路1—3年级复式班
合计	38	7	31	38	744	45	—

中华人民共和国成立后小学教育

1949年初，学校暂维持现状。1951年，大岚乡二村创办余家横小学。1952年镇境内土地改革顺利完成后，农民在政治上获得地位，文化需求迫切，群众办学热情提高。是年，南岚乡三、四村创办石鼓、黄家庄小学及隐地（时属上虞）村校开学。

1953年，贯彻“整顿巩固，重点发展，提高质量，稳步前进”方针，小学教育进入整顿阶段，只新增大俞小学。是年，小学停止春季招生，一律改为秋季招生。1955—1958年，国家办学与群众办学相结合，实行“两条腿走路”办学方针。小学教育快速发展，先后开学后朱、邱庄、柿林、甘竹、上马、华山、戴縻（属上虞县）7所大队小学。

1960年，国家经济处于暂时困难，境内多个大队集体经济薄弱，在原基础上发展四丰小学1所。因正处于三年国民经济困难时期，学龄儿童中出现大量流生。1964年，推行多种形式办学，发展简易小学（下半年改称耕读小学）。学龄儿童入学后，上午读书，下午可帮家放牛看羊，忙时少学，闲时多学，大忙季节不学，学校设置放农忙假制度，使学龄儿童入学率提高。1966年，根据境内居住人口分散、交通不便等因素，政府为便利儿童入学安全，学校办到“家门口”，规模偏小的自然村也办起低段小学。是年，大岚、华山公社新开办陶家坑、半岭、大元基、观下、大路、分水岭、城山司、夏家岭、龙潭、长弄10所大队小学，小学教学普及到境内各大队。因“文化大革命”影响，学校出现“停课闹革命”，少数教师遭批斗。1968年，学校“复课闹革命”，学生学习以读毛主席语录、唱语录歌为主要内容。同年9月，改六年制为五年制，取消升学考试。是年，抽调贫下中农进驻学校，各校成立贫下中农毛泽东思想宣传队。1969年秋，公办小学下放到大队办，公办教师回队任教，民办教师剧增，教育秩序受损，教学质量下降。

1976年10月，“文化大革命”结束，小学教育秩序逐渐恢复正常。1978年，再次整顿教育秩序，建立规章制度。大岚、华山公社建立中心学校，管理辖区内的小学教育，教育事业逐步健康发展。

1983年，巩固提高小学“三率”为重点，即学龄儿童入学率，在校学生巩固率、毕业班学生毕业率。建立“六册、一卡、三证四表”（“六册”：学前儿童名册、学龄儿童名册、12～16周岁少年儿童名册、流生登记册、毕业生名册、学生名册；“一卡”：教育登记卡：“三证四表”：转学证书、毕业证书、休学证书与儿童、青少年按岁综合表、普及教育情况汇总表、年龄对照表、检查验收统计报表等），普及教育档案制度。1984年，境内学龄儿童入学率97.2%，巩固率97.9%，毕业率97.8%。1985年，实行“分级办学、分级管理”，公社中心小学改称乡中心小学，除市办市管理外，其他小学均下放到乡、村管理。1987年，境内有学校24所，班级48个，教职工62人。1989年，调整偏小教育网点，陶家坑小学并入石鼓小学，半岭小学并入大俞小学，长弄小学并入黄家庄小学，大岩下、杂柴坪（1985年）教育点并入华山村校。

1992年撤区并乡扩镇后，全镇实施科教兴镇战略，华山乡中心小学并入大岚镇中心小学（镇校），镇校负责村小学（幼儿园）辅导任务。是年，全镇有21所小学，其中1所镇校，20所村校，62个班级，1490名学生，57名教职工。1996年，新建大岚镇校，教育网点较大幅度调整，14所村校并入镇校。1997年，通过省“双基”验收合格的基础上，实施“双高”工程，应试教育向素质教育转变。

2001—2003年，镇校两次扩建后，再次并入甘竹、雅庄、石鼓、黄家庄、华山5所小学，至2004年教育网点调整结束。为确保学生安全，政府配置校车，上学、放学有生活教师陪送到各村，获得学生家长满意。2002年9月，通过省市教育强镇验收。

2002年起，政府实施下山移民政策，农村劳动力大幅转移，外移人口渐增，学龄儿童随父母享受城镇教育面不断扩大，镇内就读学生数量减少。2017年，全镇有学校1所，共有班级6个，学生100人，教职工23人。

1987 年现境内小学基本情况一览表

表 20-1-3　　　　单位：个、人

校名	班级数							年级					年级		教职工数
	计	一	二	三	四	五	复式	计	一	二	三	四	五年	六年	
大岚乡校	5	1	1	1	1	1		143	21	35	21	28		38	12
石　鼓	5	1	1	1	1	1		108	24	23	20	20	21		6
丁家畈	3					1	2	88	5	13	15	18	37		5
戴　糜	2						2	51	15	13	14	9			2
夏家岭	2			1			1	47	16	14		17			2
邱　庄	1						1	20	7		13				1
四　丰	1						1	27	12		15				1
后　朱	3	1				1	1	82	17	24		21		20	3
上　马	2						2	52	13	17	13	9			2
甘　竹	4	1	1			1	1	68	15	14	14	11		14	4
分水岭	1						1	27		14		13			1
城山司	1						1	25	9			16			1
大　路	1						1	25		17		8			1
观　下	2						2	55	13	16	17	9			2
陶家坑	1						1	5		3	2				1
柿　林	3	1					2	58	17	11	11	10	9		3
华山乡校	2						2	51	3	7	7	15	19		6
阴　地	2						2	33	11	5	6	11			2
龙　潭	1						1	28	5	6	5	5	7		1
黄家庄	2						2	33	7	9	8	9			2
大　俞	1						1	21	6		7		8		1
长　弄	1						1	8	4	4					1
大元基	1						1	8	4	4					1
大岩下	1						1	8	2		6				1
合计（24 所）	48	5	3	3	2	5	30	1071	226	249	194	229	101	72	62

1989—2010 年境内被撤、并村办小学基本情况表

表 20-1-4

校　名	地　址	创办时间	撤并时间	并入何处	原有班数（个）	原有学生数（人）	原有教职工人数（人）	原占地面积（平方米）	原校舍面积（平方米）
陶家坑小学	陶家坑村	1966	1989.8	石鼓小学	1	9	1	200	60
半岭小学	半岭村	1966	1989.8	大俞小学	1	8	1	120	60

续表 20–1–4

校　名	地　址	创办时间	撤并时间	并入何处	原有班数（个）	原有学生数（人）	原有教职工人数（人）	原占地面积（平方米）	原校舍面积（平方米）
大元基小学	大元基村	1966	1994.8	华山小学	1	9	1	200	120
邱庄小学	邱庄村	1956	1996.8	镇中心小学	2	18	2	300	200
四丰小学	四丰村	1960	1996.8	—	1	15	1	300	200
丁家畈小学	丁家畈村	1951	1996.8	—	4	86	5	630	360
观下小学	观下村	1966	1996.8	—	2	36	2	610	310
大路小学	大路村	1966	1996.8	—	1	11	1	200	100
后朱小学	后朱村	1955	1999.8	—	3	78	4	819	510
分水岭小学	分水岭村	1966	1999.8	—	1	13	1	320	100
城山司小学	城山司村	1966	1999.8	—	1	12	1	354	154
上马小学	上马村	1958	1999.8	—	2	29	2	428	240
戴糜小学	戴糜村	1957	1999.8	—	2	26	2	1724	300
柿林小学	柿林村	1956	1999.8	—	2	33	3	1124	480
夏家岭小学	夏家岭村	1966	1999.8	—	2	23	2	678	440
大俞小学	大俞村	1953	1999.8	—	2	28	2	1051	227
阴地小学	阴地村	1952	1999.8	—	2	22	2	720	260
华山小学	华山村	1958	2002.8	—	3	33	3	2134	991
甘竹小学	甘竹村	1956	2004.8	—	4	69	5	1175	452
雅庄小学	雅庄村	1945	2004.8	—	4	83	5	4996	1316
石鼓小学	石鼓村	1952	2004.8	—	6	123	7	1296	944
黄家庄小学	黄家庄村	1952	2004.8	—	4	65	5	1436	750
龙潭点	龙潭村	1966	2006.8	—	2	13	2	260	200

注：以乡（镇）村为单位按撤并时间顺序排列

1988—2017 年境内小学教育基本情况一览表

表 20–1–5

年份	学校数（所）	班级数（个）	在校学生数(人)	教职工人数（人）	
				合计	其中：专任教师
1988	23	61	1431	63	54
1989	23	60	1412	65	54
1990	23	60	1400	65	54
1991	21	60	1339	60	50
1992	21	62	1490	57	50
1993	21	65	1528	59	50
1994	20	57	1164	58	50
1995	20	51	1105	65	61
1996	16	48	1041	70	64

续表 20–1–5

年份	学校数（所）	班级数（个）	在校学生数(人)	教职工人数（人）	
				合计	其中：专任教师
1997	16	46	1065	68	62
1998	15	42	1069	59	40
1999	15	43	1055	66	38
2000	5	41	1084	64	56
2001	5	35	996	60	49
2002	5	33	928	46	28
2003	5	16	676	50	23
2004	1	16	663	37	24
2005	1	16	575	40	24
2006	1	15	539	39	22
2007	1	12	463	32	20
2008	1	11	407	31	18
2009	1	9	270	32	18
2010	1	8	251	32	16
2011	1	6	213	27	16
2012	1	6	169	27	16
2013	1	6	135	24	16
2014	1	6	118	23	16
2015	1	6	108	22	16
2016	1	6	106	22	16
2017	1	6	100	23	16

2010—2017 年大岚镇中心小学分班人数情况表

表 20–1–6

年份	班级数							学生人数						
	一年级	二年级	三年级	四年级	五年级	六年级	合计	一年级	二年级	三年级	四年级	五年级	六年级	合计
2010	1	1	1	1	2	2	8	35	37	47	40	42	50	251
2011	1	1	1	1	1	1	6	31	29	34	37	40	42	213
2012	1	1	1	1	1	1	6	23	28	24	22	32	40	169
2013	1	1	1	1	1	1	6	24	17	25	21	20	28	135
2014	1	1	1	1	1	1	6	16	21	16	25	20	20	118
2015	1	1	1	1	1	1	6	13	16	19	15	25	20	108
2016	1	1	1	1	1	1	6	20	14	15	17	15	25	106
2017	1	1	1	1	1	1	6	18	21	15	15	15	16	100

主要小学简介

大岚镇中心小学　该校最早创办于1952年的大岚乡校，校址在石鼓村（今南岚村委）。1956年，移址到雅庄村龙皇殿。1958年，改名为大岚人民公社中心小学，负责辖内大岚、南岚、新岚等管理区内学校的管理、辅导。1961年，缩小公社规模后，分为大岚、新岚公社中心小学。1966年，社校名称停止使用，改名为新联大队小学。1969年又改为雅庄大队小学。1978年恢复为大岚公社中心小学。当时，设有小学部和中学部。1984年，改名为大岚乡校。1986年，撤中学部，并入大岚初中，时有5个班级，学生143人，教职工12人。1989年，更名为大岚镇中心小学。1992年，华山乡中心小学并入。1996年，移址丁家畈兰山路1号，占地面积1.53公顷，建筑面积6675平方米。有一栋教学楼，一栋综合楼，两幢学生宿舍楼和一幢教职工宿舍楼，附设露天操场和200米塑胶环形跑道。2004年最多时有16个班级，663名学生，37名教职工。2010年减为8个班级，251名学生，32名教职工。

2004年被授予宁波市现代化达纲学校；2006年被评为浙江省示范小学、宁波市师德群创优先进学校；2007年评定为宁波市行为规范示范学校；2012年被评为省义务教育标准化学校。

1952—2017年历任校长（负责人）：沈桂芳（1952—1956.8）、鲁怀才（1956.6—1959.8）、韩增祥（1959.8—1961.8）、罗坚（1961.8—1964.8）、沈荣先（1964.8—1970.8）、公社教育干部统管（1971—1978）、魏曼卿（1978.8—1981.8）、沈荣先（1981.8—1984.8）、沈功吉（1984.8—1991.8）、马柏年（1991.8—1993.8）、俞宏琪（1993.7—2002.8）、唐定尧（2002.8—2005.8）、俞军（2005.8—2015.8）、鲁建峰（2015.8—2017.12.30）

华山乡中心小学　1960年7月1日，成立四明山人民公社，华山公社建立管理区。黄家庄大队小学为管理区重点学校，隶属四明山公社中心学校。1961年10月，华山管理区改为华山公社。是年9月，建立华山公社中心学校（社校），校址在黄家庄大队小学，负责全社小学教学辅导任务。1978年9月，迁址到华山小学。1983年8月政社分设后，改称华山乡政府，中心学校称华山乡中心小学。1992年5月，撤区并乡扩镇后，华山乡中心小学并入大岚镇校。

1961—1992年历任中心小学校长：鲁世正（1961.9—1963.8）、方连声（1963.8—1970.12）、公社教育干部统管（1971.8—1978.8）、王士强负责人（1978.8—1981.8）、魏曼卿（1981.8—1984.8）、鲁斌魁（1984.8—1985.8）、俞静宜（1985.8—1988.8）、鲁系能（1988.8—1992.8）。

雅庄小学　创办于民国34年（1945）。民国36年，为南岚乡雅庄村国民学校（保校）。中华人民共和国成立后，学校设址在村老堂前。1956年，搬迁到龙皇殿，定名大岚乡中心学校。1958年更名大岚公社管理区校。1961年7月，改称大岚公社中心学校，仍隶属梁弄区中心学校。1966年“文化大革命”开始，撤销公社中心校，校名改为新联大队小学。1969年又更名雅庄大队小学。1970年起，附设初中、高中班。1973年，学校移址到本村下西庄。1976年，高中班并入公社“五七”学校。1978年，恢复区、社中心校管理制，大岚公社中心小学校址校名不变。1984年，改名大岚乡校，设大岚初中教学点。1986年，撤销初中分校并入大岚初中。1989年11月，更名为大岚镇中心小学。1996年，镇中心小学移址到丁家畈，原址保留完小。1999年，原址新建校舍1316平方米，占地面积4996平方米。2004年8月，停办小学教育，并入大岚镇中心小学。撤并前，学校有4个班级，学生83人，教职工5人。

石鼓小学 民国36年（1947）创办国民学校（保校），另有私塾学校1所。中华人民共和国成立后，群众办学要求迫切，1952年建起石鼓小学，亦称大岚乡校，校舍借用民间用房。1953年，选址在石鼓、蜻蜓岗、西岭下三个自然村中心地段，建造新校舍，占地面积约400平方米，校名为“孔夫子学堂”。开设6个班级，学生200余人，有公立教师7人，招收柿林、华山、大俞、黄家庄、丁家畈村高小学生就读。1956年，乡校迁址到雅庄村（龙皇殿），部分师生转入到乡校。是年，原址学校有学生约150人，教师5人，保留完小。1975—1983年，学校更名为联办小学，附设初中2班，高中1班，有学生260人，教师16人，其中民师11人。其间，新扩建校舍300平方米。1976年，高中班并入东潘“五七”学校（高中）。1984年，初中班并入大岚初中。1987年有5个班级，学生108人，教师6人。1992年秋，四村筹资18万元，在原址重建新校舍8间3楼，占地面积1296平方米，校舍面积944平方米。2002年，5～6年级学生转入镇中心小学，2004年8月，1～4年级学生并入大岚镇中心小学。撤并前，学校原有6个班级，学生数123人，教职工7人。

黄家庄小学 民国36年（1947），始办南岚乡国民学校（保校）。中华人民共和国成立后，1952年建立黄家庄小学，校舍解放前原址3间平房。1961年9月，设置华山公社中心学校。随着学龄儿童和教师逐年增加，校舍需增扩。1963年，新建校舍5间2楼，面积160平方米。1970年2月，附设华山公社初级中学。1977年9月，初中部并入到华山公社初级中学新校舍（泥坪岙）。1978年9月，中心小学迁址到华山小学，原址保留完小。1987年，有2个班级，学生33人，教师2人。1989年，长弄小学并入村校。1997年，投资40万元新建黄家庄帅康希望小学，校舍面积750平方米。2004年8月，并入到大岚镇中心小学，撤并前，原有4个班级，学生65人，教职工5人。

华山小学 民国时期，小学教育以私塾办校为主，无保校。中华人民共和国成立后，1958年始办华山小学，校址在白莲庄，新建7间平房，面积210平方米。20世纪70年代初，先后办起大岩下、杂柴坪小学。1974年，选址在泥坪岙，筹建华山公社初级中学及村小学。1977年，小学迁址到新校舍。1978年9月，华山公社中心小学从黄家庄移址到华山小学，成为全社小学教学辅导中心。1983年，政社分设后，更名为华山乡中心小学。1985年，杂柴坪小学并入村校。1987年，华山乡校（包括大岩下），有3个班级，学生59人，教职工7人。1989年，大岩下小学并入村校。1992年撤区并乡扩镇后，华山乡中心小学并入大岚镇中心小学，保留华山小学。2002年8月，教育网点再次调整，小学并入到大岚镇校。撤并前，学校原有3个班级，学生33人，教职工3人，校舍面积991平方米。

甘竹小学 民国36年（1947）始办南岚乡国民学校（保校），校址在甘竹自然村祖堂后三间平房里。中华人民共和国成立后，1956年办起甘竹村校，校址设在普济庵。随村内生源逐年增加，1969年秋，选址在甘竹与夹山中间的丘横头，动工新建校舍9间。1970年竣工后搬迁到新址，建筑面积650平方米。是年附设戴帽初中。次年，有初中2班、小学4班，共有学生130余人、教师11人，其中公立教师3人、民办教师8人。1984年9月，初中班并入大岚初中分校(东潘)。1987年，有4个班级，学生68人，教职工4人。1992—1995年，有5个班级，其中1个学前班，学生最多年有112人，有教师6人，其中公立教师2人，代课教师2人。1998年，经市政府资助，投资25万元在原址重建一幢二层教学楼，占地面积1175平方米，校舍面积452平方米，办学条件得到改善。2002 年，小学教育网点调整后，5 ～ 6 年级转入镇中心小学。2004 年 8 月，1 ～ 4 年级学生并入大岚镇中心小学。撤并前学校原有 4 个班级，学生 69 人，教职工 5 人，其中公立教师 3 人。

第三节　初中教育

中华人民共和国成立前初中教育

民国时期，境内农民大多数未受初中教育，少数经济富裕户，随父或托亲友送子在外地求学。

民国 30 年（1941）4 月，余姚沦陷，县立简易师范学校部分师生随县政府迁移到镇境内后朱村办学，校址设在“朱家一本堂”内，同年 6 月解散。

民国 31 年，大岚峙岭村正式办起一所补习中学，补习中学设简师部。简师部学生兼任峙岭村小学教师。

中华人民共和国成立后初中教育

大岚镇初级中学　1958 年 9 月建立，学校初期附设在大岚乡中心小学（雅庄村龙皇殿），招收初中新生 56 人。同年 12 月，位于丁家畈村西南山坡上一幢新建校舍落成，学校由雅庄村迁入。1960 年，学校开设初中 3 班，是年又新建教学用房 273 平方米。1962 年，初中 3 班并入梁弄中学。1963—1965 年，每年毕业 1 个班，招生 1 个班。“文化大革命”开始，学校停止招生。

1970 年，掀起队队办中学热潮，全社 16 个大队，有 9 个大队办起戴帽初中。1972 年，丁家畈大队初中班并入公社初中，共有初中 2 班，同年招收两年制高中 1 班。次年，发展到 4 个班级。1974 年 5 月，在东潘建立大岚公社“五七”学校，学校调配部分教师到东潘任教。1978 年后，公社中、小学由社校统管，社校设中学部，负责管理中学教育工作。

1984 年上半年，初中单独设置管理机构，定名为余姚县大岚乡初级中学。是年 8 月，学校分设东潘、峙岭、雅庄、丁家畈 4 个点，共有 9 个班级，学生 450 人，教职工 36 人。1985—1986 年，大岚初中校舍扩建完工后，先后撤销峙岭、东潘、雅庄等分校。1987 年，学校有 9 个班级，学生 484 人，教职工 33 人，校园占地面积 3434 平方米，校舍建筑面积 2668 平方米。1988 年 9 月，华山乡初级中学并入大岚乡初级中学。1989 年 11 月，大岚撤乡建镇，改名大岚镇初级中学。1995 年，在校学生 569 人，分设 12 个班级，教职工 32 人，为初中学生数最多的一年。随着农村改革不断深化，农业产业结构调整和下山移民政策的实施，子女随同父母享受城镇教育资源的新生逐年增加。自 1997 年后，镇内生源逐年减少，至 2016 年在校学生 47 人，班级 3 个，教职工 13 人，校舍面积 4911 平方米。2017 年 9 月，初中教育停歇，并入梁弄镇初级中学。

大岚镇初级中学创办近 60 年，学校秉承“一切为了学生，为了学生的一切”办学理念，继承“文明、务实、团结、奋进”的校训，为国家培养建设人才，通过教育改变境内人民贫困面貌。2007 年，制作的航天模型《手掷飞机》获得全国一等奖。2003—2010 年学校每年有 2 ～ 4 名学生考入余姚中学，其中 2017 年被录取 4 人。其间 6 次被镇党委授予“先进党组织”称号。2011 年被评为宁波市科普示范学校；2012 年被评为浙江省教育标准化学校。

1958—2017 年历任校长：朱百寿（负责人，1958.9—1959.8）、许祥源（1959.8—1969.8）、沈荣先（1969.8—1978.8）、魏曼卿（女）（1978.8—1981.8）、沈荣先（1981.8—1984.8）、沈明绪（1984.8—1991.8）、沈功吉（1991.9—1994.7）、沈忠益（1994.8—1999.7）、张益文（1999.8—2000.7）、周双平（2000.8—2002.8）、郑立常（2002.8—2005.7）、鲁才觉（2005.7—2010.7）、万立锋（2010.7—2017.7）。

华山乡（公社）初级中学 1970 年 2 月，华山公社初级中学附设在公社中心小学，校址在黄家庄，首届招生 16 人，教师 1 人。1972 年春，开设过渡班。秋，招收学生 20 人。1974 年，华山公社选址在华山大队泥坪岙自然村，合建中小学教学楼。1975 年 9 月，华山初级中学开班。1977 年 9 月，黄家庄初中部并入华山中学，设置 3 个班级，学生 72 人，教师 4 人。延续至 1987 年，由于部分学生随父母进城和转学到四明山、大岚初中就读，生源减少。是年，学校有 1 个班级，学生 25 人，教职工 3 人。1988 年 9 月，停办初中教育，并入到大岚乡初级中学。1975—1987 年，初中负责人为褚炎福。

大岚镇 1990—2017 年初中教育发展情况表

表 20-1-7

年份	学校数（所）	毕业生人数（人）	新生人数（人）	班级数（个）	在校生人数（人）	教职工人数（人）	
						合计	其中：专任教师
1990	1	78	130	8	328	34	29
1991	1	64	131	8	346	32	27
1992	1	141	159	9	328	23	18
1993	1	132	185	11	490	27	22
1994	1	165	203	12	533	28	23
1995	1	168	218	12	569	32	27
1996	1	142	165	12	542	30	25
1997	1	169	130	11	498	35	30
1998	1	211	117	10	405	34	29
1999	1	164	135	10	423	35	30
2000	1	120	175	11	462	35	29
2001	1	113	157	12	503	35	29
2002	1	175	131	11	452	44	37
2003	1	170	144	10	420	41	36
2004	1	147	117	9	390	43	37
2005	1	132	139	9	402	43	37
2006	1	147	176	10	438	43	37
2007	1	126	93	9	412	45	38
2008	1	144	114	9	385	42	36

续表 20-1-7

年　份	学校数（所）	毕业生人数（人）	新生人数（人）	班级数（个）	在校生人数（人）	教职工人数（人）	
						合计	其中：专任教师
2009	1	180	67	8	272	41	35
2010	1	91	71	7	259	28	27
2011	1	116	53	6	198	25	23
2012	1	71	29	3	115	20	19
2013	1	45	31	3	104	21	20
2014	1	43	25	3	86	21	20
2015	1	30	12	3	68	16	13
2016	1	31	10	3	47	13	9
2017	1	26	0	0	0	0	0

第四节　高中教育

大岚公社高中教育

1972 年，大岚中学附设两年制高中班，次年，发展到 4 个班级。1974 年 5 月，镇境内初中毕业生多，高中入学难。公社党委、革委会、贫管会商议，决定创办大岚公社“五七”学校（高中）。校址选在公社茶场（东潘，今镇敬老院），占地面积 3.87 公顷，建筑面积 700 平方米左右。首届招生 40 人，学制二年，实行半工半读。有教师 3 人，其中公立教师 1 人。1975 年，招生 50 人，有教师 8 人，其中公立教师 4 人。教育以培养新型农民实用技术为主，开设农医、农机班。其间师生栽种的一株番薯产量 52.5 千克，其中单个重 40 千克，成为历史以来“番薯大王”。1976 年，柿林、雅庄、后朱、石鼓村附设高中班停止招收，并入东潘“五七”学校。时有学生 130 人，教师 13 人，其中公立教师 6 人。开设二个班级，以知识教育为主。课程按照市属高中设置，此届教学质量提升，后考入大专院校学生 12 人。1978 年下半学期，学校布局调整，合理安排网点，进行中等教育结构改革，最后一届高中于 1979 年毕业。此后，高中教育结束，改办初级中学。1986 年，原大岚初级中学校舍扩建完工后，迁址到公社所在地丁家畈。1974—1979 年，朱银土任校党支部书记，1974—1985 年校负责人朱松年。

华山公社高中教育

1976 年 9 月创办，至 1978 年 8 月结束，首届学生 50 人，学制二年。1977 年 9 月至 1978 年 8 月第二届学生 40 人，学习一年后停办。高中班与华山公社初级中学联办（校址华山村泥坪岙），教师 9 人，少数课程由初中教师兼任。

大岚公社“五七学校”（高中）教育情况表

表20–1–8　　　　单位：个、人

年　份	届数	班级数	学生数	教职工					课　程	
				合计	公师	民师	代教	职工		
1974.4—1975.12	1	1	40	5	1	2	0	2	政治 语文 数学	作物栽培、植保、测量
1975.9—1977.8	2	1	50	12	4	2	2	4		农医、农机
1976.9—1978.8	3	2	80	18	6	6	1	5	按照高中课程	

注：职工不包括场员

1949—2017年全镇大专以上学历人员情况表

表20–1–9　　　　单位：人

村　别	大专人数	本科人数	其中研究生以上情况			
			研究生		留学生	教授
			小计	其中博士研究生		
大　俞	69	60	2	1	2	1
柿　林	106	49	5			8
南　岚	135	81	4			3
大路下	145	62	7			
华　山	62	12	3			
丁家畈	42	43	1		2	2
大　岚	111	37	5		2	3
黄家庄	17	19				
后　朱	45	23	2	1	2	0
上　马	65	34	4			
雅　庄	59	60	15	2	1	2
新　岚	160	62	14	1	1	1
阴地龙潭	120	44	4			
戴　麇	4	24	4	4		
合　计	1140	610	70	9	10	20

第二章　成人教育

中华人民共和国成立时，镇境内受过教育的人少，文盲半文盲占总人口的比例较大。为提高整体文化素质，大岚镇一手抓学龄儿童入学率，一手抓成人教育，提高成人非文盲率。至1990年，6岁以上文盲半文盲占总人口的17.79%，比1964年的49.42%下降了31.63个百分点。1994年，全镇非文盲率97.8%。1995年后，成人教育以劳动力技能培训和提高村干部思想素质为主。2013—2016年，农村实用技术培训达3412人次。

第一节　扫盲教育

1944年12月，镇境内掀起过冬学运动。冬学时间从农历正月初七至二月初七，课本由四明特办（抗日民主政府）统一编写，并拨给每所冬学150千克稻谷作为办学部分经费。冬学除识字教育，扫除文盲外，主要对广大民众开展启蒙式社会教育，激发民族意识，增强抗战胜利信心，提高政治觉悟。

20世纪50年代，南岚、大岚、新岚三乡均开展扫盲教育。1953年10月，南岚乡政府组织各村农会主任、互助组长、民兵等，举办速成识字班，首期毕业35人，扫除农村干部队伍中的文盲。此后，村村开办夜校，夜校教师由村团支部书记或村小学教师兼任，做到因地制宜，保证质量，夜校办得易学实用。

1960年，境内办起14所村小学。为提高学龄儿童入学率，减少青少年文盲，1964年起，境内推行多种形式办学，发展简易小学。实行半工半读，学生可上午读书，下午帮家里放牛看羊及从事其他生产劳动。学校设置“放农忙假”制度，使适龄儿童入学率提高。

1978年，贯彻国务院《关于扫除文盲的指示》，县、区、镇（公社）成立工农教育委员会，确定由区、镇（公社）中心学校兼扫盲工作，动员社会力量和农村小学教师参加教育工作，推进扫盲进程。1979年，余教组字[1979]4号文件决定，大岚、华山公社配专职业余教育干部。此后，各大队都建办起成人夜校，以扫盲为主，兼学农业科普知识。业余教育干部常下村指导业余教育工作，在此期间，不但使青年学到文化知识，而且提高科学种田水平和种植业、养殖业经营水平。

1990年，据第四次人口普查统计，境内6岁以上人口13576人，其中文盲半文盲2415人，占6岁以上人口的17.79%。比1964年的49.42%和1982年的28.04%分别下降31.63和10.25个百分点，扫盲工作取得显著成效。至2000年第五次人口普查，文盲人口占6岁以上总人口的7.37%。

第二节　文化补习与技术培训

民国31年（1942），峙岭村办起一所补习中学，为境内中学教学首届补习班。中华人民共和国成立后，境内组织青年骨干多次举办文化知识补习培训。1970年，为培养农村农机、农医、教师、兽医等技术骨干队伍，大岚、华山公社选派12名青年到梁弄“五七”工农兵学校补习，毕业回队后成为各线重要技术力量。1978年，选送各大队青年骨干34人参加区“五七”大学学习，毕业后成为大队主要干部或大队中心植保员，推进农业科技在生产实践中的广泛应用，提高科学种田水平。

1970—2006年，境内先后建起20处电站。为加强管理，提高电站运营效益，电站职工上岗前均需市水利局主管部门补习培训，经考试合格，发放上岗证书后进入电站工作。2010年，大岚镇成人中等技术学校开展双证制高中班补习，有学生20人。

1981年前，镇境内注重农业技术培训，每年组织大队长、茶厂负责人进行春茶开采和新茶机技术培训；组织各大队干部、中心农技员，开展春播育秧技术和大队、生产小队植保员培训，不断更新农技知识，促进茶、粮增效增收。

撤区并乡后，建立大岚镇成人学校，每年开展农村劳动力技术培训。1994年，开办农村实用技术班20期，培训920人次。是年9月，成人学校更名为余姚市大岚镇成人中等技术学校。1996年，举办科技讲座、报告会、培训班8期，受训358人次。2003年，举办电工、家政服务培训班56人次。2009年成立大岚镇社区教育中心，镇校内设立办公室，学校下辖14所村民学校。2013—2017年，接收社会生活教育的社区成员14092人次，农村实用技术培训3412人次，企业职工培训1322人次，农村劳动力转移培训274人次，青少年各类培训1135人次，老年教育培训1247人次。2013年，大岚镇成人中等文化技术学校创建为省标准化成校。

附：

1994—2014年，历任大岚镇成人中等技术学校校长由教辅室主任兼；2015年起，由副校长张光耀主持工作。

第三节 函授 广播电视教育 自学考试

1956 年，镇内小学教师函授由余姚师范学校函授部负责。1960 年，小学教师函授归慈溪师范学校函授部办理，中学教师各专科函授由杭州大学等校办理。1970—1973 年，中、小学民师到梁弄“五七”工农兵学校学习。1978 年，中师（普师）函授归县教师进修学校管理。

1979 年，宁波地区教师进修学院（今宁波教育院）建高师函授学院。同年，省广播电视大学余姚工作站（今宁波广播电视大学余姚学院），开设单科教学班，招收在职中学教师进修数学、物理、化学、英文 4 科。1984 年，国家推行高等教育自学考试制度，首次考试设汉语文学、数学、英语、党政干部基础等 6 个专业。企事业单位职工、农村干部、社会青年选择函授、广播电视教育、自学考试等多种途径参加各种专业学习。至 20 世纪 80 年代末，境内企事业单位干部职工、中小学幼儿教师、卫生系统医护人员、农村干部基本达到从事本职业所需合格学历，小学教师、医院护士达到中专学历，初中教师达到大学专科学历。至 2017 年，全镇初中专任教师 10 人，全为本科学历；小学专任教师 16 人，其中中专学历 2 人，大专 2 人，本科 12 人；幼儿园专任教师 5 人，其中大专学历 1 人，本科 4 人；成人学校专任教师 2 人，其中大专学历 1 人，本科 1 人。

90 年代，各部门、各单位职工积极参加学历教育。1998 年，镇初级中学与宁波大学成教学院联合办学，招收镇机关各部门、单位未达本岗位职业所需专业知识的管理人员 42 人，举办经济管理专业班，学制 1 年半。设置有经济法、政治经济学、市场营销学、会计学原理、合同法、公共关系学、国际贸易、经济管理学、应用写作 9 门课程。经考试合格后，由宁波市教育委员会发放成人高等教育专业证书。

1979—1981 年，境内组织在职农科站人员和各生产大队中心植保员，参加广播电视大学学习。2004—2017 年，镇老龄工作委员会开办老年大学，下设柿林、雅庄、大俞、戴糜等 5 个教育点，参加浙江老年电视大学学习。教学课程有法律、医学、保健、家教、心理学、科普等 10 类，每年受教学 200 余人。

第三章　教师

教师承担着教书育人、培养社会主义事业的建设者和接班人、提高大岚人民整体文化素质的重要使命，得到人民群众和全社会的尊重。随着经济社会的发展，财政资金投入逐年增加，办学条件改善。教师经济待遇和社会地位得到提高。

第一节　教师队伍

民国 27 年（1938）后，境内有私塾和保校 38 所，先生 45 人。

中华人民共和国成立后，随着教育事业发展，教师队伍逐年扩大。1952 年，境内开办 5 所小学，学校均由人民政府接管，教师纳入国家编制。1955 年，全乡有 7 所小学，教师 19 人，其中乡中心学校有公立教师 7 人。1958 年，教育事业发展，聘请民办、代课教师补充公办教师之不足，当时大岚公社（包括阴地、戴麇）有中小学校 14 所，教师 38 人，其中初中教师 4 人。

1964 年后，为提高学龄儿童入学率，推行多种形式办学，小学教育普及到各大队。1966 年，境内发展到 24 所中、小学，有教师 62 人，其中初中教师 6 人。

1970 年，掀起队队办中学热潮，大岚公社有 9 个大队办起戴帽初中，部分教师充实到初中教育队伍，小学民办教师又大量增加。是年，甘竹小学有教师 11 人，其中公立教师 3 人，民办教师 8 人。1972 年秋，华山公社有学校 8 所，教师 18 人，其中民师代课教师 14 人。1974 年，大岚公社“五七”学校有教师 4 人，其中民办教师 2 人，代课教师 1 人。1975 年起，石蜻联办学校附设高中、初中班，有教师 16 人，其中民办教师 11 人。

1982 年，为提高教育质量，对民办教师进行整顿，共精简、辞退 26 人，其中华山 7 人，留用的民办教师按分配招工指标逐年转为公立教师。1983 年，大岚乡有 18 所小学，40 个班级，学生 1050 人，教师 48 人，其中民办教师 40 人。是年，乡中心学校有教师 10 人，其中公立教师 5 人，民办教师 5 人。初级中学教师 8 人。1988 年 10 月，华山乡初级中学并入大岚乡初级中学后，共有教职工 32 人，其中公立教师 24 人，民办教师 2 人，代课教师 2 人，职工 4 人。乡中心学校（包括村校）有教师 46 人，其中公立教师 22 人，民办教师 15 人，代课教师 9 人。华山乡有小学教师 17 人，其中公立教师 12 人，民办教师 3 人，代课教师 2 人。

1998 年，镇中心小学教职工 59 人，其中教师 40 人；初级中学教职工 34 人，其中教师 29 人。

2000年后，实施教职工聘用制，在编教职工均与学校签订聘用合同。2013年，镇中心小学有教职工24人，其中公立教师16人，长期代课教师2人。2016年，镇初级中学教职工13人，教师9人（公立）。2017年，镇中心小学教职工23人，教师16人（公立），长期代课教师1人；成人学校教师2人（公立）；镇中心幼儿园有教师7人，其中公立教师5人，代课教师2人。

第二节　任用

民国时期，镇境内无公立小学。私立学堂校长、教师由办校主人或联办户主共同协商聘任，需报县政府备案。民国35年（1946），县政府推行“代用教员制”的规定，制定代用教员甄别试验办法，经政府甄别检定、登记合格的教师，供各校聘用。民国36年，境内办起7所国民学校，由保长兼任校长，校长负责聘任教师。民国时期，境内教师中各类师范学校毕业者较少。

中华人民共和国成立后，县政府根据“维持现状，稳步改造”的方针，通过学校接管、检定、教师集训，逐步加强对教师的统一管理。1952年秋，教师思想改造后，小学教师均纳入国家编制，建立个人档案，教育行政部门统一调配任用。1953年后，新发展的民办小学教师，由地方政府自行聘用。陆续招收初中毕业、社会知识青年任代课教师和民办教师。1958年，公社中心校、初中教师（即公立教师）由国家分配，大队民办小学教师（即民办教师）由大队党支部推选，报公社党委批准，再报区中心小学备案。

“文化大革命”初期，原先管理教师队伍的制度被否定，一度实行公办小学下放到大队，公办教师回队任教，教师队伍受损。1972年起，公办教师由县教育行政部门统一管理。

1978年起，民办教师仍归属教育部门管理，停止吸收民办教师编制，逐年招收大、中专毕业生充实到教师队伍。1982年，对民办教师进行整顿，部分民师被精减辞退，有9名小学民办教师由乡政府安排到乡、村企事业单位工作。留任的乡、村学校民办教师经考核，合格者按分配招工指标逐年转为公立教师或入中等师范、高等师范学校进修，不合格者予以辞退。

1985年，实行分级办学、分级管理后，公办教师仍由县统一管理。乡中心小学和初中校长由市教育局任免，乡中心小学、初中副校长、完小校长由乡（镇）政府任免，乡（镇）政府有权审批境内的教师工作调动。

1987年11月，开展第一次教师职称评定。1988年6月，经上级审批，大岚乡有小学高级教师2人；一级教师19人，其中民办教师6人；二级教师10人，其中民办教师5人；三级教师3人，其中民办教师1人。华山乡有小学一级教师7人，二级教师4人。乡初级中学有一级教师15人，二级教师9人，三级教师5人。后每年评定一次。

1998年，大岚镇初级中学有一级教师13人，二级教师14人，三级教师7人。1999年起，市教委推行中小学校行政职务聘任制，校长、副校长按管理权限聘任，任期两年，未聘的职务自然免去。不称职或受党内严重警告、行政记大过以上处分的予以解聘，原职务自然免去。

2000年，市教委推行《余姚市教育系统教职工试行聘用制意见》和《关于教育系统专业技术职务聘任工作的通知》，全面实施教职工聘用制。2001年，进一步完善“一考双聘”制度。

2017 年，大岚镇中心小学有专任教师 16 人，其中高级教师 1 人，中级教师 7 人，初级教师 8 人。初中专任教师 10 人，其中有高级教师 3 人，中级教师 3 人，初级教师 4 人。

第三节　待遇

民国时期，境内私塾学校先生用膳，由学生定期轮流供应，或出柴、米、油、盐供先生自做饭菜。先生工资为稻谷和银圆，各校待遇不等。中华人民共和国成立后，《教师法》《教育法》相继颁布，教师经济待遇和政治地位有法律保障。

经济待遇

工资　1949 年 11 月，县人民政府决定，小学教员薪给 8 ～ 10 月发实物，平均每人月发大米 1.3 石。11 月改发人民币，按“折实单位”计算，平均每人 66 单位（不包括农村村校教员）。1952 年 7 月，改“工资分”（即粮、布、油、盐、煤 5 种实物价格综合折算货币工资额的一种名称）为支薪标准。1954 年，按新颁标准调整工资、教师工资普遍提高。1956 年工资改革，小学教师工资人均 38.72 元。1960、1963、1971 年，部分工资偏低教师得到调整。1977、1979 年两次调整教师工资，升级面均为 40%。

1981 年，普升一级工资，个别升二级。1983 年，属 1966 年前大中专毕业的教师，在 1981 年普加一级工资基础上，再补升一级。1985 年 1 月，实行以职务工资为主要内容的结构工资制（包括基础工资、职务工资、工龄津贴、奖励工资四个部分）。调整后人均工资增加 23 元。教学人员按工龄长短分 3 元、5 元、7 元，20 年以上每月津贴 10 元。1984 年始，对山区教职工实行山区补贴，规定工作在深山区的外地教职工每人每月补贴 10 元。区内、乡外的每人每月补贴 7 元，本乡的每人每月补贴 5 元。1988 年，教师职称评定后，开始实行专业技术职务工资标准。同年 10 月，教师工资标准再提高 10%，不兼课的行政人员向上浮动一级。1989 年，市政府再次给山区教师上浮一级工资。是年 10 月，大岚初中公立教师平均每人每月工资为 177.26 元，职工平均每人每月工资 128.75 元。

1993 年，实行工资制度改革，教职工按岗位不同分别实行专业技术职务等级、职员等级、工人等级工资制度。教职工每 2 年考核合格以上可晋升一档工资，3 年连续优秀就可在保留津贴中增加一档职务工资的档差。余教委 [1993]109 号规定：大岚初中岗位津贴人数 28 人，月增资 438 元，工资、奖金月增 1995 元，合计增资 2433 元。大岚镇中心小学岗位津贴 61 人，月增 915 元，工资、奖金月增 3970 元，合计 4885 元。此次工资改革，教师基本工资增长 10%。

1997 年 1 月、1999 年 10 月、2001 年 1 月、2001 年 10 月、2003 年 7 月、2006 年 7 月进行工资标准调整。2009 年和 2010 年，义务教育阶段教师和非义务教育阶段教师分别实施绩效工资制（包括基础性绩效工资和奖励性绩效工资）。

2014 年始，在职教师岗位工资、绩效工资每年均有调整。是年 10 月，高级教师（七级）从原来的 930 元调整到 1760 元，中级教师（十级）从原来的 680 元调整到 1390 元，初级教师（十二级）从原来的590元调整到1220元，初级教师（十三级）从原来的550元调整到1150元。绩效工资岗位津贴减少，实际上高级教师增加440元，中级教师增加410元，初级教师增加380元。退休教师亦得到政策性增资。2017年，全镇初中教师月人均收入5211.3元，小学教师5074.9元，幼儿教师4154.3元。

民办教师经济待遇，1958年前，民办教师工资均由当地自行筹集、发放，待遇均低于同类公办教师。人民公社化后，由所在生产队记工分，年终与社员一起参与劳动报酬分配，大致取生产队最高劳动工分的平均数。1972年起，实行工分加补贴，民办教师平均每人每月享受国家补贴16.5元（其中含一部分医疗费）。少数村补贴作村里收入，民办教师仍采用工分制。1973年开始，国家规定对1966年底以前任教的民办教师，每人每月增发补贴费3～5元。

1981年开始，凡公办教师享受的各项补贴，民办教师也按一定比例发给。同年10月起，公办教师普涨工资，在编民办教师也同时每人每年增加50元。1982年9月始，对1965年底前任教的民办教师，辞退后每人每月发给生活补贴15元（1962年底以前任教的发16元）。1986年7月起，每人每月增发10元。

1984年起，在编民办教师统一改为工资制，经费由乡（镇）政府统一筹集发放，地方财政切块补贴。1985年，在公办教师工资制度全面改革的同时，1978年底以前编内民办教师与同级学校公办教师同等幅度增加工资，同年1月1日起，平均每人每月增加23元。1987年10月，国家规定，公办教师现行工资标准提高10%，民办教师的现行工资标准也相应得到提高。1989年10月，初中民办教师人均每月144.6元，比公立教师人均每月低32.66元。1996年后民办教师均转为公立教师。

1993年7月，全镇对10名代课教师提高工资待遇，5～10年工龄教师增资到月收入40元，10年以上工龄教师增资到50元／月，10年以上工龄教师月工资60元，15年以上工龄教师月收入68元。

福利 中华人民共和国成立后，教师福利待遇逐步改善。1950年9月，余姚县人民政府作出公教人员子女减免学杂费的规定，经济困难教师子女入学可享受学杂费减免，入中学可享受助学金。

1952年秋，学校教职工实行公费医疗制度，女教工有45天产假，1953年9月起增至56天。1982年起，对晚婚晚育的女教工产假增加15天。1985年后延长到3个月（难产、双胎产为104天），产假期间工资照发，福利待遇不变。1982年起，执行计划生育的可享受独生子女保健费（全年50元，共发14年）及孩子入托入园保育费等。1985年，市人民政府给从教满30年的教师发放医疗优诊卡。

1953年10月，省颁发学校多子女教工享受困难补助的规定。1960年3月，现行教工福利标准提高为按工资总额的2%提取，以后一直按2.5%提取。福利费由各单位统一使用，用于教工生活困难补助。因工伤致残抚恤、丧葬、遗属补助等，此外，教职工享受探亲、婚丧假。

1956年1月1日始，教职工退休、退职和病假期间的各项生活待遇，均享受国家干部待遇标准。1986年起，省对退休教职工，按年限增加生活补贴分为5%、10%、15%三档。

1978年，按教育部、财政部通知，公办、民办教师发一次性年终奖金，平均每人10元。1980年起，教职工享受年终增收节支奖，平均每人60元，民办教工减半。

1979年起，国家给每个教职工每月增发副食品价格补贴及物价补贴、肉贴、洗澡理发费、书报费、奖励工资和夏季冷饮费等。1987年，上述各项补贴每人每年405元。同年11月，增发班主任津贴，中学每人每月5～7元，小学每人每月4～6元。

1980年始，每年拨出专款为教师建造住房。1984年，对山区教工实行山区补贴，教师同时向上浮动一级工资。对教龄20年以上，工资水平属中教五级、小教三级以上的教师的农村户口配偶和未满15周岁的子女或在校读书、未满18周岁子女及当地无依靠的父母，分批转为非农户口，并允许其户粮关系迁至教师工作所在地。

1986年，凡国家分配在大岚、华山等乡的大中专师范院校毕业生，热爱山区教育事业，任教5年以上或年满26周岁的男青年教师，于1986年1月1日以后，与当地农村姑娘结婚的，同意其一名子女申报居民户口。

1989年，宁波市政府决定，在中小学工作满30年，退休后享受全额退休费。1994年始，在中小学工作满25年的女教师，可享受全额退休费。

1996年，对大岚等乡镇中小学教师（含编内代课教师），职工一次性发给年终奖不少于400元，其中市财政补200元，镇补200元。对住房困难的教师，可向特定的房地产公司优惠购房，并减半缴纳契税和房产税。1997年后，对住房困难教师，在余姚城区购买商品房给予现金补贴8000～15000元不等。2004年，中小学人均奖金6680元，2017年人均奖金71747元。

政治地位

中华人民共和国成立后，中国共产党和人民政府不仅改善教师生活待遇，还重视教师的地位和作用，教育工作者被称为人民教师、人类灵魂工程师，作为国家干部，是工人阶级的一部分。

1949年始，历届镇人民代表大会，均有教育工作者当选为人民代表。1950年开始，在教师中评选劳动模范。至2017年，全镇获省级以上劳动模范社会主义建设积极分子、优秀教师、先进工作者、“春蚕奖”荣誉称号的共有11人。

1957年，反右扩大化，1987年，镇境内划为右派的教师给予平反。

1984年1月，余姚县人民政府对从事教育工作30年的教师举行庆贺大会，颁发荣誉证书。此后每年颁发一次。

1985年1月，全国人大常委会决定每年9月10日为教师节。此后，乡（镇）党委、政府、人大三套班子的领导，每年分头到初级中学、镇中心小学慰问。

1998—2007年，鲁丽娜出席余姚市第十三、十四届人民代表大会。2003—2007年，出席余姚市第十届政治协商会议。

1949—2017年获得省以上先进工作者、优秀教师、“春蚕奖”名录

表20-3-1

获奖时间	姓名	工作单位	荣誉名称
1958	褚兴旺	大岚公社民师	省文教战线社会主义建设积极分子
1959	褚兴旺	大岚公社黄家庄民校	省文教战线社会主义建设先进工作者

续表 20-3-1

获奖时间	姓 名	工作单位	荣誉名称
1982	单梅芳(女)	华山公社大元基小学	全国优秀教师
1988	鲁德水	四明山区中心小学	第一届春蚕奖
1989	俞宏琪	四明山区辅导校	全国优秀教师
1992	沈建设	大岚镇柿林小学	第五届春蚕奖
1993	沈忠寿	大岚镇石鼓小学	第六届春蚕奖
1996	赵婉贞(女)	大岚镇邱庄小学	第九届春蚕奖
2001	唐定尧	大岚镇中心小学	第十四届春蚕奖
2003	鲁系能	大岚镇中心小学	第十六届春蚕奖
2009	鲁才觉	大岚镇教育辅导室	省首届农村教师突出贡献奖

第四章　教育管理

1996—2000 年，700 余名小学生寄宿在镇校，创办成为市第一所寄宿制学校。做到制度健全、责任到位，在实践中探索出山区小学寄宿制管理的成功经验。

第一节　管理体制

民国时期，境内以私塾学校为主。私塾学校重大事项，由办校主人或联办户主共同商议决定，日常教务工作由校长或先生负责。民国 29 年（1940）8 月，全国统一实施国民教育制度。义务教育与民众补习教育合二为一，实行政教合一的体制，规定每个乡镇设中心国民学校一所，每三保设国民学校一所，由乡（镇）长、保长兼任校长。

中华人民共和国成立后，县建立区、乡两级中心小学。1952 年大岚乡校隶属梁弄区中心小学辅导，乡校负责村小学业务指导。1956 年 2 月撤区并乡，大岚乡校隶属县文教局直管。1957 年 9 月，恢复区校辅导制。1958 年 10 月，实行人民公社化，大岚乡校改为大岚人民公社中心小学，原乡校改为管理区校，形成县辅导公社中心校，公社中心校辅导管理区校，管理区校辅导管理区内大队小学的三级辅导网。

1961 年 7 月，恢复区建制，管理区改建人民公社，建大岚、新岚、华山公社中心学校，形成县、区、社三级辅导体制。大岚、新岚隶属梁弄区中心小学，华山隶属四明山区中心小学（大岚 1964 年后）。1966 年“文化大革命”开始，撤销区、社中心校，学校由当地大队或公社联办，各大队校名采用革命化词语。

1971 年始，区社设置教育干部，教育干部对辖区内学校进行辅导。1972 年 9 月，各区教办改为文教办公室兼管文化工作。自此，县教育局行政部门，通过区、社教育干部、对公社及公社以下学校实行行政管理，学校的重大问题，须由当地公社革委会和贫下中农管理学校委员会（组）决定。1978 年，撤销区、社教育干部，恢复区、社中心校制，区、社内中小学由区、社中心校管理与辅导。

1985 年始，推行“分级办学、分级管理、条块结合、市乡共管、分工合作”的教育管理体制。乡（镇）中小学、初级中学为乡（镇）办学校，其他学校（联办学校）为村办学校。为确保乡教育事业发展，指令性教育计划和年度招生计划顺利完成，大岚、华山乡人民政府设置教文卫副乡长，主管教育，下设办公室。乡任免校党支部书记和中心小学、初中副校长（征求县教育局和区意见），初中、中心小学的教导主任、总务主任及四年级以上完小校长（经校长提名）。负责审批乡教师调动、进修、奖励，保障教师工资和福利待遇等。

1992 年 5 月撤区扩镇并乡后，大岚镇人民政府设置副镇长主管教育，下设教文卫办公室。镇成人文化技术学校，镇初级中学，镇中心小学（简称三中心）分别负责成人教育、初中、小学及幼儿园辅导任务。马柏年任三中心校长会议召集人。1993 年 11 月，建镇教育辅导室，主管全镇学校人事、财政、职称评定、师资培训、教育质量、学校安全等工作。2002 年 4 月，成立大岚镇创建宁波市教育强镇领导小组，镇长任组长。2010 年初中、小学、幼儿园建立派出所警务联络室。2017 年镇教辅室有工作人员 3 名。

1971—1978 年，大岚、华山公社教育干部：沈荣先、沈明瑞。1994—2017 年大岚镇教育辅导室历任主任：马柏年（1993.11—1998.7）、沈忠益（1998.7—1999.7）、张益文（1999.7—2001.7）、俞宏琪（2001.7—2002.7）、鲁丽娜（女，2002.7—2005.7）、唐定尧（2005.7—2008.7）、鲁才党（2008.7—2017.12.30）。

第二节　教育方针

民国 27 年（1938），定“三民主义”为教育宗旨，以“忠孝、仁爱、信义、和平”为共同校训。

中华人民共和国成立后，贯彻“教育提高人民的文化水平，培养国家建设人才，树立为人民服务思想”为主要教育任务。1952 年实施德育、智育、体育、美育全面发展的教育方针。1957 年，毛泽东明确提出：“应该使受教育者在德育、智育、体育几方面都得到发展，成为有社会主义觉悟的有文化的劳动者”。次年，国务院规定：“教育为无产阶级政治服务，教育与生产劳动相结合”。学校在加强政治思想工作的同时，开展勤工俭学。镇初中开展搞“小秋收”活动。

1962 年学校教育以教学为主。1965 年，废除《中小学生守则》，把毛泽东的“身体好、工作好、学习好”和“好好学习、天天向上”作为教育学生的标准。1966 年“文化大革命”开始后，宣传“造反有理、读书无用”，把阶级斗争作为主课，以劳动代替教育，各学校“停课闹革命”。

1978 年中共十一届三中全会后，各校全面恢复贯彻党的教育方针。1981 年 9 月，中、小学贯彻教育部正式颁布的《中学生守则》和《小学生守则》，小学生设立品德教育课，加强思想政治教育。1982 年，开展“五讲四美”（讲文明、讲礼貌、讲卫生、讲秩序、讲道德、心灵美、语言美、行为美、环境美）活动。1983 年，邓小平提出“教育要面向现代化、面向世界、面向未来”，推进教育改革和创新。1985 年后，各校注重培养有思想、有道德、有文化、有纪律的“四有”新人，纠正偏重智育，轻视体育，片面追求升学率，忽视政治思想教育的倾向，健全学校政治工作机构，坚持正面教育，开辟第二课堂，开展多种活动等措施，促进全面贯彻党的教育方针。

1996 年后，基础教育逐步从应试教育转向素质教育，使教育质量得以提高。

1999 年始，继续深化教育体制改革，坚持教育创新，全面推进素质教育。但因学校片面追求升学率，使学生课业负担过重。

中共十八大以来，教育坚持为社会主义现代化建设服务，为人民服务，把立德、树人作为教育的根本任务，全面实施素质教育，培养德、智、体、美全面发展的社会主义建设者和接班人，努力办好人民满意的教育为宗旨。2013 年 5 月，贯彻习近平总书记《在各界优秀青年代表座谈会上讲话》精神，在各校开展世界观、人生观、价值观教育，引导青年“热爱祖国，热爱人民，热爱民族，坚定跟党走中国道路”。

2014—2017 年，全面开展践行社会主义核心价值观，教育学生爱国、敬业、诚信、友善，进一步加强素质教育，引导学生健康成长。

柿林村上学前幼儿国学启蒙教育

第五章　经费　设施

镇教育经费投入以政府拨款为主，另有地方自筹和社会力量资助。20世纪90年代始，是教育基础设施更新时期，至2017年，学校建设资金达2011万元。

第一节　经费来源

民国时期

民国35年（1946）11月，县成立助谷兴学委员会。全县推行助学运动，按田亩每亩水田助谷3千克，沙田1.5千克，灶地1千克，并规定每亩0.5千克，折国币180元。镇境内新岚乡有学田（公共土地）6.06公顷，大岚乡有学田1.07公顷，收获后稻谷供先生酬金（工资）和生活用粮。私塾办学，先生工资为稻谷和银圆，稻谷每月40～50千克，银圆每年140元左右，有的学校向每个学生收银4元。

中华人民共和国成立后

国家财政困难，公立中、小学教师工资由县人民政府拨给，其他学校经费采取地方自筹。1952年9月，国家接办全部学校，教育经费纳入国家财政预算。1958年，贯彻“两条腿走路”办学方针，大力发展民办学校，部分公办小学转为民办，实行国家拨款与地方筹款相结合。

1985年2月，实行“分级办学，分级管理”教育管理体制，镇内中、小学均为乡办乡管，各乡成立教育经费委员会，负责办学经费筹措与管理。至后，教育经费主要来源为：

财政拨款　是教育经费投入的主渠道。国家拨款以1984年下拨基数为准，并按每年教师变动情况逐年调整。根据“超前投入，优先发展”的原则，乡逐年提高教育经费占财政支出中的比重。1996年后，教育经费的投入占财政总支出的38%。至2016年，镇财政拨款1793.78万元，比2002年增加2.74倍。

征收教育附加　1984年，根据国务院文件精神，县政府开始征收教育附加。乡镇企业按销售收入的0.5～1.5%计征，后调整到0.8%。商业服务业按营业额的0.1%计征，农业计征办法由各乡（镇）自定。1986年7月7日起，凡缴纳产品税、增值税、营业税（简称“三税”）的单位和个人，除缴纳农村教育事业附加费外，按“三税”带征2%市教育附加费，后调至4%。市统筹部分主要用于扶助老贫山区办学。1993 年 5 月，镇九届一次人代会通过《关于征收农业教育附加费的决定》，按年终人口报表为依据（除“五保户”外），每人 2 元计征，头年收取 29852 元。

教育收费 学生缴纳的学费，为教育经费来源之一。1951 年，小学学费（稻米）高年级 17.5 千克，中年级 15 千克，低年级 12.5 千克。次年，改收人民币，根据经济情况分甲、乙、丙等级收费。境内按乙等收费，高级 2.8 元，中级 2.4 元，低级 2 元；丙等高级 2 元，中级 1.8 元，低级 1.6 元。1954 年后，学费标准经几次调整，学费偏高。1961 年，按省规定调整为小学高级 3 元，中级 2.5 元，低级 2 元。1972 年，小学初级 1.5 元，高级 2 元；初中走读 3 元，住校 4 元。1979 年，小学初级 1.5 元，高级 2 元；初中走读 4 元，住校 5 元，在此期间山区贫困学生减免额 30%。1984 年，小学初级 3 元，高级 4 元；初中走读 8 元，住宿 16 元。1986 年后，乡镇实施九年制义务教育，名义上免收学费，实际以杂费名目继续收取。1988 年，初中每学期收代管费 30 元，学费 15 元，寄宿费 10 元。1993 年，初中收代管费 70 元，学费 25 元，住宿费 25 元。1994 年以来，国家逐步加大教育收费制度改革，义务教育逐年调减收费项目。1998 年起，义务教育阶段小学、初中免收学费，只缴杂费。2008 年秋始，免收课本费、作业本费。

社会捐资集资 1994 年，赵安中向中、小学捐资 50 万元，建造中、小学林杏琴教学楼；共青团浙江省委、《改革月报》捐资大岚镇中心小学 20 万元。1996 年 10 月，余姚帅康集团公司向黄家庄村捐资 30 万元，建造帅康希望小学。1998 年，市委宣传部捐助 15 万元，建造甘竹小学。2009 年，在市关工委协调下，魏绍相捐助中小学留守儿童 213 人，助资 77650 元。2010 年，市关工委组织市妇女村官联谊会结对山区学生，单位个人及企业老总爱心助学帮困，共扶助学生 128 人，资金 85800 元。

义务教育经费保障机制 2008 年始，逐步提高义务教育阶段中小学日常公用经费保障水平，中小学公用经费最低定额标准，小学生每人每年 400 元，初中生每人每年 600 元，全额由市财政拨付。建立义务教育阶段中小学校舍维修机制，按校舍建筑面积每年每平方米 5 元，市财政每年安排一定的校舍改造建设专项资金。

2016 年，全镇教育事业经费支出 1210.29 万元。

2005—2008 年中学、小学、幼儿园课本、作业本费收取情况表

表 20-5-1　　　　单位：元

年份	中心小学						初级中学			备注
	一	二	三	四	五	六	七	八	九	
2005	95	85	145	140	130	130	—	—	—	幼儿园：2006—2015 年，每学期收取 250 元。2016 年秋季始每学期收费 750 元 中、小学：2008 年秋起，课本、作业本费全免，表内为每学期收费标准
2006	85	85	135	130	130	120	235	215	200	
2007	85	95	145	140	130	130	235	215	230	
2008	95	95	145	140	130	130	235	215	230	

2002—2017 年教育经费（财政拨款）统计表

表 20-5-2　　单位：万元

年份	财政拨款总数	其中预算内拨款	教育附加拨款
2002	479.21	391.31	87.90
2003	506.45	393.03	113.42
2004	706.10	393.50	312.60
2005	687.60	529.60	158.00
2006	761.10	635.90	125.20
2007	794.00	668.00	126.00
2008	833.50	624.00	209.50
2009	1271.80	1128.90	142.90
2010	1189.60	1034.40	155.20
2011	1226.40	1049.40	177.00
2012	1636.90	1051.61	585.29
2013	1281.78	1131.39	150.39
2014	1361.30	1214.62	146.68
2015	1502.14	1124.99	377.15
2016	1793.78	1514.28	279.50
2017	1230.08	1021.98	208.10

第二节　勤工俭学

初中勤工俭学

1958 年，大岚初中建校后，遵照党的“教育与劳动相结合”的方针，在校园内外空闲杂地种植瓜、蔬、杂粮改善学校伙食，并使师生得到劳动锻炼。

1963 年始，丁家畈村划出 0.47 公顷荒山，利用劳动课开垦荒山，规划办小茶场，挖柴根供食堂燃料，节省校支出成本。

1964—1965 年，组织学生搞“小秋收”，挖“龙胆草”根，“鹿含草”等药材，采“枹栎”籽、马尾松蒲（镇内造林种籽）出售，组织学生到眠床岗挑石子，出售给公路段铺路材料，增加学校收入。

1970 年后，经师生培育管理，部分茶园可采摘，制作珠茶供师生茶水。1980 年起，可采春茶鲜叶 0.6 吨。1990 年始，加工成名优茶，每年制作 20 ～ 30 千克，除供师生自用外，部分作校礼品茶，最高年收入 5000 元。2010 年后，因茶园衰败，茶场只供校内平常用茶和学生劳技场所，无经济收入。

小学勤工俭学

20 世纪 70 年代，镇境内小学普遍开展“小秋收”，部分小学饲养长毛兔、养羊。阴地小学多次组织学生到宁波林场修防火道，增加学校教学经费。1996 年后，镇中小学开展劳动劳技教育，每年每班分批到茶叶大户采茶。2001 年，收益 1000 余元。

学生劳动课

校办企业

1975 年后，校办企业先后在甘竹、上马小学创办。1980 年，县教委指示各学校开展勤工俭学活动，校办工厂继续发展。校办企业享受免税政策，挂校办厂牌子，校办企业免税部分一半用于企业扩大再生产，一半上缴学校，用于补充教学经费，改善办学条件，提供教师福利待遇。1984 年，创办大岚甘竹校办厂，其中，1985 年产值 276 万元，利润 0.22 万元。1987 年 12 月，镇中心小学创办余姚市金龙烟机厂。1991 年 4 月，镇中学创办余姚市大岚镇甘竹纺纱厂。1993 年 5 月，中心小学创办成江电子元件厂。

2000 年，全镇校办企业产值 770 余万元，产品销售收入 720 万元，利润 27.8 万元。2001 年，企业上缴中心小学 4.15 万元，中学 3 万元。2002 年，上缴中心小学 1.89 万元，上缴镇中学 2000 元。至 2004 年后，乡镇企业进行经营机制转换，挂校办企业牌子的逐步转为民营企业。至 2005 年，境内无校办企业。

第三节　校舍

民国时期，私塾学校多以自家楼舍、宗族祠堂为主。保校借用庙宇、民房。另有石鼓、柿林、黄家庄、隐地等村建有校舍，面积不大，可就读 32 ～ 40 人左右，附设小操场，先生饭间、厕所等。

中华人民共和国成立后，开展群众办学宣传，将土地改革中没收的地主房屋、祠堂、庙宇等拨给学校，为办学奠定校舍基础。20 世纪 60 年代中期，办学普及到各个大队，部分校舍质量甚差，存有安全隐患。70 年代，学生人数剧增，多个村新建木结构学校。90 年代始，随社会各界资助，镇、村等筹资投劳，多村校舍重建、扩建成砖混结构的“洋房”，办学条件改善，安全隐患消除。教育网点调整前有 24 所中小学校舍，面积 1142 平方米。1996 年后，逐年教育网点撤并后小学校舍成为各村民委办公用房。1992—2017 年，共投入基建资金 2011 万元。全镇现有中、小学学校 3 所，校舍面积 12257 平方米，学生人均 59.8 平方米。

1992—2017 年学校基本建设投资情况简表

表 20-5-3　　单位：万元

年份	建设学校	投资金额	校舍竣工面积
1992	石鼓、后朱、夏家岭小学	56	新建校舍 1894 平方米
1993	华山小学	60	新建校舍 245 平方米
1995	镇中心小学、大岚镇初级中学	135	镇校主体工程及镇中宿舍用房 2500 平方米
1996	大岚镇初级中学	40	综合楼 720 平方米
1997	黄家庄帅康希望小学	40	新建校舍 750 平方米
1998	甘竹小学	25	新建校舍 452 平方米
1999	雅庄小学	56	新建校舍 1316 平方米
2001	镇中心小学	70	综合楼 1100 平方米
2002	大岚镇初级中学、大岚镇中心小学	216	中学食宿楼、镇小食宿楼及修缮
2006	镇中心幼儿园	80	新建幼儿园 768 平方米
2007	大岚镇初级中学、大岚镇中心小学	68	修缮
2010	中学、幼儿园	50	修缮扩建 20 平方米
2013	大岚镇初级中学	200	镇中教学楼
2014	大岚镇中心小学、幼儿园	230	饮水改造工程及中小学塑胶跑道
2017	大岚镇中心小学	685	综合楼建筑面积 2400 平方米、校舍 2050 平方米及修缮

第四节　教育设施

民国时期，教育设施十分简陋，私塾均由小学生自带课桌椅，部分保校添置课桌椅不足，少数需学生自带。教师靠“心钟”（心中有数）、“挂钟”（太阳）、“摆钟”（炊烟）估计作息时间。

中华人民共和国成立后，政府逐年拨款添置，更新教学设备。1951—1955 年，专为山区添置教学设备拨款 5 万元。“文化大革命”中，学校设备遭严重毁损。1977 年后，经逐年整理修复添置。1985 年起，乡、村对教育设施的投入经费逐年增加，教学设施日臻完善。撤区扩镇并乡后，镇政府教育资金投入力度加强，对原旧设施再次更新。1994 年，投资 8.24 万元，添置初中课桌椅。2001 年，为迎接省教育强镇检查，各校均建立图书室，并添置电脑、电视机。2005 年，投入 140 万元，购置电脑，改装多媒体教室 8 个。2017 年，中学教学仪器设备有计算机 50 台、多媒体教室投影仪 4 套、图书 4600 册。镇中心学校教育仪器设备有计算机 30 台、多媒体教仪 6 套、图书 2856 册。镇中心幼儿园有计算机 10 台、多媒体音响设备 1 套、钢琴（电）4 台、师生书籍 635 册、电视机 4 台，大型滑滑梯、组合攀登器械、蹦蹦床共 3 套，立式空调（挂式）9 台。

第二十一编　卫　生

第一章　医疗机构

中华人民共和国成立前，镇境内历来以中医私人执业为主，用“一针一草”（指银针、三棱针、草药）服务民众。中华人民共和国成立后，政府重视山区农村卫生机构建设及医务工作人员的培养，使卫生服务功能逐年完善，服务质量不断提升。2015年，大岚镇卫生院被评为宁波市平安医院。2016年被评为宁波市人民满意卫生院。

第一节　镇　乡级医院

大岚镇卫生院

1951年，白鹿陈家岩设梁弄区卫生分所，境内群众看病需赴区卫生所或分所求医。1956年，设大岚乡卫生联合诊所，所址在现丁家弄原沈金堂中药店，郑世鸿任所长，有医务工作者4人。1958年，建立大岚人民公社保健院（院址在今丹山路78号），撤销白鹿陈家岩卫生分所，部分医生调入大岚，下设新岚、南岚管理区保健所。1961年，境内设大岚、新岚公社保健所。1962年7月，大岚、新岚公社合并后，撤销新岚公社保健所，人员并入大岚公社保健所。1970年，选址在大岚烈士陵园西新建9间平房和7间附属用房，1971年迁入新址。1987年，改建7间3楼卫生所门诊楼，占地面积0.13公顷。次年，新址营业，有医务工作者16人。1983年，公社保健所更名大岚乡卫生院。1998年，移址大岚鞋厂（今卫生院）。1999年，投资28万元，在丹山路（今90号）建造5间3楼职工宿舍楼，建筑面积576平方米。是年，门诊医疗收入72万元，比上年同期增长2.6倍。2005年，投资250万元，改建镇卫生院，建筑面积1819.2平方米。2007年，余姚佳音实业有限公司鲁定尧，捐赠资金20万元。是年，卫生院添置救护车1辆，DRX射线机等设施，建立医疗信息管理系统。2009年，门诊医疗收入160.57万元。2012年5月，个私企业王文皎，

热心为老百姓看病治病

为改善医疗设施捐赠6万元。2013年，大岚镇卫生院（社区服务中心）有执业（助师）医师12人、床位4张。2017年3月，设中医馆。11月，更称余姚市第二人民医院大岚分院。是年，大岚镇卫生院有医务工作人员23人（包括临时工），其中，高级职称3人（副高）、中级职称2人、初级职称14人，床位5张，门诊医疗收入255.25万元。

1958—2017年历任院长：鲁才钿、叶谓泉（1958—1971）、沈才庆（1971—1980）、马春联（1980—1986.4）、俞敏锦（1986.4—1988.4负责人）、鲁纪洪（1988.4—1994.8）、俞敏锦（1994.8—1995.8负责人）、龚彤麟（1995.8—1998.5）、夏昕（1998.5—2004.3）、姚亚强（2004.3—2016.6）、喻镁佳（2016.6—2017.12.30）

华山乡卫生院

1960年7月，建立华山管理区保健所，所址在黄家庄大队褚家，有医生1人（宁波林场医生兼），隶属四明山人民公社保健院。1961年10月，华山管理区改称华山公社。是月，华山公社保健所迁址到华山大队船底湾水碓厂，有医务工作者3人。1970年，迁入到公社旧址东湾。1973年，移址到浒溪线西侧公路顶五间泥墙平房。1976年，迁到华山大队老鼠山。在此期间，有医务工作者5人，全科门诊，床位2张。对农村常见病、多发病的诊治和推广新法接生，加强卫生防疫方面发挥重要作用。1983年，更名为华山乡卫生院。1986年，开始医疗机构管理体制改革，至1987年底，乡卫生院改由乡政府管理和领导，区中心卫生院负责业务指导。1988年，院址改办教堂后又搬迁到浒溪线西侧公路顶原址。1992年5月，并入大岚镇卫生院。

1962—1992年，历任院长（所长）负责人：胡育瑞、郑金海、张明华、王序康、周序赛、俞守定。

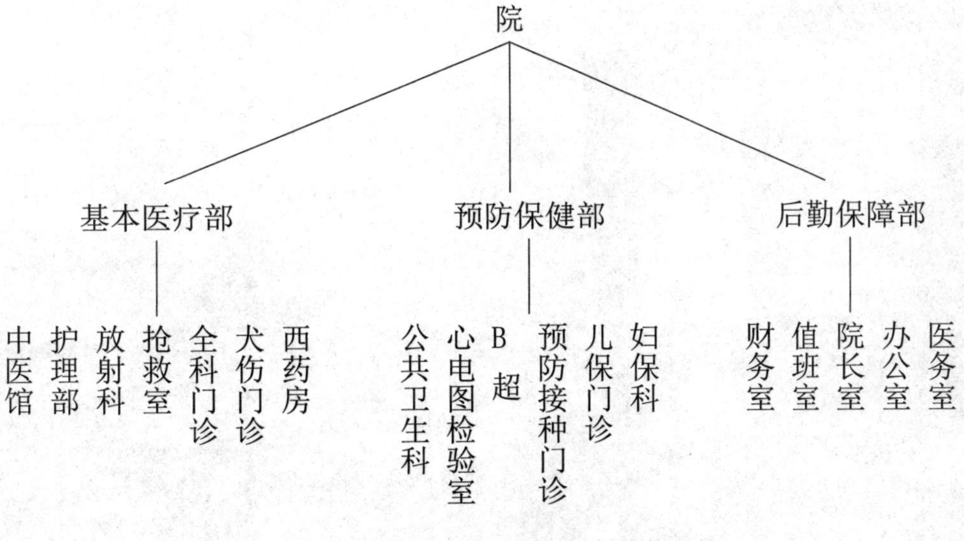

2017年大岚镇卫生院科室设置示意图

第二节 村级卫生室

1959年，各大队建立农村保健室，现境内共配保健员25人。1965年，大队及生产小队各设1个卫生员，带简易医疗箱参加生产队劳动。1966年，四明山卫生院在华山东湾举办第一期保健员培训班，现境内受业务培训25人。1968年后，农村大队保健员、卫生员改称“赤脚医生”。1969年，四明山区卫生院举办“赤脚医生”培训班，历时3个月，每大队1～3人，华山、大岚公社共受训35人。是年起，村保健室改称村合作医疗站，实行农村合作医疗制度，合作医疗普及到各个大队，现境内有赤脚医生49人。1975年，为培养村赤脚医生大岚公社举办农医班。1979年后，合作医疗停办。1981年，农村实行家庭联产承包责任制，赤脚医生大部分改行从事其他职业，余者改称“乡村医生”“乡村卫生员”。1985年后，实行谁看病，谁出钱，医生营业自负盈亏，药品自行多渠道采购。

1994年始，市人民政府制定《余姚市村卫生室管理暂行办法》，加强对村级从业医生的管理。1996—1998年，市连续3年组织在岗乡村医生参加省执业统考。1998年，建立村医疗室，实行一体化管理，统一进药，统一收费标准，统一财务管理。2002年，改称村卫生室。2004年，实施《乡村医生从业管理条例》，对全镇乡村医生进行重新审核、换证，并网注册。2006—2010年，每2年组织一次村医生注册培训和考试考核。2010年后，村级卫生室亦称卫生服务站。2017年，全镇村办院管卫生室11个，面积1375平方米，乡村医生10人，医疗收入85.47万元。

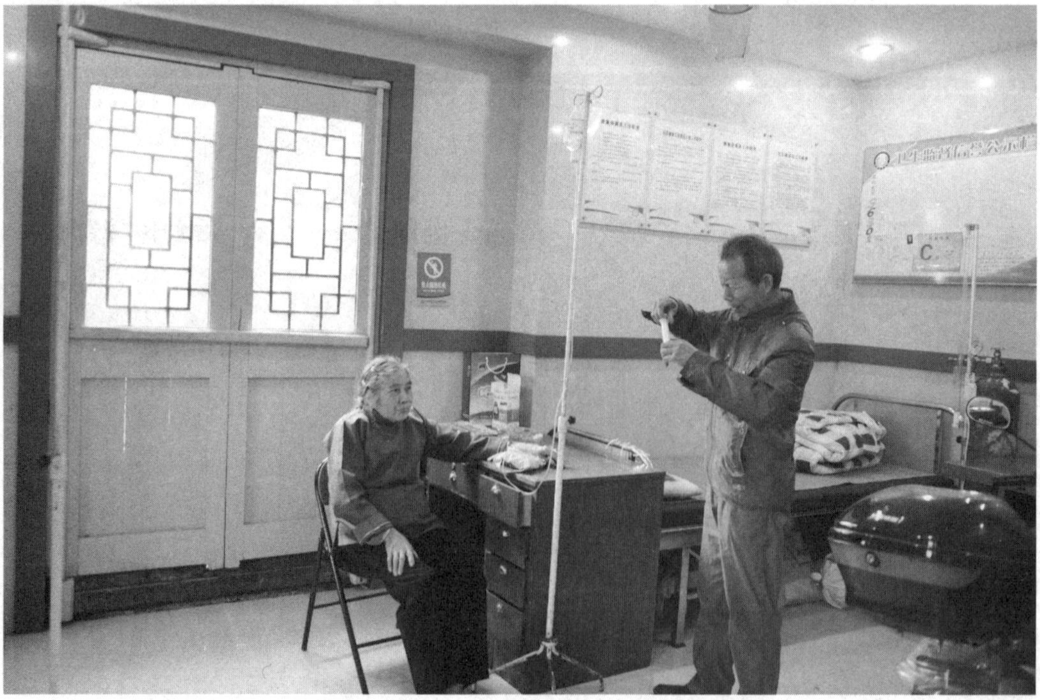

村卫生室

第三节 私人诊所

中医外科

清末，镇境内夹山自然村郑全忠，20 岁赴余姚学习中西医，学成后，在家开设私人诊所。主治外科皮肤病，兼治颈、腰、臀筋膜损伤等病症，尤以治疥疮远近闻名。民国时期，他把医技传授给长孙。1956 年，对私营工商业进行社会主义改造，郑氏私人诊所并入大岚联合诊所。经费自负盈亏，政府给予少量补助，由县卫生科委托梁弄区卫生所领导和管理。1958 年，纳编大岚公社保健院，派驻新岚管理区保健所工作。后又选送其到杭州中医学院培训学习。1962 年，并入大岚公社保健所，重视中医诊疗，其长孙至 1978 年退休。

中医妇科

民国时期，境内西岭下自然村沈明宰，开办私人妇科诊所，主治育龄妇女不孕不育、月经不调、产前保胎、产后康复等病症。沈氏有一则验方疗效甚佳，能治好妇女不育症及产前止血保胎，患者上门求诊络绎不绝。中华人民共和国成立后，沈明宰把医技疗方传授给 28 岁的儿子。1966 年，大队培养村级保健员，其儿子参加四明山区卫生院举办的第一期培训班，成为大队“赤脚医生”。从医 20 余年，不但为村内群众医治常见病，而且用沈氏疗方治好多种妇科病。现已由沈明宰的孙辈传承，沈奎华用祖传妇科疗法，为上门求医的育龄妇女服务治疗。

第二章　中西医疗

旧时，境内缺医少药，多种病例得不到医治。民谣云：“小病扛、大病躺，重病等着见阎王。”中华人民共和国成立后，中西医诊疗技术得到发展，人民健康水平提高。

第一节　中医

境内中医历史悠久，专科中医远近闻名。清末，开办1家中医外科，主治疥疮（皮肤病）。民国时期，开设1家妇科中医，主治妇女不孕不育。另有民间传承中草药及针术治疗多种病症。

大岚卫生院中医馆

中华人民共和国成立后，沿用祖传中医疗法，医治常见病症。1956年，政府组织医疗从业人员，成立卫生联合诊所，开展以中医为主的医疗服务。1958年起，大岚人民公社保健院（所）开设中医门诊。1970年，有中医工作者5人，其中门诊医师2人。是年始，各大队实行农村合作医疗制度，合作医疗站组织社员上山采集草药，经培训学会银针技术。1975年，大岚公社各大队医疗站上山采药1300人次。在此期间，中草药及银针成为农村“赤脚医生”主要药源和疗法。1980年始，村级中草药使用减少，针术疗法普遍应用。1987年后，随着交通愈加便利，群众大多赴余姚市中医院就诊。

1998年6月，大岚镇卫生院根据农村群众患病需求，引进技术人才，开设骨科门诊。2012年，受自然环境等因素影响，人民患颈腰痛综合症、腰椎间盘突出症、梨状肌损伤综合症、腰臀筋膜损伤等病症普遍。为缓解群众痛苦，青年院长姚亚强赴北京学习小针刀技术。为镇内外患者治疗，使镇卫生院知名度提升。

2017 年 3 月，建立中医馆，有中医师 2 人，其中副高职称 1 人。开设专家门诊，逢星期二、四，分别由余姚市第二人民医院和市内中医专家门诊。是年，门诊 6024 人次，医疗业务收入 59.9 万元。

附：

2015 年，姚亚强被宁波市委授予“最美宁波人”、省优秀医生；2016 被评为宁波市劳动模范、省优秀共产党员。

第二节　西医

民国时期，境内学西医者不多，夹山村一青年曾在国民党部队做军医，20 世纪 50 年代后期吸收为大岚人民公社医务工作者。

1958 年，大岚人民公社保健院有医务工作者 5 人，其中西医 4 人，分别从白鹿陈岩卫生分院和余姚县卫生科安排调入。院内小儿科门诊治愈率较高，闻名近邻乡镇。

1966 年起，四明山卫生院组织各大队“赤脚医生”，举办多期培训班，选派赤脚医生进县“红医班”及卫校学习，村级合作医疗站西医水平普遍提升。

1971—1980 年，大岚公社卫生院有西医工作者 11 人，开设内科、外科、产科、防保等门诊。1999 年，镇卫生院实施“内培外引”，引进骨科、牙科医生 2 人，派往宁波、余姚等市级医院轮岗培训 4 人。当时有大中专毕业生 3 人，西医技术队伍不断壮大。

20 世纪 90 年代初，大岚卫生院与宁波一、二医院结对。1997 年，余姚市级医院建立一对一帮扶关系。2010 年后，每年有宁波、余姚市级医院送医下乡。2016 年起，余姚市第二人民医院逢星期二开设多科门诊，便利群众就医。至 2017 年，全院有西医工作者 17 人，其中高级职称 2 人，中级职称 1 人。

20 世纪 60 年代前，医生诊断疾病仅靠“三件宝”（体温表、听诊器、血压计）。1971 年，添置一台 30 毫安医用 X 光机。1998 年，使用黑白 B 超。2000 年起，医用设备逐年更新。至 2017 年，镇卫生院主要设备有彩色 B 超、DRX 射线机、五分类血球仪、心电图、心电监护仪、除颤仪、洗胃机等，乡镇卫生院医疗设施明显改善。

第三章 保健 防疫

民国时期，境内无妇幼保健、防疫机构，医疗卫生条件差，妇女分娩、儿童染病致死时有发生。中华人民共和国成立后，重视建立妇幼保健、防疫机构，培养医务人员，妇幼健康状况得到保障。

第一节 保健

妇女保健

新法接生 中华人民共和国成立初期，农村妇女分娩沿用旧式接生，山区农村交通不便，缺医少药，孕妇分娩存在安全隐患。

1958 年，大岚公社保健院配设妇保（产科）医生。此后，组织村接生员培训学习新法接生，医生常下村开展接诊服务，带好村级接生员在实践中提高业务水平。1961 年，华山公社建立保健所后，亦专设妇保医生，分管下属 8 个大队新法接生工作，使境内产妇接诊更加便利安全。

1988 年，全面推行住院分娩。1991 年，开始建立高危孕产妇报告制度，规定乡级卫生院不能接诊高危孕产妇分娩。1992 年后，住院接生率达 100%。1995 年，取消山区农村接生员的接诊服务，健全孕妇追踪随访制度。2010 年，实施农村孕产妇住院分娩补助政策。至 2017 年，未发生因产妇产褥热及新生婴儿患破伤风死亡病例。

围产期保健 1985 年始，区中心卫生院实行围产期保健和孕产妇系统管理，对每个孕妇登记造册（卡）。在受孕 12 周首次到医院检查时，均建立健康档案，28 周内每 4 周检查 1 次，28 周至 36 周每两周检查 1 次，36 周后每周检查 1 次，有异常情况增加产检次数。1998 年后，大岚卫生院检查内容包括血液、心电图、胎儿 B 超、胎儿生长指数测量、多普勒胎心听诊等。2003 年，全镇向 94 人发放生殖健康服务证。2008 年，优生检测 14 人。2017 年，全镇孕产妇 71 人，建卡率 100%。

妇女病防治 1973 年后，每隔 3 年开展妇女病普查普治 1 次，形成制度。1979 年，对妇女子宫脱垂、尿瘘两病作为重点普查普治。2002 年，市妇保所对全镇育龄妇女进行孕前弓形虫、风疹病毒和巨细胞病毒感染检测。2008 年，检查妇女病 915 人次。2016 年，妇女病体检 1202 人。2017 年，镇、村对育龄妇女开展优生优育、生殖健康知识、妇科疾病防治等知识教育，累计培训 28 次、1000 余人次。

儿童保健

1958 年，大岚公社保健院调入儿科医生，对儿童常见病、多发病、传染病预防治疗发挥重要作用。是年起，每年逢六一儿童节前后对在校学龄儿童进行一次健康检查。1983 年 9 月，对山区 7 ～ 16 岁男女中小学生身高、坐高、体重、胸围、肩宽、盆宽、肺活量、收缩压、舒张压、心率等情况检查。1988 年 11 月始，对 0 ～ 3 岁儿童开展抽样肺炎流行病调查，对 0 ～ 7 岁儿童贫血、佝偻病抽样调查。

1992 年起，对 7 岁以下儿童实施系统管理，做到新生儿疾病筛查、访视，体弱儿筛选与管理，做到首查建册，有查有管。对婴儿出生后逢 1、2、4、6、9、12 月各进行 1 次检查（后调整为逢 1、3、6、8、12 月检查），1 ～ 2 岁每半年 1 次，3 岁以上每年 1 次。检查内容包括母乳及辅食喂养、睡眠、大小便、生长发育、出生缺陷检测；心肺听诊、语言动作等，为儿童早期发现疾病、及时矫治提供参考和依据。

2013 年，全镇 7 岁以下儿童 479 人，其中外地户籍儿童 39 人；3 岁以下儿童 196 人，其中外地户籍 23 人；管理覆盖率 98.5%，外地户籍 86.95%。活产数 90 人，其中外地户籍 13 人；新生儿访视率本地 100%，外地户籍 76.9%。体检婴儿 437 人，其中高危新生儿 4 人，体弱儿 30 人，管理率均为 100%。

2017 年，有 7 岁以下儿童 374 人，其中外地户籍儿童 16 人；3 岁以下儿童 150 人，其中外地户籍 9 人；管理覆盖率 100%。活产数 80 人，其中外地户籍 2 人，新生访视率均为 100%。共体检婴儿 152 人，其中高危新生儿 4 人，体弱儿 20 人，先天性心脏病 6 人，管理率 100%

老年保健

20 世纪 90 年代起，对离休人员开展一年一次疗养、休养。2010 年后，就近体检一次。退休人员原为两年一次体检，2010 年后，调整为 1 年一次。开办老年电视大学，开展老年保健知识学习，提高老年人自我保健意识。

1992 年始，农村老年人保健逐年受到重视，宁波市爱尔光明眼科等医院定期到镇对老年人白内障病进行普查治疗。2009 年起，大岚镇卫生院每年组织 60 岁以上男女老年人进行健康检查，检查内容包括心电图、B 超、胸片，血、尿、肝及血脂常规，葡萄糖测定、甲胎蛋白、肾功能等。

流动医院

2010—2017 年大岚镇 60 岁及以上老年健康检查情况表

表 21-3-1　　单位：人

年份	体检人数	其中检查	
		高血压人数	糖尿病人数
2010	1057	193	18
2011	1064	171	32
2012	2651	274	18
2013	2780	238	15
2014	305	3	0
2015	2589	237	58
2016	2307	118	46
2017	1311	709	148

第二节　防疫

防疫机构

民国时期，境内无专门防疫机构。中华人民共和国成立初期，打防疫针借助个体医生的有限力量，部分群众不相信打预防针能防治疾病，需做教育引导工作。1956 年起，梁弄卫生所配专职防疫人员，指导大岚乡联合诊所（后改称公社卫生保健院）开展传染病防治。1977 年始，实施计划免疫。1982 年，四明山区中心卫生院成立防疫科。大岚、华山公社卫生院配专职和兼职防疫人员，建立疫情报告制度和传染病管理措施，形成县、区、乡 3 级卫生防疫网。1983 年 10 月，各乡卫生院建立常年接种站，为保证疫苗效果和接种质量，四明山区中心卫生院接种站购置冰箱、冷藏包等器械，建立疫苗转运冷链系统。1995 年，建立镇预防保健站。2009 年，建立防疫保健部，下设预防接种门诊。2017 年，预防接种门诊由公共卫生科管理，有医生 3 人。

传染病防治

中华人民共和国成立后，人民政府重视传染病防治，开展预防接种和计划免疫，逐年改造公共环境卫生，使传染病发生周期延长，发病人数减少，死亡率大幅下降，部分传染病基本消灭。1950 年始，全民接种牛痘。1951—1956 年，大岚乡预防接种的主要疫苗有痘苗、霍乱伤寒混合疫苗、白喉类毒素、霍乱苗、鼠疫苗、伤寒付伤寒甲乙疫苗四联苗等。1957 年，开展麻疹、钩丝病防治，大岚、华山钩丝病感染率 8% 左右。是年，部分村百日咳流行。次年，纳入县防疫站呼吸道传染病管理重点预防乡，分配白鹿陈岩分所春秋百日咳、百喉疫苗接种 1200 人。

1967 年 3 月 3 日至 4 月 30 日，大岚、华山公社发生流脑 131 人，其中华山公社发病 34 人，占发病总数的 25. 95%。疫病发生到各个大队，其中新联大队（雅庄）发病 27 人，占大岚公社发病总数的27.84%。其间，区、公社、大队建立三级防疫工作领导小组和疫情报告制度，出现头痛发热病例，送公社、区及县医疗单位诊治。此后，通过流脑菌（疫）苗注射防治后，未见疫情发生。

1971—1973年，发生乙脑3人，其中大岚公社2人。1975年6月底，四明山区委召开02菌苗防治工作紧急会议。各乡在7月10日前贯彻落实防疫会议精神，制定防治预案。境内总人口14633人，应注射人数13240人，完成注射12167人，占应注人数的91.9%。

1986年，境内以预防“五苗”为重点，应注射人数2671人，完成2471人，覆盖率92.51%。

1986年“五苗”接种防疫覆盖情况表

表21-3-2　　单位：人、%

乡别	流脑菌（疫）苗			麻疹疫苗			乙脑菌（疫）苗			卡介苗			脊灰糖丸		
	应注人数	接种人数	接种率	应注人数	接种人数	接种率	应注人数	接种人数	接种率	应注人数	接种人数	接种率	应注人数	接种人数	接种率
华山	241	230	95.43	37	37	100	105	101	96.19	37	35	94.59	146	142	97.26
大岚	1133	1029	90.82	253	243	96.05	466	425	91.20	253	229	90.51	—	—	—
合计	1374	1259	91.63	290	280	96.55	571	526	92.12	290	264	91.03	146	142	97.26

1990年1—12月，大岚镇患甲肝31人，乙肝1人，未分型9人，其中华山公社患甲肝9人。1991年，全镇患甲肝12人，其中男性9人，4岁以下儿童2人。未分型肝炎9人，其中男性3人，4岁以下儿童2人。乙肝6人，其中男性5人，4岁以下儿童2人。

1995年，大岚镇卫生院开展第三次脊髓灰质炎强化免疫日活动，组织8名医生对4岁以下儿童（指0～47个月儿童）进行一、二轮接种，完成率分别为97.46%和96.78%。

1995年第三次脊髓灰质炎强化免疫接种情况表

表21-3-3　　单位：人、%

接种时间	对象	年龄	应接人数	完成人数	完成率
一轮 1995年12月5—6日	1992年1月1日至1995年12月5日出生的儿童	＜1岁	145	145	100
		1岁	179	171	95.53
		2岁	196	190	94.9
		3岁	190	186	97.89
		合计	710	692	97.46
二轮 1996年1月5—6日	1992年1月1日至1996年1月5日出生的儿童	＜1岁	161	161	100
		1岁	183	179	97.81
		2岁	178	168	94.38
		3岁	192	183	95.31
		合计	714	691	96.78

1998 年起，对犬伤病人防疫接种和禽流感（H7IV9）防控。2003 年，加强对非典型肺炎防控，对发热或有流行病疫史的人员进行医学观察。未发现 H1N1 病人。

2010—2017 年，重点对儿童接种 17 类疫苗，累计接种 4311 人次，其中百白破和脊灰疫苗接种儿童分别为 686 人次和 698 人次，占实种总人次的 32.1%。至 2017 年，全镇无发现甲、乙类传染病暴发疫情和死亡事故。

2010—2017 年儿童传染病防疫情况表

表 21-3-4　　单位：人次

年份		2010	2011	2012	2013	2014	2015	2016	2017	合计接种人次
接种儿童总人次		742	587	533	635	568	413	390	443	4311
其中	有破疫苗	38	40	25	23	27	34	23	20	230
	百白破疫苗	104	103	87	115	104	50	74	49	686
	脊灰疫苗	98	100	97	121	93	61	72	56	698
	甲肝疫苗	34	25	23	35	28	19	19	18	201
	甲型流疫苗	129	—	—	—	—	—	—	—	129
	卡介苗	4	1	1	2	7	3	3	3	24
	流脑 A 群疫苗	67	43	53	56	38	39	26	27	349
	流脑 A+c 疫苗	62	68	58	55	50	54	48	44	439
	麻风疫苗	4	18	26	31	22	17	15	37	170
	麻腮风疫苗	27	35	22	30	25	29	12	15	195
	麻疹疫苗	19	6	—	—	—	—	—	—	25
	水痘疫苗	38	38	26	31	31	26	9	63	262
	乙肝疫苗	62	53	50	65	72	27	36	31	396
	乙脑疫苗	56	57	65	71	71	54	53	36	463
	流感疫苗	—	—	—	—	—	—	—	39	39
	乙价 HPV 疫苗	—	—	—	—	—	—	—	5	5

地方病防治

地甲病　俗称“大头颈”，境内普遍发生。1984 年抽样调查，大岚乡甘竹村发病 31 人，石鼓村 50 人，华山乡华山村发病 49 人。防疫部门对患者采用碘油制剂防治。1987 年 10 月始，境内推行碘盐饮食，防治效果甚佳。

肺吸虫病　1980 年 8 月，本区壶潭公社一儿童因咳嗽及嗜酸性细胞增多，被宁波第一医院诊断为肺吸虫病。1981 年县地方病防治站进行现场普查，四明山区 6 个公社溪流中的溪蟹均有不同程度肺吸虫囊蚴感染，感染率 50% ～ 94%，平均 75%。镇内多溪流溪蟹（石蟹），每年 9 月底，中汛稻收割后溪蟹最多，群众有食蟹的习惯，为防治囊蚴感染，向群众宣传不吃生蟹。至 2017 年，未发现此病。

第四章　公共卫生

1952年，境内各乡建立爱国卫生运动委员会领导小组（简称乡“爱卫会”），开展以反对美帝国主义细菌战、灭“五害”（蝇、蚊、蚤、鼠、臭虫）为重点的群众运动。1956年，大岚乡成立地方病防治工作领导小组。1958年3月，兴起除“四害”（蚊、蝇、鼠、麻雀）、讲卫生全民运动。此后，每年开展“除四害，讲卫生”群众运动（四害改为蚊、蝇、鼠、臭虫）。“文化大革命”期间，爱国卫生运动停顿。1969年9月，县恢复爱国卫生运动委员会，大岚、华山公社均成立爱卫委领导小组，每年组织村、企事业单位开展一年两次清洁卫生工作。1986、1987年各公社组织大规模灭鼠运动。

1992年后，逐年增加投入，开展争创余姚、宁波市、省级卫生镇工作。实施饮水改造“净水工程”、环卫设施“配套工程”、生活污水“净化工程”、医疗卫生“健康工程”、镇村环境“绿化工程”。2013年获宁波市“我心中最美生态乡镇”。先后创建省卫生村2个，宁波市卫生村4个，余姚市卫生村14个。2017年12月，大岚镇被命名为浙江省卫生镇。

第一节　饮水卫生

民国时期，山民多饮井水、溪流水。逢暑期伏天，雨量偏少，旱情时间稍长，多村群众生活用水遇上困难。部分村水质更差，时有肠胃道传染病发生、流行。

中华人民共和国成立后，为解决农村生活生产用水，镇境内掀起兴修水利热潮，先后建造多个山塘水库。1977年，正常库容100万立方米的华山水库建成后，生活生产用水问题基本得到解决。

20世纪80年代中期，县“爱卫会”增设农村水改服务处后，境内农村开始集资饮水改造。1990—1992年，有5个村1330户饮上自来水。撤区扩镇第一年，新建镇水厂。1996年，投资36.8万元，实施黄家庄、雅庄、戴麋、夏家岭等5个村饮水工程，铺设引水管6400米，使868户、2684人饮上自来水和清洁水。1997年，投资32.7万元对龙潭、长弄、分水岭、四丰、甘竹等村进行饮水改造，804户、2054人的饮用水问题得到解决。

2002—2006年，投入1819万元，对集镇和10个行政村的饮水工程进行改造，1万多人喝上放心水。在此期间，改建镇自来水厂，取水于华山水库，先后投入300万元扩建厂房，增容、道管改造，提高供水能力。

2012—2016年，镇政府投入1954万元，对14个行政村和集镇的饮用水网管进行改造。至此，全镇饮水改造工程基本结束，饮水质量提升，清洁水覆盖面达100%。

第二节　食品卫生

20世纪70年代前，由于群众食品卫生知识普及和管理督查不够，时有食用生冷、不洁食物导致中毒情况出现。

1983年，《食品卫生法》颁布后，大岚、华山卫生院设食品卫生检查员，对酒厂、汽水厂、糖厂及集体个体经营的副食品商店、饮食服务业建立卫生档案，一年一次对从业人员进行健康检查，颁发卫生许可证。定期对商业服务业食品质量检查，对患痢疾、伤寒、病毒性肝炎、活动性肺结核等从业人员，督促进行治疗或调离岗位。

2002年，余姚市卫生监督所梁弄分所成立，大岚食品卫生监督工作由梁弄分所管理，卫生行政执法力度进一步加强。2005年始，全镇开展“文明大岚、健康伴我行”活动，让卫生知识进农村、进企业、进学校、进机关，发放《中国公民健康素养》手册5000份。各行政村开展健康知识讲座及在公共场所设置固定健康教育宣传栏。宣传栏每年定期更换4次。2009年发放宣传资料3308份，墙报画报165张，开辟有线电视作为健康教育的重要阵地，使村民健康卫生知识得到提高。

2010年，全镇有食品生产加工、农家乐、民宿等经营服务单位129家，发放卫生许可证100%。食品制造过程符合卫生要求，各生产经营单位均有卫生管理制度，体检、培训率达100%，“五病”调离率100%。通过饮食服务业专项整治，均落实餐具消毒制度，防鼠、防蝇、防蟑、防尘等保洁设施得到完善。2012年，被评为宁波市食品安全示范乡镇。

2017年，全镇涉食品经营服务业249家，发放卫生许可证100%。食品卫生监督工作经常化、制度化、法律化。近年来，未发生重大食物中毒及食品与饮用水污染事故。

第三节　环境卫生

20世纪50年代初，农村建筑垃圾扔在溪道或房前屋后堆放，生活垃圾放在住宅边墙沟里做农家肥料，村内猪、牛、羊栏及粪缸设置在主要路道边，环境卫生观念淡薄。

1956年起，环境卫生得到乡政府的重视。学校组织学生每天一次搞清洁卫生，单位部门公共场所有专人清扫，各大队组织党员及共青团、妇联、民兵等团体，开展一年两次清洁卫生活动，乡（公社）爱卫会领导小组成员采取分片检查或村与村对口检查等方式，促进公共卫生工作的逐年好转。

1992年，推广节水型三格式卫生厕所。2002—2006年，以改厕为重点开展农村环境整治，清理露天粪缸4998个，简易户厕74座，新建公厕32座。2010年，建成区粪便无害化处理率在85.9%以上，全镇卫生厕所普及率86.7%。2017年，全镇拥有公共厕所42座，面积1086平方米。

20世纪90年代始，镇村聘用保洁员，实施长效保洁机制。2007年，全面实施农村生活垃圾收集、分类处理。投入90万元新建集镇太阳能垃圾处理站，购置垃圾运输车辆。先后投入150万元，各村建立太阳能有机垃圾处理站，采用户集、村收、村分类（有机、无机垃圾）、镇运和处理的方式，做到生产、生活垃圾日产、日清、日处理，主要路旁设置新型垃圾箱320个。2013年，环境卫生采取月检查、季评比、年考核管理制度。2017年，全镇实施垃圾桶装化（每户1个桶），镇村有保洁人员76人。

2008年，建立生活污水处理工程。投资90万元，集镇铺设污水管道1215米，新建日处理150吨污水净化池一座。投入270万元对柿林、大岚村四丰自然村开展生活污水净化。至2017年，总投资2200万元，有9个村完成污水净化。镇13条主要溪道实行河（溪）长制管理，总长58.3千米，溪道常年保持“四无”（无杂草、无漂浮物、无障碍、无垃圾），配设镇溪道督查员1人，建立溪道保洁员19人，镇政府每年补助资金10万元。

常年开展“除四害”（鼠、蟑、蚊、蝇）工作，严格控制“四害”密度。坚持每年春秋两季灭鼠工作，年投放毒饵3吨。2010年始，建成区除“四害”实行市场化运作，聘请宁波江东康龙卫生消杀服务中心对集镇企事业单位重点区域进行消杀。

第四节　学校卫生

中华人民共和国成立后，党和政府十分关心学校卫生保健工作。1958年始，学校开展除“四害”、讲卫生爱国卫生活动，教育学生养成卫生习惯，不喝生水，不吃生冷不洁的食物。加强对天花、肝炎、肠道传染病等疾病预防工作。

1960年1月，规定小学生睡眠10小时，夏季增加午睡时间。1963年起，学校采用多种形式对学生进行保护视力宣传教育，强调用眼姿势，坚持每天做眼保健操，并确定上午第三节课和下午第二节课前为做眼保健操的时间。“文化大革命”期间，学校卫生工作被忽视。

1977年，学校健全卫生保健制度。1979年，公社卫生院为少年儿童作驱蛔治疗。1980年开学始，学校贯彻教育部、卫生部《中小学卫生工作暂行规定（草案）》，积极开展卫生宣传教育，倡导卫生光荣、不卫生耻辱的新风尚，教育学生养成“五要六不要”个人卫生习惯（要定时作息，要睡前刷牙，要勤换衣服勤洗澡，要勤剪指甲，要勤理发；不喝生水，不吃不洁食物，不吸烟，不用公用毛巾，不乱扔纸屑，不随地吐痰）。是年起，公社中心小学及初级中学开展一年一次健康检查。1987年4月，乡卫生院对学生头虱情况进行普查治疗。

1990年后，镇中心小学及初级中学开设卫生课，市教育局对学校建筑、环境、噪声、室内采光、照明以及黑板、课桌椅等进行卫生监督监测评估。2005年4月起，全面开展“卫、校共建制度”。2010年，各校均开展健康教育课，开课率达100%，学生健康知识知晓率≥93.4%，健康行为形成率≥86.3%。

第五章　药政　医疗

1998年，镇、村医疗机构实行一体化管理，药品由镇卫生院统一采购。

2001年10月起，国家机构及事业单位，统一纳入城镇职工医疗保险。2016年，实施城乡居民基本医疗保险制度，进一步提高农民医保待遇。

第一节　地产药材

镇域多山，药材资源丰富。清代，地产药材茯苓、芍药、半夏、干木瓜等列为贡品。1987年，余姚市药源调查有野生药材592种，其中植物类555种，动物类37种，境内山地溪流均有分布。植物类主要有垂盆草、鱼腥草、绿叶草、夏枯草、龙胆草、仙鹤草、金蝉衣、金蝉花、金银花、金荞麦、金樱子、紫苏子、覆盆子、黄精、百合、虎杖、山楂、野菊花、六月霜、三叶青等。动物类主要有蕲蛇、乌梢蛇、穿山甲、刺猬、鳖、龟、蟾蜍、蜈蚣等。

中药材生产以采捕野生动植物为主，亦有农户分散种植。20世纪60年代，大岚、华山公社部分大队农户种植白术。1975年，大岚公社14个大队均建立中草药种植园。80年代起，大岚公社（乡）农户普遍种植垂盆草及散植杜仲。90年代初始，政府引种发展银杏。2007年，引进红豆杉。2010年后，农户种植的中药材有浙贝、覆盆子及其他零星种植药材等，共种植30亩。2017年柿林村发展林下经济，种植三叶青面积150亩。

1958年始，大岚、华山（1961年后）供销社采购商店经营中药材收购业务。收购种类有金蝉衣、龙胆草、绿叶草、淡竹叶、龟壳等。1979—2000年，垂盆草药材由加工企业收购。2012—2017年，野生覆盆子由磐安县药材商驻大岚上门采购。

第二节　药政

民国时期，县民政部门兼管药政。民国30年（1941），县卫生院建立，设卫生稽查员管理社会医药。境内2家私人诊所以中医治疗为主，郎中（先生）开处方，药物到中药店或商店配置。

沈金堂中药店到梁弄或绍兴采购中药。

中华人民共和国成立后，政府重视药政管理。1952年，县卫生院组织人员对社会个体医生及各医疗单位使用麻醉药品情况进行审核登记，制止滥用麻醉药品。1953年开始，对社会游医药贩开展检查监督。1963年，县卫生科配药政管理人员，负责麻醉药品的签发审批，检查麻醉药品的保管使用，并按规定审批使用麻醉药品单位、人员。1985年，设立市药品监督检验所，区、乡亦设药品检查员。7月，实施《药品管理法》，对药品生产、经营、医院制剂实行许可证制度。1987年4月，卫生部门统一制发"精神药品购用印鉴卡"，7月制发"晚期癌症病人申领麻醉药品特殊使用卡"，11月起，对所有药品使用单位（包括个体医生、厂校医务室、村级保健室）实行持卡购药，规定不准购买麻醉、剧毒药品，药政管理逐步完善。

1997年3月，医疗机构医疗费实施"总量控制、结构调整"。2010年10月25日起，乡镇卫生院（社区服务中心）和社区服务站，实施国家基本药物制度。国家对基本药物目录制定、生产供应、采购配送、合理使用、价格管理、支付报销、质量监管、监察评估等各个环节实施有效管理。

大岚镇卫生院和村级卫生院使用的药品，均从有资质的医药商店采购。2010年后，向宁波、余姚医药公司等5家经营商网上采购，村级卫生室药品统一由镇卫生院进货配给，统一价格结算，禁止出售基本药物目录以外的药品。

第三节　医疗制度

公费医疗

1952年，国家工作人员（包括公立教师）开始实行公费医疗制度。1957年7月起，实行分级管理，经费发放至各单位。1963年，改由单位定额包干。1976年1月，实行分系统管理。1981年，改革公费医疗制度，规定每人每年医疗费35元，实行单位定额包干、节余奖励的管理办法。1987年，改为定额到人、节余归已、超支自负20%的办法，超支300元者，超额部分全部报销。

1993年起，实行"由国家负担为主，个人少量负担，部门和单位合理分担；医疗单位、公费医疗办公室承担超支经费的控制机制"。

1998年12月起，调整公费医疗个人自负比例，取消在职及退休人员备用金制度（离休干部、残疾军人仍每年发给备用金1200元，结余归个人，超支按时报销）；调整在职及退休人员自负比例，工龄20年内，由原自负20%调为30%，工龄20年以上的，调为自负25%，退休人员为20%；公费医疗自负上限金额，在职人员调整为1200元，退休人员调整为300元；单位每人包干额从原人均400元调整到500元；对确诊为恶性肿瘤、慢性尿毒症、精神病的在职、退休人员按5%比例自负，其自负上限金额为在职人员2000元、退休人员300元；妇女分娩住院由全额报销调整为按10%比例自负，转上级非定点医疗机构就诊的，医疗费用自负30%。

2001年10月起，取消公费医疗制度，国家机关公务员及参照《公务员法》管理的机关事业单位工作人员，统一纳入城镇职工基本医疗保险体系。

城镇职工基本医疗保险

2001 年 10 月，全镇参加职工基本养老保险的所有用人单位及其职工，包括企业、国家机关、事业单位、社会团体、民办非企业单位及其职工，退休人员（包括退职人员和列入社会统筹的保养人员），统一实施城镇职工基本医疗保险制度。已参加市职工基本养老保险的城镇个体经济组织业主及其从业人员，城镇自由职业者和失业职工也同时参加。

基本医疗保险费由用人单位和在职职工共同缴纳，退休人员个人不缴纳基本医疗保险费。用人单位以在职职工上一年月平均工资作为缴费基数，缴纳基本医疗保险费。国家机关和事业单位按在职职工缴费基数之和的 8% 缴纳基本医疗保险费和重大疾病医疗救助金，在职职工按本人上一年月平均工资的 2% 缴纳基本医疗保险费，由用人单位在其工资中扣除；企业按在职职工缴费基数之和的 5% 缴纳住院医疗保险费和重大疾病医疗救助金，在职职工按本人上年月平均工资的 2% 缴纳基本医疗保险费，由用人单位在其工资中扣除；城镇个体经济组织业主及其从业人员、城镇自由职业者和事业职工，按本人上年月平均工资的 5% 缴纳住院医疗保险费和重大疾病医疗救助金。

基本医疗保险费基金由统筹基金和个人账户构成，参保人员个人缴纳的基本医疗保险费全部计入个人账户，用人单位按缴费基数的一定比例缴纳的基本医疗保险费分两个部分，分别划入个人账户和建立统筹基金。

2016 年，用人单位在职职工上一自然年度本人月平均工资作为缴费基数（以宁波市上年职工月平均工资的 300% ～ 60% 为上下限），按 8% 的比例缴纳，职工本人按 2% 的比例缴纳（由用人单位代扣代缴）；灵活就业人员和失业人员以宁波市上年职工月平均工资的 60% 为缴费基数，按 10% 的比例缴纳。参加住院医疗保险的，以宁波市上年职工月平均工资的 60% 为缴费基数，按 5% 的比例缴纳。

2017 年，镇政府 116 人（含临聘）享受城镇职工基本医疗保险待遇，总缴纳参保人员医疗保险费 590412 元，其中单位统筹基金支付 486280 元，人均 4192 元。

农村合作医疗

1969 年，境内实行合作医疗制度，各公社成立合作医疗管理委员会。每个社员投资 2 元，其中生产小队支付 1 元。就诊时，付挂号费 0.03 ～ 0.05 元，看病免费，到上级医院看病，凭医疗发票按各大队确定的比例报销。“赤脚医生”的报酬为工分制，参照社员最高劳动力工分计酬或每天出勤记 10 分，晚上出诊加 3 分，一年 3800 分左右，参加所在队分配。1978 年后，合作医疗站陆续停办。

1999 年，市政府颁发《关于印发余姚市发展和完善农村合作医疗实施意见的通知》后，镇政府着手抓合作医疗保险制度和试点工作。2003 年始，实行新型农村合作医疗制度，由政府组织和扶持，农民自愿参加。采取四级筹资办法：个人缴纳和村集体扶持资金总和为每人 30 元（因各村集体经济贫富不均，个人缴纳部分有 20 元、15 元不等，有 6 个村 60 岁以上老年人全由村支付）；市财政和镇财政各给予每人每年 15 元的补助；宁波市财政的专项资金全额纳入统筹资金。是年，参加保险 11160 人，参保率 85%，随着群众参保意识逐年增强，2005 年参加 11115 人，参保率 90%。

2008 年，农村合作医疗人均筹资标准为 140 元，其中宁波财政补助 30 元，市财政补助 45 元，镇财政补助 25 元，个人出资 40 元。对农村五保、低保、重点优抚对象、二级以上持证残疾人等困难群众参保的个人应缴费部分，由市、镇两级财政各 50% 给予金额补助。为引导合理的医疗消费，凡在一级医院就诊的起补线 500 元、二级医院 1000 元、三级医院 1500 元。其有效医药费报销按 50% ～ 70% 的不同比例报销。参保人员在市外定点医疗机构住院，补偿起付线为 2000 元，补偿按市住院费不同档次的补偿比例分别下降 20%。基层医疗机构小病受惠补偿从原 15% 提高到 20%。特困人群医疗补偿项目的起补线和封顶线分别为年累计住院有效费用 50000 元／人和 20000 元／人，补偿比例为自负部分的 40%。2010 年，全镇报销大病住院保险费 212.6 万元，小病受惠 24291 人次，报销药费 35.7 万元。

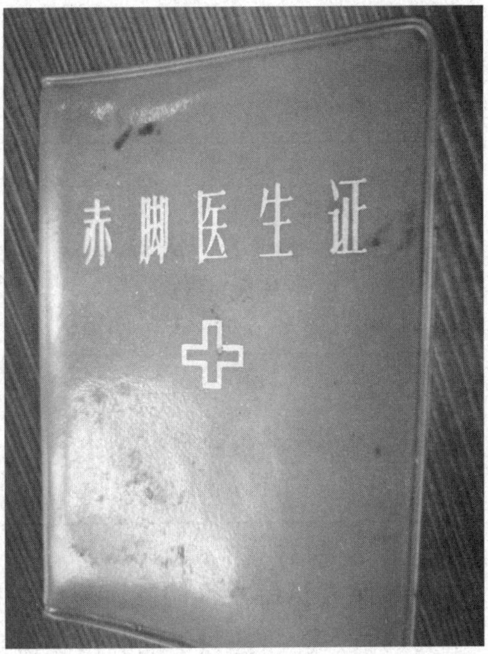

赤脚医生证

城乡居民基本医疗保险

2016 年始，新型农村合作医疗制度改称城乡居民基本医疗保险（简称城乡居民医保），参保对象为本镇户籍未参加本市职工医疗保险的婴幼儿、成年居民、未成年居民、本镇范围内具有全日制学籍的在册就读学生。

2016 年城乡居民医保个人缴费标准一览表

表 21–5–1

参保对象 本市户籍（学籍） 未参加职工医疗保险	筹资标准（元／人·年）	个人缴费标准（元／人·年）
成年居民 A 档	2200	700
成年居民 B 档	1400	400
6 周岁以下婴幼儿	1000	400
未成年人	350	150
在校中小学生	350	150

本镇户籍的优抚对象，重度残疾人、五保户及孤儿等国家、省、市规定的医疗保险缴费由政府补助的各类特殊人员，其个人缴纳部分，统一由财政补助，按 A 档标准参保。

参保人员转宁波市外门诊治疗发生的医疗费由个人承担，医保基金不予支付（办转院手续除外）。

2016 年大岚镇门诊医疗待遇一览表

表 21–5–2

人员类型	年度内累计发生的门诊医疗费	
婴幼儿及各类学生、未成年人、成年居民 A 档	3500 元（含）以下	3500 元以上
	社区医院就医个人承担 40%，基金承担 60% 三级医院就医个人承担 70%，基金承担 30% 其他医院就医个人承担 55%，基金承担 45%	个人承担
成年居民 B 档	2500 元（含）以下	2500 元以上
	社区医院就医个人承担 50%，基金承担 50% 三级医院就医个人承担 80%，基金承担 20% 其他医院就医个人承担 65%，基金承担 35%	个人承担

参保人员每次住院就医发生的医疗费在一个医保年度内累计计算，起付线以下部分全部由个人自负。起付线以上部分由医保基金和个人按不同比例共同承担。

2016 年宁波市内可享受住院医疗待遇一览表

表 21–5–3

人员类别	住院医疗费（年度内累计计算），最高支付限额以上基金不再支付			
	起付标准以下	起付线至 4 万元（含）	4 万元以上至最高支付限额（含）	最高支付限额
成年居民 A 档	医疗费在起付线以下部分由个人自负，起付线额度：三级医院 1200 元，其他医院 600 元，社区医院 300 元	社区医院就医由医保基金支付 80%，三级及其他医院就医由医保基金支付 70%，其余由个人承担	社区医院就医由医保基金支付 85%，三级及其他医院就医由医保基金支付 75%，其余由个人承担	30 万元
成年居民 B 档		社区医院就医由医保基金支付 75%，三级及其他医院就医由医保基金支付 65%，其余由个人承担	社区医院就医由医保基金支付 80%，三级及其他医院就医由医保基金支付 70%，其余由个人承担	20 万元
婴幼儿及各类学生、未成年人		社区医院就医由医保基金支付 85%，三级及其他医院就医由医保基金支付 80%，其余由个人承担	社区医院就医由医保基金支付 90%，三级及其他医院就医由医保基金支付 85%，其余由个人承担	30 万元

对恶性肿瘤、重症尿毒症、器官组织移植、精神分裂症、系统性红斑狼疮、再生障碍性贫血、血友症、耐多药肺结核治疗 8 类特殊病种，年度内累计门诊 25 万元（含）以下，成年居民 A 档个人承担 30%，基金承担 70%；婴幼儿及各类学生、未成年人个人承担 20%，基金承担 80%；25 万元以上部分由个人承担。成年居民 B 档，年度内累计发生门诊医疗费 15 万元（含）以下，个人承担 30%，基金承担 70%，医疗费 15 万元以上部分个人承担。

2017 年，全镇 14 个行政村，1 个居委，参加城乡居民基本医疗保险 7068 人，参保率 97%，应缴纳医保费 10729550 元，其中财政补助 7534900 元，人均 1066 元。

第二十二编　文化　广电　体育

第一章　群众文化

第一节　机构设施

文化站

1958 年，大岚人民公社文化馆建立。

1961 年，贯彻“调整、巩固、充实、提高”方针，公社文化馆并入梁弄区文化站。“文化大革命”期间，活动停止。1972 年始，各区配文化干部，大岚属四明山区文化干部管辖。1979 年逐步恢复区文化站。1981 年建立大岚公社文化站，有专职文化干部 1 人。

大岚文化站位于太祖庙路 16 号，公社所在地大会堂左侧的一间平房。大会堂是集开大会、做戏、放映于一体的综合场所。1987 年，乡政府办公楼搬迁后，原乡政府部分木结构房子、大会堂阁楼等用于安置文化站，设立图书室、乒乓球室、台球室、棋类室等。

1958—1980 年，文化站主要工作有组织文艺会演、戏剧演出、民间艺术大会串、文化巡游等大型活动；举办音乐、舞蹈、棋类、球类、书法比赛展览；举办爱国主义教育、改革成果等主题展。

2012 年 12 月，被第五次浙江省乡镇综合文化站评估定级为三级综合文化站。

2013 年以前，大岚文化站共举办文艺活动 13 场、体育活动 11 场、电影放映 191 场次、培训 12 次。

2017 年，被第六次浙江省乡镇综合文化站评估定级为二级综合文化站。文化站藏书 3000 册，建立文化中心村 5 个，村落文化宫 14 个，文化中心户 41 户。

村落文化宫

2008 年，根据余姚市村落文化宫建设标准，充分利用本地资源开展村落文化宫建设。近年来，新申报村落文化宫 6 个，升级改造 2 个，全镇 14 个行政村实现村文化宫全覆盖。其中，余姚特级文化宫 1 个、一级文化宫 2 个、二级文化宫 10 个、三级文化宫 1 个。同时，积极配置软硬件设施，制订完善各项活动制度，做到有创建、有开放、有活动、有制度。截至 2017 年，全镇共有健身路径 34 条、篮球场 8 个、门球场 1 个、乒乓球室 10 个、棋牌室 17 个、晨练健身点 12 处、7 个行政村建有休闲健身公园。

大岚村村落文化宫欢乐大舞台

书店

大岚只有原供销社有一家新华书店，兼售文具用具，供销社转制后由个人经营。

第二节　传统民间艺术

表演艺术

唱班　晚清民国时，大岚山上 4 个村有“唱班”，村民自发组织，平时个人自习，每年大的节日在祠堂集中举行吹奏、演唱活动，参加人数在 20 人以上。“文化大革命”期间，唱班自行消亡。

唱班表演主要是坐唱绍剧，自敲自唱。有头场、二场、庆寿、正本、上香酒、菩萨起身等节目。头场、二场以敲锣为主。庆寿有四句诗“水上会群仙，丹下十九天，山中方七日，世上已千年”。正本开始唱戏，戏唱完后上香酒：……一支清香，国泰民安；二支清香，五谷丰登，六畜兴旺；三支清香，太平民安乐。然后菩萨起身，先有头旗、副旗、令旗，后有尾旗，中间是唱班吹打，最后是一条龙。沿途经过几个村，每到一个村后要盘阵，头旗绣有岳帝菩萨像。使用道具乐器有丝弦乐：二胡、中胡、板胡、京胡、笛子、琵琶、三弦、月琴、金刚腿；打击乐：斗子、钹、锁呐、叫锣、响板、战鼓等。

踩高跷　踩高跷俗称“缚柴脚”，亦称“高跷”“踏高跷”“扎高脚”“走高腿”，是民间盛行的一种群众性技艺表演，山区多在一些民间节日由舞蹈者脚上绑着长木跷进行表演。踩高跷不但扮演的人身着戏装，浓妆艳抹，且歌且舞，而且往往装扮戏曲折子。其角色因各自身份不同，故造型各异，高低不一。踩高跷技艺性强，形式活泼多样，深受群众喜爱。

传统工艺

竹编 是用毛竹剖劈成篾片或篾丝并编织成各种用具和工艺品的一种手工艺。竹编不仅具有很高的实用价值，更具深厚的历史底蕴及艺术品位。竹编行业历史上以手工作坊形式，多以家庭世代相传或以作坊依托的师徒关系传承。学徒学成后，自立门户，再招徒弟，口传身教。一般做生活用品、农业用具。竹编工艺主要分材料处理、编织和收尾三个阶段，材料处理就是把竹子加工成篾子，编织就是用篾子变成各种产品，收尾是不可缺的辅助补充工序，目的是使编织产品更加美观、精制、顺手、耐用。

草编 是利用各种柔韧草本植物为原料加工编制的工艺品。其原料生产地域广泛，而且易得易作，故草编工艺在山区十分普及。20 世纪 80 年代以前，大岚农民利用当地玉米皮、席草、茅草、稻草、麦秸等，编成帽、蓝、草鞋、提包、扇子等日用品。21 世纪以来，主要在南岚村一带，妇女编织成帽、袋，为出口企业来料加工，赚取加工费。

剪　纸

剪纸 有寿诞生肖花、福寿双全花、五世其昌花，也有婚嫁龙凤双喜花、鸳鸯万年青花、节庆日窗花、灯饰花等。20 世纪 80 年代起，剪纸者逐渐减少，且后继乏人，现在只有柿林等村一些年老的妇女还在剪福寿双全花、节庆日窗花等。

第三节　民间文化团体

表演队伍

大岚越剧团 1981 年，大岚公社抽调各大队的文艺骨干，组建了公社专业越剧团，成员 50 多人，除了卖票或包场自收自支外，公社给予适当补助，有时到周边乡村演出，平时在本公社各村大会堂演出，曾热闹一时，至 1983 年解散。

柿林腰鼓队 组建于 2004 年，为配合丹山赤水景区活动需要，由村里的部分妇女舞蹈爱好者自发组织，人员 12 人。多在喜庆节假日中演出，营造山村欢乐祥和的气氛。

大岚镇街女子舞蹈队 成立于 2006 年，人员 30 人，主要是居住在大岚集镇的一些妇女舞蹈爱好者，她们利用业余时间在集镇街道广场，不定期地举行健身舞、广场舞、排舞、戏剧、文体等活动。2008 年参加余姚市“女儿圈”表演，获三等奖；2012 年参加余姚市电视台“欢乐大舞台”，获三等奖；2017 年参加余姚市老年人“佳木斯”健身操大赛，获三等奖。

外来媳妇俱乐部 从 20 世纪 80 年代始，大岚外来媳妇渐多，多为来自湖南、贵州的打工妹，又通过亲带亲、邻带邻，逐步到大岚与当地青年结婚安家，有土家族、苗族、布依族、侗族、壮族、蒙古族等。为了使她们安心生产、生活，以大岚村为主，在2007年成立了外来媳妇俱乐部，充分发挥她们的特长，每当节假日，在村“欢乐大舞台”表演各种节目，并挑选好节目参加市级表演。2012年8月参加新余姚人才艺大赛，获得三等奖。外来媳妇俱乐部在2015年被评为余姚市“贴心娘家”。

大岚茶艺队　2015年5月，为了更好地宣传大岚的高山云雾茶，大岚镇的一些年轻妇女自发成立了茶艺队。茶艺队在编队员有25人，平均年龄30岁。自茶艺队成立以来，茶艺队员们都会利用午休时间排练茶艺，学习茶文化知识，更在立足大岚特色的基础上编排了主题茶艺《岚山情》，受邀登上了余姚市第七届科普艺术节的舞台，获二等奖。此外，茶艺队还多次受邀到镇敬老院、乡村大舞台等公众场合表演茶艺。

文艺宣传队　20世纪70年代，各村成立文艺宣传队，文艺宣传队主要为当地群众宣传毛泽东思想、革命京剧现代样板戏、越剧等，后逐步改为“青年之家”“青年民兵之家”。

丹山锣鼓队　20世纪80年代初，大岚6个民间艺人自发组织，成立丹山锣鼓队，平时为村民红白事吹吹打打，节日参加镇村活动，如欢乐大舞台演出、参加市会演等。

文化产业

主要是余姚市浙东四明山书画院。该画院占地3.33公顷，建筑面积9000平方米，由数幢仿明清古建筑群组成，风格古朴典雅。内有一小园林，遍植竹木，间叠奇石、亭台、瀑布水帘，可漫步、可登攀，可休憩、可远观。中心拥有餐饮、住宿、会议室、娱乐、茶吧、书画创作展览室、阅览室等设施，其中住宿客房有套房、标准房80间，餐饮包厢大厅齐全，可同时容纳200人就餐，大、中、小培训室和会议室三个，音响设施、多媒体设施齐全。培训中心自开业以来，已举办大型书画展览6次、全国围棋甲级联赛及培训6次、中秋民乐茶话会等艺术体育活动5次，同时多次承接上海、杭州、宁波以及市内外企事业单位培训、拓展、总结表彰、论坛等会务活动。先后成为中央艺术研究院、中国美院写生创作基地，中国茶叶研究院农科实践示范基地，浙江大学学生实践基地，围棋大师江铸久、芮乃伟“江芮围棋四明山工作室”。中心拥有一支素质高、管理强、业务精、服务好的管理团队和业务团队，同时聘请一批省市内外知名的艺术界、教育界、管理培训界人士担任本中心的辅导教师，为各企事业单位开展培训活动提供服务。

山里的业余文化生活

第四节　其他民间文化表现形式

美术

四明山书画院建成后，成为中央艺术研究院中国画院、中国美术学院国画系的写生创作基地，设有专家楼、专家工作室，一大批画家每年分期分批到大岚创作。2013 年 4 月建成后已举办大型书画展览 6 次，展出作品达 1000 余件。四明山书画院的开办，掀起境内美术事业的热潮。

书法

20 世纪 80 年代，大岚爱好书法者甚多，有“明山野农”鲁才良、沈捷等，鲁才良书法作品曾获浙江省老年书法大赛三等奖、宁波市余姚老年书法比赛一等奖。沈捷书法作品也曾获余姚青年书法比赛一等奖。

2004 年 2 月，柿林外国人学中国画

摄影

大岚境内云雾缭绕、风光秀丽，一直是摄像爱好者的创作基地，每年举办的茶文化节、丹山赤水柿子节常常吸引一大批摄影爱好者的到来。2011 年，大岚镇政府与余姚市摄影家协会合办“走进神奇大岚、寻找美丽乡村”摄影比赛，选出一等奖 1 名、二等奖 3 名、三等奖 10 名，

优秀奖50名。2013年浙江省摄影家协会、余姚市四明山旅游开发办公室，大岚等乡镇合办“美哉四明山”摄影大赛，大岚有26幅作品获一等奖及其他奖。

2013年10月，中国国际茶文化研究会与浙江省摄影家协会合办“中国美丽茶园”全国摄影大赛，大岚域内获各类奖17幅。

大岚摄影爱好者的作品也多次在各类摄影比赛中获奖，并在中国《国家地理》及各种报刊杂志发表。

越剧演唱

后朱村朱娟仙从小爱好越剧，利用业余时间学习越剧演唱，多次在大赛中获奖。

1993年12月，在浙江省越剧卡拉OK电视大赛中获二等奖。

1994年，在华东地区越剧卡拉OK大赛中获二等奖。

1999年，在浙江卫视《戏迷擂台》栏目举办的越剧梁祝实景演绎擂台赛阶段总决赛中获一等奖。

1999年10月，在浙江卫视《戏迷擂台》栏目举办的戏迷巡回擂台赛余姚站的比赛中获总擂主奖。

2000年，在浙江省广场文化艺术节江浙沪越剧名票邀请赛中获金奖。

2002年，在中国戏剧家协会举办的“利群”杯全国越剧票友大赛中获成年组一等奖。

2004年，荣获“黄龙杯”第二届全国越剧演唱大赛浙江选拔赛金奖。

2006年，在中央电视台《过把瘾》栏目总决赛中获一等奖。

第二章　广播　电视

第一节　广播　电视

大岚镇广播电视站始于1969年，前身为大岚公社广播放大站，8月筹建，1970年正式建立，当时只是负责转播余姚广播站的广播节目，设施十分简陋，站址位于老集镇街道的一处民宅内，也就是现在的丁家弄17号。广播信号线路经鹿亭、白鹿到大岚，接收后再通过变压器等设备进行转播，广播范围包括当时的大岚公社下的16个大队和东潘，向2000余户近一万名村民提供广播服务。

自1970年，在丁家弄内开始大岚第一次广播以来，事业逐步发展，广播喇叭也从原来的舌簧喇叭发展到高音喇叭、压垫喇叭。到1983年撤社建乡时，有23个村共400多只喇叭，其中，高音喇叭各村按村大小安装1～2只，分别为5～25瓦的高音喇叭。1992年前后，雅庄村始用铜圈喇叭。1993年，广播入户率近70%。广播维护经费主要由各村每年按村大小上交30至80元不等的经费，以及公社、镇给予的部分补贴。1988年，开办站广播自办节目，每周开办2档新闻，星期一、星期五首播，星期三和星期日重播，还在各村建立了以村会计、团支部书记为主的通讯员队伍。

20世纪80年代末，大岚开始发展电视事业，从商量岗差转台接收信号，90年代初，大岚站在凉风岗建起了差转台，添置了2台功效为5瓦差转机，主要转播余姚台和东方台节目。1994年，开始发展有线电视，并专门在镇政府大楼上安装了两台卫星无线接收器，接收电视台频道6个，后又逐步发展，增至12个频道。1994年上半年，首批丁家畈村100余户居民看上了有线电视，之后，全镇各个行政村陆续开始安装有线电视。有线电视从接收卫星信号发展到光缆传输。2006年，镇政府出资购买第一台摄像机。到2011年，全镇有线电视用户近3000户，2011年5月站开始正式启动数字电视工程。到2015年4月底，14个行政村共有数字电视用户3152户，宽带用户200余户。2015年7月，应急广播终端实现各行政村全覆盖，镇广电站设播发分中心，在应对自然灾害,公共卫生等突发事件时发挥应有作用。至2017年拥有一整套电视采编播放设备。

由于事业发展的需要，大岚站站房不断调换。站房从丁家弄搬到太祖庙15号，不久又搬到现镇中学旁一处房子内，再搬到现太祖庙16号左边的三间平屋内。1986年，搬入镇政府大楼，直至2012年4月搬至太祖庙17号。

筹建之初,广播放大站只有职工1人,后又有1名部队转业人员加入到广播队伍中来。1970年,真正意义上的广播放大站开始成立，站里有 1 台 275 瓦的电子管扩音机，增加了口播等功能，人员又有增加。1992 年撤区并乡，华山广播站并入大岚广播站，共有职工人数 4 人。到 1993 年，站 4 名职工全部落实了正式编制。2017 年有职工人数 5 人。

第二节　电影

放映

1970 年，县举办“赤脚放映员训练班”，大岚公社派 2 人参加培训。年底，大岚公社电影放映队成立，有放映员 2 人，8.75 毫米放映机一台，负责大岚、华山 2 个公社的放映任务，到各大队巡回放映，坚持每月一场。放映前，由大队派人到公社肩挑或拖拉机装运放映机到村，然后到各村广场或大会堂放映，由于当时文化活动少、观看人员多，各村都在露天广场放映。用三枝毛竹搭起架子拉幕布，几乎场场人山人海。1980 年，华山公社组建放映队，有放映员 2 人。1987 年电影放映机改为 16 毫米。2002 年撤销电影放映队。

拍摄

1995 年起，由市文化局主办、市电影公司承包，每年一届“四明山电影节”，作为送文化下乡的主要内容，每月每村放电影一场。

1979 年夏，上海电影制片厂到大岚柿林拍摄电影《曙光》，达式常等著名演员在大岚拍摄一个月。大岚的几百个民兵穿着红军军装，做群众演员。

随后，电影《山花》、电视片《百家姓·沈姓》《国家干部》等均在柿林拍摄外景。

第三章　体育

第一节　群众体育

境内传统体育项目有武术、游泳、棋类、跳绳、踢毽子、摔跤等，另有舞龙、踩高跷、甩镰刀等常在元宵灯会，迎神赛会上表演。

武术

由于大岚特殊的地理位置，历来受匪寇兵事之害，为防身健体，民间习拳练武相沿成风。明末清初，在大路、东潘一带驻有黄宗羲的抗清义军，他们操练时附近百姓先看后学，逐步形成一路拳术。在四明山一带说起“大路人的拳头”，稍有名气。沿至今日，一些年过八旬的老人，还有时露一下拳术。

游泳

境内山塘水库密布，每逢盛夏游泳甚为普遍，男性青少年尤多，把游泳当作洗澡。1993 年后，因山塘水库逐渐当作饮用水源，水库中游泳者日趋减少。

棋类

山区一直有棋类活动。明清时期，大岚域内山上有多处山顶岩石称“棋盘岩”，岩石平面刻有象棋、十字棋棋盘，山民在山上干活时稍事休息时，也会弈上几盘棋。小孩在山上放牛羊，也相互进行棋类比赛。解放后，村里有象棋、陆战棋、弹子棋等活动，公社、大队还举行不定期的棋类比赛。

球类

以篮球、乒乓球、羽毛球为主，开始限于学校。由于解放初条件差，没篮球架只在墙壁上画个圈投球或相互抢球；乒乓球用两张课桌中间放几块砖头，球拍也是木板做的；羽毛球开始也用鸡毛做的，球拍也是木板。后这些球类运动在群众中广泛普及。

老年体育

1985 年，成立乡老年体育协会，后每两年举行老年人体育运动会，协会还结合重阳节、茶文化节、丹山赤水柿子节开展各项活动。

樱花之旅登山大会

2004 年，镇老体协组织退休教师及各村老年人举办飞镖、原地投篮和象棋赛，同时筹建了山区第一个门球场。

2007 年，镇老体协积极组织老年人开展各类形式的健身活动，一是组织镇、村门球队先后参加余姚市第四届村级门球赛和乡镇街道门球赛；二是排球队参加余姚市第二届老年人气排球比赛；三是参加余姚市第十三届社会主义新农村运动会，并取得了较好成绩。9 月份，在此基础上，请市区老师上山传授广场舞，参加人数 50 人。为配合第五届“丹山赤水柿子节”活动，组织各村老年人 60 人参加“九九重阳，魅力丹山”登高活动。

2010 年，组织雅庄村代表大岚参加余姚市第十五届社会主义新农村老年人运动会；镇门球队参加乡镇间邀请赛；举办“大岚金秋门球友谊赛”；全市 32 支门球队参加比赛。举办柔力球培训班，参加人员 40 人。

2013 年 6 月，举办镇老年人象棋选拔比赛，16 个团体参加；7 月举办全镇老少同乐门球赛；2014 年，举办老年人登华盖山比赛，参加队伍 17 支；2016 年，举行老年人佳木斯健身操展示活动；2017 年 4 月，举办兜球培训班及比赛。

第二节　学校体育

体育课

20 世纪 50 年代，多数学校每周开设 2 节体育课。1958 年“大跃进”时，体育课多被劳动课取代。“文化大革命”期间，以简单的军事训练代替体育课。70 年代后期体育课恢复正常。1985 年，中小学试用省编体育课本。1986 年后，中小学全面开展“达标”活动，组织开展体育课教研活动，以提高体育教学质量。

中小学体育与健康教学大致可以划分为三个阶段：第一阶段为 1988—1991 学年，分设体育、卫生课堂教学。中小学每周上 2 节体育课，每学期授课时数不少于 32 节。第二阶段为 1992—2002 学年，义务教育阶段实行体育卫生融合教学，开设“体育与保健”课。课时数：小学一至二年级每周 2 节，三至六年级每周 3 节，初中一至二年级每周 3 节，初中三年级每周 2 节。1988 年、1994 年因实行新工时制，调整为在科技文化活动课中每周安排 0.5 课时用于健康教育。第三阶段为2003—2009学年，进入新一轮课程改革。

1989—2010年，初中的体育成绩与升学挂钩。1989年起，规定“体育不合格的学生不得报考高一级学校”。1991年起，重点中学招生进行体育加试。1993年起，实施高中升学考必须加试体育的制度。2010年，中考体育设定日常成绩与考试成绩两部分，总分为30分，记入升学录取总分。体育分构成包括考试项目20分：体能项目（耐力）10分、速度项目（跳跃、力量、技能）10分；日常成绩10分：学习态度（出勤率、学习表现）4分、学习能力（体育活动学习能力、体质健康标准测试成绩）6分。

体育锻炼

20世纪50年代，学校体育场地普遍不足，设备简陋。课余体育活动多为踢毽子、跳绳、拍皮球等。50年代末，课余体育活动得到重视推广。1958年推行第一套少年儿童广播体操、眼保健操。20世纪70年代至2004年，形成“两课、两操、两活动”（每星期2节体育课，每天做广播体操、眼保健操，每星期开展2次课外活动）制度。

2005—2010年，学校实行大课间体育活动制度，并将大课间活动写进日课表中。2006年，市教育局下发《余姚市教育局关于印发余姚市中小学生课外、文体活动工程实施方案的通知》。2006—2010年，实施体育、美术2+1项目（两项体育运动技能和一项艺术特长）。

学校业余训练

20世纪70年代后，各学校根据自身条件，成立球类、田径、棋类、体操等运动队，利用课余时间进行训练，并开展竞赛活动。小学从2001年起成立了学生羽毛球队，并先后于2001年获得余姚市首届中小学生羽毛球比赛小学组男团体第三名，女团体第三名；2002年获余姚市第二届中小学生羽毛球比赛小学组女团体第三名，男团体第八名；2003年获余姚市第三届中小学羽毛球比赛小学组男团体第五名，女团体第五名；2004年获得余姚市十二届运动会羽毛球比赛小学组男子团体第六名，女子团体第五名；2006年获余姚市第六届中小学羽毛球比赛小学组团体女子团体第三名，男子团体第六名；2007年获余姚市第七届中小学羽毛球比赛小学部男子团体第七名，女子团体第六名；2008年获余姚市第八届中小学生羽毛球比赛小学男子组团体总分第四名；2009年获余姚市第九届中小学生羽毛球比赛小学组团体总分第四名。

俞斌大师给围棋新苗讲课

第三节 体育健身设施

民国时期，大岚由于经济基础差、交通不便，无健身设施。20世纪50年代末，中学开始有操场。操场两边安装篮球架，教室内搭设简易乒乓球台，体育设施简陋。80年代靠上级支持，个人捐助添置，体育设施有所改善。

2000年后，学校添设灯光篮球场、塑胶跑道，各村开始建设农民公园，添置健身场地，安装健身设施。2004年投资15万元新建集镇第一个门球场。至2017年底，集镇有灯光篮球场1个，1000平方米。派出所、镇政府、卫生院、电管所、学校等单位有标准乒乓球室7间，灯光门球场1个400平方米，气排场、网架1件，健身路径10条。各行政村建造村落文化宫、农民公园、乒乓球活动室等。

行政村健身苑体育设施一览表

表22-3-1

行政村名称	人口总数（人）	场地总面积（平方米）	健身点数（个）	面积（平方米）	设施		开展项目
					器材	件数（件）	
大岚	1573	600	1	600	健身路径	30	健身
新岚	1299	1300	1	200	健身路径	10	健身
			2	60	乒乓球室	1	乒乓球
			3	40	棋牌室	1	棋牌
			4	1000	水泥篮球场	1	篮球
后朱	816	500	1	400	健身路径	20	健身
			2	60	乒乓球室	1	乒乓球
			3	40	棋牌室	1	棋牌
雅庄	1343	1940	1	800	健身路径	40	健身
			2	60	乒乓球室	1	乒乓球
			3	60	台球室	1	台球室
			4	80	棋牌室	1	棋牌
			5	1000	灯光篮球场	1	篮球
柿林	684	500	1	400	健身路径	20	健身
			2	60	乒乓球室	1	乒乓球
			3	40	棋牌室	1	棋牌
阴地龙潭	1034	400	1	400	健身路径	20	健身
			2				
			3				

续表 22-3-1

行政村名称	人口总数（人）	场地总面积（平方米）	健身点数（个）	面积（平方米）	设施		开展项目
					器材	件数（件）	
大俞	431	1300	1	200	健身路径	10	健身
			2	60	乒乓球室	1	乒乓球
			3	40	棋牌室	1	棋牌
			4	1000	水泥篮球场	1	篮球
丁家畈	539	860	1	800	健身路径	40	健身
			2	60	乒乓球室	1	乒乓球
			3				
			4				
南岚	1349	1860	1	800	健身路径	40	健身
			2	60	乒乓球室	1	乒乓球
			3	1000	水泥篮球场	1	篮球
大路下	1023	500	1	400	健身路径	20	健身
			2	60	乒乓球室	1	乒乓球
			3	40	棋牌室	1	棋牌
戴糜	675	500	1	400	健身路径	20	健身
			2	60	乒乓球室	1	乒乓球
			3	60	棋牌室	1	棋牌
华山	547	400	1	400	健身路径	20	健身
黄家庄	629	660	1	600	健身路径	20	健身
			2	60	乒乓球室	1	乒乓球
上马	726	440	1	400	健身路径	20	健身
			2	40	棋牌室	1	棋牌

第四章　文物古迹

第一节　市级文保单位

赤水桥

位于柿林村，南北向跨赤水溪，清咸丰九年（1859）始建，至清同治元年（1862）建成，为里人沈云章募建。1920年毁于山洪，民国11年（1922）重修。单孔石拱桥，桥长30米，桥孔净跨12.8米，拱矢高10米，桥宽5.08米，两侧置望柱、栏板，南北各有10级台阶。2001年5月，被公布为余姚市文物保护点，2010年4月，由余姚市人民政府公布为市级文物保护单位。

羊额古道

始建于南宋嘉定年间，历代皆有修建，旧时为沟通梁弄与大岚的重要通道，对促进山区对外交流和经济社会发展曾发挥重要作用。古道和万春庵，益家桥、天平桥及“羊额古道”摩崖题刻等景观保存较好。2010年4月，被公布为市级文物保护单位。

沈氏宗祠

沈氏宗祠位于柿林村，建于清道光、咸丰年间，坐南朝北，由门厅、大厅和东西厢房、戏台组成。门厅前有照壁。门厅、大厅各五开间，厢房各三开间。大厅前设卷棚，雕刻精湛，图案生动。2014年，被公布为市级文物保护单位。

朱家一本堂

朱家一本堂位于后朱村，为当地朱氏祠堂，民国24年（1935）建。祠堂坐西朝东，由大厅、厢房、戏台等组成，格局完整，雕刻保存较好，体现四明山区民国祠堂建筑的特色。2014年，被公布为市级文物保护单位。

后朱一本堂文艺演出

第二节　其他名胜古迹

四窗岩

在镇境东南大俞山巅，有一长方形悬崖，崖上有四洞穴，宛如窗户，唐刘长卿诗云“苍崖倚天立，覆石如覆屋，玲珑开户牖，落落明四目”，四明山因此得名。四窗岩为四明山第一名胜，岩高30余米，长约50～60米，腰部排四洞穴，中隔三石，分一室为四，大者可容10余人，其中三洞相通。旧志载，一洞洞顶悬石如鼓，上题“悬鼓”，洞口悬石若磨，上题“垂磬”，两洞间巨石上题“片云”。今俱剥蚀。《幽明录》《太平广记》等古籍记载，四窗岩为东汉刘晨、阮肇遇仙之地，明张瓒《石窗》诗曰：“自从刘阮游仙后，溪上桃花几度红”，即指此事。岩下深谷有清泉碧潭，四周奇峰兀立，不远处芙蓉顶上有屏风岩，上刻汉隶“四明山心”，为一胜景。

丹山赤水

在峙岭村东溪边，沿溪悬崖峭壁数里，高数十米，陡不可攀。石呈褐红色，岩缝中间生杂树，岩树花草，红绿相间，风景优美。据黄宗羲《四明山志》载，此地古名杀羊岩，相传仙人“杀羊渍血为此”，“是丹山赤水之证”。壁下溪名赤水，上有“赤水桥”，溪中岩石大小各异，下有镬盖潭、冷龙潭、白鲞洞等景点。附近尚有鹰岩洞、幢起岩等石景。

俞氏宗祠

位于大俞村田屋里103号，现存建筑建于清咸丰元年（1851）。据谱牒载，俞姓始祖约400年前从嵊县乌坑迁来。祠堂坐北朝南，西侧为大溪。由门厅、正厅及东西厢房组成，门厅明间筑有简朴的戏台。门厅硬山顶平屋，面阔三间二弄。前辟廊，明间梁架为抬梁式。正中设戏台，朝向正厅。正厅高平屋，马头山墙，面阔三间。明间梁架为抬梁式，四柱七檩。前辟廊轩，后设神台。前檐柱上施十字拱承撩檐檩。

俞氏宗祠格局基本完整，装饰质朴自然，体现了山区祠堂建筑的典型面貌。

戴氏祖堂

位于戴縻村戴王自然村，坐西朝东，为清代建筑。祖堂为硬山顶高平屋，三开间。明间抬梁式梁架，四柱落地。抬梁为较粗的方梁，金柱也为方柱，柱础为鼓形。次间穿斗抬梁混合式，五柱八檩。前设廊。戴王村为戴氏、王氏两姓聚居，戴氏祖堂在村内具有重要的地位。祖堂主体保存较好，装饰朴素，是大岚典型的宗族建筑。

陈宫庙

位于戴縻村縻山自然村，清代建筑。据说该庙为上虞大王庙内之神的分祀庙，传该神有十子，陈宫庙内祀奉之“将军”为其第三子。该庙由大殿和前殿组成，山门朝北，两殿之间为天井。

大殿坐东朝西，硬山顶高平屋，面阔三间。明间梁架为抬梁式，前设檐廊，后置神台。檐廊施月梁，檐柱上施牛腿。梁枋、牛腿、云头、雀替等部位雕神仙人物故事等图案，保存较好。前殿坐西朝东，结构和装饰与大殿相似，但用材略差。

陈宫庙格局完整，结构和装饰富有特色，具有一定建筑历史价值。

南畈庙

位于黄家庄村黄家庄自然村牛山脚，清代建筑，坐北朝南，偏西，由前殿和大殿组成，中为天井。

前殿为硬山顶高平屋，面阔三间，明间为抬梁式梁架。后檐柱施牛腿，牛腿雕花卉图案。明间正中四柱间原建有戏台，现存卷棚式藻井。大殿硬山顶高平屋，三开间，明间为抬梁式梁架，前檐设廊，后檐辟有神台。

该庙结构简洁，装饰较为朴素。

明山庙

位于雅庄村大陈自然村东南山间一高台地上，清代建筑。

该庙坐北朝南，偏西。前后两进，前山门，后大殿，中为天井，原有戏台已无存，占地313.73平方米。山门为硬山顶高平屋，面阔三间，明间辟外八字结构墙门，大门前置廊。大殿也为硬山顶高平屋，三开间，明间为抬梁式梁架，牛腿、穿枋、梁头、雀替等雕刻精致，施有彩绘。

明山庙结构和装饰颇具特色，在姚南山区中可谓突出的一例。

临溪殿

位于上马村下马自然村，坐北朝南，为清代建筑。原有前殿、大殿及两厢房，解放后拆除前殿及厢房。2003年复建前殿及厢房。

大殿为硬山顶高平屋，五间一弄。明间抬梁式梁架，四柱落地；次、梢间穿斗抬梁混合式结构，五柱八檩。前檐设廊，檐柱施牛腿承撩檐檩，牛腿雕人物故事图。

该庙大殿保存较好，雕刻精致，具有一定特色。

甘竹庵

位于新岚村甘竹自然村，坐北朝南，为清代建筑。原有前殿、大殿及两侧厢房组成，现仅存大殿，其余建筑均为后期所建。

大殿为硬山顶高平屋，五开间。明、次间为抬梁式梁架，四柱落地；梢间为穿斗抬梁式混合结构，五柱八檩。梁架用材宽扁粗大，边角施卷云纹雕刻。前檐设廊，施卷棚，抱头梁上雕人物故事图，边角雕花草纹。牛腿用镂雕、线雕等手法雕刻人物故事图。明间神龛处镶嵌一石匾额，长1.1米，宽0.5米，其上阳刻有“革故鼎新”四字，为清同治年间刻。

甘竹庵大殿气势庄重，雕刻精美，在余姚地区庙庵建筑中具有一定代表性。

鲁氏老宅

位于雅庄村，坐北朝南，为清代民居建筑，由门厅、主楼及两侧厢楼组成，厢楼现无存。

门厅为硬山顶平房，三开间，穿斗抬梁混合式梁架，三柱五檩。明间辟外八字墙门，前设廊，置卷棚，雕人物故事、凤纹及荷叶纹。前后檐柱均设牛腿承撩檐檩。主楼重檐，三开间，东西马头山墙。穿斗抬梁混合式结构，七柱十檩。前檐设廊，置卷棚，雕卷云纹。檐柱设牛腿承撩檐檩，牛腿雕人物故事。明间原设六扇花格门，现无存。地面为三合土。

老宅木雕精美，题材丰富，有一定的建筑历史价值。

王氏老宅

位于戴麋村戴王自然村，坐西朝东，为清代建筑，现存主楼、马厩及南墙门。据传此宅为清代在苏州经营山货的王孟兰所建。主楼硬山重檐，五间两弄，穿斗抬梁混合式结构，七柱十一檩，前设廊，置卷棚，雕花卉图。檐柱施牛腿承撩檐檩。牛腿雕静物、花卉、陈设、凤鸾等。南侧一间马厩，穿斗抬梁混合结构，三柱五檩。该宅格局虽已不完整，但其主楼门窗、卷棚及牛腿雕刻精致，题材丰富，反映出余姚地区传统民居的基本风格。

马氏老宅

位于上马村新屋里自然村，清代民居建筑。该宅坐北朝南，偏西，前有门厅，后为主楼，两侧厢楼，呈四合院式。中为块石铺砌之天井，设甬道。

主楼为马氏之祖堂，为村中红白事举办处，硬山重檐，面阔三间，明间穿斗式梁架，九柱十檩，无搁栅楼板，前檐设廊，檐廊两边山墙辟拱券门。门厅硬山重檐，面阔三间一弄，明间穿斗抬梁混合式梁架，五柱七檩。两厢楼各七间一弄，穿斗抬梁混合式梁架，五柱八檩。

该宅格局完整，用材朴素，体现姚南山乡传统民居的基本风貌。

莲峰庵

位于柿林村西南，邻近沈氏宗祠，因四周山峰状似硕大莲花，故名。初建年代不详，现庙为清代所建，1994 年重修。该庵面朝西南，由主殿与两庑组成合院，西庑明间辟门。

第三节　碑刻

碑刻，旧时多见于寺庙、祠堂、凉亭、冢墓等，以石质不易磨损，多用于刻官府告示、祠规庙产、墓主生平、述事记功等。境内古代碑刻很少，多为近现代。

柿林碑刻群

丹山赤水　位于柿林村下赤水桥北侧悬崖岩壁上。北宋政和年间（1111—1118）徽宗御书“丹山赤水洞天”赐四明。

建造峙岭沈氏宗祠记　该碑位于柿林村沈氏宗祠内，碑文如下：

峙嶺沈氏自吾祖林十五公以来舊無宗祠於道光四年間有宗長文爵公者率同董事立珍昌辉昌佐成銀起創建之議將各房下每丁派錢七百文派工十日每婦人派膳飯廿日族内有餘之家另加捐助議定遂卜基於陽宅右首官山側建造宗祠五間其木料俱出於興一興五盛一茂十七榮三十一華三十三公等祭山内然規模雖具功成未告延塌多年幾至崩頹即嗣后宗長立珍公亦不過略加修葺已耳至道光十五年宗長軼羣公繼起念切先靈不忍有初鲜終爰是邀同各房支長另擇董事昌復成文成允协同前董事昌輝昌佐將各房祭田公議折便外另議每丁派錢一百添造前進五間并左右一切墻砌告成進主廟貌之盛美哉輪奂神位之尊序以昭穆鸣呼經瑩創始雖由前人而聿觀厥成不甚賴有后之宗長與董事歟兹當譜牒告成因録其寶以附簡末且以爲子孫之急公者勸焉。

録自民國廿年峙嶺沈氏宗譜，刻於公元貳零壹陸年臘月。

重修沈氏宗祠碑记　该碑位于柿林沈氏宗祠内，碑记全文如下：

盖树木根本固者枝叶茂，祖宗思泽厚者子孙兴。宋时沈氏先祖定居江口，迨元末明初，太隆公卜居峙岭，繁衍生息。沈氏宗祠堂名“忠清”，肇建于清道光四年，时仅后进正厅五间。道光十五年增建前进。咸丰二年修葺前后两进，并增建左右厢房及照壁。公元一九九四年大修。二〇一四年列为余姚市级文保单位。

今逢盛世，国运昌隆，惟吾宗祠年久失修缮，宗祠乃追远报本、惠及子孙之善举迫在眉睫。赖国家资金襄助，循文保规范，择能工巧匠，于二零一六年夏末吉日开工。初屋西翻修、葺墙缮壁，继之铺砌天井卵石、木构油漆保养，乃至重列祖先业绩。历时五月有余，耗资百余万元，于同年腊月告竣。期间，各界人士鼎力支持，本族贤能全程督理。事成，上慰先祖在天之灵，下表子孙感念之意也。此乃盛举，勒石为记。

时在公元二〇一六年岁末阖族仝立

钦旌节孝碑　该碑位于柿林村入口处，碑原文如下：

钦命浙江巡抚提督军务粮响加三级刘彬士奉

圣旨钦旌节孝已故儒士沈明忠之妻徐氏

大清道光十一年岁次辛卯三月　吉日

丹山赤水题记该碑　立于柿林村下去赤水桥路边，碑文如下：

中国道教以修德性、学道登仙为胜事，而修炼之地必选佳山胜景大小洞天。代代道士布履处处，严校细勘，至唐司马承祯排定四明山洞为三十六小洞天之九，名曰丹山赤水洞天。后由宋徽宗御书此名赐予四明，天下皆知。

丹山赤水所丰，岩峻谷深，石赭溪碧，竹密柿硕，境幽气清，历代诗人多有题咏。李白有“四明三千里，朝起赤城霞”之句；孟郊有“迥出万松表，高楼四明巅”之吟；宋代本地进士孙子秀更有“四明洞天居第九，巨秀劈石开窗牖”之记。尤为难得者，由此胜景衍伸，方圆皆学风醇厚、文物鼎盛，诚可谓洞天有灵、山水有魂。

近年余姚百业俱兴，丹山赤水又获重修，远近旅迹纷然，汇聚千年胜景焕然一新，余曾携妻畅游其间，步悠长木栈，看谷顶云影，听涧声鸟鸣，宛然如在梦中。今在异乡，忽又心驰，特书数语，以记思念。

余姚　余秋雨撰

姚江源头碑刻群

大岚茶事碑　该碑立于姚江源头茶仙祠后面茶园中，碑文如下：

八百里四明以大岚为轴。脉分舜江孝川，云缭丹山赤水，遍披香灰土最宜植茶。汉丹丘子示山中有大茗，晋《神异记》有述，乃大岚茶事至肇端。后人劈丘培茶，奉丹丘为茶仙，有祠焉。大岚以盛产名兰古称大兰，其茶有兰馥奇香。四明茶事，梨洲所述备焉，逮至宁波开埠，岚茶逐舶海外，茶业为威，足养生民，殊曲锋芒，各至春秋。今大岚有茶园二万五千亩，为浙江乡镇之最，称中国高山云雾茶之乡，盛产四明龙尖、瀑布仙茗，千年茶俗，百代茶韵，遂成岚山文化一脉，天赐佳茗，神人共赏，余韵流风，继启后人，是为记。

公元二千零七年春　宁波市人民政府立

姚江源头碑记　该碑位于大岚村眠岗姚江源头茶园中，碑文如下：

余姚江为余姚第一大江，其源头何处，有关志中典著记载不一，因而使河流长度、水量及流域面积，难以测定，影响了流域的规划、治理和水资源的开发利用，有鉴于此，市人民政府赞同，组织市水利局，城乡建委、民政局、交通局、气象局、地名委员会办公室、市志编委会办公室、地理气象学会、水利学会等部门和团体有关人员，在宁波市姚江水文水资源勘察队、上虞市水利局的专业技术人员参与下，组成余姚江河源科学考察队。

自一九九0年开始，先后四次进行实地考察和测量，按照河源标准对比分析，形成专题报告，一九九三年三月三日，经浙江省宁波市有关专家组成的余姚江源头考察报告评审委员会评审确认：四明江为余姚江正源，源头在大岚镇夏家岭村左米岗头、左坡，通明江是姚江最大支流。

特立此碑为志

余姚市人民政府立

一九九四年

考察队：队长：徐林苗

副队长：汤长根　杨信候

顾问：章亦平　朱家龙　戴国华

碑文撰书：章亦平　魏振纲　杨颖

姚江源头青年林碑　该碑位于大岚村姚江源头，2005年，宁波市委书记巴音朝鲁为鼓励共青团组织在姚江源头造林，题字：“姚江源头，青年林，己酉年巴音朝鲁”。

红色碑记群

大岚革命烈士纪念碑　该纪念碑位于丁家畈村，碑文如下：

大岚，峰峦叠嶂，地势险要，历来为兵家必争之地。

四明抗战开始后，这里成为浙东革命根据地要腹。一九三九年五月，中国共产党在柿林村成立山区第一个地下支部，领导广大军民开展了艰苦卓越的革命斗争，谱写了许多壮丽的史篇，无数英雄儿女为此长眠在这片红色的土地上。值新中国成立五十周年，为缅怀先烈，弘扬传统，教育后人，遂在原余旭、褚世義、沈荷花三烈士土墓基础上，新立此碑。大岚镇人民政府，一九九九年十月。

正面镌刻由中共中央党校原常务副校长、浙江省委书记薛驹亲笔提书的“革命烈士永垂不朽”几个大字。纪念碑建于二层高台上，碑高约9米。

红岩战斗英雄纪念碑 该碑位于大俞村永春桥东。分有二块，分别高1.8米和1.5米，花岗岩质。一为“红岩战斗英雄牺牲纪念碑”，二为“蓝碧轩烈士纪念碑”，为纪念在1943年11月19日浙东第二次反顽自卫战红岩头战斗中牺牲的新四军浙东游击队第三支队第一大队大队长蓝碧轩等同志而立。

夏采冬纪念碑 该碑立于羊额岭头，碑文如下：

一九四一年五月三十日，为阻止日军进攻大岚，夏家岭村民夏采冬以石垒为阵，抗守在羊额岭顶，由于半山的国民党部队不战而退，日军便衣队得以顺利上山，将夏采冬枪杀后剖腹割头。

大岚镇人民政府立

公元二〇一三年农历四月二十日

升仙桥碑刻群

前言 巍巍四明山，方圆八百里，二百八十峰绵延余姚、鄞州、奉化、上虞、嵊州等县、市、区。从汉代起，有众多的道家、隐士在山中炼丹采药，或隐身学道，留下大量的神奇传说，在余姚境内至今仍有许多遗迹可寻。

梅福 文献记载，早在西汉时梅福就来到四明山。梅福是江西九江郡寿春人，少有文采，曾任九江郡文学，补南昌都尉，见王莽篡权乱政，便辗转转入梁弄东明山隐居。在学道修仙之余，他还经常为山民治病，因医术高明被奉为仙人。梅福升天后，犹化作乞丐常到东明山井施放仙药，使山民解除病苦。至今东明山上梅福草堂遗迹仍依稀可辨，梅仙井清晰如故。

刘阮遇仙 据南朝刘宋时临川刘义庆《幽明录》记载，有一年，剡县（今绍兴嵊州）人刘晨、阮肇入天台山（是时四明、天台为一山，同谓之天台）采药，至溪浒迷路。两人见水中有桃花、粽叶顺流而下，猜测上流必有人家，遂顺溪而上，遇到两位穿绛裙碧衣的绝色女子。两女将他们接到桃源洞，以胡麻饭、山羊脯招待，并说：“妾乃天帝之女，居此数纪，吞天地之精华，食芝兰之淑气，今与君有缘”，于是双双结为夫妻。

刘樊升仙 东汉末年，有江苏下邳人刘纲为上虞令。刘纲性喜神仙方术，闻有一位得道仙人白道人（又称白君）隐居在梁弄白水山潺湲洞侧，便弃官挂印，偕夫人樊云翘双双拜白道人为师，在洞侧结庐学道。匆匆过了数十年，两人道术渐进，能檄召鬼神，禁制度化之事。相传刘纲为了检验自己的学道成果，经常与樊云翘较量法力，结果事事逊于樊云翘。学道既成，将升天，会交友于大兰山顶。刘纲攀援一棵荚树数丈，然后向上飞举，与众亲友挥手告别。樊云翘则在树下一座桥边，等一片祥云飘然而至，也脚踏彩云冉冉而去。

孔祐乘白鹿仙去 南朝梁时，会稽孔道隆、孔道微天师世家的从孙孔祐居樊榭学道。他曾见山谷中有钱数百斛，在他眼里不异于瓦砾，而樵者相取之，结果都化为瓦砾。有一天，一头白鹿中矢来投孔祐，孔祐养其创，痊愈后而去。数年后，白鹿再来投孔祐，孔祐遂乘白鹿仙去。后人在樊榭旁建鹿亭以纪念这件事。现在余姚尚有鹿亭、白鹿等乡村，名称都根据这个典故而来。

羊额古道 旧时人们从梁弄上四明山，须走一条叫“羊额岭”的古道。古道附近的山上，生产闻名中外的名茶——瀑布仙茗。关于瀑布仙茗及羊额古道，也有一段传奇故事。晋代王浮在所著《神异记》中说：“余姚人虞洪入山采茗，遇一道士，牵三百青羊，饮瀑布水，曰：‘吾丹邱子也。山中有大茗，可以相给。他日瓯羲之余，幸不忘也。’洪因立茶祠，是后往往获大茗焉。此岭所以名羊额也。”

梨洲的典故 东晋时，会稽人孙绰与族兄孙统同游四明山，偶得梨数枚，环顾左右，人迹杳然，怀疑为仙人所遗，便名其为梨洲山。明代诗人汪纶曾有诗云：“梨因孙绰来时见，桃是刘纲去后载。”清军入关后，黄宗羲率义军在四明山结寨抗清，后又在梨洲山下著述，遂以梨洲为号。

结语 唐代道士司马承祯编纂的《上清天地官府图经》和唐末杜光庭的《洞天福地岳渎名山记》中，都载四明山是道教三十六小洞天中的第九洞天，名曰丹山赤水洞天，由真人刁道林治之。在黄宗羲所编《四明山志》时，又将今余姚境内的菱湖山、梨洲山、大隐山定为道教三大福地，四明山由此又是名声大振。

四窗岩进口处碑刻群

石窗（皮日休） 窗开自真宰，四绕见苍崖。苔染浑成绮，云漫便当纱。棂中空吐月，扉际不扃霞。来会通何处，应连玉女家。

游四窗（刘长卿） 四明山绝奇，自古说登陆。苍崖倚天立，覆石如覆屋。玲珑开户牖，落落明四目。箕星分南野，有斗挂檐北。日月居东西，朝昏互出没。我来游其间，寄傲巾半幅。白云本无心，悠然伴幽独。对此脱尘鞅，顿忘荣与辱。能笑天地宽，仙风吹佩玉。

石窗（陆龟蒙） 石窗何处见，万仞倚晴虚。积霭迷青琐，残霞动绮疏。山应列圆峤，宫使接方诸。只有三奔客，时来教隐书。

石窗（黄宗羲） 高阁云中见，四窗一面连。梯空寻地穴，炼石举危天。宝镜开霜晓，朱帘卷暮烟。自从刘阮后，康乐亦遥传。

石窗（高士奇） 石岂仙人凿，窗疑玉女开。疏棂云直入，高牖月斜来。蜂蜜沾岩霍，蛇痕映碧苔。欲寻刘阮迹，疑是有楼台。

石窗（杨珂） 四明八百里，独此著山名。路险人无迹，山深石有灵。望中丹阙近，坐处白云生。从此频来往，晨昏遇伯经。

第五章　非物质文化遗产

第一节　民间手工艺

亮蔑爿制作技艺

历史沿革　旧时的柿林村还没有通电，煤油缺少，买不起蜡烛，为了照明，就地取材，用毛竹作为照明工具。

至20世纪60年代后，亮篾爿才完成照明的历史使命。

工艺流程　在夏天的时候，把老毛竹劈成篾，一般2米半一根，晒燥后，再用水浸一个月，撩起再晒燥。到晚上的时候，用火柴点燃晒燥的毛竹取光，这就是亮篾爿。

茶叶制作技艺

历史沿革　姚南四明山区种茶采茶制茶历史悠久。早在唐朝陆羽所著的《茶经》中就有余姚人入山采茶，得仙人丹丘子指点，得到大茗和产瀑布仙茗的记载。在每年春季谷雨前后，家家户户采茶制茶。如今传统工艺已被机械化取代，但在山区仍有传统方法制茶。

工艺流程　1. 采茶。春天谷雨前后姑娘、小媳妇上山采茶，以嫩脑叶为上乘。

2. 理茶。采下的鲜叶进行整理，嫩叶老叶分开。

3. 杀青。鲜叶下炒锅，经手工翻炒去掉水分。

4. 揉团。把杀青后的燥叶揉成茶团。

5. 解块。茶团搓散后放在茶囱上，搁在锅座上烘燥，成为“茶干条”。

6. 干燥。在茶灶炒锅上炒制茶叶，炉子应用文火，必须不停翻动。

7. 凉透。炒好的茶叶放在大竹匾中凉透。

8. 筛茶。茶叶过筛理出成品茗茶和碎茶。

9. 包装。把成品茗茶和碎茶分别包装或藏入密封的容器内。

手工制茶

烧炭技艺

历史沿革 四明山上有许多的柴梗、柴子，既不能成材，又妨碍其他作物成长，因此聪明勤劳的先民就废物利用，把这些柴梗、柴子砍来烧成木炭，既清理了山野土地，又能用来冬天取暖，实属一举两得。此俗至今尚存。

工艺流程 1. 先砍好柴梗或柴子，柴梗每根约一米长。

2. 用锄头挖好泥潭。

3. 在潭底用干柴点火。

4. 等火旺以后，把柴梗和柴子丢到泥潭里。

5. 砍好的柴梗烧完后，火很旺，可用水渍好的温草盖上。

6. 再盖上泥土约二寸厚，用双脚踏实，关键是不能出烟，一出烟木炭就会红掉变成灰，那就白浪费人力和物力资源。

7. 一天以后，等泥潭完全冷却后，炭形成，可使用。

布鞋的制作技艺

历史沿革 过去，山区人民生活贫困，平时都穿草鞋和箬叶鞋，只有在节日休闲时才穿布鞋。布鞋在山区如同奢侈品，而且山区妇女也不同于平原妇女，不是个个都会做布鞋。因此大岚镇上有鞋铺，绱鞋匠还都是男的，他们力大心细，做的布鞋平整结实，因此颇受山民欢迎。即使现在皮鞋、塑料鞋充斥市场，布鞋仍受中老年人青睐。

工艺流程 1. 打鞋底样。

2. 做鞋底。用破布或碎布沾糨糊（用米粉）粘贴成 1 厘米厚的鞋底，用麻线一圈圈衲针成较硬的鞋底，修正平待用。

3. 选鞋面料，9 寸，画面样。

4. 粘贴里布烘干剪下。

5. 布面与鞋底定位，一般前后先定位，后左右，然后手工用针线固定成型。

6. 用鞋楦头修正成型，美观大方，舒适合宜。

7. 布鞋底四周用石膏粉烫平，即成。

土纸制造技艺

历史沿革 大俞村过去一直以新毛竹制造土纸作为家庭副业。中华人民共和国成立后，因外地机器生产纸张既快又好，使传统的土纸生产逐步淘汰，现已无人制作，这技艺已处于失传状态。

工艺流程 1. 毛竹山大年出起来的毛笋，长高后变成毛竹，这就是新毛竹。在新毛竹快要抽出毛竹梢的时候，把新毛竹砍倒，斩掉竹脑竹梢。

2. 把新毛竹捆牢，背到纸塘边，把它斩断劈开。

3. 把劈开的毛竹爿放入纸塘内，放一层毛竹爿，放一层石灰。

4. 腌到三个月后，把纸竹捞起。只剥起一层毛竹青，是废品。

5. 毛竹篾用水碓臼碎成细粉。

6. 把毛竹粉倒入槽桶槽里，槽桶把清水灌满，用木棒搅浆。

7. 用竹帘把槽桶里纸浆捞起，把竹帘放入别笼烘干，成为土纸。

8. 把土纸整齐叠弄打捆扎实，用铲刀把土纸四周毛边割平，就制造成土纸。土纸割下的毛边就是纸毛。

老烟丝制作技艺

历史沿革　大俞村古代居住在偏僻山村，由于生产、通信、交通落后，山上野兽成群，农作物毁坏，村民依靠种老烟，制作烟丝为业，既可自吃，也可出卖兑换大米，

中华人民共和国成立后，生产生活条件逐步改善，老烟种植逐步减少，改种农作物，现已无人制作老烟丝了。

工艺流程　1. 烟叶成熟后，烟叶老一爿剥一爿。

2. 剥下的烟叶一爿爿摊在烟帘上。

3. 烟叶摊满后上面再放上一张烟帘，用烟帘棒把上下两张烟帘夹住穿牢。

4. 把烟帘挂在向阳的墙壁上晒干。白天晒出，晚上收进。

5. 烟叶干燥后抽出烟筋，把烟叶堆在竹簟里，做一格老烟用 15 千克烟叶。

6. 0.5 千克烟叶喷入 25 克菜油及适度水。

7. 制作人脚穿头发袜，当地古代人用头发织成的袜子。

8. 用一块木板，把烟叶放在木板上，用烟刀切掉四周，成方块形，按上烟捆扎实。

9. 再用烟刀切开长方形，把长方形烟叶互相叠弄，用绞棒绞实，烟捆麻绳捆牢。

10. 用烟刨刨成烟丝。

11. 将烟丝均匀细揉。

12. 再用烟囱用文火烘烤。

13. 烘干后即成老烟，用土纸包装，每包 250 克，放入干燥处储存。

第二节　食品加工

番薯胖制作技艺

历史沿革

番薯是山区的特产，山区老百姓根据番薯饱含淀粉的特性，制作出各种番薯制品，供平时消闲用。

工艺流程

第一种方法：

先把番薯洗净，去皮，切成片；然后放在锅架上蒸，蒸熟后晒干；最后用洗干净的溪坑里的沙炒。这样炒出来的番薯片香脆，味道好。

第二种方法

把洗净去皮后的番薯放水煮熟（水少量），趁热用锅铲剁烂，变成糊状，可加芝麻、生姜粉、橘皮拌匀。然后放在特制的长方形番薯制板上（此板四周有一圈约3毫米的沿，板底放有干净的纱布），番薯与板沿相平，晒干。此时的番薯干易储存。随时可切成条状，用干净的溪坑里的沙炒。冷却后，与竹筛筛下，味道松脆。

番薯渣酒的酿制技艺

历史沿革

过去的人一般都自己做酒，既方便又纯正。而大岚地处山区，番薯是当地的特产。人们想尽办法，让番薯全身变成宝，连要倒掉的番薯渣也能变成香醇的美酒。

工艺流程

1. 先把番薯洗干净，在干净的毛竹上挫刨，变成番薯渣汁。
2. 渣汁用清水拌匀，放在蚊帐布袋里压榨过滤后分离成渣、汁。
3. 把番薯渣晒干，蒸熟，与酒药拌好，发酵一个月。
4. 把发酵好的番薯渣拿出后再蒸，要用柴火烧。
5. 在蒸的过程中，要接一根管子，把蒸馏水接出来，冷却后就是香醇的番薯渣酒。
6. 最后的渣喂猪，没有一点浪费。

烤羊尾笋制作技艺

历史沿革

羊尾笋是峙岭的特产，当地人又叫银黄笋干。它是用当地出产的一种龙须笋精心烤制而成，成品呈蟹黄色，表面有一层白霜（盐渍）。又因其通体略扁，尾部呈流苏状，酷似山羊尾巴而得名。

新中国成立前夕，柿林的羊尾笋最旺，当时全村20多农户有龙须竹山，年产羊尾笋5000多千克，最多的户有1000千克。为了加工及时，减少路途往返时间，有的人家搭起草舍，从立夏开始，日夜在草舍里就地加工，直到小暑才回村。当时用人工挑到鄞县大皎镇，再乘竹排运往宁波，有协顺、茂泰两家笋行专收柿林羊尾笋。中华人民共和国成立前1千克羊尾笋换回1.5千克大米。中华人民共和国成立后互助合作期间，队里派几个内行社员专业搞羊尾笋。随着竹山减少，加上全年蔬菜已无淡季，现在几乎没人再制作。

工艺流程

1. 剥笋壳。上午拗回来的笋，要马上处理，剥去笋壳，切除根部，洗净。过大的笋要用竹筷在底部戳一个洞，以防爆裂，形象不好。

2. 烤制。把洗净后的笋肉放到镬里烤（这种大铁镬从镬沿到镬底垂直度较小，便于透气和翻动），笋下锅后，每50千克笋肉放10千克食盐、12.5千克清水，要一次加足，烤时不盖镬盖，否则颜色就差。用柴爿作燃料，开始用旺火，水烧开后不宜太旺，让盐慢慢溶化，以后又用旺火，烧到两小时半到三小时改用微火。

在烤制过程中，用翻笋工具（一种竹木制的类似大漏勺的工具）将锅里的笋上下翻动几次，使每支笋都烤透，一边还要轻压已烤熟的笋，使其逐渐呈扁形（不能一次用力过大，否则笋被压破，影响质量）。一般一镬笋要烤上三四个小时，等镬里的笋已皱瘪，呈蟹黄色，镬底的汤发出“噗噗”声，就可起锅。

3. 晾透。烤好的笋捞起后，要迅速摊开，晾 15 ～ 20 分钟，摊晾时间不足，笋内热气透不出，日后要霉变；时间过长，盐吸潮后笋要变色，也放不长。

4. 入缸。摊凉后的笋要及时整齐地放入陶制大缸里。缸底及缸壁要铺一层洗净晒干的稻草。

5. 分档。过三天后，将陶缸里的笋全部取出，放在门板或竹榻上，挑选分档。羊尾笋分四档，第一档叫正号，笋长 7 寸，中等大小，色泽正；第二档叫副号，笋长 1 尺左右；第三档叫大桥，笋个较大；手指大小的小笋分在第四档，叫小桥。

6. 入篰。分好档后，将笋装在一种特制的有六角形孔的竹篰内，竹篰四周也要用洗净晒干的稻草垫好，每篰 25 千克，并用竹牌标上等级。

烤制羊尾笋

麻糍、青团制作技艺

历史沿革

自古以来，每当清明时节，新岚村人家家户户都做麻糍或青团，此俗至今尚存。

工艺流程

一、青团的制作：

1. 把挖来的艾青或者黄毛耳草用水洗干净。

2. 锅内水烧开后，放入艾叶，并用纯碱作辅料（碱对人体有益，并使艾叶颜色保持绿色）。

3. 把熟艾叶捣碎，拌入粳米粉中。

4. 用石臼杖至橡皮一样柔韧。

5. 用手捏成团，揿扁放入红糖、芝麻等馅，再裹成半球状。

6. 放入蒸笼，烧熟后就做成亮晶晶、香喷喷、绿莹莹的青团。

制作艾青团

二、麻糍的制作：

1. 糯米粉 30%，早米粉 70%，搅拌均匀。

2. 掺水拌和，以捏拢成团、放开会散为最适宜。

3. 先把艾青捣成浆，再逐渐加入米粉边捣边加，直到成绿色为止。

4. 将粉团取出，扭成一个个小团，在蒸笼里蒸熟，倒出后再进捣臼夯韧。

5. 在面板上用擀面杖剁开，撒上松花，直到 2 厘米的厚度。

6. 然后用剪刀剪成长 10 厘米，宽 6 厘米的菱形块状。

米酒的酿造技艺

历史沿革

山区农家素有自酿米酒的习俗，一来自家酿酒清纯，质地好，无酒精掺和，对身体有益。二来就地取材，成本低。三来也是没有办法的办法。因为农家有现金的不多，没有条件去买酒吃，因此利用自家收获的粮食酿酒，成为一种习俗流传至今。至于酿造技艺方面，一直以来都是用传统的酿造方法。

工艺流程

1. 村前村后有一种叫辣料的草，夏秋时采来，捣碎后，用它的汁水和早米粉拌和后捏成似馒头的个儿，阴干晾燥就成了白药，白药是酿酒的母本。密封备用。

2. 取糯米 30 千克，在清水中浸 5 小时，沥干待蒸。

3. 用猛火烧水，待蒸上有热气后放少许米，均匀地撒在蒸笼内，待再上气后再放些米，直到全部放完蒸熟为止。

4. 把蒸熟的米饭，用冷水反复浇淋，再用温水还热。

5. 上药（一般 30 千克米用酒药 0.25 千克左右），在米饭中边撒边搅拌，力求拌药均匀。

6. 上缸（农村常用脚缸），把米饭放进缸后四边压实，中间挖个小潭，外面盖上棉被保温。

7. 等24小时后，潭里已有少量酒出来，再过一星期，即可放水入潭（0.5千克米放0.5千克水），再把口封好，并去掉保温用品，一个月后即可去糟饮用。

米馒头的制作技艺

历史沿革

过去山区人们食物品种单一，凭借当地的特色和吃法，创新出许多食物的新品种，米馒头就是其中之一。

工艺流程

1. 浸米。分别取早米、糯米(比例为 10∶1)于缸中，倒上水，以浸过米为准。浸米时间要 2 天。

2. 舂米。把沥干水的米放在捣臼中，舂好后用米筛筛过放到小水缸。

3. 和酒糟水。取酒糟，榨出酒糟水（起到发酵作用），与小水缸里的米粉拌和好。如果酒糟水不够，可适当加一些冷水。

4. 加温发酵。拿一只木桶盛上温水（40℃），把小水缸放到木桶上面，再在缸四周包上稻草，缸上面盖好棉被。12 小时后，米粉第一次膨胀起来的时候，用手捏实一遍。再过 6 小时后，观察一下，如果再膨胀起来的话，再捏实一遍。总的过24小时后，把发酵后的米粉团拿出来。

5. 放馅。可用赤豆、糖等做馅。也可不放馅，只放糖，与米粉揉捏在一起。0.5千克米做8～10只。

6. 蒸熟。把做好的米粉团放在多层蒸笼上蒸熟。一般一层蒸笼放14个。出笼后，敲上代表吉祥的写有“喜”或“吉”的红印子。

柿饼制作技艺

历史沿革

姚南山区盛产柿子，做柿饼的历史久远。相传在宋朝已有做柿饼的，该项工艺简单易学，至今仍在生产。

工艺流程

1. 柿子采收后，将未软且没有损伤的柿果去皮。

2. 然后进行干燥。一般用日晒法，挂晒或平晒。将刮皮后带有拐把的柿子逐个夹在松散的绳子上，按大小分别挂在架上晾晒，并经常翻动。

3. 待晾晒3～4天后，果面发白、结皮，果肉发软时，轻捏第一次，挤伤果肉，促进软化、脱涩。

4. 当果面干燥出现皱纹时捏第二次，将果肉硬块捏碎，捏散心室。

5. 再隔2～3天捏第三次，将果心自基部捏断，使果顶不再收缩，有核的品种要将核捏掉或挤出，一般捏三次即可。

6. 晒成的柿饼，装入密封的容器中或堆捂在一起用塑料布覆盖。

7. 经4～5天，柿饼回软，取出放在通风阴凉处摊开，晾干，便有柿霜生成。

8. 如此反复堆捂、晾干，晾摊的次数越多，霜出得越快越好，制成的柿饼即可包装贮藏。

第六章　文献

第一节　学术文献

《四明山志》

作者黄宗羲，初名《四明山古迹记》，凡5卷，初稿辑成于明崇祯十五年（1642），定稿于清康熙十二年（1673），改名《四明山志》。书分9门，为名胜、伽蓝、灵迹、题考、丹山图咏、石田山房诗、诗括，文括、撮残。宗羲家于四明山北七十峰之下，尝扪萝越险，寻觅匝月，得以考求古迹，订正伪传，并博采诸书，详考而严辩，诗括载纂者与朋友唱和之作。是首部关于四明山的志书。

《沈氏古村峙岭》

作者沈远波，大岚柿林村人，曾任余姚市广播电视局副局长，余姚日报社副总编。书分峙岭古村概览，柿林与第九洞天、峙岭沈氏溯源、风景、传说、民俗、特产五部分。全书7万字，2006年10月由华夏文化艺术出版社出版。

《丰碑》

为纪念抗日战争中蜻蜓岗战役牺牲的烈士余旭，由中国兵器工业规划研究院院长俞亚明编写。2013年11月兵器工业出版社出版，全书7.4万字。

共六篇，第一篇《投身革命参加新四军》，第二篇《南渡浙东，挺进四明山》，第三篇《运筹帷幄，建立根据地》，第四篇《英勇献身，血洒蜻蜓岗》，第五篇《深切怀念，丰碑驻人间》，第六篇《纪念文集，忆峥嵘岁月》。

《丹山赤水柿林村》

作者王炎松，为武汉大学城市建设学院副教授，硕士生导师。全书分丹山赤水、柿林香久、三纵三横、丹山石构、文肃世家、耕读传家、一叶知秋、古井同心、洞天福地、山村之旅等篇章。字数15.3万字，2005年3月，湖北人民出版社出版。

《丹山赤水话大岚》

该书由大岚镇人民政府组织有关人员编写，全书分风景名胜、传说游记、革命史迹、民俗文化、名优特产、古今诗词、后记等。字数20万字，2002年9月出版。浙江省人大常委会原主任陈安羽题写书名。

《神奇大岚》

该书由大岚镇人民政府组织有关人员编写，分地理、风物、景致三部分，全书18.4万字，2014年10月，中国书籍出版社出版。

《大岚古韵》

大岚镇人民政府组织有关人员编写，2011年出版。该书采用图文结合的方式，记录大岚的祠堂庙宇、民居宅院、古代桥梁、山乡古村、文化景观、革命史迹等。

第二节　家谱摘要

民国前，境内沈、鲁、王、郑等姓均编修家谱。1949年后，编修家谱中断，民间仍有收藏。2015年后，沈氏、鲁氏始修家谱。现存各姓家谱多藏于梨洲文献馆、上海图书馆、浙江省图书馆等各级收藏机构。

《虞南达溪王氏宗谱》

大清光绪十五年（1889）四修。卷首：宗谱凡例、历代修谱名次、纪号藏谱目录、封曲恭眷；卷一：宗望像赞、科第仕宦考、历世祖茔考、王氏分派纪略、支派迁徙考、祖训是戒、泽元公家训、宗范二十四条、祖箴十则、谕族四说、阳明公书扇一则、旭齐公家训十则、宗祠纪实、宗祠规条、议禁；卷二：宗贤传赞；卷三：得姓源源图、先代世表；卷四：累世行次字母、一世至二十一世世系；卷五：肇一、二房二十一至二十五世系；卷六：一世至十七世世表及肇一、二房十七世至二十一世世表；卷七：肇三房十七世至二十一世世表；卷八：肇一、二房二十一世至二十五世世表；卷九：肇三房二十一世至二十五世世系表；卷十：肇一房二十五至二十九世世系表；卷十一：肇二房二十五世至二十九世世系表；卷十二：肇二房二十五世至二十九世世表；卷十三：肇三房二十五世至二十九世世系表；卷十四：肇一房二十九至三十一世世系表及肇二、三房二十九至三十世世系表；卷末家礼志略（冠、婚、丧、祭、通等礼）。现藏戴王村王正郎家十册，缺三、五二册。

《达溪王氏宗谱》

上宅王氏谱民国已未（1919）仲秋六修，分卷首、卷末等共十二卷。内容基本照四修原谱，肇一房世系表从31世调整到32世，现藏于阴地龙潭村民王沛范家，共有四修、六修宗谱两套19册，其中六修谱9册，缺3册，四修谱10册，缺二册。

《四明郑氏宗谱》

始修于清嘉庆二十一年（1816），在道光二十三年（1843），同治十三年（1874）两次续修。今存两套同治十三年三修宗谱，藏于大岚镇老干部郑奕训家。该谱六卷、六册。卷一、凡例、家训、谱序、同宗各族旧规引、仙圣庙碑记、建修仙圣庙序、中村八景赋、隆十三公讼断，讼后记、重修普济庵记、保婴会记、传记、世系辨、卷二诰敕、封翁、命妇、仕籍、监生、散秩、像赞、阳宅图、墓图、祀产、上祖新旧世系，卷三至卷六世系图表，世系修录至三十三世。

《姚南四明岚山朱氏宗谱》

残本一卷，一册，藏村民朱正根家。清光绪十八年(1892)，朱三重主修，朱云亭、朱永聚等编纂、内容为卷一、谱序、凡例、字行、世系图表、世系修录至二十五世，排行字为贤。

《大岚鲁氏宗谱》

卷一：凡例、族谱大略、祠堂记、祀田二十戒、藏谱引言、总像序、列传小序、宋国子博士君正公传等；卷二：二十一世至二十五世世系；卷三：二十一世至二十九世（四丰、朱家宅、下芝庄、余家横）；卷四：二十五世二十九世（余家横、邱庄、下芝庄）；卷五：二十五世至二十九世（西庄、大田下）；卷六：二十五世至二十九世（雅庄）；卷七：二十五世至二十九世（雅庄、东庄）；卷八：二十五世至二十九世（四丰），二十九世至三十一世（朱家宅、余家横、邱庄、大田下、雅庄）。光绪十三年（1887）首修，共八册，现有丁家畈村鲁文华收藏。光绪二十八年续修失传。2017年7月再修《余家横鲁氏家谱》共六册。

第二十三编　习俗　宗教　方言

第一章　习俗

第一节　生活习俗

建房

建房是一个家庭的一件大事，不但需要投入大量的财力、物力、精力，还因为事关整个家庭今后的平安、兴旺、发达与否，故在建房过程中，历来相传了一整套的习俗、礼仪，至今不变。

在农村凡造房，先拣宅基吉凶，再择吉日开土。木结构建房有定磉、圆木穿榀、立柱、上梁之程序。水泥结构建房有开土、浇地固、上五孔板、圆木上梁之程序。

开土　开土用三茶六酒，一对蜡烛、三支香，一斤多猪肋条肉、一尾鲤鱼、两个生鸡蛋，五盆素菜、六碗饭（饭中插一把筷），水果糕点随数，一把菜刀、一调羹盐，一块生豆腐，用盘子装着，然后放在地基中央。放炮仗三响后，房主口中默念祷告建房过程吉利平安词语，祭典完毕，房主拿着锄头往宅基地周围走一圈，掘一锄，又叫人拿来茶叶和米拌匀，往四周一撒，最后焚烧土地经和太平经等。

上梁　定好吉日吉时（如卯时上午 5 至 7 点），先在红幅绸布写上“紫微高照”“吉星高照”“紫气东来”等联语，然后把红幅钉在栋梁中，梁之两端各拴大布袋一只，内装馒头、米、小糖和红包（馒头往下抛称抛梁馒头，人吃后胆子大了；米称高尚米，“斗米落镬，石米涨”；红包给匠人，称好看钱，然后，放炮仗把梁上好。泥匠师傅在左，木匠师傅在右，把馒头往下及四处抛，下面人们争先恐后地抢，红包匠人各自其拿，馒头往下抛，房主夫妻接着，后放至米缸内，为吉祥之兆。

最后摆两张八仙桌，点燃香烛，供品用盘子盛着鱼肉蛋、熟雄鸡、猪头，三茶六酒，五盆素菜、六碗饭，一瓶酒、一瓶水（表示有财有势），水果茶食糕点等。主亲（岳父、女婿、姐妹等）要挑盘担，如万年青、摇钱树。摇钱树上挂着纸币，100 元、50 元、10 元、5 元、2 元、1 元、5 角、2 角、1 角等不等。最后放炮仗，焚烧太平经、元宝经、发财经等。

民间拜师

大岚传统手艺主要有石匠、木匠、泥师、簟匠、裁缝等。

各种手艺的学徒拜师之日谓起师。拜师须备名帖或有人介绍，师傅盘问一番，若感到满意就会收下礼物。学徒以四色礼品敬祀行业祖师爷，然后在祖师像前叩拜师傅，正式确立师徒关系。

学艺期限一般为三年。从师期间学徒要无偿为师傅干活，包括为师傅一家打杂、做家务，并要照料师傅的个人生活，形同奴仆。学艺期间师傅只供应伙食，有时也给些零用钱。学徒对师傅、师母须毕恭毕敬，事事顺从。

学徒期间，在春节、端午、中秋、重阳等节，徒弟须向师傅送礼。若同席就餐，师傅坐上位，徒弟坐下位，且要先为师傅筛酒、盛饭。待师傅动筷，徒弟方可吃饭；师傅放下碗筷，徒弟也得放下。

学艺期满，称"满师"。学徒在祖师神位前焚香跪拜。师傅送徒弟一套本行业的基本工具，让其自立门户。徒弟辞别时要发誓不违背师训，保守技艺秘密，不得与本师门的同业竞争等。师傅恐徒弟违训失信，抢占饭碗，传授技艺多留有一手。有的行业，学徒三年期满，还要跟在师傅身边做四年，师傅付徒弟一半工钱，叫"半作"。

学徒习艺期间若违犯行业规矩或与师傅相处不好，可能被师傅逐出家门，解除师徒关系，称为"破门"。这样，学徒在本行业里就难以再找到第二个师傅。还有一种叫"过堂师傅"，自学成才后，因师出无名，就要拜一个名义上的师傅；另一种因满师后技艺不好就另拜一个师傅，都不受三年学徒期约束。

手艺业同行间不可拆台，一个作坊只可有一个包作师傅（即"作头"）；被邀参加工作的师傅无论手艺多高、资格多老，须听从包作师傅调度；若东家请两个以上包作师傅作业的（即"劈作做"），两套人马互不干涉，各显手段，互相竞争，谓"别场"。

各种手艺的师傅同桌吃饭，座次应是：石匠坐上位，木匠坐东侧，泥水匠坐西侧，漆匠坐下位，并要给同桌各位斟酒。

上述习俗大都沿传至今，师徒同席仍有严格规矩。

第二节　生产习俗

请龙求雨习俗

中华人民共和国成立前，山区没有水库，水利条件差，如逢久晴不雨三月，庄稼禾苗干枯，无法可想，只有靠天想办法，祈求老天叫龙王行云布雨，解民间受旱之苦，这就形成几百年来请龙求雨之俗。中华人民共和国成立后，随着科技的进步、天气预报准确率的提高，请龙求雨等迷信习俗，均已消失。

旱魔肆虐之时，由村内族长和德高望重的村民商议，决定去龙潭求雨。具体步骤是：先请高明的道士选择好良辰吉日。到是日，由族长或村长为主带领村民（每户去男不去女）抬着龙桶（木桶），备好祭品，敲锣打鼓，在强烈的阳光下，头不戴凉帽，身不带中餐，一起步行到龙潭（龙潭有多处，选择标准一是就近，二是有知名度）。先供好祭品，由道士口念请龙神咒，然后由村长叩拜，并祝告：今有某村某族首领人某某某，因久晴不雨，大地干旱，庄稼禾苗枯死，百姓遭荒年，特带领村民来龙潭求雨，万望龙神爷发发慈悲，惜民情，救万民于危难之中，保佑风调雨顺，五谷丰登，等等。随后，焚化经佛，把龙桶放入潭中，若有鳗、蛇、青蛙、泥鳅等水生动物游入桶中，随即捞起龙桶上轿抬回来。沿途村庄民间百姓做斋祭祀求雨，龙王迎入村内祖堂，供入上方，桌上摆着三茶六酒、三菜三饭、水果茶食等，祭祀供拜求雨，做请龙求雨戏。待有一天下雨之后，照样办法把“龙王”送归龙潭。

采茶习俗

大岚是浙江的茶叶大镇，大岚旧时筑有茶神祠，2007年在姚江源头建有茶仙祠。20世纪80年代前，大岚茶叶以珠茶为主，分春茶、夏茶和秋茶三种。采茶讲究季节，一般春茶在抽出一芽四叶或一芽五叶时采制，夏茶待抽出一芽三叶或一芽四叶时采制，秋茶在抽出一芽二叶或一芽三叶时采收。采得早，芽头小，影响收成；采得过迟，叶质室老，又会影响质量。茶谚说：“前三日早，正三日宝，后三日草。”茶乡有“女采茶，男炒茶”的习语。妇女们心灵手巧，采得快、采得好。男人身强力壮，手有劲。炒茶有抖、带、挤、甩、挺、拓、扣、抓、压、磨十法，全靠手上功夫。开采日，全家要吃青团子。炒茶之夜，要吃红糖鸡蛋。炒茶要根据嫩叶在文火炙热了的茶锅中的变化，熟练运用各种手法炒制，才能使茶叶扁平挺秀，光滑匀齐，翠绿略黄，香馥若兰。

第三节　岁时习俗

祭灶

祭灶俗称过小年，是过年的前奏。每年农历十二月廿三，当地家家都有祭灶习俗。

祭灶仪式大体如下：供时新蔬菜数碗，糯米汤圆一碗，点香烛拜祭灶君，烧太锭一对，最后揭下灶君像，在灶头烧掉。据说，这一天灶神要回天庭述职，向玉皇大帝汇报这户人家一年中的善恶功过。廿三夜祭灶烧佛，主人希望灶君菩萨在玉帝面前多讲几句好话，保佑来年五谷丰登、全家平安。还有一种说法是，主人供糯米汤团，糊住灶君的嘴，使他不能向玉帝汇报主人一家的真实情况。

这一天，借祭灶之名，全家人都要吃糯米汤团。

过年

从农历十二月初十以后，农家开始舂年糕。舂年糕用一半早籼一半晚粳，先用清水浸泡20来天，用这样的米做出来的年糕，软硬适中口感好。做年糕时，先沥干米，再用驮碓或水碓舂成粉，过筛后上蒸。蒸熟后倒在捣臼里用木杵舂上劲后，趁热倒在案板上揉上劲，然后摘成一个个面团，仔细搓揉后放在木模中压成年糕。廿六、廿七开始做馒头，也是先舂粉、过筛，还要放白药和一种叫辣蓼的植物汁水发酵，再上蒸笼蒸熟，出笼后盖上红印，有赤豆馅的盖方印，没裹馅的（拜菩萨用）盖圆印。一般人家过年要做五六斗米的馒头。杀猪宰羊杀鸡杀鸭也在这几天（阴历廿六不准杀生）完成。家庭主妇开始掸尘，洗刷器皿，打扫室内外环境。

过年菩萨要拜两桌，一桌送菩萨上天，一桌拜大王菩萨（财神）。桌子放在廊下，要横放。供品有茶盘内雄鸡一只（喙上含一根葱）、肉一刀、活鱼一条、蛋一个、豆腐一块、盐一调羹，蔬菜6～9碗，三茶六酒，饭三碗，三双筷子直插在饭碗中。蜡烛一对，清香三支。拜菩萨要从里往外拜，拜毕烧太锭、纸块，放炮仗。

分岁

要做过年羹饭，这是拜祖宗的，屋内，桌要直放，从外往里拜。拜好后，菜都要重新烧过。全家老小欢聚一堂，敬酒、挟菜，热闹非凡。吃完分岁饭，就算长了一岁，长辈都要给小孩分压岁钱，睡觉时，压岁钱放在小孩枕头底下。

这一天，灶君菩萨要从天上回来，要贴上新灶神，点香烛，供净茶、蔬菜迎接。

吃过年夜饭，家庭主妇们就忙开了。她们炒六谷胖、番薯胖、黄豆、花生、瓜子、年糕胖，这是正月里招待客人和小孩子们的零食；要准备好正月初一吃的汤圆和菜蔬；临睡前还要准备好全家人第二天要穿戴的新衣和鞋帽，一般都要忙到半夜十二点钟以后。

过去，同一个房头都是一幢房子，中间一间是公用的堂前，一般祖上都有一份祭祀田，几兄弟轮流。轮到的那家要负责一年祭祀活动，当然，祭祀田这一年的收成就归他家。分岁后，在堂前要挂上祖宗像，供上茶食，如印糕、双连糕、红福糕、云片、豆酥糖、金枣、麻枣，还有荸荠、金柑、橘子（剥成一瓣一瓣的）、甘蔗（切成寸把长的段）。堂前祭桌用红色桌围，椅子上有红色椅披，桌上放五柱蜡烛盘，一日三餐上酒上菜，十分隆重。祖宗像挂到正月初五晚饭后摘下卷起放好。这一天小孩都拥到堂前，期盼着分到水果和糕点。

还有一点，过年夜是债主讨债的日子，穷人还不起债，事先到债主家要求推迟还债日期，也有带上利息，要求推迟本金归还日期。有的人家，吃过年夜饭，当家人就躲出去，过了零点才回家。

大年夜也有唱杂番的（关于杂番将另作介绍），先拜唐明皇（唐玄宗），一般要唱到后半夜三点钟左右。

正月初一

正月初一要早起，认为空肚打喷嚏不吉利。这一天大人小孩都穿新衣戴新帽，最起码要穿新鞋。起床后要放开门炮，每户都带香烛到庵里去拜菩萨岁。

大清早，要给亲房长辈端茶拜岁，一般是茶盘里放两盅糖茶或枣子，也有莲子茶的，长辈只受一半，收一盅茶，另有一双馒头作回礼。

初一早饭吃糯米汤圆，也有吃赤豆沙年糕的，小菜较简单，如咸白菜烧豆芽，煎豆腐，也有从冻肉缸里挟个油炬吃的。

早饭后，大人给小孩分零食，六谷胖、黄豆、番薯胖，小口袋都装得满满的，然后就找小伙伴玩去了。男人大多到庵里或堂前推牌九、掷老六（骰子），也有妇女揹旗子、掷老六的，喝五吆六，很是热闹。

初一一天不扫地、不动土、不洗衣服，洗脸洗碗的水都要放桶里，不往外泼。

这一天，家家都早早吃了夜饭，放过关门炮，早早上床睡觉了。

初二开始走亲戚拜岁。

正月十四，吃补肩头米粥。将枣、赤豆、花生、煎豆腐等放在一起煮粥，类似北方的腊八粥，意思是吃了补肩头米粥，这一年五谷丰登，劳动者身强力壮。

正月十五

大堂前设祭桌，桌子垫得很高，桌上供印糕、双连糕、红福糕、云片、甘蔗、橘子、金柑、荸荠，由族长主持，道士念经拜忏，并到每户祝灶。

清明节

族里排定日子，给祖宗上坟。凡祖宗坟头都有一笔祭祀田产，由各房轮流祭祀。祖上规定祭祀田产不能卖，每年大约有60石租谷，祭祀开销后一般都有剩余。清明上坟，插幡加土，供品16碗，有唢呐等吹奏，放炮仗。凡来到坟头拜祭的，按人头给鸡蛋一个、烧饼二只、馒头半斤，规定国学生加倍，这一点充分证明域内鼓励读书早有传统。除去清明上坟，遇生日、忌日都要由轮着的人家做羹饭。

立夏节

农历立夏那天，民间习俗称体重，在廊下屋梁上挂条绳子，把木杆秤固定好，男女老少都争着称体重。这一天当地还兴吃茶叶蛋、艾青麦果，还要吃两根小笋，不能切断，嚼几下囫囵吞下，称健脚笋。

端午节

农历五月初五，各家都要翻坛倒罐，清除垃圾，喷洒雄黄酒消毒。每家大门上要挂旗艾，家家吃蛋、吃粽子、炒豆、喝雄黄酒，小孩额上用雄黄写上王字，借以辟邪。心灵手巧的姑娘，用花线做成各色香袋送给弟妹或朋友。

七夕节

农历七月初七，称为“乞巧节”。妇女称为“洗头节”。这一天妇女们采摘槿柳树叶，烧水洗头，特别是平时梳头髻的中年妇女，这一天感到格外轻松，长发披肩在当时是难得一见的亮丽风景。

兰盆会

七月十五，放焰口。大堂前各家摆桌做羹饭，四周挂起纸衣纸裤（莲青色），每户家里也做羹饭。开始吹海螺招魂，请道士念经拜忏，又吹又奏，到半夜烧了经佛、纸衣后，全场灯火熄灭，道士到台上大骂，俗称闹乌台，意思是羹饭给你们吃了，佛也烧了，你们可以回去了，叫善请恶送。

地藏王菩萨生日

七月三十，插地香，拜羹饭，烧纸，这一天不能往地上泼污水。

中秋节

农历八月十五为“中秋节”，中秋节自古有祭月、赏月的习俗，被称为中国四大传统节日之一。节前，亲友间互赠月饼，机关、单位及民间组织举办中秋茶话会。是日，人们回家团聚，分食月饼、赏月。自2008年起，中秋节被国务院定为法定节假日，放假1天。

重阳节

每年的农历九月初九日，为“重阳节”，称中国传统四大祭祖节日之一，1996年，《中华人民共和国老年人权益保障法》定为“老年节”，倡导全社会树立尊老、敬老、爱老、助老的风气。

冬至日

每户做羹饭祭祖。

第四节　礼仪习俗

婚俗

做媒　旧时，儿子到了十六七岁，做父母的就开始考虑儿子的婚事。家长如看中某家姑娘。选择本村或邻村有名望又跟女方家合得来的人去女方说媒，无论亲事成不成，谢媒酒三坛。

压帖　女方家长如有意，由媒人带上男方帖子，并一半聘礼（亦有先付1/3的），请来女方年庚八字，庚帖上的每个字另付光洋一块。

大帖（下定）　根据女方年庚八字，由算命先生进行所谓推算，认为合适者，送去另一半（或2/3）聘礼、老酒、大饼等。男女方办下定酒，宴请各自亲戚朋友，这桩婚事就算定下了。

结婚　男方决定结婚日期后，及早通知女方，以便准备。

结婚前，女方通知男方，嫁妆几何，需派多少人抬。结婚前一天，男方派人去抬嫁妆，并带去望娘盘一对，内放活公鸡一只，活鱼两条，包头点心若干，以报母亲养育之恩。女方随嫁妆送安心桶一只，内装活鸡娘一只，糯米甜麦果等，表示姑娘愿安心在夫家，生活甜蜜幸福。新马桶内放鸡腿一只、红蛋二只及米胖、花生、枣、粽子等。嫁妆到男家，马桶由男方房族的小男孩拎到新房内，桶内鸡腿、红蛋等就赏给男孩吃，小孩还要在新马桶里撒一泡尿。结婚当天，男方准备好彩轿、凤冠霞帔，抬轿轿夫4人，清道旗二面，对锣、唢呐，吹鼓手6人。新郎穿长衫、马褂，戴西瓜皮帽（民国后戴呢子礼帽），媒人、陪客（兄弟等）随轿，前往女方迎亲，并准备香烟、糖果，以备女方亲友拦轿之用。轿到女家，轿夫坐在廊下，吹鼓手吹拉弹唱，意在催新娘上轿。新郎、媒人及陪客被引入客厅。客厅正中设一桌，前有红色桌围，桌上放五柱蜡烛盘（两边蜡烛台各一，中间香炉，香炉及烛台间各有一锡制器皿，上口方形，逐渐缩小，底座与烛台同）。新郎坐上横头，媒人和陪客两侧作陪，点心之后，再设午宴（俗称生人客酒）。吃罢午酒，新郎、媒人及陪客先回家，抬轿的和吹鼓手仍在等新娘上轿。

女方早起要拜菩萨，送娘子（由堕民嫂担任）为新娘开脸、化妆，女方母亲教女儿为妇之道，如孝敬公婆、善待丈夫、姑娘妯娌和睦相处及房帏知识。新娘上轿前，先由房族中有福气的老媪持蜡烛、镜子，轿前轿后照一遍，还要进轿坐一回，意思是让新娘也跟她一样有福气。轿里放有火的火熜二只，祝贺到夫家能发。新娘两手各有荷包一只，内放花生、枣、芝麻及零食小吃。

新娘下楼先到楼梯，盖红布、戴墨镜，由其兄抱到花轿内，新娘脚不能落地，据说是防止把娘家财气带走。起轿时先放炮仗，新娘要哭出声，表示不愿离开父母。一路吹吹打打，花轿抬到男家廊下停下，由男方女傧扶出轿，脚下用麻袋铺到喜堂，示意代代相传。

喜堂正中挂郭子仪九子廿三孙画像。典礼开始。先由新郎辈未成年人读祝文，预祝新婚夫妇幸福、昌盛。接着，一拜天地，二拜高堂，夫妻对拜，然后由有福之人端花烛送入洞房。

大厅里喜宴开始。厅内单设一席，老婆舅坐上横头，陪客两侧，男方洒酒。先吃点心，接着上酒席，要等生阿舅先喝后，大厅内宾客才能开始喝喜酒。接着新郎新娘出来为生阿舅洒酒点烟。酒后，新娘由女傧和新郎陪同长辈端茶（同时也是跟长辈认识），受茶者将事先准备的红包放在茶盘内回礼，新郎新娘回房后，新郎再出来陪客。

酒席散后就闹洞房。第二天早起，新郎新娘向公婆长辈敬茶问安。三天后新娘坐青轿回门，新郎陪同前往。满月时，母亲到男家看望女儿，不再一一细说。

做生

生育　分娩前数周，岳丈家须将婴儿所需衣帽，以及红蛋、红花生、挂面、粽子、红糖等送至女婿家，谓之“催生”。20 世纪 90 年代后，孕妇均到医院分娩。首次喂奶前，先喂黄连，寓意“先苦后甜”。坐月子期间，亲戚好友要送火腿、鸡蛋、红糖、束面及桂圆、荔枝等，谓“送生姆羹”。婴儿满月之日举行“剃头”仪式，外婆家须备礼送女婿家，有婴儿衣帽、挂戴的锁片、项圈、手镯，还有馒头、面条等。剃头时，厅堂上点“状元红”烛，设供桌祭祀祖先，并象征性地剃去四周胎发。办“满月酒”宴请亲友，亲友送礼称“百岁钱”。

寿庆　40 岁前不称“做寿”，而称“做生日”，50 岁开始逢“十”举行寿庆。20 世纪 90 年代后，凡逢十均做生日，有的还沿袭旧俗“做三不做四”，40 岁不做生日。寿庆时，宴请亲友，宴席中炒面、裱花蛋糕成必备之物。遇 80 岁以上高寿，富裕之家会雇请戏班演戏或放电影祝寿。逢父母亲 66 岁，出嫁的女儿要送 66 块（小块）猪肉。

丧葬

设灵堂　家里有人逝去，先派人到井里买水（往井里丢几个铜钱，并在井口烧心经）。取水回来，由儿女为死者擦身、剪手指甲、脚趾甲。如死者口眼不闭，由亲人用手抹一把使其闭合（俗话“口眼实闭”）。手脚弯曲者，趁尸体未冷拉直紧贴身子。然后将事先准备好的新布衣（寿衣），由内往外穿，从单衣、夹衣、棉衣、罩衫、长袍、马褂七件（也可五件，但必须单数），为防尸体僵硬难穿，也可先一件件套在儿女身上，再一次穿到尸体上。穿鞋袜、戴帽，腰系百岁带，脸上盖方白布。同时做床头羹饭，烧经佛、灯笼、路引，在廊下烧双草鞋。

亲属整理堂前，在后半间设置尸床，尸床须横放。移尸时，大儿子捧头、二儿子扶腰、小儿子扛脚，头左脚右放在尸床上，脚后点灯。移尸后用竹簟拦好，簟外设灵堂。灵堂上首设桌椅，桌上供牌位，写上“先考（妣）×× 之灵位”，供水果、糕点。一日三餐洒酒、上饭，二碗蔬菜。女儿就守在灵前，每次上饭要哭几声。移尸同时，将死者用过的草席、被褥、枕头、垫穿稻草等都拿到村口大路上烧毁。

写好子、媳、女、孙的年庚八字，请算命先生决定入殓和出丧日期时辰，并确定丧事总管、抬棺的、帮忙的及吹鼓手。

报死讯 一般由抬棺或帮忙者通知。出发前先到灵堂拜过，上路时左腋夹一顶凉伞，尖头朝前伞柄朝后。先到大女儿家，再到二女儿家，先近亲后远亲。如死者是女性，则先到死者娘家报丧。到报讯家，凉伞尖头朝上伞柄朝下放在门外。入座时报讯者坐侧面，空出上横头，坐下后报丧者说："人客来哉"。主人端茶出来，头一碗供上横头（死者喝），第二碗茶才是报丧者喝的，端点心时亦同。报告完死因及出丧日期后，主人哭送，并往报丧者脚后掷一张瓦片，此时报讯者不可回头，夹起门外凉伞奔第二家报丧。报丧回来，再到灵堂拜过，完成任务了。

吊丧戴孝 吊丧者在出丧前一天（女儿得讯后立即赶到灵堂守灵），随带重被、茶食、经佛及股份蜡烛香，先到灵堂祭拜，总管登记所送物件，重被贴上名字后挂在灵堂两侧绳子上，同时发给白帽、白头绳等。吊丧者一般不到陌生人家串门。每来一个吊丧者，守灵者都要哭一次。出丧前子女都要理好发（断七前不能理发）。

送重被规定：大女儿送镂肩被，近亲送红面青夹里，远亲送红面白夹里，中间都装棉花。

戴孝规定：子戴三梁冠，白长衫外罩麻衣系草绳，脖围麻绳，鞋帮蒙白，鞋后跟蒙红布。孙戴独梁冠，白长衫，白绳围脖，鞋白帮红跟。其余亲友白帽、包头、白绳、鞋白帮红跟。女儿加白孝斗。

入殓 出丧前一天黄昏后。先写阴单，死者穿戴从里到外、从头到脚一一写上，所盖重被、随带衣物、牙齿、手甲脚甲，所烧经佛，垫背钱24个，分两排钉在兜尸被上，材席、枕头、手方脚方、棺材、墓地全部写上。

入殓时辰到，先撤去遮尸竹簟，棺材抬入灵堂，摊好材席。主持者喊：五谷丰登，吊丧者依近亲远亲顺序排列跪在灵前（生肖与死者相冲者回避）。死尸入棺，脚踏棺尾，先盖镂肩被，再依次由近亲到远亲，将重被一一盖上，所带衣物，甚至眼镜、木梳、烟袋、拐杖全部放入棺内。然后揭开盖头布，在场者绕棺一周瞻仰遗容，然后盖棺钉死，直到这时，亲属放声大哭。众人再依次跪好，开始报阴单，报一件，众人应声"有"。报完后，阴单在棺头烧掉，至亲再哭。这时抬棺者趁天黑将棺材飞速抬到大路口停放，女儿守在棺旁。此时，帮忙者持扫帚、稻草，从死者床头扫到灵堂，再从灵堂赶到停棺处，将扫帚、稻草烧掉。入殓后，吊丧者可到主家安排的地方休息，也有打牌搓麻将到天亮者，直到主家来通知吃斋饭。

出丧 棺上盖有棺罩或被单，棺头供一盆饭，棺尾供一碗水。起材前，先将棺尾水碗敲破，材头饭分给沿路看热闹的人。出丧的队伍，先有二顶引路幡（到村外烧掉），边走边撒买路纸，然后对锣、唢呐乐队吹打，接着是抬棺者。孝子披麻戴孝，穿赤脚草鞋，扶棺前进，女儿捧牌位，戴凉伞，参加送葬者都戴孝，每人有孝仗棒一根。沿途抬棺歇肩时，儿孙钻棺底，起棺及沿途都放炮仗。棺材出村后，儿子女儿等转身跪地致谢，请族人止步返回。

出棺同时，屋里贴太平符，驱邪鬼。

棺到坟头，墓室已有人事先开启。棺材停放拜坛，每人手持清香一枝，沿棺材及坟头顺绕三圈再倒绕三圈，棺头拜过，送葬者可返回。通棺前孝子先赤膊进墓穴，用芝麻秆黄豆秆点燃烧过，掸尽灰尘后，棺材进穴，封好墓门。

送葬者回村前，在家的帮忙者先在停放处烧好稻草，回村的人要从灰堆上跨过，直接到灵堂拜过后，再到祖堂，再到祠堂，拜过羹饭后牌位落座。吊丧者回家前，主家要告知做七日期，并在他们的竹篮里回好白布（未婚者回青布），道场馒头。下午四点以后，女儿媳妇去坟头关山，做羹饭，烧纸。当晚办谢饭，用三扣三点心，宴请本村长辈、知交、抬棺者、帮忙者，以示谢意。

做七 死者死后每七天要做七，拜羹饭。七个七当中，至少要有一个是逢七的日子。头七供一菜，二七供二菜，余类推，做七的时间也逐个后推一小时。七七中以五七最隆重，至亲都来，抬棺者、帮忙者都要请到。做五七不是蔬菜为主的斋饭，要用办酒的规格，其费用由女儿负担。做过五七，戴白头绳者在羹饭时摘下烧掉，戴麻绳者每个七剪去一截烧掉，直到断七羹饭时摘除烧掉。断七以后是百日、头周年、二周年、满周年都要拜羹饭。

此外：死在村外，或自杀等非正常死亡者不能进堂前。墓室内如已有死者，热材要暂殡一、二年后，再择日入墓合葬。

上学仪式

旧时上小学有拜师仪式。

天不亮起床，学生穿新衣，背上新书包，由家长领着到学校，摆上酒菜、供品，先拜孔夫子像，再拜先生，家长当面恳请先生严格管教孩子。拜师之后，酒菜就留给先生享用（也有不摆酒席，请先生到家喝酒的）。家长提着挂篮，给小学生分印糕、双连糕、红福糕，也有做成小粽子（粽子尖上有一颗红枣）分给同学和邻居的，意思是同学之间要和睦相处，相互关照。

第五节　信仰习俗

大岚的信仰习俗主要有拜梁王

约 1517 年，祖先迁居到大岚不久，周围山林甚密，常有野兽蹿入村中叼走小孩，或小孩在家中突然得病死亡，致使人丁难盛。族长太公故在梁王面前许下心愿，愿在新年里的头五天全村吃素，虔诚念忏，烧给梁王，以求梁王消灾避祸，保佑村民平安。此举果然灵验，翌年即全村太平，人丁逐渐兴旺起来。故而一直承袭到解放为止，至今还保留着牒壳、牒等用的模板。

如新岚村甘竹自然村 200 多户人家，都信仰梁王忏。全村人从正月初一开始直至初五全都吃素，客人也不来往，以示对梁王的虔诚。村里选有文化的五人，跪在梁王面前，在木鱼的节奏声中讽诵梁王忏，以求梁王消灾避祸，保全村平安。

第六节　庙会习俗

十番

十番又称十番锣鼓，旧时农村迎神赛会时少不了它，大户人家堂祭时也请十番班子来敲打，凑凑热闹。

十番班子由20来人组成，有笃鼓（也称报鼓）手一人，专司鼓和镲板，这是班子中的关键人物，要通晓全部剧目和曲子，起引导作用。正吹一人，负责笛子、琵琶、唢呐和二胡。副吹一人，负责唢呐和板胡。小锣一人，大锣一人，大钹一人，小镲一人，冬鼓一人。此外还有教师、班主和杂务等。

唱十番一般在祠堂、庵庙或堂前，不需要舞台，也无戏装和道具，无须化妆。

十番不是单纯乐队，除了吹打弹奏，还要演唱和说白，生旦丑净末角色齐全，有专司唱戏的，也有乐队兼唱的，如司大锣者兼唱大净，敲小锣者兼唱小生，打大钹者兼唱老生，旦或小丑则由敲小镲者兼任，站班升堂或喽啰吆喝则全部上阵。

演唱以绍剧为主，内容以忠奸斗争和公案类为主，主要剧目有《倭袍》《天缘球》《忠孝传》（岳飞）《渔樵会》《轩辕镜》（包公送寿礼）《宝莲灯》等。演唱前都要拜唐明皇，整个演唱过程中都供着唐明皇。

十番班子纪律严明，遇有迟到或唱错都会遭班主严厉批评，甚至挨打。十番班子一般每年农历十二月廿九开始排练，时间一个月左右，到二月初迎神赛会正式演唱会结束。平时外村来邀请，也领队出演。

迎神赛会

迎神赛会是旧时农村一年中的一大盛事，比过年过节要热闹得多。时间一般都安排在二月初七八。

迎神赛会以殿为地域单位，大岚地区以丁家畈的岳殿为依托，下分沈家社、鲁家社和朱夏社三个社。沈家社包括峙岭、百步阶、大俞、蜻蜓岗、石鼓、西岭下等村，又名天齐社。鲁家社以雅庄、朱家宅、下芝庄、大路、观下、大阵等村，朱夏社以夏家岭、邱庄、四丰、后朱为主。上马和甘竹属白鹿陈岩社。

行会线路：先到丁家畈岳殿拜祭菩萨，唱杂番到天亮，祭拜菩萨后，从丁家畈出发到老屋基、大阵，观下吃午斋。稍事休息后，从观下到峙岭大堂前表演节目，再到村里主要巷弄表演，村人设点路祭，在峙岭吃宿斋。第二天，再到人家弄走一趟后，出发到李家坑（鄞县杖锡），经百步阶到大俞午斋，再到黄家庄、西岚、西岭下，蜻蜓岗宿斋。第三天从蜻蜓岗到丁家畈岳殿后散会。

队伍最前是总令旗，红缎制成方形大旗，中间绣“令”字；接着社旗，红缎制成方形大旗，用金线绣着“天齐社”三个大字，四周绣各种人物图案。总管旗，红色，绣“总管”金字。四将小红旗，绣金色“四将”字样。

接下来是敲场。对锣二面，小锣、大钹、小镲、冬鼓。敲场后面是令旗二面，三角红旗，执旗者穿红色马夹，背后有白圈，中写“兵”字，另有二人执大刀护卫；令箭二人，插在背后，穿着同令旗。花竹（竹节花纹与众不同）二人，2米来长，对开，背花竹者穿黑衣。接着是自愿扮犯人的，黑衣、手铐、锁链，祈求菩萨消灾，旁有押犯人者持棍棒、锐叉、貌似凶神恶煞。

菩萨轿（4人抬）两顶，前面的为王灵官，红脸，右手举钢鞭，眼睛较凸，抬时眼珠会动；后面的是岳帝，白脸，较文气。轿后黄凉伞，杏黄缎制成，上绣图案，有流苏下垂一圈。菩萨轿前有肃静、回避牌4块。

轿后是大敲场，花苏一对（很长，口似喇叭，杆逐步变细），大锣、小锣（敲锣者背上有木架），大鼓、小鼓、大钹、小镲、唢呐（梅花）、板胡、二胡、笛。

炮担4人，用火药，俗称檀树大炮，放时震天动地，冒黑烟。

统队20人，一米多长红漆棍，尾部饰铜箍，头上装铜铳，装火药，点纸线。

大武旗，白底，三角形，沿青边，30～50面。

高跷：16～32人。

舞龙队，青龙布制，30人。

最后是空手老佛（群众队伍，无具体任务，跟着赶热闹，吃斋饭）。

令旗、首旗、总管、四将为赛会的领导班子，正月初一到岳殿拜菩萨岁，问礼拜具体日子，回村后，选出正副监斋，由他们到村里各家安排斋饭桌数，斋饭安排不下的，由正副监斋出钱包下来，所以当选正副监斋者，家庭较为殷实。由四将到各村族长处事先联系斋饭，午斋还是宿斋，回来再商定行会的线路。

表演要根据场地安排，节目主要有盘阵、长蛇阵、盘龙阵等，高跷、舞龙。

如两三个社碰到一起，要进行斗阵，不打群架，只比阵法，你变这个阵，我变那个阵，看谁的阵法多、阵法高明，比输的那个社要请所有人吃斋饭。

第二章　宗教

第一节　佛教

佛教沿革

晋时，佛教传入境内。杖锡寺与大岚对山相望，相距十里，当时由于杖锡寺香火日盛，寺院辖附近十八村三十六庄，还办起了学堂。拥有寺田万亩，大岚各村均有杖锡寺寺田，多的上百亩，少则几亩。为了便于管理，寺院在路程远、规模大的村庄建立联系点，后为了方便当地年老体弱信佛徒，逐渐转变佛教场所。

佛事场所

受杖锡寺影响，佛教场所逐渐增多，但大岚多以庙庵殿为场所，以老年人念佛为主体，现境域内有寺院 2 座，庙宇 10 座，庵 13 座，殿 4 座，洞 1 个。

凉风岗寺　位于雅庄村西北凉风岗下面，原名大善庵。建于明末清初，后来因香火旺盛，改名都神殿，清末又改名为凉风岗庙，2006 年由雅庄村信奉者投资扩建，建筑面积 1146.73 平方米。2006 年底，市宗教局批准为凉风岗寺。

丁塘庙　原址在去后朱的路边丁塘坑，建于 1854 年。太平天国时期，因丁塘坑村发生了一场传染病，村庄从此消失，庙址迁移到四丰村。民国 18 年（1929）重建，面积 370 平方米，后曾作集体茶厂，1984 年再次重建，现面积 270 平方米，2016 年余姚市民族宗教局批准授牌。

甘竹庵(普济庵)　位于甘竹自然村 59 号。坐北朝南，为清代宗教建筑，清同治戊辰年（1868）建造，后与村茶厂合用。

陈宫庙　位于戴糜村糜山自然村，清代建筑。该庙为上虞大王庙的分祀庙，保存完好。

南畈庙　位于大岚镇黄家庄村牛山脚，清代建筑，保存完好。

明山庙　位于大岚雅庄村大陈自然村东南山间一高台地上，清代建筑，占地 313 平方

上马村的龙王庙

米。明山庙用材较大，其结构和装饰颇具特色，在姚南山区中可谓突出的一例。

临溪殿（龙王殿） 位于大岚镇上马村下马自然村，清代建筑。解放后拆除前殿及厢房，2003年复建前殿厢房，2015年在原址上又重新建造。

莲峰庵 位于大岚镇柿林村西南，沈氏宗祠东边，因四周山峰状似硕大莲花故名。初建年代不详，此庵为清代建筑，1994年进行修缮。

大岚镇佛教活动场所统计表

表23-2-1

场所名称	地　址	场所名称	地　址
凉风岗寺	雅庄村北面凉风岗	万福庵	大路下村大路
太平禅寺	上马村上马岗	永明庵	大路下村老屋基
丁塘庙	大岚村四丰	静心庵	大俞村大溪边
分水岭庙	新岚村分水岭	莲峰庵	柿林村南首
绛朱庙	阴地龙潭村阴地北首	功德庵	大岚村夏家岭自然村
玄潭庙	阴地龙潭村龙潭	卧石庵	大岚村邱庄升仙桥边
南畈庙	黄家庄村东北首	普济庵	新岚村甘竹南首
太祖庙	丁家畈现乡政府大会堂址，抗战时期被侵华日军烧毁	瑞隆庵	南岚村西岭下自然村
威灵庙	大俞村北首	松阴庵	南岚村石鼓自然村
土地庙	柿林村赤水桥头	大善庵	雅庄村北首凉风岗
明山庙	雅庄村大陈自然村	临溪殿（龙王殿）	上马村下马
陈宫庙	戴糜村糜山自然村	地母殿	观下大路自然村中间
观溪庙	大路下村观下自然村下	岳殿	丁家畈现供销社生产商店处
小山庵	丁家畈村小山头（已毁）	龙王殿	雅庄村下面
太平庵	上马村上马岗	鹰崖洞	柿林村黄泥岭自然村
餐堂庵	后朱村		

第二节　道教

道教是我国的主要宗教，由东汉张道陵创立。余姚四明山，由于高峰插云，连岫蔽日，四周二百八十峰之间，含青育翠，风光绮丽，更有峙岭，丹崖赤壁，溪流飞湍，风气莹净，霁色浮空，成为道家三十六洞天之“丹山赤水洞天”。故此，四明山成为道教名士隐居修身之佳境。

道家“洞天福地”之形成

东汉时，道教创立，学道登仙之士往往远离尘世、遁迹山林，以选择人迹罕至、幽深僻远的名山洞府为潜隐默修的理想去处，后世道人，也都就此兴宫筑观、聚居修炼，逐渐成为人们游憩赏览的佳境胜地。晋人木华曾游余姚之四明山，有《丹山图咏》存世，“四明·丹山”，当有1600年以上的历史。

盛唐道士司马承祯（647—735），21岁入道，后游天下名山，留下许多著作，所撰《洞天福地·天地宫府图》，排列出“十大洞天、三十六小洞天、七十二福地”，四明山为三十六小洞天中的第九——四明山洞，周围一百八十里，“名曰丹山赤水之洞天，在越州上虞县，真人刁道林治之”。属“上仙所统治之处”。唐末五代时，缙云人杜光庭（850—933）应九经举不第，入天台山学道，一生著述丰富，所撰《洞天福地岳渎名山记》，仍以108处洞天福地排定先后次序，除七十二福地有一定变动外（现存版本仅71处，较司马承祯所列，又有若干处增删，或与200年间的某些变迁有关），十大洞天仍其旧，三十六小洞天中，四明山位列仍在第九。全文为：“四明山，丹山赤水洞天，在越州余姚县，刘樊得道。”

四窗岩刘、阮遇仙

东汉明帝永平五年（62），剡县人刘晨、阮肇进山采药，两人在山中迷了路。在一条山溪边，他们遇见两个绝色妙龄女子，刘、阮两人跟着她们来到她们的家。女子拿出胡麻饭、山羊脯给刘、阮二人吃，并结为夫妇。这地方天气温和适宜，四季如春，这样，刘、阮两人不知不觉住了半年。一天，两人见草木萌发，百鸟争鸣，不觉动了怀乡之念，苦苦求归。女子就作歌送刘、阮回乡。两人从山里出来，回到故乡，却不料那些亲朋故旧全都不在了。经过打听，才找到一个七世孙，说曾经听祖上说起过，有一位祖先进山迷了路没有回来，已经是一百多年之前的事了。晋太康八年（287），刘、阮二人忽然又走了，不知所终。这个其实是神话故事，却说得有根有据，故事在南朝宋刘庆义的《幽明录》和北宋的《太平广记》里都有记载。唐代诗人曹唐有《刘晨阮肇游天台》诗五首，他在诗前的序中说：“四明、天台初为一山，故同谓之天台，刘、阮遇仙之迹在今石窗。其后分为四明。人但知刘、阮入天台，不知实在四明也”。可见四明山是唐代时才从天台山分出的，刘、阮遇仙应在四明山。曹唐的诗五首还有《刘阮洞中遇仙子》《仙子送刘阮出洞》《仙子洞中怀刘郎》《刘阮再到天台不复见仙子》等，内容相接，叙事、写景、抒怀浑为一体，他将《幽明录》中记载的故事再加渲染发挥，写仙子在洞中怀念刘郎：

不将清瑟理霓裳，尘梦那知鹤梦长。
洞里有天春寂寂，人间无路月茫茫。
玉沙瑶草连溪碧，流水桃花满涧香。
晓露风镫零落尽，此生无处访刘郎。

怀念之情写得缠绵，写得浓烈。而曹唐还写到刘阮再到天台山寻仙子，但仙界与人间隔绝，再也见不到仙子：

再到天台方玉真，青苔白石已成尘。
笙歌冥漠闭深洞，云鹤萧条绝旧邻。
草树总非前度色，烟霞不似昔年春。
桃花流水依然在，不见当时劝酒人。

刘、阮遇仙的故事一直流传至今，而记载中，刘、阮是剡县（今嵊州市）人，他们上山采药，到四窗岩并不远，而古代四明山人迹罕至，奇草异药很多，所以采药人大多上四明山。元代著名的医学家滑寿也常从姚城到四明山采药，所以这个神话故事将地点放在石窗，也顺理成章。

四窗岩后有韩采岩，又称寒草岩，岩石嵚崟临溪，溪阔数十丈，溪旁有寒草洞。韩采岩也是一处神秘的胜迹。元代诗人铁元之有《韩采岩》诗云：

寒草崖前春色稀，桃花无数映青溪。
吾行已到仙家窟，不比渔人此路迷。

韩采岩也是采药人常到之处，“洞深烟树碧氤氲，只采灵苗不采薪”（元戴表元《韩采岩》诗），“仙岩采名药，缤纷皆落英。愿言蹑奇踪，九转还丹成”（明杨珂《游四明盘桓韩采岩》诗）。

刘纲、樊云翘与大岚山

刘纲，字伯经，东汉时下邳人。初任上虞县令，政尚清静，岁岁大丰，百姓深获其惠。他的妻子叫樊云翘。

东汉时期，道教盛行，统治阶层对神仙方术极为关注，帝王们向往长生，爱好仙术，任用方士，产生了极大的社会效应。刘纲、樊云翘夫妻亦痴迷于神仙道术，向往逍遥自在的道家生活。当他们听说四明山中有一位姓白的道人，有仙术，隐居在白水山潺湲洞侧，即弃官携妻，到四明山，向白道人学道于此。

经过多年的苦苦修炼，夫妻双双学道成功。他们还经常采摘草药，以作炼丹之用，同时还用草药来医治救助四周患病的山民。

几年之后，夫妻俩的道术都有长足的进步，于是经常互相较量道术。一日，夫妻交手以试所学道术的高低。当时，有一座石碓屋，没有一根木料，刘纲用手一指即能使之起火焚烧，樊云翘夫人即能举手把火熄灭。又一天，春意融融，洞前的庭院中有两颗桃树，正欲含苞欲放。两人即盘腿坐于树下，运气于桃树作法，各自御气于树，使之互相格斗。斗了一段时间之后，刘纲所御桃树被逼出篱笆外。刘纲又拿来一只空盘，吹一口气，盘中忽然游动一条鲤鱼；樊云翘夫人又向盘中吐了一口气，盘中生成一只獭，一张口把鱼给吞食了。一日，夫妻俩进四明山深处采摘草药，忽闻虎啸，只见一只斑斓猛虎拦在途中，注视着他俩。此见情景，刘纲运气使法，将老虎因在原地不动。但待人一离开，老虎便嚎叫不止。樊云翘见状，即举手从空中取来一条绳子，把老虎的头颈系住，然后牵归洞中，拴在床侧，老虎也就不敢再嚎叫，变得像猫那样老实。经过多次较量，樊云翘的道术处处胜于丈夫刘纲。

待到修炼成功，夫妻俩告别白道人，到大岚山隐居，在大岚山顶构筑樊榭，作为夫妻俩的居处。

在大岚山隐居几年之后，刘纲、樊云翘夫妻准备升天。大岚山上有一棵大皂荚树。一天，夫妻俩到大皂荚树下，刘纲向树上爬了数丈高之后，才得以飞升上天而去。樊云翘平坐在山地上，身旁即生出云气，把樊云翘冉冉托升而去。樊云翘飞升时，穿在脚上的一只绣花鞋失落在地上，化为一只斑斓猛虎。樊云翘用手一指，猛虎又化成一座大山。因樊云翘与丈夫飞升于大岚山，此山又称升仙山。因遗履变虎于山，又称作伏虎山。据说在大岚山顶有一巨岩，曾留下樊云翘的脚印。

当樊云翘与丈夫刘纲飞升于大岚山之后，山民即于此建祠宇，用来纪念刘纲、樊云翘夫妻俩。元时，改称为白水观，移址观下村。

宋政和六年（1116），宋徽宗封刘纲为升天明义真君，封樊云翘为升真妙化元君。

宋代谢翱曾写有《樊夫人上升》诗：

石蚝黏窗秋见海，山鸡夜啼弄花彩。
王孙吹笙导夫人，青发凌风素霞在。
雨尘离地白浩浩，河西种星榆树老。
海桑童童日出归，衣湿上池洗头草。

明代诗人沈明臣曾写有诗，曰：

仙人刘伯经，铜墨弃如屣。秉心事白君，吐纳投玄理。
炼石青霞区，餐髓丹峰里。夫妻获秘术，鱼獭相嬉戏。
升仙谢乔枝，堕虎乃故履。事闷千秋在，炯迹垂外纪。
山遐白日旷，虬蜺驾谁驻。吾谣白云章，冯风一相寄。

又写有一首《樊榭诗》：

云翘有遗榭，言寄五霞中。五霞绚天地，照耀金银宫。
日月飘佩纕，步摇鸣天风。虹霓作高梁，白榆树前墉。
粲粲启玉齿，言笑陪仙翁。岂缴萼绿华，相往遨崆峒。
或引董双成，骑凤凌八鸿。愿言蜕凡骨，下汝经相从。
飒然回风至，眄睐空蒙蒙。

道教文化探究

大岚镇于2003年依托丹山赤水景区，在柿林村对面山顶，建造了一座道观，面积500平方米，有2～3名道士不定期地进行传道。

2015年2—11月，大岚镇举行道教文化活动。

循道　大岚作为丹山赤水洞天的核心区域，境内留存许多的道教景点，具有浓厚的道教文化底蕴。大岚镇组织相关人员对境内的升仙桥、丹山赤水景区、四窗岩等道教景点，从各类文献记载和有关传说中进行深度挖掘，并通过咨询相关单位和部门，从而汇编成一套具有大岚特色的较为完整的道教文化旅游景点册，同时，也在景点修复上做进一步地完善。

问道　通过微博、微信等途径定期招募一批“城市人”，让他们抛开尘世的喧嚣和繁杂，卸下身上的重负，来到远离凡尘、亲近心灵的第九洞天，体验一次“问道第九洞天”深度拓展之旅，在知道、行道、悟道等拓展环节中找寻一片宁静，找寻生活中的觉和悟。

丹山赤水道教点

论道　论道是推动和弘扬道教文化的重要方式。柿子节期间，由丹山赤水景区牵头，邀请道教协会有关人员和社会上道教文化有识之士，在丹山赤水景区选一极富道教文化氛围的佳处开展“论道”活动。

传道　对于道教文化，要批判地传承其中的宝贵财富，去其糟粕，取其精华，古为今用，弘扬中华民族这一宝贵传统文化遗产。在每年的 11 月邀请道教研究学者到丹山赤水景区，传授与当代核心价值观相符的道教理论和养生之道。

第三节 基督教

20 世纪 70 年代传入大岚，全镇现有基督教堂（点）3 处，专职传道 1 人，信徒 250 人。

上马堂。20 世纪 70 年代传入，1984 年设堂点，1993 年市宗教局批准更名为“上马堂”，1998 年集资兴建堂点，有信徒 65 人。

华山堂。20 世纪 80 年代从上虞等地传入，1988 年买入原华山乡卫生院房子。2012 年并由信徒奉献集资兴建华山堂，市宗教局 1995 年批准更名为“华山堂”，有余姚及本地信徒 35 人。

大岚堂。1995 年 9 月从上马堂分出，1997 年在朱家宅村前有信徒奉献集资建造大岚堂，有房 12 间，800 平方米，信徒 150 人，配有专职神学毕业教师 1 名。

大岚基督教堂

第四章　方言

第一节　域内语言差异

早在宋末元初，辖区内居民陆续从各地迁居大岚，经过千百年的共同生产生活，习俗、方言融为一体。20 世纪 60 年代，原上虞的阴地龙潭、戴縻及黄家庄划入大岚（称西南区），由于相处时间短，习俗、方言与现在大岚的多数村略有差异。大岚的北面、东面属余姚核心区，方言与余姚城区基本一致，与南面鄞州区和四明山镇的居民语言有些差异。

两区块词汇调查一览表

表 23-3-1

普通话	核　心　区			西　南　区		
	大岚片	南岚片	新岚片	阴地龙潭片	戴縻片	黄家庄小片
我	我	—	—	伢	—	—
你	侬	—	—	侬	—	—
他	隑	—	—	伊	—	—
我们	鞋啦	—	—	伢啦	—	—
你们	乃	—	—	乃	—	—
他们	隑啦	—	—	伊吗	—	—
谁	叔宁	—	—	鞋氏	—	—
什么	嗦西	—	—	嗦西	—	—
怎么样	咋相貌	—	—	咋格几	—	—
哪里	鞋里	—	—	亨头	—	—
这里	塘头	—	—	一横里	—	—
那个	鲠个	—	—	亨个	—	—
父亲	爹爹	—	—	爹	—	—
母亲	姆嬷	—	—	姆嬷	—	—
祖父	爷爷	—	—	爷爷	—	—
祖母	娘娘	—	—	娘娘	—	—
兄	哥哥	—	—	—	—	—

续表 23-3-1

普通话	核心区			西南区		
	大岚片	南岚片	新岚片	阴地龙潭片	戴縻片	黄家庄小片
弟	阿弟	—	—	弟弟	—	—
姐	姐姐	—	—	—	—	—
妹	阿妹	—	—	—	—	—
儿子	儿子（鱼之）	—	—	吾子	—	—
儿媳妇	新妇	—	—	—	—	—
外甥	外生	—	—	—	—	—
舅父	娘舅	—	—	舅舅	—	—
舅母	舅姆	—	—	舅姆	—	—
姑父	姑丈	—	—	姑夫	—	—
姑母	姑嬷	—	—	尼娘	—	—
丈夫	老公	—	—	—	—	—
妻子	老银	—	—	老马	—	—
上午	上半日	—	—	斤亮头	—	—
下午	下半日	—	—	曼昼头	—	—
中午	晏昼	—	—	—	—	—
现在	乙毛	—	—	—	—	—
今天	几米	—	—	今早	—	—
一会儿	一枪	—	—	一记	—	—
蒸饭架	羹架	—	—	饭镬架	—	—
是	是咯	—	—	才咯	—	—
来了	来当哉	—	—	来带哉	—	—
挑猪粪	挑劣圾	—	—	挑猪坭	—	—
来玩耍	来玩阀	—	—	来搞会	—	—
汤圆	汤果	—	—	汤团	—	—
年糕	糍糕	—	—	年高	—	—
酒坛	酒尘	—	—	酒堋	—	—
吵扰	介烦杂	—	—	介扰杂	—	—
洗脚	汰脚	—	—	净脚	—	—
小锄	小种拌	—	—	小锄头	—	—
猪蹄膀	碗口	—	—	蹄膀	—	—
大豆	黄豆	—	—	白豆	—	—
薯粉丝	干面	—	—	粉丝	—	—
脸盆	面盆	—	—	面桶	—	—
做木桶	揪桶	—	—	箍桶	—	—
地方	乌堂	—	—	乌扇	—	—
上衣	郎	—	—	衣裳	—	—
捉迷藏	盘猫	—	—	柯暗头猫	—	—
起床	挖起	—	—	爬起	—	—

续表 23-3-1

普通话	核　心　区			西　南　区		
	大岚片	南岚片	新岚片	阴地龙潭片	戴纛片	黄家庄小片
吵架	造孽	—	—	寻相骂	—	—
蒸蛋	炖蛋	—	—	打蛋	—	—
翻跟头	翻顶倒	—	—	翻跟斗	—	—
很好	老好	—	—	呆好	—	—
一起	做队	—	—	大家	—	—
老年人	老经气	—	—	老见识	—	—
总是	萠官	—	—	作古	—	—
经常	有名	—	—	有门	—	—
不	勿	—	—	弗	—	—

第二节　词汇变化

随着大量旧事物、旧思想被新事物、新思想所取代，一些词语逐渐消失与变化。大致而言，有关产业、交通、邮电、建筑、工具、器具、职业、职务、亲属、医疗、服饰、饮食、喜事、讼事、交际、商业、文化、教育、游戏等方面的旧词被淘汰得比较多，有关天文、地理、位置、时间、植物、动物、人品、詈言、身体、数量和虚词，尚有不少保留。就前《余姚市志》“词语札举”来说，变化较少的是“自然现象”“时间”“方位”“性状”“动作”“行为”等方面的词汇。变化较大的有：(1)“称谓”。如“尼娘”几近消失,“养生媳妇”已不存在。(2)“日常生活用语”。如“挖起“改称“爬起”,“净面”改称“汰面”。(3)“房屋家具”。如“垡屋匠“已不存在,灶台底”“磉墩”“楞厨”“火缸”“坞粥甏”“七石缸”“油掇甏”桶盘”“汤罐”“晒花箕”“掊匾”“长篮“等也走向消亡。(4)“身体与健康”。如“四日两头”被“买柴病”或“疟疾”所取代。(5)“服装、修饰”。如“西瓜顶帽”“作裙”“绢爿”等传统服饰几近消失。(6)“日常饮食和动植物”。如“棚蜉”改称“白蚁”,“白滚汤”改称“白开水”，而“粥衣汤”“麦果”“麦黄”“膏药糕”“麦碎米饭”几近消失。

在这些消失的词汇中，有类化为名词性合成词的词缀，产生连锁变化。如在传统“气”本论影响下，余姚方言中出现大量以“气”为后缀的词语，其中双音节的就有：热气、冷气、牢气、老气、薱气、局气、文气、厌气、神气、大气、小气、胆气、脾气、火气、客气、晦气、手气、脚气、湿气、痧气、腥气，等等。除了“脾气”“神气”“大气”“小气”“客气”“福气”“晦气”仍在使用外,其他大多被更新。“热气”改称“蒸汽”“热量”“保温性”,“冷气”改称“冷冻”“空调”,“牢气“改称“韧性”,“薱气”改称“灰尘”“污迹”,“局气”改称“肚量”,“文气”改称“文绉绉”“老气”改称“老”“过时“,“胆气”改称“胆量”,“火气”改称“怒火”“耐寒力”,“厌气”改称“慢”,“手气”改称“手风”,“湿气”改称“湿疹”,“脚气”改称“脚癣”,“痧气”改称“发痧”“中暑”,“腥气”改称“腥臭”。

第三节 谚语、歇后语

谚语

逢春落雨到清明。
雷雨惊蛰前，七七四十九日不见天。
清明要明，谷雨要雨。
三月三，落雨落到茧头白。
雨打立夏，无处放耙。
稻无全熟，人无全福。
六月初一晒得瓦片翘，勤劳要给懒惰笑。
白露不露白，露白要赤脚。
重阳无雨一冬晴。
九月十三一夜星，皮鞋匠老婆要嫁人。
干净冬至，邋遢过年；邋遢冬至，干净过年（干净代表天晴，邋遢代表天雨）。
早霞漏，晚霞好炒豆。
虹高日头低，晒煞老雄鸡；虹低日头高，大水没道地。
天怕黄亮，人怕肚胀
日头钻洞，落雨无缝。
春霜不露白，露白要赤脚。
春霜三日白，晴到割大麦。
磉墩转潮，水缸出汗，竹根白沫，蜻蜓低飞，蚂蚁成群，落雨起泡，长工发笑。
有雨山戴帽，无雨云拦腰。
十日早雾九日晴。
春雾雨，夏雾热，秋雾风，冬雾雪。
雪等雪，勿肯歇。
开门雨，饭后晴。
雨落黄昏戌，明朝日头出。
头更起雨五更晴，五更起雨爬田塍。
惊蛰不动风，冷到五月中。
清明一日若落雨，梅雨时光便少雨。
霜降勿落霜，廿日里头呒没霜。
立冬晴，一冬晴；立冬落，一冬落。
燥冬至，烂过年；烂冬至，燥过年。
丁卯夜里有星星，雨会停止天会晴。
伏里西北风，稻谷谷穗空。

雷响在头顶，雨停天转晴；雷响在天边，雷雨还得几天连。
清早头，看山头；夜快头，看落山日头。
正月十二天无星，淅淅沥沥到清明。
久晴天气逢戌雨，久雨天气遇庚晴。
东向空，西向空，南向雨门开，北向雨即来。
秋后老北风，长期燥松松。
日头吹横箫，发风落雨在明朝。

歇后语

驼背向天跌——两头勿着实
六月里穿棉鞋——日（热）脚难过
黄胖楔年糕——出力不讨好
泥菩萨过河——自身难保
砻糠搓绳——开头难
小和尚念经——有口无心
肉包子打狗——有去无回
三只手指捉田螺——笃笃定
石板顶甩乌鸡（龟）——硬碰硬
三个和尚挑水喝——侬推我勿管
桐油畚斗——滴水不漏
山东人吃麦饼——一点不懂
砻糠里榨油——榨不出
老虎屁股——摸勿得
六月里的粪缸——越搅越臭
墙头草——随风倒
老鼠爬进白米缸——吃不完
竹篮打水——一场空
空淘箩出冷饭——空对空
黄鼠狼给鸡拜年——不安好心
兔子尾巴——长不了
出头椽子——先烂
湿手捞干面粉——想甩甩不掉
门背后拉大便——天总要亮的
逃得了和尚逃不了庙——尽管放心
小脚女人走路——开不了步
姜太公钓鱼——愿者上钩
哑子吃黄连——说不出的苦
秀才遇到兵——有理说不清

第二十四编　人　物

第一章 人物简介

第一节 人物

王翊（1616—1651） 字完勋，号笃庵，慈溪人，后迁居余姚。平时喜欢谈论兵法。清顺治三年（1646），南明军据钱塘江抗击清兵，御史兼余姚知县王正中推荐王翊任职地方主事，参加江防。其间亲自前往海滨招兵，力图与黄宗羲等在四明大兰山结寨长期抗清。清兵囚禁王翊的弟弟王翃，迫使王翊投降，王翊未屈服，王翃被杀害。顺治四年十二月，清兵直逼大兰山，王翊引军退避，与之周旋，三月破上虞城。此时浙东抗清义军达百余部，兵源复杂，时有扰民事件发生，只有李长祥、张煌言、王翊三部不扰民，王翊部的人数最多，据守四明八百里，部将多为浙东豪杰义士。清军为了铲除浙东义军，首先从清贤岭进入，袭击王翊。王翊率兵抵抗，长时间作战导致供给不足，兵力渐弱，被清军攻破，折损士卒400余人。清军主力撤退后，王翊率部会同自湖州到四明山的冯京第合力镇守杜岙。不久，清军主力再次进攻。王翊冲破重围，只剩400余兵员，于是向天台会合俞国望。途中招集万余人。后又率部队袭击杜岙，破清军团练。六年春，再破上虞，全浙东为之震动。六月至健跳（今三门县东南），朝鲁王朱以海，授河南道御史、副都御史。清军以高官厚禄招降，王翊杀来使以示决绝。次年三月，在舟山复朝鲁王，升兵部右侍郎。八月，破新昌、拔虎山，清廷为之震惊。清军定下破舟山计后，恐怕背后山寨袭击，以团练为先锋会攻大兰山，王翊部经多次战斗没有获胜，退兵舟山。八年秋，清军分三路攻下舟山。此时王翊的将士大多死散殆尽，于是王翊出奉化到天台招兵。七月二十四日王翊在北溪被俘，八月十四日，在押解途中被害。被害前赋诗，写完诗将笔扔在海道王尔禄的面前。清军统帅命令士兵齐发弓箭射杀王翊，他胸中射中三箭，却巍然不动，享年36岁，死后被斩下首级示众于宁波城关。陆宇鼎等人以计谋取得王翊的首级，秘密藏于书柜12年。宇鼎死后，其弟宇燝将王翊首级葬于宁波城北马公桥畔，谥号烈愍。

司马正（1925—1943） 男，原姓陈，浙江宁波人，民国14年（1925）出生，其父曾任警察局长，家境富裕。民国32年（1943）8月，正在上海建承中学读高二的司马正，与两同学一起奔赴四明山抗日根据地，一心向革命，成为三北游击司令部三、五支队的一名战士。

民国32年（1943）11月初，国民党顽固派第三战区挺进第3、4、5纵队等部，向四明山根据地进攻，三五支队抗击来犯之敌的第二次反顽自卫战打响，司马正接受火线宣传的任务。11月19日，国民党挺3纵队向我五支队蜻蜓岗阵地进攻，司马正跟随五中队二排进入临时构筑的工事内，向敌人阵地进行正面宣传，鼓舞士气，不幸头部中弹，壮烈牺牲，年仅 18 岁。

黄　连（1921—2014） 原名黄开铨。1921 年 11 月 7 日生于余姚左溪乡南黄村，住庙宇吃百家饭长大。

1939 年参加县政工队领导的山区茶农运动，表现积极，1940 年 2 月加入中国共产党。1942 年先后任佐燕、大岚区委书记，抗日胜利、主力北撤后，任大岚区特派员。1947 年任嵊新奉县工委书记，主任，直至解放。

1949 年 6 月调任上虞县委委员，民运部长。次年，调绍兴专区任税务局第一副局长。

1951 年底调上海，先后担任上海市丝绸厂、市第廿八棉纺厂、第九棉纺厂书记，静安区工业部副部长、市丝绸公司副书记兼政治部主任，市经委干部考察办副主任。1983 年离休，享受上海市局级干部待遇。1985 年起，任上海丝绸工业公司离休党支部书记。

离休后发挥余热，为余姚等老区牵线搭桥引进项目、提供浙东党史资料等做出大量工作。

在任时，曾出席全国群英会，离休后，获上海市“先进离休干部”“老有所为精英”、浙江省“扶贫先进个人”等荣誉。

2014 年 12 月 20 日病逝于上海，享年 94 岁，骨灰安葬于大岚镇丁家畈村的坚果山顶。

余旭（1922—1943） 原名俞照铨，化名余旭。出生于浙江省诸暨市次坞镇义源村姜家坞，于 1938 年加入中国共产党。

1939 年夏，参加了新四军。入伍后，在新四军教导总队三大队担任军事干事。1942 年 7 月，根据浙东敌后抗日斗争形势发展的需要，余旭亦随何克希南渡杭州湾，挺进四明山。8 月中旬，三北游击司令部成立了精干的参谋处，余旭任作战参谋，跟随何克希司令员参与和指挥了阳觉殿战斗、攻打梁弄的战斗，并与国民党顽固派谈判。

1943 年 11 月，在第二次反顽自卫战争中，余旭参与指挥五支队坚守蜻蜓岗阵地，击退敌多次进攻。同年 12 月 1 日，余旭又参与指挥柿林伏击战，在此次战斗中，中弹牺牲，年仅 21 岁。

沈荷花（女，1913—1949） 家住余姚市大岚镇大俞村。1945 年春，其丈夫俞存葵由堂兄俞存潮介绍，回老家四明山参加新四军浙东游击纵队，沈荷花也跟着回来，在本村共产党的联络站当炊事员，兼做通讯员。是年 8 月，抗日战争胜利，俞存葵随新四军浙东游击纵队北撤，沈荷花留在家里继续做党的工作。

她丈夫后来一直没有来信，俞存葵已在 1946 年的山东泰安战斗中牺牲了，从此坚定了她做好革命工作的决心。

新四军浙东纵队北撤以后，白色恐怖十分严重，她家里正式成为革命联络站。联络站是很危险的，因为敌人来了，“走得了和尚，走不了庙”。所以有人为沈荷花担心，说她是把一铳火倒在自己头上。但沈荷花毫不畏惧，凡有情况发生，她总是叫同志们先离开，然后自己才走。

1948 年 9 月，沈荷花被敌人抓到李家坑，严刑逼供，坐“老虎凳”，做“水漫金山”，要她供出共产党和游击队的活动情况。她咬紧牙关，任凭怎样用刑，不承认与游击队有联系。因为没有口供，最后敌人只好同意找保释放。于是组织上通过关系，叫大岚乡伪乡长去保释出来。

1949 年 5 月，人民解放军渡过长江后南下，势如破竹，5 月 23 日，余姚解放，四明山游击队积极配合大军围歼小股国民党残部，接管地方机关。6 月 1 日，沈荷花在当地武工队领导下，到奉化县亭下，去缴伪乡公所的武器，晚上住在那里。第二天早晨，冷不防被盘踞在余姚、奉化交界处的国民党残部四明公署反共救国军刘子良部包围，机枪对着他们猛烈扫射，大部队当即冲出了包围，沈荷花因为正在做饭，来不及冲出，不幸被捕。拒绝投降，敌人在拷打无果下，用极为残酷的“五竹分尸”，把她杀害。次日晚，联络站派人将烈士遗体安葬在大岚丁家畈猴子坪。

中华人民共和国成立后，后人深深怀念沈荷花，每年清明节，到她的墓前，敬献花圈，致哀悼念。

姚亨尧（1913—1943） 乳名顺招，化名姚亚，余姚县大岚大陈村人。1913年5月出生于一个贫苦的农民家庭，幼年时代曾求学于同村私立小学，虽为半耕半读，由于他天资聪颖，好学上进，因此几年以后，以优良的成绩小学毕业。之后，因家庭贫困，父母无力供读，在家从事田间耕作。

1938年余姚政工队来到大岚山区，宣传抗日救亡主张，发动茶农运动。姚亨尧积极投入抗日救亡活动，从而提高了觉悟，走上了革命的道路。1939年3月，在茶农请愿斗争中，他成为群众骨干，被推派为向国民党县府请愿团的谈判代表，在谈判桌上，姚亨尧和其他代表一起据理力争，取得斗争胜利。

1939年姚亨尧加入中国共产党，成为大陈村第一个中共党员，1939年5月至1942年7月任大陈村党支部书记。

1940年8月，余姚形势逆转，姚亨尧遵照党的指示转入隐蔽斗争。1942年7月，负责本地党的工作，担任大岚区党的负责人。他主动团结青年，发展党的组织，工作很有成效。1942年夏，党的地下组织负责人陈布衣经常住在姚亨尧家进行秘密工作。历经3年，姚亨尧为党探听消息，收集情报，确保同志们的安全，出色地完成了掩护陈布衣及一批民运工作同志的任务。

1942年7月，中共余姚组织决定在全县发动一次参加抗日部队的活动，由赵如翰负总责，山区由姚亨尧（改名姚亚）领队，组织青年参军。组建“余姚中队”后，他任班长，同年8月，“余姚中队”编入“四支三中”。由于姚亨尧能文能武、胆大勇敢，不久便提升为区队长。1943年2月，在逍林与顽军的遭遇战中，姚亨尧为占领有利地形，单枪匹马拿着机枪冲上桥头，阻击正面之敌，不料被从水路来的日军偷袭而壮烈牺牲，时年30岁。

王援军（1916—2015） 1916年1月出生，家住余姚市大岚镇上马村王家。1938年2月参加革命，1939年3月加入中国共产党，也是大岚区内12名党员之一。1939年3月，参加茶农请愿运动，被茶农推荐为谈判代表之一，与国民党县政府据理力争，取得万名茶农进姚城请愿运动的胜利。1942年上半年至1943年6月任中共大岚区委员会委员。1943年8月至1945年8月，任姚南县大岚区常备队（后改为区中队）队长，是党派驻大岚区的15人工作队之一，在大岚地区开辟党的工作，发动群众，开辟和巩固抗日根据地，组织当地群众保护好上级派驻干部的人身安全。

1944年春至1945年8月，任大岚区区署财经指导员。

1945年8月抗日战争胜利，随军奉命北撤，参加解放战争。中华人民共和国成立后，参加抗美援朝，凯旋归来，被分配到上海八一电影机械厂任党委书记。2015年5月24日，病逝于上海，享年100岁。

沈功甲（1922—2002） 原名沈功爵，浙江余姚人，老家住大岚镇峙岭村，小学毕业后在家务农。抗战开始，1938—1939年政工队进驻大岚，沈功甲参加“余姚县战时社会团”，一边宣传抗日，一边参与战地服务工作，1942年3月经本村沈金姑介绍，加入中国共产党。1943年9—

10月第一次反顽斗争时，村支部组织群众转送伤员，送饭上前线，筹备粮食和炒米做干粮，组织群众坚壁清野，发动民兵破坏敌人通讯，拔电杆割电线烧炮楼等。1944年2—5月第二次反顽斗争期间，三、五支队主力移到三北，地下党根据指示，采取隐蔽、保存实力策略，直到反顽斗争胜利。1945年4月，党组织决定沈功甲脱产参加革命工作，任浙东抗日根据地南山县大岚区南岚乡党总支书记兼政治指导员。1945年9月，浙东游击纵队北撤，受党组织安排，留在四明山坚持打游击，任中共四明特委特务队队员，与陈布衣等在屏风山坚持斗争，参与草帽庵建军，奔袭雅庄镇反，天华缴枪等行动。1947年起在台州地区，任浙东临委会总务，军需政治指导员兼警卫等职。参加解放余姚战斗。1952年所在部队成建制转业，任中国人民解放军建筑工程第六师十七团，任后勤处副主任兼财务股长，西北建筑三公司二工区主任，浙建六区党委书记等职，转战鲁闽陕浙等地造桥盖楼，投入社会主义建设。1962年，调建材部直属江山水泥厂任党委委员副厂长，“文化大革命”受到冲击，1980年12月在浙江省机械化施工公司党委副书记副经理任上离休，享受地师级待遇，2002年10月病逝。同时离休前后一直关心支持四明山地区的建设，为革命老区的发展做出贡献。

第二节　离休干部

郑求生（1922—2012）　男，1922年6月出生，余姚市大岚镇大路下村观下组人。1943年12月加入中国共产党，同年同月参加革命。

加入中国共产党后，先后任余姚县梁弄区大岚乡观下村农会副主任、主任，村高级生产合作社副主任。1958年10月，任大岚公社大岚管理区党总支书记。1960年10月，任大岚公社管委会副主任。1961年10月，任四明山区大岚公社党委书记。1962年5月，任四明山区大岚公社管委会主任。1970年2月，任大岚公社革委会委员、大横山水库负责人。1976年10月，任四明山区大岚公社党委副书记、革命委员会副主任。1980年1月，任四明山食品站党支部书记、站长。1981年11月退休。1984年3月改为离休，享受副处级生活待遇。1992年至2005年，任大岚镇离退休干部党支部书记。2012年2月病逝，享年90岁。

夏升才（1917—2003）　男，1917年2月出生，余姚市大岚镇大岚村夏家岭组人。1943年9月加入中国共产党，同年同月参加革命。

入党后，在余姚县鹿亭一带参加党的地下革命工作，曾任民兵队长。1951年10月起，先后任余姚县供销合作总社鹿亭供销社、梁弄区供销社统计，县供销合作社审干办公室工作员，县供销合作社梁弄区社、大岚区社副主任，大岚公社管委会副主任，白鹿公社党委副书记。1976年4月退休。1985年5月改办离休，享受县（处）级政治、生活待遇。2003年3月病逝，享年87岁。

沈文宝（1923—2011）　男，1923年11月出生，余姚市大岚镇柿林村人。1949年1月加入中国共产党，同年同月参加革命。

入党后，任余姚县梁弄区南岚乡峙岭村民兵班长。1950年4月，参加余姚县乡干部训练班培训。

同年5月起，先后任余姚县梁弄区南岚乡乡长，南岚乡党支部书记、乡长，中共梁弄区委委员、南岚乡党支部书记、乡长。1956年4月，任中共梁弄区大岚乡党总支书记。1957年4月，任余姚县大岚乡乡长。1959年3月，任大岚公社大岚管理区主任。1961年10月起，先后任四明山区屏风山公社管委会、华山公社管委会副主任。1978年4月，任四明山区华山乡党委委员、革命委员会委员。1979年11月退休。1983年7月改为离休，享受科级生活待遇。2011年7月病逝，享年89岁。

沈长位（1926—2009） 男，1926年11月出生，余姚市大岚镇柿林村人。1945年7月参加革命，1946年5月加入中国共产党。

入伍后，任浙东姚南县大岚区常备队战士。1946年1月起，随部队北撤到山东，先后任华东野战军一纵队第八团一连战士、团部通讯员，华东后勤第十二、第八荣誉军人学校学员。1949年1月，调华东野战军后勤部军械部军械库，先后任战士、副班长、班长、副排长。

1952年10月转业回乡，任大岚乡民兵队长。1953年4月起，先后任梁弄区南岚乡副乡长、鹿亭乡副乡长、梁弄钢铁厂生产课长、余姚地方国营水泥厂生产科长。1959年6月，调任大岚公社管委会副主任。1960年1月，任大岚公社党委副书记。1974年底，任四明山区农技站副站长。1980年12月退休。1982年11月改为离休，享受副处级生活待遇。2009年6月病故。

在部队期间，历经苏北、太安、马家楼、淮海、渡江等战役、战斗。立三等功2次，四等功3次。1946年秋负伤，因战致残。为三等甲级革命残废军人。

鲁世昌（1923—2007） 男，1923年1月出生，余姚市大岚镇丁家畈村人。1948年1月加入中国共产党，同月参加革命。

入党后，参加党的地下革命活动。1949年6月起，先后任余姚县梁弄区南岚乡乡长、区公所生产助理员、区土改工作组组长、县果牧园艺场场长、县农林水利局干部、大岚公社南岚管理区副主任。四明山区四明山公社管委会、壶潭公社管委会副主任，宁波林场林区党支部书记，县供销合作社四明山区社、唐田分社经理。1980年10月退休。1982年10月改为离休，享受科级生活待遇。2007年9月病故。

夏升根（1921—2002） 男，1921年12月出生，余姚市大岚镇大岚村夏家岭组人。1948年12月加入中国共产党，同月参加革命。

入党后，在家乡梁弄区南岚乡一带参加党的地下革命工作。1949年10月参加余姚县周巷区征粮工作。1952年4月起，先后任余姚供销合作总社梁弄区社大岚供应站站长、四明山区大岚公社管委会副主任、县供销合作社大岚供销社采购商店经理。1980年8月退休。1983年6月改为离休，享受科级生活待遇。2002年2月病故。

鲁知彭（1926—1997） 男，1926年9月出生，余姚市大岚镇雅庄村人。1945年5月参加革命，1947年11月加入中国共产党。

入伍后，历任新四军浙东游击纵队司令部印刷厂练习生，华东野战军一纵队司令部工作员，解放军第三野战军政治部印刷厂保管员、后勤部军械部第三总库文教员。1952年9月，转业回余姚，历任姚北中学教师，县人民政府文教科干部，县文教局博物馆工作员，大岚供销合作社文书，梁弄区供销合作社大岚综合性商店、四明山区供销合作社大岚综合性商店、大岚供销合作社副经理，大岚供销合作社革委会副主任、行政组组长。1981年12月退休。1982年10月改为离休，享受科级生活待遇。1997 年 2 月病故。

俞存潮（1910—1990） 男，1910 年 8 月出生，余姚市大岚镇大俞村人。1943 年 10 月加入中国共产党，同月参加革命。

入伍后，从事党的地下工作。1945 年 8 月起，先后任新四军浙东游击纵队战士，中共余姚县梁弄区委组织委员，城南区肖东乡、城北区梁堰乡土地改革工作队小组长，余姚县周朝区区委、梁弄区委委员，余姚县委农业生产互助合作部办社干部，县果牧农场党支部书记，县文化站办事员，县委办公室档案馆办事员。1979 年 9 月退休。1982 年 10 月改为离休。1990 年 8 月病故。

沈企鸿（1917—1986） 男，1917 年 10 月出生，余姚市大岚镇柿林村人。1941 年 8 月参加革命。

入伍后，先后任新四军浙东游击纵队鄞西林中队班长、副分队长、分队长，浙东游击纵队司令部侦察连侦察员、班长、司务长，新四军一纵队三师通讯连司务长、管理员，解放军华东野战军装甲兵战车第二师后勤处仓库主任、房管副科长。1955 年 9 月转业，先后任山东省齐东县人民政府民政科副科长、余姚县人民委员会民政科科长、县供销合作社四明山区社生活商店副经理。1979 年 11 月退休。1982 年 10 月改为离休。1986 年 4 月病故。

在部队期间，立三等功、四等功各 1 次。

俞志瑞 男，1929 年 6 月出生，余姚市大岚镇大俞村人。1948 年 7 月加入中国共产党，同年同月参加革命。

入伍后，先后任浙江省奉化县奉西区武工队战士，中共浙江省四明工作委员会警卫员，中共宁波地委组织部、慈溪县委秘书处通讯员。1950 年 6 月，任慈溪县陆埠区武装干事。1951 年 9 月起，先后任解放军某中队保卫员，南京市公安总队战士、侦查员。

1956 年 1 月复员回乡。同年 3 月，任县农产品采购局人事股干事。1957 年 2 月起，先后任县供销合作社工作员、梁弄区供销社营业员。1958 年 10 月，任余姚县四明湖水库指挥部开山队负责人。1961 年 7 月，任梁弄区供销合作社茭湖分社主任。1962 年 1 月起，先后任大岚公社人民武装部副部长，公社党委委员、人民武装部部长。1978 年 6 月，任四明山区华山公社党委委员、保卫干部。1981 年 4 月退休。1983 年 3 月改为离休。享受科级生活待遇。2005 年 9 月至 2014 年 9 月任大岚镇离退休干部党支部书记。

石磊（1919—2005） 曾用名夏升权，男，1919 年 9 月出生，余姚市大岚镇大岚村夏家岭组人。1948 年 8 月参加革命，1949 年 2 月加入中国共产党。浙江绍兴纺织厂管理员。1979 年 10 月退休。1987 年 3 月办理离休手续，1987 年 4 月安置余姚市大岚镇大岚村夏家岭，2005 年 7 月病逝，享年 87 岁。

第二章 简介 名录

第一节 烈士简介

以下烈士排名以牺牲时间先后为序，家庭住址以今行政村（社区）名之，住址不详者只冠之镇名，牺牲地概为当时地名。在浙江省内的牺牲地点不冠省名。

姚元喜 男，1919年出生，家住大岚镇雅庄村大陈姚家，1938年参加革命，1942年牺牲于山东济南战役。

姚亨尧 男，1916年出生，家住大岚镇雅庄村。（详见本编第一章第一节人物）

鲁人庚 男，1926年出生，家住大岚镇雅庄村，1943年参加革命，1943年在鄞县高桥牺牲，时任第3战区三北游击司令部战士。

王贵（桂）堂 男，1901年出生，家住大岚镇南岚村蜻蜓岗，1944年参加革命，同年牺牲于余姚县大岩岗牛家岭，时任姚南大岚乡民兵队民兵。

王九品 男，1889年出生，家住戴麽村戴王，1943年参加革命，1944年在余姚县大岚乡戴王村牺牲，时任姚南县大岚乡戴王村民兵队队长。

戴锡定 男，1915年出生，家住戴麽村戴王，1944年在余姚县大岚乡呆山下牺牲，时任姚南县大岚乡戴王村民兵大队通讯员。

王龙余 男，1886年出生，家住戴麽村戴王，1944年参加革命，1944年在余姚县大岚乡呆山下牺牲，时任姚南县大岚乡民兵队文书。

郑全茂 男，又名沈金茂，1927年出生，家住余姚市大岚镇，1944年参加革命，同年牺牲于奉化县江口，时任姚南县大岚乡常备队战士。

鲁才新 男，1923年出生，家住雅庄村朱家宅，1944年前参加革命，1944年在余姚县大岚乡朱家宅牺牲，时任姚南县大岚乡民兵队民兵。

鲁仁（人）灿 男，1919年出生，家住大岚镇雅庄村，1937年参加革命，1942年加入中国共产党，1944年在余姚县大岚乡柿林牺牲，时任中共姚南县大岚乡雅庄村党组织干部。

史忠祥 男，1921年出生，家住大岚镇上马村，1941年参加革命，1944年在奉化县西岭牺牲，时任新四军浙东游击纵队第三支队战士。

郑全茂 又名郑金茂，男，1916年出生，家住新岚村甘竹，1943年参加革命，1945年牺牲于慈溪县陆埠，时任新四军浙东游击纵队班长。

鲁志泉 男，1926年出生，家住大岚镇大岚村四丰，1943年参加革命，时任三五支队战士（随何克希司令北撤），1945年牺牲于云南省。

俞孝康　男，1925年出生，家住大岚镇大路下村大路，1945年参加革命，同年在北撤途中失踪，时任新四军浙东游击纵队第三支队战士。

沈世安　男，1926年出生，家住大岚镇柿林村，1944年参加革命，中共党员，1946年在山东省鲁南战斗中牺牲，时任山东军区第一纵队三旅卫生员。

俞存夫　男，1928年出生，家住大岚镇大俞村，1943年参加革命，1946年牺牲于山东省泰安县，时任山东军区第一纵队一旅排长。

沈功炳　男，1925年出生，家住大岚镇柿林村，1944年参加革命，1946年牺牲于江苏省宿迁县，时任山东军区第一纵队三旅战士。

沈生元　男，1916年出生，家住大岚镇柿林村，1943年参加革命，1946年牺牲于江苏省宿县，时任山东军区第一纵队三旅侦察兵。

俞存葵　男，1913年出生，家住大岚镇大俞村，1943年参加革命，中共党员，1946年牺牲于山东泰安县，时任山东军区第一纵队一旅连长。

沈国顺　男，1924年出生，家住大岚镇柿林村，1947年牺牲于山东省，时任华野第一纵队三师九团副连长。

沈仁治　男，1922年出生，家住大岚镇南岚村蜻蜓岗，1947年在余姚县大岚乡前山岭牺牲，时任山心县大岚乡民兵队民兵。

沈水友　男，1926年出生，家住大岚镇柿林村，1942年参加革命，中共党员，1947年在河南省白湾庄战斗中牺牲，时任华野第一纵队三师七团三营副连长。

沈中川　男，1923年出生，家住大岚镇柿林村，1944年参加革命，1947年在江苏省牺牲，时任华野第一纵队一师班长。

沈志能　男，1924年出生，家住大岚镇柿林村，1948年在淮海战役中牺牲，时任华野第一纵队三师战士。

沈后章　男，1925年出生，家住大岚镇南岚村石鼓，1946年参加革命，1948年在天台县牺牲，时任小钢铁部队机枪手。

鲁志雅　男，1920年出生，家住大岚镇雅庄村，1948年参加革命，中共党员，1948年在余姚县大岚乡上马牺牲，时任中共嵊新奉县大岚乡雅庄村党组织干部。

鲁忠立　男，1921年出生，家住大岚镇丁家畈村下芝庄，1947年参加革命，1948牺牲于余姚县梁弄，时任嵊新奉县大岚乡民兵队民兵。

鲁仁土　又名鲁人土，男，1912年出生，家住大岚镇丁家畈村下芝庄，1945年参加革命，中共党员，1948年在余姚县大岚乡上马村牺牲，时任中共嵊新奉县大岚乡雅庄村党组织干部。

戴永堂　男，1914年出生，家住大岚镇戴麇村戴王，中共党员，1949年5月在余姚县大岚乡戴王螳螂山龙潭墩牺牲，时任中共余姚县大岚乡戴王村支部负责人。

马宝火　男，1927年出生，家住大岚镇上马村，1943年参加革命，1949年渡江战役中牺牲，时任中国人民解放军二十军六十师排长。

鲁忠林　男，1922年出生，家住大岚镇丁家畈村，1943年参加革命，1949年牺牲于渡江战役，时任中国人民解放军二十军六十师副连长。

沈荷花 女，1913年出生，家住大岚镇大俞村。（详见本编第一章第一节人物）

夏正水 男，1929年出生，家住大岚镇大岚村夏家岭，1948年参加革命，中共党员，1949年牺牲于奉化县小竹岙，时任奉化县大队战士。

王中宝 男，1925年出生，家住大岚镇，1945年参加革命，1949年在淮海战役中牺牲，时任华野第一纵队三师战士。

鲁法仁 男，1930年出生，家住大岚镇雅庄村，1950年牺牲于上虞县，时任上虞县大队班长。

王金华 男，1953年出生，家住大岚镇上马村，1975年4月牺牲于奉化县，时任奉化县消防大队副班长。

縻双品 男，1943年5月出生，家住大岚镇戴縻村縻山，1966年7月加入中国共产党，1967年5月牺牲于安徽省灵璧县，时任南京军区6534部队班长。

戴永传 男，1918年出生，家住余姚市大岚镇戴縻村戴王，1943年买壮丁去当国民党兵，解放后投诚解放军，1953年牺牲。

郑孝祯 男，1925年7月出生，家住大岚镇新岚村甘竹，1945年参加革命，1973年11月牺牲于杭州市，时任中国人民解放军6285部队工厂厂长。

第二节 中华人民共和国成立后大岚籍干部

正科（局）及以上领导干部名录

表24-2-1

姓　名	最高职务	原籍
鲁柏栋	安徽六安永达机械厂党委书记	大岚村四丰
夏永社	湖州军分区政工科长、陆军中校	大岚村夏家岭
縻全海	杭州长湖农场党委书记	戴縻村縻山
鲁俊川	余姚市第二轻工业局局长	丁家畈村
朱阳夫	宁波市海关总署稽查局局长	后朱村
鲁善根	余姚市司法局正局级调研员	雅庄村朱家宅
鲁系东	余姚市老区扶贫开发办主任	雅庄村
郑世根	大岚镇人大主席	新岚村甘竹
杨习恺	上海市汽车运输公司党委书记	新岚村分水岭
郑志懿	宁波市林场党委书记	新岚村甘竹
王援军	中国人民解放军总政治部电影机械厂党委书记	上马村
马仲德	上海九江造船厂厂长	上马村
沈永成	陆军南京步兵学院教训部部长	上马村
俞世鑑	西安分院负责人	大俞村
俞一鸣	象山县副县长	大俞村
俞川流	浙江省委党校总务	大俞村

续表 24-2-1

姓　名	最高职务	原籍
王永江	余姚市委党校副校长、正局级调研员	阴地龙潭村
沈忠政	余姚县卫生局局长	南岚村石鼓
王卫星	上海市消防中队战勤基地政委	南岚村蜻蜓岗
沈文明（又名沈联长）	绍兴市嵊县农业局局长	南岚村石鼓
沈企鸿	1959 年 10 月起任余姚县政府民政科科长	柿林村
沈永庆	奉化市旅游局局长	柿林村
沈功甲	浙江省建筑机械公司党委副书记	柿林村
沈惠康	四明山区委书记、大岚镇党委书记	柿林村
沈远波	余姚市日报社副总编辑、正局级调研员	柿林村
沈岳先	中共余姚市纪委副书记、市监察局局长	柿林村
沈双吉	大岚镇人大副主席	柿林村

现职正科（局）及级以上领导干部名录

表 24-2-2

姓　名	最高职务	原籍
夏年泽	宁波市国安局处长	大岚村夏家岭
夏年立	海曙区检察院副检察长	大岚村夏家岭
夏永祥	低塘街道正局级调研员	大岚村夏家岭
鲁国万	某团副团长、陆军中校	大岚村邱庄
邵炳辉	杭州市滨江区互联网产业园区副主任	大岚村四丰
糜柏杨	北京市怀柔区政法委常务副书记	戴糜村糜山
鲁秀利	杭州富阳区第十一巡查组组长	丁家畈村
郑先锋	余姚市人大常委会委员	丁家畈村
鲁永飞	余姚市市府办副主任（正局）	丁家畈村
鲁百定	农业银行宁波分行副行长	丁家畈村下芝庄
成信法	浙江中医药大学富春校区党工委副书记、管委会副主任	后朱村
朱吉建	宁波大榭开发区规划建设局局长	后朱村
黄万灿	陆埠镇人大主席	后朱村
鲁万友	广西防城港市上思县人武部部长、陆军上校	雅庄村
鲁海滨	余姚市环境保护局局长	雅庄村
鲁岳彪	余姚市小曹娥镇镇长	雅庄村
鲁华灿	东海舰队军事科科长、副团、海军中校	雅庄村
鲁　平（女）	浙江大学科研管理部部长	雅庄村
杨荷锋	余姚市委统战部副部长、民族宗教局局长	新岚村分水岭
郑传统	中共余姚市委常委、余姚市副市长	新岚村甘竹
周　青	宁波大学学工部部长、学生发展与服务处处长、校办主任	新岚村分水岭
郑世普	中国电子科技集团海洋信息技术研究院副主任、蓝海经济研究中心副主任	新岚村

续表 24–2–2

姓　名	最高职务	原籍
郑奕训	四明山镇人大主席	新岚村甘竹
郑马聪	浙江省特产公司党委委员、工会主席	新岚村甘竹
龚　宁	余姚市梨洲街道党工委书记	大路下村老屋基
俞国强	余姚市大岚镇人大主席	大路下村
吴红卫	浙江省统计局农调队队长	大路下村
王善根	宁波市发改委处长	上马村
马余朋	梁弄镇人大主席	上马村
俞建文	宁波市社科院副院长	大俞村
俞希舟	外交部副处长	大俞村
俞世平	余姚市凤山街道人大工作委员会主任	大俞村
俞少杰	中共余姚市纪委第三纪检监察室主任	华山村
柳雅敏	余姚市妇联主席	华山村
鲁洪权	上海消防总队后勤部战勤保障大队工程师、武警中校	华山村
俞雷波	北京市海军后勤部副团级	华山村
王娇俐	中共余姚市委常委宣传部部长	阴地龙潭村
王永钿	浙江省教育厅招生办主任	阴地龙潭村
黄红珍	余姚市经济和信息化局局长	黄家庄村
黄向阳	杭州市下城区司法局局长	黄家庄村
陈四清	余姚市人大常委会农村工作委员会副主任	黄家庄村
陈为梁	余姚市委组织部副部长、人社局局长	南岚村
沈胜件	宁波望春工业园区（省级）管委会副主任	南岚村
黄少波	余姚市委办副主任、政策研究室主任	南岚村
沈剑英	中国攀钢集团西昌钢铁公司总设计师	南岚村
王卫星	上海市第一中级人民法院政治部干部、处级调研员	南岚村
沈建林	农业银行副行长（总部上海）	柿林村
沈培荣	余姚市水利局正局级调研员	柿林村
沈远平	宁波市发改委正处级调研员	柿林村

第三节　高级职称　学位名录

表 24–2–3

姓　名	最高职务	原籍
夏永姚	上海复旦大学特级教授	大岚村夏家岭
夏永高	中科院宁波材料所副研究员	大岚村夏家岭
夏银水	宁波大学信息科学与工程学院教授、博士生导师	大岚村夏家岭
鲁建娣（女）	浙江奈谷生物有限公司高级经济师	大岚村邱庄
戴立争	上海南汇 368 军事医院骨科主任医师	戴麋村麋山

续表 24-2-3

姓 名	最高职务	原籍
糜士定	吉林应化研究所博士	戴糜村糜山
糜建立	浙江大学博士	戴糜村糜山
候企建	浙江大学博士	戴糜村糜山
戴 岚（女）	上海仁济医院博士、主任医师	戴糜村糜山
沈隽浩	美国宾夕法尼亚大学教授	丁家畈村
鲁俊业	余姚市第八中学校长、高级教师	丁家畈村
鲁黎明	宁波教育学院教授	丁家畈村
鲁伟明	余姚市第三职业技术学校校长、高级教师	丁家畈村
鲁兰飞（女）	嘉兴卫校高级教师	丁家畈村
鲁鹏飞	余姚市教育局教研室高级教师	丁家畈村
朱亚军	上海华东理工学院、博士	后朱村
朱柏青	上海一汽丰田公司高级工程师	后朱村
鲁茶芬（女）	美国哈佛大学博士后、教授	雅庄村
鲁祖统	金螳螂集团苏州土木文化中诚建筑设计有限公司、高级工程师	雅庄村
鲁文华	高达计算机技术（苏州）有限公司高级程序师	雅庄村
俞松行	余姚市职业技术学校、高级教师	雅庄村
马央娟	余姚市职业技术学校、高级教师	雅庄村
鲁戈舞（女）	中国航天特种材料及工艺技术研究所博士	雅庄村
鲁文高	北京大学软件与微电子学院教授	雅庄村
鲁琼琼（女）	美国奥利弗大学博士	雅庄村
鲁特飞	宁波李惠利医院泌尿科主任、主任医师	雅庄村
鲁仲海	大岚镇中心小学中学高级教师	雅庄村
鲁才觉	大岚镇教辅室主任、高级教师	雅庄村
鲁建桥	余姚四中副校长、高级教师	雅庄村
鲁兰珍（女）	余姚职业技术学校中学高级教师	雅庄村
郑立岗	四川成都是德科技有限公司博士、高级工程师	新岚村甘竹
郑传流	慈溪博视眼科医院眼科副主任医师	新岚村
郑立常	余姚市阳明中学校长、高级教师	新岚村
周功程	中国印钞造币中钞信用卡产业发展有限公司软件高级工程师	新岚村
周明炯	宁波大学任教博士后、副教授	新岚村
俞伟伟	余姚市棚户区改造投资有限公司高级工程师	新岚村
郑世专	余姚市教育局教研室高级教师	新岚村
俞成平	余姚市交通工程咨询监理有限公司高级工程师	新岚村
郑双丽（女）	杭州肿瘤医院副主任医师	新岚村
周双平	余姚市第八中学教务处主任、高级教师	新岚村
郑岳青	余姚市兰江街道社区卫生服务中心副主任医师	新岚村
郑巧利（女）	余姚市第二职业技术学校高级教师	新岚村
郑 杰	余姚市第七中学高级教师	新岚村
周长思	余姚市第八中学高级教师	新岚村

续表 24-2-3

姓　名	最高职务	原籍
郑丽娟（女）	宁波天大工程设计有限公司高级工程师	新岚村
郑婉珍（女）	余姚市马渚镇卫生院主任医师	新岚村
俞世典	上海商学院教授	新岚村
郑佳义	慈溪实验中学校长、高级教师	大路下村
郑荣华	四明山镇人民政府高级农艺师	大路下村
龚伟苗	余姚市二职校校长、高级教师	大路下村
马海平	全国劳动模范	上马村
王忠茂	大岚镇中心小学高级教师	上马村
马海达	余姚市实验幼儿园教育集团中学高级教师	上马村
马卫平	兰江卫生院内科副主任医师	上马村
俞　彬	浙江大学副教授	大俞村
俞世然	余姚市交通设计院教授级高级工程师	大俞村
俞世金	余姚子陵中学高级教师	大俞村
俞国强	肖东中学高级教师	大俞村
俞世钿	肖东中学高级教师	大俞村
陈晓芬（女）	马渚中学高级教师	大俞村
俞世国	宁波富佳实业股份有限公司高级经济师	大俞村
高绒儿（女）	宁波市第三中学高级教师	大俞村
钱美芬（女）	浙江大学博士	大俞村
俞沛强	余姚市第二职业技校高级教师	华山村
吴妙月（女）	余姚市第二职业高级教师	华山村
褚亚苏（女）	余姚市第二人民医院小儿科主任医师	黄家庄村
郑旭东	余姚市人民医院泌尿科副主任医师	黄家庄村
黄赟杰	余姚梦麟中学高级教师	黄家庄村
褚忠明	余姚市兰江中学高级教师	黄家庄村
沈忠良	余姚市阳明中学高级教师	黄家庄村
黄建刚	海曙雅戈尔中学高级教师	黄家庄村
沈科杰	余姚一中高级教师	黄家庄村
沈仰先	南京大学教授	柿林村
沈承勇	浙江大学教授、博士生导师、浙江杰出青年	柿林村
沈丹丹（女）	宁波大学教授	柿林村
沈佳强	浙江大学教授	柿林村
沈企华	余姚市中医医院副教授	柿林村
沈岚岚	浙江可耐尔食品有限公司高级评茶师	柿林村
黄鸿超	宁波大学教授	南岚村
王苏岳	宁波纺织学院教授	南岚村
黄瑞听	大岚中学高级教师	南岚村
黄夏娣	浙江大学浙一附属医院教授	南岚村
鲁科达	浙江省中医医院主任医师　博士生导师	雅庄村

丛　录

第一章　诗词　歌谣

本章内容若按作者生卒年先后排列，则内容较为错杂，且部分古诗作者的生活年代也无从考证，故而采用以同一内容集中编排的方式。诗后注解为原引处注解。

一、山水风光

丹山图咏

（晋）木华[①]

其山东面如惊浪，七十高峰列烟嶂。
一条流水入句章[②]，二仙圣德彰慈养[③]。

留题丹山

（宋）唐震[④]

四明光照九霄寒，阆苑神仙日往还
瀑布远从银汉落，洞门长锁百云闲。
深崖瑞木金文润，绝顶灵槎铁色斑。
无限遗踪人莫识，落花香泛水潺潺。

---

① 木华，广川人，字玄虚，曾为太傅杨骏府主簿，作《海赋》，文章隽丽。

② 句章，句（读作勾）是越王勾践代称，《十三州志》载：越王勾践之地，南至句余。章（彰）伯（霸）功以示子孙，故曰句章。

③ 鲍全有圣德，董黯有孝行，俱出后汉时，传为四明山地仙也。

④ 唐震，余姚人，字景实，登进士第，通判临安，饶州知州。抗元，城陷不屈死。谥忠介。

游丹山

（宋）孙嚞[1]

与客穷幽胜，同登白水山[2]。
银涛翔月落，苍壁倚天寒。
采药穿云坞，围棋坐石坛。
因忘归路晚，纫佩得秋兰。

题丹山诗三首（选自清黄宗羲《四明山志》卷六）

（一）起文

昔人仙去大兰山，台殿空遗石壁间。
崖瀑四时飞白雪，溪云长日护玄关。
青槠露冷从猿采，仙木风生看虎还。
昨夜洞前新雨过，主人留客听潺湲。

（二）韩稷

欲寻赤水丹山洞，好是瑶簪玉笋乡。
峰作翠屏分户映，水为罗带绕溪长。
众云御气当炎汉，赏月吟风羡晚唐。
人在石坛行禹步，空歌时送佩琳琅。

（三）刘履

嵯峨赤水山，缥缈神仙宅。
高哉刘与樊，超然游八级。
一去何寥寥，千载遗灵迹。
中有卧云人，冥栖炼精魄。
幽林拾青槠，寒泉煮白石。
致身萧爽间，邈与尘世隔。

---

① 孙嚞，余姚人，嘉熙戊戌选士，守常州。晚归四明山中，筑耕宽堂以居。喜吟哦白香山诗常效其体，著有《孙常州摘稿》。

② 白水山，即白水宫，亦名潺湲洞。在四明山石屋、云根两峰间，有瀑布。

大兰山

（元）戴表元[①]

七里黄泥红树冈，西风果熟一村香。
居人只道山深好，七百年来是战场[②]。

四明山

（唐）施肩吾[③]

半夜寻幽上四明，手攀松桂触云行。
相呼已到无人境，何处玉箫吹一声。

四明山

（宋）孙子秀[④]

四明洞天居第九[⑤]，巨灵劈石开窗牖。扪萝陟巘不惮劳，同行况遇忘年友。老苔护石苍虎间，飞瀑悬岩玉龙吼。豁然人与境俱胜，醉欲拍浮忘升斗。固知壶中别有天，未必醉翁真在酒。徘徊步月淡忘归，世事浮云竟何有。

四明山

（明）唐之淳[⑥]

会稽东南秀，四明名更佳。蜿蜒三百里，惨淡青莲花。伊昔天地初，山川始萌芽。六丁运神斧，斫削如人家。四牖遗古制，玲珑吐云霞。侧闻刘樊从，于此炼丹砂。耕烟种青棂，结实大如瓜。

---

① 戴表元，字帅初，奉化人，著名诗人。南宋咸淳中进士，为建康教授，文章大家。有《剡源集》。

② 大兰山兵事繁多，历来为兵家必争之地，唐咸通元年（860）嵊县裘甫义军攻余姚，后裘甫在剡城被俘，残部入大兰据险自守。又宋宣和二年（1120）方腊义军自姚南大兰山进兵攻余姚。

③ 施肩吾，唐道士，睦州分水（今浙江桐庐）人，有诗名。著有《西山集》十卷。

④ 孙子秀，字元实，余姚梁弄人，绍定进士，官至太常少卿右司农兼临安知府。

⑤ 四明洞天居第九，《四明山志》记："第九四明山洞，名丹山赤水洞天，真人刁道林治之"。

⑥ 唐子淳，山阴（今绍兴）人，字愚士，建文初拜翰林侍读。有《唐愚士诗》等。

挥手谢众士，身登风凰车。至今石窗底，青天守龙蛇。玉女四五人，绿发垂鬖髿。时来听潺湲，意态静不哗。我夜闯其傍，月黑星如麻。顾惭无灵气，怅望空咨嗟。

清黄宗羲《四明山》卷一《名胜》

游四明洞天歌

（明）韩应龙[①]

纵不能遍五岳游，南山近我南陌头。觌面失之可长笑，吹笙采芝何如俦。凉风稷稷自天鸣，与客纳履缘溪行。丹崖赤水未百里，别有天地神气清。泉涛叠翠层峦底，远岚挂碧松萝里。鹤携夜月石梁归，猿听晓钟山寺起。老僧赠我千叶桃，樵者扶我古树桥。鸟啼竹阴自酬答，屏开峭石何岧荛？隔篱醉饮茅檐酒，五月五歌九月九。且行且憩且啸呼，野鹿幽兰真良友，一声未断一声来，解衣拥卧仙人台。青青山色长如此，楚馆秦楼安在哉？

四明山居

（明）孙继先

机息千山静，身闲一羽轻。
果垂园鼠走，稻获野鸡鸣。
地僻人无迹，林幽鸟有声。
自然成野趣，不必问升平。

清黄宗羲《四明山志》卷一

韩采岩[②]（二首）

（元）戴表元

（一）

洞深烟树碧氤氲，只采灵苗不采薪。
问著踪由多懒说，相逢莫有姓韩人。

① 韩应龙，余姚人，字五云，嘉靖乙未进士第一人（状元），历官翰林院侍讲。

② 韩采岩，在大岚镇的四窗岩后，位于大俞村。旧志载，韩采岩原称寒草岩。

（二）

冬日寒难暝，岩溪浅易冰。
猿飞红果嶂，人度百云层。
望屋多依竹，逢樵半采藤。
艰难吾甚厌，何处学孙登。

韩采岩

（元）铁充之

寒草崖前春色稀，桃花无数映青溪。
吾行已到仙家窟，不比渔人此路迷①。

游四明盘植韩采岩

（明）杨珂

雅性耽幽寂，杖锡游四明。山深多麋鹿，古路无人行。
云端见峰影，松际飞泉声。荒林满黄叶，落日寒风生。
越溪复登岭，列石多纵横。仙岩采名药，缤纷皆落英。
愿言蹑奇踪，九转还丹成。

光绪《余姚县志》卷二

石窗

（明）张瓒

七十峰峦起碧空，巍然石顶四窗通。
光分日月玲珑处，气吐烟云远近中。
西控稽山低莽仓，东临蓬海接鸿濛。
自从刘阮游仙后，溪上桃花几度红。

① 此借陶潜《桃花源记》武陵捕鱼人迷路入桃花源典故。

石窗诗四首（选自清黄宗羲《四明山志》卷四）

（一）

靳治荆

异境层巅辟，虚窗四室连。
高悬应得日，上出欲通天。
融透深冬雪，栖牢万古烟。
不缘公好事，实录许谁传。

（二）

李暾

孤峰千仞立，一面四窗开。
天际云霞灿，都归石室来。

（三）

李灼

人踪不到处，忽有石窗开。
谁凿乾坤窍，平邀日月来。
疏帘垂薜荔，古砌裹莓苔。
拟共闲云住，藏书待异才。

（四）

金韵古

仙人窗不闭，知是为谁开？
满喷春云出，斜飘暮雨来。
影寒千岁草，痕蚀五丁苔。
倚湿吟诗袖，曹唐自有才。

杖锡道中

（明）王守仁

山鸟欢呼欲问名，山花含笑似相迎。
风回碧树秋声早，雨过丹岩夕照明。
雪岭插天开玉帐，云溪环碧抱金城。

悬灯夜宿茅堂静，洞鹤林僧相对清。
每逢佳处问山名，风景依稀过眼生。
归雾忽连千嶂暝，夕阳偏放一溪晴。
晚投岩寺依云宿，静爱枫林送雨声。
夜久披衣还起坐，不禁风月照人清。

过羊额岭夜宿邱庄鲁氏家

（清）罗继章[①]

癖性爱四明，结伴来羊额。是日天气晴，清光满杖帻。
苍松夹路旁，修竹依岩隙。芒履渡石桥，凛凛潜动魄。
高峰远逼天，仰望不盈尺。涧曲泉声出，崖深白日隔。
一步一艰辛，逾上逾迫窄。鸟道百余盘，豁然开胸隔。
千里咫尺间，历历可指画。回视沧溟翻，坐数桑田易。
夕阳忽匿西，长歌负轻策。踏破满路霞，踞饮山翁宅。
醉拂衾枕卧，梦魂回安适。

二、洞天仙境

刘阮洞中遇仙子

（唐）曹唐

天和树色霭苍苍，霞重岚深路渺茫。
云实满山无鸟雀，水声沿涧有笙簧。
碧纱洞里乾坤别，红树枝前日月长。
愿得花间有人出，不令仙犬吠刘郎。

仙子送刘阮出洞

（唐）曹唐

殷勤相送出天台，仙境那能却再来。

① 罗继章，余姚人，乾隆贡生。

云液每归须强饮，玉书无事莫频升。
花当洞口应长在，水到人家定不回。
惆怅溪头从此别，碧山明月照苍苔。

登仙木[①]

（宋）孙应时[②]

刘樊蝉蜕此登仙，老木当年已插天。
仙骨半枯犹秀润，仓皮新长更荣鲜。
蟠桃待熟三千岁，铜狄重摩五百年。
化鹤未归山寂寂，徘徊谁与溯因缘。

升仙木

（元）铁充之

辟谷升仙世所居，几人到此亦成迷。
齐眉化羽归何处？树老山空鸟自鸣。

樊榭

（明）沈明臣

云翘有遗榭，言寄五霞中。五霞绚天地，照耀金银宫。
日月飘佩纕，步摇鸣天风。虹霓作高梁，白榆树前墉。
粲粲启玉齿，言笑陪仙翁。岂邀萼绿华，相往遨崆峒。
或引董双成，骑凤凌八鸿。原言蜕凡骨，下汝以相从。
飒然回风至，眄睐空鸿濛。

① 汉代上虞县令刘纲弃官后偕同夫人樊云翘来大兰山学道，夫妻双双从树上白日飞升，此树即诗题所称“登仙木”。

② 孙应时，余姚人，字季和，学者称烛湖先生，八岁能文，师事陆九渊，登进士第，初为黄岩尉，与朱熹友好。曾任常熟知县。著有《烛湖集》。

三、山乡特产

青棂子

（唐）陆龟蒙[①]

山实号青棂，环冈次第生。
处形坚绿壳，中味敌琼英。
堕石樵儿拾，敲林宿鸟惊。
亦应仙吏守，时取荐层城。

清黄宗羲《四明山志》卷四

青棂子

（唐）皮日休[②]

山风熟异果，夜是供真仙。
味似云腴美，形如玉脑圆。
衔来多野鹤，落处半灵泉。
必共桃源种，花开不记年。

清黄宗羲《四明山志》卷四

焙　茶

（元）戴表元

山深不见焙茶人，霜人青研树树春。
最有风情是岩水，味甘如乳色如银。

---

① 陆龟蒙，字鲁望，吴郡人。举进士不第，后归隐，生活很穷困。他的诗文和皮日体齐名，并称“皮陆”。有《笠泽丛书》《甫里先生集》。

② 皮日休，字袭美，号逸少，襄阳人。咸通八年（867）进士，作过著作郎、太常博士等。后曾参加黄巢起义。有《皮子文薮》，全唐诗录其九卷。

乞史伯晋新茶

（明）孙镛

姚茗论精品，佳园独占春。
黄搴露里嫩，绿焙雨前新。
倦眼翻书涩，枯肠构句贫。
愿分芳鼎味，一醒睡乡人。

葛公旦饷后山茶

（明）孙镛

正拟搜千卷，徐看绽百花。
忽惊霞外使，分惠雨前茶。
扫砌风初定，侵檐日未斜。
旋移铜灶至，敧坐试纤芽。

采茶女

（明）黄尚质①

女伴乌椎髻，携筐去采茶。
归来笑相指，都插杜鹃花。

制 茶

（清）黄宗羲

檐溜松风方扫尽，轻阴正是采茶天。
相要直上孤峰顶，山市都争谷雨前。
两筥东西分梗叶，一灯儿女共团圆。
炒青已到更阑后，犹试新分瀑布泉。

① 黄尚质，余姚人，号醒泉，嘉靖举人，官息县、景州。与山阴徐文长、上虞葛公旦及余姚杨秘图均为当时越中著名诗人。

采茶歌（四首）

（清）诸观光[1]

记得春光似去年，新茶最爱嫩晴天。
山头一半含香未，时俗争夸谷雨前。
露华风叶掇新枝，采采春光好采之。
谁道隔花莺语滑，阿侬随口唱歌儿。
簌簌香尘汗欲汙，春纤细摘破工夫。
箬荷裹得胡麻饭，生怕山头饿小姑。
十分辛苦十分钱，赖有茶山作稼田。
恰把筐篮安顿好，春茶采过夏茶连。

采茶歌（六首选三）

（清）周铿华

（一）

去年阿母许乘槎，底事而今消息赊。
茶树年年高一尺，儿家桃李只无花。

（二）

隔林红袖拭浓妆，知是谁家新嫁娘。
生长山中茶采惯，不须重学费商量。

（三）

茶子青青香可怜，年年三月试新泉。
生平怕说莲心苦，不道吴侬只爱莲。

① 诸观光，字邑斋，道光咸丰后诸生。

四红色歌谣（选录自《浙东红色歌谣》）

咏　竹

薛驹

满山竹林满目清，竹杖扶我登四明，
暮行不怕蛇豹凶，晓倦常卧“公馆”中。

无镬便烧竹筒饭，有菜多是盐笋丁。
最能令人舒心事，夜听陕北电讯声。

四明山感怀

朱之光

（一）

坚持红旗上四明，高攀羊额触云行。
等闲远涉无人境，餐露枕戈林遮身。

（二）

壮志待酬信念坚，斗争严峻五更寒。
民心依靠存根本，星火燎原映碧天。

只为革命做“神仙”[①]

朱洪山

深山密林小“公馆”，“金毯”铺顶“银条”围四边。
不动椅子自动桌，滑轮眠床沙发垫。
长年不断自来水，烧饭做菜不冒烟。
不是无聊享清福，只为革命做“神仙”。

---

① 本文作于1945年11月。金毯、银条指茅草、竹篾。“不动椅子”指岩石，“自动桌”指腿脚膝盖，烧饭做菜用竹筒子煨熟不冒烟。部队北撤后，坚持在四明山斗争的同志在山上搭草舍，戏称为“公馆”，在此隐蔽地开展革命斗争。

公粮日日上山岗

华盖山啊高万丈，镬盖烧饼硬又香。
日里做好夜里送，送给“三五”充公粮。
田胡子，下山岗，挨户搜查无食粮，
贼眼气得充血丝，七二炮台步哨放。
华盖山是我出生地，“三五”是我亲爹娘，
不拍杀头坐监牢，公粮日日上山岗。

跟着共产党不变心

出窑的砖头定了型，钉煞的秤花定了星。
四明山人民吃苦深，跟着共产党不变心。

红旗插在四明山

红旗插上四明山，浙东人民壮了胆。
革命有了根据地，共产党领导把身翻。

第二章　杂志

《丹山纪行图》及《丹山纪游》

《丹山纪行图》是元代画家顾园创作的纸本设色画，纵 30.9 厘米，横 332.3 厘米，现收藏于上海博物馆。2002 年，顾公雄家族捐赠上海博物馆过云楼书画展，曾在上海博物馆展出。2016 年，再次展出，为上海博物馆常设展品。

画作内容：画面自右而左为四个场景：首段至小桥边为第一部分，三个文人在古松下吟行，另外两个在桥边戏水。第二部分，五个文人在一片松林的小道上行进，后面一文人坐在桥头，尚未过桥。第三部分，五个文人在一处桥边尽情放浪谐谑，一担夫模样的刚过桥头。第四部分，六个文士来到一处道观前，一道人前来相迎。

《丹山纪行图》是绘画史上为数不多的描绘余姚风景名胜丹山赤水的代表作之一。四明山大岚作为道家的“第九洞天”，自古至今一直享有仙名。如今丹山赤水风景区的崖壁上，仍有当年宋徽宗用瘦金体所书的“丹山赤水”四字。

根据《丹山纪游图》，明初邑人徐立本作《丹山纪游》的题记：详述登上绝顶大兰山，群仙遗迹纪游的全过程。摘录题跋全文如下：

游丹山记。神仙家所谓丹山赤水洞天者，在吾邑之四明乡。去上虞小山东南十五里，而近汉刘纲夫妇升仙之所也。洪武辛亥岁，予客授小山陈氏（陈铸）。冬十一月，句吴顾云屋先生（顾园）自山阴来，予与之会。先生善图画，予颇以吟咏自适，缱绻旬日，有足乐者。明月一日，宋僖、徐本立偕其友吴温夫、汪复初来会，属予请先生及西阁汪居安同为丹山游，先生与予欣然出门，日已夕矣。遂由鄮峰而南，过徐家峤，居安（汪居安）追及之。行二里许，穹林长溪，阴风飒沓，吾辈放浪谐谑，不畏昏黑。复初（汪复初）去其家已近，乃先往。须臾，二童子执烛来迎，仰见巨石林立，危磴险逼，下睨潭影，心悸胆栗，迤逦缘崖数十步，崖旁有古祠，剑石森卫，松杉夜鸣，若有神物然。过祠西（复）至复初（汪复初）家，宿其所谓”四明溪舍"。复初为置酒，酒数行，先生戏写《琅玕图》，约在席者出奇语题其上。明日溪行一里许，度小桥，桥侧梅始花，盘桓不忍去。西过状元坊，坊，宋景定间方公山口登第时所建也。自坊南入小柿口，出黄溪，溪水出大兰诸山，由紫溪而下，白石累累，流驶过清，鳞介下游，巨细可数。中流横石，矼下有声，铿然笳音和。溯溪东行三里，至观岭，谒刘樊祠，祠前石桥长丈余，相传昔洚水泛流而至者。自桥左入松林百余步，至一清亭，观白水。白水所出崖壁，缺落如削，其上则群峰嵌空，若奔马骤止，而水自云际下注崖谷者，踊跃腾沸，昼夜有声，阵阵若游雷，无有冬夏。

溢石罅，走涧壑，钬铮珑玲，萦纡百折。出石桥，西与诸溪合。石桥之东若干步，有巨石临溪上者，可列坐十余人。朱僖请用柳柳州序饮故事，众客或一饮，或再饮，或累饮醉（至），或不饮（及）而止，皆抚掌大笑。是时乐甚，不知日之暮也。白水宫道士潘实斋留宿石田山房，弟子赵集玄侍立不倦，先生索佳楮，作《丹山图》，诸客各赋诗。明日实斋请登绝顶，观群仙遗迹，以兴尽而止。既还小山，徐本立请先生作《纪行图》，且俾予书其事。其月五日也。

洪武辛亥（1371）十一月五日题

《四明山志》序

清（黄宗羲）

余家四明山，在北面七十峰之下，所谓翠竭也。顾入山中之路有三，自横溪而入，逾高地岭则为白水山：自三溪口而入，逾清贤岭亦白水也；自蓝溪、三峰而入，经大小皎，上大兰山则为仗锡，度黄官、鹁鸠二岭则为雪窦。盖少者五十里，多者亦不过八十里，穷日之力皆可至，而吾多之人闻谈四明之泉石，未尝不如嵩、华之不相及也，况于来游者，云烟过眼，曾能得其仿佛乎？余往来山中，尝有诗云："二百八十峰，峰峰有屐痕"，因以足之所历与记传文集相勘，每牴牾失实。昔苏子瞻夜登黄楼，观王定国诸公登桓山，吹笛饮酒，乘月而归，以为太白死三百年无此乐矣。尝疑是言，及观为游者之草草，而后知子瞻之言非孟浪也。壬午岁，余作《四明山志》，亡友陆文虎欲刻之而未果，藏于牛筐，鼠啮尘封。癸丑岁尽，逢太夫人寿日，应酬辍业，偶展此卷，而文虎评校之朱墨如初脱手，然其间凡例不齐，词不雅驯，重为改窜，始得成书，犹幸向者之未刻也。念亡友作土中人且三十年矣，相知云亡，谁定吾文，搁笔为之三叹。

其序曰：第九洞天，丹山赤水。其中福地，重书叠纪。菱湖北矗，梨洲南峙。大隐东面，姚江之砥。峰峰瀑布，代代游履。峭壁题名，狐貉不哆。志名胜第一。洛阳伽蓝、建康僧寺，一一记之，泉石鼓吹。奈何后来，梵刹有志。机缘偈颂，何与吾事？鄙秽连疆，山容减翠。是用汰去，但存名字。志伽蓝第二。玄圣游化，灵仙窟宅。兴公之言，不容弹射。所以刘樊，纷然载籍。石髓未凝，灵草可摘。仙官神治，迟汝朝夕。尘土活埋，岂不可惜！志灵迹第三。唐之皮陆，发为九题。明山故事，亦云在兹。推寻诗迹，常致参差。彼作诗者，未历嵚崎。因人之言，仿佛填词。吾明其故，遗尘宛而。志九题考第四。四明山图，传自祠宇。图亡咏存，四面裂土。各七十峰，五峰中主。掩霭风云，玲珑门户。牵连之下，不少粗卤。吾图历然，峰峰可数。志丹山图咏第五。元有道士，名居石田。折骨穷山，垂四十年。文人皆曰，地胜人贤。清词妙句，贲其林泉。一时文士，亦赖以传。志石田山房诗第六。四明之诗，始孔稚圭。唐宋以后，数不可枚。猿鸟奔命，泉石告哀。无使陈言，山灵见猜。志诗括第七。败刹残碑，逸人坠简。捃拾无人，亡者何限？忽然遇之，可证伪舛。乃知奇地，即在经眼。志文括第八。单词碎事，四明干涉。错出简编，如埽[1]落叶。随得随收，次序不接。志撮残第九。甲寅岁花朝茭湖渔澄洞主黄宗羲书。

---

① 浙江古籍出版社点校本作"埽"，"埽"音 sao，三声，同"扫"，此不作修改。

大岚山

（摘自清光绪《余姚县志》）

在县南八十里（《元一统志》）。汉刘纲、樊夫人弃官学道，师事白公，道成而飞举于此，故又名升仙山。其遗履隋地，化为卧虎，故又名伏虎山。山顶平广，可以走马，则伏虎者，其形似，后人因而傅会之。山多青石，剖之皆有七窍，故又名孔石。其樊谢，则樊夫人所立也。升仙之后，后人即其地建祠宇，以祀之。齐孔祐隐居是山，尝见谷中有钱数斛，视之不异瓦石。有鹿中矢来投，祐养其创，愈而去，因建鹿亭于祠宇之侧。陈永定中，有敕建观，遂改祠宇为观。樊榭、鹿亭皆在大兰山。自唐陆、皮分咏，疑若两地，有言樊榭在梨洲者皆非也。

旧闻三则

（选录自《余姚旧闻录》）

姚南组织垦务先声（1926 年 5 月 17 日《时事公报》）

余姚南乡大岚、龙爪两山之间，隙地甚多，该地居民不知开垦，任其荒芜，已历多年。兹闻有侨民董维怀（籍隶奉化）商同就地张星标、潘吉生等，拟在该处开垦种植，四周围以短墙，内搭平屋五间，为农工居住之所，墙外辟路两条，以便出入，惟需款甚巨，特仿照有限公司办法合股经营，议定分为二十股，每股二百五十元，俟组织就绪，再呈县署立案云。

姚南区旱灾奇重（据 1934 年 8 月 18 日《宁波民国日报》）

余姚第二区，地处山麓，本年夏季以来，天时亢旱，田土龟裂，河道干涸。该县林县长巡视全县归来，以二区旱灾最重，其情曾志本报。兹悉该县早禾租额，于前日由县长林泽，县党部常务委员倪永强，县农会干事周指南，区长杨选，暨佃业代表开会酌定，于本月十六日布告佃业，双方一体遵照，分别征收。兹探录该区租额如下，①收获每亩五十斤以下与颗粒无收者，一律免租；②五十斤以上至百五十斤者，倒四六缴租；③一百五十斤以上者，对半缴租，但不得超过二五减租旧租额；④收缴租谷，由佃业双方临田收割；⑤如业户在佃户通知后不到者，由乡镇证明作放弃论，佃户不通知者，照二五减租旧租额缴租。

姚县府力谋改良茶叶（据 1935 年 2 月 28 日《宁波民国日报》）

茶叶一物，原为我国物产，素居对外贸易主要地位，年来因栽培不良，调制失宜，致品质未能改善，加以日本及英国属锡兰等地，新种茶叶突飞猛进，海外茶市场，顿受排挤影响，以致销路日滞，苟不改良整顿，行将无法立足。姚县二区，山田起伏，本为产茶要地，际兹天气温和，茶树已在萌芽。县府据奉建设厅令，于栽培烘制诸方法上，拟力谋改进，如经费可能，将设场试验，厉行指导与推广工作云。

崎岖放学路　老师伴我行

（2003年9月11日，《人民日报》华东新闻在一版刊发）

浙江余姚市大岚镇地处四明山革命老区腹地，山峦连绵，村落散布。全镇14个行政村，60多个自然村，村村都有孩子在大岚镇中心学校就读。全校住宿生有570个，年龄小的6～7岁，大的也不过12～13岁。

每周五下午，是住宿的孩子们回家的日子。由于经费有限，加上山区特殊的自然环境，只有最边远的华山、大俞等村小部分学生由教师步行护送。1996年以来，平均每个教师步行护送学生回家近600次，行程3000公里左右。在这漫长的护送途中，翻陡坡、越高岭、过小桥、蹚小溪，7年间从未发生过意外。

汉魏意境　茶事悠悠（节选）

陈伟权

宁波在明代之前称明州，因境内有四明山而得名。晋朝之前，四明山、天台山统称天台。四明山可谓道教名山，云雾缭绕中弥漫“仙气”。从口碑流传到文献考古，有梅福修道、刘樊升仙、刘阮遇仙、仙人示茶、吕洞宾赐药等众多传说。名列道家三十六洞天的第九洞天，曰“丹山赤水”，又有梨洲、茭湖、大隐三福地。到北宋时，宋徽宗为四明山御书“丹山赤水洞天”匾额。在这里，一定要提到的人物是丹丘子。陆羽《茶经》中所记的，《四明山志》中也讲到：余姚著名茶人虞洪，有一次入山采茗，在瀑布岭上遇上自称丹丘子的道士，指出山中有大茗可以相给。四明山中的瀑布岭、道士山、羊额岭等地名，千古流传，都与丹丘子相关。丹丘子亦人亦仙，在唐朝陆羽视之为茶圣、茶神之前，历史上已崇拜丹丘子为茶仙。《茶经》介绍了“汉仙人丹丘子”。南朝道学家、医药家陶弘景，唐朝诗僧皎然都有丹丘子饮茶成仙的文字记载。皎然诗赞“丹丘羽人轻玉食，采茶饮之生羽翼”。丹丘子示茶的渊源之长，这是四明山茶史的骄傲、宁波茶文化的亮点，可与巴蜀产茶的历史比拟。

在丹丘子示山中有大茗的群山中，史籍称“刘樊”的刘纲、樊云翘夫妇在白水宫饮茶学道，在大岚山羽化升仙，各有道观或祠宇之处。2007年春，由宁波茶文化促进会缘起，聘请10名茶学、文博专家，经考古论证，审定了《茶文化遗址·大岚茶事碑》。碑文立在姚江源头景区。

第三章 民间故事传说

幢起岩

沈远波

丹山赤水历来被道家称为第九洞天，那里风景如画，景观奇特，就说峙岭西北角的幢起岩吧，一块十几丈高的方形石柱，从山根突兀而起，挺拔雄伟，直刺苍穹。石柱顶端还有一块巨形方石，仿佛人工叠上去那样，严丝合缝，与石柱连成一体，真是天造地设，鬼斧神工。关于这幢起岩，它还有个古老的传说哩。

峙岭村在群山环绕的半山腰上，这里环境优雅，气候宜人，物产丰富，住在这里的老百姓，应该说是一种福分。峙岭村其他样样都好，就是交通不大方便。村里人无论上山砍柴、下地种粮，还是外出办事，一出村就要翻山越岭。当地流传着一句老话：出门三条岭，饭包挂头颈。这三条岭就是西北角的峙岭，通梁弄、余姚；西南角的糖果岭，通鄞卅区的杖锡；东北角的小岩岭是出樟村、鄞江桥的必经之路。此外还有家下岭、牛头岭、金竹岭等。

有一天，上八洞神仙吕洞宾巡游路过峙岭，他看到男女老少有的挑着料桶担，有的挑着谷箩担，有的挑着柴担，一步一步往上攀，那些人的额角冒出一颗颗黄豆粒大小的汗珠，顺着脸颊流到头颈，再流到胸部、脚梗，再流到脚后跟；人人的脸都涨得通红，嘴张得大大的，喘着大气，有的人年纪不大背却驼了……看到这艰难的样子，吕洞宾着实动了恻隐之心。他从别处移来巨石，打算从峙岭头到对岸丹山上造一座桥，好让百姓少吃点苦，少受点累。

那天下午点心时光，从峙岭村里走出一个四十多岁的村妇，肩头背只马桶篮，一步一步地从岭脚往上走，边走边啃着一枚鲜六谷，看样子是上山去采猪草的。她气喘吁吁地在峙岭头节孝牌坊旁边坐下歇脚，抬头看见有个老头在摆弄石头，就好奇地问：

“侬个阿叔，侬在作啥个？”

“造桥。”吕洞宾连头也没抬继续干他的活。

“造桥？”村妇追问一句，口气里流露出惊讶。

听到这异样的声音，吕洞宾终于抬起了头，只见那女的眼睛瞪得老大，嘴也张得老大，一脸惊奇的神色。就问：“侬个阿嫂，这桥造得成造不成？”

“要造桥么……除非神仙下凡。”村妇看吕洞宾那副企盼的眼神，随口又说了句：“侬阿叔来造么，造得成，造得成。”说完又撇撇嘴，显出很不屑的样子，背起马桶篮往山上走去。

吕洞宾一心想造桥，没注意到村妇撇嘴的神态。那女人走后，吕洞宾把她前后的话联系起来，变成“造桥，除非神仙下凡。依阿叔造得成。”

吕洞宾大吃一惊：连一个村妇都能一眼识破我神仙身份，峙岭能人很多确实名不虚传。既如此，这桥还用我来造吗？想到这里他抛下这半拉子工程，又巡游四方去了。峙岭头留下的幢起岩，就是吕洞宾当年造桥留下的桥脚，据说，对面鹰窠斗丹山岩崖也有一个桥脚，只不过由于天长日久，那桥墩跟大片岩崖连在一起了。

传说总归是传说，神仙也好，能人也好，数百年来始终改变不了峙岭人翻山越岭的境况。只有在共产党领导下，山区人民才真正过上了好日子。20世纪70年代，从冠山弄头到小岩岭头两山之间架起了索道，大量瓷矿石和大宗山货从小岩岭头运到村里，只需半分钟时间。以后又修通了公路，如今上梁弄、去余姚，奔杖锡、出鄞江，甚至到宁波、游奉化，只要在村口坐上汽车，二小时内就可到达，肩挑背驮，翻山越岭的历史彻底结束了。

黑龙潭

沈彭年

余姚西南有座华盖山，山高入云。山的西北面有一个黑龙潭，潭的西周，悬崖峭壁，林木葱郁，山花烂漫，百鸟争鸣，攀崖而入，真似人间仙景。

黑龙潭里有一条黑龙，天庭里派它下来，专为农民百姓调理雨水，确保丰年的职差，深受农民的敬重爱戴。

一年，上虞县长年遭受旱灾，百姓心急如焚，挑水抗旱，总不见效。上虞知县巡察旱情，只见遍地禾苗枯燥，水田龟裂，农民愁绪万千，叹息“什么办法来解除这一灾害，驱除旱魔呢？”

一天，上虞知县独自一人，去丁宅一带视察，因天气炎热，坐在上沙岭凉亭里歇息。正在此时，走来一个和他年龄相仿的人，也到此休息。这位客人一眼望去，只见在座之人，双眉紧锁，一声不响，必有心思挂牵。他开口动问：“侬这位老哥，一人独坐，面带愁情，想必有啥个心事哩！”上虞县官见此人言语关切，人才端正，就实相告：“老哥有所不知，我是上虞知县，入夏至今，天气大旱，禾苗干枯，百姓日夜辛劳，难解这一难关。我自为本县父母官，有何脸面回复百姓之苦，民间难事束手无策，为此烦愁呀！”那位客人对他说：“请问大人你有什么打算，请告诉鄙人。”上虞县官恳切地答道：“只要马上能解决我县百姓的旱情，我做父母官的，就是死了也心甘情愿！”“我听说离此不远的潭三渊有一个龙王菩萨，专为百姓解忧消愁，县官大人你可以去与它商量商量，可能会有点造化。你看如何？”县官听后，心里十分感动。拱手问道：“请问老哥你家居何处？能否协助我办就这一件好事，以后重重感谢。”那位陌生客人回答：“我就住在潭三渊，你既然要办成这件事，我一定为你尽力而为。”县官诚恳感谢，急忙回县衙而去。晚上，马上召集衙内主要官员，商量明日去潭三渊事宜。

第二天一早，所有官员齐集县衙，马上往潭三渊出发。大约中午时分，全班人员来到了黑龙潭村，向那村百姓询问去路。村里族长说：“黑龙潭有头潭、二潭、三潭，故名“潭三渊”。那里虽离村不远，但一路悬崖峭壁，树木遮天，必须攀岩而上。县官回答：“就说是蜀道青天，我们也要上去。”因此而感动族人，族长派了几位村民，持刀荷箭，向那里走去。来到头潭，那潭较平坦，但水深幽黑，怪石嶙峋，奇峰突兀，风景优美。县官一到潭口，忽从岩崖中游出一条毒蛇，一忽儿沉入水底。继而捷足攀登，大家来到二潭，那里险要奇特，翠谷飞瀑，胜似银河，从崖上直泻。四周绿竹青松，相映成趣。众人立于潭口，默默祝祷。忽见潭水中伸出一足。大家疑惑后又继续攀登，来到三潭口上的一块平石上站立，众位官员跪在石上，轻声祝告。立刻潭水面浮上一位老翁。那位老翁拱手相迎，踏上石面。这时县官和众官员恭敬道谢。只听得四周树上百鸟争鸣，山花烂漫，香气扑鼻，仙气弥漫。那位老翁就是黑龙王，它专为百姓施洒甘霖，驱逐旱魔。周围百姓，一遇旱灾，都到黑龙潭祈求龙王菩萨降甘霖，都是有求必应。

龙王开口问县官："你这次来到这里，想的是为民排忧解难，消除旱灾一事，请问县官老爷有什么要求？"县官急切回答："祈求龙王早施甘霖，消除旱情，我和上虞百姓来日重登三潭谢恩。"龙王回答道："什么时候下雨。"县官回说："越早越好，越快越好。""那么你喜欢轿前三步还是轿后三步？""我要轿前三步。"龙王满口答应。上虞县官和官员道谢而别后下山而去。

来到黑龙潭村，他们向族人告别。刚登上轿子，忽然下起了倾盆大雨，全体官员心里都感到十分欢喜。而这次大雨，风调雨顺，遍地枯萎焦黄的作物渐渐地转绿，从黑龙潭到上虞城边，一眼望去，早上一片焦黄的地面，忽儿嫩绿葱郁，百姓眉开眼笑。

但所有人员，衣衫都被淋湿，县官大人因此而感受风寒，身患疾病，就在秋后因医治无效而逝世。

后来，上虞百姓为纪念这位爱民如子的好县官，为他筑造了祠堂，塑造了神像，以表示对他的永远怀念。

金鹤孵蛋

沈华坤

大岚镇有个陶家坑，这个地方也有人叫"金鹤孵蛋"，讲起来还有一个传说。

陶家坑有个穷苦人，名叫陶宝根，三岁那年死了爹，娘又被东村的马财主打瞎了双眼。娘儿相依为命，靠宝根砍柴换米过日子。有一天，雄鸡叫过头遍，宝根就起床了，他磨快了柴刀，装好了冲担柴绳，喝了一碗山薯汤，正要上山，听见门口有只喜鹊，喳喳喳的叫了三声。宝根娘听了笑嘻嘻地对宝根说："清早门前喜鹊叫，今朝侬会碰到好运道。"宝根叹口气说："唉！天生一个砍柴佬，还会有啥好运道。"说完，就出门了。不到一刻时辰，到了杂柴弯，这里柴多，宝根就常到这里来。他弯下身子正要动手，突然眼前一亮，一道金光从草堆里射了出来，宝根还道是柴刀的反光，可是仔细一看，只见一只鹤正在那里生蛋。看见宝根，它拍拍翅膀就说："宝根呀，你命虽苦，良心倒好，好心总有好报，从今以后，你每逢三、六、九日到这里来，我会送你一个金蛋，你把蛋换钱买药，好医你娘的眼睛。"说完，拍拍翅膀飞走了。宝根上前一看，果然有一金光闪闪的蛋，拾起来藏在怀里，高高兴兴地回家。

常言道：香风传千里。宝根拾金蛋的事，马上传开了，也传到了东村马财主的耳朵里。这个马财主是个砻糠里要榨出油来、老鹰飞过也要拔三根毛的老财迷，听到这个消息，眼珠子骨碌一转，想了一个鬼主意。

一天，马财主带了几个人，来到宝根家里，进门就问：

"听说侬拾到了金蛋。"

宝根没有理他。

"这只鹤侬晓得是啥人养的？"

"天上飞来的。"

"告诉侬，这只鹤我养的，侬拾了多少蛋，统统还我。"

宝根一听，气得肚皮开裂，指着马财主的鼻子就骂，马财主哪肯罢休，叫人将宝根五花大绑绑走了，急得宝根娘一场痛哭，本来快要好起来的眼睛又坏得更厉害了。

第二天，马财主押着宝根来到了杂柴弯那只金鹤生蛋的地方。不一会，金鹤飞来了，只见金鹤抖抖羽毛，在草堆里蹲下来，"骨碌"一声，生出了一个金蛋。马财主赶紧扑上去，只听"啊唷"一声，两只眼珠子被金鹤叼出来了，变成两块大石头，把马财主压在下面。金鹤在宝根头顶上飞来飞去地说："马财主眼睛变金蛋，宝根拿去医娘的眼。"说完，马财主的两颗眼珠，又变成了两个金蛋。宝根马上回家，一进门，摸出两个金蛋，只见两道金光照在娘的脸上，娘的两只眼睛从此重见光明。

因为有了这样一个传说，以后人们就把这个自然村叫做"金鹤孵蛋"。到现在，这里居住有16户人家，是一个风景美丽、物产丰富的好地方。

回马亭

沈宋来

在距峙岭村二里地的地方，有一座供来往行人息脚休整的凉亭，乍一看，这凉亭乃是山区常见的凉亭，与其他凉亭并无什么异样，但在这凉亭边发生过的事，却给这个平平常常的凉亭染上了非常传奇的色彩。

据传说，当年元朝灭亡，明朝初建之时，大岚山麓有一股元军散兵在此落草为寇，他们杀人放火，打家劫舍，祸害百姓，无恶不作，成为人人痛恨的山间匪寇。一次，这股匪寇策马来到峙岭，妄图血洗峙岭村。当匪寇的马队来到凉亭边时，一行马队突然调头狂奔，一时匪寇的队伍大乱，手足无措，奔马把马背上的匪寇颠下马来，有的被马拖死，有的被马踩死，哭爹喊娘，死伤过半。从此后他们再也不敢来峙岭村烧杀抢掠了，凉亭由此留下了神秘的传说。

但发生在凉亭的一件真事，则使这貌似平常的凉亭更为神奇。当年，日本帝国主义大举侵略中国，四明山麓也遭到日寇的肆意践踏。日军为了消灭我浙东抗日武装，对四明山区实行了残酷的"烧光、杀光、抢光"三光政策，日军一路烧杀抢掠，无恶不作，山间火光冲天，哭声遍野。当日军的马队行经凉亭时，不知怎的，日本兵的马匹突然止步不前，群马腾空嘶鸣，烦躁不安，日本兵扬鞭催马试图进村，可那马队任随日本兵扬鞭猛打，就是不越凉亭半步，差点把日本兵掀下马来。日本兵实在无法，只得派人进村，叫来保长，要保长组织人员放火烧村。保长领命后与众人商量，最后大家抱来柴草堆放在村中的各个空旷地上点燃，顿时，峙岭村火光四起，村落上空浓烟翻滚，日军见村中一片烟熏火燎，认为村庄已烧，便勒马回头而去，从此后，这凉亭就被人们叫做“回马亭”。

韩采岭

王宪

韩采岭距大岚镇东南8千米，位于大俞山北端，与鸡冠山隔溪守望。岭南始半岭自然村溪脚，西至浒溪线钓（吊）台跨，北至南岚村千人屋基。

韩采岭得名于韩采岩，因岭左有列石岩壁和洞穴，岩崖丛林下多生中草药材，其中有名药鹿含草，多年生绿草本，主治肺虚咳嗽、劳伤吐血、风湿关节痛、痈肿疮毒及蛇蛟伤等。传说这里是神仙吕洞宾的徒弟韩湘子采药地。晋代木华《丹山图咏》诗:“四角仞雕狮子守，尘劫虽移终不朽。毛竹千寻生涧边，药苗仙果般般有。”元代戴表元、铁充之写诗《韩采岩》数首，故在民间流传，其右傍的一条岭便称为韩采岭，当地人土音寒草岭。因岭长千余米，坡陡路曲，过往民众凡翻此岭全身必出大汗，所以亦叫“汗出岭”。

相传千余年前，在建杖锡寺、雪窦寺的同时，曾有高僧在韩采岭的半岭间建有一寺一庵，但终因半岭之地似——“破鸡槽”而香火湮灭，至今只留下“十八罗汉”小石雕存世。自大岚下韩采岭有一条大溪，两岸之左有金鸡（鸡冠山）管门，右有狮子（狮子山）护道——地灵处必有人杰，于是凡到此地者，必“文官下桥、武官下马”之说。清嘉庆年间，修铺石阶3千米，旧时为余姚大岚、上虞陈溪去鄞县杖锡、奉化溪口的主要古道。

韩采岭左边的石壁顶部，有一巨大方石高耸入云，石长、宽各丈余，平整光滑，叫棋盘岩。传说曾有两仙人在此弈棋，正杀得天翻地覆之时，忽记得回天庭时间已到，便匆匆而去，忘带一包裹的金银财宝落在棋盘岩旁，这就是包裹岩。包裹岩在棋盘岩以南约0.5千米，其岩有洞，洞高可立人，深数丈，大可聚二三十人于内。《四明山志》载，称寒草洞。

第四章　家训　家规选录

沈氏祖训八条

一、孝训

父母生我恩，昊天真罔极①。大舜事亲时，夔夔尚斋慄②。下气并不声③，和颜更悦色。生养既殚精，丧祭尤竭力。孝恩感洞天，历历闻古昔。

二、悌训

父事与兄事，恭逊实居先。徐行须后长④，议论莫争前。敬长人还重，轻狂祸亦延。易明谦受益，持诫暴亡年。卑牧居心⑤者，绵绵福自然。

三、忠训

自事宜尽己，人谋更用心。不留半点伪，时献一番诚。责己还须重，绳人便欲轻。语言知隐讳，财帛要分明。俯仰能无愧，羲皇以上人。

四、信训

言不由衷出，终为虚诞辞。夸张真个易，践约几何时。一语经人破，千言不足奇。自矜能舌辩，人笑太无知。闭口深藏舌，时吟白圭诗⑥。

五、礼训

三千三百数，古圣范围人。世俗皆无羁，下全无礼貌。存颠狂称丽，脱鲁号天真。婚祭随身服，岁时懒冠巾。科头箕踞⑦样，相见实酸心。

---

① 昊天真罔极：谓父母尊长养育恩德深广，欲报答而绝无尽头，终生报答不完。《诗·小雅·蓼莪）：“父兮生我，母兮鞠我……欲报之德，昊天罔极。”

② 夔夔尚斋慄：夔夔，敬惧的样子；斋，庄敬；慄，战栗、小心。句意为戒惧敬慎的样子。《尚书·大禹谟》：“祇载见瞽叟，夔夔斋栗，瞽亦允若。”

③ 下气并不声：平心静气，不声不响，形容态度恭顺。

④ 后长：即后于长，走在长辈后面。

⑤ 卑牧居心：存心谦卑。《易·谦》：“谦谦君子，卑以自牧也。”

⑥ 白圭诗：《诗·大雅·抑》：“白圭之玷，尚可磨也。”白圭，古代白玉制成的礼器。比喻清白之身。

⑦ 科头箕踞：不戴帽子，两脚张开而坐，形容纵恣轻慢的举动、神态。

六、义训

凡属一本亲，皆有关切意。钱物相往来，见利休忘义。疾病急扶持，老幼须提携。最怜四无告①，尤宜善调剂。莫嫌积德小，竹桥也渡蚁②。

七、廉训

生财纵有道，撙节③在乎人。过俭虽非理，奢华宜受贫。冠婚称家道④，丧祭只虔诚。量入将为出，谩藏⑤恐被侵。从来浪费者，不久自凋零。

八、耻训

立身须惜耻，无耻被人欺。识面称知己，逢人识是非。胁肩真诡诈，谄笑假痴迷。宗祖受貤赠⑥，妻儿被讪讥。眉应有志颜，厚底最卑微⑦。

（施长海　注释）

鲁氏祖训

（一）十戒

1．戒九族不睦；2．戒夫妻反目：3．欺公忘法：4．评论女色：5．与奸恶相处：6．学问自足；7．骄奢倨傲；8．贪淫酷暴；9．忘念清苦；10．自逞富贵。

（二）八条

1．父母宜孝，事有隐而无犯，谓承欢膝下，不宜唐突，如言语触犯，即是不孝。

2．尊长宜敬伊训，敬惟长谓不宜慢忽，岂可目无尊长，秽言辱笃，干犯上之条。

3．兄弟同胞手足，手足断不可续式，共同勤俭持家，妯娌和睦，姑嫂如亲妹，家和万事兴。

4．子孙须各务正业，心爱读书，志向上达，父史须请严师训教，切不可误其。如家境不及，切学农工商耕作，不可荡闲流浪。

5．子孙不拘富贵贫贱，都要言信行笃，品格端方。贪淫嫖赌，鸦片吸毒，三项是有其一，

① 四无告：四顾而无人可以诉说，形容极度困窘。《晏子春秋》：“百姓老弱，冻寒不得短褐，饥饿不得糟糠，敝撤无走，四顾无告。”

② 竹桥也渡蚁：传说宋代有学者宋郊，在发大水时为书房旁的蚁穴编织一条竹桥，使蚂蚁安全渡过。因此功德，后来考中状元。

③ 撙节：抑制、节制。《礼记·曲礼上）：“是以君子恭敬、撙节、退让以明礼。”孙希旦集解：“有所仰而不敢肆谓之撙，有所制而不敢过谓之节。”

④ 冠婚称家道：冠婚，本指冠礼与婚礼，泛指家中举事行礼，须与家庭门第、经济情况相称。

⑤ 谩藏：收藏东西不谨慎。

⑥ 貤赠：将本身和妻室封诰呈请朝廷移赠给先人。

⑦ 眉应有志颜，厚底最卑微：眉目轩昂，这才有志气；厚着脸皮不知羞耻，这是最卑微的。

终非正经之讥诮。

6．嫁女择婿，结亲而门当户对，须二性相印，切勿索取重聘，娶媳求淑，切不计厚奁。

7．待客宜礼貌相待，厚薄切勿留连。

8．丧事宜尽哀，不其礼余，表面假实戏演，谬戒之。

《达溪王氏宗谱》族箴十则

一曰孝亲

父乾母坤，人生伊始。鞠育劬劳，恩侔天地。子不孝亲，忘身所自。士庶人家，随分可至。内盅于心，外竭其事。持己立身，皆由孝致。百行为先，圣贤传示。首愿族人，克敦此义。

二曰敬长

家有伯叔，族有弟兄，事无巨细，所当秉明。饮食必让，言语必诚，行止坐立，各有章程。远近依分，亲疏尽情，和顺之意，油然而生。弟兴孝并，无分重轻。道在迩易，次宜奉行。

三曰尊祖

物本乎天，人本乎祖。宗支虽遥，何分而汝。水木本源，同此系绪。血派贯通，如枝叶辅。尊敬之心，惟绳祖武，春露秋霜，洁而樽俎。江左东林，派传一处，念昔先人，式歌右序。

四曰睦族

睦族之道，首在虞书。仁民之事，由亲及疏。陈氏共食，张氏同居，七百九世，望重门闾。我族聚处，十里村墟，各昭雍睦。希乎古初，往来酬酢。诚实不虚，庶称仁里，君子所誉。

五曰贵勤

日用所需，必先衣食。经纪成家，勉其筋力。或受之仪，男不勤穑；或受之寒，女不勤乡。惟勤则思，思则善切。惟逸则淫，淫则恶匿。日计在勤，勤为美德。志此微言，为游惰饬。

六曰崇俭

人有食用，不可无财。过而不节，嗟若则来。衣毋求美，食毋过恢。俭以自矢，奢不我开。冠昏丧祭，惟礼自裁。岁时伏腊，循分所该。宁俭为本，毋满生灾。苗有余地，岂不美哉。

七曰劝善

国有贤能，上所尊养；家有善人，族宜景仰。士尚方端，行由孝昉；女贵静贞，或以节奖。先必敬尊，里皆式仿。后乃称扬，人所标榜。祖德相承，遗泽甚广，族有若人，目击心赏。

八曰惩恶

居家之道，为善必坚；守身之策，安分为先。吉凶消长，天理昭然；善恶祸福，人自召焉。三畏自凛，君子恪虔。五刑示戒，小民安全。能惩于后，庶改于前。时存警省，见善思远。

九曰务本

天降下民，各有才赋。人受生成，贵于本务。士习诗书，农勤育树，商通有无，工循法度。各尽其能，各守其具。毋怠毋荒，久而益固。业无不成，家无不裕。习惯自然，终身勿误。

十曰息讼

易云戒讼，讼则终凶。圣贤之语，提省愚蒙。凡族有事，无逞尔儿。属在异姓，分解从容。况在一族，系我同宗，平情论理，降心以从。勿因射利，计巧为工。和亲康乐，俗美可风。

王阳明家训（示宪儿）

幼儿曹[①]，听教诲：勤读书，要孝悌；学谦恭，循[②]礼义；节饮食，戒游戏；
毋说谎，毋贪利；毋任情，毋斗气；毋责人，但[③]自治。能下人，是有志；
能容人，是大器。凡做人，在心地[④]；心地好，是良士；心地恶，是凶类。
譬树果，心是蒂[⑤]；蒂若坏，果必坠。吾教汝，全在是。汝谛听[⑥]，勿轻弃。

（诸焕灿　注释）

朱氏一本堂前代宗规八条

（民国二十年修编）

吾加自尚书公致政来姚，居于双雁，垂有家法。兵燹之余，典籍散失，不获尽存。今于冠珮旧谱中检其残，编得宗规八条，与祠中所著者不同，要皆有亲亲长长之意，而扩充之，自一本以至九族，使人人各亲其亲，各长其长，即可登子姓于上古矣。谨录其大纲，以见吾祖宗之家法云：

第一条　重孝悌以敦根本。生吾者父母，同我而生者兄弟。礼，天子有父，诸侯有兄，况士庶乎！竭力耕田，供为子职，可曰大孝；视善问寝，可曰止孝；礼明乐备，可曰达孝。长枕大被，灼艾分痛[⑦]，可曰有爱。《书》云：子弗只服厥父事，大伤厥考心。于弟弗念天显，乃弗克恭厥兄。

---

① 曹：等，辈：尔曹（你们）、吾曹（我们）。整句意为：孩子们。

② 循：遵守，依照沿袭：遵循，因循，循环，循规蹈矩。

③ 但：只，只要。

④ 心地：内心、良知。

⑤ 蒂：花或瓜果跟枝茎相连的部分，花蒂，瓜蒂，蒂芥根深蒂固。

⑥ 谛听：仔细地听，聆听，倾听。鲁迅《集外集·斯巴达之魂》：“肃肃全军，谛听谛听。”

⑦ 长枕大被，灼艾分痛：长枕大被：长形的枕头，宽大的被褥。比喻兄弟友爱。宋·司马光《资治通鉴·唐玄宗开元二年》：“上素友爱，近世帝王莫能及；初即位，为长枕大被，与弟兄同寝。”灼艾分痛：灼艾：中医疗法之一，燃烧艾绒熏灸人体一定的穴位。分痛：宋代的一种民间礼俗，比喻兄弟友爱。出自《宋史·太祖纪》：“太宗尝病亟，帝往视之，亲为灼艾。太宗觉痛，帝亦取艾自灸。”

民彝已大泯，乱刑兹无赦[①]。一本弟子敢有不孝不悌，先惩后罚。董之家督，家督不能，治其罪。正之宗长，宗长不能，正其罪。公鸣当事，以为不法者戒。

第二条　饬祀典以笃尊亲。物本乎天，人本乎祖。祖宗者，父母之父母也。慎终追远，乃可谓孝。朔望有参谒[②]，春秋有祭享[③]，其有及时不举者，以不敬论。失仪无序者，以越礼论。

第三条　敬长上以厚伦纪。伯叔诸兄，皆长上也。孔子于乡党，恂恂似不能言[④]。吾宗自读书以下，多不知事，遂以贤智先人，妄自尊大。种种无礼横逆，谨按刑律。凡骂祖父母、父母者，绞。骂期亲[⑤]同胞兄姐者，杖一百；伯叔父母，加一等；大功兄姐，杖七十；小功兄姐，杖六十；缌麻[⑥]兄姐，笞五十；尊属各加一等。凡殴祖父母、父母者，斩。殴期亲尊长，如妹弟殴兄姊者，杖九十，徒二年。半伤者，杖一百，徒三年。折伤者，杖一百，流三千里。侄殴伯叔，各加一等。刃伤肢与瞎其一目者绞。殴大功以下尊长，大功杖七十，徒一年半；小功杖六十，徒年；缌麻杖一百。至同姓亲属斗殴，虽五服已尽，而名分犹存者，卑幼加凡斗一等。凡殴期亲尊长，执有刀刃赶杀，情状凶恶者，虽未伤，依律问罪，发边充军。子姓犯此，轻则宗祠责罚，重则送官究治。

第四条　和宗党以息争竞。凡属一本，相爱相亲，慎毋暴戾乖违，致伤族谊。近以睚眦小隙[⑦]成仇，户婚田产结怨，伤情破面，雀角斗殴，殊非古道。凡族中或有此等，宗长先问其是非曲直，如或妄干，治以家法。直有冤仰，秉公申理。

第五条　严职业以端品行。古者士之子恒为士，农之子恒为农，有专业也。虽士农工商各不同，

---

①《书》云：子弗只服厥父事，大伤厥考心。于弟弗念天显，乃弗克恭厥兄。民彝已大泯乱，刑兹无赦。出自《尚书·周书·康诰》卷三十五。周公在平定三监（管叔、蔡叔、霍叔）武庚所发动的叛乱后，便封康叔于殷地。《康诰》即是康叔上任之前，周公所作的文告。宗谱中所引即此文告中三句话，其意谓：儿子不敬听老子的话，大伤老子的心；弟弟不能恭敬兄长，哥哥也不对弟弟友好，这就悲哀了。如此，人伦就会发生大混乱，必须赶紧遵循文王创制的法律，施行刑罚，不得赦免。

② 朔望有参谒：朔望是指朔日和望日，农历每月初一日为朔，十五日为望。参谒：即指每逢朔望需要去行参见拜谒之礼。

③ 祭享：陈列供品祭祀祖先。

④ 孔子于乡党，恂恂似不能言：出自《论语·乡党》。恂恂（xù），温和恭顺，孔子在本乡的地方上显得很温和恭敬，像是不会说话的样子。

⑤ 期亲："五服"丧期之一种，期亲是只服一年期的丧。古代丧服制对"期亲"规定，凡本宗为祖父母、伯叔父母、兄弟、嫡孙、未出嫁的姑、姊妹、众子、长子妇、侄、未出嫁的侄女，以及夫父母在者为妻、妾父母、正妻之子、未出嫁之女、已嫁女，皆服一年之丧。

⑥ 大功、小功、缌麻：这三个代词，是借用古代守孝按期限及孝服布料粗细不同分为五种，谓"五服"，依次为斩衰、齐衰、大功、小功、缌麻。按"五服"等级，区别高祖父、曾祖父、祖父、父亲、自身这五代父系血缘关系。所以这里的"大功"代指祖父，"小功"代指父亲，缌麻代指自身。

⑦ 睚眦小隙（yá zì）：睚，眼眶；眦，眼角；此指生气瞪眼。对别人瞪眼这样小的事而生怨恨。《三国志·魏志·董卓传》："卓，性残忍不仁，遂以严刑胁众，睚眦之隙必报，人不自保"。

以云谋生则一。其有不习诗书，不遵礼仪，不列胶痒者[①]，不得谓士。若不嗣尔股肱，纯其艺黍稷，奔走厥考厥长，又不能肇牵车牛，达服贾用，孝养厥父母[②]，此为游手游食，不登四民[③]之列。大抵民劳则思，思则善心生。逸则淫，淫则忘善，忘善则恶心生。其有不安职业，荡检逾闲，甘入下流，无所顾忌，且朋比[④]为市器[⑤]，征逐[⑥]为赌博，及一生寥落，甚为鼠窃狗偷，廉耻道丧，岂不辱其父母，玷其祖宗？法当黜族之外，仍正国典。

第六条　辨嫡庶[⑦]以正名分。三纲五常，天经地义，不可易也。世风日偷，燕昵[⑧]日甚，妻妾之间，尊卑倒置。昔《绿衣》以惑嬖妾而乖名义[⑨]，《小弁》以废嫡长而危国祚[⑩]。自古以失序而致乱者，彰彰不一，虽母因子贵，必无以妾为妻之理。其有不正者，当即正之，以定名分。

第七条　慎嫁娶以安婚配。饮食男女，大欲所存。彼此论财，殊非中夏[⑪]之道。近习有女许配，厚索重聘，有男求婚，惟重妆奁，总非先民遗意。甚有利其有而以良为贱，艳其色而以贱为良，返之幽独，能即安乎？有舍割襟之义而类于鬻女[⑫]，越荆钗[⑬]之意而渐作冰山者，当即家礼之详明而示之以则。

---

① 胶痒：周代学校名。周时胶为大学，庠为小学。后世通称学校为“胶庠”。《礼记·王制》：“周人养国老于东胶，养庶老虞庠。”

② 嗣尔股肱……：语出《尚书·酒诰》，大意谓周公对殷族遗民的训诫：你们 要一心留在故土，用你们自己的手脚，专心致志地种好庄稼，勤勉地侍奉你们的父兄。努力牵牛赶车，到外地去从事贸易，孝敬和赡养你们的父母亲。

③ 四民：是古代对平民职业的基本分工，指士（读书人）、农、工、商。

④ 朋比：阿附，勾结；结成私党。

⑤ 市嚣：市井喧闹声。清余怀《板桥杂记·丽品》：“心厌市嚣。”

⑥ 徵逐：徵，召唤；逐，追随。这里特指不务正业，唯在吃、喝、玩、乐上的往来。《二十年目睹之怪现状》第一回：“还有那些手头空乏的，虽是空着心儿，亦要充作大老官模样，去逐队嬉游，好像除了徵逐之外，别无正事似的。”

⑦ 嫡庶：语出《列子·力命》“齐公族多宠，嫡庶并行”。正妻所生为嫡子，妾所生为庶子。庶子，即民间所谓的“小老婆所养的”。

⑧ 燕昵：亦作“燕暱、燕媟”，亲热或私下亲近。

⑨《绿衣》：为《诗经·国风·邶风》中的一首诗，诗的主旨是卫庄姜伤感自身。《毛诗序》云：“妾上僭，夫人失位，而作是诗也。”宋人朱熹《诗集传》云：“庄公惑于嬖妾，夫人庄姜贤而失位，故作此诗。”意借指妻与妾的名分不正，乱了名次。

⑩《小弁》：为《诗经·小雅》中的一首诗。诗谓幽王因为惑于妃子褒姒，而将申后及太子宜臼废黜。此指妻妾名分混乱，造成家庭序伦颠倒，兄弟不和。

⑪ 中夏：即中华、中国。《文选·班固》：“目中夏而布德，瞰四裔而抗稜。”吕向注：“中夏，中国。”

⑫ 鬻（yù）女：卖掉自己的女儿。

⑬ 荆钗：荆枝条制作的髻钗，古代贫家妇女常用之，这里借指贫家妇女。

第八条　禁强暴以尚礼仪。雍容[①]者，道德之风。强暴者，僭乱[②]之渐。故干戈与玉帛不同事，兵刑与礼乐不同功。风俗凋残，习尚刚勇。启口不本诗书，制行无非恶劣。片言不合，辄怒目相看，一事不投，即擎拳相向，或群或友，衅起无端，在家为亡民，在国为乱民。若辈不治以宗规，何必共推夫尊长。

郑氏家规家训

（一）家规

善治家

第一条　为家长者当以诚待下，一言不可妄发，一行不可妄为，庶合古人以身教之之意。（释义：作为家长，应诚恳地对待儿女，言行举止都要以身作则。）

第二条　择端严公明、可以服众者一人，监视诸事。四十以上方可，然必二年一轮。有善公言之，有不善亦公言之。如或知而不言，与言而非实，众告祠堂，鸣鼓声罪，而易置之。

（释义：选择为人端正严明、并能服众的一人，监视家族各类事务。担任监视的人必须年满四十岁，且二年一任。家中有好事及不好之事，都由监视在公堂上提出。如知道后不提议的，或说得不切实际，家众可告于祠堂，鸣鼓声罪。然后更换并选择新的监视。）

第三条　造二牌，一刻“劝”字，一刻“惩”字，下空一截，用纸写贴。何人有功，何人有过，既上《劝惩簿》，更上牌中，挂会揖处，三日方收，以示赏罚。

（释义：制造木牌二块，一块刻“劝”字，一块刻“惩”字，下半部空出一段。何人有功劳，何人有过失，不仅记入《劝惩簿》，还要写在纸上分别贴到“劝”、“惩”二牌的下半截空白处，在家众会拜处悬挂三日，以示赏罚。）

第四条　新旧管皆置《日簿》，每日计其所入几何，所出几何，总结于后，十日一呈监视。果无私滥，则监视书其下，曰：“体验无私”。后若显露，先责监视，次及新旧管。

（释义：新旧管都要设立《日簿》记载每日收入多少，支出多少，并汇总结果于后，每十天呈报给监视审核。如果确实没有胡乱使用，监视则签上“体验无私”四字，待后若发现有过度和不正当的费用开支，首先责罚监视，其次再责罚新旧管。）

尚节俭

第一条　子孙不得与人眩奇斗胜，两不相下。彼以其奢，我以吾俭，吾何害哉！

（释义：子孙不得与人炫耀新奇比赛争胜，两不相让。他人有他人的奢侈，我们有我们的俭朴，这对我有什么妨害呢？）

---

① 雍容：形容仪态温雅大方。《汉书·薛宣传》：宣为人好威仪，进止雍容，甚可观可。

② 僭（jiàn）乱：虚妄淆乱，不顾名分，犯上作乱。《后汉书·杨震传》：“时袁术僭乱，操託彪与术婚姻，诬以欲图废置，奏收下狱，劾以大逆。”

第二条　家业之成，难如升天，当以俭素是绳是准。唯酒器用银外，子孙不得别造，以败我家。

（释义：成就一份家业，确实难于上青天，所以必须以勤俭朴素为准绳。除了祭祀用的酒器用银子制造外，不得用银子制造其他任何器具，以败我家。）

第三条　子孙不得无故设席，以致滥支。唯酒食是议，君子不取。

（释义：子孙不得无故摆设宴席，造成过度的开支。仅以酒食是否丰盛来衡量人品，品格高尚的人是不会采纳这种做法的。）

第四条　寿辰既不设筵，所有袜履，亦不可受，徒蠹女工，无益于事。

（释义：寿辰既然不设筵席，所有送来的鞋袜亦均不可接受。因为那样不过是白白浪费女工，对于益寿延年没有益处。）

重教育

第一条　延迎礼法之士，庶几有所观感，有所兴起。其于问学，资益非小。若？词幼学之流，当稍款之，复逊辞以谢绝之。

（释义：聘请通晓礼仪法度的儒生为师，就有可能让学子通过学习有所启发，学业上有所进步。那样的老师对于解答疑问、讲授学业，帮助是不小的。那种只会言语杂乱之词、教授幼童习字描红的先生，可以先略微款待，然后婉言辞退他们。）

第二条　子孙自八岁入小学，十二岁出就外傅，十六岁入大学，聘致明师训饬。必以孝悌忠信为主，期抵于道。若年至二十一岁，其业无所就者，令习治家理财。向学有进者弗拘。

（释义：子孙自八岁入学学习文字、音韵，十二岁外出就学，十六岁开始学习关于道德教化学说。必须聘请名师教导，学习内容以孝悌忠信为主，以期望掌握为人处世的道理。若年至二十一岁，还未能在学业上有所成就的，令其学习治家理财。学业一向有上进的不拘于此。）

第三条　子孙处事接物，当务诚朴，不可置纤巧之物，务以悦人，以长华丽之习。

（释义：子孙处事及待人接物，应当诚恳朴实，不要设置细巧之物，取悦于人，以滋长华丽的习气。）

（二）家训

“父子慈孝，爱及他人。夫妻和顺，亲善四邻。兄弟次序，唯贤是尊。至诚至信，叶茂根深。”

后 记

2017年8月，中共大岚镇委、镇人民政府成立《大岚镇志》编纂领导小组和编纂办公室；制订《大岚镇志》编纂工作实施方案。9月，3名编纂成员上岗到位后，向兄弟乡镇取经学习，设置镇志编目。11月8日，召开全镇编纂工作动员大会，印发分类调查统计表，落实专编史料搜集责任人。通过史料搜集，分编编写，数次修改志稿，调整章节，至2020年9月形成45万文字初稿。经镇、村（居）、企事业单位现职领导和退休老干部阅读修改后形成终审稿，于2021年4月9日经市专家组审评，又进行补充、调整、配图，是年5月最终成稿。

《大岚镇志》编纂工作在镇党委、政府的领导和市史志办指导下，得到市统计局、档案局、气象局、农林局、水电局、交通局、财贸局、教育局、工商局等部门和图书馆、武装部的积极协助，镇机关各部门、市属派驻机构全力配合，村（居）、企事业单位提供史料，社会各界热心人士的支持，使编纂工作顺利开展。市史志办黄建周、楼莉波等专家不辞辛劳全程参与稿件审阅修改，数次来镇辅导；沈惠康、郑苗姑、沈培荣、沈双吉、朱炳法、鲁庆范等老干部关心镇志编写和审阅，在此一并表示忠心感谢！

《大岚镇志》分别由余姚市原市长（今象山县委书记）潘银浩、镇党委书记柳雅敏、镇长张忠作序，为本志添色，谨致谢意！

修志、编史是一项新的工作，由于历史年代久远，档案史料欠缺；加之，编写人员水平有限，本志内容难免存在缺失遗误，不足之处，敬请读者谅解。

《大岚镇志》编纂办公室

2021年5月8日

图书在版编目（CIP）数据

大岚镇志 / 《大岚镇志》编纂委员会编． -- 北京 ：方志出版社，2021.12
ISBN 978-7-5144-5083-5

Ⅰ．①大… Ⅱ．①大… Ⅲ．①乡镇－地方志－余姚 Ⅳ．①K295.55

中国版本图书馆CIP数据核字（2022）第028403号

大岚镇志

编　　者：《大岚镇志》编纂委员会
责任编辑：徐　宏
出 版 者：方志出版社
地址　北京市朝阳区潘家园东里9号（国家方志馆4层）
邮编　100021
网址　http://www.fzph.org
发　　行：方志出版社图书经销中心
电话（010）67110500
经　　销：各地新华书店
印　　刷：杭州良诸印刷有限公司
开　　本：889×1194　1/16
印　　张：42.5
字　　数：1028千字
版　　次：2021年12月第1版　2021年12月第1次印刷
印　　数：0001～2000册
ISBN 978-7-5144-5083-5　**定价**：388.00元